KRIEG DER GEISTER

KRIEG DER GEISTER

WEIMAR ALS SYMBOLORT DEUTSCHER KULTUR VOR UND NACH 1914

Herausgegeben von Wolfgang Holler,
Gudrun Püschel und Gerda Wendermann
unter Mitarbeit von Manuel Schwarz

SANDSTEIN

Verzeichnis der Autoren

AP	Angelika Pöthe
AOe	Anja Oesterhelt
AR	Alf Rößner
BP	Bernhard Post
CJ	Christa Jansohn
DB	Dagmar Blaha
GDU	Gert-Dieter Ulferts
GM	Gerhard Müller
GP	Gudrun Püschel
GW	Gerda Wendermann
HZ	Hans Zimmermann
IB	Ingo Borges
JG	Jochen Golz
JHU	Justus H. Ulbricht
JR	Jens Riederer
JRö	Johannes Rößler
KE	Karin Ellermann
KKr	Katharina Krügel
MS	Manuel Schwarz
MSi	Michael Siebenbrodt
MW	Meike Werner
NK	Norbert Korrek
PK	Paul Kahl
SW	Sabine Walter
TH	Thomas Föhl
TR	Thomas Radecke
UA	Ute Ackermann
VW	Volker Wahl

Dank

Wir danken für die Unterstützung unserer Ausstellung durch Leihgaben, wissenschaftliche Auskünfte und weiterführende Hilfe

- Ascona: Museo comunale Ascona, Dr. Mara Folini
- Bamberg: Prof. Dr. Christa Jansohn
- Berlin: Kulturstiftung der Länder; Andreas Lotz, Bernhard Andergassen, Staatsbibliothek zu Berlin – Preußischer Kulturbesitz; Dr. Dieter Vorsteher-Seiler, Christine Hollering, Karen Klein, Sabine Josephine Brand, Stiftung Deutsches Historisches Museum; Dr. Julia Wallner, Thomas Pavel, Georg Kolbe Museum; Aurelia Badde; BEL-TEC; Linon Medien; Dr. Johannes Rößler
- Brüssel: Régine Carpentier, Fonds van de Velde. ENSAV – La Cambre, Bruxelles
- Dresden: Katrin Bielmeier, Staatliche Kunstsammlungen Dresden; Norbert du Vinage, Christine Jäger, Simone Antonia Deutsch, Sandstein Verlag; Helge Pfannenschmidt; Dr. Justus H. Ulbricht
- Düsseldorf: Prof. Dr. Gerd Krumeich, Heinrich-Heine-Universität; Bernd Kreuter, Stadtmuseum Landeshauptstadt Düsseldorf
- Duisburg: Dr. Sönke Dinkla, Elke Kubisz, Lehmbruck Museum
- Eisenach: Grit Jacobs, Wartburg-Stiftung Eisenach
- Eisenberg: Christian Seiler
- Erfurt: Eva-Maria Ansorg, Universitätsbibliothek Erfurt; Dr. Harald Mittelsdorf, Thüringer Landtag; Dr. Paul Kahl
- Frankfurt am Main: Ute Wenzel-Förster, Städel Museum
- Frankfurt (Oder): Prof. Dr. Gangolf Hübinger
- Graz: Prof. Dr. Barbara Gasteiger Klicpera
- Hannover: Dr. Karin Orchard, Sprengel Museum Hannover
- Hamburg: Karl-Otto Schütt, Forschungsstelle für Zeitgeschichte in Hamburg; Meike Wenck, Andrea Joosten, Neela Struck, Dr. Karin Schick, Hamburger Kunsthalle; Dr. Hanna Hohl

- Heichelheim: Bernd Ohar
- Hünxe-Drevenack: Annette Burger, Eva Pankok, Otto-Pankok-Museum
- Ilmenau: Volker Rusch, Goetheschule Ilmenau
- Innsbruck: Dr. Carl Kraus
- Jena: Dr. Babette Forster (Kustodie), Margit Hartleb (Archiv), Frank Gratz, Joachim Ott (Thüringer Universitäts- und Landesbibliothek), Jan-Peter Kasper (Foto), Dr. Thomas Bach, Dr. Gerhard Müller (Ernst-Haeckel-Haus), PD Dr. Angelika Pöthe, Prof. Dr. Hans-Werner Hahn, Friedrich-Schiller-Universität Jena: Erik Stephan, Jörg Büttner, Städtische Museen/Kunstsammlung Jena
- Karlsruhe: Prof. Dr. Susanne Popp, Max-Reger-Institut/Elsa-Reger-Stiftung; Julia Freifrau Hiller von Gaertringen, Badische Landesbibliothek
- Kiel: Sarah Bartels, ZBW – Deutsche Zentralbibliothek für Wirtschaftswissenschaften; Claudia Petersen, Kunsthalle zu Kiel; Judith Ohrtmann, Kieler Stadt- und Schifffahrtsmuseum
- Köln: Clemens Klöckner, LETTER Stiftung
- London: Sally Webb, Imperial War Museums; Dr. Philipp Blom
- Marbach: Thomas Kemme, Gudrun Bernhardt, Deutsches Literaturarchiv Marbach
- Meusebach: Beatrix Kästner
- München: Ernst von Siemens Kunststiftung; Dr. Susanne de Ponte, Eva-Gabriele Jäckl, Deutsches Theatermuseum München; Cornelius Lochschmidt, Bayerische Staatsbibliothek; Dr. Isabelle Jansen, Gabriele Münter- und Johannes Eichner-Stiftung; Sabine Wölfel, Staatliche Graphische Sammlung München, Dr. Oliver Kase, Simone Kober, Bayerische Staatsgemäldesammlungen, Pinakothek der Moderne
- Münster: Dr. Jürgen Krause, LWL-Museum für Kunst und Kultur
- Nashville, Tennessee: Prof. Dr. Meike Werner
- Naumburg: Dr. Holger Kunde, Vereinigte Domstifter zu Merseburg und Naumburg und des Kollegiatstifts Zeitz
- Neinstedt: Berndt Püschel
- Nußdorf: Erich Mair
- Osnabrück: Edin Mujkanović, Universität Osnabrück
- Otterwisch: Ole Teubner
- Potsdam: Dr. Andreas Kennecke, Universitätsbibliothek Potsdam
- Paderborn: Dr. Alexandra Sucrow, Wolfgang Brenner, Kunstverein Paderborn e.V.
- Reims: Benoit-Henry Papounaud, Centre des monuments nationaux
- Rudolstadt: Dieter Marek, Thüringisches Staatsarchiv; Martin Wendl, Auktionshaus Wendl

- Schleswig: Dr. Margret Schütte, Stiftung Schleswig-Holsteinische Landesmuseen Schloss Gottorf
- Schwerin: E. Schörle
- Solothurn: Christian Müller
- Stuttgart: Prof. Matthias Siegert, Dennis Mueller, Florian Häsler, Fabiane Unger, Anna Maier VON M GmbH; Maria Orschulok; Peter Frei, Staatsgalerie Stuttgart; Prof. Thomas Hundt, jangled nerves GmbH
- Thale: Thomas Balcerowski, Stadt Thale; Ronny Große, Bodetal Tourismus GmbH
- Titisee-Neustadt: Robert Brambeer
- Weida: Herrn Pfarrer Martin Schäfer
- Weimar: Dr. Christiane Wolf, Petra Goertz, Archiv der Moderne, Bauhaus-Universität Weimar; Dr. Frank Simon-Ritz, Sylvelin Rudolf, Universitätsbibliothek, Bauhaus-Universität Weimar; Henrich Herbst, Evangelisch-Lutherische Superintendentur Weimar; Dr. Christoph Meixner, Hochschularchiv / Thüringisches Landesmusikarchiv Weimar; Dr. Thomas Radecke, Prof. Dr. Christiane Wiesenfeldt, Institut für Musikwissenschaft Weimar-Jena, Hochschule für Musik FRANZ LISZT Weimar; Dr. Ute Ackermann, Dr. Ingo Borges, Karin Ellermann, Dr. Esther Cleven, Dr. Katharina Krügel, Dr. Alexander Rosenbaum, Dr. Michael Siebenbrodt, Dr. Gert-Dieter Ulferts, Klassik Stiftung Weimar; Dr. Jens Riederer, Stadtarchiv Weimar; Martin Erler, Stadtbücherei Weimar; Dr. Alf Rößner, Marina Reichardt, Stadtmuseum Weimar; Dr. Bernhard Post, Dagmar Blaha, Thüringisches Hauptstaatsarchiv Weimar; Alexander Burzik; Goldwiege / Visuelle Projekte; Dr. Jochen Golz; Franka Günther; Dr. Nobert Korrek; Dr. Anja Oesterhelt; John Mitsching, Atelier Papenfuß; Stefan Renno, Foto Atelier Louis Held; Schilder Maletz; Ilja Streit; Dr. Hans Zimmermann
- Weißenfels: Mike Sachse, Museum Schloss Neu-Augustusburg
- Wesselburen: Volker Schulz, Hebbel-Museum Wesselburen
- Wien: Dr. Elisabeth Leopold, Dr. Franz Smola, Leopold Museum Wildschönau; Peter Weissbacher
- Worpswede: Sigrun und Wolfgang Kaufmann, Museum am Modersohn-Haus
- Zürich: Cécile Brunner, Karin Marti, Kunsthaus Zürich

Und den vielen privaten Leihgebern, die nicht genannt werden möchten.

Förderung der Ausstellung durch

KULTURSTIFTUNG · DER LÄNDER

Inhalt

	10	Grußwort
	13	Vorwort
	16	GERDA WENDERMANN
		Krieg der Geister. Weimar als Symbolort vor und nach 1914
		Eine Einführung in die Ausstellung
	30	GANGOLF HÜBINGER
		Die Intellektuellen und der »Kulturkrieg«

A **PROLOG: WEIMAR IM AUGUST 1914**

44 BERNHARD POST
»Na so schlimm wird es ja wohl nicht gleich werden«
Die Mobilmachung im Großherzogtum Sachsen-Weimar-Eisenach

B **DIE NATIONALISIERUNG DER KÜNSTE IN DER VORKRIEGSZEIT**

54 BERNHARD POST
Ein deutsches Beispiel:
Die Residenzstadt Weimar im wilhelminischen Kaiserreich
Vergangene Größe – schwindender Glanz in Zeiten der Moderne

61 Vergangene Größe
85 Weimar im Umbruch

94 JUSTUS H. ULBRICHT
Der ›Geist von Weimar‹ – Ausdruck ›deutscher Größe‹
Ilm-Athens Kultur zwischen Nationalismus und Kosmopolitismus

100 Weimar als Wallfahrtsort der deutschen Nation
105 Neue Weltdeutungsmodelle

120 GERDA WENDERMANN
Eine neue deutsche Kunst?
Richtungskämpfe um die künstlerische Moderne

125 Weimar und Jena als Bühne der internationalen Avantgarde
134 Die Kunstschule zwischen Neoimpressionismus, Neuklassik, Expressionismus und Heimatkunst
140 Das literarische Weimar in der Debatte um das Nationale
155 Klassisch, modern und völkisch – Theaterkonzepte aus Weimar
162 Der Kaisermarsch als ritualisierter Herrscherkult

C — DER ERSTE WELTKRIEG ALS KULTURKRIEG

166 JUSTUS H. ULBRICHT
»Die Welt der Nichtigkeiten liegt hinter uns … wir sind erwacht«
Der Krieg der Gebildeten um die deutsche Kultur

- 172 Klassisches Erbe – Krieg und Katharsis
- 196 Der Zusammenbruch der Gelehrtenwelt
- 202 »Forschungsinstitute« und »Ehrenhallen«

206 GERDA WENDERMANN
Kunst im Krieg

- 211 Lehrer und Schüler der Weimarer Kunstschule
- 226 Kriegsgrafiker und Buchillustratoren
- 230 Kriegs- und Schlachtenmaler

232 GUDRUN PÜSCHEL
Der Anfang vom Ende
Durchhalten, zweifeln und hoffen im langen Krieg

- 237 Meinungsmacher aus Weimar und Jena
- 256 Jubiläumsfeierlichkeiten an der Heimatfront
- 262 Glorifizierung und Gedenken

D — DIE REVOLUTION UND DAS ENDE DES KRIEGES

272 BERNHARD POST
Die stille Revolution in Weimar

282 MANUEL SCHWARZ
Weimar als Symbolort für einen politischen Neuanfang

- 287 Die Nationalversammlung im Deutschen Nationaltheater
- 292 Kultur im Aufbruch?

ANHANG

- 304 Katalog
- 328 Literaturverzeichnis
- 342 Personenregister
- 350 Bild- und Copyrightnachweis
- 352 Impressum

Grußwort

Das Jahr 2014 steht weltweit im Zeichen der Erinnerung an den Ausbruch des Ersten Weltkriegs vor einhundert Jahren. Dieser Wendepunkt der Geschichte ist vielerorts Anlass für Ausstellungen, Lesungen und Podiumsdiskussionen. Bereits in den Vorjahren sind umfangreiche Publikationen erschienen, die die komplexen Zusammenhänge von Gesellschaft, Kultur und Politik zu Beginn des 20. Jahrhunderts neu bewerten und einer großen Leserschaft zugänglich machen. Zahlreiche Kultureinrichtungen widmen sich dem Thema unter unterschiedlichen Vorzeichen, etwa mit Blick auf Militär-, Kunst-, Literatur- oder Politikgeschichte. Auch in Thüringen gedenkt man dieses Ereignisses in vielfältiger Weise. Museen, Gemeinden, Initiativen und Vereine im ganzen Freistaat nehmen den Ersten Weltkrieg und seine Auswirkungen vor Ort in den Blick. Dass die Erinnerung an den ersten weltumspannenden Krieg auch hundert Jahre später bei einem großen Teil der Bevölkerung noch lebendig ist, beweist der erfolgreiche Aufruf der Historischen Kommission für Thüringen. Auf ihre Bitte hin übergaben viele Bürgerinnen und Bürger den örtlichen Museen und Archiven ganze Kartons gefüllt mit Erinnerungsstücken wie Feldpostbriefen, Fotografien und persönlichen Gegenständen von Verwandten, die das Ende des Wilhelminischen Zeitalters miterlebt hatten.

Die Klassik Stiftung Weimar nimmt das historische Datum zum Anlass, die besondere Rolle Weimars als ›Identifikationsort der deutschen Kultur‹ von der Jahrhundertwende bis zur Tagung der Nationalversammlung zu beleuchten. Unter dem Titel »Krieg der Geister« geht sie in ihrer Jahresausstellung 2014 der Frage nach, weshalb die Klassikerstadt als symbolisches Banner in den propagierten »Kulturkrieg« getragen wurde. Welche Umstände und Persönlichkeiten trugen dazu bei, dass Weimar zu einem Mythos der Kulturnation wurde, für den deutsche Soldaten in den Kampf zogen? Tatsächlich war es Weimar, die Stadt der Dichter und Denker – Symbol und Synonym für deutsche Kultur –, die in den Jahren vor und insbesondere während des Ersten Weltkriegs sinngemäß in Stellung gebracht wurde. Die unvergleichliche Überhöhung des sogenannten klassischen Erbes sowie die Mythisierung der Stadt und ihrer Umgebung als gemütvolles ›Herz Deutschlands und Europas‹ durch ihre Intellektuellen bilden den Hintergrund, vor dem dieser bislang wenig betrachtete Teil der Weimarer Geschichte aufgefächert wird.

Die facettenreiche Schau bringt dem Besucher diese ideen- und kulturgeschichtlichen Entwicklungen in der Residenzstadt und ihrer Umgebung in anschaulicher Weise nahe. Von Harry Graf Kessler bis Adolf Bartels, von Elisabeth Förster-Nietzsche bis Rudolf Eucken, von Wilhelm Ernst bis Selma von Lengefeld: In Weimar verdichten sich in besonderer Weise die Kontinuitäten der Tradition und Umbrüche der Moderne. Bislang unbekannte Objekte, Dokumente, Aufrufe und Kunstwerke erzählen die Geschichte von acht Persönlichkeiten aus Weimar und Jena, veranschaulichen ihr Denken und Handeln – und fragen nach ihrer Verantwortung für den ›Krieg der Geister‹. Darüber hinaus sind Werke von Ernst Ludwig Kirchner, Edvard Munch und Auguste Rodin, Kriegsausgaben von *Faust* und *Zarathustra*, Propagandaplakate und weitere Zeitzeugnisse zu sehen, die die weltanschaulichen Kämpfe verdeutlichen. Doch Weimar war nicht nur Flucht- und Ausgangspunkt einer in unseren heutigen Augen maßlosen Nationalisierung der Kultur, sondern auch Symbol für einen Neuanfang, mit dem die Ausstellung schließt. Die Nationalversammlung wurde begleitet von den optimistischen Visionen einer neuen Generation.

Christine Lieberknecht
Ministerpräsidentin des Freistaats Thüringen

Vorwort

Von George F. Kennan, dem amerikanischen Diplomaten und Historiker, stammt mit Blick auf den Ersten Weltkrieg das vielfach zitierte Wort von der »Urkatastrophe des 20. Jahrhunderts« (1979) oder »The great seminal catastrophe«, wie es im englischen Original heißt. Er äußert diese Einschätzung in der Untersuchung *The Decline of Bismarck's European Order. Franco-Russian Relations, 1875–1890*, also einer Analyse langfristiger Ursachen dieses das Antlitz Europas so grundlegend verändernden Krieges. Kennans Darstellung geht von einer im Grunde ›krisenfreien‹ westlichen Zivilisation aus, über die dieser Krieg regelrecht hereingebrochen sei. In der jüngeren Geschichtsschreibung hat sich der Begriff gleichsam verselbstständigt, wird von verschiedenen historischen Strömungen für je unterschiedliche methodische Ansätze und Interpretationsmodelle in Anspruch genommen und ist damit zu einem allgemeinen Schlagwort geworden. Indessen kann kein Zweifel bestehen, dass der Erste Weltkrieg nicht nur das gewaltsame Ende des ›langen 19. Jahrhunderts‹ bedeutet, wie Eric Hobsbawm die Zeitspanne von 1789 bis 1914 bezeichnet, sondern Veränderungsprozesse und neue Entwicklungen enorm beschleunigt hat. In England, Frankreich und Russland, den damaligen Hauptgegnern Deutschlands, war dieser epochale Einschnitt stets im Bewusstsein. Für uns Deutsche hingegen, darauf hat unlängst noch einmal Heinrich August Winkler hingewiesen, sei der Erste Weltkrieg mit seinen gravierenden Folgen ein ›vergessener‹ Krieg, da der Zweite Weltkrieg und der unfassliche Mord an den europäischen Juden durch das nationalsozialistische Deutschland alles bisher Dagewesene in den Schatten stellten. Einhundert Jahre später rücken der erste weltumspannende Krieg und seine Vorgeschichte wieder in den Blickpunkt der deutschen Öffentlichkeit.

Der Erste Weltkrieg wurde von 1914 bis 1918 in Europa, dem Nahen Osten, in Afrika, Ostasien und auf den Weltmeeren ausgefochten und forderte rund 17 Millionen Menschenleben. Am Ende musste der deutsche Kaiser abdanken, Deutschlands Großmachtträume waren zerplatzt, das Habsburgerreich zerfiel, Russlands zaristisches System wurde hinweggefegt. Der Aufstieg des deutschen Nationalsozialismus, des italienischen Faschismus und des sowjetischen Bolschewismus wären in dieser Form ohne den Krieg kaum denkbar gewesen. Dennoch, auch daran erinnert der Historiker Winkler, war er Ausgangspunkt der ersten parlamentarischen deutschen Demokratie, der Unabhängigkeit der baltischen Staaten und Finnlands, markierte er den Beginn der polnischen, tschechischen, slowakischen und ungarischen Eigenstaatlichkeit.

Die Begeisterung der Deutschen für diesen, wie die meisten meinten, ›gerechten‹ Krieg war zu Anfang in weiten Teilen der Bevölkerung – vor allem im Bürgertum – überwältigend. Und ebenso enthusiastisch beteiligte sich die Mehrheit der geistigen und kulturellen Elite des Landes. Ihre Überzeugungen, die ›Ideen von 1914‹, waren jedoch nicht die Ideale der westlichen Zivilisation, die von der Aufklärung und der Französischen Revolution geprägt waren und noch immer ›Freiheit, Gleichheit, Brüderlichkeit‹ hießen. Das deutsche Bekenntnis war weit mehr an die pathetische Identifikation mit der Volksgemeinschaft gebunden, an die Überzeugung von der Notwendigkeit des starken Staates und an einen Freiheitsbegriff, der von der Ein- und Unterordnung des Einzelnen unter die staatliche Obrigkeit ausging. Als Ersatz für weitgehende politische Abstinenz pochte man auf die ›hehren Werte‹ der deutschen Kultur. In dieser politischen Verantwortungsscheu erkannte der deutsch-amerikanische Historiker Fritz Stern ein besonders kritisches Potenzial: »Es ist eine beklagenswerte Tatsache«, schreibt er, »dass die Deutschen ihre größte Leistung – ihre Kultur – zur Verschlimmerung und Bemäntelung ihres größten Versagens benutzten – nämlich ihrer Politik«. Und genau dies trifft auf einen Großteil der Künstler und Wissenschaftler zu.

Bis heute mutet es erschreckend an, wie naiv und unreflektiert die Identifikation der Gelehrten und Kulturschaffenden mit zunehmend nationalistischen Parolen war, gepaart mit einer – zumindest zu Kriegsbeginn – überbordenden Kriegseuphorie. Nur wenigen schien bewusst, dass Krieg in erster Linie Zerstörung, Verletzung, Verstümmelung und Tod bedeutet. 93 prominente deutsche Kultur- und Wissenschaftsvertreter unterschrieben am 4. Oktober 1914 ein Manifest *An die Kulturwelt!*, das in 14 Sprachen in die Welt hinaus gesandt wurde. Sie stritten jede Kriegsschuld rundweg ab, rechtfertigten den Überfall auf das neutrale Belgien als Präventivschlag, leugneten Zerstörung und Kriegsverbrechen, wehrten sich gegen den Vorwurf der Völkerrechtsverletzung. Sie alle proklamierten, dass der Mensch als kleines Rädchen im großen Getriebe zu funktionieren habe, sie alle unterwarfen sich der Volksgemeinschaft, akzeptierten die angelaufene Kriegsmaschinerie. Aus Aggression wurde Notwehr, Kriegsunrecht wurde als glücklicher Ausbruch aus einer politischen und militärischen Einkreisung interpretiert. Und vor allem hofften die Unterzeichner, endlich einen Ausweg aus geistiger Zerfahrenheit und Trägheit zu finden, denn der Krieg erschien ihnen als Chance sittlicher Läuterung und eines radikalen kulturellen Neuanfangs. Stets wurde die deutsche Kultur in diesem ›Krieg der Geister‹ als Schild den verderblichen Einflüssen der westlichen Zivilisation entgegengehalten: Deutsche Innerlichkeit, Redlichkeit und Tiefe wurden gegen die imperialistische englische Krämerseele und gegen die bourgeoise Verweichlichung und Oberflächlichkeit der Franzosen gesetzt. Weimar-Jena mit seiner herausragenden kulturellen Überlieferung, mit dem Verständnis von Aufgeklärtheit und Humanität, der Rückbindung an die geistige Welt der Weimarer Klassik kann geradezu als Inbegriff des deutschen Selbstverständnisses in diesem weit über das Nationale hinausgreifenden Bezugsrahmen betrachtet werden. Diese Ambivalenzen zu untersuchen, ist Gegenstand unserer Ausstellung.

»Krieg der Geister. Weimar als Symbolort vor und nach 1914« ist ein großes Gemeinschaftswerk, für das es zunächst unseren Kooperationspartnern, dem Thüringischen Hauptstaatsarchiv, dem Stadtmuseum und dem Stadtarchiv, herzlich zu danken gilt, insbesondere Dagmar Blaha, Dr. Bernhard Post, Dr. Jens Riederer und Dr. Alf Rößner. Das Gelingen der Ausstellung beruht zudem wesentlich auf der Bereitschaft einer großen Zahl von öffentlichen und privaten Leihgebern, die uns für die Dauer der Ausstellung mit einer Vielzahl wichtiger Objekte unterstützen, wofür wir aufrichtig Dank sagen. Gedankt sei zudem den Mitgliedern des wissenschaftlichen Fachbeirates, die das Vorhaben mit klugen Anregungen begleitet haben. Es sind dies Dr. Philipp Blom, Prof. Dr. Hans-Werner Hahn, Prof. Dr. Gerd Krumeich, PD Dr.

Angelika Pöthe, Dr. Justus H. Ulbricht und Dr. Dieter Vorsteher-Seiler. Ohne die großzügige finanzielle Unterstützung der Kulturstiftung der Länder und der Ernst von Siemens Kunststiftung hätten wir diese Ausstellung nicht verwirklichen können. Daher gilt Frau Isabell Pfeiffer-Poensgen, Frau Dr. Britta Kaiser-Schuster, Herrn Prof. Dr. Joachim Fischer und Frau Gabi Werthmann unser besonderer Dank.

Für die Gestaltung der Ausstellung zeichnet das Büro VON M, Architektur und Kommunikation, Stuttgart verantwortlich. Prof. Matthias Siegert hat mit seinem Team eine zeitgemäße, stringente Ausstellungseinrichtung entworfen, wofür wir uns herzlich bedanken. Ebenso großer Dank gilt den Museumstechnikern, den Restaurierungswerkstätten und den Kolleginnen und Kollegen unserer Stabsstelle Ausstellungen und Leihverkehr. Die Produktion des Katalogs lag in den Händen des Sandstein Verlags, für die Gestaltung möchten wir insbesondere Norbert du Vinage und Simone Antonia Deutsch danken. Für die Gestaltung des grafischen Auftritts sei jangled nerves GmbH, für deren Umsetzung Goldwiege/Visuelle Projekte gedankt. An dieser Stelle möchten wir auch den rund dreißig Autoren danken, die in ihren Beiträgen ganz unterschiedliche Aspekte des »Kriegs der Geister« ausleuchten. Ebenso danken wir unseren Kolleginnen und Kollegen aus dem Referat Forschung und Bildung, im Goethe- und Schiller-Archiv und der Herzogin Anna Amalia-Bibliothek, wobei sich die Kolleginnen in der HAAB in besonderer Weise engagiert haben. Nicht vergessen seien natürlich alle weiteren Kollegen in den Museen und in der Klassik Stiftung Weimar, seien sie mit dem vielfältigen Vermittlungsprogramm betraut, in der Verwaltung tätig oder für die Öffentlichkeitsarbeit verantwortlich. Ihnen allen gilt in gleicher Weise unser herzlicher Dank.

Dr. Gerda Wendermann, Gudrun Püschel, Manuel Schwarz und Sabine Walter sind das Herz der Unternehmung. Sie haben alle inhaltlichen und organisatorischen Fäden in Händen gehalten. Auf bewundernswerte Weise haben sie sich mit der überaus komplexen Materie auseinandergesetzt und konzentriert das ambitionierte Vorhaben realisiert. Für ihre Arbeit bedanken wir uns in ganz besonderer Weise.

HELLMUT SEEMANN   WOLFGANG HOLLER

GERDA WENDERMANN

Krieg der Geister. Weimar als Symbolort vor und nach 1914

Eine Einführung in die Ausstellung

*»Das stolze große Volk, das den Ehrentitel seiner alten Kulturmission
so selbstgewiß in die Wagschale des Schicksals wirft,
vertraut auf das reiche Erbe an Kultur, das es in seinem Blut
und in seinen Schätzen des Geistes hütet«.*[1]

Zur Ausstellungskonzeption

Wie in keinem Krieg zuvor engagierten sich im Ersten Weltkrieg die Intellektuellen aller unmittelbar beteiligten Länder für die Begründung und die vermeintlich gerechte Sache eines Krieges, der nicht nur von deutscher Seite als »Heiliger Krieg«, sondern etwa auch von französischer Seite als »Union sacrée« deklariert wurde.[2] Insbesondere im wilhelminischen Kaiserreich beflügelte der siegesgewisse Glaube an eine deutsche Mission die Vertreter unterschiedlichster kulturpolitischer und wissenschaftlicher Ausrichtungen. Ausgangspunkt unserer Ausstellung ist daher die Frage, wie es dazu kommen konnte, dass die Begriffe ›deutsche Kultur‹ und ›deutsche Bildung‹ sich bereits in der Vorkriegszeit und vor allem in der ersten Phase des Krieges derartig zu ideologischen Parolen aufladen konnten. Jenseits der machtpolitischen Auseinandersetzungen und der Verheerungen des Krieges widmet sich die Ausstellung diesen wirkungsmächtigen Zusammenhängen von Bildung, Kultur und Nationalbewusstsein, der geistigen Brandstiftung im Dienst nationaler Ziele. Zweifellos spielte Weimar als symbolträchtiger Ort der deutschen Kultur in diesem Prozess eine zentrale Rolle: sei es von außen durch Berufung auf die Weimarer Geistesgrößen und die Überlegenheit der deutschen Kultur, sei es von innen heraus durch in Weimar tätige Künstler, Schriftsteller und Gelehrte, die den Mythos des Volkes der Dichter und Denker und des damit verbundenen Sendungsbewusstseins beschworen. In unserer Ausstellung geht es demnach zentral um die Frage einer Nationalisierung der Kunst, der Literatur und der Musik im Zeichen einer proklamierten Wiedergeburt der deutschen Kultur, für die die Weimarer Klassik als unantastbares Vorbild galt; und um die Art und Weise, in der diese während des Ersten Weltkriegs sinngemäß in Stellung gebracht wurde.

Dass diese kulturellen Konzeptionalisierungen gleichermaßen als Symptome der Moderne zu sehen sind wie Avantgardismus, Internationalität und reformorientierte Gesellschaftsentwürfe zeigt die Ausstellung am Beispiel ausgewählter Persönlichkeiten, deren Wirken vom Beginn des 20. Jahrhunderts bis zur Revolution in der sogenannten Doppelstadt Weimar-Jena greifbar ist: Großherzog Wilhelm Ernst, Harry Graf Kessler, Elisabeth Förster-Nietzsche, Adolf Bartels, Selma von Lengefeld, Eugen Diederichs, Rudolf Eucken und Ernst Haeckel. Sie sind Modernisierer und Bewahrer, Nationalisten und Demokraten – die Vielfalt der Weltanschauungen, ihre Überschneidungen und Koexistenzen zeichnen ein durchaus ambivalentes Bild jener Zeit. So individuell die Entwicklung jedes dieser Protagonisten verläuft, so stehen sie zugleich auch für ein deutschlandweites Phänomen.

Die unvergleichliche Überhöhung des sogenannten klassischen Erbes sowie die Mythisierung der Stadt und ihrer Umgebung als gemütvolles »Herz Deutschlands« bilden den Hintergrund der Ausstellung, vor dem dieser bislang wenig betrachtete Teil der Weimarer Geschichte verdeutlicht wird.[3] Bisher hat sich die Kulturgeschichtsschreibung Weimars stark auf sich selbst bezogen und übergreifende Zusammenhänge unter identitätspolitischer Perspektive kaum thematisiert. Dabei schuf die klassikbezogene Traditionspflege in Weimar stets auch eigene politische Konzepte. Die Klassikerstadt lieferte in diesem Sinne markante Beiträge zu kollektiver nationaler Traditions- und Identitätsstiftung. Einen ersten wichtigen Versuch, solche Schattenseiten Weimarer Erinnerungspolitik kritisch aufzuarbeiten, unternahm das von der Stiftung Weimarer Klassik 1995 initiierte Forschungsprojekt *Die völkische und nationalsozialistische Instrumentalisierung kultureller Traditionen in Weimar seit dem Ende des 19. Jahrhunderts*.[4] Die Erkenntnisse aus diesem Forschungsprojekt bildeten die Basis für die damalige Ausstellung *Wege nach Weimar*, die 1999 in dem früheren Flügel des thüringischen Gauleiters Fritz Sauckel, im sogenannten Gauforum zu sehen war. Ihr kommt das Verdienst zu, die Instrumentalisierung der Weimarer Klassik im Nationalsozialismus veranschaulicht zu haben.[5] Unsere Schau blickt nun in einem zweiten Schritt weiter zurück und stellt den fatalen Prozess der maßlosen Ideologisierung der deutschen Kultur im Zeichen der Klassik seit der Jahrhundertwende dar. Welche Bedeutung kam der Klassikerstadt zu, als das deutsche Kaiserreich sich anschickte, unter Berufung auf Goethe und Schiller, Luther und Bismarck einen Kulturkrieg zu führen, dessen verheerende Auswirkungen den Verlauf des 20. Jahrhunderts prägten? Wie konnte es dazu kommen, dass selbst ein so fortschrittlich denkender Kunstkritiker wie Karl Scheffler den Ausbruch des Krieges freudig begrüßte, in der Hoffnung auf eine Wiedergeburt »des Genius der Rasse« und der »Eigenschaften des Lutherdeutschen, des Schillerdeutschen, des Bismarckdeutschen«?[6] Gleichwohl ist es ein Anliegen der ideengeschichtlich angelegten Ausstellung, die Ambivalenzen und weltanschaulichen Diskussionen der Zeit exemplarisch deutlich zu machen, ohne eine einseitige geistige Entwicklung in Richtung Nationalsozialismus zu behaupten.

In der Vorbereitungsphase der Ausstellung fand vom 15. bis 17. Mai 2013 ein Symposium der Klassik Stiftung Weimar statt, das sich ausdrücklich dem Thema *Weimar am Vorabend des Ersten Weltkriegs* widmete. Spezialisten aus unterschiedlichen Fachbereichen lieferten Fallstudien, die einen Bogen schlagen von der Frauenbewegung bis zur Kolonialpolitik, von der Weimarer Kunstschule bis zur Heimatkunstbewegung und von naturwissenschaftlichen Theorien bis hin zu kulturkritischen Zeitdiagnosen. Diese Beiträge bilden auch die Grundlage zum diesjährigen Jahrbuch der Klassik Stiftung Weimar[7] und flossen letztlich in das Ausstellungskonzept und in den vorliegenden Katalog ein.

Weimar als Wallfahrtsort der deutschen Kultur
Im ersten Teil der Ausstellung geht es um einen Rückblick auf die Zeit nach der Jahrhundertwende mit der strategischen Ausrichtung Weimars als Gedenk- und Memorialstätte der Blütezeit der deutschen Klassik. Weimar als Erinnerungsort ist zweifellos ein »Produkt nationalkultureller Sinnzuschreibungen«,[8] zu dem auch die Universitätsstadt Jena als Teil des kulturellen Gravitationszentrums gehörte. Es ist das Resultat einer Konstruktion, an der zunächst das ernestinische Fürstenhaus mittels seiner mäzenatischen Projekte arbeitete und später die bildungsbürgerliche Elite des wilhelminischen Kaiserreichs. Der vielzitierte ›Geist von Weimar‹ als eine Bildungsemphase mit aufklärerischem Anspruch war anpassungsfähig und dienstbar. Er konnte für Zeitkritik und Zeitflucht, Reformhoffnungen und politische Anpassung, Universalismus und Nationalismus stehen. Zu Beginn des 20. Jahrhunderts bezeichnete er vor allem eine ebenso weltfremde wie unpolitische Flucht in einen übersteigerten Idealismus.

Abb. 1
Richard Engelmanns Wildenbruch-
Denkmal · Unbekannt · nach 1915
Privatbesitz

Weimar avancierte in der zweiten Hälfte des 19. Jahrhunderts zum Wallfahrtsort des deutschen Bildungsbürgertums und zum Symbolort des ›geistigen Deutschlands‹.⁹ Dies bedeutete, dass es geradezu magisch Projektionen und Kulturkonzepte auf sich zog, die mit der Anrufung der Weimarer ›Geistesfürsten‹ und unter Berufung auf Weimars ›geweihten Kulturboden‹ legitimiert wurden. Die Rede von der ›Wallfahrt nach Weimar‹ war zwar spätestens mit Goethes Tod 1832 populär geworden, doch trat die ikonische Verdichtung im Sinne einer Idealisierung und Mythisierung Weimars erst später ein. Dabei verstärkten sich der real existierende Ort Weimar und der ›Geist von Weimar‹ gegenseitig. So feierte der wilhelminische ›Großdichter‹ Ernst von Wildenbruch den »heiligen Boden« Weimars, »über den einstmals so große, herrliche Menschen dahingewandelt sind, mit so weiten, Zeit und Ewigkeit umspannenden Gedanken im Kopfe, mit so tiefen, die ganze Menschheit umfangenden Gefühlen in der Seele. Das hat sich dem Boden, der Luft, der ganzen Atmosphäre dieser Stadt wie eine zu lebendigem Bestandteil gewordene Erinnerung eingeprägt, das atmet aus ihr aus wie eine den gegenwärtigen Menschen mit suggestiver Macht umspinnende und berauschende unsichtbare Gewalt«.¹⁰

In der Tat lässt sich eine »ästhetisierte Topographie«¹¹ der Stadt festmachen, die sich auf die große Vergangenheit bezieht und diese visuell aufbereitet. Unter der Regentschaft Carl Alexanders hatte sich

Abb. 2 Feier zum 100. Todestag Schillers auf dem Theaterplatz · Fotoatelier Louis Held · 1905

Weimar zu einem Zentrum der Gedächtniskultur mit Museen, Denkmälern, Friedhöfen und Parklandschaften entwickelt. Die Reihe der Dichter-Denkmäler, die das Stadtbild in der öffentlichen Wahrnehmung bis heute prägen, wurde in den 1850er-Jahren eingeleitet mit Ludwig Schallers Herder-Denkmal (1850), Ernst Rietschels Goethe- und Schiller-Denkmal (1857) und Hanns Gassers Wieland-Denkmal (1857). Ihre Ergänzung fanden sie in landespolitisch motivierten Monumenten wie dem Herzog-Carl-August-Denkmal, das 1875 eingeweiht wurde, und dem von Robert Härtel gestalteten sogenannten Watzdorf-Denkmal zur Erinnerung an die gefallenen Soldaten des Thüringischen Regimentes Nr. 94 im Deutsch-Französischen Krieg von 1870/71, das 1878 enthüllt wurde.

    Die Ausstellung zeigt, wie diese Denkmalstradition auch unter der Regierung des jungen Großherzogs Wilhelm Ernst weitergeführt wurde. Die neue Denkmalsreihe wurde 1902 eingeleitet mit dem Liszt-Denkmal im Ilmpark, dem 1904 das dem ›dritten Klassiker‹ gewidmete und ebenfalls im Park aufgestellte Shakespeare-Denkmal folgte. 1907 wurde das Reiterstandbild Carl Alexanders von Adolf Brütt am ehemaligen Karlsplatz errichtet. Den Abschluss der Weimarer Dichter-Denkmäler bildete das Denkmal, das dem wilhelminischen Großdichter Ernst von Wildenbruch gewidmet war und das wegen des Kriegsausbruchs erst im Frühjahr 1915 enthüllt wurde.

    Diese die Stadt überspannende Topografie der Erinnerung wurde in ihrer Vergegenständlichung durch rituelle Inszenierungen in Form von Dichterfeiern, Jubiläen und Festlichkeiten im öffentlichen Bewusstsein lebendig gehalten. In dieser für Deutschland einmalig dichten Memorialarchitektur feierte die geistige Elite der ›Kulturnation‹ auch sich selbst, die mit der Reichseinigung 1871 endlich auch eine ›Staatsnation‹ bildete.[12] Insbesondere die Schillerfeste, von denen die Feier zum 100. Geburtstag Schillers 1859 das wahrscheinlich größte Massenfest des 19. Jahrhunderts in Deutschland war, mobilisierten die bildungsbürgerliche Elite im Zeichen einer künftigen Nationsbildung.[13] Auch die Schillerfeier zum 100. Todestag im Jahr 1905 beinhaltete eine deutsch-patriotische Inanspruchnahme des Dichters als »ästhetischer Erzieher«[14] für einen neuen sittlichen Idealismus. Darüber hinaus versammelte der alljährliche Goethe-Tag sowohl Gelehrte als auch das gebildete Bürgertum in Weimar. Bis heute gehört Goethes Geburtstag am 28. August zum Festprogramm Weimars.

Abb. 3 Deutscher Schillerbund (Hrsg.) · Werbeheft für die Nationalfestspiele 1912 · Klassik Stiftung Weimar

Abb. 4 Reform-Lichtspiele · Fotoatelier Louis Held · 1912

Das klassische Erbe unter Wilhelm Ernst und der Einzug der Moderne in Weimar

Nach diesem Rückblick auf die Erinnerungsstrategien des 19. Jahrhunderts wendet sich die Ausstellung der Kulturpolitik unter Wilhelm Ernst zu, der das Großherzogtum Sachsen-Weimar-Eisenach seit der Jahrhundertwende regierte. Als Nachfolger Carl Alexanders war Wilhelm Ernst deutschlandweit zunächst mit großen Erwartungen begrüßt worden. Die Kulturpolitik des jungen Großherzogs oszillierte zwischen Aufklärung, Verehrung und Forschung: Die Gedenkstätten, das Goethe- und Schiller-Archiv, die Großherzogliche Bibliothek und die Museen wurden einerseits stetig professionalisiert, boten aber andererseits unreflektiertem bis nationalistisch geprägtem Revisionismus einen Resonanzraum. Dass Wilhelm Ernst dennoch Probleme damit hatte, den Weimar-Mythos fortzuschreiben, wird aus einer scharfen Kritik des wilhelminischen Großdichters Ernst von Wildenbruch deutlich, die dieser in seiner Schrift *Ein Wort über Weimar* 1903 veröffentlichte. Zunächst lobt Wildenbruch den jährlichen Goethe-Tag in Weimar, an dem die internationale Goethe-Gesellschaft sich im »Allerheiligsten des Geistes« einfinde, als herausragende lebendige Traditionspflege, die dem Haus der Ernestiner zu verdanken sei.[15] Im Folgenden beklagt er allerdings das Fernbleiben Wilhelm Ernsts, der damit die Weimarer Traditionen in Gefahr brächte, denn »die Pflicht eines jeden, dem Hause der Ernestiner Angehörigen« sei es, »mitzuschaffen an dem Heiligtum der deutschen Nation, an der deutschen Sprache!«[16] Mit diesem Hinweis erinnerte von Wildenbruch implizit daran, dass Luther das Neue Testament unter dem Schutz Kurfürst Friedrichs des Weisen ins Deutsche übersetzt hatte und das ernestinische Haus sich seither als Schutzmacht des protestantischen Glaubens verstand.

Die Wartburg als Geburtsort der deutschen Schriftsprache war durch den Wiederaufbau und die neue künstlerische Ausstattung unter Carl Alexander zu einem weiteren starken nationalen Symbol aufgestiegen – ein Symbol für die Wiedergeburt Deutschlands aus dem Geist des Mittelalters, des Christentums und der Dichtung. So konnte Luther neben Goethe und Schiller, die für die geistige Einigung

Abb. 5 Elisabeth Förster-Nietzsche · Fotoatelier Louis Held · um 1910

in der ersten Jahrhunderthälfte des 19. Jahrhunderts standen, zu einem der Gralshüter der deutschen Sprache stilisiert werden. Wie der Mythos einer Nationaldichtung im Zeichen Schillers und Goethes forciert wurde, zeigt die Ausstellung etwa anhand des 1906 in Weimar gegründeten Deutschen Schillerbundes. Dieser veranstaltete 1909 erstmals die Nationalfestspiele für die deutsche Jugend. Eröffnet wurden sie mit einer Aufführung von Schillers *Wilhelm Tell* im neuerbauten Hoftheater.

Die Schau stellt nicht nur die Erinnerungskultur und Traditionspflege in der Residenzstadt vor, sondern eröffnet weitere Perspektiven auf Weimar und seine Nachbarstadt Jena, die als Wirtschaftszentrum des Großherzogtums Bedeutung hatte. Die zunehmende Industrialisierung und Mobilisierung, die städtebauliche Entwicklung und die Verbreitung der neuen Bildmedien Fotografie und Film hatten unmittelbare Auswirkungen auf den Alltag der Einwohner. Darüber hinaus boten die Lebensreform- und Frauenbewegungen, die wachsende Politisierung der Arbeiterschaft sowie neue philosophische und wissenschaftliche Weltdeutungsmodelle ein breites diskursives Feld. Als eine der ersten promovierten Wissenschaftlerinnen engagierte sich Selma von Lengefeld für die Frauenbewegung und das Frauenwahlrecht in Weimar und leitete die Ortsgruppe des Vereins Frauenbildung – Frauenstudium. Mit dem Volkshaus Weimar stand ab 1908 den Sozialdemokraten und Gewerkschaften erstmals in Thüringen ein eigenes Versammlungsgebäude zur Verfügung. Bereits 1912 wurden die Reform-Lichtspiele des Hoffotografen Louis Held eröffnet, in denen neben Meisterwerken des deutschen Stummfilms wie Hanns Heinz Ewers' *Der Student von Prag* (1913) oder Paul Wegeners *Der Golem* (1915) vor allem unterhaltsame oder spektakuläre Filme aller Art gezeigt wurden.

Einen Mittelpunkt des gesellschaftlichen und kulturellen Lebens in Weimar während der Vorkriegszeit bildeten Elisabeth Förster-Nietzsche und ihr Nietzsche-Archiv. Obwohl sie einen fragwürdigen Kult um die Person und das philosophische Vermächtnis ihres Bruders betrieb, pilgerten Persönlichkeiten jeglicher kultureller und politischer Couleur zu ihr in die Villa Silberblick. Nicht nur der

Abb. 6 Ernst Ludwig Kirchner · Musikzimmer II · 1915–1920 · Sprengel Museum Hannover

Literaturnobelpreisträger Gerhart Hauptmann, auch der norwegische Künstler Edvard Munch zählte zu ihrem Freundeskreis. An ihren Salonveranstaltungen nahmen unter anderem Schriftsteller wie Johannes Schlaf, Samuel Lublinski und Richard Dehmel teil. Zu ihrem Netzwerk gehörte die Frauenrechtlerin Selma von Lengefeld ebenso wie Ernst Wachler, ein Vertreter völkischen Gedankenguts. Elisabeth Förster-Nietzsche bewies Geschick darin, progressive, reaktionäre, moderne und nationalistische Kräfte unter dem Dach ihres Archivs zu versammeln.

Neben ihr war Harry Graf Kessler die treibende Kraft eines großbürgerlich und kosmopolitisch orientierten Nietzsche-Kultes, den er in seine eigene Richtung lenken wollte. Hier sei, so hoffte er, die Energiequelle, mit der das unfertige Werk der deutschen Einheit zu vollenden sei, das Verschmelzen von Geist und Macht.[17] Kessler glaubte, dass diese Entwicklung durch die Besinnung auf die kulturellen Werte des klassischen Deutschland geschehen könne: »Wir waren mit ihm [Nietzsche] ausgewandert in eine neue Welt, in der wir uns aber gleich zu Hause fühlten, weil uns dort unter fremden Sternen, in einem neuen Licht, als sei dies ihre wahre Heimat, einige der größten Deutschen, Beethoven, Goethe, Fichte, Hölderlin, entgegenkamen«.[18]

Die Ausstellung erinnert insbesondere an das Projekt eines monumentalen Nietzsche-Stadions, mit dem Henry van de Velde kurz vor Ausbruch des Krieges durch Kessler beauftragt wurde. Es sollte in der Blickachse des Bismarck-Turms auf dem Ettersberg gebaut werden. Am Beispiel der Debatte um dieses Nietzsche-Projekt wird die ambivalente Haltung Kesslers deutlich, der sich nicht nur für die Vermittlung der europäischen Avantgarde einsetzte, sondern durchaus auch Ideen verfolgte, den »Typ« des Deutschen zu verbessern, damit auf diesem Fundament ein »höherer Mensch« entstehen könne.[19] Durch seine geschickte Ausstellungspolitik vermittelte Kessler zwischen ›nationalen‹ Künstlern wie Max Klinger und französischen Impressionisten wie Claude Monet. Kessler und Henry van de Velde waren auch Mitglieder der Gesellschaft der Kunstfreunde in Jena und Weimar, die 1904 etwa zeitgleich zum Jenaer Kunstverein gegründet wurde. Der Wunsch nach Weltläufigkeit verband sich hier mit dem Reformgeist der Jahrhundertwende.

Von Jenaer Seite gehörten der Gesellschaft nicht nur Universitätsprofessoren wie der Archäologe Botho Graef, die Rechtsgelehrten Hans Fehr und Eduard Rosenthal, der Physiker Felix Auerbach sowie der Philosoph Rudolf Eucken an. Auch Vertreter der Wirtschaft wie Siegfried Czapski von der Carl Zeiss-Stiftung und der Verleger Eugen Diederichs waren Mitglieder. Dieser Personenkreis, der parallel auch im Salon von Elisabeth Förster-Nietzsche verkehrte, prägte im Wesentlichen das intellektuelle Kräftefeld der Universitätsstadt.[20] Die Gesellschaft, in der vor allem die Ehefrauen eine aktive Rolle spielten, setzte sich auf vielfältige Weise für die Vermittlung zeitgenössischer Kunst ein. Ihre wichtigsten Projekte waren die Realisierung des Abbe-Denkmals durch van de Velde (1911) und der Auftrag an Ferdinand Hodler für das Universitätsbild *Auszug deutscher Studenten in den Freiheitskrieg von 1813* (1908).

Als maßgebliche Jenaer Protagonisten werden Rudolf Eucken und Ernst Haeckel mit einer Auswahl von persönlichen Gegenständen und Dokumenten, Publikationen und Bildern präsentiert. Euckens Haus gehörte zu den einflussreichsten gesellschaftlichen Treffpunkten in Jena, auch dank seiner Frau Irene Eucken, die eigene künstlerische Ambitionen pflegte.[21] Eucken hatte 1908 den Nobelpreis für Literatur erhalten und war damit zu einer internationalen Berühmtheit avanciert. Seine zahlreichen lebensphilosophischen Schriften, in denen er den verloren geglaubten Zusammenhang »jener großen Geister« mit dem »Reich der Bildung«[22] verkündete, stieß auf eine große Resonanz im In- und Ausland. Das Verständnis von ›Vergeistigung‹ als ›Verinnerlichung‹ bildete den Kern seines populären Neoidealismus, denn im Verlust von Innerlichkeit sah Eucken den entscheidenden Makel der Moderne.[23] Seine Weltanschauung knüpfte an den Idealismus Fichtes an, um die vermeintliche Kluft zwischen Wissenschaft und Leben zu überbrücken.[24]

Abb. 7 Eugen Diederichs · Wege zu deutscher Kultur · 1908
Klassik Stiftung Weimar

Abb. 8 Georg Misch · Vom Geist des Krieges und des deutschen Volkes Barbarei
1914 · Privatbesitz

Euckens intellektueller Antipode in Jena war der Zoologe Ernst Haeckel, der schon früh mit seinen Büchern wie *Die Welträthsel* (1899) zum prominenten Interpreten von Darwins Evolutionstheorie in Deutschland geworden war. Zusammen mit dem international bekannten Leipziger Chemiker Wilhelm Ostwald gründete er 1906 in Jena den Deutschen Monistenbund. Haeckel verkündete den Monismus gleichsam als eine naturwissenschaftlich begründete, säkulare ›Gegenreligion‹, als eine alternative Weltdeutung.[25] Hinter der religiösen Aufladung der Wissenschaft verbarg sich nicht nur Unzufriedenheit mit den Kirchen und mit dem materialistischen Zeitgeist, sondern ein mächtiger »Hunger nach Weltanschauung«.[26] Was dem Naturforscher letztlich vorschwebte, war die Versöhnung von Materialismus und Idealismus, Wissenschaft und Glaube, Darwin und Goethe.

Auch der Verleger Eugen Diederichs verfolgte Kulturkonzepte, die die beiden geistigen Hochburgen Weimar und Jena verbinden sollten. Sein ambitioniertes und inhaltlich weit gefasstes Verlagsprogramm für das Jahr 1908 trug den bezeichnenden Titel *Wege zu deutscher Kultur*, und noch das Verzeichnis der Verlagsneuerscheinungen für 1913 dokumentierte mit dem Titel *Die Deutsche Kulturbewegung im Jahre 1913* sehr deutlich den programmatischen Schwerpunkt jener Jahre.[27] Tatsächlich strebte Diederichs einerseits nach einer Universalität der Welterfassung, andererseits setzte er sich für eine »zukünftige deutsche Kultur im Sinne Fichtes« ein.[28] Als Spiritus Rector des jugendbewegten Serakreises, einem Zirkel kultur- und bildungskritisch gestimmter Gymnasiasten und Studenten, inszenierte er neoromantische Vagantenfahrten und Naturfeste in der Nachfolge der altgermanischen Sonnwendfeiern.

Doch lassen sich im Vergleich zu Jena gerade in Weimar die gegensätzlichen Positionen und die ästhetischen Debatten noch stärker beobachten, die das wilhelminische Kaiserreich in seiner Gesamtheit beschäftigten. Wie sehr sich die zunehmende Ideologisierung auch auf den Bereich der Kunst auswirkte, verdeutlicht die Ausstellung mit einer konzentrierten Auswahl großformatiger Gemälde von Ludwig von Hofmann, Sascha Schneider, Fritz Mackensen und Albin Egger-Lienz. Während die Weimarer Kunstschule zu Beginn des neuen Jahrhunderts unter der Leitung Hans Oldes noch für eine tolerante Öffnung gegenüber der europäischen Avantgarde stand, änderte sich die Situation mit der Berufung des Worpsweder Künstlers Fritz Mackensen als Direktor im Jahr 1910 grundsätzlich. Die Abgrenzung zwischen einer als ›urdeutsch‹ vereinnahmten Kunst und einem als ›fremdländisch‹ gewerteten Einfluss wurde allgemein schärfer. So unterstützte Mackensen seinen langjährigen Wegbegleiter Carl Vinnen. Dieser stand 1911 im Zentrum einer deutschlandweit erbittert geführten Debatte über die Gefahren des Einflusses des französischen Impressionismus auf die deutsche Kunst. Mit dem Tiroler Maler Albin Egger-Lienz wurde 1912 zudem ein Künstler nach Weimar berufen, in dem all jene, die gegen die ›Überfremdung‹ der deutschen Kunst polemisierten, ein Aushängeschild völkischer Heimatkunst erkannten.[29]

Die wachsende Ablehnung einer als ›undeutsch‹ bewerteten Moderne korrespondierte mit dem Streben nach einer einheitlichen nationalen Kunst und Kultur unter Berufung auf vergangene Größe. Diese Tendenz lässt sich auch auf dem Gebiet der Literatur verfolgen. Die Ausstellung konzentriert sich hier auf eine Kontrastierung der Neuklassiker Samuel Lublinski und Paul Ernst sowie des ehemaligen Naturalisten Johannes Schlaf mit dem deutsch-konservativen Elsässer Friedrich Lienhard und dem völkisch-antisemitischen Adolf Bartels, die alle bewusst Weimar als ihr Wirkungs- und Resonanzfeld wählten. Die kulturelle Vielstimmigkeit wurde zunehmend von nationalistischen Tönen überboten – man rüstete geistig auf in der Doppelstadt Weimar-Jena.

Der Kulturkrieg

Im zweiten Hauptteil der Schau geht es um die nationalistische Euphorie, die sich mit der Ausrufung der Mobilmachung verbreitete. Überall lieferten Intellektuelle die ideologischen Stichworte und forcierten die ›geistige Mobilmachung‹ im Dienst einer vermeintlich neuen einheitlichen deutschen Kultur. Im Wesentlichen handelte es sich um eine literarische Debatte der daheimgebliebenen Bildungsbürger, Wissenschaftler und Schriftsteller, die mit den realen Kriegsereignissen kaum etwas zu tun hatten.[30] Unsere Ausstellung verfolgt diesen ›Kulturkrieg‹ exemplarisch aus Sicht der tonangebenden Weimarer und Jenaer Protagonisten und der Verwalter des klassischen Erbes. Ähnlich wie in Berlin, wo sich vor allem die Professoren der Humboldt-Universität mit der Vortragsreihe *Deutsche Reden in schwerer Zeit* an die Öffentlichkeit wandten,[31] engagierten sich auch in Jena mit Rudolf Eucken und Ernst Haeckel prominente Vertreter der Universität für den Krieg. Sie begrüßten ihn als identitätsstiftend und stellten ihn in eine historische Entwicklungslinie von den Befreiungskriegen im Jahr 1813 bis zum Deutsch-Französischen Krieg von 1870/71, der schließlich zur Reichsgründung führte. Dieser neue Krieg sollte die ersehnte innere Einheit der deutschen Nation vollenden.

So sprach Anfang August 1914 in der überfüllten Aula der Universität Jena auch Rudolf Eucken als repräsentativster Philosoph des Kaiserreichs über *Die sittlichen Kräfte des Krieges*.[32] Zwar erweise sich ein Krieg als schweres Übel, dozierte Eucken, wenn er aus niedrigen Beweggründen geführt werde – aus Hass, Neid, Ruhmsucht oder Erfolgsgier etwa. Als »Quelle sittlicher Stärkung« dagegen bewähre sich »der Kampf eines ganzen Volkes für seine Selbsterhaltung und für die Wahrung seiner heiligsten Güter«.[33] Dass Deutschlands Krieg von ebendieser Art sei, also einer gerechten Sache diene, das zeige »die durchgreifende Läuterung und Erhebung«, die er an »unserer Seele« bewirke.[34] Allein bis Ende 1914 hielt Eucken 36 Vorträge in stets vollen Sälen. Die Synthese von Macht und Geist, von Politik und Kultur beschwor auch der renommierte Goethe-Forscher Friedrich Gundolf in einem Artikel in der *Frankfurter Zeitung*: »Mit der Sehnsucht […], daß der Traum von der Volkwerdung des deutschen Geistes und der Geistwerdung des deutschen Volkes sich ganz erfülle, mit der Hoffnung auf einen unverlierbaren Sieg sind wir in den gegenwärtigen Kampf getreten«.[35] Nicht von ungefähr berief sich auch die konservative Kunstzeitschrift *Der Kunstwart* in ihrer ersten Kriegsausgabe auf Schillers berühmtes Fragment *Deutsche Größe* und dessen zentralen Satz: »Jedes Volk hat seinen Tag in der Geschichte, doch der Tag des Deutschen ist die Ernte der ganzen Zeit«.[36]

Bereits im September 1914 publizierte Eugen Diederichs in seinem Verlag die erste *Tat-Flugschrift* von Georg Misch *Vom Geist des Krieges und des deutschen Volkes Barbarei*. Diese Rede des Marburger Gelehrten beinhaltete alle Argumente, die fortan in unzähligen Varianten von Schriftstellern und Gelehrten,

Künstlern und Komponisten, Priestern und Pädagogen formuliert wurden: Obwohl der Krieg den Deutschen von außen aufgezwungen worden sei, entwickle er sich nun als »Ausdruck, als Auslösung unseres geistigen Seins in einem einmütigen Willen, von dem jeder ganz sicher weiß, dass er im innersten Gewissen sittlich ist«.[37] Mit dem Krieg wurde von Beginn an die Hoffnung auf einen »heldischen Idealismus«[38] und auf eine Erneuerung der gesellschaftlichen Ordnung verbunden.[39] Der Krieg wurde zu einem ›Heiligen Krieg‹ stilisiert, der in erster Linie der Verteidigung der deutschen Kultur dienen sollte.[40]

Da die Intellektuellen von der ›Sittlichkeit‹ der deutschen ›Erhebung‹ überzeugt waren, reagierten sie mit umso schärferer Ablehnung auf die Vorwürfe der Alliierten zu Kriegsverbrechen des deutschen Heeres in den besetzten belgischen und nordfranzösischen Gebieten. Es ist bezeichnend, dass in vielen deutschen Städten Kriegsarchive entstanden, um zum einen alle Facetten des ›Großen Krieges‹ für die Nachwelt zu dokumentieren und zum anderen Gegenbeweise für den ›Lügenfeldzug‹ der Alliierten zu sammeln. In Hamburg baute sogar ein aufgeklärter Gelehrter wie der deutsch-jüdische Kunsthistoriker Aby Warburg[41] mit beträchtlichen finanziellen Mitteln ein privates, rasant wachsendes Zeitungsarchiv auf. Zeitgleich entstand in Jena eines der größten Kriegsarchive Deutschlands, das auch von Industrieunternehmen wie den Zeiss-Werken unterstützt wurde.[42] Im Unterschied zu anderen Archiven in Berlin oder München konzentrierte man sich hier auf die Berichterstattung in den ausländischen Medien. Der vielzitierte Sammelband von Hermann Kellermann mit dem einschlägigen Titel *Der Krieg der Geister* (1915), der für die Ausstellung namensgebend war, basiert wahrscheinlich auf dieser breit angelegten Sammlung. Auch die zuvor genannte *Tat-Flugschrift* des Diederichs Verlags ist ohne Kenntnis des Jenaer Pressearchivs nicht denkbar, denn Misch zitiert hier aktuelle Reaktionen von bekannten englischen, französischen und belgischen Schriftstellern und Philosophen auf die Zerstörung der Universitätsbibliothek von Löwen und die Beschießung der Kathedrale von Reims. Beide Ereignisse galten als exemplarische barbarische Akte der deutschen Armee, letztlich ausgeführt im Namen der deutschen Kulturmission.

Auch die Bildpropaganda der beteiligten Länder reagierte auf diesen beispiellosen ›Kulturkrieg‹. Die suggestive, reißerische Bildsprache der Alliierten-Plakate verfolgte andere Ziele als die eher sentimentalen oder belehrenden Gestaltungen der Deutschen. Während auf der einen Seite die Alliierten das Bild des mordenden, brandschatzenden und kulturlosen Barbaren zeichneten, führten auf der anderen Seite die Deutschen ihre Bildung und ihr klassisch-humanistisches Erbe ins Feld, von dem sie behaupteten, es mache sie per definitionem zu besseren Menschen, zur überlegenen Kulturnation. So erklärte der deutsch-jüdische Schriftsteller Ludwig Fulda, der als Vorsitzender des Berliner Goethebundes den folgenreichen *Aufruf an die Kulturwelt!* vom 4. Oktober 1914 mitverfasst hatte, in seinem 1916 erschienenen Buch *Deutsche Kultur und Ausländerei*: »Die Deutschen sind mehr als ein gebildetes Volk; sie sind das gebildetste Volk der Welt«.[43] In dieses Glaubensbekenntnis des ›Heiligen Krieges‹ stimmt die überwältigende Mehrheit der deutschen und so auch weimarischen Intellektuellen ein, wie verschiedene Ausstellungsstücke belegen. Luther, Goethe, Schiller und Nietzsche wurden als Kronzeugen der geistigen und kämpferischen Überlegenheit der Deutschen aufgerufen. Auch der preußische Militarismus wurde als Teil der deutschen Kultur verteidigt, wie Werner Sombart es in seinem Pamphlet *Händler und Helden* (1915) in geistiger Verblendung formulierte: »Militarismus ist der zum kriegerischen Geist hinaufgesteigerte heldische Geist. Er ist Potsdam und Weimar in höchster Vereinigung. Er ist ›Faust‹ und ›Zarathustra‹ und Beethoven-Partitur in den Schützengräben«.[44]

Der bildlichen Suggestivkraft der alliierten Kriegsplakate stehen in unserer Ausstellung etwa die Feldpostbücher des Diederichs Verlags und anderer Verlage gegenüber, die im Bemühen um die ideelle Stärkung der Frontsoldaten herausgegeben wurden. Elisabeth Förster-Nietzsche veröffentlichte nicht nur zahlreiche emphatische Zeitungsartikel, die die nationale Gesinnung des Philosophen proklamierten, sondern gab auch eine feldgraue Kriegsausgabe des *Zarathustra* heraus, die der deutsche Soldat, so die literarische Legende, neben der Bibel und Goethes *Faust* im Tornister in die Schlachten trug. Der wissenschaftliche und kulturelle Austausch mit dem Ausland wurde in nationaler Selbstüberschätzung willentlich abgebrochen: Ernst Haeckel etwa verzichtete, wie viele andere deutsche Wissenschaftler auch, demonstrativ auf seine englischen Auszeichnungen, darunter die international angesehene Dar-

Abb. 9 Walther Klemm · Der Lügenfeldzug · 1914 · LETTER Stiftung, Köln

win-Medaille. Das einst von der Kunstgesellschaft in Jena und Weimar der Universität gestiftete Wandbild des Schweizer Künstlers Ferdinand Hodler *Auszug deutscher Studenten in den Freiheitskrieg von 1813* wurde nun mit Haeckels Unterstützung zu einem skandalisierten Politikum.

Die schreckliche Realität des Stellungskrieges und der menschenverachtenden Materialschlachten zeigt die Schau in exemplarischer Weise aus dem Blickwinkel beteiligter Künstler. Zu Beginn zogen viele freiwillig in den Krieg, mit der Hoffnung auf eine große ›Katharsis‹ und Wiedergeburt der deutschen Kunst. In einer Auswahl stellen wir bislang wenig bekannte Gemälde, Zeichnungen und Grafiken von Künstlern vor, die als Lehrer oder Studenten der Weimarer Kunsthochschule prägende geistige Erfahrungen mit der Klassikerstadt verbanden. So entstanden unter den extremen Bedingungen der Schützengräben oft nur kleine skizzenhafte Arbeiten, die – wie etwa bei Karl Peter Röhl und Max Nehrling – Alltagssituationen wie das Anstehen an der Kantine oder die zerstörerischen Folgen des Granatfeuers in den Orten erfassen. Inhaltlich und technisch komplexere Werke wurden oft erst nach der Entlassung

Abb. 10
Max Nehrling · Beobachter im Schützengraben
um 1916 · Klassik Stiftung Weimar

aus dem Kriegsdienst geschaffen. Der ehemalige Lehrer der Weimarer Kunsthochschule Albin Egger-Lienz arbeitete hingegen direkt als Kriegsmaler. Während er in seinen ersten Kriegsbildern die ›Schwertbruderschaft‹ zwischen Österreich-Ungarn und dem Deutschen Reich monumental feierte, suchte er später, angesichts der unzähligen Toten auf den Schlachtfeldern, mit einer drastischen Formensprache die Entmenschlichung der Soldaten darzustellen. Auch sein Weimarer Schüler Gert Wollheim schuf erst nach seiner eigenen schweren Verwundung einige beklemmende Gemälde, die eine eindeutige Anklage gegen den Krieg sind.

Im Kontrast zu diesen differenzierten Wahrnehmungen des Krieges – sachlich realistisch berichtend, expressionistisch-visionär oder anklagend – stehen romantisierende Schlachtenbilder der in Weimar ausgebildeten Historienmaler Hans W. Schmidt und Eilmar von Eschwege, die als Kriegsmaler ihren Dienst taten. Andere Künstler wiederum wie Walther Klemm und Max Thalmann, ein Meisterschüler Henry van de Veldes, arbeiteten als Grafiker im offiziellen Auftrag der Regierung des thüringischen Großherzogtums und entwarfen Gefallenenurkunden, Ehrenabzeichen und andere Gebrauchsgrafik. Mit ihren Illustrationen trugen auch sie zum Erfolg einschlägiger ›vaterlandstreuer‹ Bücher bei, mit denen selbst anspruchsvolle Verlage wie Insel, Albert Langen, Kiepenheuer und Diederichs den Buchmarkt vor allem zu Beginn des Krieges überschwemmten.

Schließlich folgt die Ausstellung den Protagonisten in die langen Kriegsjahre, während derer die Jubelrufe bloßen Durchhalteparolen wichen. Nur wenige von ihnen lernten den Krieg tatsächlich kennen. Die Mehrheit versah an der Heimatfront einen ›Krieg mit der Feder‹ und richtete Jubiläumsfeierlichkeiten aus, wie für das Reformationsjahr 1917, wenn auch kriegsbedingt in bescheidenen Formen. Trotz Gründung der Vaterländischen Gesellschaft in Thüringen 1914 und anderer patriotischer Vereine mehrten sich die Personen, die sich Gedanken über eine Neuordnung der deutschen Gesellschaft nach Ende dieses Krieges machten. Die unter anderem von Eugen Diederichs initiierten Tagungen auf Burg Lauenstein versammelten so unterschiedliche ›Geister‹ und ›Lebensreformer‹ wie den Soziologen Max Weber, die Professoren Werner Sombart, Friedrich Meinecke, Ferdinand Tönnies, aber auch Max Maurenbrecher, Selma von Lengefeld sowie die Dichter Richard Dehmel und den jungen Ernst Toller, um über gesellschaftspolitische Fragen der Zukunft zu diskutieren.

In einem Epilog wirft die Ausstellung einen Blick auf die weitere Entwicklung der weltanschaulichen und gesellschaftspolitischen Debatten nach der eher stillen Revolution in Weimar und der Abdankung von Großherzog Wilhelm Ernst. Der verlorene Krieg beförderte die nationalisierte Gedenkkultur zu Ehren der Toten. Gerade in Weimar entstanden verschiedene Pläne für die kompensatorische Verehrung und Überhöhung der Gefallenen, die zu einer Revanche aufriefen. Wie monumental ein solcher Reichsehrenhain geplant wurde, zeigt ein Entwurf für eine Anlage in Sichtweite von Goethes Gartenhaus, mit dem die Stadt Weimar sich bewarb und der glücklicherweise nicht realisiert wurde.

Angesichts der neuen Fraktionen und Verhärtungen, die der ›Schandfriede‹ von Versailles auslöste, war die symbolträchtige Verlegung der konstituierenden Sitzung der Nationalversammlung von Berlin nach Weimar zu Beginn des Jahres 1919 von zentraler Bedeutung, um den »Einheitsgedanken, die Zusammengehörigkeit des Reiches«[45] zu stärken, wie Friedrich Ebert formulierte. Scheinbar unbeschädigt von der Instrumentalisierung in den Kriegsjahren konnte der ›Geist von Weimar‹ unter Berufung auf die humanistischen Werte der Klassik mit dem Aufbau des neuen Deutschen Reiches verbunden werden: »Jetzt muß der Geist von Weimar, der Geist der großen Philosophen und Dichter wieder unser Leben erfüllen«.[46] Wie unsere Ausstellung zeigt, wurde die Tagung der Nationalversammlung in Weimar von kritischen Stimmen der politischen Gegner begleitet, während die Weimarer Künstler auf die gesellschaftliche Aufbruchsituation mit kosmischen Visionen und kristallinen Abstraktionen reagierten. Bezeichnenderweise übertrug jedoch der Weimarer Künstler Marcus Behmer in einem Entwurf für eine reichsweite Sonderbriefmarke zur Nationalversammlung Goethes letzte Worte »Mehr Licht« voller Hoffnung auf die Zukunft der jungen Republik.

Anmerkungen

1 Misch 1914, S. 12 f. **2** Vgl. Beßlich 2000; Bruendel 2003; Mommsen 1996; Rürup 1984. **3** Vgl. hierzu Gibas/Haufe 2002. **4** Vgl. Ehrlich/John 1998, S. IX–XV. **5** Vgl. Ausst. Kat. Wege nach Weimar, 1999. **6** Scheffler 1915a, S. 2. **7** Vgl. Jb KSW 2014 **8** Bollenbeck 2001, S. 208. **9** Vgl. Bollenbeck 2001; Riederer 2014, o. S. **10** Wildenbruch 1903, S. 5. **11** Bollenbeck 2001, S. 213. **12** Vgl. Riederer 2014, S. 22. **13** Vgl. Dann 2001, S. 181. **14** Gleichen-Russwurm 1909 (Titel); Vgl. Schmidt 1989. **15** Wildenbruch 1903, S. 8. **16** Ebd., S. 16. **17** Vgl. Kostka 2000, S. 38. **18** Kessler, Gesammelte Schriften 1988, S. 211. **19** Kostka 2000, S. 45. **20** Vgl. Werner 2003, S. 43–48. **21** Vgl. Wahl 2009 b; Wilson 1990, S. 135, 141, 146, 151. **22** Eucken 1890, S. 6. Vgl. dazu Sieg 2013, S. 75–79. **23** Vgl. Eucken 1908. **24** Vgl. Eucken (Einführung), 1909. **25** Vgl. Werner 2003, S. 49. **26** Sieg 2013, S. 71, 101. **27** Vgl. Kösling 1996. **28** Diederichs, Rundschreiben v. 3.3.1914. ThULB Jena, HSA, NL Diederichs, II, 5. **29** Vgl. Rennhofer 2000, S. 34. **30** Vgl. dazu Beßlich 2000. **31** Vgl. Mommsen 2000, S. 216–239. **32** Vgl. dazu Flasch 2000, S. 18–23. **33** Zit. nach ebd., S. 20. **34** Zit. nach ebd., S. 21. **35** FZ Jg. 59, Nr. 282 vom 11.10.1914. **36** Zit. nach: Der Kunstwart, Okt.–Dez. 1914, S. 13. **37** Misch 1914, S. 5. **38** Sombart 1915, S. 113. **39** Vgl. Plenge 1915, S. 189 f. **40** Vgl. den Katalogbeitrag von Hübinger. Vgl. auch Rürup 1984. **41** Vgl. Schwartz 2007, S. 39–69. **42** Vgl. Seidlitz 1917. **43** Fulda 1916, S. 5. **44** Sombart 1915, S. 84 f. **45** Ebert, zit. nach: Richter/Miller 1975, S. 225. **46** Ebert 1926, S. 148 f.

GANGOLF HÜBINGER

Die Intellektuellen und der »Kulturkrieg«

Kriege werden nie nur militärisch geführt. Immer werden sie zugleich kulturell gedeutet. Im ›totalen Krieg‹ der Moderne sind es die Sprache und die Bilder vom Krieg, die Rechtfertigungen und Versprechungen, die Sinngebungen und Ordnungsideen, welche die Kriegsfront und die Heimatfront zu einer gemeinsamen ›Kriegsgesellschaft‹ zusammenbinden. In England ist vom ›intellectual war‹ die Rede. Für die deutschen Intellektuellen und ihre Art, einen »Kulturkrieg«[1] zu führen, lassen sich drei charakteristische Phasen unterscheiden.

Nur kurz währt die euphorische Siegesgewissheit, mit der die Intellektuellen im Namen der deutschen Kultur die Befreiung Europas vom britischen Kapitalismus wie von der russischen Knute verkünden. Schon im Oktober 1914 geraten sie in die Defensive und müssen sich gegen den Vorwurf einer ›barbarischen‹ Kriegsführung verteidigen. Für diese Verteidigung finden sie griffige Formeln, die Verknüpfung von ›Weimar und Potsdam‹ und die ›Ideen von 1914‹. Im Herbst 1916, erst recht nach dem amerikanischen Kriegseintritt im April 1917, verlieren die ›Ideen von 1914‹ viel von ihrer mobilisierenden Kraft. Die Ideenkämpfe richten sich immer weniger auf den Kriegsgegner; sie verlagern sich nach innen und richten sich auf die politische, soziale und kulturelle Neuordnung Deutschlands nach dem Krieg.

Wort-Gefechte

Bei Kriegsausbruch sind sie sofort wortmächtig zur Stelle: Wissenschaftler, Journalisten, Schriftsteller und bildende Künstler, und sie stellen Weichen. Für die meisten wird nicht Russland oder Frankreich, sondern England zur Zielscheibe ihres ›Kampfes mit der Feder‹. An der Universität Jena schließen die beiden weltanschaulichen Gegner, der idealistische Philosoph und Nobelpreisträger Rudolf Eucken und der Prophet Darwins in Deutschland, der Zoologe Ernst Haeckel, ihren eigenen Burgfrieden. Im August 1914 lassen die beiden berühmten Professoren in allen großen Blättern eine gemeinsame *Erklärung* veröffentlichen. In der *Vossischen Zeitung* vom 19. August 1914 liest sich ihre *Anklage gegen England* so: »Was heute geschieht, wird in den Annalen der Weltgeschichte als eine unauslöschliche Schande Englands bezeichnet werden. England kämpft zugunsten einer halbasiatischen Macht gegen das Germanentum, es kämpft auf der Seite nicht nur der Barbarei, sondern auch des moralischen Unrechts, denn es sei doch nicht zu vergessen, daß Rußland den Krieg begann, weil es keine gründliche Sühne einer elenden Mordtat wollte. England ist es, dessen Schuld den gegenwärtigen Krieg zu einem Weltkrieg erweitert und damit die gesamte Kultur gefährdet, und das alles weshalb? Weil es auf Deutschlands Größe neidisch war, weil es ein weiteres Wachstum dieser Größe verhindern wollte«.[2]

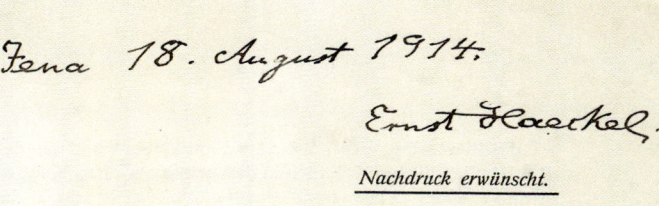

Abb. 11
Rudolf Eucken/Ernst Haeckel
Erklärung gegen England · 1914
Ernst-Haeckel-Haus, Friedrich-
Schiller-Universität Jena

Die bekenntnisfreudige Erklärung der Protagonisten einer geistesgeschichtlichen und einer naturwissenschaftlichen Kulturdeutung ist in Wortwahl wie intellektueller Attitüde gleichermaßen bemerkenswert. Nach dem Kriegseintritt Englands wird schon in den erregten Augustwochen der Krieg als ›Weltkrieg‹ angesprochen. Nicht als »europäischer Bürgerkrieg«, wie es der Maler Franz Marc in seinem Manifest *Das geheime Europa* (1914/15) tat. Erst recht nicht als dritter Balkankrieg, auf den die politischen Akteure ihn ursprünglich begrenzen wollten. Mit ihrer leidenschaftlichen Intervention demonstrieren Eucken und Haeckel auf typische Weise, worin die Intellektuellen ihren spezifischen Beitrag an der kulturellen ›Heimatfront‹ sehen. Sie werfen ihre Autorität als Gelehrte und Schriftsteller in die Waagschale auf Gebieten der Politik und der Kriegsführung, die sie nicht überblicken. Gleichwohl rechtfertigen sie diesen Krieg und schreiben ihm einen historischen Sinn zu. Sie reduzieren dabei komplexe welthistorische Konstellationen auf leicht verständliche Zivilisationsbilder. Ihre polarisierten und polarisierenden Kulturdeutungen ermöglichen ihnen klare moralische Schuldzuweisungen. Sie beanspruchen die Deutungshoheit über die nationalen Selbst- und Fremdbilder und mobilisieren die Gesellschaft, den Krieg als einen Kulturkrieg um die nationale Existenz zu führen.

Die Elite der Schriftsteller engagiert sich, an der Spitze Thomas Mann und Gerhart Hauptmann. Aber im Deutschen Kaiserreich geben die Professoren den Ton an. Jede der geisteswissenschaftlichen Disziplinen findet rasch ihre Wortführer, die mehr beanspruchen als nur eine ideologische Aufrüstung. Theologen, Historiker, Soziologen und Philosophen wetteifern mit den Mitteln ihrer Fachsprache darum, dem Massensterben einen Sinn zu geben. An der Berliner Friedrich-Wilhelm-Universität weiß der Theologe Reinhold Seeberg die Götter an seiner Seite, denn »über dem Strom des Blutes schweben selige Geister im lichten Reigen und singen die gewaltige Melodie vom weltgeschichtlichen Fortschritt, vom stärkeren und größeren Deutschland. Und wir, wir durften dabei sein«.[3]

Für den Historiker Friedrich Meinecke erteilt der Krieg all denjenigen eine Lektion, die »eine Kultur abseits vom Staate machen wollten«. Ende 1914 glaubt Meinecke unbeirrt an den machtgestützten Kulturstaat: »Die größten Mächte unserer Geschichte, Luther, Goethe und Bismarck, wollen noch enger als bisher zusammenrücken. Siegen wir, so siegt zugleich die nationale Idee in ihrer höchsten Form über den rohen Nationalismus. Das wird die universale Bedeutung unseres Kampfes sein«.[4] Die wenigsten bekämpfen den Krieg wie etwa der britische Philosoph Bertrand Russell aus einer pazifistischen Werthaltung heraus. Die große Mehrheit der Intellektuellen verschreibt sich dem »Krieg der Geister« nach dem beschriebenen Muster. In Frankreich setzt der Lebensphilosoph Henri Bergson die Akzente. Noch 1913 pries ihn der Jenaer Kulturverleger Eugen Diederichs als Erneuerer der in Materialismus erstarrten europäischen Kultur und machte dessen Werk den Deutschen in Erstübersetzungen bekannt. Als Präsident der Académie des Sciences Morales et Politiques proklamierte Bergson dann aber bereits am 8. August 1914 in Paris: »Der begonnene Kampf gegen Deutschland ist der eigentliche Kampf der Zivilisation gegen die Barbarei. Jedermann fühlt das, aber unsere Akademie verfügt über eine besondere Autorität, es zu sagen«.[5] Überzeichnete Freund-Feind-Bilder dieser Art werden zu den beliebtesten Mitteln in den anschwellenden Ideenkämpfen.

Werner Sombart nutzt seine Autorität als nationalökonomischer Erfolgsautor und Kulturkritiker, um den Gegensatz von deutschem Heldengeist und englischer Krämerseele gleich im Titel festzuschreiben. Sombarts »patriotische Besinnungen«[6] erscheinen im Frühjahr 1915 unter dem Signaltitel *Händler und Helden*. Er versteht sie als ein Weckruf an die Deutschen, den globalisierten angelsächsischen Kapitalismus, der das Land Goethes, Schillers und Nietzsches infiziert habe, abzustreifen und die eigene Staatsidee als »Quelle unerschöpflichen idealistischen Heldentums« zu bekräftigen.[7]

In diesem Frühjahr 1915 konnte sich die deutsche Öffentlichkeit ein zwar von der Kriegszensur gelenktes, aber doch aufschlussreiches Bild der heftigen intellektuellen Ideenkämpfe machen, denn in Weimar erschien im Alexander Duncker Verlag eine von Hermann Kellermann besorgte internationale Textsammlung unter dem treffenden Titel *Der Krieg der Geister*. Was den militärischen und was den ›Krieg der Geister‹, den ›Kulturkrieg‹, betrifft, so haben Publikationen wie diese zu einer erstaunlichen Spaltung geführt. Militärisch wird für den Kriegsausbruch das expansionssüchtige Rußland verantwortlich gemacht und an dessen Seite das revanchelüsterne Frankreich. Diese offiziell von der Reichsleitung verbreitete Sicht der Dinge teilen auch die meisten Intellektuellen. Sobald sie aber den Krieg als ›Kulturkrieg‹ ansehen, erblicken die deutschen Intellektuellen in England ihren geistigen Hauptgegner, dem sie die Hauptschuld zuschieben. Für das Jenaer Kriegsarchiv ist der an der Universität benachbarte Eucken mit seinen zahlreichen Interventionen ein mehrfach zitierter Gewährsmann. »England hat mit höchst bedenklichen Mitteln die halbe Welt gegen uns in den Krieg gehetzt – auch Rußland hätte, wie wir jetzt sehen, ohne England vielleicht nicht den Krieg begonnen –, und in diesem Kriege will es nicht nur unseren Handel und Wohlstand vernichten, es will uns unsere gesamte politische Stellung, unsere nationale Selbständigkeit rauben«. Und wenn es »um Sein oder Nichtsein« gehe, so wäre es unerträglich, wenn »in einem solchen Kampfe der Gelehrte beiseite stehe«.[8]

Eucken kennt und nennt die entscheidende deutsche Schwachstelle im Kommunikations- und Propagandakrieg. Im Zeitalter der Massenpresse liest die globalisierte Welt englisch. Und wichtig ist das Datum. Euckens Intervention erscheint im *Berliner Tageblatt* am 14. September 1914, zwei Wochen nach

Abb. 12 Werner Sombart · Händler und Helden · 1915
Klassik Stiftung Weimar

Abb. 13 Der Kampf um Reims. In: Simplicissimus · 1914 · Privatbesitz

der Brandsetzung der Stadt Löwen durch die deutsche Armee. Da stand die Beschießung der Kathedrale von Reims noch bevor; sie erfolgte am 19. September. Nichts hat den Ruf des Deutschen Reichs, eine Kulturnation zu sein und für deren Sicherung einen ehrenvollen Verteidigungskrieg führen zu müssen, so nachhaltig zerstört wie das Niederbrennen Löwens mitsamt seiner europaweit einzigartigen Bibliothek und die Zerstörung der Kathedrale von Reims, der Krönungskirche der französischen Könige. »The Triumph of ›Culture‹« betitelte der britische *Punch* eine Karikatur zu Löwen. Französische Kanoniere pinselten »Kultur« mit weißer Farbe auf ihre Geschütze.

Schlimmer noch als die unbeholfenen Rechtfertigungen, mit denen die deutsche Militärführung die Schuld auf widerständische einheimische Zivilisten schieben wollte, wirkten in der Weltöffentlichkeit die Manifeste der Intellektuellen. Im berühmtesten Manifest, dem *Aufruf an die Kulturwelt!*, verbürgen sich 93 der namhaftesten deutschen Gelehrten und Künstler für die Lauterkeit der deutschen Kriegsführung. Das sechsfache »Es ist nicht wahr […]« – darunter: »Es ist nicht wahr, daß unsere Truppen brutal gegen Löwen gewütet haben« – konnte im Ausland nur als selbstgerechte Verweigerung verstanden werden, sich den Realitäten zu stellen.[9] Die 93 intellektuellen Wortführer der deutschen Nation, die sich in ihrer Präambel darauf verpflichteten, mit ihrer Stimme »Verkünderin der Wahrheit« zu sein, darunter Eucken und Haeckel, machten es besonders mit ihrem letzten »Es ist nicht wahr […]« den Gegnern leicht, ihr Leitmotiv für den ›Kulturkrieg‹ griffig zuzuspitzen. »Es ist nicht wahr«, deklamierten die 93, »daß der Kampf gegen unseren sogenannten Militarismus kein Kampf gegen unsere Kultur ist, wie unsere Feinde heuchlerisch vorgeben. Ohne den deutschen Militarismus wäre die deutsche Kultur längst vom Erdboden getilgt«.[10] Worum hier so erbittert gerungen wird, das ist die wohl wirkmächtigste und umstrittenste Denkfigur des ›Kulturkrieges‹, das ist die Doktrin von den zwei Deutschland, verdichtet und symbolisiert in ›Weimar‹ und ›Potsdam‹.

›Weimar‹ und ›Potsdam‹

Die genannte Textsammlung zum »Krieg der Geister« präsentiert einschlägige Beispiele aus der frühen Kriegsphase für diese Dichotomie. Typisch ist ein offener Brief des Chefredakteurs des *Journal des Economistes* Yves Guyot und des Ökonomen Daniel Bellet aus der Ecole libre des Sciences Politiques. Sie zeigen sich enttäuscht darüber, unter dem *Aufruf der 93* auch den Namen des geschätzten liberalen Münchner Nationalökonomen Lujo Brentano zu finden: »›Ohne unseren Militarismus‹ sagen Sie, ›würde unsere Kultur längst vom Erdboden getilgt sein‹. Und Sie rufen das Vermächtnis Goethes, Beethovens und Kants an. Aber Goethe, geboren in der freien Stadt Frankfurt, lebte am Hofe Carl Augusts von Weimar, welcher ein Mittelpunkt des Liberalismus und der Kunst war, der stets von Preußen bedroht wurde«.[11] Solchen Attacken im Namen ›Weimars‹ gegen das militaristische Preußen hatten wiederum die deutschen Kulturkrieger wie Sombart schon früh entgegengehalten: »Das hieße Simson scheren, wollte man den Deutschen Potsdam austreiben«.[12]

Es sind vor allem die britischen Intellektuellen, die mit der Zwei-Deutschland-Doktrin[13] ihr Feindbild justieren. Der Schriftsteller und Schöpfer des *Sherlock Holmes* Arthur Conan Doyle wird mit einer klassischen Variante dieser Doktrin zitiert: »Wir kämpfen für das starke, tiefe Deutschland der Vergangenheit, das Deutschland der Musik und der Philosophie, gegen das jetzige monströse Deutschland von Blut und Eisen. Für die Deutschen, die nicht der regierenden Klasse angehören, wird unser Sieg dauernde Erlösung bringen«.[14] Doyle verspricht, fast wie Sombart, die Rettung der deutschen Kultur – nur nicht gegen, sondern durch England. Deutlicher formuliert es in der *Times* vom 18. September 1914 ein Manifest von gut fünfzig der namhaftesten britischen Schriftsteller: »Manche von uns haben viele Freunde in Deutschland, manche von uns blicken auf die germanische Kultur mit der höchsten Achtung und Dankbarkeit; aber wir können nicht zulassen, daß irgend ein Volk das Recht haben soll, mit brutaler Gewalt seine Kultur anderen Völkern aufzudrängen, noch daß die Militär-Bürokratie Preußens eine höhere Form der menschlichen Gesellschaft darstellt als die übrigen Konstitutionen Westeuropas«.[15]

Derartige Narrative von der ›höheren Form der menschlichen Gesellschaft‹ stacheln die deutschen Intellektuellen erst recht zum ›Kulturkrieg‹ an, nicht zuletzt im – vergeblichen – Bemühen, im neutralen Ausland die Deutungshoheit zu gewinnen.[16] Militärisch ist der Krieg unerwartet rasch festgefahren, und kluge Politiker hätten bei nüchterner Betrachtung Weihnachten 1914 auf Friedensschluss sinnen müssen. Stattdessen setzten die Militärs ihre Sicht durch, die unvorstellbaren Verluste dieser ersten Monate nur durch umso größere Kriegsanstrengungen wettmachen zu können.[17] Nicht anders verhielten sich die Intellektuellen. Nur wenige sprachen sich wie Max Weber für einen baldigen Friedensschluss aus, schon allein der ökonomischen Folgen wegen. Die Mehrheit verschärfte die Argumente. Der Ton wurde schriller und unversöhnlich-grundsätzlicher. Attacken wie die von George Bernard Shaw – »Wir müssen so lange auf die preußischen Schädel losschlagen, bis wir ihnen den Militarismus ausgetrieben und uns Achtung verschafft haben«[18] – beantwortet Thomas Mann mit seinen *Gedanken im Krieg*. Shaws Erwartung, »der Krieg werde dazu dienen, den Deutschen ›Potsdam‹ abzugewöhnen«, wird als ein Akt der »Zwangszivilisierung« abgewiesen:[19] »Es ist wahr: der deutschen Seele eignet etwas Tiefstes und Irrationales, was sie dem Gefühl und Urteil anderer, flacherer Völker störend, beunruhigend, fremd, ja widerwärtig und wild erscheinen läßt. Es ist ihr ›Militarismus‹, ihr sittlicher Konservatismus, ihre soldatische Moralität, – ein Element des Dämonischen und Heroischen, das sich sträubt, den zivilen Geist als letztes und menschenwürdigstes Ideal anzuerkennen«.[20]

Der Philosoph und Eucken-Schüler Max Scheler schreibt ein ganzes Buch zum *Genius des Krieges* (1915), um mit den deutschen »Kriegern« die englischen »Räuber« aus der europäischen Kultur zu vertreiben. Schelers »Los von England« wird zu einer anschlussfähigen geschichtsphilosophischen Parole.[21]

Im Verlauf des Jahres 1916, als die Auswirkungen des »totalen Krieges« in allen Lebensbereichen immer spürbarer werden, ändert sich der intellektuelle Diskurs. Die Debatten um Weimar und/oder Potsdam setzen sich fort, auch die um Kultur und Kapitalismus. Aber die Argumente werden politisch konkreter und theoretisch ausgefeilter, bezogen auf die staatlichen und gesellschaftlichen Ordnungen, für die man kämpfe. Welche politische Ordnung wird dem menschlichen Grundbedürfnis der ›Freiheit‹ besser gerecht? Immer intensiver kreisen jetzt die Kriegsschriften um diese Frage.

BRITAIN'S DESTINY AND DUTY.

DECLARATION BY AUTHORS.

A RIGHTEOUS WAR.

We have received the following statement:—

The undersigned writers, comprising amongst them men and women of the most divergent political and social views, some of them having been for years ardent champions of good will towards Germany, and many of them extreme advocates of peace, are nevertheless agreed that Great Britain could not without dishonour have refused to take part in the present war.

No one can read the full diplomatic correspondence published in the White Paper without seeing that the British representatives were throughout labouring whole-heartedly to preserve the peace of Europe, and that their conciliatory efforts were cordially received by both France and Russia.

When these efforts failed, Great Britain had still no direct quarrel with any Power. She was eventually compelled to take up arms because, together with France, Germany, and Austria, she had solemnly pledged herself to maintain the neutrality of Belgium. As soon as danger to that neutrality arose she questioned both France and Germany as to their intentions. France immediately renewed her pledge not to violate Belgian neutrality; Germany refused to answer, and soon made all answer needless by her actions. Without even the pretence of a grievance against Belgium, she made war on the weak and unoffending country she had undertaken to protect, and has since carried out her invasion with a calculated and ingenious ferocity which has raised questions other and no less grave than that of the wilful disregard of treaties.

When Belgium in her dire need appealed to Great Britain to carry out her pledge this country's course was clear. She had either to break faith, letting the sanctity of treaties and the rights of small nations count for nothing before the threat of naked force, or she had to fight. She did not hesitate, and we trust she will not lay down arms till Belgium's integrity is restored and her wrongs redressed.

The treaty with Belgium made our duty clear, but many of us feel that, even if Belgium had not been involved, it would have been impossible for Great Britain to stand aside while France was dragged into war and destroyed. To permit the ruin of France would be a crime against liberty and civilization. Even those of us who question the wisdom of a policy of Continental Ententes or Alliances refuse to see France struck down by a foul blow dealt in violation of a treaty.

We observe that various German apologists, official and semi-official, admit that their country has been false to its pledged word, and dwell almost with pride on the "frightfulness" of the examples by which it has sought to spread terror in Belgium, but they excuse all these proceedings by a strange and novel plea. German culture and civilization are so superior to those of other nations that all steps taken to assert them are more than justified; and the destiny of Germany to be the dominating force in Europe and the world is so manifest that ordinary rules of morality do not hold in her case, but actions are good or bad simply as they help or hinder the accomplishment of that destiny.

These views, inculcated upon the present generation of Germans by many celebrated historians and teachers, seem to us both dangerous and insane. Many of us have dear friends in Germany, many of us regard German culture with the highest respect and gratitude; but we cannot admit that any nation has the right by brute force to impose its culture upon other nations, nor that the iron military bureaucracy of Prussia represents a higher form of human society than the free constitutions of Western Europe.

Whatever the world-destiny of Germany may be, we in Great Britain are ourselves conscious of a destiny and a duty. That destiny and duty, alike for us and for all the English-speaking race, call upon us to uphold the rule of common justice between civilized peoples, to defend the rights of small nations, and to maintain the free and law-abiding ideals of Western Europe against the rule of "Blood and Iron" and the domination of the whole Continent by a military caste.

For these reasons and others the undersigned feel bound to support the cause of the Allies with all their strength, with a full conviction of its righteousness, and with a deep sense of its vital import to the future of the world.

WILLIAM ARCHER
H. GRANVILLE BARKER
J. M. BARRIE
ARNOLD BENNETT
A. C. BENSON
EDWARD FREDERIC BENSON
ROBERT HUGH BENSON
LAURENCE BINYON
A. C. BRADLEY
ROBERT BRIDGES
HALL CAINE
R. C. CARTON
C. HADDON CHAMBERS
G. K. CHESTERTON
HUBERT HENRY DAVIES
ARTHUR CONAN DOYLE
H. A. L. FISHER
JOHN GALSWORTHY
ANSTEY GUTHRIE (F. ANSTEY).
H. RIDER HAGGARD
THOMAS HARDY
JANE ELLEN HARRISON
ANTHONY HOPE HAWKINS
MAURICE HEWLETT
ROBERT HICHENS
JEROME K. JEROME
HENRY ARTHUR JONES
RUDYARD KIPLING
W. J. LOCKE
E. V. LUCAS
J. W. MACKAIL
JOHN MASEFIELD
A. E. W. MASON
GILBERT MURRAY
HENRY NEWBOLT
BARRY PAIN
GILBERT PARKER
EDEN PHILLPOTTS
ARTHUR PINERO
ARTHUR QUILLER-COUCH
OWEN SEAMAN
GEORGE R. SIMS
MAY SINCLAIR
FLORA ANNIE STEEL
ALFRED SUTRO
GEORGE MACAULAY TREVELYAN
GEORGE OTTO TREVELYAN
HUMPHRY WARD
MARY A. WARD
H. G. WELLS
MARGARET L. WOODS
ISRAEL ZANGWILL

September, 1914.

Kat. 236 Britain's Destiny and Duty. Declaration by authors. A righteous war. In: The Times · 18. 9. 1914 · Bayerische Staatsbibliothek, München

Westliche Demokratie und Deutsche Freiheit

Leitend bleibt weiterhin die Doktrin von den ›zwei Deutschland‹. James Bryce, der liberale Historiker, Politikwissenschaftler und ehemalige britische Botschafter in den USA, ein Freund der deutschen Kultur, macht sie sich zu eigen, nachdem er als Vorsitzender einer Untersuchungskommission im Mai 1915 den *Bryce Report* über die deutsche Kriegsführung in Belgien vorgelegt hat.[22] In seiner Einführung zu öffentlichen Vorlesungen an der Universität von London im Februar 1916 über die »Internationale Krise« gibt Bryce der deutschen Staatstheorie letztlich die Schuld am Krieg: »It is, more than anything else, the German theory of the State – the doctrine of the omnipotence of the state, of its right to absorb and override the individual, to prevail against morality […] it is this deadly theory which is at the bottom of the German aggression«.[23] Für Bryce, dessen Schriften in deutschen Gelehrtenkreisen viel gelesen wurden, ist es deshalb notwendig, einen Kulturkrieg gegen diese deutsche Staatstheorie zu führen: »As we are fully determined to resist that aggression, so we ought to conduct, both, here and abroad, an intellectual war against that theory«.[24] »Intellectual war« meint hier nichts anderes als das, was auf deutscher Seite als ›Kulturkrieg‹ angesprochen wird.

Wer sich mit dem Phänomen des ›Kulturkrieges‹ beschäftigt, muss sich mit Ernst Troeltsch auseinandersetzen. Der Berliner Kultur- und Religionsphilosoph ist der Schöpfer dieses agonalen Begriffs, er verwendet ihn allerdings in einem ganz spezifischen Sinn. Troeltsch ist ein belesener Experte für die europäische Ideengeschichte und beobachtet besonders aufmerksam die internationale Mobilisierung der Gelehrten und Intellektuellen. Er tut das schon deshalb, weil er selbst in Deutschland zu den Ersten gehörte, die bereits am 2. August 1914 eine patriotische Rede zur deutschen Mobilmachung hielten.[25] In den ersten beiden Kriegsjahren verstärkt sich sein Eindruck, in England werde im Namen der ›Demokratie‹ ein ›Kulturkrieg‹ gegen Deutschland geführt. Und dagegen müssten sich die deutschen Intellektuellen wehren und ihre nationalen Traditionen verteidigen.

Troeltsch weiß natürlich, dass der Krieg primär ein Macht-Krieg ist. Das stellt er in seiner Rede vom März 1916 über das Thema *Die Ideen von 1914* klar: »Dieser Krieg ist in erster Linie alles andere eher als ein Krieg des Geistes und der Kulturgegensätze […]. Er ist das Ergebnis der imperialistischen Weltspannung, die aus der Verteilung des Planeten unter wenige Großmächte und aus dem Bedürfnis der Niederhaltung des deutschen Wettbewerbes hervorgegangen ist«.[26] Aber, so Troeltsch weiter: »Was ein imperialistischer Machtkrieg war, wurde […] zu einem Krieg des Geistes und Charakters«.[27] Diese Wende zum »Kulturkrieg«, so propagiert Troeltsch, hätte die Deutschen unvorbereitet getroffen: »Wir waren in dieser Hinsicht nicht gerüstet. Wir waren auf die imperialistische Auseinandersetzung gefaßt, aber nicht auf ihre Verflechtung mit einem solchen Kulturkrieg. Wir mußten uns Formeln und Ideen erst finden und schaffen«.[28]

Die Pointe liegt in der Umkehrung. Troeltsch greift die »Lehre von den zwei Deutschland« auf, wendet sie aber gegen England selbst: »Wie England gegen uns die Lehre von den zwei Deutschland ausgespielt hat, so können wir mit sehr viel mehr Recht gegen es die Lehre von den zweierlei England ausspielen«.[29] So schreibt er in seinem Essay *Über einige Eigentümlichkeiten der angelsächsischen Zivilisation*. Die zwei England, das sind für ihn die »christlich-liberal-moralisierende Lebenshaltung auf der einen Seite«, verbunden mit »einem völlig unbedenklichen Macht- und Herrensinn auf der anderen«.[30]

Und wenn schon den Deutschen von den englischen und französischen Gelehrten und Schriftstellern mit ihrer ›Zwei-Deutschland-Lehre‹ ein ›Kulturkrieg‹ aufgezwungen werde, dann müsse die deutsche Öffentlichkeit für die ›Ideen von 1914‹ gewonnen und gegen die ›westliche Demokratie‹ für die ›deutsche Idee von der Freiheit‹ mobilisiert werden. Was Troeltsch hier unternimmt, ist ein Umpolen von globalen politischen Ordnungsbegriffen wie ›Demokratie‹ zu nationalkulturellen Kampfbegriffen. Und der Begriff vom ›Westen‹, der erst im Krieg Karriere macht, wird in Deutschland konsequent zum Feindbegriff. Im zweiten Kriegsjahr erklärt Troeltsch die ›deutsche Freiheit‹ zum kulturellen Kriegsziel, um der englischen ›Weltkontrolle‹ einen deutschen Eigenweg in die Moderne entgegenzusetzen. Die Argumente sind bei aller Kulturkriegsrhetorik bedenkenswert. Denn anders als Max Scheler, Thomas Mann und alle Anhänger einer metaphysischen Unterscheidung von ›tiefer Kultur‹ und ›flacher Zivilisation‹ denkt Troeltsch in Kategorien konkreter ökonomischer oder ideeller Transfers in Europa: »Seit

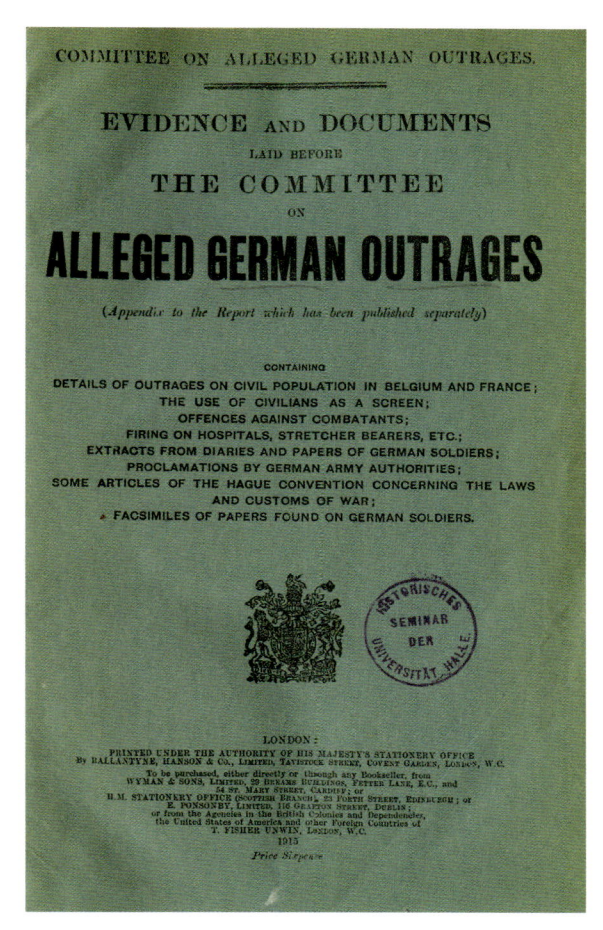

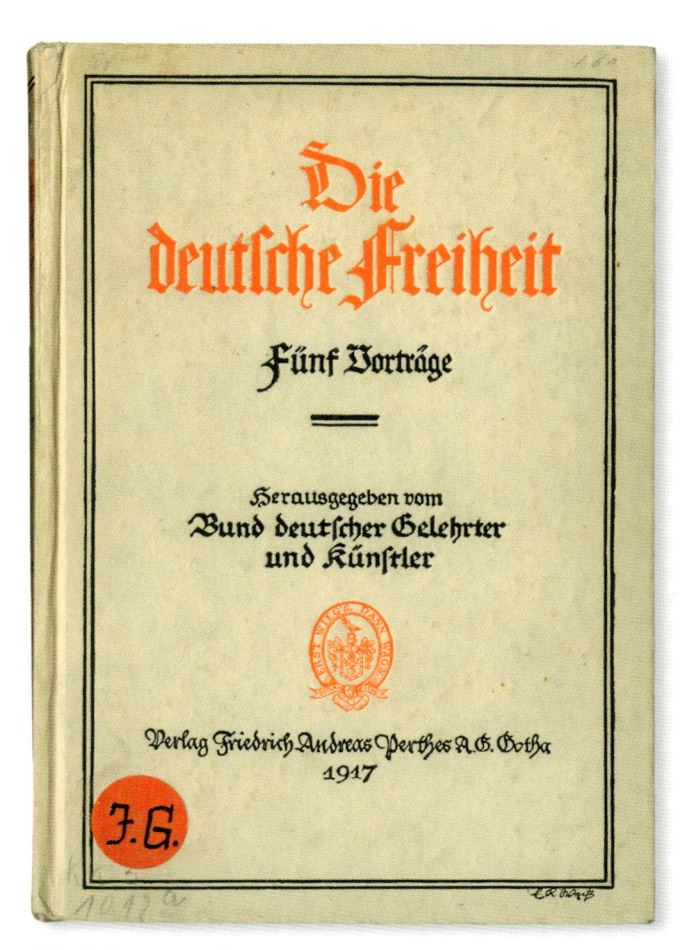

Abb. 14 Report of the Commitee on alleged German outrages · 1915 · Universitäts- und Landesbibliothek Halle

Abb. 15 Bund deutscher Gelehrter und Künstler (Hrsg.) · Die deutsche Freiheit · 1917 · Klassik Stiftung Weimar

der Durchsetzung der bürgerlichen kapitalistischen Entwicklung auch in Deutschland, sind die westlichen Freiheitsideen, bald mehr in englischer, bald mehr in französischer Prägung, auch bei uns eine Macht geworden«;[31] das ist im Kern positiv gesehen und erfordere längst eine Reform der autoritären Verfassung des Kaiserreichs, eine Transformation »vom Obrigkeits- zum Volksstaate, vom Klassenstaat zur gegenseitigen Gleichberechtigung, vom Herrschaftsstaat zum Gemeinwesen«.[32]

Scharf entgegenzutreten sei jedoch dem britischen Kriegsziel einer »demokratischen Welterlösung«. Die deutsche Kriegsgesellschaft müsse sich aus ihren eigenen Kulturtraditionen heraus reformieren. Die gesamteuropäische Prägekraft »durch die französischen und englischen Freiheitsideen« sei unabweisbar, aber »in dem eigentlichen Grundstock der deutschen Entwickelung, in den Institutionen, die sich auf den Freiherrn vom Stein, Scharnhorst oder Boyen zurückführen, und in der philosophisch-idealistischen Deutung von Staat und Geschichte, wie sie von Kant, Fichte und Hegel bis zu den heutigen Idealisten sich hinzieht, haben diese Ideen doch eine gründliche Umwandlung erfahren. Die Freiheit ist auch hier das Stichwort, aber die Freiheit hat einen eigenen Sinn, der von der deutschen Geschichte und dem deutschen Geiste her bestimmt ist«.[33] In Friedenszeiten ließe sich an Troeltschs Unterscheidung eine fruchtbare Debatte um Vergleich und Verflechtung europäischer Modernisierungspfade anknüpfen, aber es herrschen Vernichtungskrieg und ›Kulturkrieg‹, und Troeltsch spitzt seine Thesen agonal zu: »Niemand wird leugnen können, daß in diesem Zusammenhang eine Weltmission der deutschen Freiheit ein sehr wohlberechtigter Gedanke ist«.[34]

Nicht der ›deutsche Geist‹, das deutsche Militär eröffnete am 1. Februar 1917 erneut den U-Boot-Krieg. Die Konsequenzen waren kriegsentscheidend. In Washington hielt am 2. April Woodrow Wilson die vielleicht berühmteste seiner Reden, als er den amerikanischen Kongress um Zustimmung für den

Kriegseintritt bat. ›Demokratie‹ ist das Schlüsselwort: »We shall fight for the things which we have always carried nearest our hearts, – for democracy […] for a universal dominion of right by such a concert of free peoples as shall bring peace and safety to all nations and make the world at last free«.[35]

Die »Weltmission der deutschen Freiheit« ist endgültig gescheitert. Aber die liberalen Gelehrten um Troeltsch fühlen sich herausgefordert, sie in Reaktion auf Amerikas Kriegseintritt noch einmal öffentlich zu verteidigen. Schon im Mai organisieren sie eine Serie von fünf Vorträgen in Berlin. Der Theologe Adolf von Harnack spricht sehr emotional über *Wilsons Botschaft und die Deutsche Freiheit*. Der Ökonom Max Sering vergleicht die Westmächte und Deutschland in ihren Staatsverfassungen. Otto Hintze spricht über Imperialismus und Troeltsch selbst über den *Ansturm der westlichen Demokratie*.[36] Noch im Sommer 1917 erscheinen die Vorträge als Buch unter dem Titel *Die deutsche Freiheit*, herausgegeben vom Bund deutscher Gelehrter und Künstler. Ziel dieses 1914 gegründeten Bundes war es, in Verbindung mit dem Werkbund wie mit dem Verein für deutsche Kultur im Ausland, zwischen staatlichen Behörden und Intellektuellen zu vermitteln und die »organisierte Verleumdung unserer deutschen Kultur« zu bekämpfen.[37]

Aber zu diesem Zeitpunkt, im Sommer 1917, beginnen liberale Intellektuelle wie Troeltsch zu zweifeln, ob ihre Theorie vom deutschen Weg in die Moderne mit Idealismus und Militarismus, mit sozialem Königtum und harmonischer Volksgemeinschaft wirklich eine überzeugende Alternative zu Pluralisierung und Demokratisierung der Gesellschaft bietet. Denn sie beobachten, wie die militärische Führung immer autoritärer wird, wie der Kaiser wichtige innenpolitische Reformen verweigert und wie die nationalistischen Verbände immer aggressiver nach einem ›Siegfrieden‹ mit ›Annexionen und Kontributionen‹ rufen, während sie selbst auf einen raschen ›Verständigungsfrieden‹ hoffen.

Die Ideen von 1917 und die Kulturtagungen auf der Burg Lauenstein
Im Sommer 1916 ließen sich die Kontroversen um die Kriegsziele und um Wege zum Frieden nicht länger unter dem Siegel des Burgfriedens verhindern. Die deutsche Reichsleitung fürchtete, ihren Kurs der gemäßigten Ziele eines Verständigungsfriedens gegenüber den Annexionisten nicht halten zu können. In der Presseabteilung des Auswärtigen Amtes wurde ein Deutscher National-Ausschuß in der Absicht gebildet, mit Rednern aus den führenden akademischen Kreisen eine neue nationale Sammlungsbewegung zu starten. Am 1. August 1916 fanden gleichzeitig in 39 Städten Kundgebungen unter dem gemeinsamen Thema *An der Schwelle des dritten Kriegsjahres* statt. Es war ein intellektueller Großeinsatz, um Bethmann Hollwegs Politik zu stützen.

Ein Vortrag fällt aus dem Rahmen. In Nürnberg spricht Max Weber und denkt nicht daran, die gängige Siegeszuversicht zu verbreiten. Die »Ideen von 1914« mit dem Sonderweg einer antiwestlichen »deutschen Freiheit« hält er für realitätsfremdes Literatengeschwätz. Es sei an der Zeit, die »Ideen von 1917« auszurufen.[38] Denn die kommende Friedenszeit werde gewaltige Wiederaufbauprobleme bringen, aber dafür sei die Nation mit ihrer autokratischen Staatsspitze und ihrem politisch »wasserscheuen« Bürgertum nicht gerüstet.[39]

Die thüringischen Kulturzentren Weimar und Jena sind an den genannten Kundgebungen nicht beteiligt. Aber aus Jena kommt eine der wichtigsten Initiativen für ein Forum, auf dem die Vorstellungen über Deutschlands Neuordnung nach dem Krieg, also die »Ideen von 1917«, zwischen den Generationen und den politischen Konfessionen freimütig erörtert werden sollen. Der Jenaer Verleger Diederichs, der selbsternannte ›Organisator der deutschen Kultur‹, verstärkt im Weltkrieg seine Anstrengungen, richtet eine Feldbücherei ein, engagiert sich in der thüringischen Volksbildungsbewegung und lädt jetzt zu Kulturtagungen auf die Burg Lauenstein ein. Zusammen mit dem Dürerbund und der Comenius-Gesellschaft wirkt die von Diederichs mitbegründete Vaterländische Gesellschaft in Thüringen 1914 als Veranstalter dieser Lauensteiner Tagungen. In einem Aufruf der Vaterländischen Gesellschaft 1914, in dem Thüringen selbstbewusst zum »Mittelpunkt der geistigen Bewegungen in Deutschland« erklärt wird, heißt es: »Weimar und Potsdam sind keine Gegensätze, sie müssen beide bestehen, nur dürfen sie nicht in Epigonentum enden, sondern müssen neue Triebe ansetzen«.[40]

Liste der Teilnehmer an der Pfingsttagung 1917

Ahlborn, Knud, Dr. med., Arzt, München, Giselastraße 3 II
Barge, Hermann, Prof. Dr., Gymnasiallehrer, Leipzig, Marienstraße 11
Bischoff, Diedrich, Dr., Bankdirektor, Leipzig, Eichendorffstraße 39
Blauert, Rektor, Weida, Thüringen
v. Blume, Wilhelm, Universitätsprofessor, Tübingen, Gartenstraße 49
Bulle, Oskar, Prof. (Schillerstiftung), Weimar, Luisenstraße 19
César, August, Pfarrer, Jena-Ost, Charlottenstraße
Corbach, Otto, Schriftsteller, Berlin-Zehlendorf, Spandauerstraße 21
Crusius, Otto, Geheimrat, Universitätsprofessor, München, Widenmayerstraße 10
Dehmel, Richard, Schriftsteller, Blankenese b. Hamburg
Diederichs, Eugen, Verlagsbuchhändler, Jena, Sedanstraße 8
Dünnebier, Archidiakonus, Neustadt a. d. Orla
v. Erdberg, Robert, Dr. (Volksbildungsbewegung), Charlottenburg, Soorstraße 37
Ernst, Paul, Dr., Schriftsteller, Neustadt am Südharz
Feiler, Artur, Dr., Redakteur an der „Frankfurter Zeitung", Frankfurt a. M.
Fischer, Alfred, Pfarrer, Berlin, Friedrichstraße 213
Giannoni, Karl, Dr., Mödling bei Wien, Dominikanergasse 15
Heinke, C., Professor an der Technischen Hochschule München, Wilhelmstraße 20
Hell, Bernhard, Dr., Freie Schulgemeinde, Wickersdorf bei Saalfeld
Heuß, Theodor, Dr., Redakteur des „März", Heilbronn, Lerchenstraße
Hildebrandt, Prof., Charlottenburg, Hölderlinstr. 11
Hirth, Heinrich, Dr., Gymnasiallehrer, Rudolstadt
Hofmann, R. Th., Lehrer, Nürnberg, Schlachthofstr. 25
Jegerlehner, Dr., Bern, Hallerstraße 39
Kampfmeyer, H., Dr., Landeswohnungsinspektor, Karlsruhe, Gartenstadt Rüppurr
Kawerau, Siegfried, Dr., Landsberg a. d. Warthe
Klumker, Jasper, Professor an der Universität in Frankfurt a. M., Hanau-Wilhelmsbad
Krieck, Ernst, Mannheim, Rennershofstraße 25
Kroner, Kurt, Bildhauer, Berlin W. 35, Kurfürstenstraße 54
v. Lengefeld, Selma, Dr., Weimar
Lensch, Paul, Dr., M. d. R., Neubabelsberg bei Berlin, Stahnsdorferstraße 94
v. Lerchenfeld, Graf Otto, Köfering bei Regensburg
Mahrholz, Werner, Dr., Schriftsteller, München, Schönfeldstraße 21 III
Maurenbrecher, Max, Dr., Schriftsteller, Weimar, Schloßgasse 27
Meinecke, Friedr., Dr., Universitätsprofessor, Berlin-Dahlem, Hirschsprung 13
v. Molo, Walter, Schriftsteller, Frohnau bei Berlin
Overmann, Prof. Dr., Archivar, Erfurt, Schillerstr. 18
Pauli, Franz, Dr., Arolsen
Resch, Professor, Seminaroberlehrer, Greiz
Roby, Bürgermeister, Niederlahnstein
Schmidt, Ferd. Jakob, Universitätsprofessor, Berlin-Grunewald, Hohenzollerndamm 55
Schultz-Hencke, Harald, Unterarzt, Karlsruhe, Res.-Laz., Abt. II
Schumann, Wolfg., Schriftsteller, Dresden-Blasewitz
Seeliger, Gerhard, Geheimrat, Universitätsprofessor, Leipzig-Gohlis, Kirchweg 2
Staudinger, Franz, Prof., Darmstadt, Inselstraße 26
Trummler, Erich, stud., München, Kurfürstenstraße 59 III
Uphoff, O. E., Maler, Ostendorf bei Worpswede
Vershofen, Wilhelm, Dr., Schriftsteller, Jena
Vierkandt, A. F., Universitätsprofessor, Groß-Lichterfelde, Wilhelmstraße 22
Wallach, Wolfgang, stud., München, Königinstr. 65/o
Weber, Max, Universitätsprofessor, Heidelberg, Ziegelhauserlandstraße 17
Weber, Otto, Straßenbahndirektor, Leipzig
Wechßler, Ed., Universitätsprofessor, Marburg, Roserstraße 23a
Wirth, Rich., Dr., Patentanwalt, Frankfurt, Taunusstraße 1
Weitsch, Ed., Direktor der städtischen Handelsfachschule, Meiningen, Steinweg 8
Winckler, Joseph, Schriftsteller, Moers, Rheinland
Zaunert, Paul, Dr., Schriftsteller, Cassel, Landgraf Karlstraße 58

Kat. 393
Teilnehmerliste der Lauensteiner Tagung 1917 · Deutsches Literaturarchiv Marbach

Auf zwei Lauensteiner Kulturtagungen ist versucht worden, »neue Triebe« anzusetzen, im Mai und im Oktober 1917. Von Bedeutung für die Rolle der Intellektuellen in der zweiten Kriegshälfte ist nur die erste.[41] »Sinn und Aufgabe unserer Zeit« war das gewählte Thema. Walther Rathenaus gerade erschienene Betrachtungen *Von kommenden Dingen* sollten die etwa fünfzig Teilnehmer zur Vorbereitung lesen, aber auch einen Aufsatz vom Mitorganisator Max Maurenbrecher: *Der Krieg als Ausgangspunkt einer deutschen Kultur*.

Fünf intellektuelle Gruppierungen treffen in Lauenstein aufeinander, fünf sehr gegensätzliche Auffassungen von der Bedeutung des Krieges für die künftige Kulturentwicklung. Eine Gruppe um den von der Sozialdemokratie zu den Alldeutschen konvertierten protestantischen Prediger Maurenbrecher will eine elitäre ›Partei der Geistigen‹. Sie pflegt den Fichte- und Lagardekult und wünscht als Resultat des Krieges einen kraftvollen preußischen Staatssozialismus. Eine zweite Gruppe bildet sich um die Sozialwissenschaftler Max Weber und Edgar Jaffé; sie will alle Neuordnungsfragen einer »rationalen« Ordnung der Ideen- und Interessenkonflikte unterwerfen, und zu Webers scharfer Attacke auf Maurenbrecher hält das Protokoll fest: »Nach Weber sind wir auf absehbare Zeit der Mechanisierung verfallen, die sich in einer starken Bürokratie einerseits, in einem wildwachsenden Kapitalismus andererseits offenbart«. Die Bürger dürfen sich nicht in romantische oder revolutionäre Utopien flüchten. Sie müssen ihre »Kraft vielmehr aus den nüchternen Tatsachen des Tages ziehen: die bösen Hunde der materiellen Interessengruppen müßten aufeinandergehetzt werden; der Kampfplatz sei das Parlament«.

Abb. 16 Teilnehmer der Lauensteiner Tagung (u. a. Max Weber, Ernst Toller) · Unbekannt · 1917 · Deutsches Literaturarchiv Marbach

Eine dritte Gruppe der akademischen Jugend und pädagogischen Reformbewegung, im weiten Spektrum vom völkischen Pädagogen Ernst Krieck über den linksliberalen Vorsitzenden der Freideutschen Jugend Knud Ahlborn bis zum anarchistischen Schriftsteller Ernst Toller fordert die Charismatisierung der Politik in unmittelbaren Führer-Gemeinschafts-Beziehungen. Zurückhaltend verhält sich die Gruppe pragmatischer Sozialreformer mit den Publizisten Theodor Heuss und Paul Lensch. Dafür agiert fünftens der kleine Zirkel der Literaten und bildenden Künstler umso lebhafter. Der Bildhauer Kurt Kroner, so notiert der Protokollant, »erblickte im Bau eines neuen Tempels, in einer neuen deutschen Religion, in einer Art klösterlicher Gemeinschaft der Heiligen deutscher Gesinnung den Quell der Erlösung«. Kurz zuvor hatte Knud Ahlborn noch für eine kosmopolitische Kultur geworben, »neben dem deutschen Menschentypus [seien] alle anderen, auch die indischen und chinesischen, restlos an[zuerkennen]«.

Was als Beginn einer neuen Ära nach dem ›Kulturkrieg‹ gedacht war, endete, wie das Protokoll treffend resümiert, in einer »außerordentlichen Zerrissenheit der Auffassungen in einzelnen geistigen Strömungen Deutschlands«. Mystischer Erlebniskult steht gegen asketischen Rationalismus, extremer Nationalismus gegen anarchistischen Pazifismus, antiparlamentarischer Staatssozialismus gegen demokratischen Wertepluralismus. Lauenstein markiert einen tiefen Einschnitt in der deutschen Intellektuellengeschichte. Ein ganz anderer ›Kulturkrieg‹ kommt zum Vorschein als der, den Troeltsch zu Beginn des Krieges vor Augen hatte. Burg Lauenstein ist bereits ein Probelauf für die Ideenkämpfe, welche die deutsche Gesellschaft zwischen den beiden Weltkriegen so nachhaltig polarisieren werden.

Anmerkungen

1 Einen guten Ausgangspunkt bietet Beßlich 2000. **2** Vossische Zeitung, Nr. 418 v. 19.8.1914, Morgen-Ausgabe. Aufgenommen in die Textsammlung: Der Krieg der Geister. Eine Auslese deutscher und ausländischer Stimmen zum Weltkriege 1914. Gesammelt und herausgegeben von Hermann Kellermann. Weimar 1915, S. 27 f. **3** Zit. nach Münkler 2013, S. 236. **4** Meinecke 1979, S. 95. **5** Zit. nach Piper 2013, S. 242. **6** Untertitel von Sombart 1915. **7** Sombart 1915, hier zitiert im Kontext von Lenger 1994, S. 247. **8** Der Krieg der Geister 1915, S. 31 f. **9** Der »Aufruf an die Kulturwelt!« Abgedruckt in Der Krieg der Geister 1915, S. 64–68. Dazu ausführlich J. v. Ungern-Sternberg/W. v. Ungern-Sternberg 1996. **10** Der Krieg der Geister 1915, S. 64 f. **11** Ebd., S. 83. **12** Ebd., S. 379. **13** Dazu ausführlich Hoeres 2004. **14** Der Krieg der Geister 1915, S. 368. **15** Ebd., S. 400. **16** Vgl. Trommler 2014. **17** Hierzu Münkler 2013, S. 292–294. **18** Der Krieg der Geister 1915, S. 378. **19** Mann, Gedanken im Kriege (November 1914), 1968, S. 17. **20** Ebd., S. 19. **21** Scheler zit. nach Frings 1982, S. 30; Vgl. auch Flasch 2000, insbesondere S. 103–146. **22** Vgl. Piper 2013, S. 183–187. **23** Bryce 1916, S. 2 f. **24** Ebd. **25** Vgl. Troeltsch 1914 b. **26** Troeltsch 1916a, S. 605. **27** Ebd., S. 606. **28** Ebd., S. 607. **29** Troeltsch 1917a, S. 247. Ursprünglich ein Vortrag vom 22.10.1916. **30** Ebd. **31** Troeltsch 1916b, S. 15. **32** Ebd., S. 21. **33** Ebd., S. 39. **34** Ebd., S. 54. **35** Wilson, Necessity of War against Germany, Hart 2002, S. 197. **36** vgl. Troeltsch 1917 b **37** Vgl. Kemper, München, S. 114–116. **38** Weber 1984, S. 660. **39** Ebd **40** Aufruf der Vaterländischen Gesellschaft 1914 in Thüringen, zit. nach Reimers 1999, S. 109; Dazu Werner 2014. **41** Zum Folgenden Hübinger 1996, S. 259–272.

Weinhandlung.
Drogen-Handlung
Mineralwässer
OTTO SCHRICKEL.
J.G. Raumer Nachf.

A
Prolog: Weimar im August 1914

BERNHARD POST

»Na so schlimm wird es ja wohl nicht gleich werden«

Die Mobilmachung im Großherzogtum Sachsen-Weimar-Eisenach

Bei seinem Regierungsantritt hatte Großherzog Wilhelm Ernst im Jahr 1901 gelobt: »Und sollten ernste Zeiten über das deutsche Vaterland kommen, so sollen Sie Mich da finden, wo Weimars Fürsten von jeher gestanden haben, und wo seinen Fürsten zu sehen das Land gewohnt und berechtigt ist«.[1] Dreizehn Jahre später sollten solche ernsten Zeiten anbrechen, Tausenden seiner Untertanen das Leben kosten und schließlich die politischen, gesellschaftlichen sowie kulturellen Verhältnisse in Weimar radikal verändern.

Ein Weltkrieg wurde in der Presse des Großherzogtums zwar unmittelbar vor Kriegsbeginn diskutiert, jedoch für ausgeschlossen gehalten.[2] Auch einen europäischen Krieg glaubte man noch während der Juli-Krise 1914 nicht befürchten zu müssen, da die hierfür erforderlichen Rüstungsvorbereitungen in Russland und Frankreich angeblich noch Jahre in Anspruch nehmen würden. Einen auf den Osten Europas begrenzten Krieg hielt die Presse hingegen für denkbar, zumal selbst in sozialdemokratischen Kreisen die Forderungen Österreichs gegenüber Serbien als gerechtfertigt angesehen wurden. In der allgemeinen Vorstellungswelt handelte es sich in jedem Fall um einen nach den Spielregeln des 19. Jahrhunderts geführten, befristeten Schlagabtausch, der siegreich zu bewältigen wäre und die politischen Verhältnisse in Europa klären würde.

Das gegenwärtig von der neueren Forschung kritisch hinterfragte Bild einer spontanen und allgemeinen Kriegsbegeisterung bedarf ebenso im Großherzogtum einer differenzierteren Betrachtung. In den Jubel, welcher die Truppen in Weimar und anderswo verabschiedete, mischte sich auch deutliche Beklemmung.[3] In den industriellen Zentren Thüringens wie Erfurt, Jena und Nordhausen hatte der drohende Krieg im Juli 1914 bereits Antikriegskundgebungen ausgelöst. Als wenige Tage vor Kriegsbeginn am 28. Juli 1914 das Weimarische Infanterie-Regiment Nr. 94 (5. Thüringisches) »frisch und wohlgemut« zu einem bereits länger angesetzten Manöver auf dem Truppenübungsplatz in Ohrdruf ausrückte, fand sich im Jenaer Volksblatt bereits die sorgenvolle Ahnung abgedruckt »Wer weiß. Ob wir Jena wiedersehen«.[4] Dessen Redakteur war jedoch noch immer zuversichtlich: »Na so schlimm wird es ja wohl nicht gleich werden«.[5] In ländlichen Bereichen fürchteten die Bauern um ihre Ernte, wenn sie gerade im Sommer zu den Waffen eilen müssten. Im »Zeichen des drohenden Krieges«[6] reisten Ausländer aus der Universitätsstadt Jena ab, und die Bevölkerung deckte sich mit Lebensmitteln ein.[7] Es war dann die offizielle Propaganda, welche erfolgreich das Bild vermittelte, Deutschland sei überfallen worden und nun zur Führung eines Verteidigungskriegs gezwungen. In diesem Sinne empörte sich das Jenaer Volksblatt am 2. August 1914 über den Angriff Russlands trotz der angeblichen Friedensbemühungen des deutschen Kaisers: »Nun so habe denn Russland, was es will! […] Glücklich, wer an solcher Ursache vor der Weltgeschichte keinen Anteil hat!«[8] Auch die Sozialdemokraten in Weimar folgten der offiziellen Argumentation. Angeführt von dem Reichstags- und Landtagsabgeordneten August Baudert, schwenkten sie auf die Linie des am 4. August 1914 im Reichstag vereinbarten Burgfriedens ein.[9] Streiks und Aussperrungen wurden in ganz Thüringen umgehend beendet.[10]

Wenn auch die Frage der alleinigen Kriegsschuld Deutschlands nach dem aktuellen internationalen Forschungsstand relativiert werden muss, bleiben doch die Unterstützung des österreichischen Abenteuers auf dem Balkan durch das Deutsche Kaiserreich und das Versagen der Diplomatie während der Juli-Krise bestehen.[11] Der Aufstieg des Deutschen Reiches zur führenden Industriemacht auf dem europäischen Kontinent ließ vor allem in bürgerlichen Schichten und bei vielen Intellektuellen die Forderung nach einer adäquaten außenpolitischen Anerkennung laut werden, etwa in Form von Kolonien. Die »pompöse Weltpolitik«[12] des wilhelminischen Deutschlands wurde von den übrigen europäischen Mächten als Bedrohung aufgefasst und führte zu seiner Isolierung. Schließlich setzten die deutschen Militärs ihre schon länger propagierte Einschätzung durch, dass nur ein Präventivkrieg gegen Frankreich und Russland die Umklammerung der Mittelmächte zerschlagen könne.[13] Der Kaiser gab mit der Unterzeichnung der Kriegserklärung an Russland am 1. August 1914 das Heft aus der Hand. Von nun an regierten in Deutschland praktisch der Generalstabschef Helmuth von Moltke und der Reichskanzler Theobald von Bethmann Hollweg. Die Funktion des Obersten Kriegsherrn hätte Wilhelm II. angesichts seiner immer häufiger auftretenden Depressionen ohnehin nicht ausfüllen können.[14]

Das Gesicht der beschaulichen Residenz veränderte sich schlagartig nach dem 1. August 1914, und der Charakter einer Garnisonsstadt trat nun deutlich hervor. Die drei Bataillone des 94er Regiments, die sich gerade zu einem Manöver auf dem Truppenübungsplatz bei Ohrdruf befanden, wurden sofort per Bahn zur Vervollständigung der Ausrüstung in ihre Garnisonen Weimar, Jena und Eisenach zurückverlegt. Die Maschinengewehr-Kompanie des Regiments trat den Rückweg von 65 Kilometern nach Weimar zu Fuß an. Die Kaserne des 1. Regiments war 1859 vom großherzoglichen Baumeister Ferdinand Streichhan erbaut worden. Wegen ihrer Lage über der Stadt nannte sie der Volksmund auch die »Weimarer Akropolis«. Während sich das 1. Bataillon dort für die Front abmarschbereit machte, strömten Reservisten und Angehörige der Landwehr in die Stadt. Für Wehrpflichtige, die mit dem Gesetz in Konflikt geraten waren, verkündeten zwei Ministerialdekrete vom 1. und 8. August 1914 eine Amnestie bei Geld- und kleineren Freiheitsstrafen sowie in Fällen von Beleidigung des Landesherrn oder anderer Fürsten.[15] Aus der Rückschau ist nur schwer die allseitige Durchdringung der Gesellschaft durch das Militärische nachzuempfinden. In Jena wurden umgehend alle russischen und polnischen Arbeiter interniert, und in Weimar wurde der aus Belgien stammende Designer und Architekt Henry van de Velde als Angehöriger einer nun ebenfalls als feindlich eingestuften Nation unter Polizeiaufsicht gestellt.[16] Eine allgemeine Furcht vor Spionen und Saboteuren machte sich breit. Zwei junge Frauen aus Wöllnitz wurden in Lobeda verhaftet, weil man in ihnen französische Agentinnen vermutete, die Geld nach Russland schaffen sollten. »Wie verlautet, beabsichtigen die Wöllnitzer Burschen für die ihrer Weiblichkeit angetane Schmach den Lobdschen den Krieg zu erklären«[17], kommentierte das Jenaer Volksblatt am 8. August 1914 den Vorgang launig. Allerdings war auch in Hermsdorf der Leiterfabrikant Louis Opel festgenommen und sein Haus mit Steinen beworfen worden, weil er angeblich zwei russische Offiziere verborgen hatte. Bei Gotha wurde ein Kaufmann aus Jena erschossen und ein mitreisender Fabrikant verletzt, als sie auf den Haltebefehl eines Militärpostens nicht reagierten.

Am 7. August 1914 fand ein feierlicher Feldgottesdienst im Innenhof des Weimarer Schlosses in Anwesenheit des großherzoglichen Paares statt. Wilhelm Ernst verlangte von den Soldaten, »Gut und Blut dranzusetzen«.[18] Jedem Mitglied der großherzoglichen Hofhaltung, das zum Kriegsdienst eingezogen wurde, spendete Wilhelm Ernst 100 Reichsmark. Für die Familien von Verheirateten wurde eine eigene Kasse eingerichtet.[19] Mit der Bahn wurde das Regiment am folgenden Tag bis St. Vith an der belgischen Grenze transportiert. In den darauffolgenden Tagen wurden ebenfalls per Bahn die nun eingezogenen Reservisten des Weimarer 3. Bataillons des Landwehr-Infanterie-Regiments Nr. 32 sowie das neu aufgestellte Reserve-Infanterie-Regiment Nr. 224 an die Westfront verlegt und kämpften dort im Verband der 83. Infanterie-Brigade. In der kollektiven idealisierten Erinnerung an den Krieg von 1870/71 und angefeuert von der Propaganda glaubte man, die Angelegenheit in einem siegreichen Feldzug voraussichtlich bis zum Weihnachtsfest erledigt zu haben. Für die wehrfähige Generation von 1914 waren die Einigungskriege in den zurückliegenden vierzig Jahren zu einem Spaziergang verklärt worden. Das Jenaer Volksblatt etwa brachte 1914 einen Sonderdruck heraus, in dem dieser vermeintlich glanzvollen Zeiten gedacht wird. Als Gewährsmann wird der vormalige Jenaer Prorektor Adolf Schmidt in einer Huldigungsadresse an Kaiser Wilhelm I. zitiert: »Denn nie, soweit das Gedächtnis der Menschheit reicht, sind so überaus glorreiche, so wahrhaft kriegerische Erfolge errungen worden«.[20] Der unmittelbar bevorstehende Krieg sollte jedoch anstelle schneller Siegeslorbeeren unvorstellbares Elend und den Tod für viele Millionen Menschen bringen.

Selbst der in Paris geborene und in Frankreich und England aufgewachsene polyglotte Kunstmäzen Harry Graf Kessler wandelte sich innerhalb von Tagen zum deutschen Patrioten. Bis zum Kriegsausbruch hatte er sich, der mütterlicherseits irischer Abstammung war, als Weltbürger inszeniert und etwa dem französischen Neoimpressionismus in Weimar Geltung verschafft. Noch am 22. Juli 1914 war er zum Frühstück beim britischen Premierminister Asquith eingeladen gewesen und fuhr zwei Tage später zusammen mit Auguste Rodin über Paris zurück nach Deutschland. Danach meldete er sich umgehend bei seiner Einheit in Berlin und nahm kurz darauf an der völkerrechtswidrigen Besetzung Belgiens als Kommandeur einer Artillerie-Munitionskolonne im Range eines Hauptmanns teil. Ende August 1914 wurde Graf Kessler Augenzeuge der Zerstörung Namurs und nahm keinen Anstand daran, dass deutsche Truppen die Heimat seines Freundes Henry van de Velde verwüsteten und unersetzliche Kulturgüter zerstörten.[21] Erobert und besetzt wurde die Festung von Namur von thüringischen Regimentern.[22]

Großherzog Wilhelm Ernst begleitete seine Truppen an die Front. Er berichtete Großherzogin Feodora in zahlreichen Briefen von seinen Erlebnissen und Eindrücken. Die übermittelten Details lassen auf ein großes Vertrauen zwischen dem Großherzogspaar schließen. Merkwürdig mutet allerdings das unmittelbare Nebeneinander von Schilderungen militärischer Vorgänge und Lebensverhältnisse, von Problemen der Regentschaft und sehr persönlichen Dingen an. Briefe des Großherzogs, welche keine persönlichen Bemerkungen enthielten, wurden gelegentlich der Presse und später den Geschichtsbänden *Thüringen im und nach dem Weltkrieg* (1920/21) zur Verfügung gestellt. Einige Briefe mit privaten Inhalten blieben im Familienbesitz erhalten.

Wie alle Landesherren bekleidete Großherzog Wilhelm Ernst ehrenhalber einen Generalsrang. Da er jedoch lediglich eine verhältnismäßig kurze Dienstzeit beim Garde du Corps abgeleistet und keine Ausbildung zur Führung größerer Verbände absolviert hatte, übertrug ihm die Oberste Heeresleitung kein militärisches Kommando. Bei Kriegsausbruch wurde der Großherzog auf seinen Wunsch zumindest dem Stab des XI. Armeekorps zugeteilt, dem auch die weimarischen Truppenteile angehörten. Er nahm so notgedrungen nur als eine Art Beobachter an den Kriegsgeschehnissen teil, eine Funktion, die wenig Gelegenheit bot, sich militärisch auszuzeichnen. Als er schließlich das Eiserne Kreuz erhielt, war ihm die Angelegenheit eher peinlich. Er fand, »dass die 1. Klasse für uns, die wir doch nichts geleistet haben, zu viel ist. Dafür ist die Auszeichnung zu schade«.[23]

Der Kaiser von Österreich und König von Ungarn zeichnete ihn am 12. Dezember 1914 mit dem Militärverdienstkreuz mit Kriegsdekoration aus. Am 21. Oktober 1914 erhielt Großherzog Wilhelm Ernst seinerseits den Auftrag, Hindenburg das Großkreuz mit Schwertern zu überbringen.[24] Als weitere Ehrung für den Großherzog ließ der Kaiser 1915 den Schriftzug auf den Schulterklappen des an der Front so erfolgreichen sachsen-weimarischen Regiments von »CA« (Carl Alexander) auf »WE« (Wilhelm Ernst) ändern. Im Juli 1915 begab er sich in Polen in das südlich von Kattowitz gelegene Große Hauptquartier in Pless und suchte bei Kaiser Wilhelm II. nochmals persönlich um ein Kommando nach, ohne dass dies zu der gewünschten Entscheidung führte.[25] Dennoch blieb er zunächst bei der Armee und wechselte auch noch gemeinsam mit dem Regiment 94 den Kriegsschauplatz zurück an die Westfront.[26] Resigniert und mit angegriffener Gesundheit kehrte Wilhelm Ernst schließlich im Spätsommer des Jahres 1916 nach Weimar zurück.[27] Bis zum Kriegsende hielt er sich häufig zu ein- bis zweiwöchigen Besuchen beim

Regimentsstab an der Front auf. Die Zeit zwischen den Frontaufenthalten verbrachte der Großherzog nicht nur in Weimar, sondern er besuchte auch – wie in Friedenszeiten – seine Schlösser Wilhelmsthal, Ettersburg, Heinrichau, Allstedt und die Wartburg.

Für die thüringischen Truppen traf am 26. August 1914 nach anfänglichen militärischen Erfolgen an der Westfront unerwartet der Befehl zur Verlegung des XI. Armeekorps nach Ostpreußen ein. Hier sollte es die 8. Armee Hindenburgs verstärken, die gerade die Schlacht bei Tannenberg schlug, indem sie zusammen mit dem Garde-Reservecorps die gefährdete Ostfront sicherte. Ende September 1914 erfolgte eine weitere Verlegung nach Galizien, »um den Österreichern zu helfen, denen es anscheinend nicht gut geht«, wie Großherzog Wilhelm Ernst nach Weimar schrieb und dabei mutmaßte: »Das könnte ja auch ganz interessant werden«.[28] Bis September 1915 wurde das Infanterie-Regiment 94 an verschiedenen Brennpunkten von Ostpreußen bis Galizien eingesetzt und nahm an der Sommeroffensive 1915 gegen Russland teil. Inzwischen hatte sich der Kriegsschauplatz im Westen von einem Bewegungskrieg in einen Stellungskrieg gewandelt, dessen hohe Verlustzahlen durch die Zuführung ständig neuer Truppen ausgeglichen werden mussten. Ende 1915 wurde das 94. Infanterie-Regiment daher an die Westfront zurückverlegt und fand sich nun vor Verdun wieder. Die Namen von Schlachtorten wie ›Höhe 304‹ oder ›Toter Mann‹ stehen auch für die großen Verluste des weimarischen Regiments. Von hier aus an die Somme verlegt, nahm es schließlich an der für beide Seiten ungeheuer verlustreichen Schlacht im Sommer 1916 teil. Anfang 1917 wurde das Regiment zum Ausbau und zur Verteidigung der zwischen Arras, St. Quentin und Vailly verlaufenden Siegfried-Stellung herangezogen. Mitte des Jahres 1917 erfolgte eine weitere Verlegung nach Flandern. Die 83. Infanterie-Division wurde nun als Stoßdivision für Angriffsunternehmen eingesetzt. Als Befehlshaber der Division war deshalb nun der fronterfahrene und hochdekorierte Kommandeur des Infanterie-Regiments 94 Oberst Friedrich von Taysen verantwortlich. In der 3. Flandernschlacht gelang es dem weimarischen Regiment nahe Ypern, den Hauptstoß der englischen Truppen – vorgetragen mit heftigem Artilleriefeuer, Tanks, Gasgranaten und Flammenwerfern – abzuwehren.

Bis Kriegsende sollten rund 44 000 Thüringer an den Fronten im Osten und Westen fallen. Allein das 5. Thüringer Infanterie-Regiment Nr. 94 hatte in den Kämpfen in Belgien, in Polen, vor Verdun, an der Somme und in Flandern insgesamt 152 Offiziere sowie 4 542 Unteroffiziere und Mannschaften verloren. Mehrfach war das Regiment fast völlig aufgerieben und wieder aufgefüllt worden. Anfang September 1918 zählten die Bataillone des Großherzoglichen Regiments durchschnittlich gerade noch etwa 40 Soldaten an Kampftruppen, also nicht einmal eine halbe Kompaniestärke. Auch die großherzogliche Familie hatte Tote zu beklagen. Prinz Friedrich von Sachsen-Meiningen, der Vater von Großherzogin Feodora, starb bereits am 23. August 1914 als Generalleutnant bei Charleroi im MG-Feuer. Nur wenige Tage später, am 27. August 1914, erlag mit 19 Jahren Feodoras Bruder Prinz Ernst in einem Lazarett bei Maubeuge einer Gehirnblutung in Folge eines Streifschusses am Kopf. Kurz vor Kriegsende fiel am 9. September 1918 Prinz Albrecht von Sachsen-Weimar-Eisenach, der Vetter des Großherzogs. Anfang Oktober 1918 musste der Großherzog schließlich mit Blick auf die militärische und die politische Situation konstatieren: »Die gesamte Lage sieht ja leider nicht so rosig aus«.[29]

Anmerkungen

1 Thronrede vom 17. 2. 1901, in WZ Nr. 141 vom 18. 2. 1901. **2** Vgl. JV Nr. 172 vom 25. 7. 1914. **3** Vgl. Hess 1975, S. 508. **4** JV Nr. 172 vom 25. 7. 1914. **5** JV Nr. 174 vom 28. 7. 1914. **6** JV Nr. 177 vom 31. 7. 1914. **7** Vgl. ebd. **8** JV Nr. 179 vom 2. 8. 1914. **9** Vgl. Hess 1975, S. 507. **10** Vgl. JV Nr. 185 vom 8. 8. 1914. **11** Vgl. Meyer-Arndt 2006; Hess 1975, S. 507; Münkler 2013; Clark 2013. **12** Mommsen 2003, S. 15. **13** Vgl. Röhl 1978. **14** Vgl. Mommsen 2002, S. 221–229. **15** Vgl. Regierungsblatt für das Großherzogtum Sachsen 1914, S. 281–282 und 299–301. **16** Vgl. JV Nr. 186 vom 11. 8. 1914. **17** JV Nr. 184 vom 8. 8. 1914. **18** ThHStAW, Sammlung F Nr. 1915 a, Bl. 28–33. **19** Vgl. JV Nr. 184 vom 8. 8. 1914. **20** JV, Sonderdruck 1914, Nr. 2, Beilage o. S. **21** Vgl. Piper 2013, S. 155–156, 252; Tagebücher Kessler 2013, Bd. 1 u. 2; Stenzel 2014, S. 37. **22** Vgl. Hochberg o. J. **23** Zit. nach Thüringen in und nach dem Weltkrieg 1920, Bd. 1, S. 84 **24** Vgl. Thüringen in und nach dem Weltkrieg 1920, Bd. 1, S. 88. **25** Vgl. ThHStAW HA A XXXIV (= NL Großherzogin Feodora) Nr. 4, Brief vom 26. 6. 1915. **26** Vgl. Hartmann 1921, S. 72. **27** Vgl. ZD Nr. 112 vom 23. April 1933. **28** Zit. nach Thüringen in und nach dem Weltkrieg 1920, Bd. 1, S. 82. **29** ThHStAW HA A XXXIV (= NL Großherzogin Feodora) Nr. 4, Brief vom 1. 10. 1918.

Kat. 1 Fahne Infanterie-Regiment Großherzog von Sachsen (5. Thüringisches) Nr. 94, II. Bataillon · um 1900 · Stiftung Deutsches Historisches Museum, Berlin

Kat. 1 ☐ S. 48
DIE FAHNE DES THÜRINGISCHEN REGIMENTS GROSSHERZOG VON SACHSEN NR. 94

Am 3. September 1822, dem 65. Geburtstag des Großherzogs Carl August, erhielten die Bataillone Sachsen-Weimar-Eisenachs ihre jeweils eigenen Fahnen. Die Fahnenspitzen wurden als Auszeichnung für die Verdienste in den Befreiungskriegen gegen Napoleon mit dem Großherzoglichen Hausorden versehen: Der Orden der Wachsamkeit oder vom Weißen Falken, neu gestaltet mit gekreuzten Schwertern. Für ihre Teilnahme am Deutsch-Französischen Krieg bekamen die drei Bataillone zusätzlich das Eiserne Kreuz für ihre Fahnenspitzen und waren damit die einzigen des Deutschen Heeres, die ihren Hausorden und einen Verdienstorden an ihrem Banner führten. Auf der Vorderseite seiner seidenen Fahne führte das 2. Bataillon die Jahreszahlen 1814/15 und 1870/71, um deutlich sichtbar an seine Tradition und seine Teilnahme an den beiden großen Kriegen zu erinnern. In den kriegerischen Auseinandersetzungen mit Dänemark 1864 und Österreich 1866 waren die Truppen Sachsen-Weimar-Eisenachs kaum beziehungsweise gar nicht beteiligt gewesen. Im Jahr 1867 wurden nach Abschluss einer Militärkonvention zwischen Preußen und dem Großherzogtum die Bataillone in die preußische Armee übernommen. Anlässlich der Kaiserparade am 3. September 1903 erhielten die Bataillone von Wilhelm II. erneuerte Fahnen überreicht. Während die alten in die Rüstkammer der Wartburg verbracht wurden, bewahrte man die neuen bis zum Kriegsausbruch 1914 im Schloss in Weimar auf. MS

Literatur: Fritsche 2012.

Kat. 2 ☐ S. 50/51 · 3 ☐ S. 42/43
DIE MOBILMACHUNG UND VERABSCHIEDUNG DER SOLDATEN

Am Mittag des 7. August 1914 versammelte sich die Weimarer Garnison zur feierlichen Verabschiedung im Hof des Stadtschlosses unter der Anwesenheit des Großherzoglichen Paares, der Hofgesellschaft und zahlreicher Bürgerinnen und Bürger. Die *Weimarische Zeitung* brachte am folgenden Tag einen Bericht über die Abschiedsfeier auf den ersten beiden Seiten, im Anschluss an die Ansprachen von Wilhelm II. und Auguste Viktoria. Der Hofprediger Karl Trainer, dessen Rede an die Soldaten teilweise abgedruckt ist, folgt der Argumentation das Kaisers. Es seien die Feinde gewesen, »die uns das Schwert in die Hand gezwungen haben«, weshalb es zu verteidigen gelte, »was unsere Väter mit ihrem Herzblut erstritten haben« (WZ Jg. 160, Nr. 184, S. 1). Darüber hinaus beschwor er den Geist, »der vor 100 Jahren lebendig und sieghaft war; der Geist glühender Vaterlandsliebe, der Geist rücksichtsloser Hingabe und Opferfreudigkeit« (ebd.). Trainer bezeichnet den »heiligen Kampf« bereits als »Weltkrieg« (ebd.).

Auch Großherzog Wilhelm Ernst sprach zu den Soldaten und verwies »auf die eiserne Zeit vor 100 Jahren«, die als »gewaltiges, anfeuerndes Beispiel« dienen solle (ebd., S. 2). Nach der Rede des Großherzogs habe die anwesende Kapelle *Heil dir im Siegerkranz* gespielt, und unter der Bevölkerung habe

»heiligste Begeisterung« (ebd.) geherrscht. Ähnliches wird über die Verabschiedung des Landwehr-Regiments am 12. August 1914 am Weimarer Bahnhof von der *Weimarischen Landes-Zeitung Deutschland* berichtet. Nach der Ansprache eines Gefreiten hätten das Regiment und die zahlreich anwesenden Bürgerinnen und Bürger in ein dreifaches Hoch eingestimmt. Anders dagegen verhält es sich mit dem Bericht der sozialdemokratischen *Weimarischen Volkszeitung* über die Verabschiedung der Jenaer Garnison. Zwar sei die Stimmung zu Beginn ebenfalls fröhlich gewesen, was sich allerdings in dem Moment geändert habe, als der Zug aus dem Blick der Zurückgebliebenen geraten sei. Offensichtlich sei »der Ernst der Stunde zur Gewissheit« (WVZ Jg. 9, Nr. 184, S. 3) geworden. Ob die Stimmungen in Weimar und Jena tatsächlich unterschiedlich waren oder ob die beiden bürgerlichen Zeitungen im Gegensatz zum sozialdemokratischen Blatt die Lage nur beschönigten, lässt sich nicht mit Gewissheit sagen. MS

Kat. 4 ☐ S. 49
AUFRUF *NIEDER MIT DEM KRIEG!*

In der ›Juli-Krise‹ vor Ausbruch des Ersten Weltkrieges – vor der Burgfriedenspolitik und der Zensur der Presse – herrschten in der Politik und der Presse des Großherzogtums noch differenzierte Ansichten der weltpolitischen Lage. Während die beiden bürgerlichen Zeitungen Weimars zurückhaltend berichteten, unterstützten die aus Jena das Vorgehen Österreich-Ungarns bedingungslos. Einzig die sozialdemokratische *Weimarische Volkszeitung* warf der Donaumonarchie vor, einen Kriegsgrund zu suchen, und warnte vor der Gefahr eines Weltkrieges. Die politischen Positionen im Großherzogtum verhärteten sich, nachdem sich der Parteivorstand der SPD am 25. Juli 1914 in Berlin in einem Aufruf gegen den drohenden Krieg aussprach. Die *Weimarische Volkszeitung* druckte den Aufruf am 27. Juli 1914 auf der ersten Seite ab. Am folgenden Tag warb sie für Veranstaltungen unter dem Titel »Nieder mit dem Krieg!« (WVZ Jg. 9, Nr. 173) in Jena, Weida und Neustadt a. O., am 29. Juli 1914 für eine Veranstaltung in Bürgel. Als Redner trat der Jenaer Sozialdemokrat Albert Rudolph auf. Am 3. August 1914 sollte er auch im Volkshaus in Weimar sprechen.

Die konservativen und liberalen Zeitungen reagierten empört auf den Aufruf. Sie forderten Einigkeit und warnten vor dem gefährlichen Eindruck, der durch solche Aktionen im Ausland entstünde. Die Veranstaltung in Weimar fand nicht mehr statt, denn »über das angekündigte Thema darf nicht mehr gesprochen werden« (WVZ, Jg. 9, Beilage zu Nr. 178, S. 3). Dasselbe traf auf geplante Veranstaltungen in Ilmenau, Apolda und Rastenberg zu. Mit der Kriegserklärung des Deutschen Kaiserreiches an Russland am 1. August 1914 hatte sich die Lage verändert: Die Behauptung der Regierung, dass es sich um einen reinen Verteidigungskrieg handle, wurde nun von allen politischen Parteien unterstützt, der Burgfriede am 4. August 1914 mit der Verabschiedung der Kriegskredite im Reichstag endgültig geschlossen. Auch in der Berichterstattung der Zeitungen in Jena und Weimar verschwanden die Unterschiede zwischen der bürgerlichen und sozialdemokratischen Presse, wenn es um die weltpolitischen Fragen ging. MS

Literatur: Riegg 2012.

Kat. 4 Nieder mit dem Krieg! Aufruf · 3. 8. 1914 · Stadtmuseum, Weimar

Kat. 2 Feldgottesdienst für das Infanterie-Regiment Nr. 94 im Schlosshof in Weimar · 7.8.1914 · Fotoatelier Louis Held

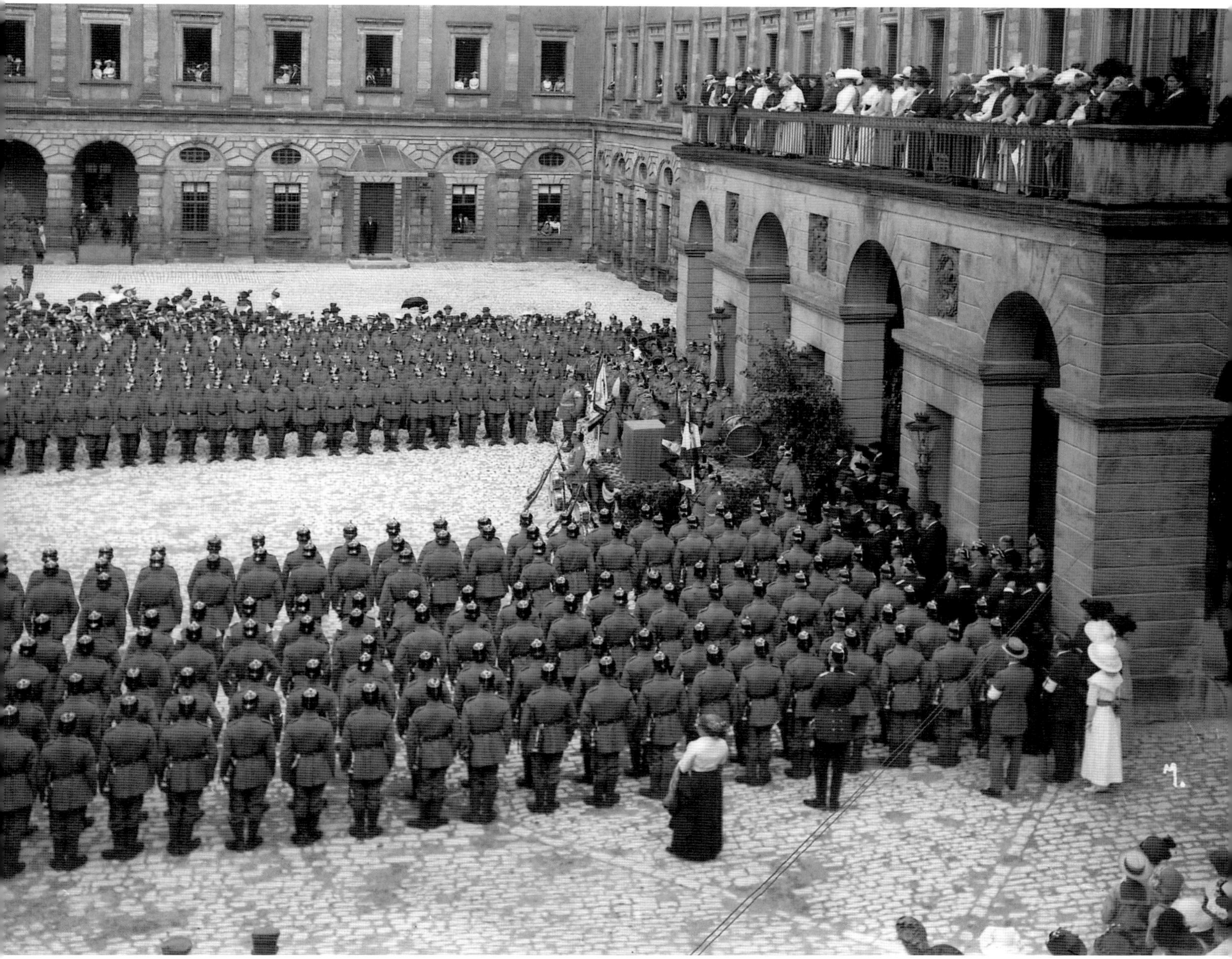

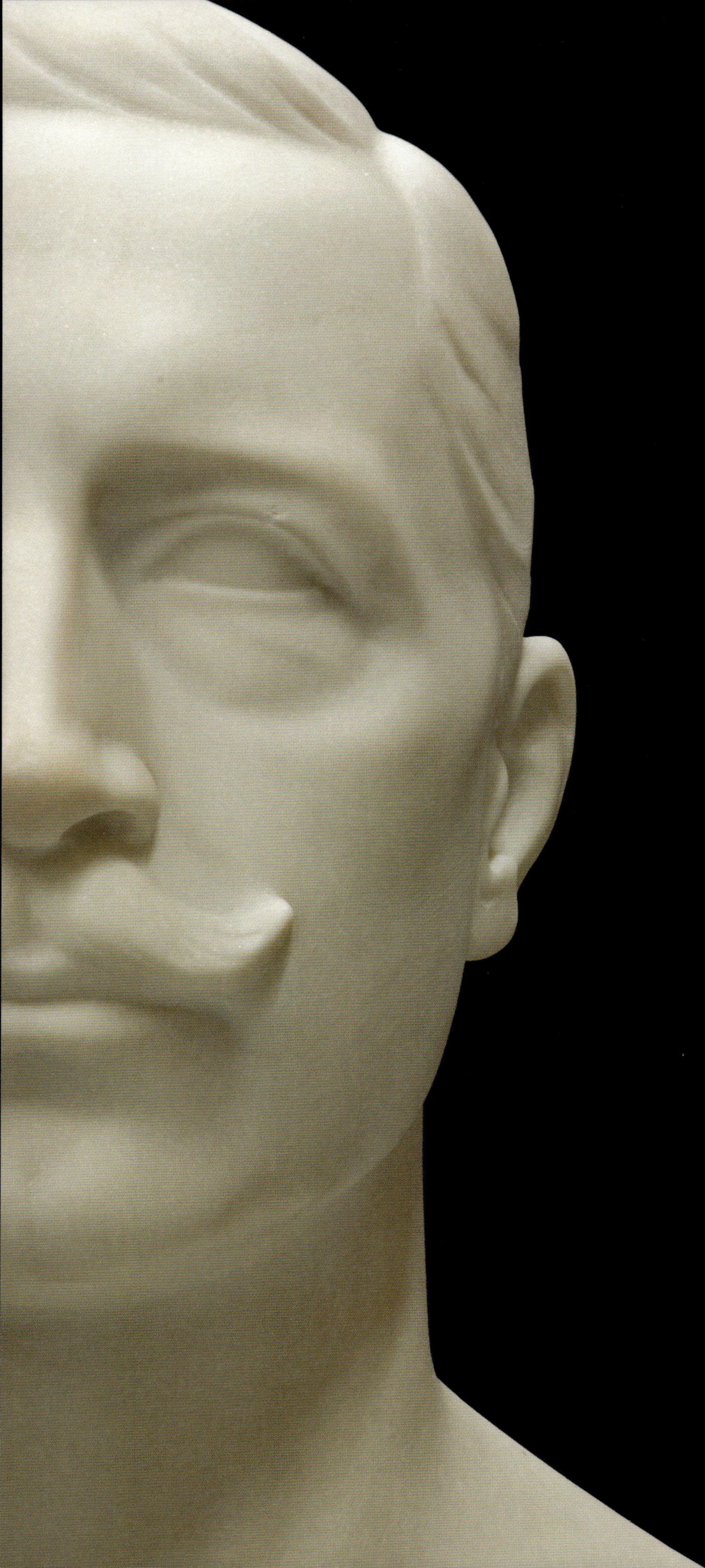

B
Die Nationalisierung der Künste in der Vorkriegszeit

BERNHARD POST

Ein deutsches Beispiel: Die Residenzstadt Weimar im wilhelminischen Kaiserreich

Vergangene Größe – schwindender Glanz in Zeiten der Moderne

Der Wiener Kongress von 1815 zur politischen Neuordnung Europas brachte dem Herzogtum Sachsen-Weimar-Eisenach zwar nicht den erhofften territorialen Zugewinn Erfurts und der Abtei Fulda. Es erhielt aber den Neustädter Kreis aus sächsischem, die Herrschaft Blankenhain aus ehemals kurmainzischem und Geisa aus fuldischem sowie Vacha und Frauensee aus kurhessischem Besitz, insgesamt rund 1 700 km². Dadurch verdoppelte sich das Staatsgebiet nahezu; ebenso verzweifachte sich die Bevölkerungszahl auf fast 200 000 Einwohner. Die angestrebte sächsische Königskrone wurde ebenfalls nicht erlangt, dafür die Standeserhöhung zum Großherzogtum Sachsen-Weimar-Eisenach, verbunden mit dem Rang einer königlichen Hoheit für den Großherzog. Im Konzert der acht thüringischen Monarchien nahm man zwar eine Art Führungsposition ein, doch wurde dies von den anderen Staaten stets kritisch beobachtet. Aufsehen erregte etwa der reformfreudige Monarch Carl August, der Freund Goethes, als er 1816 die liberalste Verfassung aller deutschen Staaten in Kraft setzte, welche unabhängige Gerichte, Versammlungs- und Pressefreiheit garantierte. Eine freiheitliche Grundhaltung sollte kennzeichnend für das fürstliche Haus bleiben. In der Mitte Deutschlands gelegen, galt es stets, diplomatisch zwischen Österreich als der Führungsmacht im Fürstenbund und dem mächtigen Nachbarn Preußen zu lavieren.

Gegenüber Preußen und dessen Machstreben hatte man sich in Weimar zunächst eher reserviert verhalten. Besonders in der Ablehnung der Politik Bismarcks und der Einigungskriege sah sich Großherzog Carl Alexander damals einig mit seiner Schwester Augusta, Gemahlin des preußischen Königs und späteren Kaisers Wilhelm I. Waren die familiären Beziehungen mit dem Haus Hohenzollern auch eng, so war doch die preußische Politik mit der liberalen Grundhaltung in Sachsen-Weimar-Eisenach und den traditionell guten Verbindungen zum Wiener Hof nur schwer vereinbar. Hinzu kam das Misstrauen der thüringischen Staaten gegenüber den Hegemonialansprüchen des mächtigen Nachbarn. Die Gründung des Norddeutschen Bundes 1866 zwang zu einem Umdenken, und Großherzog Carl Alexanders setzte unter den gegebenen Verhältnissen darauf, seine liberalen Vorstellungen in einem Bundesstaat unter der Leitung Preußens verwirklichen zu können, dessen Ideen sich nicht zuletzt aus dem klassischen Erbe Weimars speisten.[1] Die Reichseinigung von 1871 markierte schließlich endgültig den Wendepunkt im Verhältnis zu Preußen. Diplomatische Aktivitäten Großherzog Carl Alexanders spielten für den Kriegsverlauf eine wichtige Rolle. Dank seiner engen Beziehungen zum Zarenhaus konnte er Russland nicht nur zur Neutralität bewegen, sondern auch über russischen Druck ein Eingreifen Österreichs und Dänemarks in den Krieg sicherstellen.[2] Im Alter resümierte Bismarck, Carl Alexander sei »stets wohlwollend«[3] ihm gegenüber gewesen und habe sich große Verdienste im Verhältnis zwischen Preußen und Russland erworben. Carl Alexander dankte seinerseits dem inzwischen bei seinem jungen, ungestümen Kaiser Wilhelm II. in Ungnade gefallenen Bismarck bei einer letzten Begegnung 1897 artig für alles, »was er für Deutschland gethan hat«.[4] Tatsächlich aber war der Weimarer Großherzog seit der Reichseinigung von 1871 außenpolitisch kaum noch mehr als ein »Zaunkönig«.[5]

Ungeachtet dessen ließ sich aber auch der eher unmilitärische Großherzog Carl Alexander schnell von Großmachtträumen mitreißen. Namentlich für die Kolonialpolitik hegte er ein starkes Interesse.[6] So war es nur folgerichtig, dass Carl Alexander auch die verhängnisvolle Flottenpolitik des Kaisers im Bundesrat nachhaltig unterstützte und Großadmiral Alfred von Tirpitz auf der Wartburg empfing. Und von der Wartburg aus, wie er in seinem Schreiben betonte, sandte er auch einen »Segenswunsch«,[7] als Wilhelm II. 1898 zu einer Reise nach Jerusalem aufbrach. Carl Alexander stilisierte den deutschen Kaiser zu einem Vorkämpfer der Ausbreitung »christlichen Glaubens und christlicher Bildung«[8] und scheute dabei auch nicht den Vergleich zu Friedrich II. von Hohenstaufen. Weit entfernt von Emanuel Geibels lyrischer Forderung: »Und es mag am deutschen Wesen einmal noch die Welt genesen«,[9] von welcher Kaiser Wilhelm II. seinen fatalen Leitspruch ableitete, ist dies nicht. Carl Alexander hatte damit einmal mehr zwei der Bedeutungsfaktoren seines Hauses betont: in der Nachfolge der Erbauer des deutschen Nationalsymbols zu stehen und als Förderer der Reformation die legitime Schutzmacht des ›wahren Glaubens‹ zu sein.

Inzwischen war jedoch längst Preußen das politische Maß aller Dinge geworden und der Kaiser versuchte nun dem Reich auch kulturpolitisch seine Vorstellungen aufzuzwingen. Darüber hinaus hatte der Kaiser die Einflussnahme der Bundesfürsten erheblich beschnitten und reagierte ungehalten auf Widerspruch aus ihrem Kreis. Die Fürsten lernten also zu schweigen, »wenn sie für ihr eigenes Land sorgen wollten«.[10] Damit war schließlich der Gestaltungsspielraum der Landesherren weitestgehend auf innenpolitische Fragen reduziert.[11]

Um die Mitte des 19. Jahrhunderts bis zur Reichseinigung hatten sich das Großbürgertum und die gehobene Mittelschicht als die bestimmenden gesellschaftlichen Kräfte durchweg einig mit ihrer Landesregierung in einem liberalen Kurs gesehen. Die sich verändernden politischen Rahmenbedingungen des Kaiserreichs, der wirtschaftliche Aufschwung der Gründerzeit und die allgemeine Industrialisierung Deutschlands verschoben dann bis zum Beginn des 20. Jahrhunderts auch innerhalb des Großherzogtums die politischen und gesellschaftlichen Verhältnisse deutlich. Ab Mitte der 1880er-Jahre erfolgte eine Dreiteilung des Weimarer Bürgertums in Freisinnige, Nationalliberale und Konservative. Tonangebend waren nun insgesamt konservative Kräfte, die ihren Rückhalt vor allem unter den Gutsbesitzern und Landwirten, aber auch im Adel fanden. Im Jahr 1909 schlossen sich die Parteien und Vereinigungen der Rechten zusammen, um ihre konservative, zunehmend auch antisemitische Politik zu koordinieren.

Parallel dazu wuchs die politische Bedeutung der organisierten Arbeiterschaft an. Die industriellen Zentren des Landes wie die Kali-Industrie an der Werra, die optische Industrie in Jena oder die Textilindustrie in Apolda prosperierten. Die Zahl der im Jenaer Zeiss-Werk beschäftigten Arbeiter verzwölffachte sich zwischen 1883 und 1913 auf 4 700 und nahm weiter zu. Im Jahr 1908 gehörten im Großherzogtum Sachsen-Weimar-Eisenach 8 409 Arbeiter der SPD an, der Textilarbeiterverband als einer der einflussreichsten Gewerkschaften zählte thüringenweit 12 782 Mitglieder, davon 5 918 weibliche.[12] Bei der Reichstagswahl von 1912, der letzten vor dem Kriegsausbruch, errang die SPD zwei der drei Reichstagsmandate des Großherzogtums, eines ging an die Nationalliberalen. Innenpolitisch kam es somit zu einer Polarisierung der politischen Kräfte. Die großherzogliche Familie tendierte unter den Vorzeichen des Wilhelminismus politisch zunehmend in eine eher konservative Richtung. Wilhelm Ernst sollte sein erstes Gespräch mit dem langjährigen sozialdemokratischen Landtagsabgeordneten und zugleich Reichstagsabgeordneten August Baudert erst im Verlauf der Abdankungsverhandlungen führen.[13] Ungeachtet dessen blieb es bei einer liberalen Haltung gegenüber Künstlern und Schriftstellern.

Die Bevölkerung der Residenz Weimar hatte sich in der Zeit zwischen dem Krieg von 1870/71 und dem Ausbruch des Ersten Weltkriegs vor allem während der sogenannten Gründerjahre auf fast 37 000 Einwohner mehr als verdoppelt. Neben Industriearbeitern wurden Handwerker und Gewerbetreibende, aber auch Künstler und wohlhabende Ruheständler von der Residenzstadt an der Ilm angezogen. Letztere fanden neben der kulturellen Vielfalt wohl Gefallen an der These, dass Weimar nach Ludwigsburg die zweitgesündeste Stadt im Deutschen Reich sei.[14]

Was aber war zu Beginn des 20. Jahrhunderts von der klassischen Hochzeit der Stadt geblieben, die von den Zeitgenossen gerne als ›Weimars Größe‹ bezeichnet und verklärt wurde? Das Erbe des klassischen Weimar hatte 1828 Großherzog Carl Friedrich angetreten. Seine Gemahlin Maria Pawlowna, ausgestattet mit einem großen Vermögen, leitete das sogenannte Silberne Zeitalter Weimars ein, das sich mit Namen wie denen des Mozart-Schülers Johann Nepomuk Hummel und Franz Liszts verbindet. Die Tochter des Zaren Paul I. sicherte dem kleinen Territorium aber vor allem einen gewissen Einfluss auf das politische Geschehen in Europa. Innenpolitisch nutzte die Fürstin memorialpolitische Projekte wie die Wartburg, um die fürstlichen Herrschaftsansprüche gegenüber einem selbstbewusster werdenden Bürgertum zu legitimieren. Die von den Ludowingern erbaute Burg vereinte in idealer Weise wichtige Bezugspunkte und konnte so als Symbol eines dynastischen Anspruches mit nationalem Sendungsbewusstsein instrumentalisiert werden.[15] Als einstmaliger Sitz der thüringischen Landgrafen hatte die Wartburg durch den Sängerkrieg eine reichsweite literaturhistorische Bedeutung erlangt, die mit Wagners *Tannhäuser* bis auf die europäischen Opernbühnen getragen wurde. Von hier aus entwickelte die Landgräfin Elisabeth von Thüringen ihr wohltätiges Wirken, aufgrund dessen sie nach der Reformation zu einer Art protestantischen Heiligen avancierte. Und schließlich ließ sich aus dem dort Luther gebotenen Refugium der Anspruch der Ernestiner ableiten, die Schutzmacht des Protestantismus zu sein. Maria Pawlowna, die bis zu ihrem Tod dem russisch-orthodoxen Glauben angehörte, hatte offensichtlich keine Bedenken, Luther für das Renommee der Ernestinischen Fürsten zu vereinnahmen und Devotionalien wie dessen angebliche Augustinereremiten-Kutte und den Luther-Löffel zu erwerben.[16]

Als ein Nationalsymbol galt die Burg spätestens seit dem Wartburgfest im Oktober 1817, zu dem sich Studenten am 300. Jahrestag von Luthers Thesenanschlag und zur Erinnerung an die Völkerschlacht bei Leipzig versammelten, um zum Missfallen der Regenten die allgemeine Einführung konstitutioneller Monarchien und die Einigung Deutschlands zu fordern. Großherzog Carl Alexander setzte den von seiner Mutter angeregten Wiederaufbau der Wartburg fort. Das von dem Historienmaler Moritz von Schwind auf der Wartburg geschaffene Bildprogramm schlägt den Bogen vom Minnehof der Ludowinger zum Musenhof von Weimar. Schließlich war sich auch Carl Alexander bewusst, dass die Förderung von Kultur und Kunst ein bewährtes Mittel war, dem kleinen Staat auf europäischer Bühne Geltung zu verschaffen. Später sollte Goethes Wohnhaus am Frauenplan als weiterer Memorialort mit nationaler Strahlkraft hinzukommen. Das ›Silberne Zeitalter‹ wurde in Weimar nun »bewußter und planvoller ins Leben gerufen, ja der Stadt geradezu gewaltsam aufgezwungen«.[17] Nach der Reichsgründung war Carl Alexander dann zusätzlich von der Notwendigkeit einer Renaissance der Klassik überzeugt, »je mehr unsere Nation vorwärts schreitet, desto mehr wird sie auf Goethe zurückkommen, denn sie wird ihn, gerade ihn immer mehr und mehr brauchen«.[18] Zahlreiche in den Akten des Hofmarschallamtes erhaltene Anfragen belegen, dass ein Besuch am Frauenplan zum Pflichtprogramm beispielsweise für Frauen- oder Feuerwehrvereine aus dem gesamten Reichsgebiet bei einem Aufenthalt in Weimar zählte.

Wilhelm Ernst, der Carl Alexander 1901 als Landesherr nachfolgte, wurde 1876 in eine kulturelle Umbruchphase hineingeboren und unter den neuen politischen Vorzeichen des wilhelminischen Kaiserreichs sozialisiert. Unter ihm setzte das Fin de Siècle auch in der ›Klassikerstadt‹ Weimar ein, gekennzeichnet vom Widerstreit zwischen Moderne und Antimoderne, vom Schwanken zwischen Zukunftsangst und Aufbruchsstimmung.[19]

Den Zeitpunkt, zu dem Wilhelm Ernst schließlich die Landesherrschaft übernehmen sollte, charakterisiert Philipp Blom treffend: »Niemals zuvor hatte es so viele Gründe gegeben, optimistisch zu sein – und niemals zuvor hatte es der Zukunft gegenüber so viel Skepsis gegeben«.[20] Die Erziehung des

Erbgroßherzogs Wilhelm Ernst erfolgte nach preußischen Maßstäben: Besuch des Gymnasiums in Kassel, Militärdienst beim Garde du Corps in Berlin, Studium in Jena und Bonn und Mitgliedschaft bei der Verbindung Borussia wie vor ihm schon Wilhelm II. während seiner Zeit als Kronprinz. Der technische Aufschwung und die wirtschaftlichen Erfolge des jungen Kaiserreichs, die gewachsene außenpolitische Bedeutung übten namentlich auf diese junge Generation eine ungeheure Anziehungskraft aus. Obwohl Wilhelm Ernst ein passionierter Reiter war, sollte die Benutzung des Automobils für ihn selbstverständlich werden. Auch erkannte er die Bedeutung des Flugwesens, nicht zuletzt mit Blick auf dessen militärischen Aspekte. Bald nach Übernahme der Regentschaft sorgte er dafür, dass seine Residenz Weimar ein eigenes Flugfeld erhielt.

Gegenüber den Lockungen von Technik und Fortschritt hatte sein Großvater Carl Alexander vergleichsweise wenig Erfolg in seinem Bemühen, den Erbgroßherzog für eine kulturelle Bildung zu begeistern, die sich an den Wertvorstellungen der Goethezeit orientierte. Nicht zuletzt dieses mangelnde Einfühlungsvermögen in eine gewandelte Interessenwelt der nachwachsenden Generationen sorgte bei dem Thronfolger für Widerstand. Als eine gemeinsame Vorliebe lässt sich die Leidenschaft für die Jagd ausmachen, der man in adligen Kreisen traditionell frönte. Wie sein Großvater interessierte sich Wilhelm Ernst auch für die Kolonialpolitik, doch waren dafür seine Beweggründe vermutlich eher pragmatischer Natur. Hier mögen die Erfahrungen seiner geschäftstüchtigen Großmutter fortgewirkt haben. Großherzogin Sophie entstammte dem niederländischen Königshaus, dessen Reichtum sich nicht zuletzt den Kolonien verdankte. Wilhelm Ernst unternahm 1906 einen längeren Jagdausflug nach Ceylon und Indien, der ihm Gelegenheit verschaffte, die englische Kolonialpolitik zu studieren. Seine preußischen Reisebegleiter berichteten dem Kaiser über zahlreiche Gespräche des Großherzogs mit Geschäftsleuten zur Sondierung der wirtschaftlichen Möglichkeiten und der Verkehrsverbindungen.[21] Sein Plan, in Deutsch-Südwestafrika in größerem Umfang Farmgelände zu erwerben, scheiterte letztlich daran, dass hierfür eine ständige persönliche Anwesenheit dort Voraussetzung gewesen wäre.

Wenngleich dem jungen Monarchen natürlich bewusst war, dass das klassische Weimar und die Rolle seiner Dynastie in der reformatorischen Bewegung als Alleinstellungsmerkmale gegenüber anderen Staaten ungeachtet deren größeren politischen Kraft zu bewerten waren. Der noch nicht 24-jährige Großherzog Wilhelm Ernst fasste die daraus für ihn resultierenden Verpflichtungen in seiner Thronrede vom 27. Februar 1901 zusammen und versprach, die »Regierung im Sinne und Geist Meiner erhabenen Vorfahren« zu führen.[22] »Freudig will ich Mein Leben dem Dienste Meines Landes widmen, als Förderer seiner wirtschaftlichen Interessen und der Wohlfahrt seiner Bewohner, als Beschützer der Wissenschaften und Künste, als Schirmherr der Kirche, getreu den Traditionen, die von Alters her die Ehre und den Ruhm Meines Hauses gebildet haben«.[23] In Weimar war man auf die Umsetzung gespannt. Zum einen galt der Großherzog als unerfahren und an kulturellen Dingen uninteressiert, andererseits hoffte man nach der fast fünfzigjährigen Regentschaft von Carl Alexander auf einen neuen Impuls.[24] Denn neben der Bewahrung der Tradition waren von den weimarischen Ernestinern geschickt neue kulturpolitische Akzente gesetzt worden. Und gegenüber der »ökonomisch-politischen Dominanz des preußischen Berlins« erregte man am leichtesten Aufsehen, indem man hier ein Stückweit ein Gegenmodell entwickelte.[25]

Wilhelm Ernst versuchte daher einen Spagat, indem er die Klassikpflege soweit es ging auch weiterhin förderte, andererseits aber im Sommer 1901 die Idee des Kreises um Harry Graf Kessler und Elisabeth Förster-Nietzsche aufgriff, Weimar zu einem Zentrum der Moderne zu machen. Die Klassiker-Stätten wurden dabei wie bisher aus der Privatschatulle des Monarchen unterstützt. Das Goethe- und Schiller-Archiv hatte jedoch unter langfristigen Sparmaßnahmen zu leiden. Aus der Vielzahl der in der Verantwortung seines Hauses stehenden Memorialstätten und Einrichtungen kann hier nur eine kleine Auswahl beleuchtet werden.

Die Wartburg, von seinem Vorgänger zum Nationalsymbol stilisiert, hatte gerade angesichts seiner Anziehungskraft und dem einsetzenden Massentourismus nur unzureichende gastronomische Möglichkeiten vorzuweisen. Nach jahrelangen Diskussionen entschied sich Wilhelm Ernst dafür, nicht

sie das Weimar der Goethezeit erlebt hatte.[37] Wilhelm Ernsts Versuch, ein Neues Weimar zu kreieren, war aus vielerlei Gründen gescheitert. Die Beharrungskräfte hatten sich als zu mächtig erwiesen, die Neuerer als zu ungestüm und der Landesherr hatte schließlich das Interesse verloren. Erfolgreich war er immerhin darin, die allgemeine Bildung sowie die wirtschaftliche Entwicklung des Landes und damit auch den Wohlstand seiner Untertanen voranzubringen.

Anmerkungen

[1] Vgl. Pöthe 1998, S. 100. [2] Vgl. Facius 1978, S. 520; Grass 2001, S. 129; PA AA, R 3313; Dmitrieva 2004. [3] Bismarck 1972, S. 359. [4] PA AA, R 3313. [5] Reichold 1977. [6] Vgl. Rößner 2004 u. 2014. [7] GStA PK, BPH Rep. J 53 Lit S. Nr. 2. [8] Ebd. [9] Geibel 1871, S. 118. [10] Zit. nach Ziegler 2004, S. 137, Anm. 26. [11] Vgl. Hess 1967, S. 86–88. [12] Vgl. Hess 1991, S. 377. [13] Vgl. Baudert 1923, S. 21. [14] Vgl. Hess 1991, S. 419. [15] Vgl. Schuchhardt 2004. [16] Vgl. Ausst. Kat. »Ihre kaiserliche Hoheit«, 2004, S. 147 und 194 f. [17] Hess 1975, S. 379. [18] Carl Alexander, Briefe 1932, S. 129. [19] Vgl. Pöthe 2011. [20] Blom 2009, S. 461. [21] Vgl. Dietrich/Post 2006, S. 115–127. [22] WZ Nr. 141, 18. 2. 1901. [23] Ebd. [24] Vgl. Stenzel 2014, S. 17–18. [25] Pöthe 2011, S. 3. [26] Vgl. Reuther 1959, S. 260 f. [27] Vgl. Hecht 2005, S. 12. [28] Vgl. Pöthe 2011, S. 205. [29] Vgl. Dietrich/Post 2006, S. 431. [30] Mann 1997, S. 105. [31] Vgl. Post 2001, S. 242–255. [32] Wildenbruch 1903, S. 13. [33] GSA, 149/8. [34] Vgl. Post 2010. [35] Vgl. Dietrich/Post 2006, S. 446–449. [36] Vgl. Stenzel 2014, S. 37. [37] Hess 1975, S. 408.

VERGANGENE GRÖSSE

Mit dem thüringischen Raum und der ernestinischen Linie des Hauses Wettin verbinden sich Höhepunkte der deutschen Ereignis- und Kulturgeschichte, die an Orten wie der Wartburg und der Residenzstadt Weimar nachvollziehbar geblieben sind. Gestaltung und Erhalt bis in unsere Tage gründen nicht zuletzt auch in dem Bestreben von Vertretern unterschiedlichster Interessen, die Memorialkultur für ihre jeweiligen Ziele nutzbar zu machen. Den ernestinischen Herzögen und späteren Großherzögen in Weimar diente die Betonung der historischen Größe zur Unterstreichung der Bedeutung ihres Hauses, das realpolitisch zu einem Kleinstaat herabgesunken war. Die Wartburg war dabei ein unverzichtbares Symbol, das die Ernestiner als die Schutzherren des Protestantismus auswies. Politisch alles andere als reaktionär, erließ Carl August im Jahr 1816 für Sachsen-Weimar-Eisenach die liberalste Verfassung in ganz Deutschland. Das ›klassische Viergestirn‹ Herder, Goethe, Wieland und Schiller wiederum begründete den Ruf der Stadt Weimar als ein Zentrum deutscher Literatur. Ihre Wohnhäuser sollten zu nationalen Wallfahrtsorten (gestaltet) werden. Großherzogin Maria Pawlowna setzte im ersten Drittel des 19. Jahrhunderts einen neuen Schwerpunkt im Bereich Musik. Ihr Sohn Carl Alexander konnte mit Franz Liszt einen der bedeutendsten Musiker für Jahre an Weimar binden, was der Stadt und ihrem Fürstenhaus einmal mehr internationale Aufmerksamkeit sicherte.

Gegenüber den eigenen Untertanen war im Gefolge der Aufklärung und des im 19. Jahrhundert wachsenden Selbstbewusstseins des Bürgertums eine Neubegründung des Herrschaftsanspruchs vonnöten, hatte doch die Legitimation der Landesherrschaft durch ein Gottesgnadentum gegenüber den Untertanen an Überzeugungskraft verloren. Die Bedeutung der Dynastie war daher immerfort zu propagieren, beispielsweise bei den aufwendig gestalteten Festumzügen, durch die Unterstützung von Kulturinstitutionen und die intensive Pflege der Denkmalskultur. An Festtagen wurden die neu errichteten Denkmäler und überkommenen Gedenkstätten stets publikumswirksam von der großherzoglichen Familie besucht.

Der Versuch von Harry Graf Kessler, Henry van de Velde und anderen, das so eng mit der Klassik assoziierte Weimar in ein Zentrum der Moderne zu verwandeln, scheiterte – dies nicht zuletzt an dem Einfluss konservativer und nationalistischer Kreise, die das kulturelle Leben Weimars zunehmend ihren Weltanschauungen gemäß gestalteten. Sie prägten die Ausrichtung der Goethe-Gesellschaft, des Deutschen Schillerbundes, formierten sich im Bund Heimatschutz und steuerten die Ausrichtung des Theaterrepertoires zu Ungunsten moderner Stücke. Auch eine internationale Einrichtung wie die Shakespeare-Gesellschaft war dem zunehmenden Nationalismus unterworfen: Man erklärte den englischen Literaten zu einem deutschen Nationalschriftsteller. BP

Kat. 5 ◻ S. 62
DIE WARTBURG ALS NATIONALSYMBOL

Die aufwendige Rekonstruktion der Wartburg ist ein zentrales Beispiel der Inszenierungsstrategien von Großherzog Carl Alexander, mit denen er die große Vergangenheit des Ernestinischen Fürstenhauses zu beschwören suchte. Nach Abschluss der jahrzehntelangen Restaurierungsarbeiten wurde am 28. August 1867 eine Säkularfeier zum 800-jährigen Bestehen der Wartburg veranstaltet; Höhepunkt war die Aufführung des Oratoriums *Die Legende von der Heiligen Elisabeth* von Franz Liszt. Als Dank überreichte Carl Alexander dem international gefeierten Tonkünstler, der von 1848 bis 1860 als Hofkapellmeister in Weimar gewirkt hatte, dieses bronzene Modell der Burg, das eine persönliche Widmung des Großherzogs trägt.

Die von Carl Alexander beauftragte künstlerische Ausstattung der Wartburg, darunter der berühmte Freskenzyklus von Moritz von Schwind, inszenierte sie als Sinnbild der Wiedergeburt Deutschlands aus dem Geist des Mittelalters, der Christenheit und der Dichtung. Um die Traditionslinie der Kulturförderung von den thüringischen Landgrafen bis zu Carl Alexander deutlich zu machen, übertrug Schwind aktuelle Porträts von Persönlichkeiten des Weimarer Hofes in seine Darstellung des Sängerkriegs, dessen Mythos auch durch Wagners *Tannhäuser* fortgeschrieben wurde. Franz Liszt erscheint hier im Kostüm eines Wolfram von Eschenbach. Tatsächlich widmete sich Liszt während seiner ersten Weimarer Phase als künstlerischer Berater Carl Alexanders der Aufgabe, an »Weymars ruhmreiche Überlieferung anzuknüpfen« (zit. nach Huschke 2010, S. 57). Anlässlich des 100. Geburtstags Goethes am 28. August 1849 veröffentlichte er die umfangreiche Schrift über eine Nationalstiftung der Künste in Weimar, *De la Fondation-Goethe à Weimar* (Zur Goethe-Stiftung in Weimar). Im Namen Goethes sollte Neu-Weimar durch eine jährlich stattfindende Olympiade der Künste zu einem lebendigen Symbol nationaler Identität in der Kunst werden. GW

Literatur: Borchmeyer 2011; Huschke 2010, S. 57–71.

Kat. 6 ◻ S. 62 · 7 · 8 ◻ S. 63
WILHELM II. UND DIE WARTBURG

Auch Kaiser Wilhelm II. wollte an dem Nationalsymbol Wartburg partizipieren. Fast zwanzig Jahre besuchte er regelmäßig die Burg, um an der Auerhahnjagd im Frühling oder der Hirschjagd im Herbst teilzunehmen. Da Großherzog Carl Alexander die Wartburg als eigentliche Residenz betrachtete, empfing er hier seine Gäste als Landgraf von Thüringen. Die Besuche des Kaisers hatten daher einen durchaus rituellen Charakter, der beispielsweise in der Gestaltung der Speisekarten zu den Kaiserbanketten zum Ausdruck kommt. Ihre Texte sind in einer pseudomittelhochdeutschen Sprache verfasst. Diese Speisekarten wurden zwischen 1889 und 1909 zunächst im Auftrag von Carl Alexander und später von seinem Nachfolger Wilhelm Ernst für die ›Gastmahle am Hofe des Landgrafen von Thüringen‹ vom großherzoglichen Küchenmeister, Emil König, entworfen und von dem Weimarer Hofbuchdrucker Ernst Scheibe

Kat. 5 Unbekannt · Wartburg mit Widmung von Großherzog Carl Alexander von Sachsen-Weimar-Eisenach · 1867 · Klassik Stiftung Weimar

Kat. 6 Elisabethkemenate der Wartburg in Eisenach · Unbekannt · nach 1905 · Wartburg-Stiftung Eisenach

gedruckt. Die Vorbilder für die Motive stammen von der Wartburg, aus originalen mittelalterlichen Buchmalereien, Urkunden, Wappen und Siegeln des großherzoglichen Hauses. Während seiner Besuche auf der Wartburg erlebte Kaiser Wilhelm II. mit, wie sein Großonkel Carl Alexander den Sitz seiner Ahnen weiter zu einem Nationaldenkmal ausbaute. Nach Carl Alexanders Tod ließ Wilhelm II. zwischen 1902 und 1906 zu dessen ehrendem Gedenken die Elisabethkemenate mit Zustimmung Wilhelm Ernsts im neobyzantinischen Mosaikstil ausstatten. Die Neugestaltung sollte weniger auf die traditionelle Verehrung der Heiligen Elisabeth hinweisen, als vielmehr den Mythos der Kreuzfahrerzeit und den Glanz des staufischen Kaiserhauses in prunkvollen Mosaiken beschwören. Dieser Rückgriff auf die Formensprache der Stauferzeit zielte darauf, die Legitimation des Römischen Kaisers deutscher Nation symbolisch auf das neu gegründete Kaisertum der Hohenzollern zu übertragen. Mit dem Entwurf der Elisabethkemenate wurde der Künstler August Oetken beauftragt. Er arbeitete mit der auf Glasmosaike spezialisierten und europaweit agierenden Berliner Firma Puhl & Wagner zusammen. GW

Literatur: Jacobs 2007.

Kat. 9 ☐ S. 64 · 10 ☐ S. 64
CARL ALEXANDERS WARTBURG-WERK

Beim sogenannten *Wartburg-Werk* handelt es sich um einen umfangreichen Sammelband mit Beiträgen zur Bau-, Kunst- und Kulturgeschichte der Wartburg vom Mittelalter bis zur Gegenwart mit Einzeldarstellungen unter anderem zu Elisabeth von Thüringen und Martin Luther oder zur Geschichte des Minnegesangs, eingeleitet von einem Beitrag des Großherzogs Carl Alexander *Zur Geschichte der Wiederherstellung der Wartburg*.

Das anspruchsvolle Überblickswerk war eine Initiative Carl Alexanders, der den anerkannten Gießener Universalhistoriker Wilhelm Oncken 1894 mit der Realisierung betraute. Oncken entschied sich für den erfahrenen Berliner Verleger Max Baumgärtel, der bald auch die Rolle des Herausgebers übernahm. Als das *Wartburg-Werk* schließlich mit einiger Verspätung 1907 auf den Markt kam – nun adressiert an Großherzog Wilhelm Ernst – wurde es zu einem verlegerischen Misserfolg. Es erschien eine in der Ausstattung nochmals prächtigere Fürstenausgabe in ledergeprägtem Einband mit einer Auflage von 300 Exemplaren und eine Hauptausgabe von 2 500 Exemplaren.

Die auf grundlegendem Quellenstudium basierende Gesamtdarstellung der Geschichte der Wartburg ist eine monumentale Ehrenbezeugung an die Wettiner in Thüringen und insbesondere das Weimarer Herzogshaus, an dessen Mäzenatentum und historisches Verantwortungsbewusstsein. Bemerkenswert erscheint der Beitrag zur Geschichte des Wartburgfests 1817, das nun allerdings nicht als Manifestation der Freiheitsbewegung, sondern als nationalpatriotische Äußerung im noch nicht geeinten Deutschen Reich interpretiert wird.

Kat. 8 Ernst Scheibe · Das Kayser-Mahl · 1906 · Klassik Stiftung Weimar

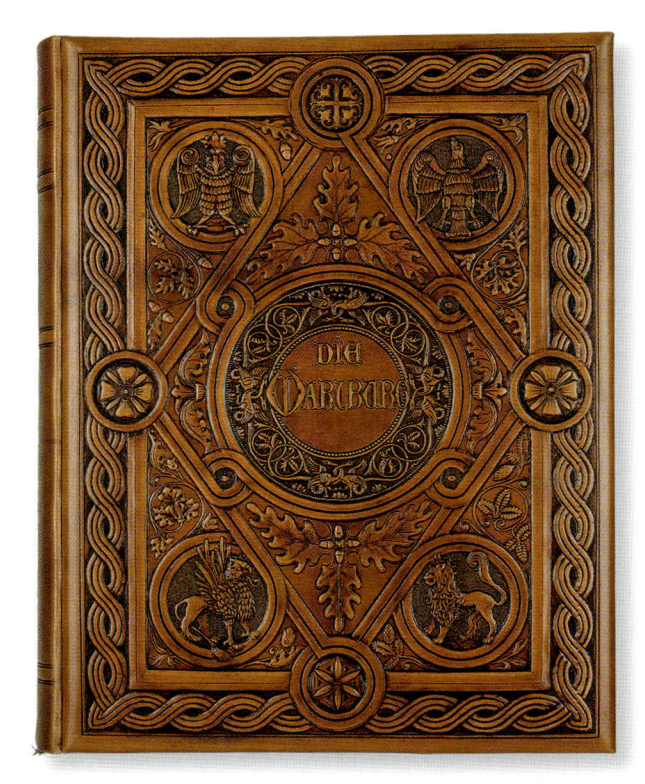

Kat. 9 Max Baumgärtel (Hrsg.) · Die Wartburg. Ein Denkmal deutscher Geschichte und Kunst · 1907 · Wartburg-Stiftung Eisenach

Die Gestaltung des Prachtbandes wirkt historisierend, zeugt jedoch von einer drucktechnisch höchst modernen Leistung. Ebenso zeigt das nach einer Idee und auf Kosten von Max Baumgärtel von dem Tischler L. Krug 1906/08 in Eichenholz ausgeführte Pult bei der plastischen Ausarbeitung von Adler und Astwerk eine eigenartige Verbindung von mittelalterlicher Gestalt und zeittypisch stilisierender Formreduktion. Bedeutungsvoll greift Baumgärtel für die Präsentation des schwergewichtigen *Wartburg-Werks* im Sängersaal der Wartburg auf die mittelalterliche Form des Adlerpults zurück. Dessen eigentliche Funktion als innerhalb eines Sakralraums frei aufgestellten Lesepults bestimmt die Ikonologie der performativen Einheit von Prachtband und Untergestell und hebt damit das Werk in die Sphäre des Heiligen. GDU

Literatur: Schuchardt 2008; WSA, Akte 345.

Kat. 11
WILHELM ERNST UND DAS ERBE DER WEIMARER KLASSIK

Großherzog Wilhelm Ernst trat am 5. Januar 1901 gerade 25-jährig die Nachfolge seine Großvaters Carl Alexander an. Da sein Vater Erbgroßherzog Carl August bereits 1894 gestorben war, hatte Wilhelm Ernst in einer Art Schnellkurs auf die Regierungsverantwortung vorbereitet werden müssen. Er hatte in Potsdam beim 1. Garderegiment zu Fuß gedient und anschließend in Jena und Bonn einige Semester Jura und Staatswissenschaften studiert. Anders als sein Großvater, der sich sein ganzes Leben intensiv mit Kunst und

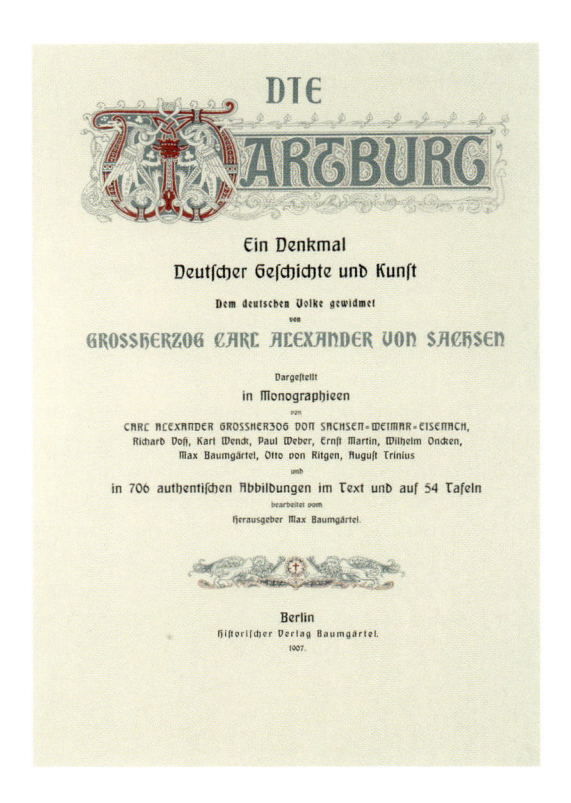

Kat. 10 Louis Karl Krug · Adlerpult · 1906–1908
Wartburg-Stiftung Eisenach

Kat. 12 Gottlieb Elster · Bildnisbüste Großherzog Wilhelm Ernst von Sachsen-Weimar-Eisenach · 1911 · Klassik Stiftung Weimar

Kat. 13 Gottlieb Elster · Bildnisbüste Großherzogin Feodora von Sachsen-Weimar-Eisenach · 1911 · Klassik Stiftung Weimar

Kultur auseinandergesetzt hatte, war der junge Monarch eher den praktischen Fragen der Staatsverwaltung, der Entwicklung der Wirtschaft und den Finanzen zugewandt. Ungeachtet der kurzen Vorbereitungszeit hatte er nun den doppelten Spagat zu vollziehen: Zum einen galt es, das klassische Erbe Weimars zu bewahren und gleichzeitig das Großherzogtum in das neue Jahrhundert zu führen, zum anderen musste er die Landesinteressen schützen und dabei den Reichsinteressen folgen.

In erster Ehe war er seit 1902 mit Caroline verheiratet, Tochter des Fürsten Heinrich XXII. Reuß zu Greiz, die jedoch bereits 1905 an einer Lungenkrankheit starb. Im Jahr 1910 heiratete er Prinzessin Feodora von Sachsen Meiningen. Aus der Ehe gingen vier Kinder hervor.

Großherzog Wilhelm Ernst galt als introvertiert und jähzornig. Sein mangelndes Vermögen an ›fürstlicher Leutseligkeit‹, das ihm der preußische Gesandte von Wedel attestierte, verschiedene Skandale sowie einige zweifelhafte Zeugnisse von Zeitgenossen verstellen zuweilen den Blick auf seine Verdienste für die Entwicklung von Wirtschaft, Wissenschaft und Bildung vor Ausbruch des Ersten Weltkriegs. So initiierte er etwa den Neubau der Großherzoglichen Kunstschule und des Hoftheaters – Henry van de Veldes Kunstschulgebäude zählt heute zum UNESCO-Weltkulturerbe – sowie der Universität Jena. BP

Kat. 12 ☐ S. 65 · 13 ☐ S. 65

DAS GROSSHERZOGLICHE PAAR

Nachdem über Jahre hinweg Ehekandidatinnen aus europäischen Königs- und Fürstenhäusern für den verwitweten Großherzog Wilhelm Ernst diskutiert worden waren, heiratete er selbst für Hof- und Regierungskreise überraschend am 4. Januar 1910 in zweiter Ehe Feodora, Tochter des Prinzen Friedrich von Sachsen-Meiningen. Nach Einschätzung des preußischen Gesandten von Wedel lag der Vermählung eine ›aufrichtige Herzensneigung‹ zugrunde. In Weimar freute man sich, dass nun voraussichtlich der Bestand des Hauses gesichert war und hoffte auf einen positiven Einfluss der jungen Großherzogin auf ihren als verschlossen geltenden Mann. In Berlin stieß die Eheschließung allerdings nicht auf Zustimmung, denn das Meininger Haus galt traditionell als preußenfeindlich. Zudem war die Mutter der Braut, Prinzessin Adelheid zu Lippe-Biesterfeld, gräflicher Abstammung. Sogar die New York Times berichtete am 30. Januar 1910 darüber, dass der Kaiser diesem »Monargatic Attachment« (NYT, Vol. 59) ferngeblieben war, obwohl er doch ansonsten engste Verbindungen zu seinem Weimarer Vetter pflegte.

Mit dem Ertrag einer Landesspende zur Hochzeit wurde in Weimar die ›Feodora-Kleinkinderbewahranstalt‹ eingerichtet, der sich die Großherzogin engagiert annahm. Trotz ihrer Jugend gelang es Feodora bald, auch in Dingen der Verwaltung des Haushalts und der Finanzführung das Vertrauen ihres Mannes zu gewinnen. Ihrem ausdrücklichen Wunsch nach zeitgemäßen Wohnräumen mit Zentralheizung, Bädern und Aufzug folgend, ließ Wilhelm Ernst ab 1910 den Südflügel errichten, da solche Umbauten in den historischen

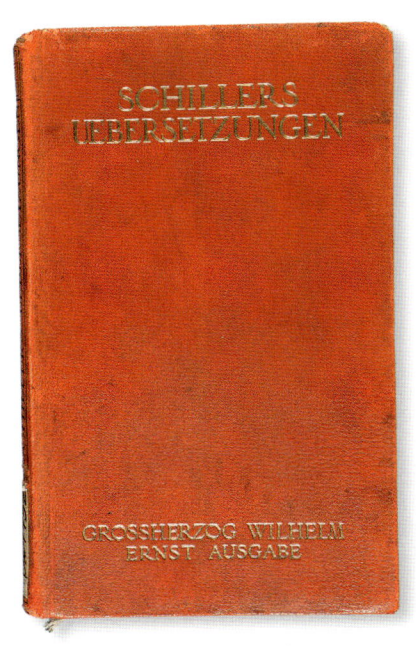

Kat. 14 Friedrich Schiller · Schillers Übersetzungen
Bd. 1 (Großherzog Wilhelm Ernst Ausgabe)
1906 · Klassik Stiftung Weimar

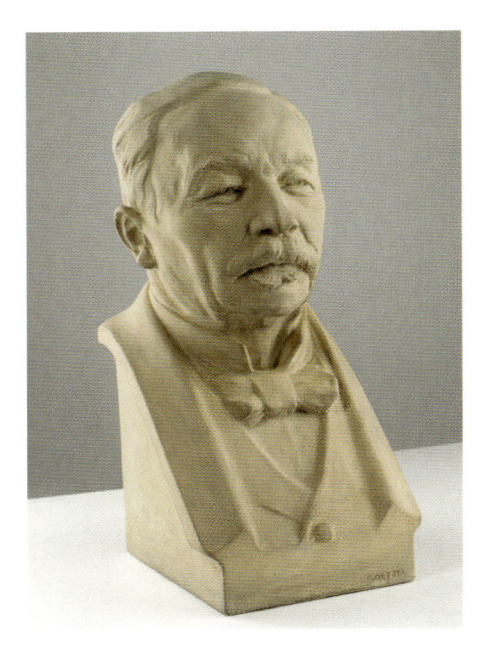

Kat. 16 Otto Hermann Paul Oettel · Bildnisbüste Karl Rothe
undat. · Klassik Stiftung Weimar

Schlossräumen nicht realisierbar waren. Als er schließlich 1914 an die Front ging, übertrug er ihr die Regentschaft. Aus der Ehe gingen vier Kinder hervor: Prinzessin Sophie wurde 1911 geboren und nach ihrer Urgroßmutter benannt. Mit der Geburt von Erbgroßherzog Karl August 1912 war der Bestand des Hauses gesichert. Der im Jahr 1917 geborene Bernhard Friedrich wurde als Kriegsprinz gefeiert. Und schließlich wurde 1921 im schlesischen Heinrichau mit Prinz Georg Wilhelm das jüngste Kind geboren.

Die beiden Porträtbüsten von Wilhelm Ernst und Feodora schuf der Bildhauer Gottlieb Elster, ein Schüler von Adolf Brütt. Er leitete als dessen Nachfolger seit 1910 die Bildhauerschule in Weimar. Die Büsten sind in ihrer Gestaltung als schlichte Hermen ohne signifikante Accessoires dem zeitlichen Geschehen enthoben und erfüllen eine repräsentative Funktion. Von Brütt stammt auch das Relief von Großherzogin Feodora am Eingang des Kinderkrankenhauses. BP

Kat. 14 ☐ S. 66 · 15

DIE WILHELM-ERNST-AUSGABE

Pünktlich zu den Schiller-Feierlichkeiten im Jahr 1905 erschien jeweils der erste Band der Großherzog Wilhelm Ernst Klassiker Ausgabe von Schillers Dramen und Goethes Romanen. Harry Graf Kessler hatte den Großherzog 1904 für die Übernahme des Patronats einer ästhetisch ambitionierten Ausgabe von ausgewählten deutschen Klassikern gewinnen können, die im Insel Verlag herauskam. Neben jenen von Schiller und Goethe gehörten Gesamtausgaben der Werke Schopenhauers, Kants und Körners zum Programm, eine Auswahl, die sowohl Kesslers eigenen Präferenzen als auch ökonomischen Überlegungen geschuldet war. Bis auf die Schriften von Kant, deren letzte 1921 veröffentlicht wurde, kamen alle Bände erstmalig vor Beginn des Ersten Weltkriegs heraus. Für die Gestaltung verhandelte Kessler erfolgreich mit dem englischen Buchdrucker Emery Walker, der für die Typografie verantwortlich zeichnete. Gemeinsam mit seinen Kollegen Douglas Cockerell, Edward Johnston und Eric Gill schuf er ein außerordentlich anspruchsvolles Buch, das in ästhetischer Hinsicht mit den deutschen Sehgewohnheiten brach und darüber hinaus ein ungewöhnliches haptisches Erlebnis bot. Die satte rote Farbe des weichen Kalbledereinbandes besitzt noch heute Signalwirkung, wohingegen der in Gold geprägte Titel als Stilelement auf das Wesentliche reduziert ist. Kontrastierend zur überwiegenden Mehrheit deutscher Produktionen entschieden sich Kessler und seine Gestalter für eine Antiqua, deren klares Schriftbild auf dem kleinformatigen Dünndruckpapier ein optimales Leseergebnis erzielt.

Für die professionelle philologische Betreuung von *Schillers Übersetzungen* war der Germanist Albert Köster verantwortlich, ein Protegé von Erich Schmidt, dem Präsidenten der Goethe-Gesellschaft. Die drei Bände *Goethes autobiographische Schriften* gab Kurt Jahn heraus, ein junger Goethe-Forscher, der 1915 an der Westfront fiel. Des Weiteren wurden Max Hecker und Hans Gerhard Gräf verpflichtet, beide Mitarbeiter des Goethe- und Schiller-Archivs. Dass diese Werke modernster englischer Buchkunst in Konkurrenz zur etablierten, voluminösen Weimarer Ausgabe traten, erschwerte die Zusammenarbeit mit dem Direktor des Archivs Bernhard Suphan erheblich. Doch für Kessler zählte allein das Ergebnis: »Daraus ergibt sich die Sicherheit einer mustergültigen Ausstattung, deren besonderer Wert darin bestehen soll, daß sie Schönheit mit Zweckmäßigkeit und Dauerhaftigkeit für den täglichen Handgebrauch verbinden wird« (zit. nach Müller-Krumbach 2000, S. 326). GP

Literatur: Meier 2014, Müller-Krumbach 2000.

Kat. 17 Mitarbeiter des Goethe- und Schiller-Archivs (v. l. n. r.: M. Hecker, H. Wahl, H. G. Gräf, J. Wahle)
Fotoatelier Louis Held · um 1913

Kat. 16 ☐ S. 66
DER STAATSMINISTER KARL ROTHE

Karl Rothe hatte in Jena Jura studiert und war anschließend verschiedentlich im Justizdienst des Landes tätig. Im Jahr 1889 wurde er Erster Stiftungskommissar der von Ernst Abbe gegründeten Carl-Zeiss-Stiftung. Großherzog Carl Alexander bestellte den fähigen Beamten 1893 zum Leiter des Finanzdepartements von Sachsen-Weimar-Eisenach. Wenige Jahre später ernannte er Rothe zum Staatsminister sowie zum Leiter des Departements der Justiz, wobei ihn dies angesichts der bürgerlichen Abkunft Rothes und dessen mangelnder Kenntnisse in Fremdsprachen einige Überwindung kostete. Großherzog Wilhelm Ernst übertrug Rothe 1901 darüber hinaus das Departement des Großherzoglichen Hauses, des Kultus und der Justiz. Der erfahrene Minister sollte zu einem der wichtigsten Vertrauten des jungen Monarchen werden. Er unterhielt engen Kontakt zu den gesellschaftlichen Kreisen in Weimar und war häufig zu Gast bei Elisabeth Förster-Nietzsche. Bei der Berufung Henry van de Veldes nach Weimar, der Neuorganisation der Großherzoglichen Kunstschule, dem Neubau der Universität Jena und des Hoftheaters wie auch der Verbesserung des Schulwesens im Großherzogtum machte Rothe sich verdient. Trotz seiner allgemein anerkannten Fähigkeiten bezeichneten ihn adlige Hofkreise als Emporkömmling und Radfahrer, also einen, der nach oben buckelt und nach unten tritt. BP

Kat. 17 ☐ S. 67
DIE MITARBEITER DES GOETHE- UND SCHILLER-ARCHIVS

Das Foto zeigt die Mitarbeiter des Goethe- und Schiller-Archivs in deren Arbeitszimmer im Ostflügel des Gebäudes um das Jahr 1913. Zu dieser Zeit war Wolfgang von Oettingen sowohl Direktor des Goethe- und Schiller-Archivs als auch des Goethe-Nationalmuseums. Da er aus gesundheitlichen Gründen oft abwesend war, übte statt seiner Julius Wahle die Amtsgeschäfte aus. Wahle war 1885 mit Erich Schmidt nach Weimar gekommen und blieb hier bis zu seiner Pensionierung im Jahr 1928. Seine Goethe-Kenntnisse und sein freundliches Entgegenkommen wurden vor allem von auswärtigen Besuchern sehr geschätzt. Er war über dreißig Jahre lang Generalkorrektor der sogenannten Sophien-Ausgabe von Goethes Werken.

Für den jungen Goethe-Forscher Hans Gerhard Gräf war es schon seit seinem Studium in Jena ein Bedürfnis, sich dem Archiv anzuschließen. Unablässig bewarb er sich um eine Mitarbeit, wurde Mitglied der Goethe-Gesellschaft und unterhielt Arbeitskontakte nach Weimar. 1898 wurde er Mitarbeiter an der Weimarer Ausgabe und ab 1913 Herausgeber des Goethe-Jahrbuchs.

Max Hecker begann im Jahr 1900 seine 45-jährige ununterbrochene Tätigkeit im Archiv mit einer Festanstellung als Mitarbeiter der Sophien-Ausgabe. Nebenher trat er mit vielen Einzelwerken zu Goethe hervor und publizierte unablässig.

Der junge ambitionierte Hans Wahl kam 1913 ins Archiv. 1928 übernahm er dessen Direktion von Wahle, nachdem er bereits 1918 Direktor des Goethe-Nationalmuseums und 1923 Leiter der Klassischen Stätten geworden war. Er sah seine Aufgabe vor allem in der Goethe-Rezeption und suchte die Klassischen Stätten in und um Weimar zu erneuern und zu verbinden. KE

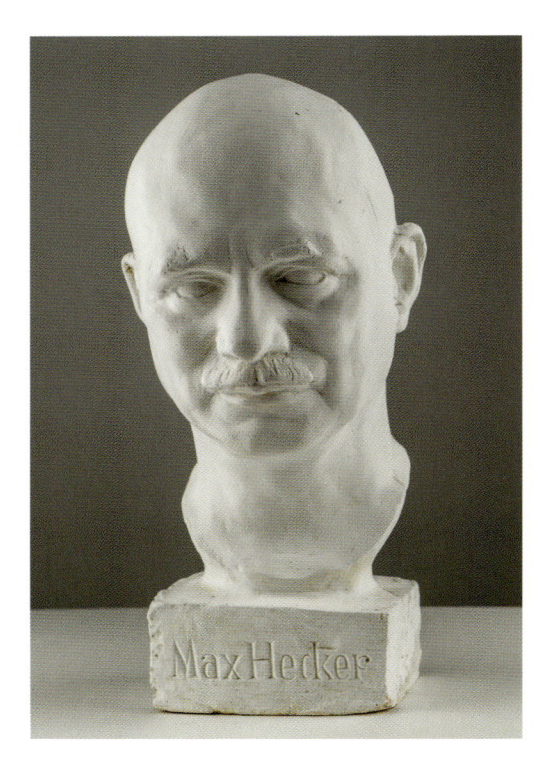

Kat. 18 Johannes Gerold · Bildnisbüste Max Hecker · 1926
Klassik Stiftung Weimar

Kat. 20 Porträt Wolfgang von Oettingen im Goethe-National-Museum
Fotoatelier Louis Held · um 1911

Kat. 18 ☐ S. 68
DER ARCHIVAR MAX HECKER

Als Johannes Gerold die Büste Max Heckers schuf, befanden sich beide in einer tiefen Lebenskrise, denn die Auswirkungen des Ersten Weltkrieges trafen sie mit ganzer Härte. Hecker arbeitete seit 1900 im Goethe- und Schiller-Archiv und war Mitarbeiter an der großen Weimarer Goethe-Ausgabe. Der Dresdner Bildhauer kam 1922 in der Hoffnung nach Weimar, durch die zahlreiche Prominenz in der bekannten Kulturstadt viele Aufträge zu erhalten.

Da der Großherzog Wilhelm Ernst seit der Übernahme des Archivs dessen finanzielle und personelle Ausstattung ständig eingeschränkte, blieben für Hecker die Mitarbeit an der renommierten Weimarer Ausgabe und der ihm 1917 vom Großherzog verliehene Professorentitel reine Äußerlichkeiten, die seine familiäre Existenz nicht wirklich absichern konnten. So zeigt die Büste einen nachdenklichen, sorgenvoll wirkenden Gelehrten, der seinen Blick nach unten richtet, als schaue er pflichtbewusst auf die ihm anvertrauten kostbaren Archivalien Goethes.

Gerold porträtierte neben Hecker weitere Honoratioren der Stadt, darunter den Generalintendanten des Weimarer Theaters Franz Ulbrich, den Bürgermeister Walter Felix Mueller und den Dichter Johannes Schlaf. Selbst an einer Hitler-Büste versuchte er sich. Darüber hinaus schuf er Grabmale und Plaketten unter anderem von Schlaf und dem Dichter Friedrich Lienhard. Da ihm diese Arbeiten so gut wie nichts einbrachten, schrieb er Bettelbriefe. Elisabeth Förster-Nietzsche bat er bis zu deren Tod 1935 mehr als ein Dutzend Mal um finanzielle Unterstützung, die ihm diese auch gewährte. Gerold gelang es offensichtlich, seine prekäre Situation künstlerisch in seinem Werk fruchtbar zu machen und ein eindrückliches Porträt Heckers aus jener Zeit zu schaffen. KE

Kat. 19 · 20 ☐ S. 68
DER NEUBAU DES GOETHE-NATIONALMUSEUMS

Wolfgang von Oettingen war von 1909 bis 1918 Direktor des Goethe-Nationalmuseums. Er führte den Anstoß seines Vorgängers Karl Koetschau fort, die Einrichtung des Goethehauses stärker auf Quellen zu stützen und eine Trennung zwischen Gedenkstätte und Museum, zwischen biografischem Ort und einem Raum für die Sammlung zu vollziehen. Die wichtigste Leistung Oettingens war die Errichtung eines ersten Erweiterungsgebäudes zum Goethehaus, das am 12. April 1914 eröffnet wurde und, so Oettingen in seiner gleichnamigen Denkschrift, die »völlige Erschließung von Goethes Nachlaß« (Oettingen 1912/13, o. S.) ermöglichen sollte. 114 000 Reichsmark standen aus Landesmitteln zur Verfügung, der Architekt war Jakob Schrammen.

Die bauliche Erweiterung sollte Raum für einen wissenschaftlichen Umgang mit Goethes Sammlungen schaffen und den Bestand besser schützen. Bezugspunkt war Goethes Testament vom 6. Januar 1831. Goethes Wunsch, seine Sammlungen zu erhalten und zugänglich zu machen, schien bislang nicht voll erfüllt. Denn »so weihevoll auch Goethes Arbeitsstätte und sein Sterbezimmer sind […] – der tiefer forschende

Kat. 21 Gustav Heinrich Eberlein · Johann Wolfgang von Goethe bei Betrachtung des Schädels von Friedrich Schiller · vor 1898 · Klassik Stiftung Weimar

Kat. 22 Ernst Julius Hähnel · Bildnisbüste Friedrich Schiller (nach Johann Heinrich Dannecker) · 1860 · Klassik Stiftung Weimar

Besucher bleibt dennoch nur halb befriedigt« (Oettingen 1912, S. 1 f.). In Goethes Schränken ruhe ein »Schatz, der […] zum Ruhm und Vorteil Weimars, ja zum Segen für alle Wissenschaften, die so merkwürdig immer wieder auf Goethes Anschauungen zurückkommen, ein neues, großes und ganz einzigartiges Museum darstellen würde« (ebd., S. 2). Die wissenschaftliche Beschäftigung mit Goethes Person und seinem Nachlass stand vielfach unter dem Eindruck einer kultischen Dichterverehrung. Auch Oettingen trug zu einer irrationalen Überhöhung bei, wenn er anschließt, Goethe wachse »mehr und mehr hinaus […] über die Grenzen, die sonst dem Menschen gesetzt sind, daß seine Geisteskraft und Weisheit die Generationen aller Erdteile erleuchtet und führt, daß seine geläuterte Sittlichkeit und gereifte Frömmigkeit, so unkirchlich sie auch ist, Unzählige stärkt und tröstet« (ebd., S. 3). Der Weltkrieg führte zu einem weitreichenden Rückgang der Besucherzahlen. Gleichwohl wurde der neue Sammlungsbau bald als zu klein empfunden. Schon 1918 drückte man die Hoffnung auf einen großen Neubau aus, eine Unternehmung, die 1935 verwirklicht wurde – dann unter den Bedingungen der nationalsozialistischen Kulturpolitik. PK

Kat. 21 □ S. 69
GOETHE UND SCHILLERS SCHÄDEL

Während das Deutsche Kaiserreich Goethe zum Olympier und Nationaldichter stilisierte, entschied sich Gustav Eberlein für eine scheinbar private Darstellung des Dichters. Er gibt ihn als greisen Mann in einem Moment der Entrücktheit und innigen Zwiesprache mit dem vermeintlichen Schädel Schillers wieder. Die naturalistische Formensprache und eine ins Theatralische gesteigerte Beseeltheit kennzeichnen den prominenten Berliner Bildhauer als Vertreter des Wilhelminischen Neubarock.

Mit der Darstellung nahm Eberlein Bezug auf die zeitweilige Aufbewahrung des Schiller zugewiesenen Schädels in Goethes Wohnhaus im Jahr 1826 und die Terzinen-Dichtung *Im ernsten Beinhaus war's*, einem lyrisch-philosophischen Nachruf auf den Freund und Dichterkollegen. Als Anregung für das Motiv könnten Eberlein das 1829 entstandene Gemälde *Goethe mit Schillers Schädel* von Ehregott Grünler und der 1859 veröffentlichte Holzstich von Albert August Troller *Johann Wolfgang Goethe sucht den Schädel Friedrich Schillers* gedient haben. Für die naturnahe Modellierung des Kopfes setzte er sich mit zeitgenössischen Goethe-Porträts auseinander.

Carl Alexander hatte die Plastik dem Goethe-Nationalmuseum übergeben und die Aufstellung »in dem Gartenzimmerchen […] in dem Goethe so oft mit Schiller plaudernd gesessen« verfügt (GJb Bd. 20, 1899, S. 13). Dort stand sie vor dem Gipsabguss des Sockelreliefs *Ausmarsch aus Breslau* von dem

1826 errichteten Blücher-Denkmal in Berlin. Dieses Ensemble, das den Dichterfürsten mit den Helden der Befreiungskriege vereint zeigte, erfuhr durch eine Fotografie, die über Jahre auch als Postkarte vertrieben wurde, größere Verbreitung. 1907 ließ der neue Direktor des Goethe-Nationalmuseums, Karl Koetschau, nicht authentische Ausstattungsstücke wie das Goethe-Bildnis von Eberlein aus den historischen Wohnräumen der Memorialstätte entfernen. KKR

Literatur: Bloch 1984; Grimm 1983; Müller-Harang 2009; Klauß 2012.

Kat. 22 ☐ S. 69
IN LANGER TRADITION

Ein Jahr nach den landesweiten Feiern zu Schillers 100. Geburtstag vollendete der Rietschel-Schüler und Mitbegründer der Dresdener Bildhauerschule Ernst Julius Hähnel die marmorne Büste des Dichters. Im Nachgang dieses Jubiläums entstanden zahlreiche Schiller-Denkmäler, die den Bildnistypus der Porträts von Johann Heinrich Dannecker von 1793/94 und 1805/06 aufgriffen. Die Bildwerke des württembergischen Bildhauers und Freundes des Dichters aus Karlsschulzeiten wurden schon von den Zeitgenossen für ihre Mischung aus großer Porträtähnlichkeit und idealisierender Darstellung bewundert.

Hähnel folgt bei seiner Büste der klassizistischen Auffassung des Originals von 1805/06. Er verzichtet auf die Wiedergabe von Gewandpartien und lenkt damit die Aufmerksamkeit auf das Antlitz, dem er durch das zurückgelegte Haupthaar über der Stirn, die kürzere Gestaltung der seitlichen Locken und die beinahe frontale Ausrichtung des Kopfes einen Ausdruck großer Entschlossenheit verleiht. Mit der Vergrößerung des unbekleideten Brustausschnitts zur Hermenform steigerte er die Wirkung seiner Büste ins Idealisierend-Heroische, was dem Schillerbild des zweiten Drittels des 19. Jahrhunderts entsprach. KKR

Literatur: Ausst. Kat. Schwäbischer Klassizismus, 1993, S. 192 f., S. 220 ff.; Ausst. Kat. Rietschel, 2004, S. 99–108, S. 181 ff.; Schmälzle 2009.

Kat. 23 Unbekannt · Bildnisbüste Eduard Scheidemantel · um 1920
Klassik Stiftung Weimar

Kat. 23 ☐ S. 70
EDUARD SCHEIDEMANTEL
ALS KUSTOS DES SCHILLERHAUSES

Eduard Scheidemantel gehörte als langjähriger Kustos des Schiller-Museums und als Mitglied vieler Organisationen zu den einflussreichsten Wissenschaftlern in Weimar. Er war nicht nur Gründungsmitglied des Schillerbundes 1906, sondern beteiligte sich im selben Jahr auch an der Gründung der Weimarer Ortsgruppe des Bundes Heimatschutz. Hier nahm er neben Paul Schultze-Naumburg eine leitende Position ein und setzte sich mit großem Engagement für die Bewahrung und Vermittlung des klassischen Weimars ein. In zahlreichen Veröffentlichungen beschwor er insbesondere die Erhaltung des Weimarer Schillerhauses als »nationale Tat«, an der sich »nicht nur die Weimarer Bürgerschaft, das weimarische Fürstenhaus, sondern ganz Deutschland, das Deutschtum bis weit über die Grenzen des Reiches hinaus«, beteiligt hätten (Scheidemantel 1913, S. 3). So war seine 1907 im Böhlau Verlag veröffentlichte Bildmappe *Das klassische Weimar*, die 12 Farbdrucke nach Aquarellen von Peter Woltze enthielt und ein idealisiertes Panorama der klassischen Stätten entwarf, vor allem auch für den Literaturunterricht an amerikanischen Schulen empfohlen worden (vgl. MdSP, Vol. II, No. 3). Die noch vor Ausbruch des Weltkriegs entstandene, bronzierte Gipsbüste zeigt Scheidemantel, den Hans Wahl in seiner Trauerrede im Jahr 1945 als »Erzieher der deutschen Jugend« pries (Wahl 1946, S. 6), im Habitus eines modernen Gelehrten mit Anzug und Krawatte. GW

Kat. 24 Porträt Paul von Bojanowski · Fotoatelier Louis Held · um 1914

Kat. 25 Porträt Werner Deetjen · Fotoatelier Louis Held · undat.

Kat. 24 ☐ S. 71 · 25 ☐ S. 71

DIE DIREKTOREN DER GROSSHERZOGLICHEN BIBLIOTHEK

Paul von Bojanowski wurde 1893 zum Leiter der Großherzoglichen Bibliothek berufen. Bereits zuvor hatte er sich als Journalist und Hauptredakteur der *Weimarischen Zeitung* einen Namen gemacht. Insbesondere seine Berichte zum Verlauf und Ausgang des Deutsch-Französischen Krieges von 1870/71 stießen auf ein breites Echo. Mit seinen Ideen und Interessen setzte Bojanowski sich auch frühzeitig für die Gründung von literarischen Gesellschaften wie der Goethe-Gesellschaft oder der Deutschen Shakespeare-Gesellschaft ein. Nach dem Tod von Großherzogin Sophie (1897) und Großherzog Carl Alexanders (1901) porträtierte Bojanowski das Fürstenpaar als Protektoren des klassischen Erbes, denen es gelungen sei, Weimar auch am Ende des 19. Jahrhunderts als »Mittelpunkt im geistigen Leben des deutschen Volkes« zu erhalten, »würdig der Ueberlieferungen einer unvergleichlichen Zeit« (Bojanowski 1901, S. 45). Unter seiner Leitung wurde zum hundertsten Todestag Anna Amalias 1907 eine Ausstellung realisiert, die die kulturpolitischen Traditionslinien und die engen Verbindungen zwischen dem Fürstenhaus und der Bibliothek nachdrücklich unterstrich. Bojanowksi verstand es wie keiner seiner Vorgänger, die Weimarer Bibliothek als eine Einrichtung mit nationalem Auftrag zu profilieren. Durch die auffällig starke Beteiligung der Bibliothek an großen Ausstellungsprojekten im deutschen Reich zwischen 1910 und 1914 sollte die zentrale Rolle der Weimarer ›Hüterin der Klassik‹ insbesondere bei der ›Geistesbildung‹ des gesamten deutschen Volkes deutlich werden. Bojanowskis erklärtes Ziel war es, die Weimarer Bibliothek zu einer »Reichsbibliothek für schöne Literatur« auszubauen (GSA 150/B 329). Die Wahl fiel jedoch auf Leipzig als Standort der zentralen Deutschen Bücherei als Gesamtarchiv des deutschsprachigen Schrifttums. Bojanowski verstarb 1915 im Amt. Als sein Nachfolger wurde im darauffolgenden Jahr Werner Deetjen berufen, der als Professor für deutsche Literaturgeschichte an der Technischen Hochschule Hannover lehrte. In ähnlicher Weise wie Bojanowski übernahm er leitende Ämter in der Goethe-Gesellschaft (Geschäftsführung ab 1917), der Deutschen Schiller-Stiftung (Generalsekretär 1917–1920) und der Shakespeare-Gesellschaft (Präsident 1921–1939). GW

Literatur: Bärwinkel 2010.

Kat. 26 ☐ S. 72

ERICH SCHMIDT UND DIE GOETHE-GESELLSCHAFT

Erich Schmidt war der bekannteste Germanist des wilhelminischen Zeitalters. Den Gipfelpunkt seiner Karriere stellte das Jubiläums-Rektorat der Berliner Universität 1909/10 dar. Als Begleiter Kaiser Wilhelms II. auf dessen Jacht Hohenzollern erwarb er sich zusätzlich gesellschaftlichen Glanz. Sein wissenschaftlicher Rang ist gleichwohl nicht in Zweifel zu ziehen. Großherzogin Sophie berief ihn 1885 zum Direktor

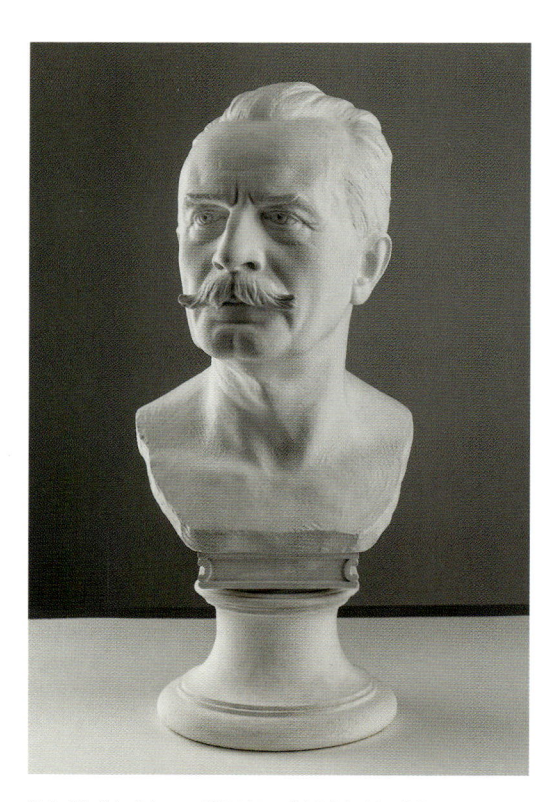

Kat. 26 Fritz Schaper · Bildnisbüste Erich Schmidt · 1911
Klassik Stiftung Weimar

des von ihr gegründeten Goethe-Archivs (seit 1889 Goethe- und Schiller-Archiv); gemeinsam mit anderen Goethe-Forschern und in engem Kontakt mit der Großherzogin konzipierte Schmidt die Weimarer Goethe-Ausgabe, 1888 erschien seine Maßstab setzende *Faust*-Edition.

1887 schon wechselte er als Nachfolger seines Lehrers Wilhelm Scherer auf den Lehrstuhl für Neuere deutsche Literaturgeschichte in Berlin. Über seine lehrende und forschende Tätigkeit hinaus war er Gast in den Salons der Reichshauptstadt, hielt öffentliche Vorlesungen und pflegte auch Kontakt zu prominenten zeitgenössischen Schriftstellern wie Theodor Storm, Gerhart Hauptmann und Theodor Fontane. Seit Gründung der Goethe-Gesellschaft gehörte er ihrem Vorstand an und war von 1906 bis zu seinem Tod 1913 ihr Präsident. Ihm verdankte die Gesellschaft großen Zugewinn an öffentlicher Wirksamkeit, zu dem nicht zuletzt der von ihm herausgegebene *Volks-Goethe* beitrug. So war es nur folgerichtig, dass der prominenteste Bildhauer der Jahrhundertwende, Rauchs Enkelschüler Fritz Schaper, Schöpfer des Goethe-Denkmals im Berliner Tiergarten und seit 1912 Mitglied im Vorstand der Goethe-Gesellschaft, auch Schmidt in seine Bildnisgalerie zeitgenössischer Berühmtheiten aufnahm und 1911 eine Gipsbüste von ihm schuf; Schapers Witwe schickte die Büste 1921 an das Goethe-Nationalmuseum, aus dessen Bestand sie 1926 in das Goethe- und Schiller-Archiv wechselte. JG

Kat. 27

DIE MITGLIEDER DER GOETHE-GESELLSCHAFT

Die Goethe-Gesellschaft wurde 1885 in Weimar gegründet. Als eingetragener Verein besaß sie ein Präsidium, einen Vorstand sowie einen geschäftsführenden Ausschuss. Erster Präsident wurde der vormalige Präsident des Reichsgerichts Eduard Simson, ihm folgten Karl Ruland, Direktor des Goethe-Nationalmuseums, und seit 1906 Erich Schmidt. Bereits diese Namen geben zu erkennen, dass für die Besetzung der Ämter neben der wissenschaftlichen Kompetenz auch die allgemeine gesellschaftliche Reputation eine große Rolle spielte. Außerdem wurden Persönlichkeiten in den Vorstand gewählt, die – im Sinne eines Netzwerks – an anderen klassischen Erinnerungsstätten tätig waren. 1914 gehörten dem Vorstand unter anderem an: der umstrittene, weil literaturferne Georg Freiherr von Rheinbaben, Oberpräsident der Rheinprovinz, als Präsident, Dr. Albert Bürklin, ehemals Generalintendant des Großherzoglichen Hoftheaters in Karlsruhe, und Prof. Dr. Wolfgang von Oettingen, Direktor des Goethe-Nationalmuseums und des Goethe- und Schiller-Archivs, als Vizepräsidenten. Das Freie Deutsche Hochstift in Frankfurt a. M. entsandte ebenso einen Repräsentanten in den Vorstand wie das Schiller-Museum in Marbach. Prof. Dr. Paul von Bojanowski durfte als ehemaliger Direktor der Herzoglichen Bibliothek in Weimar nicht fehlen. Neben der Vorbereitung des sechsbändigen *Volks-Goethe* bildeten die traditionellen Felder der Klassiker-Pflege wie wissenschaftliches Publizieren, Ausgestaltung von Dichter-Jubiläen sowie Grabstätten- und Denkmalbetreuung einen Schwerpunkt in der Tätigkeit der Gesellschaft; großen Wert legte der Vorstand auf seine »Stellung über den Parteien« (GSA 149/7). Goethe- und Schiller-Archiv und Goethe-Nationalmuseum profitierten in erheblichem Maße vom Mäzenatentum der Goethe-Gesellschaft. Insgesamt erwiesen sich Vorstand und Gesellschaft als Hort konservativer Goethe-Verehrung in einem vermeintlich geschichtsfernen Raum. JG

Kat. 28 ☐ S. 73

VOLKS-GOETHE

Die Vorbereitung einer sechsbändigen Auswahlausgabe von Goethes Werken gehörte zu den Lieblingsprojekten des Germanisten Erich Schmidt. Unter seiner Leitung wurde das Vorhaben intensiv im Vorstand der Goethe-Gesellschaft diskutiert. Welche kulturpolitischen Intentionen Präsident und Vorstand damit verbanden, wird aus einem Werbetext ersichtlich: »Es darf nicht länger ein Vorrecht Weniger sein, aus den Quellen Goethescher Weisheit und Schönheit zu trinken. Nicht nur der Dichter, auch der Mensch muss aus seiner vornehmen Abgeschiedenheit heraustreten. Die Massen müssen zu ihm geführt, für ihn erzogen, für seine ethische Macht empfänglich gemacht werden. Eine Volksausgabe von Goethes Werken liegt im Wurfe; sie soll in Tausenden von Exemplaren verbreitet, zum Teil unentgeltlich abgegeben werden. So wird Goethe in alle Schichten dringen« (GSA 149/114). Die Erstausgabe erschien 1909 zum günstigen Preis von 6 Mark in einer Auflage von 20 000 Exemplaren, es folg-

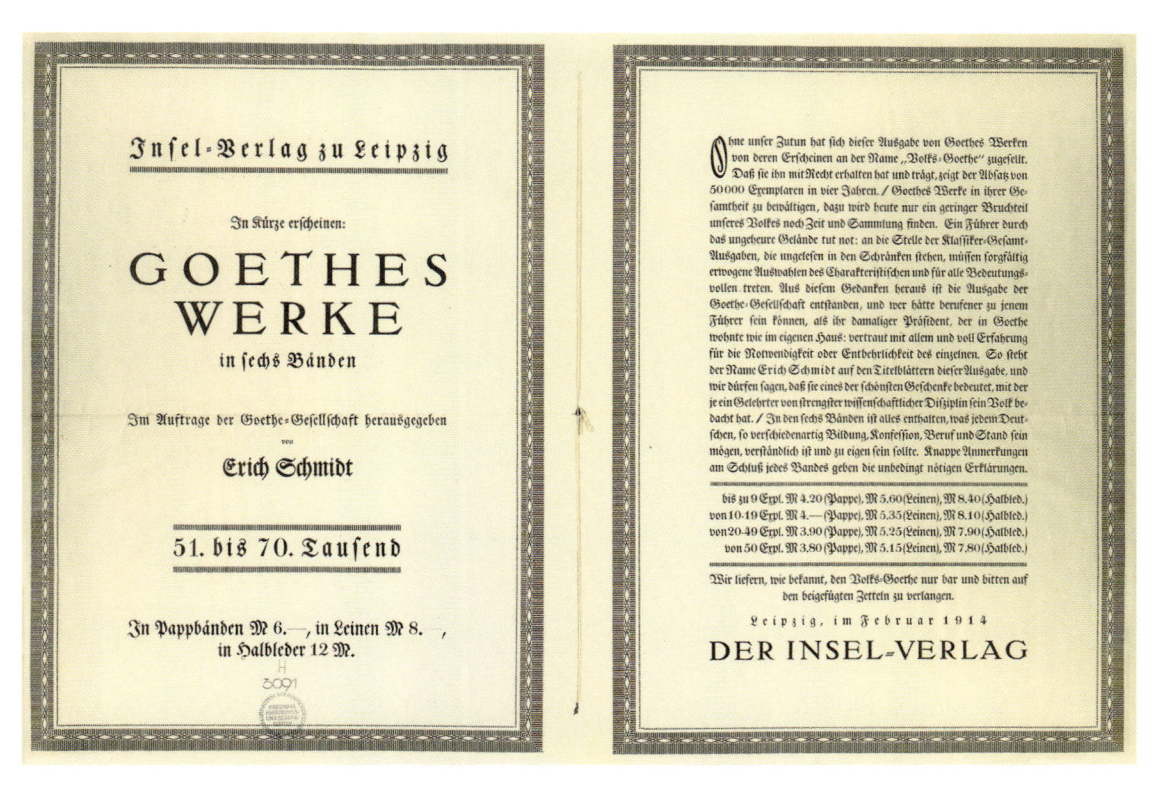

Kat. 28 Erich Schmidt (Hrsg.) · Der Volks-Goethe · Februar 1914
Klassik Stiftung Weimar

ten zwei weitere bis 1914. Insgesamt war der *Volks-Goethe* in über 100 000 Exemplaren verbreitet. Gedruckt in einer Frakturschrift auf holzfreiem Papier und versehen mit einem schönen Satzspiegel, ist die Ausgabe ein Beispiel für die qualitätsvolle Buchkultur des Insel-Verlags. In ihrem Aufbau folgt sie bewährten Mustern. Eröffnet wurde sie mit einer *Lebenslauf* betitelten Einleitung des Herausgebers. Jeder Band enthält am Ende kurze Einführungen zu den jeweiligen Werken, dazu Einzelanmerkungen und ein Wörterverzeichnis. Eine Gedichtauswahl und der *Faust* bilden den Inhalt von Band I, die weiteren Bände enthalten das dramatische Werk, die *Wahlverwandtschaften* und Novellen, *Wilhelm Meisters Lehrjahre*, *Dichtung und Wahrheit* und eine Auswahl autobiografischer Texte sowie von Schriften zu Literatur, Kunst und Naturwissenschaft. Freiexemplare gelangten als Schülerprämien an 251 deutsche höhere Lehranstalten, wurden deutschen Schulen im Ausland und im Einzelfall auch Verwundeten-Büchereien zur Verfügung gestellt. JG

Kat. 29
LUDWIG GEIGER UND DAS GOETHE-JAHRBUCH 1913

Unter dem Titel *Goethe-Jahrbuch* hatte der jüdisch-deutsche Germanist Ludwig Geiger im Jahr 1880 ein Periodikum eingerichtet, das sich im Gründungsjahr der Goethe-Gesellschaft 1885 de jure und de facto in das Organ der Gesellschaft verwandelte. Das Frontispiz des letzten von Geiger herausgegebenen Bandes, das den Orientwissenschaftler Heinrich Friedrich von Diez im Porträt zeigt, legt noch einmal Zeugnis ab von Geigers liberaler Weltoffenheit. Diez war im frühen 19. Jahrhundert mit Publikationen hervorgetreten, die zu den wissenschaftlichen Grundlagen der Erforschung von Goethes *West-östlichem Divan* gehören, einem Werk, das damals von der Forschung noch kaum erschlossen war. Geiger selbst, dem seiner jüdischen Herkunft wegen ein einträgliches akademisches Amt unmöglich gemacht wurde, hatte das Jahrbuch auch zum Zweck des eigenen Lebensunterhalts gegründet. Unter seiner Herausgeberschaft kamen Repräsentanten der ausländischen Goethe-Forschung zu Wort, wurde die internationale Goethe-Forschung bibliografisch dokumentiert, verschaffte sich vor allem in den Nekrologen ein urbaner Geist Geltung.

Doch Geigers Stellung blieb nicht unangefochten. Dem Vorstand der Goethe-Gesellschaft war es ein Dorn im Auge, dass er kein inhaltliches Mitspracherecht besaß. Erich Schmidt, ein erklärter Gegner des Herausgebers, warf ihm mehrfach (eine vermeintlich charakteristisch jüdische) Betriebsamkeit, Vielschreiberei und Bereicherungssucht vor. 1912 musste Geiger kapitulieren. Der Vorstand löste den Vertrag mit dem jüdischen Verlag Rütten & Loening in Frankfurt a. M. und beauftragte Hans Gerhard Gräf mit der Herausgabe eines Jahrbuchs der Goethe-Gesellschaft, das künftig in ›deutscher‹ Fraktur statt wie bisher in der Antiqua im Leipziger Insel-Verlag erschien. Geiger wurde von den Repräsentanten der Goethe-Gesellschaft im Vorwort zum *Goethe-Jahrbuch* 1913 mit einem »verbindlichsten Dank« für seine »verdienstvolle Tätigkeit« schnöde abgespeist (GJb Bd. 34, 1913, o. S.). JG

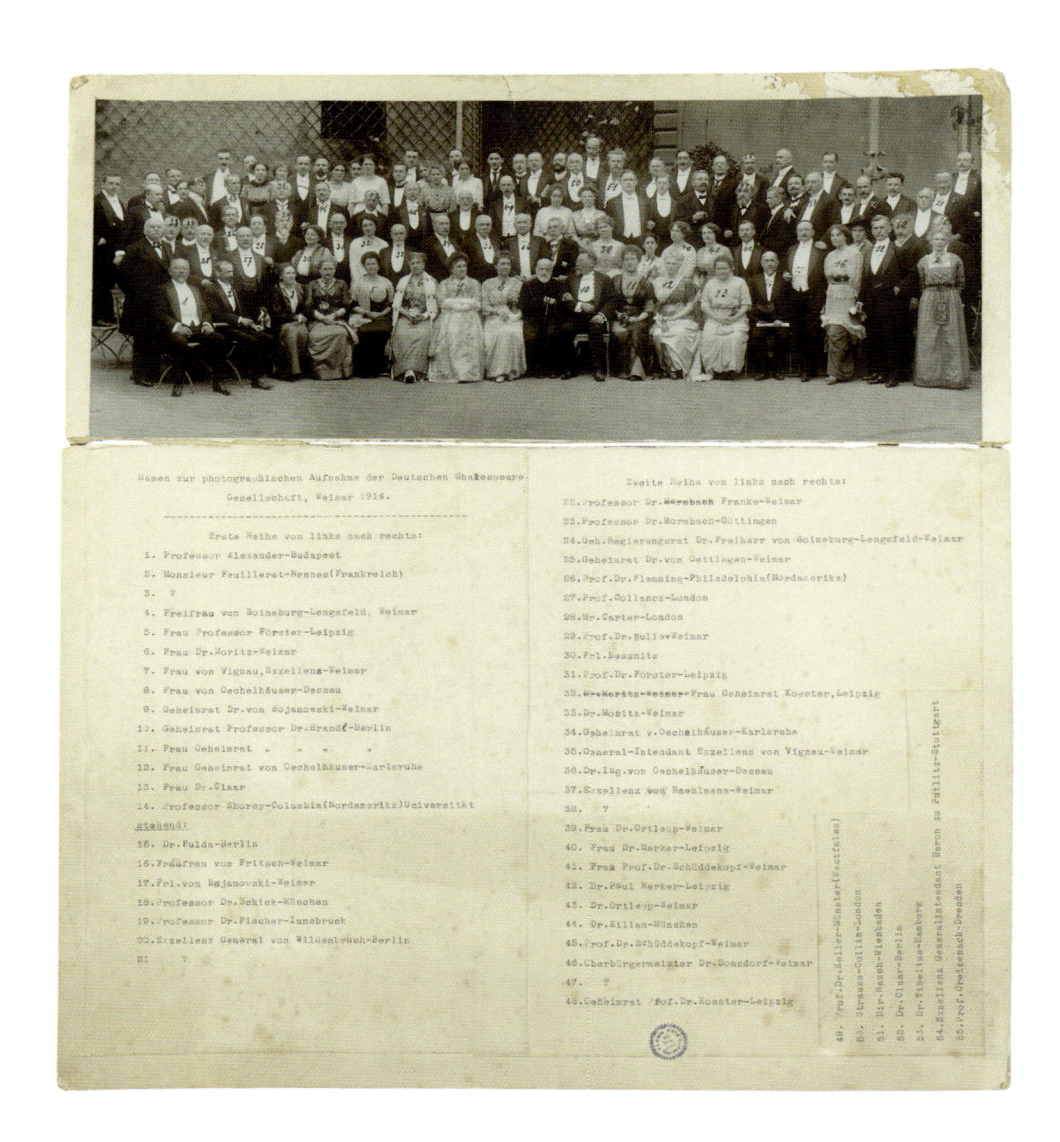

Kat. 33
Deutsche Shakespeare-
Gesellschaft in Weimar
Fotoatelier Louis Held · 1914
Klassik Stiftung Weimar

Kat. 30
Einweihungsfeier des
Shakespeare-Denkmals
Fotoatelier Louis Held
23. 4. 1904

Kat. 30 ☐ S. 74 · 31

DIE EINWEIHUNG DES SHAKESPEARE-DENKMALS 1904

Anlässlich des 340. Geburtstags William Shakespeares sowie des vierzigsten Geburtstages der in Weimar gegründeten Deutschen Shakespeare-Gesellschaft wurde am 23. April 1904 das von der Gesellschaft gestiftete Denkmal im Park an der Ilm feierlich enthüllt. Bis auf den heutigen Tag ist der ›Spaziergang zum Shakespeare-Denkmal‹ ein Programmpunkt während der Shakespeare-Tage.

Am 23. April 1904 eröffneten Fanfaren den Festakt, an dem honorige Gäste wie Großherzog Wilhelm Ernst, seine Adjutanten von Schlieffen und von Hirschfeld, Generalleutnant von Palézieux sowie weitere Vertreter des Hofes teilnahmen. Anwesend waren natürlich die Vorstandsmitglieder der Gesellschaft, Paul von Bojanowski und Wilhelm von Oechelhäuser jun. sowie der Präsident Alois Brandl; außerdem Generalintendant von Vignau als Vorsitzender des Geschäftsausschusses und der Schauspieler Josef Kainz nebst Frau, der den Hamlet in der Festvorstellung spielte. Auch der Schöpfer des Denkmals, der Bildhauer Otto Lessing, war mit seiner Tochter aus Berlin angereist. Wilhelm von Oechelhäuser jun. hielt die einleitende Ansprache:

»Eure Königliche Hoheit!
Hochgeehrte Festversammlung!

Wenn in heutiger ohnehin so denkmalgesegneter und dabei national zugespitzter Zeit sich aus allen deutschen Gauen ein Kreis von Männern zusammengefunden hat, um hier in dem stillen Park von Weimar ein neues Denkmal, und noch dazu für einen ausländischen Dichter, zu setzen, so ist dies Rätsel und Wagnis schnell gelöst durch die bloße Nennung des Namens: William – oder wie wir wohl mit Recht sagen dürfen: ›Wilhelm Shakespeare‹. Gilt es doch, ihm, der längst im Geist und Gemüt unseres Volkes Heimatrecht erworben hat, durch Errichtung seines Standbildes auf deutschem Boden zu bezeugen, daß er der Unsrige geworden ist, daß wir ihn zu unseren eigenen Klassikern zählen!

Daß gerade der Stadt Weimar die Ehre zuteil wird, das erste und vielleicht für lange Zeit einzige Shakespeare-Denkmal in Deutschland zu besitzen, ist ihr wohlerworbenes Recht; denn Weimar ist seit nunmehr 40 Jahren der Konzentrationspunkt der deutschen Shakespeare-Forschung« (ShJ Bd. 40, 1904, S. x–xi). CJ

Kat. 32 Hermann Noack · Statuette William Shakespeare (nach Otto Lessing) um 1904 · Klassik Stiftung Weimar

der Linken eine Rose haltend. Gekleidet ist er gemäß der elisabethanischen Mode mit Pluderhose. Zu Füßen des Postaments sind unter anderem ein Totenschädel mit gehörntem Helm auf Lorbeer sowie ein Schwert arrangiert. Mangels authentischer Porträts galt Lessing die Darmstädter Totenmaske als Grundlage für seine Gestaltung. Auf Wunsch des Künstlers sollte das Denkmal vor der künstlichen Ruine im Weimarer Ilmpark aufgestellt werden und nicht – wie vorgeschlagen – in der Nähe des Hoftheaters. Die Unkosten für das Denkmal von 50 000 Mark wurden durch Spendenaufrufe eines eigens von der Gesellschaft eingerichteten Komitees beglichen, hätten aber besser, so Kritiker, für wohlfeile Shakespeare-Ausgaben verwendet werden sollen, zumal die »meisten weimarischen Anwohner und Besucher dieses Denkmals […] wahrscheinlich noch nie eine Silbe von Shakespeare gelesen« hätten (Der Tag, 23. April 1902). CJ

Kat. 32 ☐ S. 75

EIN SHAKESPEARE-DENKMAL FÜR WEIMAR

Diese von Hermann Noack gefertigte Statuette in Bronze basiert auf dem von Otto Lessing in den Jahren 1902 bis 1903 entworfenen Shakespeare-Denkmal, welches noch heute im Park an der Ilm steht. Lessing gehörte zu den bekanntesten Künstlern der Berliner Bildhauerschule in der zweiten Hälfte des 19. Jahrhunderts.

Das Denkmal zeigt den Dichter in natürlicher Haltung auf einem Postament sitzend, in der Rechten eine Schriftrolle, in

Kat. 33 ☐ S. 74

50 JAHRE SHAKESPEARE-GESELLSCHAFT IN WEIMAR

Am 23. April 1914 beging die Deutsche Shakespeare-Gesellschaft den 50. Jahrestag ihrer Gründung. Ihre Mitgliederzahl belief sich zu dieser Zeit auf etwa 670, darunter Kaiser Wilhelm II. und Franz Joseph I. sowie als Ehrenmitglied Konstantin Konstantinowitsch, Großfürst von Russland, und eine Reihe anderer Kronenträger wie Georg V. und Friedrich August, König von Sachsen. Zu den Feierlichkeiten kamen 150 Gäste aus fast allen literarisch interessierten Kreisen, so etwa zahlreiche Oberlehrer, einige Studierende, Vertreter des studentischen Shakespeare-Clubs Halle sowie Schauspieler und Verlagsbuchhändler. Zu den ausländischen Gästen gehörten unter anderem Prof. Felix Emanuel Schelling, Anglist an der Pennsylvania University, der amerikanische Altphilologe Prof. Paul Shorey, der 1913/14 die Roosevelt-Gastprofessur an der Berliner Universität innehatte, sowie der anglistische Kollege, Prof. Israel Gollancz, vom King's College London. Er besorgte auch zu Ehren von Shakespeares 300. Todestag *A Book of Homage to Shakespeare to commemorate the three hundredth anniversary of Shakespeare's Death MCMXVI* (1916). In dieser 557 Seiten starken, prachtvoll gestalteten Anthologie wurden Gedichte und Prosa-Texte in 23 Sprachen (von Arabisch bis Urdu) von 166 bekannten und weniger berühmten Autoren unterschiedlichster Berufsgruppen aufgenommen.

Im Sommer 1913 hatte Gollancz den Präsidenten der Gesellschaft, Prof. Alois Brandl, zu einem Vortrag in der Royal Academy über *Shakespeare and Germany* eingeladen. Während der Feierlichkeiten in Weimar im April 1914 wurden sieben neue Ehrenmitglieder aus europäischen Ländern und Amerika ernannt, die ihr Diplom aus der Hand des Großherzogs entgegennahmen. In der Festrede beschreibt der Präsident die unsicheren Wege und die bescheidenen Mittel der anfangs mit etwa dreißig Mitgliedern sehr kleinen Gesellschaft, in deren Mitte aber stets »der ideale Geist des älteren Deutschland« geherrscht habe, »das sich arm fühlte in der Welt der Wirklichkeit und nur reich in der Sphäre der Gedanken, und das sich über die politische Zerrissenheit trösten wollte durch literarischen Schönheitskult« (ShJ Bd. 55, 1914, S. viii). CJ

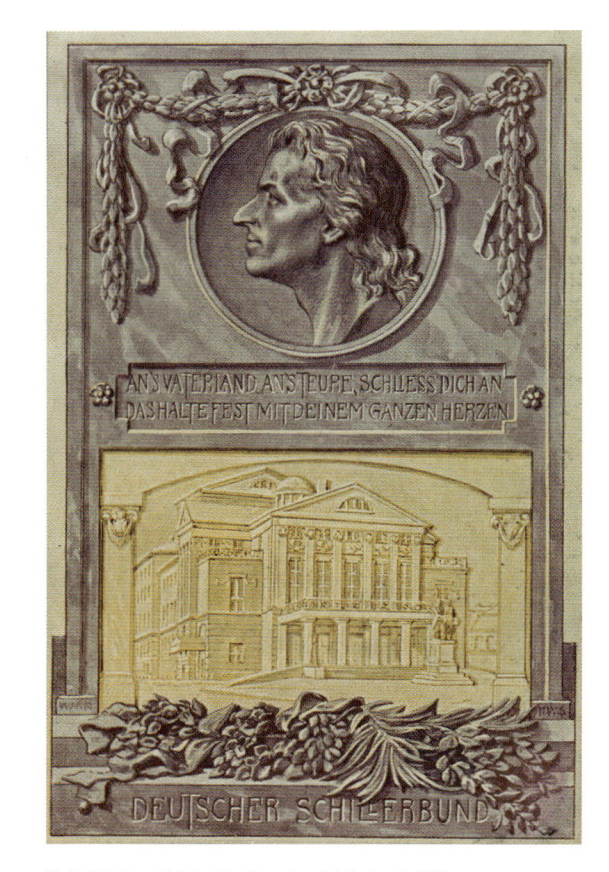

Kat. 34 Hans W. Schmidt · Deutscher Schillerbund · 1909
Privatbesitz, Weimar

Kat. 34 ☐ S. 76 · 35

DER DEUTSCHE SCHILLERBUND

Die Gründungsmitglieder des Deutschen Schillerbundes rekrutierten sich zum großen Teil aus der Ortsgruppe des Bundes Heimatschutz. Im September 1906 schlossen sich unter anderem der Kurator des Franz Liszt-Museums Aloys Obrist, der Maler und Direktor der Kunstschule Hans Olde, der Kustode des Schillerhauses Eduard Scheidemantel, und der völkische Publizist Adolf Bartels zusammen, um Weimar zu einem »Bayreuth des Schauspiels« (DSB Werbeheft, 1907, S. 2) zu machen. Das Großherzogliche Hoftheater sollte zum strahlkräftigen Zentrum jährlicher Festspiele für Schüler werden. Ziel war es, der Jugend ein unvergessliches Erlebnis zu verschaffen, ihm das »Große und Starke, das Schöne und Edle zu geben« (Bartels 1907, S. 32), das »kunst- leben- und weltanschauungsbildend wirkt« (ebd., S. 34). Die Stücke der Goethezeit und solche, die man als Nachklassiker einstufte wie jene von Grillparzer, Hebbel und Kleist bildeten den Grundstock für den »Protest gegen die Modernen, gegen Naturalismus, Sensualismus und Sexualismus auf der Bühne« (MdSP Vol. II, No. 6). Der Schillerbund strebte eine Regeneration des gesamtdeutschen Theaters mit der Entwicklung eines nationalen Spielplans an. Als einzigen fremdsprachigen Schriftsteller spielte man Shakespeare, der ohnehin zu den ›deutschen Nationaldichtern‹ gezählt wurde. Die Verfechter dieses Unternehmens bezeichneten Stücke von Oscar Wilde,

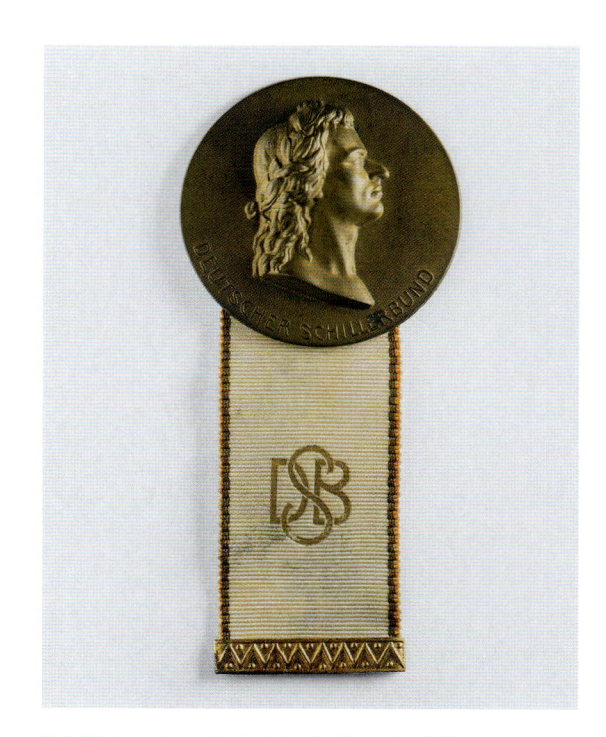

Kat. 36 Anstecknadel des Deutschen Schillerbundes · 1913
Klassik Stiftung Weimar, Museen

George Bernard Shaw, Maxim Gorki und Maurice Maeterlinck als bloße »Sensationen« (ebd.) und folgten damit einer oberflächlichen Modernekritik. Da Gerhart Hauptmann als Naturalist ebenso abgelehnt wurde, schmähte der Deutsche Schillerbund somit drei Nobelpreisträger.

Großherzog Wilhelm Ernst übernahm das Protektorat des Deutschen Schillerbundes und unterstützte dessen Aktivitäten mit großzügigen Spenden, ebenso wie die Gemeinde Weimar und Kaiser Wilhelm II., der wiederholt 5 000 RM beisteuerte. Darüber hinaus finanzierte sich der Bund über die Mitgliedsbeiträge; allein die Ortsgruppe Weimar verzeichnete 1912 mehr als 1 500 Mitglieder, es wurden Werbehefte, Weimar-Führer und Postkarten verkauft.

Schließlich konnte der Deutsche Schillerbund ökonomisch und ideologisch damit argumentieren, »dass abgesehen von den materiellen Vorteilen, die Weimar durch den Besuch dieser grossen Anzahl Schüler und deren Angehörigen zu erwarten hat, durch diese Nationalfestspiele der Name Weimars nicht nur in Deutschland, sondern auch im Auslande als Stätte einer neuen kulturellen Tat genannt und gefeiert wird« (StadtAW, NA II-1-40e-59).   GP

Literatur: Neumann 1997.

Kat. 36 ☐ S. 76 · 37
NATIONALFESTSPIELE FÜR DIE DEUTSCHE JUGEND

In den Sommerferien der Jahre 1909, 1911 und 1913 kamen mehrere Tausend Schüler weiterführender Schulen nach Weimar, um an den Nationalfestspielen für die deutsche Jugend teilzunehmen. Unter hohem organisatorischem Aufwand bot der Deutsche Schillerbund den Jugendlichen ein breites, kostenfreies Programm kultureller Aktivitäten, vom Besuch der Dichterhäuser und der Wartburg bis zur Wanderung auf den Kickelhahn, an vier Abenden eine Sondervorstellung im Hoftheater und darüber hinaus ›Geselligkeitsabende‹. Nach dem Leitspruch »Wer die Jugend hat, hat die Zukunft« (Bartels 1907 b, S. 31) standen *Wilhelm Tell*, *Der Prinz von Homburg*, Hebbels *Nibelungen* und *Wallenstein* auf dem Spielplan, um bei den jungen Menschen als »starke Gegenwirkung gegen die nivellierende großstädtische Kultur und gegen den blasierten Internationalismus« zu wirken (ebd., S. 36).

Ihren Höhepunkt erreichte die Nationalisierung der Veranstaltungen im Jahr 1913, das im Gedenken an die ›Befreiungskriege‹ entsprechend begangen wurde: Kleists *Hermannschlacht*, *Götz von Berlichingen*, *Wilhelm Tell* und Ernst von Wildenbruchs *Väter und Söhne* sollten einmal mehr den Mythos der Nation beschwören. Oberbürgermeister Donndorf gab zum Auftakt den Teilnehmern der Festspiele die intendierte Lesart mit auf den Weg: »[U]nd aus den Werken unserer großen Dichter tönt in Ihre Herzen das hohe Lied deutschen Rittertums und deutscher Mannentreue, das Evangelium der Liebe zum Vaterland und zur rechten Freiheit. Aber die Hauptsache bleibt doch immer der Geist, der sich den Körper baut und ein gutes Teil Ihres geistigen Rüstzeugs sollen Sie sich auch hier in Weimar holen! Wenige Stunden von hier liegt das Schlachtfeld von Jena; dort fiel der erste der Hammerschläge, mit denen das Geschlecht von 1813 geschmiedet wurde. Und als diese Jünglinge – und auch Jungfrauen waren mit ihnen! – sich jubelnd in den Kugelregen stürzten zu des Vaterlandes Befreiung, da trugen sie Worte Schillers auf den Lippen und in ihren Herzen brannte das Bewußtsein: Nichtswürdig ist die Nation, die nicht Ihr Alles freudig setzt an ihre Ehre! An dem Geist, der in diesen lebendig war, haben auch die Großen von Weimar mitgewirkt und mitgeschaffen« (StadtAW, NA II-1-40e-59). Der bellizistische Impetus der Rede ist symptomatisch für die Zeit, in der viele sich gegen Veränderungen, Unsicherheiten und Neuerungen geistig rüsteten.   GP

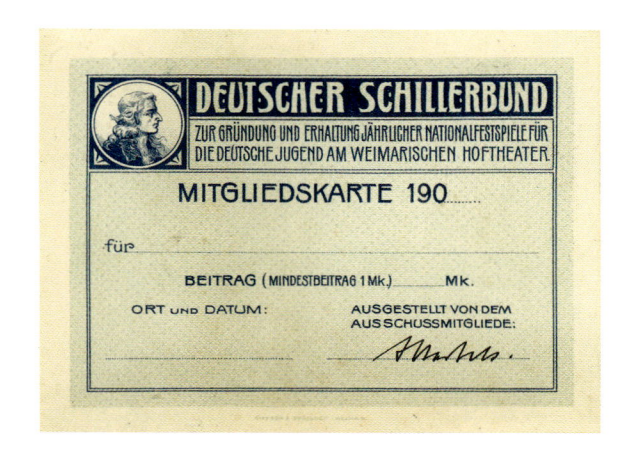

Kat. 38 Mitgliedskarte Deutscher Schillerbund für Adolf Bartels · undat. Klassik Stiftung Weimar

Literatur: Neumann 1997.

Kat. 38 ☐ S. 77
DER INITIATOR DES DEUTSCHEN SCHILLERBUNDES: ADOLF BARTELS

»Daß ich, Adolf Bartels, der Antisemit, der Begründer der Weimarer Festspiele für die deutsche Jugend bin, ist ja nun freilich leider nicht zu bestreiten« (Bartels 1915, S. 420). Auf diese und ähnliche Weise kokettierte Bartels mit seiner radikalen antisemitischen Haltung und den daraus folgenden Sanktionen, die er auch von konservativer Seite aus erfuhr. In der Tat wurde er 1913 aufgrund seiner zunehmenden rassistischen und völkischen Hetze auf Vorträgen und in Veröffentlichungen aus seinen Funktionen im Deutschen Schillerbund gedrängt. Als Gründungsmitglied hatte er jedoch entscheidend an der Ausrichtung des Bundes teil und legte mit seiner Denkschrift *Das Weimarische Hoftheater als Nationalbühne für die deutsche Jungend* (1905) eine Art Manifest des Schillerbundes vor. »Hebung, Läuterung, konsequente Vervollständigung und dabei möglichste Nationalisierung des Spielplans ist die erste große zu lösende Aufgabe« (Bartels 1907 b, S. 26), so formuliert der Autor und fand zahlreiche Unterstützer dieser Idee. Unter ihnen waren der Bildhauer Adolf von Donndorf, der Philosoph Rudolf Eucken, der Schriftsteller Detlev von Liliencron, die Frauenrechtlerin Selma von Lengefeld, der Architekt Max Littmann und der Verleger Eugen Diederichs sowie Ernst von Wildenbruch, um nur einige wenige zu nennen. Bartels' Vorstellungen scheinen bei einem

Großteil der Teilnehmer auf fruchtbaren Boden gefallen zu sein, wie zumindest die Lehrerberichte erkennen lassen: »Den Glanzpunkt der ganzen Veranstaltung bildete der Fackel- und Lampionszug nach der letzten Vorstellung. Vor dem Rietschel'schen Denkmal unserer Dichterheroen marschierte der Zug auf, ein Lied erscholl, und dann mahnte ein Lehrer die deutsche Jugend, festzuhalten an deutscher Sitte und deutscher Art, treu zu bleiben ihrem Volkstum und ihrem Vaterland, das Leben zu opfern, wenn die Not es erfordere. ›Deutschland, Deutschland über alles‹, so klang es dann zum Nachthimmel empor – ein unvergeßlicher Augenblick« (DSB Werbeheft 1912, S. 18). GP

Literatur: Oesterhelt 2014.

Kat. 39 Unbekannt · Medaille zum 100. Todestag von Friedrich Schiller 1905 · Klassik Stiftung Weimar

Kat. 39 ☐ S. 78
FEIERLICHKEITEN ZUM 100. TODESTAG SCHILLERS

Das Jahr 1905 stand nicht nur in Weimar unter dem Zeichen der Feiern zum 100. Todestag von Friedrich Schiller. Im gesamten Deutschen Reich, insbesondere in Stuttgart und Marbach, aber auch in Österreich fanden Gedenkveranstaltungen statt, zelebrierte man Jubiläumsfeierlichkeiten und präsentierte Ausstellungen. Allein im Mai 1905 bot das Hoftheater in Weimar 16 Aufführungen von Werken des Dichters an, Schillers Wohnhaus wurde aufwendig geschmückt und in hohen Auflagen als Postkartenmotiv vertrieben. Eine gängige und äußerst beliebte Form des Gedenkens, sozusagen ein tragbares Erinnerungsstück, waren Münzen und Medaillen. Die Vorder- und Rückseiten waren wahlweise mit Porträtreliefs, Symbolen, Motiven und Zitaten seiner Dichtungen sowie mit den Namen von Gesellschaften und Stiftungen gestaltet. Die Stuttgarter Prägeanstalt Mayer & Wilhelm brachte im Schillerjahr besonders viele Medaillen auf den Schriftsteller heraus. Darunter ein Exemplar aus Bronze, dessen Vorderseite ein Schillerbildnis in Form einer Herme zeigt, das von der Muse der Poesie mit Lorbeer bekränzt und von einem Genius mit Fackel und Posaune flankiert wird. Die Rückseite ist dem Schwur der drei Eidgenossen aus dem *Wilhelm Tell* gewidmet, der in der Umschrift anzitiert wird: »WIR WOLLEN SEIN EIN EINZIG VOLK VON BRÜDERN, IN KEINER NOTH UNS TRENNEN U. GEFAHR. WIR WOLLEN FREI SEIN, WIE DIE VÄTER EHER DEN TOD ALS IN DER KNECHTSCHAFT LEBEN.« Eine solche Medaille wurde auch in einer umfangreichen Ausstellung des Goethe- und Schillerarchivs vom 9. Mai bis zum 18. Juni 1905 präsentiert, die maßgeblich vom ersten Leiter des Goethe-Nationalmuseums Karl Ruland und vom Direktor der Großherzoglichen Bibliothek Paul von Bojanowski kuratiert wurde. GP

Literatur: Ausst. Kat. Schiller, 1905, Klein/Raff 2009.

Kat. 40 ☐ S. 79 · 41
KARIKATUREN ÜBER DEN SCHILLERKULT

Das Jahr 1905 wurde aus Anlass des einhundertjährigen Todestages des Nationaldichters im gesamten deutschen Reich und Österreich als Schillerjahr begangen. Die Wiener Hofburg inszenierte sein gesamtes dramatisches Werk neu, alle großen Theater folgten dem nach, und so waren im Reichsgebiet etwa 2 000 Inszenierungen zu verzeichnen. Keine öffentliche Institution, keine politische Partei ließ die Gelegenheit aus, Schiller den jeweils eigenen Vorstellungen gemäß zu inszenieren. *Jugend* und *Simplicissimus*, zu dieser Zeit die führenden Satirezeitschriften, brachten jeweils eine eigene »Schiller-Nummer« heraus, um die allseitige Vereinnahmung des Dichters bloßzulegen.

Erich Wilke setzte in der *Jugend* einen Schiller-Jahrmarkt in Szene und bediente sich damit einer Bildlichkeit, die bereits in den Feuilletons die Runde gemacht hatte. Mit »kostümierten Festrednern, ästhetischem Ringelstechen und literarischen Waffelbuden« (Die Zukunft, Jg. 13, S. 205) einen solchen Tag zu feiern, so Theodor Suse im gleichen Jahr, sei vollkommen unstatthaft. So zeichnete Wilke eine Gasse von Jahrmarktsbuden, in der Sozialdemokraten neben Nationalliberalen, Agrariern, der Deutschen Volkspartei und dem Preußischen Abgeordnetenhaus einen Schiller feilbieten, der doch nur so viel zu halten hat, wie die jeweilige Gesinnung des Anbieters ihm zumisst. Selbst die Zentrumspartei steht nicht zurück mit ihrem entsprechend ›christlich gereinigten‹ Schiller, und vom Kirchturm herab wirbt ein Pfarrer mit erbaulichen Schillerpredigten – was keineswegs eine freie Erfindung des Karikaturisten war.

Olaf Gulbransson griff im *Simplicissimus* die Mode auf, den Dichter mit immer neuen Denkmälern zu feiern. So viele Stilrichtungen es gab, so unterschiedlich sind die Charakte-

Kat. 40 Olaf Gulbransson · Schillermonumente. In: Simplicissimus · 1905
Staatsbibliothek zu Berlin

Kat. 43 Goethe-Fest zu Tiefurt Juni 1910 · Fotoatelier Louis Held · 18.6.1910
Stadtmuseum, Weimar

ristika, denen der Dichter hier anbequemt wird: Der dänische Bildhauer Bertel Thorvaldsen hat den idyllisch-klassischen Schiller zu bieten, Auguste Rodin den heroischen und Max Klinger den symbolistisch verrätselten. Um auch dem Kaiser und seinem maßgebenden Kunstverständnis Reverenz zu erweisen, zeigt Gulbransson den Dichter in der neobarock anmutenden Pose eines jener Brandenburgischen Herrscher, deren Skulpturen der Kaiser in der Berliner Siegesallee um die Jahrhundertwende hatte aufstellen lassen. HZ

Kat. 42
REPRÄSENTATION VON TRADITION

Die Aufnahme zeigt den Besuch des Goethe-Hauses durch den Großherzog Wilhelm Ernst mit seiner frisch angetrauten Gemahlin Großherzogin Caroline. Die Hochzeit fand in Bückeburg am 30. April 1903 statt, der Einzug des Brautpaares in Weimar war am 2. Juni 1903. Begrüßt werden die hohen Herrschaften, auch als Garanten der Bewahrung und Fortführung weimarischer Kulturtraditionen, durch den langjährigen ersten Direktor des Goethe-Nationalmuseums Karl Ruland. Der traditionelle Girlandenschmuck des Goethe-Hauses zeigt den goetheschen Willkommensgruß SALVE. Links im Bild ist ein Torbogen mit Zinnenbekrönung angeschnitten. Diese temporäre Architektur gehörte wie die Verkleidung des Gasthauses zum weißen Schwan mit einer Renaissance-Fassade zum damaligen Willkommens-Fest-

schmuck der Residenzstadt. Die Aufnahme zeigt außerdem die Steinpfosten vor dem Goethehaus noch ohne Ketten. Sie wurden erst im Jahr 1908 wieder eingezogen. Die bisherige Datierung des Bildes auf Juni 1910 oder um 1910 muss daher revidiert werden. AR

Kat. 43 ☐ S. 80 · 44
DAS GOETHE-FEST ZU TIEFURT 1910

Die am 20./21. Juni 1885 in Weimar gegründete Goethe-Gesellschaft feierte anlässlich ihres 25-jährigen Bestehens im Juni 1910 ein Goethe-Fest in Tiefurt. Die in Weimar schon traditionellen Festumzüge und Kostümfeste im Umfeld des Künstlervereins und der Kunstschule dienten als Vorbild für die Festivitäten in ländlicher Idylle. Man trug mit höchstem Anspruch an Authentizität nachgebildete Kostüme der Goethezeit, musizierte und führte Goethes *Fischerin* an dem natürlichen Schauplatz an der Ilm bei Fackelschein auf. Das Fest war auch eine Gelegenheit, die junge Großherzogin Feodora zu begrüßen, welche erst seit Januar 1910 in Weimar weilte. »Fast erschreckend aber war es, als Carl August erschien. Der Großherzog [Wilhelm Ernst, sitzend, mit hellem Zylinder] hatte sich den Schnurrbart abnehmen lassen, und die Ähnlichkeit zwischen dem kurzen gedrungenen Manne mit dem halb verwegenen halb verträumten Gesicht und seinem großen Ahnen war so verblüffend und so groß, daß der staunende Gaffer unwillkürlich auch eine gewisse Ähnlichkeit

Kat. 45 Einweihungsfeier des Denkmals für Franz Liszt
Fotoatelier Louis Held · 31.5.1902

mit Luise auf die lebendigere und schönere junge Großherzogin [Feodora] übertragen mochte. Die Anwesenheit der Herrschaften verschüchterte nirgends. Kleine Pausen in dem bezaubernden Jubel und Trubel des wahren Volksfestes brachten nur eine Aufführung des Jahrmarktsfestes von Plundersweilern und die Haydnsche Kindersymphonie, unter der Leitung keines Geringeren als Peter Raabes« (Goetz 1936, S. 63 f.). AR

Kat. 45 ☐ S. 81
EIN DENKMAL FÜR DAS SILBERNE ZEITALTER

Nach der Errichtung zahlreicher Denkmäler in der zweiten Hälfte des 19. Jahrhunderts, die Weimar als nationalen Erinnerungsort prägten, begann mit der Einweihung des Liszt-Denkmals am 31. Mai 1902 eine zweite Hochphase der Memorialkultur. Entsprechend der Bedeutung von Franz Liszt als eines europaweit gefeierten Pianisten, Komponisten und Dirigenten hatte Großherzog Carl Alexander die obere Etage des Hofgärtnerhauses, in dem Liszt von 1869 bis zu seinem Tod am 1. August 1886 gewohnt und gearbeitet hatte, bereits 1887 zum Museum erklärt. Damit war nach den Dichter-Gedenkstätten von Schiller (1847) und Goethe (1885) eine weitere authentische Wohnstätte in Weimar zum Memorialort erhoben worden. Um Liszts Geltung für die nachklassische kulturelle Blüte Weimars im sogenannten Silbernen Zeitalter zu unterstreichen, sollte außerdem ein Standbild in der Nähe der Hofgärtnerei am Rand des Ilmparks errichtet werden. Als Sieger aus einem deutschlandweiten Wettbewerb ging der junge, in München tätige Bildhauer Hermann Hahn hervor, dessen Entwurf Liszt im priesterlich strengen, hochgeschlossenen Abbé-Gewand zeigt. Die Einweihungsfeier des marmorweißen Standbildes war ein außerordentliches gesellschaftliches Ereignis, an dem neben zahlreichen Liszt-Schülern auch Repräsentanten wichtiger Musik-Institutionen und ausländische Künstler wie Camille Saint-Saëns teilnahmen. Franz Liszt war es darüber hinaus zu verdanken, dass in Weimar 1861 mit dem Allgemeinen Deutschen Musikverein (ADMV) ein national wie international wirkendes Forum geschaffen worden war. GW

Literatur: Rosenbaum 2011.

Kat. 46 ☐ S. 82
EIN LANDESDENKMAL
FÜR GROSSHERZOG CARL ALEXANDER

Nach fast 50-jähriger Regierungszeit starb am 5. Januar 1901 Großherzog Carl Alexander. Breite Kreise waren sich einig, dass zur Erinnerung an den Bewahrer und Erneuerer der Weimarer Kultur ein Landesdenkmal zu errichten sei. Der seit 1905 an der Kunstschule, Abteilung für Bildhauerei und Kunstgießerei, tätige Bildhauer Adolf Brütt wurde mit der Schaffung eines Reiterdenkmals beauftragt. Diese Darstellungsform des Geehrten, beritten und im Militärkostüm,

Kat. 46 Einweihungsfeier des Landesdenkmals für Großherzog Carl Alexander von Sachsen-Weimar-Eisenach · Fotoatelier Louis Held · 24. 6. 1907

Kat. 47 Einweihungsfeier des Kriegerdenkmals auf dem Watzdorfplatz · Fotoatelier Karl Schwier · 12. 5. 1878 · Klassik Stiftung Weimar

galt als Privileg des Herrschers und sollte das Pendant zum bereits vorhandenen Carl-August-Reiterstandbild bilden. Brütt setzte sich als Aufstellort für den Weimarer Karlsplatz (heute Goetheplatz) ein.

Am 24. Juni 1907, dem Geburtstag Carl Alexanders, wurde das Denkmal vor prominentem Publikum und unter großer Anteilnahme der Weimarer Bevölkerung feierlich enthüllt. Der Guss war von der Firma Noack in Friedenau bei Berlin ausgeführt worden. Schlichte Eleganz und Modernität spiegelte auch der polierte Granitsockel, ein Monolith aus dem bayerischen Fichtelgebirge. Carl Alexander war als Regent seines Großherzogtums sowie durch verwandtschaftliche Beziehungen Inhaber höchster militärischer Ränge und Orden gewesen. Zu Lebzeiten zeigte sich der Fürst bei offiziellen Anlässen stets uniformiert. Dennoch stellte ihn Brütt nur in der Interimsuniform als Chef seines Infanterie-Regiments dar, in Halbschuhen und ohne den Federbusch eines Generals. Die Denkmalsfigur trug nur das Eiserne Kreuz der II. Klasse, welches Carl Alexander 1870 für Samariterdienste verliehen bekommen hatte. Sein Denkmal in der Landeshauptstadt war demzufolge eher ein symbolhaftes Porträt des Landesvaters als ›Friedensfürst im Pflichtkleid des Regenten‹. Die preußische Pickelhaube mit aufgelegtem sächsischem Wappen als Helmzier wurde aber von Zeitgenossen vielfach missverstanden und das gesamte Denkmal als vermeintlich unrealistisch und gar militaristisch abgelehnt. AR

Literatur: Rößner 2003.

Kat. 47 □ S. 82
DAS ERSTE KRIEGERDENKMAL IN WEIMAR

Das Weimarer ›Eiserne Regiment‹ hatte sich verlustreich am Deutsch-Französischen Krieg 1870/71 beteiligt. Großherzog Carl Alexander selbst übte sich während des Feldzugs als Samariter. Einem reichsweiten Trend folgend, bekam auch die Garnisonsstadt Weimar im Jahr 1878 ein Kriegserinnerungsmal, nach dem Entwurf von Robert Härtel und gegossen von Howaldt in Braunschweig. Die Bronze stammte von eroberten französischen Geschützrohren. Auf halber Höhe zwischen Bahnhof und Großherzoglichem Museum situiert, am Watzdorfplatz (heute Buchenwaldplatz), an der repräsentativen Sophienstraße (heute Carl-August-Allee), auch als Stadtverschönerung gedacht, bildete das 1946 beseitigte Monument einen künstlerischen Stadtauftakt mit moralisierendem Anspruch sowie einer Bildungs- und Erziehungsfunktion. Der steinerne Unterbau des Denkmals trug auf Votivtafeln (heute an der Gedächtnishalle auf dem Historischen Friedhof angebracht) nur die Namen der Gefallenen in alphabetischer Reihenfolge, darunter auch zwei Regimentskommandeure, sowie einen Kranz mit den Jahreszahlen 1870 und 1871. Eine von Zeitgenossen als schön gepriesene, überlebensgroße Gruppe zweier Soldaten mit erhobener Regimentsfahne bildete den bronzenen Aufsatz des Landesdenkmals. Der ältere Krieger, ein porträtähnliches Abbild eines Weimarer Sergeanten, überlebt die Schlacht, der junge Kämpfer aber fällt; so wird der Krieg auch als tragische Macht des Schicksals dargestellt: Er setzt die natürliche Ordnung außer Kraft, indem er in die Generationenfolge eingreift. Als

Kat. 48 Adolf Brütts *Roland* vor dem Großherzoglichen Museum
Unbekannt · 1910 · Stadtmuseum · Weimar

Vorbild für die klassische pyramidale Komposition des Weimarer Denkmals diente wahrscheinlich die hochhellenistische Doppelgruppe *Weibtötender Gallier* (Rom, Nationalmuseum). Bemerkenswert ist auch der Bezug zu einem bereits vorhanden gewesenen Weimarer Doppeldenkmal für das Dichterpaar Goethe und Schiller. AR

Literatur: Rößner 2003.

Kat. 48 □ S. 83
EIN SCHWERTTRÄGER VOR DEM MUSEUM

Die Fotografie zeigt die Aufstellung einer Kriegerfigur auf einem hohen Sockel vor der nördlichen Rückseite des Großherzoglichen Museums in Weimar. Der Girlandenschmuck deutet darauf hin, dass es sich um den Tag des festlichen Einzugs der frisch verheirateten neuen Großherzogin Feodora am 22. Januar 1910 handelt. Ausgehend von einer Ehrenpforte am Weimarer Hauptbahnhof folgte das großherzogliche Paar in einer Kutsche einem herrschaftlichen Denkmalprozessionsweg, der sich über mehrere Stationen hinzog: vorbei am Watzdorfplatz mit dem Kriegerdenkmal zur Erinnerung an die im Deutsch-Französischen Krieg von 1870/71 Gefallenen des Infanterieregiments Nr. 94, weiter zum 1907 eingeweihten Reiterstandbild Carl Alexanders am Karlsplatz bis zum

Kat. 50 Einweihungsfeier des Wildenbruch-Denkmals · Fotoatelier Louis Held · 5.4.1915

Goethe- und Schiller-Denkmal auf dem Theaterplatz, schließlich über den Wielandplatz mit dem gleichnamigen Dichterdenkmal zum Carl-August-Denkmal am Fürstenplatz vor dem Residenzschloss.

Der 1905 nach Weimar berufene schleswig-holsteinische Bildhauer Adolf Brütt schuf um 1909 die nur temporär aufgestellte Kriegerfigur, die ursprünglich als *Roland* für eine Brunnenanlage in Kiel geplant war. Der athletisch geformte, mit einem sogenannten Nacktschurz bekleidete Krieger, der auch als *Siegfried* bezeichnet wurde, hält in seiner rechten Hand ein Langschwert hoch, das auf bronzezeitliche Vorbilder zurückgeht. Nach dem Scheitern des Brunnenprojekts erfolgte die Aufstellung 1912 als *Schwertträger* auf dem Rathausplatz in Kiel. GW

Literatur: Steckner 1989, Nr. 279, 286; Satjukow 2002, S. 62–64.

Kat. 49 · 50 □ S. 84
DEM NATIONALDICHTER EIN DENKMAL

Als Nachfolger von Adolf Brütt wurde der Berliner Künstler Richard Engelmann im Herbst 1913 als Leiter der Bildhauerabteilung der Kunsthochschule nach Weimar berufen. Mit dieser Einstellung war auch der Auftrag für ein Denkmal zur Erinnerung an den 1909 in Weimar verstorbenen wilhelminischen Nationaldichter Ernst von Wildenbruch verbunden. Im Denkmalkomitee saßen Fritz Mackensen als Direktor der Kunsthochschule, der Stadtbaurat Bruno Heinrich Eelbo, der Stadtrat Lehrmann, der Schriftsteller Ernst Hardt sowie Oberhofmarschall Hugo von Fritsch. Gleich zu Beginn verwarf das Komitee die traditionelle und in Weimar verbreitete Denkmalsformel des Standbildes oder der Porträtbüste mit Attributen. Stattdessen entwickelte man die Idee einer symbolischen Kriegerfigur als Verweis auf die heroischen Inhalte der Dichtungen von Wildenbruch, in dem »die Flamme heiliger Vaterlandsliebe am reinsten brannte, dem der Name Bismarck […] damals schon die Kraft und die Heiligkeit eines deutschen Symbols bedeutete« (WZ, Jg. 161, Nr. 79).

Anhand der erhaltenen Skizzen und des Gipsmodells lässt sich die Genese des Denkmals nachvollziehen. Unter dem Einfluss des Denkmalkomitees formte Engelmann die Gestalt eines ausschreitenden jungen Helden mit gezücktem Schwert zunehmend strenger und kriegerischer aus. Die eigentliche Sprengkraft dieses Werkes liegt jedoch in der Inschrift, die an der Vorderseite des zwei Meter hohen Sockels zu lesen ist: »Ernst von Wildenbruch zur Ehre – Ich kämpfe nicht um anzugreifen, sondern um zu verteidigen«. Es handelt sich um ein Zitat des Dichters Theodor Körner, der in den Befreiungskriegen von 1813 fiel und seither Gegenstand eines wahren patriotischen Denkmalskults war. Auch Wildenbruch hatte eine Hymne auf den ›Sänger und Helden‹ Körner verfasst.

Im November 1914 übersandte die Berliner Gießerei Noack die Bronzeplastik nach Weimar, wo sie wegen des Kriegsausbruchs erst am 5. April 1915 im Poseckschen Garten in einem deutschlandweit beachteten, festlichen Akt enthüllt wurde. Nun wurde Wildenbruch, der sich selbst in Körners ideelle Nachfolge gestellt hatte, im Angesicht eines neuen nationalen Aufbruchs als »Held in einem Volke von Helden« gefeiert (WZ, Jg. 161, Nr. 79). GW

Literatur: Opitz 2000, S. 187–194.

WEIMAR IM UMBRUCH

Die Weimarer Klassik galt im Bildungsbürgertum schlechthin als Verkörperung deutscher Nationalkultur. Der Bahnanschluss seit 1846 sowie der wirtschaftliche Aufschwung nach der Reichseinigung 1871 lieferten die Infrastruktur, um die Hauptstadt des Großherzogtums als Pilgerort noch attraktiver zu machen. Fremdenverkehr, Hotelwesen und Gastronomie ersetzten in der Hof-, Garnisons-, Beamten- und Pensionärsstadt die nur gering entwickelte Industrie als Wirtschaftszweig. Um 1900 vollzog sich der Übergang vom ›Silbernen Zeitalter‹ der Nachklassik zur Moderne, allerdings nicht immer reibungslos. Kulturelle und gesellschaftliche Veränderungen sorgten für Spannungen.

Im Jahr 1908 wurde das Volkshaus eröffnet, ein offener Versammlungs- und Veranstaltungsort, in dem sich Rosa Luxemburg 1912 gegen Rüstungs- und Kolonialpolitik aussprach. Waren bereits seit 1902 Frauen zum Studium an der Großherzoglichen Kunstschule zugelassen, so machte sich besonders der Verein Frauenbildung – Frauenstudium um Selma von Lengefeld für die Emanzipation der Frauen stark.

Weimar wurde innerhalb kurzer Zeit mit einer Straßenbahn, einem Flugplatz und einem Krematorium ausgestattet. Ab 1907 hatte der Holzbauingenieur Otto Hetzer in Weimar einen vorgeleimten Profilträger aus Schichtholz (Hetzer-Binder) entwickelt und sich patentieren lassen, der weltweit zum Einsatz kam. Die Technikbegeisterung des Industriezeitalters wurde auch von Großherzog Wilhelm Ernst gefördert. Körperkultur und Reformbewegung um 1900 machten den Sport populär: In Weimar wurden im Park Tennis und Fußball gespielt, man konnte sich in einem 1912 neu errichteten Ilmbad erfrischen oder auch in Bachs Luftbad der Freikörperkultur frönen. Der Fotograf Louis Held, einer der ersten Bildreporter seiner Zeit, verließ das Atelier, um Personen in ihrem Lebens- oder Arbeitsbereich zu porträtieren. Held drehte frühe Dokumentarfilme, experimentierte mit der Farbfotografie und betrieb die Reform-Lichtspiele. Er kam einem gestiegenen Bedürfnis der Massen nach Information und Unterhaltung entgegen.

Die Stadt breitete sich besonders im Westen und im Süden jahresringartig aus – mit bürgerlichen Villen und repräsentativen Mietshäusern, errichtet in geraden Baufluchten und mit begrünten Innenbereichen. Innerstädtisch gerieten maßstabslose Neubauten von Banken, Geschäfts- und Warenhäusern in Konflikt mit der historischen Bebauung. Die als Reaktion auf diese städtebauliche Veränderung gegründete Ortsgruppe des Bundes Heimatschutz machte sich für eine harmonische Eingliederung von Neubauten stark. Die allgemeine Krise des Historismus mündete auch in Weimar im Jugendstil: Herausragende Bauten von Henry van de Velde wie die Kunstgewerbeschule (1905/06) und die Kunstschule (1904/1911), das Haus Hohe Pappeln (1907), die Villen Dürckheim (1912/13) und Henneberg (1913/14) fanden allerdings hier keine Nachfolge. AR

Kat. 51
LOUIS HELD ALS FOTODOKUMENTARIST SEINER ZEIT

Das vorliegende Fotoalbum stammt aus dem Atelier des Weimarer Hoffotografen und Bildjournalisten Louis Held. Ob das große, querformatige Album in erster Linie zu Präsentationszwecken für Kunden diente oder ob es zur Dokumentation des eigenen Schaffens im internen Ateliergebrauch verblieb, lässt sich nicht eindeutig sagen.
Die aufgeschlagene Doppelseite stellt eine für das reiche bildkünstlerische Schaffen Helds exemplarische Auswahl vor. Vertreten sind momenthafte Aufnahmen aus dem Weimarer Alltag wie Kutschen, welche die Ackerwand entlangfahren, eine Dame beim Geländeritt, aber auch das Porträt eines seinerzeit prominenten Weimarers zu Pferde: des Freiherrn Hugo von Fritsch-Seerhausen, ein erfolgreicher Turnierreiter und Pferdezüchter, der von 1907 bis zum Ende der Monarchie als großherzoglicher Oberhofmarschall amtierte.
Ein weiteres Foto zeigt das Offizierscorps bei einer Parade auf dem Alexanderplatz (heute Beethovenplatz), vergleichbare Aufnahmen, auch von kaiserlichen Paraden in Berlin und Potsdam, verkaufte Held erfolgreich an Zeitungen und Illustrierte.
Bei den unterschiedlichsten öffentlichen und gesellschaftlichen Ereignissen war Held als Bildreporter anwesend: Besonders beliebt bei Privatkunden und Zeitungsverlagen waren seine Fotos von Ballonaufstiegen, wie der des Ballons Thüringen vom April 1909 am alten Weimarer Gaswerk. Die Reportagefotografie brach mit den althergebrachten Usancen der Atelierfotografie und des detailliert komponierten Bildes. Möglich wurde sie erst mit der Entwicklung leichter, transportabler Kameras mit kurzen Verschlusszeiten, wie sie Held ab 1890 besaß und laufend erneuerte; nun erst konnten auch im Außenbereich Momentaufnahmen geschossen werden.
1909 nahm Held mit einer größeren Anzahl von Bildern an der Internationalen Photographischen Ausstellung in Dresden teil, deren feierliche Eröffnung durch den König von Sachsen er dokumentierte. Sie bedeutete einen Meilenstein für die Fotografie der Moderne sowie für deren öffentliche Anerkennung.
Helds von 1880 bis 1927 entstandene Fotografien haben ihn zu *dem* Bildchronisten Weimars zwischen spätem Silbernem Zeitalter und früher Moderne werden lassen. IB

Literatur: Renno 1985.

Kat. 52 □ S. 86 · 53 · 54 · 55 · 56
DIE REFORM-LICHTSPIELE VON LOUIS HELD

Die historischen Spielpläne werben für das Filmprogramm in einem der ersten Weimarer Kinos – den Reform-Lichtspielen, die 1912 von Louis Held gegründet wurden. Diese waren nach Theodor Scherffs Bioskop-Theater, das bereits 1906 in der Marktstraße eröffnet hatte, das zweite Kino der Stadt, während das noch zuvor gegründete Pariser Cinema-Theater am Markt bereits kurz nach seiner Eröffnung abgebrannt war. Nachdem Held in der Anfangsphase die kinematografischen Aufnahmen noch im Großen Saal der Stahl-Arm-

Kat. 52 Louis Helds Reform Licht-Spiele, Programm vom 27.9. bis 3.10.1913

brust-Schützengesellschaft gezeigt hatte, bezogen seine Reform-Lichtspiele Ende 1912 eigens erbaute Räume in der Marienstraße 1, die an sein Fotoatelier anschlossen. Bereits 1919 wurde das Kino baulich erweitert, und 1921 übernahm der Sohn Hans Held deren Leitung, die er bis zur Schließung 1933 innehatte.

Gezeigt wurden in laufend wechselndem Programm neben unterschiedlichsten Fremdproduktionen – so den neuesten Stummfilmen – auch von Louis Held selbst produzierte und gedrehte Filme; schon 1910 hatte er das Unternehmen *Weimar Film* als Schutzmarke gegründet. Mehr als vierzig dieser kurzen Filme haben sich erhalten, in erster Linie reportageartige Ereignisberichte und als »Stimmungsbilder« bezeichnete Landschafts- und Städteaufnahmen.

Die große Bandbreite des Programms ist an den vier ausgewählten Exponaten exemplarisch ablesbar: Stellvertretend für die filmische Avantgarde steht *Der Student von Prag* – ein früher Kunstfilm von Paul Wegener nach der Buchvorlage von Hanns Heinz Ewers, der im Herbst 1913 für einen wahren Kassenschlager in den deutschen Kinos sorgte. Hingegen repräsentiert das aus dem Frühling 1914 stammende Programm für die *Bismarck-Festspiele* die öffentlichkeitswirksame patriotische Beteiligung der Kinos am Bismarck-Kult: Hier soll die Bevölkerung für das Bismarck-Nationaldenkmal auf der Elisenhöhe bei Bingerbrück gewonnen werden. Neben spezifisch nationalen Themen demonstrieren weitere Spielpläne jedoch auch Offenheit für eine Mischung deutscher und französischer Produktionen diverser Genres: Vom höchst aktuellen Thema Zeppelin im deutschen Filmdrama *Amerika-Europa im Luftschiff. Ein Zukunftsbild aus dem Jahre 2000* (1913) über die deutsche Komödie *Don Juan heiratet* (1909) bis zu populären französischen Filmen der Firma Elgé Gaumont, wie *Der Zukunfts-Stadtreisende* und *Der Liebe Zaubermacht* (beide 1913). IB

Literatur: Pöthe 2011, S. 290 ff.; Renno 1985, S. 26 ff., 50 ff.

Kat. 57 · 58 ☐ S. 87 · 59 ☐ S. 87
TECHNIK UND SPORT

Exemplarisch können drei Aufnahmen des Bildreporters und Filmpioniers Louis Held für das enorm gesteigerte Interesse des frühen 20. Jahrhunderts an Mobilität, Geschwindigkeit, Sport und körperlicher Gesundheit stehen. Helds reportagehafte Aufnahme eines Tennismatches entstand an der Weimarer Falkenburg, wo man bereits 1905 mehrere Plätze auf der Hospitalwiese angelegt hatte und wo 1912 der Weimarer Lawn-Tennis-Klub gegründet wurde. Das um 1870 in England erfundene moderne Rasentennis wurde bald auf dem Kontinent in adligen und bürgerlichen Kreisen populär, nicht zuletzt wohl deshalb, weil bei dieser Sportart Damen zugelassen waren. In Weimar lässt es sich bereits um 1880 erstmals nachweisen, wobei es zunächst auf dem Stern im Ilmpark gespielt wurde, was ebenfalls durch Aufnahmen von Held belegt ist. 1917 veranlasste die großherzogliche Verwaltung dann, dass die Tennisplätze zu Kartoffeläckern umgepflügt wurden.

Louis Held war, wie viele seiner Zeitgenossen, Technik-Enthusiast: Zeppeline, Heißluftballons, Flugzeuge, die elektrische Straßenbahn und Automobile faszinierten ihn und wurden zu Motiven seiner Fotos und kurzen Dokumentarfilme. Auch Großherzog Wilhelm Ernst war ein begeisterter Automobilist und erwarb 1904 das erste einer stattlichen Reihe jener höchst kostspieligen Fahrzeuge. Um 1905 entstand Helds Aufnahme der vor dem landesherrlichen Sommersitz Schloss Belvedere bei Weimar aufgereihten Automobile mit ihren stolzen Besitzern, die wohl an einem der bis 1914 veranstalteten Automobilkorsos teilnahmen.

Nicht zuletzt stellt auch das Fahrrad ein Denkmal der Moderne, ein Symbol des neuen Jahrhunderts dar. Es steht sowohl für eine Zeit, die wie nie zuvor unter dem Zeichen der Mobilität zu fassen ist, als auch für die wachsende Begeisterung weiter Bevölkerungsteile für Sport und Freizeitvergnügungen. Helds Gruppenaufnahme von 1905 zeigt die selbstbewusst posierenden Teilnehmer des Weimarer Kongresses der Allgemeinen Radfahrer-Union vor dem Großherzoglichen Museum (heute Neues Museum Weimar). Zur Belebung des Massenporträts tragen neben der unterschiedlichen Kleidung der Radfahrer, wie Vereinskluft, historisierende Kostüme, Uniformen sowie Festtags- und Arbeitskleidung, auch die mitgebrachten ›Standesinsignien‹, ihre Räder und Klubstandarten, bei. IB

Literatur: Renno 1985; Günther 1996, S. 133; Günther/Huschke/Steiner 1998, S. 409 f.; Dietrich/Post 2006, S. 187 ff.

Kat. 58 Tennisspieler an der Falkenburg · Fotoatelier Louis Held · undat.

Kat. 59 Autos vor Schloss Belvedere · Fotoatelier Louis Held · undat.

Kat. 60 Eröffnung des Flugplatzes Weimar · 5.3.1911
Fotoatelier Louis Held

Kat. 60 ☐ S. 88 · 61
EIN FLUGPLATZ FÜR WEIMAR

Früh interessierte man sich im Großherzogtum Sachsen-Weimar-Eisenach für den Flugsport: Bereits 1909 wurde der Verein für Luftverkehr e.V. Weimar, eine Ortsgruppe des im Jahr zuvor gegründeten Sächsisch-Thüringischen Luftschifferverein, mit maßgeblicher Unterstützung des Landesherrn aus der Taufe gehoben. Im März 1911 fand dann ein erster Flugwettbewerb auf der Strecke Gotha–Weimar statt, an dem auch mehrere französische Piloten teilnahmen. Schließlich kam es am 8. Juni 1911 zur feierlichen Einweihung des neuen Weimarer Flugplatzes Neunzig Äcker und zur Eröffnung der Mitteldeutschen Fliegerschule. Schon zuvor hatte man diesen Platz für die Landung von Luftschiffen genutzt: Wie auch an anderen Orten des Deutschen Reichs waren sie große öffentliche Ereignisse, die sich, vergleichbar den bestaunten Starts von Heißluftballons, enormer Beliebtheit bei der örtlichen Bevölkerung erfreuten.

Louis Held war am 8. Juni 1911 vor Ort, fertigte mit seiner transportablen Reisekamera diverse Fotografien an und drehte einen seiner kurzen Dokumentarfilme, die ihn seit 1910 zunehmend beschäftigten. Auf einem der Fotos sind die neu errichteten pavillonartigen Gebäude zu sehen, die zum Aufenthalt von Piloten und Gästen dienten – mit Aussichtsplattform auf dem Dach; daneben reihen sich die Hangars, in denen man die Flugzeuge unterstellte. Die versammelte Menschenmenge scheint sich nicht zuletzt für die großherzogliche Familie zu interessieren, die in Automobilen zur Eröffnung vorgefahren ist. Auch in den folgenden Jahren zogen regelmäßig stattfindende Flugtage zahlreiche Schaulustige an. Die auf einem weiteren Foto dokumentierte Montage eines Doppeldeckers unter freiem Himmel muss ebenfalls ein spektakuläres Ereignis für die Besucher gewesen sein.

Schon ab 1913 verdrängten zunehmend militärische Interessen die rein sportliche Nutzung des Flugplatzes. Besondere strategische Bedeutung erlangte der Webicht-Flugplatz dann während der Zeit, als die Deutsche Nationalversammlung in Weimar tagte: So wird im Februar 1919 die erste zivile Luftverkehrslinie Deutschlands zwischen Berlin und Weimar in Betrieb genommen. IB

Literatur: Günther 1996, S. 132, 137; Günther/Huschke/Steiner 1998, S. 120, 410; Dietrich/Post 2006, S. 166, 277.

Kat. 62 ☐ S. 89
FLUGSPORT

Auf Anregung des 1909 in Weimar gegründeten Vereins für Luftverkehr e.V. wurde im Jahr 1910 auf einem Flurstück beim Webicht, entlang der Jenaer Straße ein Luftschifflandeplatz eingerichtet, der schon bald von Flugzeugen genutzt wurde. Es entstanden Flugzeughallen in Holzbauweise mit den innovativen ›Hetzer-Bindern‹, einem Weimarer Patent für gebogene und verleimte Brettschichtträger aus Lamellen. Daneben wurde außerdem ein Hotel eröffnet. Der Filmpionier Louis Held hat die feierliche Eröffnung in Anwesenheit des technikbegeisterten Großherzogs Wilhelm Ernst festgehalten. Im Ersten Weltkrieg erfolgte eine militärische Nutzung zur Ausbildung von Fliegern. Anlässlich der verfassunggebenden Deutschen Nationalversammlung in Weimar wurde der Flughafen ab dem 6. Februar 1919 regelmäßig von der ersten zivilen Luftverkehrslinie Deutschlands Berlin-Johannisthal–Leipzig–Weimar-Webicht angeflogen. Die von Gottlieb Elster entworfene und vermutlich an der Kunstschule in Weimar gegossene Plakette wurde als Preis bei Flugwettbewerben bis 1918 vergeben, worauf auch die dargestellten Lorbeerzweige hinweisen. Das Signet kombiniert das Wappen des Großherzogtums mit Flügeln und einem Anker als Symbol für den Flughafen. AR

Kat. 62 Gottlieb Elster · Großherzog Wilhelm Ernst, Protektor des Flugplatzes Weimar · 1915 · Privatbesitz

Kat. 63 W. Bach's Luftbad und Abstinenz-Restaurant Unbekannt · nach 1903 · Privatbesitz

Kat. 63 ☐ S. 89

LUFT- UND LICHTBAD OBERWEIMAR

Karl Louis Wolfgang Bach betrieb seit 1886 erfolgreich ein Antiquariat in Weimar und besaß gute Kontakte zu den Verwaltern der kulturellen Einrichtungen im Großherzogtum und den anderen thüringischen Staaten, für die er Kunstwerke, Bücher und Schriftstücke beschaffte. 1904 ließ er für sich und seine Familie in beschaulicher Lage in Oberweimar eine Villa errichten. Das Gebäude mit dem mehr als 2000 Quadratmeter großen Anwesen diente allerdings nicht nur als Wohnraum: Zusammen mit seiner Ehefrau Anna-Maria betrieb der Vegetarier hier W. Bach's Luftbad u. Abstinenz-Restaurant. Bach entsagte nicht nur dem Fleisch, sondern trank auch keinen Alkohol und rauchte nicht, wenngleich er diese Lebensweise nicht streng einhielt. Das Luftbad bot für 25 Pfennig einen Zufluchtsort im Freien, die Möglichkeit zum Sonnenbaden und zur körperlichen Ertüchtigung – im Gegensatz zu der von vielen als einengend wahrgenommenen Atmosphäre in der Stadt. Das seit der Jahrhundertwende von der Jugendbewegung idealisierte Bild des jugendlichen, sportlichen und gebräunten Körpers war ebenso ein Grund für die Entstehung von derlei Einrichtungen. Zu den zahlreichen Gästen in Weimar gehörten unter anderem der berühmte Wanderprediger Gustav Nagel und der Maler Sascha Schneider. Möglich, dass Schneider sich auch von Bachs Sportanlagen inspirieren ließ, als er 1919 in Dresden sein Sportstudio, das Kraft-Kunst-Institut, eröffnete. Außer an Sonn- und Feiertagen war das Luftbad zwischen 14 und 16 Uhr exklusiv für Frauen geöffnet. Zu den weiblichen Gästen zählte auch die Schauspielerin Lil Dagover. Mit dem Kriegsausbruch 1914 schloss W. Bach's Luftbad und Abstinenz-Restaurant. MS

Literatur: Weber 1997.

Kat. 64 · 65 ☐ S. 90

DER BUND HEIMATSCHUTZ

Am 19. Mai 1906 bildete sich in Weimar die Ortsgruppe des Bundes Heimatschutz. Zum 1. Vorsitzenden wurde der Kustode des Schillerhauses, Eduard Scheidemantel, zu seinem Vertreter der Musiker und Kurator des Franz Liszt-Museums Aloys Obrist gewählt. Beisitzer wurden der Architekt und Regierungsbaurat Bruno Eelbo sowie der Maler und Direktor der Weimarer Kunstschule Hans Olde; der Stadtbaurat Vogel übernahm die Schriftführung. Langjähriges Mitglied war darüber hinaus Adolf Bartels, Initiator der Heimatkunstbewegung, die gewissermaßen das literarische Pendant zum Bund Heimatschutz darstellte. Schon im Jahr zuvor begannen die Aktivitäten zur Konstituierung eines Vereins zur Erhaltung und Pflege des Weimarer Stadtbildes. An der Gründungssitzung im Hotel Elephant nahm auch Hermann Muthesius teil, auf dessen Initiative 1907 der Deutsche Werkbund entstand. Und nicht zuletzt war Paul Schultze-Naumburg anwesend, der bei der Gründung des Bundes Heimatschutz in Dresden 1904 die Leitung der neuen Vereinigung übernommen hatte.

Dresden entwickelte sich in der Dekade nach 1900 im Umkreis des von Ferdinand Avenarius herausgegebenen *Kunstwarts* und des Dürerbundes zu einem Mittelpunkt der Aktivitäten konservativ gestimmter Kulturreformer. Nachdem Schultze-Naumburg zum Professor an die Großherzogliche Kunsthochschule Weimar berufen worden war, schaltete er sich auch in die Debatten der Residenzstadt ein. Bekannt wurde er durch eine Serie von Artikeln im *Kunstwart*, die auf seine schließlich achtbändige Publikationsreihe *Kulturarbeiten* (1904–1917) hinführte. Hierin entwickelt Schultze-Naumburg exemplarisch seine Vorstellungen von zeitgerechter Architektur, Städtebau und Landschaftsschutz: Er stellt Abbildungen von historischen, teils auch modernen Ausformungen, die er für vorbildlich ansah, negativ bewerteten

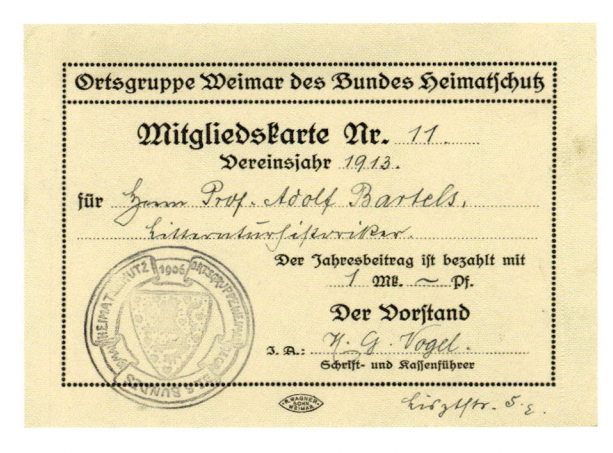

Kat. 65 Mitgliedskarte Ortsgruppe Weimar des Bundes Heimatschutz für Adolf Bartels · 1912 · Klassik Stiftung Weimar

Kat. 68 Unbekannt · Goethes Gartenmauer. In: Ulk, 4. 12. 1903
Thüringisches Hauptstaatsarchiv Weimar

gegenwärtigen Gestaltungen gegenüber. Die qualitätsvoll bebilderten Ausgaben, die bald zu Hausbüchern des deutschen Bildungsbürgertums avancierten, können wie Illustrationen der grundsätzlich regressiven und modernitätskritischen Haltung der Heimatschutzbewegung betrachtet werden. Seine auf Alt-Weimar bezogenen Vorstellungen trug Schultze-Naumburg im Rahmen einer bildrhetorisch modern aufbereiteten Vortragsveranstaltung mit Lichtbildern in der Gaststätte Erholung am 27. April 1907 vor. GDU

Literatur: Borrmann 1989, S. 61–66.

Kat. 66 · 67 · 68 ☐ S. 90

DER STREIT UM GOETHES GARTENMAUER

In den Schriften Paul Schultze-Naumburgs liefert die Stadt Goethes immer wieder historische Vorlagen für seine Vorstellung von vorbildlicher gegenwärtiger Architektur und Gartengestaltung. In den Jahren nach 1900 vertrat er damit eine der konservativen Positionen der Reformarchitektur zur Überwindung des Historismus, die im 1907 gegründeten Deutschen Werkbund ihr Forum fanden. Bei der Suche nach einem ›Leitstil‹ für die neue deutsche Architektur erschienen nicht nur ihm der Klassizismus und das Biedermeier der Goethezeit als geeignete Orientierung, wie die vielbeachtete Schrift *Um 1800* von Paul Mebes zeigt. Vor diesem Hintergrund sind die Rückgriffe auf Beispiele dieser Epoche zu verstehen, die Schultze-Naumburg in seiner Reihe *Kulturarbeiten* zu historischen Zeugen machte. Die Bände richteten sich volkspädagogisch an ein breites Publikum und unterstützten das Angebot zur gestalterischen Beratung von Bauherren durch die Ortsgruppen des Bundes Heimatschutz. Schultze-Naumburgs 1908 erschienene Schrift *Die Entstellung unseres Landes* bot gewissermaßen die Quintessenz seiner publizistischen Kampagne.

Die Gestaltung des Tors zu Goethes Gartenhaus im Ilmpark bildet er hierin einmal mehr als vorbildliche Lösung für eine solche Bauaufgabe ab. Ebenso bemüht er die steinerne Gartenmauer an Goethes Wohnhaus mit dem Pavillon an der Ackerwand erneut als positives Beispiel. Im Jahr 1903 hatten Weimarer Bürger eine heftige Kontroverse ausgelöst, als sie den Abriss der Mauer vorschlugen, um eine Öffnung des Goetheschen Gartens hin zum Stadtraum zu erzielen. Auch Schultze-Naumburg sah darin eine pietätlose Verunstaltung Alt-Weimars. Der Streit fand in der Presse reichsweit Widerhall, zumal Henry van de Velde den Aufruf zum Abriss der Gartenmauer zugunsten eines offenen Gitterzauns unterzeichnet hatte und dadurch die nationalistisch gefärbte Polemik gegen seine Bauprojekte verschärfte. Großherzog Wilhelm Ernst entschied am Ende für den Erhalt der Mauer. GDU

Literatur: Borrmann 1989, S. 27–58; Hofer 2005; Neumann 2013; Wahl 2008.

Kat. 69

DIE ERHALTUNG VON ALT-WEIMAR

Der zur Erneuerung der Weimarer Kultur im Jahr 1854 auf der Altenburg gegründete Neu-Weimar-Verein um den Komponisten Franz Liszt und den Dichter Hoffmann von Fallersleben bezeichnete seine Gegner als Alt-Weimar, weil dessen Anhänger unbeirrbar an den Traditionen des Klassischen Weimar festhielten und sich gegen eine moderne Fortschreibung stellten. In der zweiten Hälfte des 19. Jahrhunderts erschienen vermehrt Erinnerungsschriften, die die Goethezeit zur guten alten Zeit, zu Alt-Weimar verklärten. Nachdem die Stadt in ihrem mittelalterlichen Weichbild lange wie eingekapselt schien, begann Weimar ab 1900 durch Zuzug an vielen Stellen zugleich umso rascher zu wachsen. Mit der Entstehung neuer Villenviertel änderte sich der Blick auf den

Stadtkern, der nunmehr als Altstadt erschien. Damit wurde Alt-Weimar zu einem Begriff, der sich nicht mehr allein auf die vergangene Goethezeit, sondern auch auf deren noch bestehende architektonische Zeugnisse bezog.

Unter dem Einfluss der aufkommenden Heimatschutzbewegung entbrannte ab 1905 eine leidenschaftliche Diskussion, wie Alt-Weimars weiterer ›baulicher Zerstörung‹ und ›moderner Entstellung‹ Einhalt zu gebieten sei. Es mehrten sich die Stimmen, die Maßnahmen zum Schutz des Bildes der klassischen Zeit forderten. Dieser Architekturstreit um Alt-Weimar hatte seine Entsprechung in der zeitgleichen Kunstdebatte um das Neue Weimar, wie es Henry van de Velde seit 1902 anstrebte.

In der aufstrebenden lebensreformerisch orientierten Kunstzeitschrift *Der Kunstwart* schaltete sich im Mai-Heft 1906 mit Wilhelm Bode ein Mann ein, der seit 1899 in Weimar lebte, über Goethe und seinen Kreis schon eine Reihe erfolgreicher Bücher verfasst hatte und sich als Chronist von Alt-Weimar verstand. Bode räumte ein, keine Lösung anbieten zu können, wollte jedoch offensichtlich die hitzig geführte Debatte versachlichen, indem er einige Extrempositionen zurückwies. Weder dürfe Weimar eine »Metamorphose zur modernen Durchschnittsstadt« erleiden noch könne es als ein »großes Freiluft-Museum« (Bode 1906, S. 174) konserviert werden. JR

Literatur: Riederer 2012; Rößner 1999; Steckner 2003; StadtAW, NA II-2-314, Bd. 3.

Kat. 70 ☐ S. 91 · 71 · 72 ☐ S. 91

SELMA VON LENGEFELD – EINE FRAUENRECHTLERIN

Selma von Lengefeld wurde am 8. Juli 1863 in Pyritz/Pommern als Tochter eines preußischen Offiziers geboren. 1882 legte sie das Lehrerinnenexamen für mittlere und höhere Mädchenschulen in Wiesbaden ab, wo die Familie seit der letzten Versetzung und Pensionierung des Vaters lebte. Danach arbeitete von Lengefeld mehrere Jahre als Privatlehrerin im Ausland, vor allem in Großbritannien. In dieser Zeit beschäftigte sie sich mit Sprachen, Geschichte, Literatur, Musik und Malerei, um sich auf ihre akademische Laufbahn vorzubereiten. 1895 erwarb sie an der schottischen Elitehochschule University of St. Andrews den Titel Lady Literate in Arts. Anschließend setzte sie ihre Studien an der Universität Zürich fort, da allein die Schweiz uneingeschränkte Studienmöglichkeiten für Frauen bot. Im Mai 1900 promovierte sie in Zürich mit magna cum laude.

Kurzzeitig arbeitete sie im Staatsarchiv in Wiesbaden, bewarb sich aber schon 1901 beim Großherzoglich Sächsischen Geheimen Hauptstaatsarchiv Weimar. Trotz eines Briefes an Großherzog Carl Alexander, in dem sie auf ihre Verwandtschaft zu Schiller verwies, wurde sie abgewiesen, weil sie eine Frau war. Dennoch zog sie 1901 gemeinsam mit ihrer Lebensgefährtin Mathilde Wagner nach Weimar und engagierte sich besonders für die Frauenbewegung. Unter anderem war sie seit 1906 Vorsitzende der Weimarer Abteilung des Vereins Frauenbildung – Frauenstudium und hielt die beliebten *Kurse aus dem Gebiet der Frauenbildung* ab. Ihr Engagement ging weit über die Grenzen des Großherzogtums hinaus: Sie war unter anderem von 1908 bis 1910 Redakteurin der reichsweit erscheinenden *Mitteilungen*, der Beilage des *Centralblatts* des Bundes deutscher Frauenvereine. Anschließend war sie Mitglied im Hauptvorstand des Vereins Frauenbildung – Frauenstudium. Sie besuchte Veranstaltungen in ganz Deutschland und knüpfte Kontakte innerhalb der Frauenbewegung. Politisch engagierte sie sich vor 1914 zudem für die Nationalliberale Partei. MS

Kat. 70 Porträt Selma von Lengefeld · Atelier J. B. Schäfer · nach 1900
Thüringisches Staatsarchiv Rudolstadt

Kat. 72 Lady Literate in Arts-Schärpe für Selma von Lengefeld · 1895
Thüringisches Staatsarchiv Rudolstadt

Kat. 75 Lida Gustava Heymann · Gleiches Recht, Frauenstimmrecht
1907 · Klassik Stiftung Weimar

Kat. 78 Max Neid · Porträt August Baudert · 1902
Stadtmuseum, Weimar

Kat. 73 · 74 · 75 ☐ S. 92 · 76
DER VEREIN FRAUENBILDUNG–FRAUENSTUDIUM

Die Weimarer Ortsgruppe des Vereins Frauenbildung–Frauenstudium veranstaltete seit ihrer Gründung im Jahr 1900 zahlreiche Vorträge, zu denen, wie ein zeitgenössischer Beobachter bemerkte, Hunderte von Damen, Jung und Alt, gepilgert seien. Einen besonderen Anziehungspunkt bildeten im Sommer 1906 die *Kurse aus dem Gebiet der Frauenbildung*, eine öffentliche Vortragsreihe von Selma von Lengefeld über *Die Beteiligung deutscher Frauen an dem politischen, sozialen, religiösen und geistigen Leben ihrer Zeit*. Als erste deutsche Frau, die Archivkunde studiert und 1900 an der Universität Zürich in Geschichte promoviert hatte, besaß Lengefeld das Rüstzeug, auf wissenschaftlicher Grundlage über Herrscherinnen, Dichterinnen und weibliche Gelehrte von der Antike bis ins 19. Jahrhundert vorzutragen. Zu ihrem großen Publikum zählten nachweislich Damen und Herren.

Eher dem gemäßigt-konservativen Flügel der Frauenbewegung angehörend, engagierte sich Lengefeld dennoch als eine der aktivsten Vorkämpferinnen für das Frauenwahlrecht in Thüringen. Im Namen verschiedener Frauenvereine sandte sie Petitionen an den Landtag des Großherzogtums Sachsen-Weimar-Eisenach, in denen sie forderte, Frauen zunächst für die passive, später auch aktive Gemeindewahl zuzulassen und perspektivisch natürlich auch für Landtags- und Reichstagswahlen.

Dafür kämpfte sie Seite an Seite mit einer der bekanntesten Führerinnen der bürgerlichen Frauenbewegung, Gertrud Bäumer, die durch eine Promotion über den jungen Goethe mit Weimar verbunden war. Bäumer reagierte 1904 mit einer eigenen Schrift auf neue Entwicklungen innerhalb der Frauenbewegung, die seit 1900 in einen gemäßigten und einen zunehmend radikaleren Flügel, zu dem auch Lida Gustava Heymann gehörte, zu zerfallen drohte. Einer neuen Generation junger Feministinnen ging es weniger um die Gleichwertigkeit von Frau und Mann als ›Menschen‹, als um ihren Eigenwert als Frau, um das Bewusstwerden ihres »Weibseins« (Heymann 1907 o. S.). Bäumer versuchte in ihrer Abhandlung, beide Strömungen miteinander auszusöhnen. So schlug sie unter anderem vor, in der Gewährung gleicher Menschenrechte für Frauen eine formale Voraussetzung dafür zu sehen, »um das Wesen der Frau innerlich zu entwickeln und zu erweitern und um ihr äusserlich Spielraum zur vollen Mitarbeit an der Kultur zu geben« (Bäumer 1904, S. 44). Wie die Mentorin des älteren liberalen Feminismus Helene Lange, mit der Bäumer zusammenlebte, empfahl auch sie, in jedem Fall am Kampf für ein gleiches und volles Frauen-Wahlrecht festzuhalten. JR

Literatur: Boblenz 2003; Riederer 2010; Schaser 2000.

Kat. 77 ☐ S. 93 · 78 ☐ S. 92 · 79 · 80
AUGUST BAUDERT UND DAS VOLKSHAUS IN WEIMAR

In den Jahren um 1900 erreichte die Industrialisierung auch die Residenzstadt Weimar. Der Anteil der Arbeiterbevölkerung stieg auf etwa ein Drittel der Einwohnerzahl an. Damit verlagerte nun die Arbeiterbewegung ihren Schwerpunkt nach Weimar, der lange Zeit in der nahen Textilarbeiterstadt Apolda gelegen hatte. Seit 1898 wurde der Reichstagswahlkreis Weimar I, zu dem Weimar und seine Umgebung gehörten, von dem Strumpfwirkermeister Friedrich August Baudert vertreten. Baudert, der seit 1906 in Weimar wohnte, wurde hauptamtlicher Parteisekretär der Weimarer SPD. Unter seiner Leitung nahm die Partei einen beträchtlichen

Kat. 77 Großer Saal im Weimarer Volkshaus · Unbekannt · 1911 · Stadtmuseum, Weimar

Aufschwung. Schon 1907 zählte der SPD-Wahlkreisverein 500 Mitglieder, und etwa 1100 Arbeiter gehörten den freien Gewerkschaften an. Damit wurde auch das Erfordernis eines eigenen Vereins- und Versammlungshauses immer offensichtlicher. Die Stadtverwaltung gewährte für diesen Zweck jedoch keine Kredite, und die Tätigkeit der SPD sowie der ihr nahestehenden Vereine wurde durch behördliche Schikanen und die häufige Weigerung von Gastwirten, Räume zur Verfügung zu stellen, massiv behindert.

Nach vergeblichen Anläufen in den Jahren zuvor beschloss der Weimarer SPD-Vorstand 1906 die Errichtung eines Volkshauses. Erst ein erfolgreicher Einspruch beim Weimarer Landgericht ermöglichte am 23. August 1906 die zunächst verweigerte Eintragung der Volkshaus-Gesellschaft in das Genossenschaftsregister. Die Finanzierung erfolgte durch eine Vielzahl von Anteilsscheinen (Bausteinen) auf niedrig laufenden Beiträgen sowie durch die Weimarer Feldschlösschen-Brauerei, die im Gegenzug die Lizenz für den Bierverkauf im künftigen Volkshaus-Restaurant erhielt. Der Architekt Bruno Röhr entwarf das im Norden der Stadt (heute Friedrich-Ebert-Straße 8) gelegene Gebäude in einem modernen, sachlichen Stil. Am 26. April 1908 wurde das Haus eingeweiht, und wenige Tage später konnte die Weimarer SPD hier erstmals den 1. Mai feiern. Das Volkshaus stand allen Nutzern unabhängig von ihrer politischen Richtung offen und bot vielen Vereinen, Veranstaltungen und kulturellen Bestrebungen der Weimarer für mehr als ein Jahrhundert eine Heimstatt. GM

Kat. 81
ARBEITERBILDUNG IM VOLKSHAUS

Neben den politischen Aktivitäten der Sozialdemokratischen Partei und dem Kampf der Freien Gewerkschaften um bessere Arbeitsbedingungen und angemessene Löhne, bemühte sich die sozialistische Arbeiterbewegung Weimars auch um ein breites Bildungsangebot. »Mit jedem Grad höherer Bildung, die sich der Arbeiter aneignet, macht er sich von der Knechtschaft frei. Es ist daher die Aufgabe der politischen wie gewerkschaftlichen Organisationen, die Bildungsbestrebungen zu pflegen« (WV Jg.1, Nr. 1, 2. Beilage). Ungemein rege organisierte der SPD-Wahlverein Kurse und Vortragsreihen, um die Weimarer Arbeiterschaft über das aktuelle Zeitgeschehen und über Streitfragen aufzuklären und Kenntnisse auf allen Gebieten der Wissenschaft und Kultur zu vermitteln. Ungeachtet der obstinaten Klassenkampfrhetorik ihrer Parteipresse, die vor allem in Wahlkampfzeiten ihre Höhepunkte erreichte, zeigten sich die Weimarer Sozialdemokraten stets bestrebt, auch das literarische und künstlerische Erbe ihrer Heimatstadt zu pflegen. Der Arbeiterbildungs-Ausschuss Weimar, der seinen Sitz seit 1908 im Weimarer Volkshaus hatte, veranstaltete Dichterabende und Feiern zu Künstlerjubiläen. Beispiele dafür sind die Festveranstaltung zum 150. Geburtstag Friedrich Schillers am 10. November 1909, zu der SPD-Parteisekretär August Baudert einen Festvortrag hielt, ein Abend zu Detlev von Liliencron am 9. Oktober 1911 und die Feier zum 100. Geburtstag des Komponisten Franz Liszt am 22. Oktober 1911, die gemeinsam mit dem ebenfalls im Volkshaus beheimateten weimarischen Freundschaft-Sängerbund ausgerichtet wurde. GM

JUSTUS H. ULBRICHT

Der ›Geist von Weimar‹ – Ausdruck ›deutscher Größe‹

Ilm-Athens Kultur zwischen Nationalismus und Kosmopolitismus

»Jeder hat noch in den Alten gefunden,
was er brauchte oder wünschte, vorzüglich sich selbst.«
Friedrich Schlegel

Die Wiederkehr der Götter

Im August 1914 kam es zur poetischen Mobilmachung deutscher Schriftsteller, Künstler, Intellektueller – und tausender Laienautoren. Allein im ersten Kriegsmonat sollen 1,5 Millionen Gedichte verfasst worden sein, bis zum März 1915 waren es wohl weit über drei Millionen. Das Deutsche Bücherverzeichnis listet allein für 1914 insgesamt 235 selbstständige Anthologien von Kriegslyrik auf; mehrere Hundert wurden es – allerdings mit abnehmender Erscheinungsfrequenz – bis Kriegsende. Berühmt-berüchtigt in dieser Flut gedruckter patriotischer Begeisterung wurde der *Haßgesang gegen England*, den der deutschjüdische Schriftsteller Ernst Lissauer am 24. August 1914 verfasste.

Heute dürfte die Aggressivität des Poems befremden; die Zeitgenossen staunten eher darüber, dass hier ein hoffnungsvoller Vertreter moderner Lyrik, ein Kritiker und Förderer der Avantgarde und ein Kenner der jüngeren europäischen Literatur, kein Blatt vor den plötzlich englandfeindlichen Mund nahm. Lissauer zählte seit 1910 zu den engsten literarischen Beratern des Jenaer Verlegers Eugen Diederichs, der sich und seine Autoren ähnlich wie Lissauer zwischen Tradition und Moderne zu verorten suchte. Doch schon an der nationalen Reminiszenz der Befreiungskriege hatte sich Lissauer 1913 mit dem Bändchen *1813. Ein Cyklus* beteiligt, das den Geist und die Geister des Kampfes gegen Napoleon beschwor.

Im Jahr der Schlachten bei Verdun und an der Somme folgte die Sammlung *Der brennende Tag*, der auch das Gedicht *Führer* vom 3. September 1914 enthielt. Dort werden Luther, Bach, Kant, Schiller, Beethoven, Goethe, Bismarck – neben Dürer, Arndt, Hebbel, Peter Vischer, Kleist und Freiherr vom Stein als nationale Nothelfer angerufen: »Rings über Deutschland stehn sie auf hoher Wacht | Generalstab der Geister, mitwaltend über der Schlacht«.[1]

Die wichtigsten Mitglieder dieses Generalstabs stammten aus der geografischen ›Mitte Deutschlands‹ und gehörten zum Kernbestand geistiger Führerfiguren, die im Laufe des 19. Jahrhunderts von ihren gebildeten Verehrern ideell miteinander verbunden wurden. Die Reihe von Luther über Schiller und Goethe zu Bismarck war im geistigen Kosmos des deutschen Bildungsbürgertums fest etabliert,[2] Komponisten wie Bach, Beethoven und Richard Wagner konnte man problemlos hinzufügen. Kant war auf seine Pflichtethik reduziert und somit auch legitimiert. Dem alsbald einsetzenden Kult um die Befreiungskriege verdankt sich in Lissauers Gedicht auch die Anwesenheit von Kleist und Arndt. Dürer sowie dessen Nürnberger Rats- und Künstlerkollege Vischer standen für die vermeintlich ›echte deutsche Kunst‹ der ›deutschen Renaissance‹, wobei Lissauers Gedicht den Wunsch vieler Intellektueller nach einer kulturellen Wiedergeburt auch für die Gegenwart aufgreift.[3] Der Freiherr vom Stein vertrat das preußische Reformprojekt, das im borussianischen Geschichtsbild als Voraussetzung des nationalen Wiederaufstiegs ganz Deutschlands längst kanonisiert war. – Diese nationale Ahnenreihe war im Übrigen ausschließlich protestantisch und damit Ausdruck wie Spiegelbild der dominanten konfessionellen Orientierung deutscher Bildungsbürger.

Der lange Weg nach Deutschland …

Ein kulturell fundiertes Nationsbewusstsein hatte sich ansatzweise bereits Mitte des 18. Jahrhunderts im zu Ende gehenden Alten Reich ausgebildet. Auch dieser frühe Patriotismus kannte seine (kulturellen) Gegner, blieb aber aufklärerischen und kosmopolitischen Überzeugungen eng verbunden. Die Französische Revolution, deren terroristische Wendung, die Revolutionskriege, vor allem aber die Expansionspolitik Napoleons I. führten zur weiteren Entfaltung des deutschen Nationalbewusstseins; radikalisierten dessen Auto- und Heterostereotypen und ließen den Wunsch nach einem einheitlichen politischen Gemeinwesen stärker werden. Begleitet wurde dieser mehrfach unterbrochene und verzögerte Prozess der deutschen Nationsbildung von der intellektuellen Systematisierung kultureller Erbe- und Wissensbestände, einer Form der »Invention of Tradition«[4] – dem Selbstentwurf der Deutschen als Kulturnation.

Mit der Verehrung der Weimarer Klassik und ihrer geistigen Repräsentanten hatte auch das antike Erbe Roms, vor allem aber dasjenige Athens einen zentralen Platz im kulturellen Selbstverständnis deutscher Bildungsschichten eingenommen. Um 1800 konnten sich deutsche Bildungsbürger als ›Hellenen der Neuzeit‹ inszenieren und dabei auf Goethes Diktum in *Antik und Modern* rekurrieren: »Jeder sei auf seine Art ein Grieche! Aber er sei's«.[5] Diese Adaption eines für antikisch erklärten Menschen- und Bildungsideals prägte die gesamte Bildungsgeschichte des 19. und 20. Jahrhunderts und sorgte für die weitere symbolische Aufladung der Region um Weimar-Jena mit kulturellen Mythen von hoher Strahlkraft. Vor dem Hintergrund dieser nationalen Antike-Rezeption wird verständlich, warum Eugen Diederichs im Jahr 1920 schreiben konnte: »Jena ist der Mittelpunkt der Welt. Denn der Mittelpunkt der Weltteile ist Europa, der Mittelpunkt Europas ist Deutschland. In der Mitte von Ost und West, von Nord und Süd liegt aber Jena. Jena ist aber auch eine Stadt, die einstmals in Griechenland lag«.[6] Sowohl Jenas Beiname »Saal-Athen«, der schon im 18. Jahrhundert geprägt wurde, als auch derjenige Weimars – bereits in den 1830er-Jahren war »Ilm-Athen« ein Synonym für die Klassikerstadt – sind nur nachvollziehbar mit Blick auf die Geschichte solcher Deutungsmuster.

Letztlich war auch der Weimarer ›Musenhof‹ als Legende einer gelungenen Symbiose von »Geist und Macht«[7] eng an das Konzept der deutschen Kultur und der deutschen Nation gekoppelt. Somit rückten bereits zur Mitte des 19. Jahrhunderts die klassische Epoche der deutschen Literatur und das Klassische Weimar in den Kernbereich der nationalen Identitätsdiskurse. Man betrieb »Nation[s]bildung auf literaturgeschichtlicher Grundlage«.[8]

In der Folge meinten nun die einen, so etwa Georg Gottfried Gervinus Mitte der 1840er-Jahre, dass die literarische Geschichte Deutschlands vollendet sei in der jüngsten Blüte der deutschen Literatur und Philosophie – Weimarer Klassik, Jenaer Romantik, Deutscher Idealismus – und dass es nun darum gehe, ins Stadium der politischen Geschichte der Nation einzutreten. Andere behaupteten, dass die eigentliche Geschichte der Deutschen sowieso nur in ihrer Literatur und Kunst liege. Beide Deutungen argumentierten mit einem Blütezeiten- und Kontinuitätsmodell, nach dem sich eine genuin deutsche Literatur erstmalig im Nibelungenlied gezeigt, im Minnesang ihre erste große Blüte und in der Weimarer Klassik ihre höchste Vollendung gefunden habe. In der Zeit zwischen mittelhochdeutschem Minnesang, den man gegen Ende des 19. Jahrhunderts als ›Staufische Klassik‹ bezeichnete, und der zweiten absoluten Glanzperiode, dem ›Zeitalter Goethes‹, lag die Reformation. Deren bedeutendste Ereignis- und

Erinnerungsorte lagen inmitten der Kulturnation, in Eisleben, in Wittenberg und auf der Wartburg. Als Friedrich Lienhard, um 1900 Anhänger und Mitbegründer des Neuidealismus,[9] mitten im Ersten Weltkrieg eine kleine deutsche Literaturgeschichte unter die drei ›W‹ – Wartburg, Wittenberg, Weimar – stellte, schrieb er eine Denktradition fort, die längst popularisiert und verfestigt war.[10]

Nicht nur das erwähnte Blütezeiten-Modell oder die Hochschätzung des reformatorischen Erbes, sondern auch die zeitgenössische Verehrung des deutschen Hochmittelalters fanden in der Region hunderte konkreter Anknüpfungspunkte – die Burgen, Dome und kleinstädtischen Architekturensembles aus Mittelalter und Renaissance. Der Harz wurde alsbald zur ›Faustlandschaft‹ und die Wartburg zur nationalen Ikone der deutschen Burgenlandschaft stilisiert. In Naumburg traf man auf Uta und die übrigen Stifterfiguren des Domes, die als Prototypen des ›deutschen Menschen‹ galten und in denen sich auch Deutsche zu Beginn des 20. Jahrhunderts gern wiedererkannten.

Spätestens seit den 1870er-Jahren galt demnach Thüringen als ›Herz deutscher Kultur‹ und zugleich als ›grünes Herz‹ der Nation mit regenerativer Qualität für traditionsbegeisterte oder schlicht Erholung suchende Zeitgenossen, als Jungborn und Hort der nationalen Identität.[11] Solchen Konzepten war zumeist eine deutlich modernitäts- und kulturkritische Position eingeschrieben. Weimar und ›Deutschlands Mitte‹ fungierten als idealer Gegenpol zu Berlin und allem zum ›industriellen‹ und ›großstädtischen Wesen‹.

Mit Gera und Jena entstanden gegen Ende des 19. Jahrhunderts bedeutende Industriestädte, deren ökonomischer und kultureller Einfluss auf die ›klassische Nachbarschaft‹ beträchtlich war. Interessanterweise waren es gerade diese beiden Städte – neben der preußischen Verwaltungs- und Handelsstadt Erfurt –, in denen ein modernes, liberales Bürgertum versuchte, den Brückenschlag zwischen der ehrwürdigen Überlieferung und neuen kulturellen Ideen und Projekten zu ermöglichen.[12] Aber auch eher konservative Bürger und einzelne gekrönte Häupter in Deutschlands Mitte hatten verstanden, dass – so ein späteres Wort Gustav Mahlers – Tradition die Weitergabe des Feuers und nicht die Anbetung der Asche ist. Kulturelle Innovationen gehörten gerade in Sachsen-Weimar-Eisenach zum Selbstverständnis und zur Kulturpolitik der regierenden Dynastie in der ›Silbernen Zeit‹, deren kulturelle Aufgeschlossenheit erst in den letzten Jahren wirklich erkannt wurde.[13] Dafür stehen unter anderem die Berufung Franz Liszts, die Gründung der Musik- und Kunstschule, die Einrichtung des Großherzoglichen Museums und des Kunst- und Kunstgewerbemuseums sowie weitere kulturpolitische Initiativen, welche die parallel stattfindende Musealisierung und kultische Überhöhung des klassischen Erbes begleiteten.

Weimar, Weimar über alles …?

Seit 1885 lief in Weimar ein kulturelles Programm an, das sich von der bisherigen im Ort und der Region gepflegten Goethe- und Klassikerverehrung unterschied. Mit dem klassischen Erbe, welches das Großherzogliche Haus aus den Händen des letzten Goethe-Enkels Walther Wolfgang übernahm, waren weiterhin dynastische Interessen, vor allem aber zunehmend nationale Erwartungen verknüpft. In kultureller Konkurrenz mit dem ›Erbfeind‹ jenseits des Rheins, vor allem aber in Abgrenzung zu neuen, aufsteigenden Bevölkerungsschichten im eigenen Land sowie der einsetzenden Entwicklung moderner Massenkultur, prägte das deutsche Bildungsbürgertum Goethe zum modernitätskritischen Kulturheros um, deklarierte dessen Werk zum nationalen Erbe und sah ihn als dritten in der Reihe ›großer Deutscher‹, die dem deutschen Volk zu seiner Identität verholfen hätten: Luther, Goethe und Bismarck wurden in Reihe geschaltet, um mit ihrem Geist als idealer Ressource die Sinn- und Orientierungskrisen der Moderne zu bewältigen.

Daneben trat die im Ton nationalistischer werdende Stilisierung Schillers zum ›deutschen Freiheitsdichter‹ des Bürgertums, bei gleichzeitiger Idolatrie durch die Sozialdemokratie. Die herbeigesehnte Freiheit bedeutete nicht zuletzt Freiheit von den als problematisch empfundenen Aspekten der kulturellen Modernität und des rasanten wirtschaftlichen Wandels in Deutschland. Schnell gesellte sich der ›Geist von Weimar‹ zum ›Geist Potsdam‹, was im Kult um Bismarck bereits angelegt war, aber auch zur zeitgemäßen Heroisierung Friedrichs des Großen und der Königin Luise passte.

Dieser ›Geist‹ der preußischen Garnisonsstadt war schon im Kontext der Befreiungskriege beschworen beziehungsweise konstruiert worden. Er galt als Chiffre für die Disziplin und Leistungsfähigkeit der deutschen, respektive preußischen Armee, umfasste das Pflichtgefühl der Soldaten ebenso wie deren Bereitschaft, den ›Tod für das Vaterland‹ zu sterben. Wer sich als Zivilist und Bürger dem ›Geist von Potsdam‹ ebenfalls verpflichtet fühlte, war bereit, sich ein- und unterzuordnen, dem Staat und dessen Souverän zu gehorchen und, egal wo immer er tätig war, in disziplinierter Pflichterfüllung für das Deutsche Reich und die deutsche Kultur einzutreten. Im vorletzten Kriegsjahr sollte der ›deutsche‹ Professor Max Kloß den »Geist von Potsdam und den Geist von Weimar« als »Wurzeln deutscher Kraft« beschwören.[14]

Doch zurück in die Vorkriegszeit: Auch andere Weimarer Geistesgrößen mit hohem symbolischem Kapital wurden als Gewährsmänner des nationalen Willens und als Kronzeugen deutscher Größe herangezogen; etwa der – nach eigenem Verständnis – »gute Europäer«[15] Friedrich Nietzsche, dessen Archiv ab 1900 in den Blickachsen zum Goethe- und Schiller-Archiv und zum Bismarckturm lag. Der Philosoph selbst hatte dazu wenig beizutragen, denn er gehörte in seinen bewussten Lebzeiten, also bis 1889, zu den engagierten Kritikern des zeitgenössischen »Hornvieh-Nationalismus«[16] und des Antisemitismus. Allein die ›Herrin des Nietzsche-Archivs‹, seine Schwester Elisabeth, umgeben von einer Reihe deutschnationaler Bewunderer, schaffte es, ihren Bruder »deutschzusprechen«,[17] wie dies Franz Pfemfert einmal pointiert formuliert hat.[18]

Weimar besaß nun seit 1885 ein Doppelgesicht: Es war Stätte der museologisch und philologisch erschlossenen Hinterlassenschaft des Olympiers und seiner Freunde, Ort der seriösen Forschung also, und zugleich Sehnsuchtsort deutsch-kultureller Erneuerung. Neben den Forschungs- wuchsen die Memorialstätten, neben den Ausgaben für die Wissenschaft die Denkmäler; zur fundierten Kenntnis der Werke trat die Verehrung des großen Geistes, die immer dann am besten funktioniert, wenn man sich nicht auf allzu reflektierte Lektüre einlässt. Die Kleinstadt an der Ilm entwickelte sich im kulturellen Selbstbewusstsein zahlreicher Bildungsbürger zur »Heimat aller Deutschen«,[19] wie dies ein Stadtführer der Zwischenkriegszeit später formulierte. Viele Rentiers und Pensionäre zogen nach Weimar, um an der Wirkungsstätte ihrer verehrten Dichter und Denker einen Lebensabend voll kultureller Anregungen zu verleben – und schließlich in Sichtweite der Fürstengruft begraben zu werden. Dies brachte der Stadt an der Ilm den Spitznamen ›Pensionopolis‹ ein.

Es kamen aber auch diejenigen nach Weimar, deren aggressive Kulturkritik nach Taten rief. Von Weimar aus Deutschland erneuern – das blieb nicht nur Programm, sondern prägte faktisch das kulturelle Leben von Stadt und Region. ›Los von Berlin‹ war die Chiffre,[20] hinter der sich Kritiker des Naturalismus und Impressionismus, der Demokratie und des Proletariats, der Religionskritik und des Positivismus sammelten, um von der Residenzstadt aus den Geist der deutschen Provinz gegen den der urbanen Moderne zu beschwören.

Die ästhetischen Umsetzungen jener Sehnsüchte nach einer »deutschen Renaissance« oder »Wiedergeburt«,[21] nach Erneuerung aus dem alten, traditionsreichen Geist von Weimar heraus waren jedoch so heterogen wie die damit verbundenen politisch-weltanschaulichen Ansichten. Wer für Heimatkunst oder die ›Provinzialität‹ deutscher Kunst eintrat, meinte nicht etwa nur Schollensehnsucht, ländliche Idyllik, Großstadtfeindschaft und biedermeierliche Kleinstädterei. Kritiker der europäisch-urbanen Avantgarde wollten eine andere Moderne, keine schlichte Antimoderne. Sie ersehnten eine ›germanische‹ Moderne, eine ›deutsche Renaissance‹, eine neue Klassik und einen Neuidealismus, der die Ideen von 1800 bisweilen kenntnisreich beerbte. Ziel war es, dem verpönten Materialismus der eigenen Gegenwart, der zunehmenden Pluralität der Wertorientierungen sowie der manche ängstigenden sozialen und politischen Veränderungsdynamik des expandierenden Industriestaates Deutschland etwas entgegenzusetzen.

Doch es wäre verfehlt, die Doppelstadt Weimar-Jena im Fin de Siècle in den allzu einfachen Dichotomien von konservativ und fortschrittlich, traditionalistisch und avantgardistisch zu begreifen.[22] Der Jenaer Lebensphilosoph Rudolf Eucken etwa stand mit beiden Beinen in der modernen Wissenschaft seiner Zeit und zugleich im geistigen Erbe der deutschen Klassik. Der Zoologe Ernst Haeckel

WEIMAR ALS WALLFAHRTSORT DER DEUTSCHEN NATION

›Wallfahrt nach Weimar‹ – das war um 1900 für das deutsche Bildungsbürgertum ein stehender Begriff, eine Aufforderung, die ›Klassikerstadt‹ wenigstens einmal im Leben selbst zu besuchen. Dabei war bereits um 1800, lange vor Goethes Tod, der Zug der ›Pilger‹ zu den berühmten Weimarer Dichtern so angeschwollen, dass diese sich mitunter wie Zirkustiere angestarrt fühlten. Den Weimar-Reisenden stach die Diskrepanz zwischen dem großen Ansehen der ›Dichterstadt‹ und seinem wenig eindrucksvollen baulichen Aussehen ins Auge. Um sich in ihren hochgespannten Erwartungen nicht getäuscht zu sehen, wählten daher viele Besucher eine von den realen Verhältnissen bewusst absehende Ästhetisierung des Blickes. Diese gewollte Idealisierung setzte eine Mythisierung Weimars in Gang, die sich zuerst vor allem in antikisierenden Mythemen ausdrückte, wie ›Parnassos‹, dem griechischen Musenhügel, insbesondere aber ›Ilm-Athen‹, was man etwa mit Hauptstadt des Geistes auflösen kann. Als solche musste Weimar Deutschland als einige ›Kulturnation‹ repräsentieren, solange die Einheit der politischen Nation auf sich warten ließ.

Nachdem Bismarck die staatliche Einheit mit ›Blut und Eisen‹ 1871 erzwungen hatte, wurde er gern in eine Reihe mit Goethe gestellt und in Thüringen geradezu als ›politischer Testamentsvollstrecker‹ Goethes verehrt. Dass sich die beispiellose Auratisierung von Goethe und Schiller im 19. Jahrhundert im Gewand einer christlichen Sakralisierung vollzog, ist für Weimars Mythogenese kaum zu überschätzen. Wie die Dichter zu ›Heiligen‹ wurden, so sind auch ihre Wohnhäuser und Denkmäler zu ›geweihten Stätten‹ kanonisiert worden. Dies übertrug sich frühzeitig auf die ganze Stadt und den nahe gelegenen Ilmpark, den viele als natürliche Fortsetzung der zuvor besuchten Kulturstätten empfanden. Die überschaubare Kleinstadt Weimar konnte noch als ein Ganzes wahrgenommen werden, eine in der Moderne selten gewordene Erfahrung, nach der sich viele sehnten. Man konnte glauben, auf den gerade beschrittenen Wegen seien schon Herder, Wieland, Schiller, Goethe und all die anderen ›Geisteshelden‹ gewandelt. Im Interesse einer gezielten Erlebnissteigerung schlugen verschiedene Reiseführer den Touristen bestimmte Routen vor – zu begehen wie die Wallfahrtsstationen auf einem Prozessionsweg. So erzeugte die dichte Abfolge der einzelnen Sehenswürdigkeiten ein staunendes Hochgefühl über so viel deutsche Kultur auf derart engem Raum.

Daran änderte auch der Ausbruch des Ersten Weltkriegs nichts, im Gegenteil sollte Weimar nun zur geistigen Linderung der Zumutungen des Krieges dienen: »Und es ist schön, solch Pilgern zu den Weihestätten unserer Geistesübung, und es ist gut, sich durch Begeisterung fürs Durchleben der Kriegszeit zu stärken, und es ist vortheilhaft, sich Vorrat geistigen Genießens anzulegen« (WZ Nr. 193, Unterhaltungsblatt vom 19. 8. 1917). JR

Literatur: Riederer 2014 (im Druck); Pöthe 2011.

Kat. 82 ☐ S. 101 · 83
›UNSERE HELDENVÄTER‹

Der Blick in das Atelier-Museum des Bildhauers Adolf Donndorf zeigt eine Inszenierung dreier Denkmal-Modelle. Es handelt sich hierbei um die eindrückliche Visualisierung eines gängigen Deutungsmusters der Zeit. Zahlreiche Texte nach 1871 beschworen nicht nur jeweils die singuläre Größe Luthers, Schillers und Bismarcks, sondern stifteten deren ideelle Verwandtschaft. Die teleologisch auf die Reichsgründung zulaufende Nationalgeschichte habe sich in der Literaturgeschichte vorbereitet. Luther habe den Deutschen eine gemeinsame Sprache gegeben, und Höhepunkt der Nationalliteratur sei schließlich das Werk der Weimarer Klassiker um 1800 gewesen. Unter diesen galt Schiller schon kurz nach seinem Tod 1805 als Dichter der ›deutschen Freiheit‹ und als wichtigster Nationalautor, der zeitweise Goethe den Rang ablief.

Doch auch die Kombination von Luther, Goethe und Bismarck ist Ausdruck eines damals populären Deutungsmusters deutscher Geschichte. Danach habe Luthers Werk dasjenige Goethes vorbereitet. Beide hätten das geistige Reich der Deutschen begründet, dem Bismarck schließlich den politischen Körper geschaffen habe. Meist ging es dabei nicht um profane Geschichtsschreibung, sondern um den heilsgeschichtlich gedeuteten Weg der Deutschen zur Nation. Im gleichen Zusammenhang steht die Publikation von Paul Gnerich, der die tiefe innere Verwandtschaft dieser vermeintlich wichtigsten religiösen, literarischen und politischen Führerfiguren Deutschlands nachzuweisen sucht. »Denn er war unser!« (MA 11.1.1, S. 297) hatte einst Goethe dem toten Schiller nachgerufen. Das Diktum ließ sich in der Folge auf zahlreiche andere deutsche Geistesgrößen applizieren. So konstruiert der Autor in seiner Anthologie *Luther, Goethe, Bismarck* »das Gemeinsame ihrer Lebens- und Weltanschauung« (Gnerich 1910, Untertitel), indem er Zitate in einer Weise arrangiert, dass alle drei sozusagen mit einer Stimme zu ›ihrem Volk‹ sprechen. JHU

Kat. 84
REICHSWEITE LUTHER-DENKMÄLER

Bei der Statuette handelt es sich um eine verkleinerte Nachbildung der Luther-Denkmäler in Worms und Dresden. Am 25. Juni 1868 fand die feierliche Einweihung des mit zwölf großen Bronzestandbildern ausgestatteten Wormser Reformationsdenkmals statt. Im Zentrum der Anlage steht die monumentale bronzene Statue Martin Luthers. Das komplette Entwurfsmodell stellte der Dresdner Bildhauer Ernst Rietschel 1858 dem Denkmalkomitee vor. Die Anfertigung der Gussmodelle erfolgte durch seine Schüler Adolf Donndorf, Gustav Kietz und Johannes Schilling. Bei der Lutherfigur hatte sich Rietschel letztlich für die Wiedergabe im Predigergewand, das heißt »in einer weniger situationsgebundenen, allgemeingültigen Form« (Zehm 2004, S. 185) entschieden. Bekenntnishaft präsentiert der Theologieprofessor die geschlossene Bibel auf dem linken Unterarm und verweist nachdrücklich mit der rechten Faust darauf. Für die Ausfüh-

Kat. 82 Denkmäler von Luther, Schiller, Bismarck im Donndorf-Museum · Fotoatelier Louis Held · um 1907

rung des Porträts orientierte sich Rietschel an bekannten zeitgenössischen Darstellungen unter anderem von Lucas Cranach d. J. und Heinrich Aldegrever. Im Zuge der Umsetzung ins große Format beauftragte er seinen Meisterschüler Donndorf mit der Überarbeitung des Kopfes, da sein eigener Entwurf die gewünschte Intensität des Ausdrucks vermissen ließ und nicht der entschlossenen Körperhaltung entsprach. Nachdem »Luther […] mit dem Jubiläum 1883 zur unbestrittenen Leitfigur einer national-protestantischen Leitkultur geworden« war (Kranich 2010, S. 157), wurde das Wormser Denkmal mehrfach kopiert: etwa 1885 in Dresden vor der Frauenkirche, 1903 im südlichen Seitenschiff des Ulmer Münsters, aber auch außerhalb des Deutschen Reiches wie 1884 in Washington D.C. vor der Lutheran Memorial Church. Kleinformatige Reproduktionen im Statuettenformat, wie der hier vorgestellte Gipsabguss, fanden auch als ›Zimmer-Denkmäler‹ Verwendung und trugen zur Popularisierung des Lutherbildes bei. KKR

Literatur: Fuchs 1986; Kranich 2010; Weber 1972; Zehm 2004.

Kat. 85
DER EISERNE KANZLER

Die besondere Begabung des aus Weimar stammenden und in Dresden im Atelier Ernst Rietschels ausgebildeten Adolf Donndorf lag im Porträtfach. Seine zahlreichen Standbilder, Bildnisbüsten und -reliefs weisen ihn als großen Porträtisten der Kaiserzeit aus. Ende 1885 beauftragte ihn der Stuttgarter Verein zur Förderung der Kunst mit der Fertigung einer Bismarck-Statue für die Stadt. Der Vereinsvorsitzende, Verleger Wilhelm Spemann, vermittelte den Kontakt zu dem preußischen Ministerpräsidenten und Reichskanzler. Auf dessen Landsitz in Friedrichsruh modellierte Donndorf im Dezember 1886 während eines zehntägigen Aufenthalts die Büste. Die kraftvolle und lebensnahe Darstellung zeigt Bismarck nahezu privat – barhäuptig und in Generalsuniform ohne Ordenszeichen.

Seit den 1880er-Jahren vermehrten Standbilder und Büsten des Reichskanzlers in größerem Umfang den Denkmalskult der Kaiserzeit. Das von Donndorf gestaltete Porträt diente als Vorlage für eine Reihe von Bismarck-Büsten und -Denkmä-

B DER ›GEIST VON WEIMAR‹ – AUSDRUCK ›DEUTSCHER GRÖSSE‹

Kat. 86 Franz von Lenbach · Porträt Otto Fürst von Bismarck · um 1880/1890 · Klassik Stiftung Weimar

lern in ganz Deutschland, wobei auch Versionen der Hermenform mit zurückgeklappten Mantelaufschlägen und stärker ausgeprägten Armansätzen Verbreitung fanden.
Bei der ausgestellten Bismarck-Büste handelt es sich um einen Originalgips, den der Künstler dem Großherzoglichen Museum in Weimar schenkte. Dort wurde er zusammen mit zwölf weiteren Arbeiten von seiner Hand in den 90er-Jahren des 19. Jahrhunderts im ersten Geschoss präsentiert. Ein reichliches Jahrzehnt später entschloss sich Donndorf, seiner Vaterstadt wesentliche Teile seines künstlerischen Nachlasses – 156 Gipsmodelle seiner Statuen, Statuetten, Büsten und Reliefs – zu stiften. Am 30. Juli 1907 erfolgte im Beisein des Großherzogs in der Amalienstraße die Eröffnung eines eigenständigen Donndorf-Museums. Dort war Bismarck zweimal vertreten: als Hermenbüste mit erweitertem Bruststück und als ganzfiguriges Modell für das Denkmal vom Schlossvorplatz in Saarbrücken. KKR

Literatur: Ausst. Kat. Ruland, 1894; Best. Kat. Nationalgalerie Berlin, 2006, S. 174 f.; Fuchs 1986; Mende 2003; Plagemann 1972.

Kat. 86 ☐ S. 102
DER BISMARCK-KULT

Kein anderer Künstler hat Bismarck so oft und in so vielen Varianten porträtiert wie der Münchner Maler Franz von Lenbach. Was Lenbach in Bismarcks Bann zog, war die konkrete politische Macht dieses Mannes, der als ›Baumeister‹ des Deutschen Reiches nach der Proklamation Wilhelms I. zum deutschen Kaiser 1871 nahezu kultisch verehrt wurde. Auf die erste persönliche Begegnung mit Bismarck 1874 sollten zahlreiche weitere folgen, bei denen Lenbach die Möglichkeit erhielt, Porträts des Reichskanzlers zu schaffen. Die Entlassung Bismarcks durch Wilhelm II. im Jahr 1890 empörte Lenbach zutiefst und bestärkte ihn weiter darin, Bildnisse dieser politischen Identifikationsfigur zu fertigen.
Über drei Jahrzehnte hinweg bis zum Tod Bismarcks 1898 schuf der Künstler etwa achtzig Gemälde, eine Massenproduktion bislang unbekannten Ausmaßes. Lenbach inszenierte ihn nicht nur als ›Eisernen Kanzler‹, sondern auch als Privatmann. Am häufigsten malte er Brustbilder und Kniestücke, selten sind ganzfigurige Bildnisse. Der Fürst ist zumeist in Uniform, Gehrock oder Mantel gekleidet. Nur manchmal stellte Lenbach ihn bei einer Tätigkeit oder mit einem Gegenstand dar. Nach dem Vorbild Rembrandts konzentrierte der Künstler sich auf das hell aus dem dunklen Hintergrund hervorleuchtende Gesicht. In den 1880er-Jahren dominierten Porträts des Reichskanzlers, die ihn als alten, ehrwürdigen Staatsmann zeigen, gekleidet in einen dunklen, bis zum Hals zugeknöpften zweireihigen Gehrock, aus dem eine weiße Schleife hervorscheint. Varianten dieses Typus mit unterschiedlichen Kopfbedeckungen entstanden bis in die 1890er-Jahre hinein. Lenbachs Bismarck-Porträts waren vor allem beim gehobenen Bürgertum gefragt, so dass der Münchner Maler auch zahlreiche nahezu identische Wiederholungen schuf. GW

Literatur: Arnold 2004.

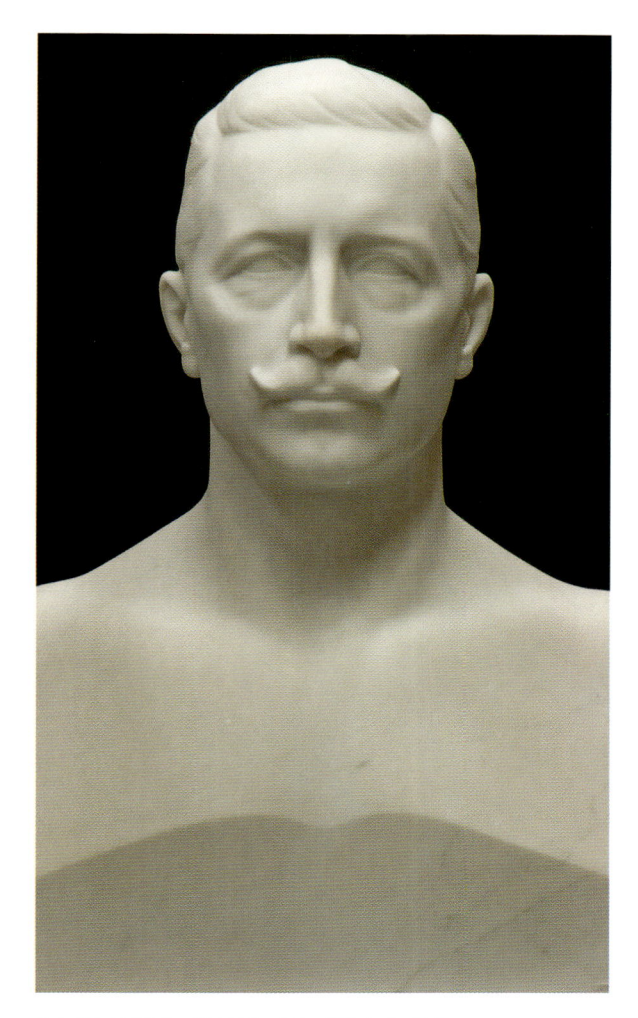

Kat. 87 Adolf Brütt · Bildnisbüste Kaiser Wilhelm II. · 1911
Kieler Stadt- und Schifffahrtsmuseum

Kat. 87 ☐ S. 103
EIN REPRÄSENTATIONSBILDNIS DES KAISERS

Diese Marmorbüste des letzten deutschen Kaisers scheint auf den ersten Blick konventionell. Der Monarch schaut den Betrachter frontal an und ist lebensgetreu gestaltet. Die Ausführung der geglätteten Gesichtszüge, der Haar- und Barttracht zeigt jedoch stilistische Einflüsse der bildkünstlerischen Moderne.
Wilhelm II. förderte zwar die wissenschaftlich-technische Moderne, kulturpolitisch und habituell jedoch blieb der Hohenzoller ein Kind der alten Zeit. Er wurde dadurch zum Antityp all derjenigen, welche die europäische Avantgarde schätzten. Auch der Kieler Bildhauer Adolf Brütt schwankte weltanschaulich zwischen Tradition und Moderne, stilistisch zwischen konventionellem Historismus und innovativem Avantgardismus. Bereits 1883 gelang ihm der künstlerische Durchbruch. Brütt sympathisierte mit der Münchner Secession und gründete in Berlin eine Künstlergilde, die der Avantgarde wohlwollend gegenüberstand. Anderseits war er Mitglied der Preußischen Akademie der Künste und im kaiserlichen Auftrag ab 1899 an der Ausgestaltung der Berliner Siegesallee

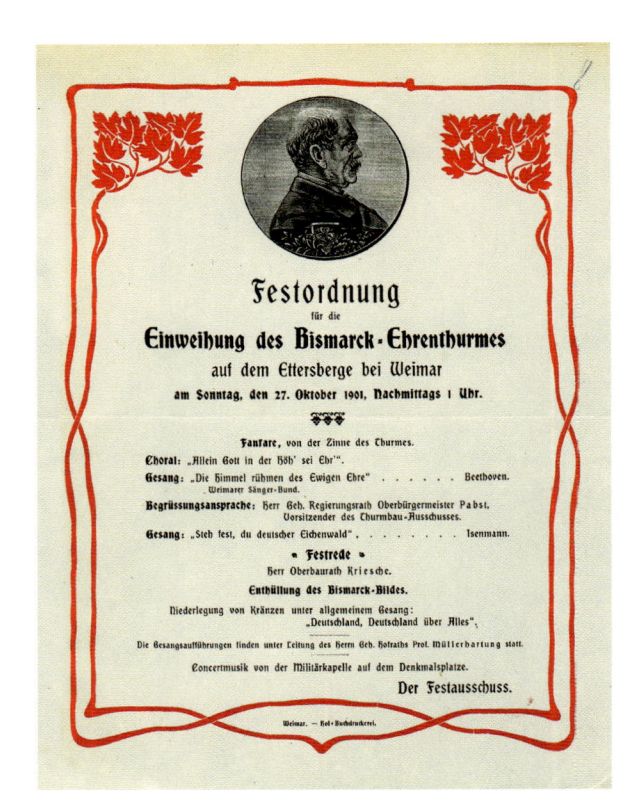

Kat. 88 Festordnung zur Einweihung des Bismarck-Ehrenturms auf dem Ettersberg · 27. 10. 1901 · Stadtarchiv Weimar

beteiligt. Dazu kamen Arbeiten für das Pergamon-Museum, die Kaiser-Wilhelm-Gedächtniskirche sowie Aufträge für Kiel, wo er als Steinmetz ausgebildet worden war.

Brütts zunehmende Distanz zum staatsoffiziellen Historismus und seine Freundschaft mit dem Direktor der Weimarer Kunstschule Hans Olde führten 1905 zu seiner Berufung als Professor für Bildhauerei nach Weimar. Dort begründete er die Bildhauerschule und die Bronzegießerei. Er war an der Ausgestaltung des neuen Hoftheaters beteiligt und schuf mit dem Reiterstandbild des Großherzogs Carl Alexander (1907, heute bis auf den Sockel verschollen) eines seiner derzeit bekanntesten öffentlichen Denkmäler. JHU

Kat. 88 ☐ S. 104 · 89

DER BISMARCK-TURM AUF DEM ETTERSBERG

Gemessen an der Zahl der zu Ehren von Otto Fürst von Bismarck in ganz Deutschland errichteten Bismarcktürme genoss der ›Eiserne Kanzler‹ in Thüringen besondere Verehrung. Hier schätzte man den ›Reichseiniger‹ vor allem als Überwinder der extremen Kleinstaaterei, im Bürgertum auch als vormaligen Zähmer der Sozialdemokratie, die nach Bismarcks Abgang sofort wieder erstarkt war. Während seiner Deutschlandreise 1892 huldigten auch Weimarer Bürgerinnen und Bürger Bismarck auf dem Bahnhof bei der Durchfahrt. Dies übrigens zum Missfallen des Großherzogs Carl Alexander, der in den Jubelrufen nicht ganz zu Unrecht einen kritischen Unterton gegen den jungen Kaiser Wilhelm II. vermutete, der Bismarck 1890 als Reichskanzler entlassen hatte. Nachdem die ursprüngliche Idee eines gemeinsamen Thüringer Bismarck-Denkmals sich nicht hatte verwirklichen lassen und zahlreiche thüringische Ortschaften vorangegangen waren, rief im Juni 1899 ein überparteilicher Ausschuss der Stadt Weimar und des Umlandes unter Vorsitz des amtierenden Weimarer Oberbürgermeisters Karl Pabst zu Spenden auf. Rasch kam die Bausumme durch Gelder von Einwohnern aus ganz Thüringen und Sachleistungen des örtlichen Handwerks zusammen. Auch der Bau, am 2. September 1900, dem 30. Jahrestag der Schlacht von Sedan symbolträchtig begonnen, dauerte nur 13 Monate.

Der Entwurf des Weimarer Oberbaurats Ernst Kriesche folgte keineswegs den üblichen Vorbildern. Er schuf einen schlanken, immerhin 43 Meter elegant in die Höhe ragenden Rundturm. Auf dem Südhang des Ettersberges stehend, bot er einen weiten Rundblick, bei günstigem Wetter nach Norden bis zum Kyffhäuser mit seinem Denkmal von Kaiser Wilhelm I. Dort ruhte der Sage nach Kaiser Barbarossa im Berg, dessen Rolle als ›Reichseiniger‹ nach damaligem Verständnis Bismarck übernommen hatte. Im Westen wollte man unbedingt die Wartburg erkennen, auf Grund Luthers Bibelübersetzung ebenfalls ein Symbol nationaler Einheit. So wähnte man sich über der ›Klassikerstadt‹ und im ›Herzen des Thüringerlandes‹ im Schnittpunkt deutscher Nationalgeschichte. Dass der Turm mit seiner hohen Aussichtsplattform und seiner Spitze in Form einer zwei Meter hohen Kaiserkrone von weitem an ein Minarett erinnerte, sah man wohl damals nicht.

Die feierliche Einweihung am 27. Oktober 1901 nahm Bezug zum Jahrestag der Kapitulation von Metz, also wieder auf einem militärischen Gedenktag aus dem Krieg 1870/71 gegen Frankreich. Als Toast wählte der Baumeister die dazu passenden Worte: »Steh ohne Wanken Bismarck zur Ehr, Zeige die Heimat, herrlich und hehr, Mehre die Männer an Waffen und Wehr« (WZ Nr. 253, 28. 10. 1901). JR

Literatur: Greiling/Hahn 2003; Stabe 2005.

NEUE WELTDEUTUNGSMODELLE: HAECKEL ALS PROPHET DES MONISMUS

Der Umbruch zur industrialisierten Massengesellschaft und der rasante Fortschritt der Naturwissenschaften in den Jahrzehnten um 1900 stellten in zunehmendem Maße traditionelle Strukturen von Politik und Gesellschaft und mit ihnen auch die überkommenen religiösen und philosophischen Weltdeutungen infrage. Aus den Einzelwissenschaften heraus wurden Denkmodelle entworfen, die eine moderne, mit den Erkenntnisprinzipien der Naturwissenschaften vereinbare Weltanschauung an deren Stelle zu setzen suchten. Eine dieser weltanschaulichen Strömungen war der maßgeblich von dem Jenaer Zoologen und Evolutionsbiologen Ernst Haeckel begründete Monismus. Weitere prominente Vertreter dieser Position waren der Chemiker Wilhelm Ostwald, der Philosoph Ernst Mach und der Neurowissenschaftler August Forel. Haeckels Eintreten für eine »vernünftige Weltanschauung« (Haeckel 1922, S. 7) leitete sich aus der Evolutionstheorie Charles Darwins ab. Er setzte sich energisch für die allgemeine Anerkennung der Darwin'schen Erkenntnis ein, nach welcher der Mensch das Ergebnis eines Artbildungsprozesses ausgehend von einem gemeinsamen Vorfahren der Affen und Menschen ist.

Der Monismus war kein in sich geschlossenes Gedankensystem, sondern vereinigte unter dem gemeinsamen Nenner der Ablehnung eines jenseitigen, unabhängig von der Natur wirkenden geistigen Prinzips, insbesondere der Idee eines die Welt lenkenden persönlichen Gottes, ganz unterschiedliche weltanschauliche Auffassungen. Obwohl häufig als Atheisten geschmäht, waren die Anhänger des Monismus meist keineswegs areligiös. Die auf der »Naturerkenntnis der Gegenwart« beruhende »monistische Gottesidee«, so meinte Haeckel, erkenne »Gottes Geist in allen Dingen« (ebd. S. 33) und orientierte sich vor allem am Pantheismus Spinozas, Giordano Brunos und Goethes. Die »monistische Erkenntnistheorie« betrachte »die Erkenntnis als einen physiologischen Natur-Prozeß, dessen anatomisches Organ das menschliche Gehirn ist« (Haeckel 1914, S. 12).

Monistische Denkansätze fanden sich um 1900 in vielfältigen Formen und allen gesellschaftlichen Bereichen. Die Monisten verbanden ihre Auseinandersetzung mit den kirchlichen Dogmen häufig mit ethischen, sozialen und bildungspolitischen Reformbestrebungen. Die monistische Strömung, die in dem 1906 in Jena gegründeten Deutschen Monistenbund ihre organisatorische Plattform fand, entfaltete sich zu einer breiten, weltweiten Kulturbewegung, deren Impulse bis in die Gegenwart fortwirken. GM

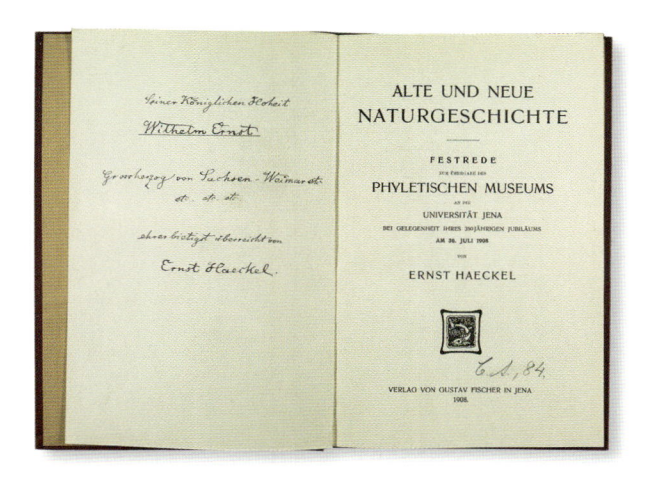

Literatur: Ziche 2000.

Kat. 90 Ernst Haeckel · Alte und neue Naturgeschichte. Festrede zur Einweihung des Phyletischen Museums · 30. 7. 1908 · Klassik Stiftung Weimar

Kat. 90 ☐ S. 105
ERNST HAECKEL UND DIE EVOLUTIONSTHEORIE

Der Jenaer Zoologe Ernst Haeckel war in den Jahrzehnten um 1900 einer der herausragenden Naturwissenschaftler an der Jenaer Universität. Nach dem Studium der Medizin, das er 1857 mit der Promotion zum Dr. med. abschloss, verwirklichte er seinen Lebenstraum, Naturforscher zu werden. Im Ergebnis einer meeresbiologischen Studienreise an die sizilianische Mittelmeerküste entstand seine erste Monographie über *Die Radiolarien*, eine bahnbrechende Untersuchung über eine außerordentlich formenreiche Gattung mikroskopisch kleiner, strahlenförmig gebauter Meeresorganismen, von denen er über 120 neue Arten beschreiben konnte. Nach deren Veröffentlichung wurde er zum außerordentlichen Professor und zum Direktor der Großherzoglichen zoologischen Sammlung in Jena berufen.

1865 erhielt er den neugegründeten Lehrstuhl für Zoologie, den er bis 1909 innehatte. Weitere Publikationen insbesondere über meeresbiologische Forschungen verschafften ihm höchste wissenschaftliche Anerkennung: insbesondere seine Schriften über die Medusen und andere Meeresorganismen sowie die vierbändige Dokumentation seiner Forschungen während der Tiefsee-Expedition des britischen Forschungsschiffs Challenger, in der er über 4 300 Arten beschreibt. Weltbekannt wurde er aber vor allem durch seine systematischen und evolutionstheoretischen Arbeiten. Als engagierter Verfechter von Charles Darwins Lehre von der Entstehung der Arten durch natürliche Selektion stand er bald im Mittelpunkt scharfer fachwissenschaftlicher und weltanschaulicher Kontroversen. Doch er vermochte nicht nur den wissenschaftlichen Nachwuchs für die Entwicklungslehre zu begeistern, sondern 1907/08 auch das Phyletische Museum zu errichten. Darin dokumentierte er öffentlichkeitswirksam die Stammesgeschichte als naturwissenschaftliches Welterklärungsmodell, das auch die Entstehung des Menschen einschließt. GM

Kat. 92 Hans Dietrich Leipheimer · Monistische Bundeslade · 16. 2. 1914
Ernst-Haeckel-Haus · Friedrich-Schiller-Universität Jena

Kat. 91 · 92 □ S. 106
DIE WELTRÄTHSEL UND DER MONISMUS

Auf das zunehmende Bestreben konservativer Kreise aus Kirchen und Politik, den gesellschaftlichen Diskurs über die Erkenntnisse der modernen Naturwissenschaften und deren weltanschauliche Konsequenzen zu behindern und das Schul- und Bildungswesen gegen freidenkerische Ideen abzuschotten, reagierte Ernst Haeckel 1899 mit seinem Buch *Die Welträthsel. Gemeinverständliche Studien über monistische Philosophie*, das sein Weltbild ausführlich darlegt. Der Titel nimmt Bezug auf die von Emil du Bois-Reymond 1888 postulierten sieben als unlösbar geltenden ›Welträtsel‹, die in der Philosophie seit Hume und Schopenhauer diskutiert wurden. Haeckel erklärte die ersten drei (Entstehung des Lebens, zweckmäßige Einrichtung der Natur, Ursprung von Denken und Sprache) für gelöst, drei weitere (Wesen von Kraft und Materie, Ursprung der Bewegung, Entstehung von Sinnesempfindung und Bewusstsein) fasste er zum Gesetz der Erhaltung der Substanz zusammen und das siebte (Problem der Willensfreiheit) hielt er für nicht existent.

Haeckels Werk, der damals größte populärwissenschaftliche Erfolg der deutschen Buchgeschichte, verhalf der Evolutionslehre auf breiter Front zum Durchbruch, löste aber auch eine ungeheure Welle von Gegenreaktionen aus. Die anhaltenden Auseinandersetzungen waren Anlass zur Gründung des Deutschen Monistenbundes am 11. Januar 1906 in Jena, der 1914 etwa 6 000 Mitglieder zählte. Zu Haeckels 80. Geburtstag am 16. Februar 1914 stiftete der Bund eine umfangreiche Festschrift, um den Beitrag des Jubilars »zur Kultur der Jahrhunderte« (Schmidt 1914, Bd. 1, S. XII) durch seine weltweite Anhängerschaft würdigen zu lassen. Da nicht alle Texte rechtzeitig eingingen, beschloss man, ihm zusätzlich auch die Manuskripte einschließlich der in die Festschrift nicht mehr aufgenommenen Beiträge in einer hölzernen Truhe zu überreichen. Mit Perlmutteinlagen nach Motiven aus Haeckels *Kunstformen der Natur* und mit dem Bundesemblem verziert, befindet sich die sogenannte Monistische Bundeslade seither im Arbeitszimmer der Villa Medusa (Ernst-Haeckel-Haus) in Jena. GM

Kat. 93 □ S. 107
HAECKEL IN LENBACHS PORTRÄTGALERIE

Als einer der renommiertesten Porträtisten des wilhelminischen Kaiserreiches unterhielt der Münchner Maler Franz Lenbach ein repräsentatives Schauatelier, in dem er ab 1880 eine ›Galerie berühmter Zeitgenossen‹ der Öffentlichkeit vorstellte. Er präsentierte hier Vorstudien, noch nicht abgelieferte Bildnisse und Zweitfassungen. Waren zunächst noch Porträts von Fürsten und hochgestellten Amts- und Würdenträgern in der Mehrzahl, so traten zunehmend Vertreter des gehobenen Bürgertums und der Gelehrtenwelt als Auftraggeber in Erscheinung. Auch die rasante industrielle, technische und naturwissenschaftliche Entwicklung Deutschlands spiegelte sich in Lenbachs Porträtgalerie wider. So malte er

Kat. 93 Franz von Lenbach · Porträt Ernst Haeckel · 1899 · Ernst-Haeckel-Haus Friedrich-Schiller-Universität Jena

bedeutende Mediziner wie Theodor Billroth und Rudolf Virchow, Naturwissenschaftler wie Ernst Haeckel, Hermann von Helmholtz und Max von Pettenkofer sowie erfolgreiche Industrielle wie Werner von Siemens. Das 1899 entstandene Brustbild Haeckels basiert vermutlich auf einer Fotovorlage und zeigt den Jenaer Professor für Zoologie auf dem Höhepunkt seines internationalen Ruhms. Im selben Jahr erschien nicht nur sein Weltbestseller *Die Welträthsel*, der zahllose Auflagen erlebte, sondern es wurde ihm auch die Darwin-Medaille der Royal Society in London verliehen. GW

Literatur: Ausst. Kat. Lenbach, 1986, Kat. 15, 178.

Kat. 94 · 95 · 96
HAECKELS GESELLSCHAFTLICHES ENGAGEMENT

In den Jahren vor dem Ersten Weltkrieg gab es in Weimar und Jena ein Vereinswesen, das alle Bereiche des gesellschaftlichen Lebens erfasste und worin sämtliche Richtungen der Parteienlandschaft des Kaiserreichs vertreten waren. Das Beispiel des Jenaer Zoologen Ernst Haeckel macht deutlich, wie dicht, aber auch wie ambivalent die Vereinsbindungen einer weltweit prominenten Persönlichkeit sein konnten. So gehörte der Zoologe einer Vielzahl von ausländischen Akademien und gelehrten Gesellschaften an, oft sogar als Ehrenmitglied. Darüber hinaus reichten seine Mitgliedschaften von bildungsbürgerlichen Vereinen wie der Goethe-Gesellschaft Weimar, der Deutschen Dichter-Gedächtnis-Stiftung, dem Bund deutscher Gelehrter und Künstler oder dem Kunstverein Jena bis hin zu humanitären und sozial engagierten Vereinen wie der Gesellschaft zur Rettung Schiffbrüchiger, dem Deutschen Verein gegen den Mißbrauch geistiger Getränke, der Deutschen Gesellschaft für Volksbäder und der Internationalen Vereinigung für Mutterschutz und Sexualreform. Für den ambitionierten Naturwissenschaftler und Forschungsreisenden Haeckel war auch die Mitgliedschaft in diversen Natur- und Tierschutz-, geografischen und Wandervereinen selbstverständlich. Sein öffentliches Eintreten für Darwin, sein Werk *Die Welträthsel* und die Gründung des Deutschen Monistenbundes 1906 machten ihn schließlich selbst zur zentralen Figur eines weitverzweigten Vereinsnetzes für Freidenker. Gleichzeitig war Haeckel unter anderem Ehrenpräsident der Gesellschaft für Rassenhygiene, einer Ideengeberin in der virulenten Euthanasiedebatte.

Politisch stand Haeckel dem Linksliberalismus nahe. Er engagierte sich in der Friedensbewegung, war Mitglied des Verbandes für internationale Verständigung und 1913 Präsident eines Deutsch-französischen Versöhnungs-Instituts. Gleichzeitig fühlte er sich aber auch als Patriot und gehörte mehreren nationalistischen Organisationen an, die für imperiales Weltmachtstreben und militärische Aufrüstung eintraten, wie dem Alldeutschen Verband, dem Deutschen Flottenverein, dem Deutschen Schul-Verein, dem Verein für das Deutschtum im Ausland und dem Deutschen Ostmarken-Verein. GM

Kat. 97 Harro Magnussens Modell für ein *Denkmal für die Naturwissenschaft* · Unbekannt · 1907 · E. Schörle (Schwerin)

Kat. 97 ☐ S. 108
EIN DENKMAL FÜR DIE NATURWISSENSCHAFT

Der Bildhauer Harro Magnussen war um die Jahrhundertwende ein gefragter Künstler und errichtete – dem herrschenden Geschmack folgend – eine Vielzahl an Büsten und Denkmälern im Stil des Neoklassizismus. Der Jenaer Zoologe Ernst Haeckel und Magnussen standen bis zum Freitod des Bildhauers 1908 in brieflichem Kontakt. Thema ihrer Korrespondenz war unter anderem ein Denkmal zu Ehren Haeckels und der Naturwissenschaft, das sein wohlhabender Förderer Paul Ritter plante. Aufgrund einiger Unstimmigkeiten, unter anderem über den Zeitpunkt der Enthüllung des Denkmals, zog sich Ritter allerdings 1902 aus dem Projekt verstimmt zurück. Magnussen arbeitete dennoch an einem Denkmal für die Naturforschung, das als Modell 1907 auf der Berliner Kunstausstellung der Öffentlichkeit präsentiert wurde. Die *Illustrirte Zeitung* zeigte das Modell am 2. Mai 1907 auf ihrer Titelseite und schrieb: »Für die Postamente, den Hintergrund und für die Architektur des Aufbaus ist edler farbiger Marmor geplant in Verbindung mit Glasmosaiken […]. Wenn wir nun im Vordergrund des mächtigen Bildwerkes die Gestalten Leonardos und Haeckels erblicken, so haben wir das A und das O, Anfang und Endpunkt der gestalteten Welt, und die Hermenbüsten Goethes und Darwins mehr im Hintergrund der Nische versinnbildlichen die beiden Höhepunkte des neunzehnten Jahrhunderts« (IZ Nr. 3331, S. 745 f.).

Aus Platz- und Geldmangel kam es nicht zu einer Verwirklichung des monumentalen 5 × 5 Meter großen Denkmals, das im Phyletischen Museum in Jena aufgestellt werden sollte. Magnussens Witwe Nora überließ Haeckel 1909 jedoch den weiblichen Genius, der an der »Spitze des geistigen Heereszuges« (Ebd., S. 746) stehen sollte. Die Figur, die eine Fackel und einen Affenschädel in den Händen hält, symbolisiert das Licht der Wahrheit, die die Entwicklungslehre ins Dunkel brachte. Sie stand bis zur Umgestaltung nach dem Zweiten Weltkrieg in der Eingangshalle des Phyletischen Museums.
MS

Literatur: Norbert 2000.

Kat. 98
DEUTSCH-FRANZÖSISCHE VERSÖHNUNG

Die zunehmende Kriegsgefahr in den Jahren vor 1914 verschaffte der Friedensbewegung starken Zulauf. Die Deutsche Friedensgesellschaft steigerte ihre Mitgliederzahl bis 1914 auf über 10 000. Ihre Jenaer Ortsgruppe organisierte am 10. und

11. Mai 1908 den ersten Deutschen Friedenskongress. In der Friedensbewegung engagierte sich auch der Jenaer Zoologe Ernst Haeckel, der schon seit 1891 mit der bekannten Friedensaktivistin Bertha von Suttner in Verbindung stand. Die extreme Dimension des internationalen Wettrüstens im Jahr 1913 veranlasste die Friedensaktivisten zu verstärkten Bemühungen, die Völkerverständigung voranzutreiben und dem um sich greifenden Chauvinismus entgegenzutreten.

Eine der vielen Initiativen auf diesem Gebiet, die vor allem der Verband für internationale Verständigung initiierte, war das im Juli 1913 unter der Schirmherrschaft des belgischen Dichters und Literaturnobelpreisträgers Maurice Maeterlinck gegründete Institut franco-allemand de la Réconciliation mit Sitz in Paris. Dem Institut stand eine Doppelspitze aus zwei Präsidenten vor, Ernst Haeckel für die deutsche und Henriette Meyer für die französische Seite. Das Institut wollte nicht nur publizistisch wirken, sondern den geistigen Austausch auch durch deutsch-französische Versöhnungsfeste, literarische und wissenschaftliche Vorträge, Kurse, Konferenzen und Wettbewerbe fördern. Ein Hauptanliegen war die Jugendarbeit, die unter anderem mit der Gründung einer deutsch-französischen Unterrichtsanstalt unterstützt wurde. Außerdem gaben Haeckel und Meyer die in deutscher und französischer Sprache erscheinende Zeitschrift *La Réconciliation/Die Versöhnung* heraus. Mit dem Ausbruch des Ersten Weltkriegs fand das Institut ein jähes Ende. GM

Kat. 102 Hans Olde · Porträt Rudolf Eucken · um 1910
Städtische Museen Jena

Kat. 99 · 100 ☐ S. 109 · 101

RUDOLF EUCKEN ALS LEBENSPHILOSOPH

Der am 5. Januar 1846 in Aurich geborene Rudolf Eucken arbeitete im Anschluss an sein Studium der Philosophie und Altphilologie in Göttingen und Berlin zunächst vier Jahre als Gymnasiallehrer, ehe er von 1871 an drei Jahre den Lehrstuhl für Philosophie und Pädagogik an der Universität Basel bekleidete. 1874 folgte er dem Ruf der Universität Jena, wo er bis zu seiner Emeritierung 1920 Ordinarius der Philosophie war. Der in der Tradition des deutschen Idealismus stehende Eucken versuchte unmittelbar auf die Menschen zu wirken, da er von einer schweren Krise seiner Zeit ausging. Er strebte nach einer Weltanschauung, die eine selbstständige Gestaltung des Lebens ermöglichen und dadurch zur geistigen Erhöhung und Sinngebung des Daseins führen sollte. Da Eucken mit seiner Forderung nach einer Erneuerung des Lebens mehr in bildungsbürgerlichen als in akademischen Kreisen auf Zustimmung stieß, veröffentlichte er ab 1896 populärphilosophische Schriften, die in mehr als 15 Sprachen übersetzt wurden.

Seine Vorträge führten ihn um die ganze Welt. Zahlreiche Ehrungen und Auszeichnungen folgten – den Höhepunkt stellte der Nobelpreis für Literatur im Jahr 1908 dar. Im selben Jahr veröffentlichte Eucken die Schrift *Sinn und Wert des Lebens,* in der er sich auch kritisch mit dem Monismus seines Jenaer Kollegen Ernst Haeckels auseinandersetzte. Er glaubte nicht, dass »eine materialistische Populärphilosophie in der Art Haeckels und der Monisten der Tiefe des deutschen Geistes« liege (Eucken 1921, S. 66). Für eine 1909 erschienene Neuauflage von Fichtes *Reden an die deutsche Nation* verfasste

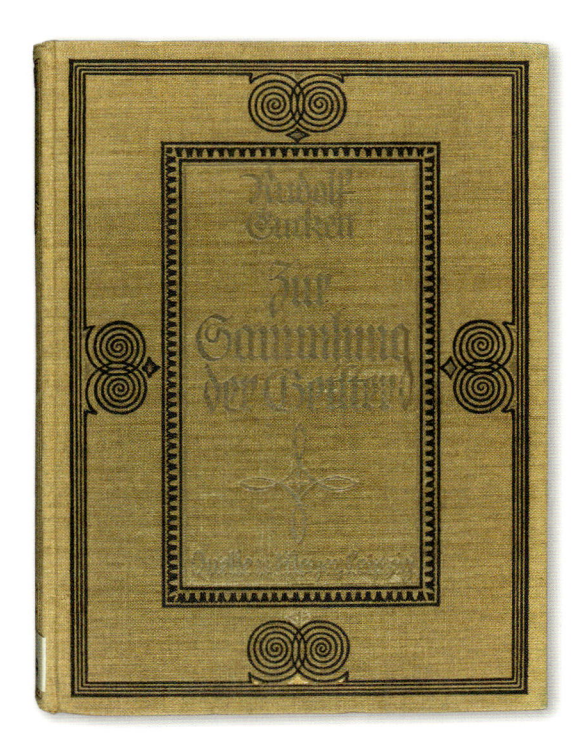

Kat. 100 Rudolf Eucken · Zur Sammlung der Geister · 1913
Klassik Stiftung Weimar

Kat. 103 Literaturnobelpreisurkunde für Rudolf Eucken · 1908 · Thüringer Universitäts- und Landesbibliothek Jena (ThULB)

Eucken die Einleitung, in der er zwar auf die veränderten Umstände verwies, aber dennoch das nationale Engagement des Philosophen als vorbildlich und seine Reden als ermutigend hervorhob. Fichte war nicht nur in den Augen Euckens ein Vorbild, sondern beeinflusste ebenso die deutsche Nationalbewegung und wurde vielfach in diesem Sinn rezipiert. In seiner letzten vor dem Krieg erschienenen Schrift *Zur Sammlung der Geister* warnte Eucken vor einem Übergewicht der »bloßen Arbeitskultur« in Deutschland und forderte nachdrücklich die Ergänzung einer »Geisteskultur« (Eucken 1921, S. 93). Die Schrift von 1913 steht außerdem für den Beginn der Nationalisierung von Euckens Weltanschauung – der These, dass allein Deutschland die Menschheit zu retten vermag. MS

maßgeblich am Aufbau des Neuen Weimar mit und pflegte auch zahlreiche Kontakte nach Jena, wo er die Aktivitäten des 1903 gegründeten Kunstvereins unterstützte. Als sich in Jena ein Jahr später die Gesellschaft der Kunstfreunde in Weimar und Jena formierte, lud Irene Eucken als eine der Initiatorinnen Olde persönlich ein. In diesem der Moderne aufgeschlossenen Kreis begegnete er auch ihrem Mann, dem Philosophen Rudolf Eucken, und nahm als Gast an den berühmten Teegesellschaften im Hause Euckens teil, das ein gesellschaftliches Zentrum in Jena bildete. Im Oktober 1905 radierte Olde zwei Bildnisse von Rudolf Eucken, darunter diese frontale Ansicht des bärtigen Charakterkopfes, der an einen antiken griechischen Philosophen erinnert. GW

Literatur: Gantner 1970, S. 133 f., Anm. 406, DGV 25, 26.

Kat. 102 ☐ S. 109
DER PHILOSOPH IM PORTRÄT

Der norddeutsche Künstler Hans Olde gehörte zum Mitarbeiterkreis der Kunstzeitschrift *PAN* und zu den Gründungsmitgliedern der Berliner Secession. Durch die Vermittlung Harry Graf Kesslers erhielt er 1899 den Auftrag, ein Porträt des todkranken Friedrich Nietzsche in Weimar zu schaffen. Drei Jahre später wurde Olde als Direktor an die Weimarer Großherzogliche Kunstschule berufen, der er bis 1910 als erfolgreicher Reformer vorstand. Gemeinsam mit Kessler, Henry van de Velde und Ludwig von Hofmann wirkte er hier

Kat. 103 ☐ S. 110
DER NOBELPREIS FÜR LITERATUR

»In Anerkennung für den wahrheitssuchenden Ernst, die durchdringende Gedankenschärfe und den weiten Blick, die Wärme und Kraft der Darstellung, womit er in zahlreichen Arbeiten eine ideale Weltanschauung vertreten und entwickelt hat« (zit. nach Wilhelm 1983, S. 114). Mit dieser Begründung erhielt der Jenaer Universitätsprofessor Rudolf Eucken 1908 den Nobelpreis für Literatur. Zwar handelte es sich bei Eucken um einen Philosophen, jedoch entsprach er dem im Testament von Alfred Nobel geforderten Ideal des Literaten, »der das vorzüglichste in idealistischer Richtung geschaffen hat« (ebd., S. 8). Gleichwohl war Rudolf Eucken nicht die erste Wahl. Von den insgesamt 16 Nominierten wurden Selma Lagerlöf und Algernon Swinburne die besten Chancen eingeräumt.

Da sich das Nobelpreis-Komitee nicht einigen konnte, entschied es sich für Rudolf Eucken als Kompromisslösung. Dabei kam dem Philosophen die Anerkennung zugute, die er in schwedischen Kreisen, nicht zuletzt im schwedischen Königshaus genoss. Die deutsche Öffentlichkeit nahm die Entscheidung unterschiedlich auf. Eucken bemerkte dazu in seinen Lebenserinnerungen, »daß die Zuerkennung jenes Preises fast mehr Zustimmung in der französischen Presse als in der deutschen fand« (Eucken 1921, S. 84). In den akademischen Kreisen stieß die Entscheidung ebenfalls auf gemischte Reaktionen. Ernst Haeckel, der sich übergangen sah, zeigte kein Verständnis für die Verleihung des Nobelpreises an seinen Jenaer Kollegen. Dieser habe zwar »viele ›schöne Bücher‹ über ›höhere Ziele‹ etc geschrieben, aber nicht eine einzige originale Arbeit von Wert geleistet«, so Haeckel in einem Brief an Wilhelm Breitenbach (zit. nach Hoßfeld/Nöthlich/Olsson 2005, S. 98). MS

Literatur: Hoßfeld/Nöthlich/Olsson 2005, S. 97–102; Wilhelm 1983.

Kat. 104 Hans Olde · Porträt Elisabeth Förster-Nietzsche · 1906
Klassik Stiftung Weimar

Kat. 104 ☐ S. 111
ELISABETH FÖRSTER-NIETZSCHE, DIE PHILOSOPHEN-SCHWESTER

Nietzsches Schwester hat sich mehrfach darüber geäußert, wie unangenehm sie Porträtsitzungen empfand. Dies mag als Erklärung dienen, warum Olde ihr Bildnis nach einer selbst gefertigten Fotografie malte, die sich mit deutlichen Spuren der Nutzung erhalten hat. Aufgenommen im Garten des Nietzsche-Archivs, wählte er einen hochformatigen Ausschnitt und fügte lediglich ihr Taschentuch aus Klöppelspitze bei, ein ebenso unerlässliches Accessoire wie ihr Lorgnon auf dem Schoß, das sie zeitlebens an einer langen Silberkette trug, die sie um 1902 von Henry van de Velde erworben hatte. Hielt sich Olde beim Aufbau des Porträts im Wesentlichen an sein Foto mit der bildgliedernden Parkbank und dem Hintergrund aus Buschwerk sowie einem blühenden Strauch, stellt das eigentliche Bildnis eine auffallende Idealisierung ihrer Person dar. Die Porträtierte wirkt wesentlich jünger und frischer im Ausdruck als die von Sorgenfalten gezeichnete 60-jährige Archivleiterin auf Oldes fotografischer Vorlage. Dies lässt sich aus der Beziehung der beiden herleiten, griff doch Förster-Nietzsche beim Prozess der Radierung von Friedrich Nietzsche, die Olde 1900 für die Luxuszeitschrift PAN schuf, ebenfalls energisch in das Werk des Künstlers ein und forderte unmissverständlich Korrekturen, die einzig der Idealisierung ihres Bruders dienten.

Das Porträt entstand in wenigen Wochen im Frühjahr 1906 aus Anlass ihres 60. Geburtstags, der im Archiv am 10. Juli 1906 feierlich begangen wurde. Die Finanzierung erfolgte aus Spenden des Freundeskreises, wobei wir in Harry Graf Kessler und Henry van de Velde die Initiatoren vermuten dürfen. TF

Literatur: Nietzsche-Archiv 2000; Föhl 2013.1.

Kat. 105 ☐ S. 112
DER PHILOSOPH AUF DEM KRANKENBETT

Der PAN, die legendäre Berliner Luxuszeitschrift für Kunst und Literatur, hatte bereits 1895 im ersten Heft einen Schwerpunkt der Person Friedrich Nietzsches gewidmet, dessen bahnbrechendes Gedankengebäude einer ganzen Generation modern orientierter Intellektueller als Leitstern diente. Harry Graf Kessler, einer der maßgeblichen Redakteure des PAN, regte mehrfach an, Friedrich Nietzsche porträtieren zu lassen. Die erste Anfrage datiert auf den 11. August 1897, und im Frühjahr 1898 erging der Auftrag an Hans Olde. Eine Begegnung des Künstlers mit dem kranken Philosophen fand dagegen erst ein Jahr später statt, als sich Olde in den Monaten Juni und Juli 1899 sechs Wochen im Nietzsche-Archiv aufhielt. Die täglichen Begegnungen waren auf kurze Zeiträume begrenzt und Olde musste sich mit Fotos und flüchtigen Skizzen behelfen, die sich in großer Zahl in Weimar sowie in Oldes Gottorfer Nachlass erhalten haben.

Man darf auf der Ölskizze in dem Ruhenden zwar den Kranken vermuten; gleichwohl heroisiert der Künstler den Philosophen mit seinem markanten Profil und dem angedeuteten Ausblick in die imaginäre Ferne seiner unermesslichen Gedankenwelt. Greifbar wird hier der Einfluss der Schwester, die ihren damals bereits zu Weltruhm gelangten Bruder in einer Pose tradiert wissen wollte, die allein ihrem Bild entsprach. Überdeutlich wurde dieser Eingriff schließlich bei der Porträtradierung Oldes, die erst im letzten Heft des PAN 1900 veröffentlicht wurde. Bei der Übersendung eines Abzugs nach der bereits verstählten Platte monierte sie in einem Brief an Olde neben der Stirn das angeblich zu »spitze Kinn« (GSA 72/BW 3954) und verglich

Kat. 105 Hans Olde · Porträt Friedrich Nietzsche · 1899 · Klassik Stiftung Weimar

es mit Mephistopheles. Olde musste die Radierung daraufhin noch einmal völlig überarbeiten, so dass heute von der wohl bekanntesten bildlichen Darstellung Nietzsches fünf verschiedene Zustände existieren. TF

Literatur: Ausst. Kat. Olde, 1999; Föhl 2013.

Kat. 106 □ S. 113
KLINGERS NIETZSCHE-BÜSTE

Im April 1902 erteilte Harry Graf Kessler dem Leipziger Bildhauer Max Klinger den Auftrag zu einer Hermenbüste des Philosophen nach antikem Vorbild als zentrales Denkmal des Nietzsche-Archivs. Vereinbart wurden ein Honorar von 12 000 Mark sowie die Ausführung in griechischem Marmor aus Paros. Zeitgleich beauftragte Elisabeth Förster-Nietzsche den eben nach Weimar übersiedelten Henry van de Velde mit dem Umbau und der Erweiterung des Archivs. Die Ausführung des Kunstwerks verzögerte sich jedoch mehrfach, so dass man sich bis Oktober 1905 mit Provisorien behelfen musste. Für die Wiedereröffnung des Archivs am 15. Oktober 1903 lieferte Klinger zunächst eine Marmorbüste, die er wenig später an einen russischen Sammler verkaufte.

Der Gips entstand nach dieser ersten Marmorfassung und diente zudem als Vorlage für Bronzeausformungen, die von der Berliner Gießerei Gladenbeck in drei verschiedenen Größen zu Preisen von 120 bis 1 000 Mark vertrieben wurden. Nach der Aufstellung der Nietzsche-Herme 1905 verblieb die Gipsbüste im Besitz des Archivs und wurde in den Privaträumen des Obergeschosses aufgestellt.

Klinger gestaltete die Bildnis-Büste nach der Totenmaske Nietzsches sowie den Fotos und der Radierung von Hans Olde, war er doch Nietzsche nie persönlich begegnet. Er sah sich bei seiner Arbeit wie bereits seine Vorgänger mehrfach den kritischen Einwänden der Schwester ausgesetzt. Griff sie bei den ersten Büsten nicht in den Schaffensprozess ein, so musste Klinger bei der endgültigen Fassung im Herbst 1905 noch eine Reihe von Korrekturen vornehmen, die ihn eine Woche in Weimar festhielten. Schließlich wurde noch das 1902 vereinbarte Honorar auf die Hälfte reduziert, da es Klinger nicht gelungen war, einen griechischen Block zu beschaffen und er stattdessen toskanischen Marmor aus Seravezza wählte. TF

Literatur: Ausst. Kat. Klinger, 2004; Föhl 2013.1.

Kat. 107
DAS NIETZSCHE-ARCHIV

Die Etablierung des Nietzsche-Archivs als zentralem Wirkungsort des von Harry Graf Kessler und Elisabeth Förster-Nietzsche propagierten Kulturprojekts eines Neuen Weimar war für die Verfechter vor Ort sowie ihren internationalen Freundeskreis aus namhaften Künstlern, Literaten, Wissenschaftlern und Musikern ein herausragendes Vorhaben von größter Bedeutung. Zunächst war es die Schwester Nietzsches gewesen, die hierzu erste Gedanken formulierte und in einem Brief vom 22. März 1901 an Kessler einen neuen Wirkungskreis Henry van de Veldes in Weimar zum Ausgangspunkt ihrer Überlegungen skizzierte. Der ›Alleskünstler‹ war auf der Suche nach neuen Herausforderungen, und Weimar konnte mit dem Renommee des ›belgischen Wundertiers der Moderne‹, damals auf dem Höhepunkt seiner Karriere und Gegenstand zahlreicher Diskussionen und Kontroversen, nur gewinnen. Nach seiner Berufung zum Berater des Großherzogs Ende 1901 erhielt er im April 1902 den Auftrag, das Nietzsche-Archiv umzubauen und um einen Eingangsvorbau zu erweitern – sein erstes prominentes Bauprojekt in der Residenzstadt.

Van de Velde löste diese Aufgabe mit Bravour, und die Klassik Stiftung bewahrt mit dem Nietzsche-Archiv das einzige in situ erhaltene Ensemble des Künstlers in allen Facetten. Die Ausgaben dagegen waren enorm und überstiegen sogar den Kostenrahmen von 40 000 Mark, soviel hatte die Villa mit stattlichem Grundstück zuvor gekostet. Auch die Fertigstellung verzögerte sich wiederholt, weshalb man im Frühjahr 1903 den 59. Geburtstag Nietzsches als Termin der Wiedereröffnung wählte. Teilplanungen wie eine angemessene Möblierung des Speisezimmers blieben in der Folge ebenso auf der Strecke wie es Max Klinger nicht gelang, seine Nietzsche-Herme rechtzeitig zu liefern. TF

Literatur: Nietzsche-Archiv 2000; Föhl 2013.

Kat. 108
DIE NACHLASSVERWALTERIN

Louis Held porträtierte Elisabeth Förster-Nietzsche treffend als zentrale Figur des Nietzsche-Archivs, hinter einem bücherbeladenen Schreibtisch stehend. Sie hält die von Harry Graf Kessler und Henry van de Velde gestaltete Prachtausgabe des *Zarathustra* in den Händen, ihr Blick ist sinnend in die Ferne gerichtet. Trotz der Kritik an ihrer Editionspraxis und mancher Angriffe auf ihre Person wahrte die Schwester des Philosophen stets ihre Autorität über seinen Nachlass und ihr gesellschaftliches Ansehen.

In einem Brief an einen guten Freund, den Philosophen und Psychologen Max Brahn, charakterisiert sie ihre Position sehr selbstbewusst und mit Ironie: »Eigentlich macht es mir Spass, dass der ganze Kreis van de Velde, Hofmann, Graef (und nun gar erst Hardt), von mir keine Ahnung haben; sie halten mich für eine gute, liebe Frau und vortreffliche Freundin – das ist alles. Das kommt daher, dass diese trefflichen Leute alle so wenig von Nietzsche wissen! […] zumal sie doch nicht wissen, dass die sämtlichen Gesamt-Ausgaben mit Ausnahme der oft recht zweifelhaften Vorreden und Nachberichte schliesslich mein Werk sind. Das braucht aber Niemand zu wissen; es soll die grosse, grosse Distance zwischen dem König und dem Kärrner nicht vermindert werden« (GSA 152/14).

Es war wohl in erster Linie die Strahlkraft Nietzsches, welche die Villa Silberblick zum Besuchermagneten machte. Doch ohne die Anpassungsfähigkeit der Hausherrin, ohne ihr offenbar ausgeprägtes Geschick, sich auf die Befindlichkeiten und Überzeugungen der ›Pilger‹ einstellen zu können, wäre die Versammlung eines solch breiten Spektrums von Weltanschauungen unter einem Dach nicht möglich gewesen. GP

Literatur: Pöthe 2011.

Kat. 109 □ S. 114
EINE LUXUSAUSGABE DES ZARATHUSTRA

Über Kesslers Editionsvorhaben des *Zarathustra* war der Graf seit 1897 sowohl mit Elisabeth Förster-Nietzsche als auch mit Henry van de Velde in näheren Kontakt gekommen. Diskutierte er mit der Schwester Nietzsches seit dem Beginn ihrer Bekanntschaft im Oktober 1895 das Werk des Bruders oder erbat sich Texte für den *PAN*, so verband beide ›sein‹ *Zarathustra* zunehmend enger. Eine Fülle von Briefen spiegelt den zähen Kampf Kesslers für ein vorbildlich gedrucktes und mo-

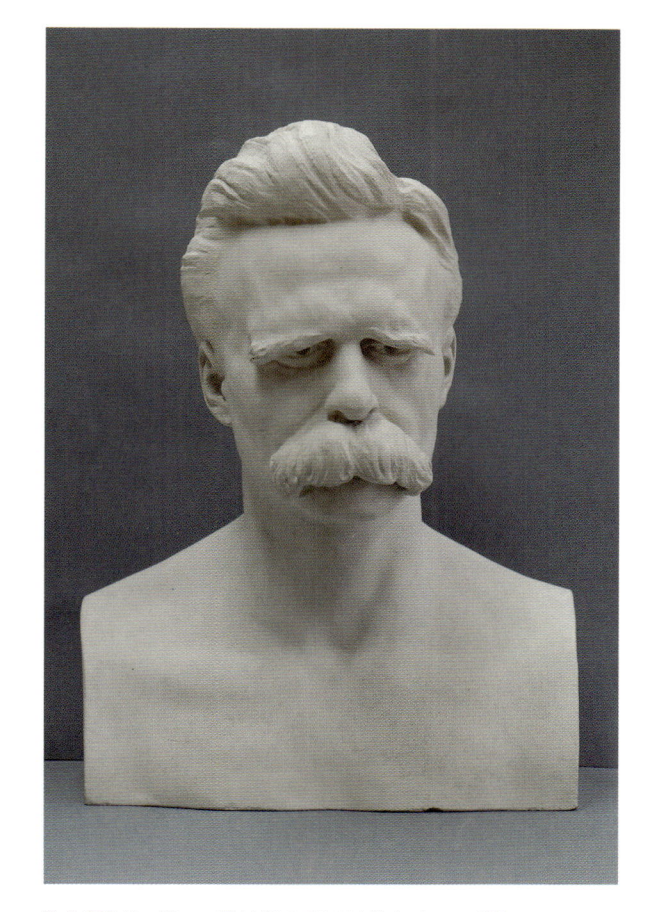

Kat. 106 Max Klinger · Bildnisbüste Friedrich Nietzsche · um 1904
Klassik Stiftung Weimar

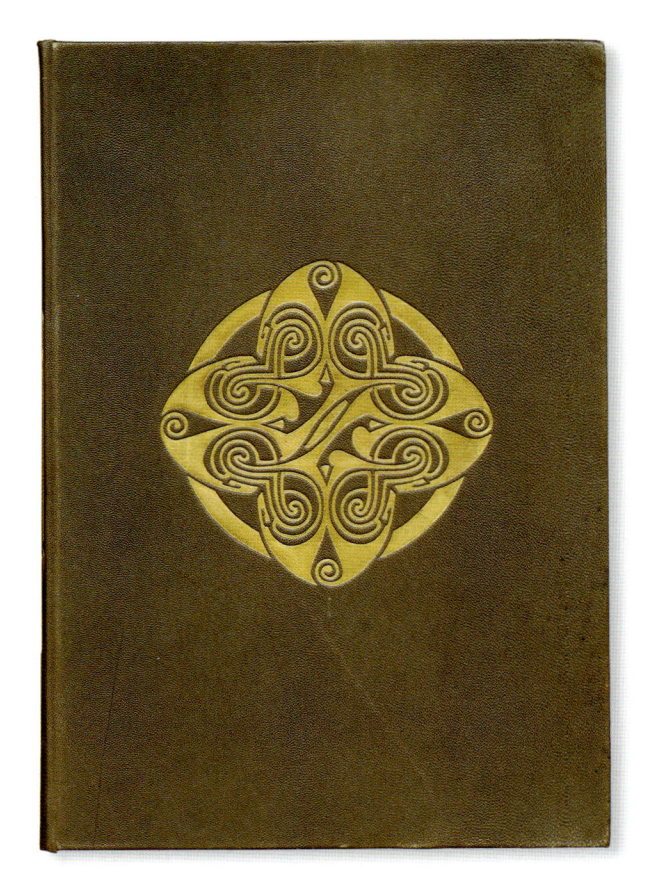

Kat. 109 Friedrich Nietzsche · Also sprach Zarathustra. Buchschmuck: Henry van de Velde · 1908 · Deutsches Literaturarchiv Marbach

dern gestaltetes Buch und lässt das spätere Engagement für seine Cranach Presse deutlich werden. Henry van de Velde wiederum, den er in Brüssel zunächst verpasst hatte und ihm tags darauf am 31. Oktober 1897 in Berlin begegnete, übertrug er spontan die Einrichtung seiner neuen Berliner Wohnung sowie die Typographie einer ›Luxus- bzw. Prachtausgabe‹ des *Zarathustra*. Im Anschluss wurde der Maler und Grafiker Georges Lemmen auf Anraten des Belgiers mit dem Schnitt einer neuen Schrift betraut und schließlich erfolgte wenig später die Herstellung eines speziellen Büttenpapiers mit dem von Henry van de Velde gestalteten Signet Nietzsches als Wasserzeichen.

Mehrere Verlegerwechsel führten erst 1906 zu Anton Kippenberg, dem Leiter des Insel-Verlags, der Kesslers Engagement teilte und begierig auf Nietzsche-Ausgaben zielte. Diese konnte er nur über Sonderausgaben von Werken Nietzsches erreichen, da das Archiv vertraglich an den Naumann Verlag gebunden war. Dies erklärt die Beschränkung des Insel-Verlags auf lediglich 530 nummerierte Exemplare der *Zarathustra*-Ausgabe, der im gleichen Jahr eine Ausgabe des *Ecce Homo* folgte sowie 1912 die *Dionysos-Dithyramben*. Henry van de Velde zeichnete bei allen Ausgaben sowohl für die Typographie als auch für die verschiedenen Varianten der Einbände verantwortlich. TF

Literatur: Föhl 2013.

Kat. 110

UMWERTUNG ALLER WERTE

Als VII. Band der *Nachgelassenen Werke* hatte das im November 1901 erstmals publizierte Werk einen durchschlagenden Erfolg, und der Kröner Verlag führt bis heute in der nunmehr 13. Auflage den Titel in seinem Programm. In der Forschung höchst umstritten, wurde die von Auflage zu Auflage gesteigerte Anzahl an Aphorismen hingegen von den Herausgebern der *Kritischen Gesamtausgabe* in den Nachlass eingereiht und der Titel als geschlossen konzipiertes Werk verworfen. Für Harry Graf Kessler war *Der Wille zur Macht* die Quintessenz seines Heroen. Am 7. Dezember 1901 schwärmte er in einem Brief an Elisabeth Förster-Nietzsche: »Über das Werk selbst kennen Sie mein Urteil […]. Es ist ein herrliches Denkmal Ihrer Wirksamkeit […]. Ich kenne wenigstens keinen Fall, der diesem gleich steht, daß ein Hauptwerk noch so wider alle Wahrscheinlichkeit von Andren gerettet wird« (Föhl 2013.1, Nr. 219).

Die von Peter Gast sowie den Brüdern Ernst und August Horneffer redigierte erste Ausgabe missfiel der Archivleiterin. Sie rügte die Arbeitsweise Ernst Horneffers als oberflächlich und legte dies gegenüber Peter Gast offen dar. Deutlich werden in diesem 17-seitigen Brief vom 16. Dezember 1901 die philologischen Kenntnisse der Schwester Nietzsches, die sich zudem in diese – auch ideenhistorisch – komplexen editorischen Vorgänge einzudenken verstand und die Gedankenkaskaden ihres Bruders durchaus nachvollziehen konnte. Dies steht in schroffem Gegensatz zu den Aussagen ihrer Gegner, die sie stets als Laiin und ungebildete Frau abzuqualifizieren versuchten. Kessler bekräftigte sein Urteil zuletzt in einem Brief an Förster-Nietzsche vom 13. April 1928: »[…] gerade der ›Wille zur Macht‹ ist das Werk Nietzsches, mit dem ich mich am meisten beschäftigt habe schon seit Jahren, und gerade auch in der letzten Zeit, wie Sie aus meinem Rathenau Buch sehen werden« (Föhl 2013.2, Nr. 718.2). TF

Literatur: Föhl 2013.

Kat. 111 ☐ S. 115 · 112 ☐ S. 115

EIN TEMPEL FÜR NIETZSCHE

Stellte die ›Luxusausgabe‹ des *Zarathustra* 1897 den Beginn der Zusammenarbeit zwischen Harry Graf Kessler und Henry van de Velde dar, so markierte das komplexe Vorhaben eines Nietzsche-Denkmals beziehungsweise -Stadions von 1911 bis 1913 deren Ende, ohne dass jedoch ihre Freundschaft auseinanderbrach. Der Gedanke, Friedrich Nietzsche zu dessen 70. Geburtstag am 15. Oktober 1914 ein Denkmal zu setzen, entstand vermutlich auf Anregung van de Veldes im Spätherbst 1910, als dieser mit dem Bau des Abbe-Denkmals in Jena beschäftigt war. Als Kessler davon Kenntnis erhielt, stürzte er sich im Januar 1911 mit Vehemenz auf das Vorhaben und übernahm im Handstreich die Regie. Stand anfangs ein Kostenrahmen von rund 50 000 Mark im Raum, erreichte die Planung schließlich einen Umfang von mehr als einer Million Mark, ohne dass die Finanzierung auch nur im Ansatz geklärt war. Der Belgier und die Schwester Nietzsches hatten an einen intimen Tempel im Garten des Archivs beziehungsweise an

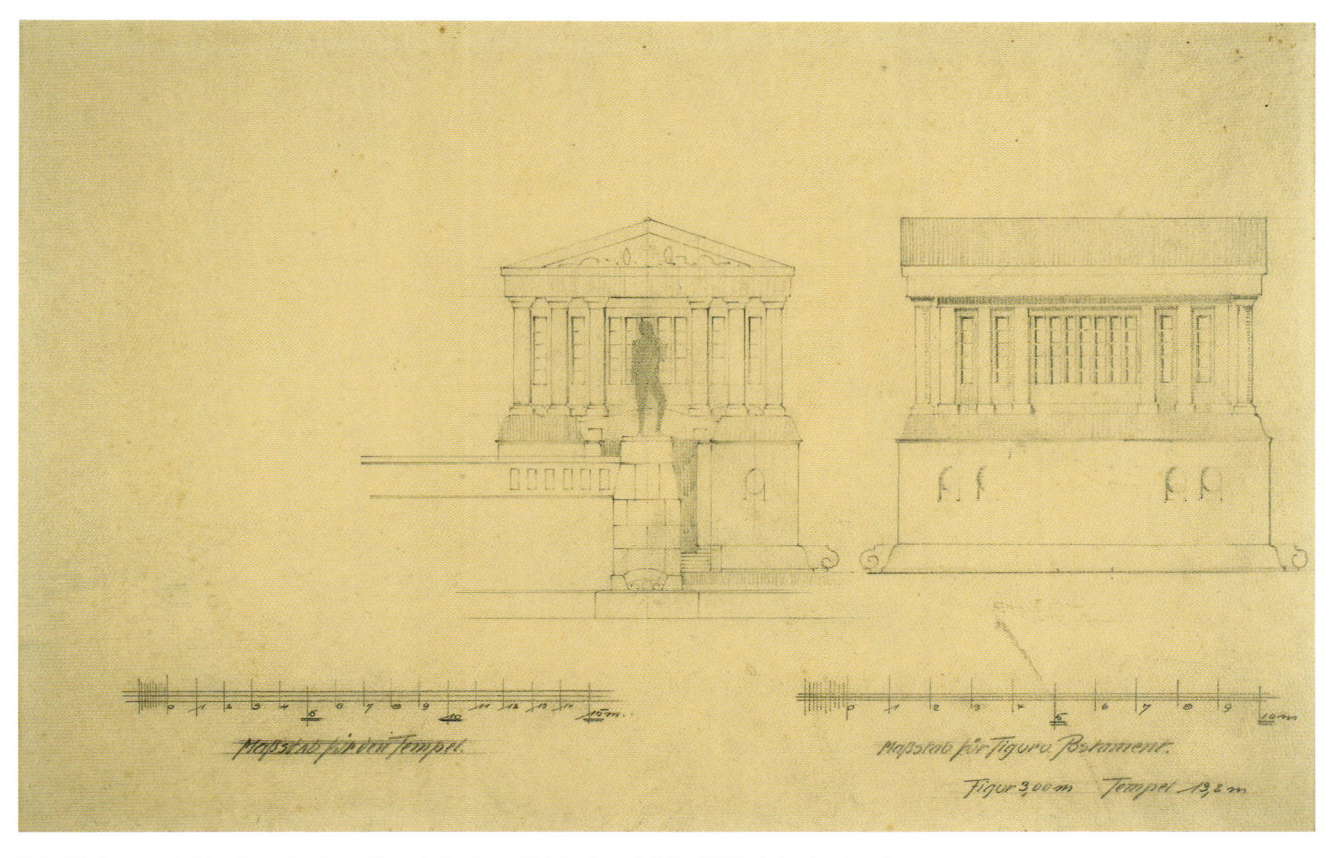

Kat. 111 Henry van de Velde · Erstes Projekt zum Nietzsche-Denkmal · 1911 · Fonds van de Velde. ENSAV – La Cambre, Bruxelles

Kat. 112 Henry van de Veldes Modell des Nietzsche-Denkmals in Weimar · Unbekannt · um 1911 · Fonds van de Velde. ENSAV – La Cambre, Bruxelles

dessen Erweiterung um einen Gedenkraum gedacht. Kessler hingegen plante in weit größeren Dimensionen. Er setzte auf die Strahlkraft Nietzsches und wollte diese um die Aspekte des Sports und der Körperkultur im Rahmen jährlicher Festspiele erweitern. In kürzester Zeit beschaffte er zwei zinslose Darlehen über jeweils 30 000 Mark und konnte mit seinem Enthusiasmus anfangs auch die beiden Urheber begeistern, als er ein Gelände von rund zwölf Hektar am Stadtrand von Weimar erwarb. Von Relevanz war dem Grafen außerdem die Blickbeziehung zum 1901 errichteten Bismarckturm am Ettersberg, in dessen ideellen Kontext er ›sein‹ Nietzsche-Stadion stellte. Henry van de Velde, mit einer Fülle anderer Aufgaben überlastet, zeichnete Plan auf Plan. Sie fanden allerdings weder die Zustimmung Kesslers noch die der Archivleiterin, die sich zunehmend verweigerte und ihre beiden intimsten Freunde gegeneinander ausspielte.

Elisabeth Förster-Nietzsche brachte das Projekt durch ihre so störrische wie intrigante Haltung schließlich zu Fall, und der heraufziehende Erste Weltkrieg vereitelte jeden weiteren Gedanken an die Utopien Kesslers. Tief anrührend wirkt in diesem Kontext ein Brief van de Veldes an seine gealterte Freundin vom 25. August 1918, als er ihr aus Sils-Maria von seinen Visionen berichtete, die ihm der Lieblingsort des Philosophen in der einsamen Bergwelt des Engadin eingab und er ein letztes Mal den intimen Tempel für den Geistesheroen in so eindrucksvollen wie sentimentalen Bildmetaphern evozierte. TF

Literatur: Ausst. Kat. »ihr Kinderlein kommet«, 2000; Föhl 2013.

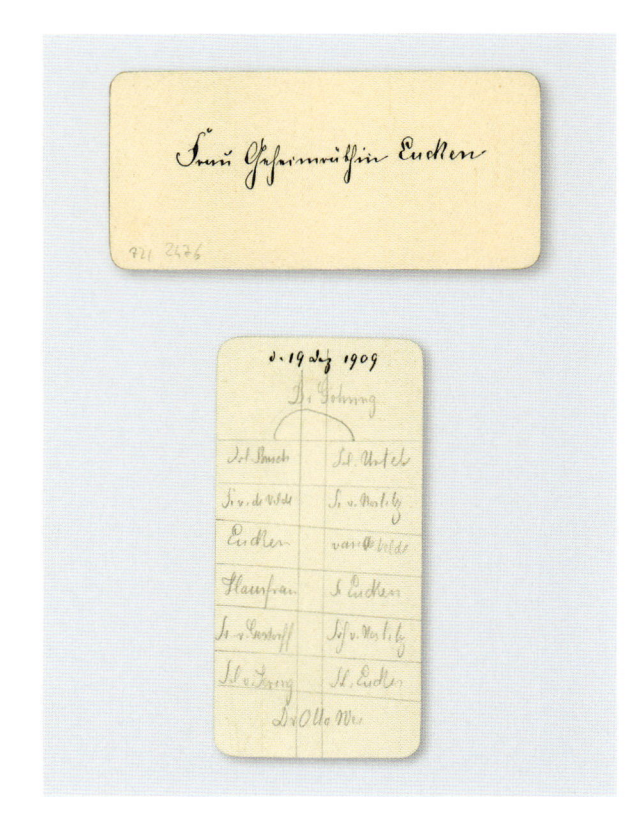

Kat. 113 Elisabeth Förster-Nietzsche · Sitzordnung zum Diner · 19. 12. 1909
Klassik Stiftung Weimar

Kat. 113 ☐ S. 116 · 114
DIE NETZWERKERIN

Als einflussreiche Nachlassverwalterin ihres berühmten Bruders profilierte sich Elisabeth Förster-Nietzsche als herausragende Gesellschafterin. Sie verstand es, sich zu vernetzen und vor allem Persönlichkeiten der Kunst-und Kulturszene an sich zu binden. Ihr hohes Integrationsvermögen brachte Vertreter der unterschiedlichsten Weltanschauungen zu Lesungen, Konzerten und Diners in ihrem Archiv zusammen. Dass dies nicht immer reibungslos verlief, beweisen jedoch die Briefwechsel mit einigen ihrer empfindlicheren Gäste; etwa jene Schreiben des offenbar beleidigten Johannes Schlaf, der sich bei einer solchen Veranstaltung von einem Journalisten ignoriert fühlte und sich daraufhin weitere Einladungen verbat (vgl. GSA 72/BW 4779).

Zu den langjährigen Verehrerinnen von Förster-Nietzsche zählte hingegen die Frauenrechtlerin Selma von Lengefeld, während sie aus ihrer Ablehnung der Emanzipation keinen Hehl machte: »[…] obgleich ich persönlich das Frauenstimmrecht als einen Angriff auf das gesegnete stille Familienglück ansehe […]. Wenn aber das Frauenstimmrecht also doch kommen sollte, so hoffe ich wenigstens, daß wir nur Männer und nicht etwa Frauen in den Reichstag wählen dürfen« (LT, Jg. 106, Nr. 368). Der Schwester des gefeierten Philosophen schien man jedoch vieles nachzusehen, ihre Gästelisten versammeln stets eine honorige Gesellschaft, die weit über das Einzugsgebiet Weimars hinausreichte. Die skizzierte Sitzordnung vom 19. Dezember 1909 auf der Rückseite der Namenskarte von »Frau Geheimrätin Eucken« zeugt von einer illustren und sorgfältig ausgewählten Runde. Mit Henry van de Velde und Irene Eucken platziert die Gastgeberin zwei kunstinteressierte nebeneinander: van de Velde ist Mitglied in der Gesellschaft von Kunstfreunden in Jena und Weimar, seine Tischnachbarin deren engagierte Sekretärin. Und Rudolf Eucken ist neben dem drei Jahre später ausgezeichneten Gerhart Hauptmann der zweite Nobelpreisträger, dessen Bekanntschaft Förster-Nietzsche pflegte. Frau von Gersdorff und Familie von Nostitz erweitern diesen Kreis um alten, hoch angesehenen Adel mit besten Beziehungen zu Regierungskreisen und Herrscherhäusern. Neues Weimar und wirkungsmächtige Tradition treffen in Reinkultur bei Förster-Nietzsche zusammen. GP

Literatur: Pöthe 2011.

Kat. 115 ☐ S. 117
NEUE MUSIK IM NIETZSCHE-ARCHIV

1909 war der Komponist Waldemar Edler von Baußnern von Köln als Direktor der Großherzoglichen Musikschule nach Weimar übergesiedelt. Schon um die Jahrhundertwende hatte er hier mit den Uraufführungen seiner ersten beiden Opern *Dichter und Welt* (1897) und *Dürer in Venedig* (1901) eine günstige Aufnahme gefunden. Seine Professur aber wurde ihm 1910 von Großherzog Wilhelm Ernst vor allem für seine Verdienste um die Reformierung der 1872 auf Franz Liszts

Kat. 115
Elisabeth Förster-Nietzsche
Einladung zu einem Konzert
von Waldermar von Baußnern
11.3.1912 · Klassik Stiftung Weimar

Anregung gegründeten Orchesterschule zu einer Musikhochschule verliehen: In allen Fächern bildeten bald bedeutende Musiker und Musikwissenschaftler auch bis zur solistischen Konzertreife aus, um der Konkurrenz größerer Städte standzuhalten.

Baußnern selbst verwirklichte in den Weimarer Vorkriegsjahren für ihn wichtige Kompositionen, wie etwa seine Dritte Symphonie mit dem Titel *Leben*. Eine Weimarer Uraufführung seines großen weltlichen Oratoriums *Das Hohe Lied vom Leben und Sterben* mit pantheistischem Goethe-Bezug scheiterte nach heftigen öffentlichen Auseinandersetzungen letztlich am Kriegsausbruch. Zu diesen Querelen hatte vor allem Baußnerns Praxis geführt, neue Werke zunächst einem Kreis potenzieller Interessenten und einflussreicher Kulturakteure vorzustellen. Ein solches Netzwerk lokaler Eliten war der Kreis um Elisabeth Förster-Nietzsche. Zu einem der Tee-Konzerte mit neuen Werken Baußnerns am Klavier lud Förster-Nietzsche am 20. März 1912 ins Nietzsche-Archiv unter anderem folgende Weimarer Persönlichkeiten ein: den Worpsweder Maler und Direktor der Kunsthochschule Fritz Mackensen, den Kammerherrn Baron von Goeben und Dr. Hans-Timotheus Kröber, Kunsthistoriker am Goethe-Nationalmuseum. TR

Literatur: Grützner 1999, S. 26, 58–64, 201.

Kat. 116 ☐ S. 118 · 117 · 118
DER REMBRANDTDEUTSCHE

Für Julius Langbehn war der »Heroencultus« eine Art »sittliche Eideshelferschaft« (Langbehn 1890, S. 7), die sich gegen den demokratischen Geist und die angeblich von den Wissenschaften dominierte Gegenwart richtete. Sein 1890 anonym erschienenes Erfolgsbuch *Rembrandt als Erzieher* erlebte in den ersten beiden Jahren vierzig Auflagen und erreichte mit den Forderungen nach charakteristischer Einfachheit, Sittlichkeit und lebensechtem Individualismus eine breite Leserschaft, die offen war für kulturkritisches und völkisches Denken. Von Anfang an umstritten waren hingegen die konfus wirkende Gedankenführung und der antisemitische Tenor. Gemeinsam mit dem friesischen Maler Momme Nissen, der von 1886 bis 1889 in Weimar bei Max Thedy studiert hatte und seit 1891 als Langbehns Sekretär und treuer Anhänger wirkte, verfasste er auch den Aufsatz *Dürer als Führer*. Dieser erschien unter Nissens Namen in der kunstpädagogisch und national ausgerichteten Zeitschrift *Der Kunstwart*. Ähnlich wie Rembrandt gilt dort Dürer als »Führer durch so manche moderne Wirrungen und Irrungen« und als echter »Volkskünstler« (Nissen 1904, S. 94 und 97).

Der promovierte Archäologe Langbehn stand in den 1880er Jahren in freundschaftlichem Kontakt mit Künstlern wie Wilhelm Leibl und Hans Thoma. Letzterer porträtierte ihn 1886 in Frankfurt. Die selbstbewusste Pose mit entblößtem Oberkörper und dem in der Rechten emporgehaltenen Ei spielt auf Langbehns Vision kultureller und sittlicher Reinheit an. Zugleich inszeniert er sich als Retterfigur der deutschen Kultur, als reiner Erlöser. Die christusähnliche Zurschaustellung spielt auf seine in den 1880er Jahren vollzogene Abkehr von der als krank und lebensfern verachteten Wissenschaft an. In Verbindung mit der am unteren Rand gemalten Abschlussleiste erinnert sie zudem an Darstellungen der Auferstehung. Trotz der physischen Präsenz des Porträtierten wird eine prophetische Entrücktheit vermittelt, indem der nach vorne gewandte Blick den Augenkontakt mit dem Betrachter knapp verfehlt. Die Inschrift auf dem Ebenholzrahmen »OMNE VIVUM EX OVO« (Alles Lebendige kommt aus dem Ei) geht auf die Naturforschung des 17. Jahrhunderts zurück. Dieser Lehrsatz lässt sich im Kontext der Ideologie Langbehns biologistisch umdeuten im Sinne einer auf Rasse und Geburt gegründeten Kultur. Mit der betont schlichten Darstellung und altmeisterlichen Malweise gleicht sich Thoma auch formal an das Gedankengut Langbehns an. JRö

Literatur: Grebe 2009; Ausst. Kat. Vor hundert Jahren, 1981; Stern 2005.

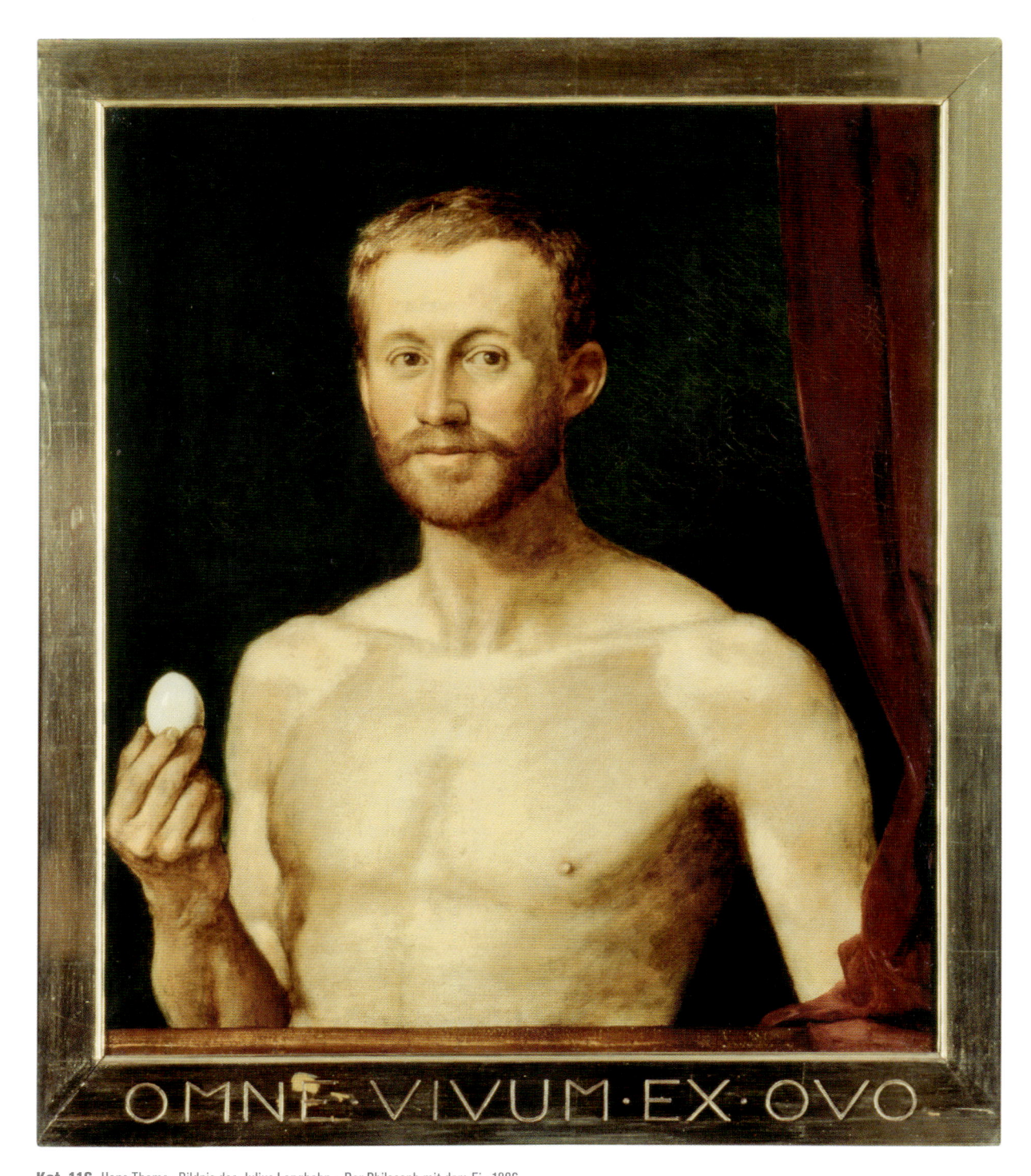

B DER ›GEIST VON WEIMAR‹ – AUSDRUCK ›DEUTSCHER GRÖSSE‹

Kat. 116 Hans Thoma · Bildnis des Julius Langbehn – Der Philosoph mit dem Ei · 1886
Stiftung Schleswig-Holsteinische Landesmuseen Schloss Gottorf, Schleswig

Kat. 120
Friedrich Seeßelberg
Volk und Kunst. Kulturgedanken
1907 · Klassik Stiftung Weimar

Kat. 119 ☐ Titelabb.

WAGNER'SCHE VISIONEN VOM KRIEG

In konservativen Kreisen galt die Malerei Hans Thomas als eine ausdrucksstarke und nationale Alternative zu der vom französischen Impressionismus beeinflussten Secessionskunst um Max Liebermann, die etwa von dem Kunsthistoriker und Thoma-Verehrer Henry Thode als technisch virtuos, aber inhaltlich ohne Tiefe bezeichnet wurde. Zwei Jahre vor Entstehung von Thomas Bild hatte der Richtungsstreit mit Julius Meier-Graefes Buch *Der Fall Böcklin* und Thodes Antwort einen Höhepunkt erreicht. Spätestens seit diesem Zeitpunkt galt Thoma als Exponent einer genuin deutschen Ausdruckskunst.

Thoma zeigt die Personifikation des Krieges mit einer aggressiv in den Bildraum eindringenden Haltung; das hakennasige Profil hebt sich scharf vor einer infernalischen Feuerwand ab. Der Helmabschluss mit feuerspeiendem Drachen hat seine Vorläufer in Thomas Entwürfen für Richard Wagners *Ring des Nibelungen*, die eine neuartige, von antikisierenden Formen befreite und überzeitliche Kostümierung ermöglichen sollten. Im Hintergrund zeigen sich schemenhaft zwei Reiter: Sie scheinen unbewaffnet und wirken wie getrieben von der hereinbrechenden Übermacht. Im Unterschied zu weiteren Versionen des Mars-Themas verzichtet Thoma hier auf einen mythologischen Bildtitel und unterstreicht damit den elementaren Charakter seiner Darstellung. Die Ambivalenz der Bildaussage speist sich aus dem klaren und dynamischen Aufbau und der jeder Individualität beraubten Reitergruppe, was von den Zeitgenossen auch als Appell zur nationalen Opferbereitschaft verstanden werden konnte. In diesem Sinne wurde das Bild im Ersten Weltkrieg auch auf Feldpostkarten verbreitet. JRö

Literatur: Ausst. Kat. Thoma, 2013.

Kat. 120 ☐ S. 119 · 121

DER WERDANDI-BUND

Mit dem 1907 erschienenen Buch *Volk und Kunst* versuchte der Architekt Friedrich Seeßelberg das weltanschauliche Fundament des von ihm im selben Jahr gegründeten Werdandi-Bundes zu erklären. Von der pseudo-darwinistischen Idee eines Kampfes zwischen den Völkern geleitet, vollzieht sich für Seeßelberg das Ringen um die deutsche Kultur vor dem Hintergrund des kosmischen Gesamtgeschehens. Elemente der Esoterik, idealistischer Philosophie und der Lebensreformbewegung werden hier mit dem Plädoyer für eine ›gesunde‹ und völkisch geprägte Moderne verbunden, zu deren Vorbildern die Dichtung Wilhelm Raabes, die Malerei Hans Thomas und das Gesamtkunstwerk Richard Wagners gehören.

Der Name des deutschlandweit etwa 500 Mitglieder zählenden und bis 1914 aktiven Werdandi-Bundes leitete sich von der nordischen Schicksalsgöttin (Norne) der Gegenwart ab. Ziel war laut Satzung, die »Seelenkraft des deutschen Volkes durch das Mittel der Kunst zu erhalten« (Seeßelberg 1908, S. 7) und den als dekadent erachteten Strömungen entgegenzuwirken. In den ersten Jahren nach der Gründung trat die Vereinigung mit Ausstellungen und einer bibliophil ausgestatteten Zeitschrift hervor, für die namhafte Autoren gewonnen werden konnten. Zusätzlich sollten lokale »Kreise« die Kulturentwicklung positiv befördern. Als Vorsitzende eines in Weimar zu gründenden Kreises hatte man die Frauenrechtlerin Selma von Lengefeld vorgesehen (vgl. Seeßelberg an Therese Paris vom 11. 9. 1907, GSA 96/4902). Trotz prominenter Unterstützer stieß die Ideologie des Bundes auch auf Spott: So ironisierte in der *Weimarischen Zeitung* der Kritiker Franz Kaibel die deutschtümelnden Phrasen eines dort publizierten Werdandi-›Kampfrufs‹. JRö

Literatur: Parr 2000.

GERDA WENDERMANN

Eine neue deutsche Kunst? Richtungskämpfe um die künstlerische Moderne

Bezeichnend für die Grundstimmung im deutschen Kaiserreich nach der Jahrhundertwende war eine Proklamation von Ferdinand Avenarius im September 1901 im *Kunstwart*, mit der er zur Gründung des Dürerbundes aufrief. Inhalte und Ziele dieses Bundes sollten die »Pflege des ästhetischen Lebens«, die Verbreitung einer alles umfassenden »Ausdruckskultur« und die Erziehung des deutschen Volkes zu einer nationalen Kunst sein.[1] Die Intentionen des Dürerbundes richteten sich gegen die Vielfalt der verschiedenen Kunstkonzepte, die im Kaiserreich miteinander konkurrierten. Angesichts der gesellschaftspolitischen Zersplitterung und der künstlerisch-ästhetischen Konflikte wurde gerade der bildenden Kunst eine neue Führungsrolle im geistigen Leben der Nation zugesprochen, da nur sie eine sittlich-moralische Erneuerung und – daraus folgend – eine nationale Einigung bewirken könne.

Obwohl sich bereits seit den 1890er-Jahren der Impressionismus als vorherrschende Kunstrichtung mit allgemein anerkannten Künstlern wie Max Liebermann, Lovis Corinth, Wilhelm Trübner und anderen bei den entscheidenden Kulturinstitutionen und Kunstredakteuren etabliert hatte, wurde nach der Jahrhundertwende mit neuen nationalistischen Tönen über realistisch-naturalistische, idealistisch-symbolistische oder expressionistische Tendenzen gestritten. Während etwa Kaiser Wilhelm II. die bildende Kunst nicht nur im Rahmen seiner Berliner Siegesallee für politische Repräsentationszwecke instrumentalisierte, verschärften sich gleichzeitig die Angriffe auf eine als ›undeutsch‹ propagierte Moderne. Die 1906 in Berlin präsentierte Deutsche Jahrhundertausstellung gab erstmals einen relativ vollständigen Überblick über die deutsche Kunst von 1775 bis 1875 und führte zu folgenreichen Neubewertungen und Wiederentdeckungen wie Caspar David Friedrich, Carl Blechen und Hans von Marées. In der Öffentlichkeit wurden insbesondere Arnold Böcklin und Hans Thoma zu idealen Vorbildern einer inhaltsorientierten deutschen Kunst erhoben. Ein Jahr zuvor hatte Julius Meier-Graefe, der bekannteste Promoter des Impressionismus in Deutschland, sein umstrittenes Buch *Der Fall Böcklin* (1905) veröffentlicht, in dem er gegen diese Richtung der deutschen Kunst polemisierte und neue Fronten eröffnete. Auch die heftigen Auseinandersetzungen um die Ankaufs- und Hängepolitik des Direktors der Berliner Nationalgalerie, Hugo von Tschudi, fallen in diese Jahre. Er hatte sein Haus zum bedeutendsten Museum für die moderne französische Kunst gemacht und nahm 1911 resigniert seinen Abschied aus Berlin.[2]

Die zunehmend schärfer geführte Debatte über eine nationale deutsche Kunst fand in Weimar zunächst keine Resonanz. Im Gegenteil: ›Ilm-Athen‹ entwickelte sich überraschenderweise zu einem frühen Experimentierfeld der Moderne. Dieser Prozess verdankte sich vor allem der 1860 gegründeten Großherzoglich Sächsischen Kunstschule, die sich im Unterschied zu den anderen deutschen Kunstakademien von Beginn an durch liberale Grundprinzipien auszeichnete. Dies entsprach dem Willen Großherzog Carl Alexanders, der die freie geistige Entwicklung der Studenten zum obersten Grundsatz der Schule erhob. Zwar geriet Carl Alexander aufgrund der eigenen, eher klassizistisch orientierten ästhetischen Vorlieben immer wieder in einen persönlichen Konflikt mit dem Prinzip der Toleranz, dennoch konnte sich in Weimar schon in den 1870er-Jahren zum ersten Mal innerhalb einer deutschen Kunstakademie eine fortschrittliche Freilichtmalerei nach dem Vorbild der Schule von Barbizon entwickeln.[3] Auch die Rezeption des französischen Impressionismus fiel in Weimar auf einen fruchtbaren Boden, so dass hier bereits in den frühen 1890er-Jahren ein Zentrum impressionistischer Freilichtmalerei entstand, das noch bis zur Jahrhundertwende ausstrahlte.

Der Tod Carl Alexanders im Januar 1901 und die Nachfolge seines Enkels Wilhelm Ernst wirkten sich tiefgreifend auf die Kunstschule aus, die 1902 reorganisiert und im Auftrag des jungen Großherzogs von einer privaten in eine staatlichen Anstalt umgewandelt wurde. Mit der Berufung des norddeutschen Künstlers Hans Olde am 1. April 1902 als Nachfolger des bisherigen konservativen Direktors Graf von Schlitz gen. von Görtz, einem engen Vertrauten Wilhelms II., fand eine entscheidende Weichenstellung für die Zukunft statt.[4] Als einer der frühesten Vertreter des deutschen Impressionismus wandte Olde sich sogleich einer grundlegenden Akademiereform zu, die auch die erstmalige offizielle Zulassung von weiblichen Studenten in Deutschland umfasste. Überdies berief Olde neue Lehrer an die Kunstschule, darunter Ludwig von Hofmann und Sascha Schneider. Während Hofmann der französischen dekorativen Malerei der Nabis nahestand, verfolgte Schneider eine ›Ideenkunst‹, die Nietzsches Gedanken eines neuen Menschenideals aufnahm. Auch Hofmann verstand sich selbst als Neuidealist und suchte eine künstlerische Schönheit, die er in Antike und Renaissance gestaltet sah, an deren zeitlosen Idealen er festhalten wollte. Die Suche nach einer Synthese aus den Errungenschaften des Realismus und Impressionismus in Verbindung mit einer idealistischen Konzeption wurde außerdem von Paul Schultze-Naumburg propagiert, der seit Wintersemester 1902 an der Kunstschule lehrte. Als ein Bewunderer Goethes und der klassizistischen Kunst um 1800 strebte Schultze-Naumburg ebenfalls einen Neuidealismus an. Wichtige Vorbilder waren für ihn Alfred Rethel, Moritz von Schwind, Ludwig Richter, Max Klinger, Arnold Böcklin, Hans von Marées, Hans Thoma und Franz von Stuck.

Einen maßgeblichen Einfluss hatte Schultze-Naumburg auch als Sachbearbeiter für bildende Kunst, Architektur und Kunstgewerbe beim *Kunstwart*.[5] Hier veröffentlichte 1904 der ehemalige Student der Weimarer Kunstschule Momme Nissen einen aufsehenerregenden Artikel unter dem vielsagenden Titel *Dürer als Führer* (1904). Nissen war seit 1893 Sekretär des Kulturkritikers Julius Langbehn. Dessen Buch *Rembrandt als Erzieher* war 1890 noch zunächst anonym erschienen und hatte eine enorme öffentliche Wirkung erzielt. Inhaltlich lieferte es eine radikale antimoderne Kulturkritik. Rationalität, Wissenschaftlichkeit, Materialismus, Liberalismus und Kosmopolitismus begriff Langbehn als Degenerationserscheinungen, für die er Aufklärung und Urbanisierung verantwortlich machte. Als mystisch-romantischen Gegenpol zur verhassten Moderne setzte Langbehn den Typus des Niederdeutschen, verkörpert durch den Maler Rembrandt, dessen holländische Nationalität er als germanisch blutsverwandt betrachtete. Aus Rembrandts Geist sollte eine nationale Wiedergeburt durch die Kunst entspringen, initiiert von ›Geistesheroen‹, die Gemütstiefe, Schlichtheit, Ganzheitlichkeit und Verwurzelung im Volkstum zu neuer Geltung bringen würden. Dieser Fokus auf Rembrandt brachte Langbehn den Beinamen ›Rembrandtdeutscher‹ ein, der zu einem Schlagwort für eine bestimmte völkische Einstellung wurde.[6] Von zentraler Bedeutung für die Rezeption dieser antimodernen, kulturpessimistischen Haltung war auch Nissens Artikel *Dürer als Führer*. Darin wird der Künstler Dürer in Anspruch genommen für die Verteidigung der deutschen Heimat. In apodiktischen Sätzen wie »Dürer ist *monumental*« oder »Dürer ist *Volkskünstler*«[7] wurde er als Leitfigur für eine Gesundung der deutschen Kunst installiert, in Abwehr fremdländischer Einflüsse. So heißt es im Text: »Der Großtypus Dürer ist […] durch seine Bodenwüchsigkeit und Seelenstärke geradezu *das Rückgrat der deutschen Kunst*. […] Nicht Manet und Degas – Dürer und Rembrandt sind und bleiben die Heerführer deutscher Kunst«.[8]

Auf der Gegenseite entwickelte sich Weimar auch durch die Ausstellungspolitik von Harry Graf Kessler zwischen 1903 und 1906 zu einem maßgeblichen Forum der internationalen modernen Kunst.[9] Die öffentliche Zeitungskritik kommentierte Kesslers Ausstellungen im neugegründeten Großherzoglichen Museum für Kunst und Kunstgewerbe durchaus wohlwollend. Trotz dieser anfänglichen Erfolge war Kessler hellsichtig genug, um die mächtige Gegenreaktion zu sehen: »Im Grunde glaubt der Deutsche nicht an Kunst, wenn er auch Künstler oder Professor für Kunstgeschichte ist: der Deutsche hat die Heimatkunst erfunden. Mit der Kunst allein weiss er Nichts anzufangen. Grosse Aufgabe: den Deutschen zum Glauben an die Kunst zu erziehen«.[10] Auf seine Weise setzte sich auch Kessler für eine ›Erneuerung Deutscher Kultur‹ ein.[11] So heißt es nachdrücklich in der Broschüre zur Gründung des Deutschen Künstlerbundes 1903 in Weimar, der Bund solle »der deutschen Kunst ein Arm und nötigenfalls eine Faust werden, die die Eigenart in der Kunst schützt und die rechte Haltung durchsetzt«.[12] Die Präsentation von französischer oder englischer Avantgardekunst sollte der deutschen Kunst als Vorbild und Anregung dienen, um neue eigene Ausdrucksmittel zu finden. Antimoderne Bestrebungen lehnte Kessler jedoch vehement ab: »Antimodern sind vor Allem das Trübe, das Verlogene, das Weibische, oder wenn man will, Unlogik, Widersprüche, Romantik und Sinnlichkeit ohne Zugreifen«.[13] Doch sah sich Kessler 1906 als Museumsleiter zum Rücktritt gezwungen, da die Präsentation von vermeintlich obszönen Aquarellen des französischen Bildhauers Auguste Rodin einen durch die Weimarer Presse forcierten Skandal ausgelöst hatte.[14]

Nur zwei Jahre später wurde mit Fritz Mackensen einer der Mitbegründer der Künstlerkolonie Worpswede nach Weimar berufen, um die Naturklasse zu unterrichten. 1910 übernahm er die Leitung der Kunsthochschule. Auch Mackensen war von den Thesen Langbehns, die zunächst idealistisch verstanden werden konnten und mit der Betonung des Volkscharakters wegweisend für die Heimatkunstbewegung wurden, nachhaltig beeindruckt worden. Als akademischer Lehrer legte er besonderen Wert auf das Naturstudium, das ihm Ausgang jeder Kunstform war. Rückblickend äußerte er sich hierzu: »Es war in Deutschland schon lange der Kampf entfacht um die Erziehung zur Kunst. Nicht vom Hochgeistigen und damit vom Naturstudium wollte man sie ausgehen lassen, sondern vom Kunstgewerblichen. Ich sah darin eine große Gefahr für die deutsche Kultur«.[15] Mit dieser Aussage spielte er sicherlich auf Henry van de Velde als Direktor der Großherzoglichen Kunstgewerbeschule in Weimar an, mit dem er in einem komplizierten Konkurrenzverhältnis stand.

Um seine Position an der Kunsthochschule zu stärken, plante Mackensen daher, seinen langjährigen Wegbegleiter, den Bremer Carl Vinnen, nach Weimar zu berufen.[16] Doch sein Versuch, Vinnen zur Annahme einer Professur zu bewegen, misslang. Dennoch unterstützte Mackensen den von Vinnen initiierten *Protest deutscher Künstler*, der 1911 die Öffentlichkeit in zwei Lager spaltete. Vinnen hatte den Ankauf eines Bildes von Vincent van Gogh, das *Mohnfeld*, für die Bremer Kunsthalle durch den damaligen Direktor Gustav Pauli zum Anlass genommen, in einem Zeitungsartikel die Erwerbungspolitik bestimmter Museen scharf zu kritisieren. Damit löste er eine deutschlandweite Debatte über die Überbewertung französischer Kunst und die damit verbunden geglaubte Überfremdung der deutschen Kunst aus.[17]

Noch im selben Jahr erschien bei Eugen Diederichs ein Sammelband mit den verschiedenen Stellungnahmen von Mitgliedern der Secessionen und des Künstlerbundes, der die Auseinandersetzung um die Moderne in Deutschland noch weiter forcierte.[18] In dem gemeinsamen Vorwort riefen Diederichs und Vinnen zum Kampf auf »gegen eine in Deutschland so übermächtig gewordene Interessentengruppe und deren Bundesgenossen, die Ästheten und die Snobs«.[19] Ohne Namen zu nennen, war allen Beteiligten klar, dass sich die massive Kritik vor allem auf den Berliner Galeristen Paul Cassirer sowie auf die beiden Kunstkritiker Julius Meier-Graefe und Karl Scheffler richtete. Namentlich wurde hingegen in Vinnens Beitrag der 1909 in Düsseldorf gegründete Sonderbund genannt, der »innigen Anschluß an die jüngsten Pariser Extravagisten, Matisse und andere«[20] gesucht habe. Sie alle hätten »sich die Hand gereicht«, um Deutschland »mit großen Massen französischer Bilder« zu überschwemmen.[21] Vinnen griff hierbei auch das weit verbreitete Vorurteil auf, dass es sich zum größten Teil um Werke minderer Qualität handele, um »Atelierreste«, die im eigenen Land, das heißt Frankreich, verschmäht würden.[22] In der Nachfolge Langbehns richtete Vinnen seinen Appell an die deutsche Künstlerschaft, sich gegen die Überschätzung fremden Wesens zu wehren. Statt sich durch Imitation »in Affen der Franzosen zu verwandeln«, sollten sie die »Eigenart unseres Volkes« verteidigen, zu der er »Vertiefung, Phantasie, Empfindung des Gemütes« zählte.[23] Als Führer auf diesem deutschen Weg empfahl er, ähnlich wie Jahre zuvor Schultze-Naumburg, Rethel, Menzel, Leibl, Böcklin und Marées.

Der Erfolg dieses Protestes beruhte nicht ausschließlich auf einer weitverbreiteten antimodernistischen Haltung. Vinnens Argumentationsweise, die darin bestand, keine Aussage ohne Einschränkung zu machen, bot einen großen Interpretationsspielraum, so dass sich neben bekannten konservativen auch durchaus aufgeklärte und liberale Künstler sowie Kunstkritiker der Aktion anschlossen, wie Thomas Theodor Heine, Friedrich August von Kaulbach, Franz von Stuck, Wilhelm Trübner und Heinrich von Zügel. Auch Käthe Kollwitz, die später bedauerte, diesen Protest unterzeichnet zu haben, erklärte ihre Beteiligung damit, »damals so erbost über die letzten Geschenke aus Paris«[24] gewesen zu sein – womit sie die jungen französischen Fauves um Matisse meinte. Es ist bezeichnend, dass sich nur drei Jahre später viele dieser Namen auf der Unterzeichnerliste des *Aufruf an die Kulturwelt!* vom Oktober 1914 wiederfinden.[25] Von Weimarer Seite unterstützen nicht nur ehemalige Absolventen der Kunstschule den *Protest Deutscher Künstler* wie Momme Nissen, Carl Strathmann und Charles Tooby, sondern auch die Professoren Hans Olde, Max Thedy und Fritz Mackensen. Nur drei Monate später erschien im Münchner Piper Verlag eine *Antwort auf den Protest deutscher Künstler* mit Gegendarstellungen von 75 progressiven Künstlern, Galeristen, Sammlern, Kunstkritikern und Schriftstellern, die von Franz Marc und seinen Mitstreitern der Neuen Künstlervereinigung München initiiert worden war.[26] Beide Sammelbände gelten heute als die wichtigsten Zeugnisse für den »Kampf um die Kunst«[27] in Deutschland am Vorabend des Krieges. Der in dieser Form einmalige Zusammenschluss der fortschrittlich gesinnten Künstler führte überdies in München zu der Idee des Almanachs *Der Blaue Reiter*, und in Düsseldorf wuchs beim Sonderbund der Plan zu einer großen, international angelegten Übersichtsausstellung der modernen Kunst.[28]

Noch im selben Jahr, das heißt Ende August 1911, machte eine Wanderausstellung der Neuen Künstlervereinigung München auch in Weimar im Museum für Kunst und Kunstgewerbe Station. Diese Ausstellung präsentierte Bilder von drei deutschen Künstlern (Adolf Erbslöh, Franz Marc und Gabriele Münter), drei Russen (Wassily Kandinsky, Alexej Jawlensky und Marianne von Werefkin) sowie von einem Franzosen (Henri le Fauconnier). In beiden Weimarer Tageszeitungen erschienen dazu zwei längere Artikel. Im Vergleich zu den rheinischen Presseattacken auf die Kölner Sonderbundausstellung von 1912, die vor allem auf van Gogh, die französischen Fauves und die Münchner Künstlervereinigung zielten, waren die Weimarer Rezensenten erstaunlich um Sachlichkeit und Vermittlung bemüht. Insbesondere Otto Eggeling, der seit den 1890er-Jahren kunsthistorische Vorträge an der Weimarer Kunstschule hielt, warb um Verständnis für Künstler, die sich vom Impressionismus abwendeten, um ihre Bilder im »eigenen Inneren zu finden«.[29] Am Ende seiner Rezension ging er auf Wassily Kandinsky ein: »Er bedarf keiner Gestalten, keiner Formen der Wirklichkeit mehr. Er dichtet eine *Herbstlandschaft*, einen *Akt*, eine *Romantische Landschaft* in Farben, die ihm vor seine Phantasie traten […]. Weder Weise noch Toren werden Gestalten in dieser Farbenmasse finden. Wem nun die Farbe nicht selbst spricht, der wird befremdet vor diesen Werken der neuesten Malerei stehen«.[30] Am Ende seines Textes stellte Eggeling auch die Frage nach der Zukunft dieser Malerei, danach, ob sie wirklich den »Geist unserer Tage« ausdrücke.[31] Er selbst schien davon überzeugt zu sein, denn er schrieb: »Wer noch lange lebt, wird es sehen. Zunächst werden nicht viele glauben. Aber sehen sollten doch alle, die wissen möchten, was die Geister in unsern Tagen bewegt und wie sie ringen«.[32]

Auch im Fall des sogenannten Hodlerstreits ging es sowohl um nationale Charakteristika als auch um künstlerische Fragen nach einem neuen monumentalen Stil. Die öffentlich geführte Debatte entzündete sich im Lauf des Juli 1912 im Rahmen der in Dresden veranstalteten Ausstellung *Monumentaldekorative Malerei*. Der erst im Januar desselben Jahres durch Mackensen nach Weimar berufene Tiroler Maler Albin Egger-Lienz war dort mit einer repräsentativen Auswahl an Werken zu sehen gewesen. Er reagierte mit Verärgerung auf die deutsche Kunstkritik, die einhellig die Werke seines Schweizer Konkurrenten Ferdinand Hodlers feierte, ihn dagegen als Epigonen bezeichnete.[33] Egger-Lienz veröffentlichte daraufhin den polemischen Artikel *Monumentale Kunst,* dessen erste Fassung am 8. Juli 1912 in der

Wiener Sonn- und Montagszeitung erschien und sogleich in 18 deutschsprachigen Zeitungen in Auszügen oder komplett nachgedruckt wurde, darunter auch in Weimar.[34] Er entwarf in seinem Text ein Gegensatzpaar, gebildet aus der dekorativen Malerei des Jugendstils, der er die Gemälde Hodlers als »Nervenkunst« zuordnete, und einer aus einer inneren Notwendigkeit geschaffenen monumentalen Malerei, einer »Blutkunst« im Sinne seiner eigenen Werke.[35] Dem von ihm abgelehnten großstädtischen Raffinement setzte er sein heimatverbundenes Credo von Einfalt und Ursprünglichkeit entgegen.

Zwar griff Egger-Lienz in erster Linie Hodler an, setzte aber auch andere bedeutende deutsche Künstler wie Max Klinger und Lovis Corinth in verletzender Weise durch aggressive Formulierungen wie »dilettantisches Knallprotzentum« (Klinger) und »Pinselkraftmeier« (Corinth) herab.[36] In der Folge erkannten all jene, die gegen die ›Überfremdung‹ der deutschen Kunst polemisierten, in Egger-Lienz ein Aushängeschild völkischer Heimatkunst.[37] Der offene Angriff auf Max Klinger, der in Weimar eine herausragende Bedeutung genoss, stieß jedoch auf Unverständnis. Obwohl sich mit Ausnahme Henry van de Veldes die Weimarer Künstler einer öffentlichen Stellungnahme enthielten, war Egger-Lienz offensichtlich nicht im Amt zu halten, denn Großherzog Wilhelm Ernst genehmigte die erbetene Entlassung schon zum 1. Oktober 1913.[38] Mit dem Fortgang des umstrittenen Tiroler Künstlers endet am Vorabend des Ersten Weltkriegs vorerst die Kontroverse um eine deutsche Kunst in Weimar. Es gab weder eindeutige Verlierer noch Sieger. Trotz des stark eingeschränkten Ausstellungsbetriebs wurde in Weimar während der Kriegsjahre keineswegs nur eine deutschnationale Kunst gezeigt, sondern durchaus auch junge expressionistische Malerei wie etwa von Albert Weisgerber, der 1915 in Flandern gefallen war, oder Moriz Melzer. Die Debatte um die Moderne sollte erst mit der Gründung des Bauhauses in der Klassikstadt wieder heftig aufflammen.

Anmerkungen

1 Avenarius 1900/01, S. 471. **2** Vgl. Ausst. Kat. Manet bis van Gogh, 1996. **3** Vgl. Ausst. Kat. Hinaus in die Natur!, 2010. **4** Vgl. Gantner 1970, S. 114 ff. **5** Vgl. Kratzsch 1969, S. 121–126. **6** Vgl. Behrendt 1996, S. 94–113. **7** Vgl. Nissen 1904, S. 94. **8** Ebenda, S. 98. **9** Vgl. das Verzeichnis der Ausstellungen Kesslers in: Ausst. Kat. Aufstieg und Fall der Moderne, 1999, S. 90–97. **10** Tgb. Kessler, 20. 11. 1903, Schäfer/Biedermann 2004, S. 638. **11** Vgl. Tgb. Kessler, Schäfer/Biedermann 2004, S. 812 f. **12** Zit. nach Bollenbeck 1999, S. 131. **13** Tgb. Kessler 10.7.1903, Schäfer/Biedermann 2004, S. 585 **14** Vgl. Wahl 1988, S. 56–77; Föhl 2005, S. 32 f. **15** Zit. nach Küster 1990, S. 32. **16** Ebd. **17** Jeddeloh-Sayk 1986, S. 88. Vgl. auch: Ausst. Kat. van Gogh, 2002. **18** Vgl. Ein Protest deutscher Künstler. Mit Einleitung von Carl Vinnen, Jena 1911. **19** Ebd., S. 1. **20** Ebd., S. 3. **21** Ebd., S. 6. **22** Ebd., S. 7. **23** Ebd., S. 8. **24** Kollwitz, Tagebuchblätter u. Briefe, Kollwitz 1948, S. 119 f. **25** Vgl. J. v. Ungern-Sternberg/W. v. Ungern-Sternberg 1996. **26** Im Kampf um die Kunst. Die Antwort auf den Protest deutscher Künstler. Mit Beiträgen deutscher Künstler, Galerieleiter, Sammler und Schriftsteller, München 1911. **27** Im Kampf um die Kunst 1911. **28** Vgl. Schaefer 2012, S. 43. **29** WLZD Jg. 63, Nr. 241, 2.9.1911. **30** Ebd. **31** Ebd. **32** Ebd. **33** Vgl. Weigelt 1914, S. 5. **34** Vgl. WLZD Jg. 64, Nr. 189, 11.7.1912. **35** Ebd. **36** Ebd. **37** Vgl. Rennhofer 2000, S. 34. **38** Vgl. ThHStAW, Großherzoglich Sächsische Hochschule für bildende Kunst Nr. 26, Bl. 217.

WEIMAR UND JENA ALS BÜHNE DER INTERNATIONALEN AVANTGARDE

Während es in der zweiten Hälfte des 19. Jahrhunderts das Verdienst von Großherzog Carl Alexander gewesen war, durch zahlreiche mäzenatische Unternehmungen eine kulturelle Renaissance der Klassikerstadt einzuleiten, so verfolgte ab 1902 Harry Graf Kessler mit großem persönlichen und finanziellen Einsatz die Vision eines Neuen Weimar. Die Grundlage hierfür bildete seine Tätigkeit als ehrenamtlicher Vorsitzender des Kuratoriums für das neugegründete Großherzogliche Museum für Kunst und Kunstgewerbe, die er offiziell am 24. März 1903 antrat. Mit über dreißig Ausstellungen der zeitgenössischen deutschen, französischen und englischen Avantgarde, die diplomatisch geschickt mit Präsentationen regionaler Künstler abwechselten, organisierte er zwischen 1903 und 1906 – dem Jahr seines erzwungenen Rücktritts – den offiziellen Einzug der Moderne in die Klassikerstadt. Seinen Einstand als Weimarer Museumsdirektor widmete Kessler dem französischen Neoimpressionismus, da er in ihm eine neue sinnliche und harmonische Form von Klassizität erkannte. Kessler stellte neben Werken der Künstlergruppe der Nabis Pierre Bonnard, Maurice Denis, Edouard Vuillard, Ker-Xavier Roussel vor allem die wichtigsten französischen und belgischen Vertreter des Neoimpressionismus vor, darunter Henri-Edmond Cross, Maximilien Luce, Théo van Rysselberghe und vor allem Paul Signac. In rascher Folge präsentierte Kessler 1904 und 1905 zwei weitere Neoimpressionistenausstellungen, die auf eine starke Resonanz unter den Studenten der Weimarer Kunstschule stießen. Dank Kesslers Verbindungen fanden in der thüringischen Residenzstadt auch die ersten deutschen Einzelausstellungen Claude Monets und Auguste Rodins statt, aus denen zentrale Werke für die Weimarer Sammlung erworben wurden.

Auch in der benachbarten Universitätsstadt Jena bildete sich im Dezember 1903 mit dem Jenaer Kunstverein ein zukunftsweisendes Forum für die junge zeitgenössische Kunst. Im Februar 1904 folgte die Gründung der Gesellschaft von Kunstfreunden in Jena und Weimar. Der Wunsch nach Weltläufigkeit verband sich mit dem Reformgeist der Jahrhundertwende. Zu den prominenten Gründungsmitgliedern und treibenden Kräften gehörten Universitätsprofessoren wie der Kunsthistoriker Paul Weber, der Staatsrechtler Eduard Rosenthal, der Philosoph Rudolf Eucken, der Archäologe Botho Graef und der Rechtshistoriker Hans Fehr, der den Kunstverein von 1908 bis 1912 führte. Sein Nachfolger wurde der Philosoph Eberhard Grisebach, ein Schüler Euckens, unter dessen Leitung der Verein auch die schwierigen Kriegsjahre überstand. Mit einem vielseitigen Ausstellungsprogramm, begleitet von informativen Vorträgen, warb der ebenfalls neu gegründete Jenaer Kunstverein um das Verständnis der Bevölkerung insbesondere für die expressionistische Kunst in der Nachfolge Edvard Munchs. GW

Kat. 122 Edvard Munch · Porträt Harry Graf Kessler · um 1904 · Klassik Stiftung Weimar

Kat. 122 ☐ S. 125 · 123 ☐ S. 126
EDVARD MUNCH IN WEIMAR

Auch Edvard Munch wurde von dem Kreis um Harry Graf Kessler und Elisabeth Förster-Nietzsche gefördert. Kessler hatte den in Berlin lebenden Norweger bereits in den 1890er-Jahren unterstützt. Im Frühjahr 1904 lud er Munch nach Weimar ein, um ein Porträt von sich malen zu lassen. Das Gemälde zeigt Kessler als distanzierten Homme de lettres vor einer hellen, strukturierten Bücherwand. In einem späteren Porträt (SMBPK, Nationalgalerie, Berlin) wird Munch ihn als eleganten Flaneur darstellen. Parallel zu Kessler porträtierte Munch Elisabeth Förster-Nietzsche in einem Kleid von Henry van de Velde. Sie überzeugte den Stockholmer Nietzsche-Verehrer Ernest Thiel, bei Munch ein posthumes Bildnis ihres Bruders für seine Galerie moderner Kunst zu bestellen. Inspiriert von Hans Oldes Fotografien und Klingers Nietzsche-Büste stellte Munch den Philosophen als Zarathustra dar, der in die Morgenröte des Gebirges tritt.

Munch verkehrte regelmäßig im Nietzsche-Archiv, wurde der Gesellschaft der Kunstfreunde in Jena und Weimar sowie dem Kunstverein Jena vorgestellt, vom Deutschen Künstlerbund aufgenommen und gehörte 1911 zum Komitee des Nietzsche-Denkmals. Er stand dem Werben der großbürgerlichen Kreise ambivalent gegenüber, genoss gleichwohl die

Kat. 123 Edvard Munch · Bildnis des Friedrich Nietzsche · 1906 · Klassik Stiftung Weimar

Anerkennung und hoffte auf einen Porträtauftrag des Großherzogs. Dennoch fühlte er sich in der offiziellen Atmosphäre der Empfänge und Dejeuners unwohl und durchlitt peinliche Szenen. Von nervösen Anfällen, Alkoholismus und Depressionen geplagt, lehnte er eine ihm angetragene Professur wie auch ein Atelier in der Kunstschule ab. Die vermutlich noch von Kessler geplante Einzelausstellung Munchs wurde Ende 1906 von dessen Nachfolger Karl Koetschau im Großherzoglichen Museum für Kunst und Kunstgewerbe realisiert. SW

Literatur: Ulferts 1999; Starz 1999.

Kat. 124 □ S. 127 · 125 · 126
HARRY GRAF KESSLERS AUSSTELLUNGSPOLITIK

Als Weimarer Museumsleiter fühlte sich Harry Graf Kessler auch für die ästhetische Erziehung der Bevölkerung verantwortlich – eine schwierige Aufgabe, denn im Grunde glaube »der Deutsche nicht an Kunst, wenn er auch Künstler oder Professor der Kunstgeschichte ist« (Tgb. 20.11.1903, Schäfer/Biedermann 2004, S. 638). Daher sollte sein Publikum mit der modernen französischen Malerei belehrt werden, die, so Kessler, von Courbet, Corot und Delacroix initiiert worden sei (Tgb. 9.2.1905, ebd., S. 769). Zwischen 1903 und 1906 präsentierte er dem Weimarer Publikum fulminante Ausstellungen mit impressionistischen, pointillistischen und symbolistischen Meisterwerken aus Pariser Ateliers, Privatsammlungen und Galerien.

Diplomatisch geschickt startete er seine Ausstellungsreihe mit dem hochgeschätzten Leipziger Künstler Max Klinger. Der Berliner Secession verbunden und Gründungsmitglied des Deutschen Künstlerbunds, wurde Klinger dennoch in konservativen Kreisen geschätzt und sicherte Kessler allgemeines Wohlwollen. Der Kurator war um eine taktische Balance zwischen progressiven ausländischen und bekannten deutschen Künstlern sowie lokalen Meistern bemüht. Nur im Tagebuch beklagte er, in Deutschland sei »das kunstlose voraussetzungslose Abschreiben der Natur von selbst zuhause« (Tgb. 16.9.1905, ebd., S. 803).

Aufgrund seiner Biografie war Nationalität für Harry Graf Kessler ein überaus wichtiges Thema, wobei er einerseits stereotyp urteilen konnte: So genüge dem Franzosen »in der Kunst wie bei der Frau« die bloße Schminke (Tgb. 4.1.1903, ebd., S. 530). Andererseits war der Connaisseur überzeugt, dass wahre Kunst zwar von Landschaft oder Klima geprägt, jedoch niemals national sein konnte. Als ›guter Europäer‹ im Sinne Nietzsches schloss er, man müsse Kultur und Leben »in all' ihrer Komplexität und nationaler Mischung« akzeptieren (Tgb. 1.9.1905, ebd., S. 792). Heimatkunst war für ihn ein Schimpfwort, denn »Heimat ist die Gegenwart, mag sie noch so national gemischt sein« (ebd.). SW

Literatur: Kamzelak/Ott 2004–2010.

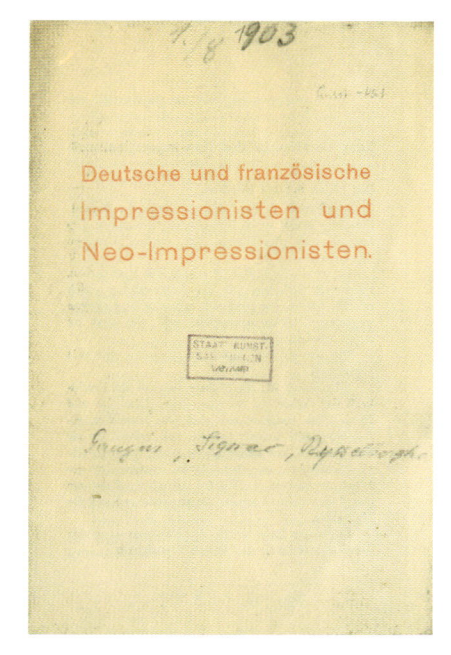

Kat. 124 Deutsche und französische Impressionisten und Neo-Impressionisten. Ausstellungskatalog Weimar August 1903 · Klassik Stiftung Weimar

Kat. 127 □ S. 128 · 128
EIN MONET FÜR DIE GROSSHERZOGLICHEN SAMMLUNGEN

Vergeblich mühte sich Kessler, den Großherzog für Weimar als »Freistatt […] für jede Kunstäußerung« zu gewinnen (Tgb. 10.12.1905, Schäfer/Biedermann 2004, S. 820). Wilhelm Ernst ließ sich trotz der aufwändig vorbereiteten Vorträge nicht überzeugen und beharrte darauf, dass Kesslers Ausstellungspolitik einseitig sei. Auch die engagierte Großherzogin enttäuschte den Museumsleiter letztlich, indem sie im Sommer 1903 keine französischen Impressionisten und Neoimpressionisten erwarb. Dafür wählte sie in der Ausstellung deutscher Pleinairmaler (Olde, Liebermann, Hagen, Trübner und Leibl) »gerade Trübners blassen Postillon« (Tgb. 16.10.1903, ebd., S. 611) als Ankauf. Kessler hielt Trübners Malerei für »bieder« (Tgb. 14.9.1905, ebd. S. 802). Nur eine Stiftung des Verlegers Alfred Walter Heymel ermöglichte Kessler unabhängige Ankäufe wie Monets *Kathedrale von Rouen*, Hofmanns Bilderzyklus oder Rysselberghes *Badende Frauen*.

Obwohl in der lokalen Presse gelobt, erregte die Dominanz der französischen Moderne in Weimar großen Unmut, der 1906 im ›Rodin-Skandal‹ gipfelte. Kessler, der die Schenkung vermeintlich obszöner Aquarelle von Auguste Rodin an den Großherzog vermittelt hatte, nahm die Empörung zum Anlass, von seinem Amt zurückzutreten. Trotz aller Querelen war er in Weimar kein realitätsferner Einzelkämpfer. Ein nach seiner Demission verfasstes Dankesschreiben von »Künstlern und Kunstfreunden« (GSA 72/BW 2389, Bl. 31–32) aus Weimar und Jena belegt, dass weite Kreise seinen Einsatz für die zeitgenössische Kunst schätzten. SW

Literatur: Kamzelak/Ott 2004–2010.

Kat. 127 Claude Monet · Kathedrale von Rouen · 1894 · Klassik Stiftung Weimar

Kat. 129 ☐ **S. 129 · 130** ☐ **S. 130**

KESSLER UND DAS NEUE WEIMAR

Mit der Berufung Ludwig von Hofmanns zum Professor für Malerei gelang es den Protagonisten des Neuen Weimar im Jahr 1903, einen gleichgesinnten Weggefährten für die Weimarer Kunstschule zu gewinnen. Er gehörte der Generation Kesslers und van de Veldes an, war während seines Studiums in Paris vom französischen Symbolismus geprägt worden und hatte sich in den 1890er-Jahren dem Kreis der Berliner Secessionisten angeschlossen. Hofmann gehörte zu den wenigen deutschen Künstlern, deren Werke Henry van de Velde als Bestandteil seiner Interieurs akzeptierte. Er führte 1906 einen sechsteiligen Bilderzyklus für eine neuartige Museumshalle aus, die Henry van de Velde auf der Dritten Deutschen Kunstgewerbeausstellung in Dresden präsentierte. Die für Hofmann so charakteristischen Themen Tanz, Musik und Weinlese entsprachen van de Veldes Ideal einer idyllisch-harmonischen Kunst, die seine Raumgestaltungen perfekt ergänzte. Auch Kessler sah seine Sehnsucht nach ursprünglicher Sinnlichkeit in Hofmanns Bildern gespiegelt. Ihre dekorative Wirkung gefiel einem breiten Publikum, sodass Ludwig von Hofmann öffentliche Aufträge im Großherzogtum erhielt. 1907 gestaltete er das Foyer des neuen Weimarer Hoftheaters und realisierte 1909 Wandbilder für den Sitzungssaal des Senats der Friedrich-Schiller-Universität Jena. SW

Literatur: Ulferts 1999; Starz 1999.

Kat. 131 ☐ **S. 130**

AVANTGARDE IN DER ÄRA NACH KESSLER

Auch nach der Demission Harry Graf Kesslers fanden zukunftsweisende Ausstellungen mit zeitgenössischer Kunst in Weimar statt. So stellte Kesslers Nachfolger Hans von der Gabelentz im November 1910 die Dresdner Künstlergemeinschaft Brücke in der Klassikerstadt vor. Weimar bildete die zweite Station einer Wanderausstellung, die in der Galerie Arnold in Dresden ihren Anfang genommen hatte und auch nach Berlin gehen sollte. Ernst Ludwig Kirchner war mit einer repräsentativen Auswahl von zehn Gemälden aus den letzten zwei Jahren beteiligt. Neben expressiven Hauptwerken aus dieser Zeit wie *Marzella* (Moderna Museet, Stockholm) oder *Artistin* (Brücke Museum, Berlin) stellte er auch das Stillleben *Die Holzschale* aus. Den Mittelpunkt dieses Gemäldes bildet eine von Kirchner selbst geschnitzte Holzschale, deren beidseitige Handgriffe figurativ gestaltet sind. Sie verweist unmittelbar auf die Begegnung der Brücke-Künstler mit außereuropäischen Kulturen im Museum für Völkerkunde in Dresden, in deren Folge sie damit begonnen hatten, ihre Wohnateliers mit selbstgeschnitzten Möbeln, Gebrauchsgegenständen und farbig gefassten Holzskulpturen auszustatten. Sowohl diese Brücke-Ausstellung als auch die ein Jahr später gezeigte Präsentation der Münchner Künstlervereinigung mit Werken von Franz Marc, Alexej Jawlensky, Wassily Kandinsky

Kat. 129 Georg Kolbe · Bildnisbüste Harry Graf Kessler · 1916
Georg Kolbe Museum, Berlin

und Gabriele Münter wurden in der Weimarer Tagespresse durchaus positiv besprochen. Im Vergleich zu den rheinischen Presseattacken auf die Kölner Sonderbundausstellung von 1912, die vor allem auf van Gogh, die französischen Fauves und die Münchner Künstlervereinigung zielten, waren die Weimarer Rezensenten erstaunlich um Sachlichkeit und Vermittlung bemüht. Insbesondere Otto Eggeling, der seit den 1880er-Jahren kunsthistorische Vorträge an der Weimarer Kunstschule hielt, warb um Verständnis für Künstler, die sich vom Impressionismus abwandten, um ihre Bilder im »eigenen Inneren zu finden« (WLZD Jg. 63, Nr. 241). GW

Literatur: Barron 1984, S. 107–121; Eggeling 1911.

B EINE NEUE DEUTSCHE KUNST? RICHTUNGSKÄMPFE UM DIE KÜNSTLERISCHE MODERNE

Kat. 130 Ludwig von Hofmann · Tanzende · um 1906 · Klassik Stiftung Weimar

Kat. 131
Ernst Ludwig Kirchner · Die Holzschale
1910 · Lehmbruck Museum, Duisburg

130

Kat. 132 ☐ S. 131 · 133 ☐ S. 131 · 134
FAMILIE EUCKEN UND DIE KUNST IN JENA

Die Villa der Familie Eucken in der Botzstraße 5 war ein weltoffenes, kulturelles Zentrum der Jenaer Gesellschaft. Die treibende Kraft in diesem Zirkel war die kunstschaffende Ehefrau des Philosophen, Irene Eucken, die in der Gesellschaft von Kunstfreunden in Jena und Weimar als Sekretärin wirkte. Durch diese wurden die Beziehungen zu Elisabeth Förster-Nietzsche in Weimar geknüpft. Die Tochter Ida Maria Eucken war eine bekannte Konzertsängerin und sang auch im Nietzsche-Archiv. Der ältere der beiden Söhne, Arnold Eucken, wurde später als Universitätslehrer für Chemie in Göttingen bekannt, während Walter Eucken sich einen Namen als Nationalökonom in Freiburg machte. Irene Eucken war selbst in der Kunst geübt, neben ihren malerischen Arbeiten entwarf sie kunstvoll gefertigte Frauenkleidung. Als sich der Maler Ernst Ludwig Kirchner nach seiner Entlassung vom Kriegsdienst 1916 für längere Zeit in Jena aufhielt, schuf er für sie den Katalog *Ausstellung von Kleidern aus der Stickstube von Frau Eucken* mit mehreren Holzschnitten. Aus Kirchners Ausstellung im Kunstverein 1917 kaufte Rudolf Eucken zwei Bilder, ein weiteres schenkte der Künstler Euckens Tochter. 1918 erwarb der Philosoph erneut ein Gemälde aus dem Atelier des Künstlers in Berlin. Irene und Ida Eucken sind auf einem Doppelbildnis Kirchners *Musikzimmer II* (Sprengel Museum, Hannover) von 1915/20 abgebildet.

Auch der Schweizer Künstler Ferdinand Hodler stand in einem freundschaftlichen Verhältnis zu der Familie. Der Gymnasiast Walter Eucken war sein Modell für die Figur des *Rockanziehers* in Hodlers Monumentalgemälde *Auszug deutscher Studenten in den Freiheitskrieg von 1813*. Anschließend porträtierte er auch den Philosophen. Noch 1913 suchte das Ehepaar den Schweizer Künstler in Genf auf. Doch diese freundschaftlichen Beziehungen zerrissen im Gefolge des 1914 ausgebrochenen Weltkrieges, als der Maler und seine Kunst wegen seiner kritischen Haltung zu Deutschland in Jena nicht mehr gelitten waren. Hodler hatte zwar im Oktober 1914 in einem Telegramm an Eucken erklärt, dass sich seine Unterschrift in der *Protestation contre de la bombardement de Reims* allein gegen die Zerstörung eines Kunstwerkes gerichtet habe, aber Eucken hatte sich deswegen schon vorher gegen die weitere Belassung des Hodler-Bildes in der Universität ausgesprochen. In seinen *Lebenserinnerungen* (1921) erklärte er, dass damit ihre Freundschaft ein Ende hatte, er ihn aber »dauernd als einen großen Künstler deutscher Art« (Eucken 1921, S. 115) betrachte. VW

Literatur: Steiger 1970.

Kat. 132 Irene Eucken · Porträt Rudolf Eucken · 1900
Friedrich-Schiller-Universität Jena, Kustodie

Kat. 133 Ferdinand Hodler · Ohne Titel (Freiwilliger Student 1813) · 1908
Klassik Stiftung Weimar

Kat. 135 Einladung der Gesellschaft der Kunstfreunde in Jena und Weimar
14. 11. 1909 · Klassik Stiftung Weimar

Kat. 135 ☐ S. 132 · 136

DIE GESELLSCHAFT DER KUNSTFREUNDE IN JENA UND WEIMAR

Nach der Gründung eines Kunstvereins im Dezember 1903 konstituierte sich im Februar 1904 in der Universitätsstadt die Gesellschaft von Kunstfreunden in Jena und Weimar. Sie bildete einen losen Zusammenschluss von kulturell interessierten Personen, die sich zum Ziel gesetzt hatten, das allgemeine Interesse für Kunst zu pflegen und zu heben sowie eine engere geistige Verbindung zwischen beiden Nachbarstädten anzustreben. Das allgemeine Gesellschaftsleben gestaltete sich auf Soireen im Nietzsche-Archiv in Weimar sowie mit Vortragsveranstaltungen, Lesungen, Musikaufführungen, Ausflügen und Besichtigungen. Die Tätigkeit der Gesellschaft wurde weitaus stärker durch die Aktivitäten auf Jenaer Seite bestimmt, zumal Irene Eucken, die Ehefrau des Philosophen Rudolf Eucken, als Sekretärin der Gesellschaft die organisatorischen Fäden in der Hand hielt.

Über das Veranstaltungsprogramm hinaus wird die eigentliche Leistung und Bedeutung dieser Gesellschaft durch das Kunstgeschenk eines Monumentalgemäldes von Ferdinand Hodler dokumentiert. Es war für das zwischen 1905 und 1908 entstandene neue Universitätsgebäude bestimmt. Den dafür notwendigen Geldbetrag warb die Gesellschaft mit diversen Veranstaltungen ein, etwa einem öffentlichen Vortrag des Kunsthistorikers Botho Graef über den Schweizer Historienmaler am 3. Mai 1906. Gut ein Jahr später konnte sich Irene Eucken schließlich am 22. Juli 1907 an den Künstler wenden und ihn für ein Wandbild über den *Auszug deutscher Studenten in den Freiheitskrieg von 1813* gewinnen. Die Thematik war nicht auf das historische Geschehen in Jena selbst bezogen. Vielmehr sollte das Bild ganz allgemein »die nationale Idee der Erhebung über die unglückliche Schlacht von Jena« (UAJC NR. 1568, Bl. 54 f.) 1806 zum Ausdruck bringen, da 1813 die akademische Jugend in den Freiwilligenverbänden gegen Napoleon eine besondere Rolle gespielt hatte. Es entstand in den nächsten beiden Jahren und wurde am 14. November 1909 in der Universität enthüllt, wo es eine Stirnwand im ersten Obergeschoss des Ostflügels einnahm. Offenbar war mit der Übergabe ihres Kunstgeschenks an die Universität der besondere Zweck dieser Gesellschaft erreicht, für die noch eine letzte Veranstaltung 1912 überliefert ist. VW

Kat. 137 ☐ S. 133

HODLERS WANDBILD FÜR DIE JENAER UNIVERSITÄT

Die Idee der marschierenden Infanteristenkolonne gehört zu Ferdinand Hodlers ersten Gedanken, die der Auftrag der Gesellschaft der Kunstfreunde in Jena und Weimar über ein monumentales Wandbild ausgelöst hatte. Den Anlass bildete das 350. Gründungsjubiläum der Jenaer Universität im Jahr 1908. Das vorgegebene Thema lautete: Der Auszug der Studenten in den Freiheitskrieg gegen Napoleon 1813. In zahllosen Skizzen erprobte der Schweizer Künstler die Kombination der Infanteristenkolonne mit einer Reihe von Reitern. Der großformatige Entwurf von 1908 gibt die Verteilung und Dynamik der Figurengruppen und Einzelfiguren klar wieder. Schon hier lässt sich die einprägsame Erscheinung des späteren Monumentalbildes erkennen, das von dem Parallelismus der beiden Darstellungsebenen, der Rhythmik und Symmetrie der Figuren geprägt ist. Zweifellos stellt das Jenaer Historiengemälde eine Synthese der Hodler'schen Formensprache dar und bildet einen Höhepunkt in seinem Werk. Während die untere Bildebene unterschiedliche Figurengruppen und gestenreiche Bewegungsmotive zeigt, bildet die obere Darstellung mit ihrem friesartigen, streng geordneten Zug der Infanteristen eine optische Rahmung. Obwohl Hodler genaue Uniformstudien betrieb, verzichtete er auf eine Individualisierung der Studenten, die hier auf ihre Konturlinie reduziert erscheinen. Allein über die konkreten Gebärden der aufbrechenden Studenten entsteht ein suggestiver, energiegeladener Bewegungsfluss, der wie ein Symbol des Freiheitswillens wirkt. In der zeit- und raumlosen Atmosphäre des ausgeführten Gemäldes versetzt Hodler die Körperlichkeit der Studenten ins Rituelle und erreicht damit einen Übergang aus dem Bereich des Persönlichen in die Sphäre des Heroisch-Überpersönlichen. Auch die Zeitgenossen Hodlers erkannten in dem Gemälde eine feierliche patriotische Vision. GW

Literatur: Bálint 1997.

Kat. 138 · 139 ☐ S. 133

DER KUNSTVEREIN

Der kulturelle Aufbruch in die Moderne nach der Jahrhundertwende wird in der Universitätsstadt Jena vor allem durch die Entstehung eines Kunstvereins im Dezember 1903 dokumentiert, dessen Zweck »die Förderung der Teilnahme an Werken der bildenden Kunst« war (ThHStAW, Amtsgericht Jena, Nr. 134). Der Oberlichtsaal des 1903 errichteten Volkshauses wurde das erste Ausstellungslokal, in dem der Kunstverein bis in den ersten Kriegsmonat 1914 Expositionen mit zeitgenössischer Kunst veranstaltete. Zu den Vereinsaktivitäten gehörten der Verkauf und die Verlosung von Kunstwerken, später auch literarisch-musikalische Veranstaltungen. Er bot vor allem jungen und noch wenig anerkannten Künstlern die Möglichkeit, ihre Werke zu zeigen und zu verkaufen. Emil Nolde, die Dresdner Brücke-Maler, Edvard Munch und August Macke wurden durch ihn hier bekannt.

Kat. 137 Ferdinand Hodler · Entwurf für den Auszug der Jenenser Studenten 1813 · 1908 · Klassik Stiftung Weimar

Seine Gründer und Mitglieder waren kunstinteressierte Bürger, zu denen vor allem Universitätsgelehrte, Personen aus den Industriebetrieben von Zeiss und Schott sowie andere Intellektuelle und Künstler zählten. Die ersten Vorsitzenden waren Juristen: Eduard Rosenthal, Hans Fehr und Justus Wilhelm Hedemann. Der 1912 als Geschäftsführer berufene Philosoph Eberhard Grisebach baute durch seine Künstlerbeziehungen den Verein zu einem Forum für die Auseinandersetzung mit den aktuellen Bestrebungen der bildenden Kunst in Deutschland aus. Er gewann August Macke nach einer Ausstellung 1914 in Jena für die Gestaltung eines Werbeplakats des Kunstvereins mit der Symbolfigur eines schwebenden Kranichs. Neben Grisebach trug der Kunsthistoriker Botho Graef als Eröffnungsredner und Rezensent wesentlich zur Wertschätzung Mackes in der Öffentlichkeit über die Universitätsstadt hinaus bei.

Der Kunstverein hatte 1912 mit dem Aufbau einer Sammlung als moderne Galerie begonnen. Nach einer zweijährigen Pause seit 1914 nahm er im Juni 1916 seine Ausstellungstätigkeit in eigenen Räumlichkeiten wieder auf, die nun von den kunstfördernden Ideen des Kunsthistorikers Walter Dexel als Ausstellungsleiter befruchtet wurde. VW

Kat. 139 August Macke · Kunstverein Jena · 1914 · LWL-Museum für Kunst und Kultur (Westfälisches Landesmuseum), Münster

DIE KUNSTSCHULE ZWISCHEN NEOIMPRESSIONISMUS, NEUKLASSIK, EXPRESSIONISMUS UND HEIMATKUNST

Nach der Jahrhundertwende zeichnete sich die Weimarer Kunstschule durch unterschiedliche ästhetische Konzepte aus. Mit Hans Olde war 1902 einer der ersten deutschen Impressionisten zum Direktor berufen worden. Bereits seit einer Parisreise 1891 war Olde ein begeisterter Anhänger der Lichtmalerei Claude Monets. Das Interesse der französischen Impressionisten an den flüchtigen Licht- und Farberscheinungen kam seiner Vorliebe für die Landschaftsmalerei entgegen, während er die neoimpressionistische Farbzerlegung nur kurze Zeit adaptierte.

Auch Ludwig von Hofmann, den Olde 1903 auf Vorschlag von Harry Graf Kessler und Henry van de Velde als Lehrer für die Naturklasse gewann, galt wegen seiner ungewohnt hellen Farbigkeit als ein bedeutender Kolorist. In seinen großformatigen Wandbildern hatte er – in Auseinandersetzung mit den französischen Impressionisten und der Nabis um Pierre Bonnard und Maurice Denis – ein neues Farb- und Formverständnis entwickelt, das sich von allen naturalistisch-realistischen Tendenzen in Deutschland abhob. In Hofmanns Werken spiegeln sich die Ideen der Lebensreformbewegung wider, die mit dem Credo ›Zurück zur Natur‹ nach einem neuen Lebensgefühl strebte. Hofmann verstand sich selber als Neuidealist und suchte eine künstlerische Schönheit, die er in Antike und Renaissance gestaltet sah. Zu seinen bekanntesten Schülern gehören Hans Arp, Ivo Hauptmann, Otto Illies und Moriz Melzer.

Sascha Schneider hingegen, dessen Berufung Olde 1904 gegen den Widerstand von Kessler und van de Velde durchsetzte, vertrat eine pathetische ›Ideenmalerei‹. Seine symbolisch aufgeladenen Sujets beziehen sich auf die germanische und griechische Mythologie sowie auf christlich-religiöse Schriften. Unter dem Einfluss Friedrich Nietzsches stellte Schneider den ›Neuen Menschen‹ sinnbildlich überhöht in den Kontext eines exaltierten Körperkults. Der athletische männliche Körper diente ihm nicht als Träger einer Idee, sondern bildete als Idealtypus einen Wert an sich.

Mit der Berufung von Fritz Mackensen kam 1908 ein Künstler nach Weimar, der eine heimatverbundene Kunst propagierte. Seine ursprünglich der realistischen Schule von Barbizon nahestehende Malerei hatte sich zu einer den ›Volkscharakter‹ betonenden Heimatkunst gewandelt. Als Mackensen 1910 die Leitung der Kunstschule übernahm, wählte er 1912 als neuen Lehrer für die Naturklasse den Tiroler Maler Albin Egger-Lienz aus, dessen monumentale, stilisierte Bauerngestalten ebenfalls der »Blutkunst« (Egger-Lienz 1912, o. S.), verbunden sind. Zu seinen Schülern zählen Otto Pankok, Karl Peter Röhl, Eberhard Schrammen und Gert Wollheim, die sich zugleich auch mit dem Expressionismus auseinandersetzten. GW

Literatur: Ausst. Kat. Aufstieg und Fall der Moderne, 1999; Ausst. Kat. Sascha Schneider, 2013.

Kat. 140 Hans Olde · Porträt Großherzogin Caroline von Sachsen-Weimar-Eisenach 1902/03 · Klassik Stiftung Weimar

Kat. 141 Hans Olde · Porträt Großherzog Wilhelm Ernst von Sachsen-Weimar-Eisenach · 1908 · Friedrich-Schiller-Universität Jena, Kustodie

Kat. 140 ☐ S. 134 · 141 ☐ S. 134
WILHELM ERNST UND CAROLINE ALS FÖRDERER DER KÜNSTE

Großherzogin Caroline von Sachsen-Weimar-Eisenach ließ sich um 1903 von Hans Olde porträtieren. Das Gemälde war als Geburtstagsgeschenk für Wilhelm Ernst bestimmt und zeigt die erst 19-jährige Landesherrin in einem eher privaten Rahmen, ohne die offiziellen Insignien ihrer gesellschaftlichen Stellung. Sie trägt ein duftig-transparentes weißes Kleid, das sich ebenso wie ihr im Dreiviertelprofil erhelltes Gesicht von dem dunklen Hintergrund abhebt und einen starken Kontrast bildet zu dem ausladenden schwarzen Hut. Ihr Blick ist ernst und aufmerksam direkt auf den Betrachter gerichtet. Für Harry Graf Kessler galt Caroline mit ihren ausgeprägten musischen Interessen als Schirmherrin seiner ehrgeizigen Pläne für ein Neues Weimar. So ist es sicherlich der Vermittlung der kunstverständigen Großherzogin zu verdanken gewesen, dass Kessler einige französische Meisterwerke für Weimar ankaufen konnte, wie Auguste Rodins Plastik *Das eherne Zeitalter* und Claude Monets *Kathedrale von Rouen*. Der tragische frühe Tod Carolines im Januar 1905 stellte zweifellos nicht nur für Kessler, sondern für alle am Aufbau eines Neuen Weimar Beteiligte eine Zäsur dar.

Oldes Porträt von Wilhelm Ernst entstand hingegen erst 1908 zusammen mit den Bildnissen der Herzöge von Sachsen-Meiningen und Sachsen-Altenburg als Auftragswerk für die Universität Jena. Diese Porträts waren für die Aula des neuen, von dem Architekten Theodor Fischer erbauten Universitätsgebäudes bestimmt. Olde präsentiert Wilhelm Ernst in würdevoller Pose, gekleidet in eine Prachtuniform mit reichem Ordensschmuck, vor der landschaftlichen Kulisse Jenas, die sich im Hintergrund ausbreitet. Der Landesfürst als Schirmherr der Wissenschaft und Künste erscheint hier in leichter Untersicht, was ihm eine gewisse Monumentalität verleiht.

Als Nachfolger Carl Alexanders war Wilhelm Ernst deutschlandweit mit großen Erwartungen begrüßt worden. Der bekannte Kunstkritiker Hans Rosenhagen lobte den neuen kulturpolitischen Kurs in Weimar, der vor allem auf die Reform der Kunstschule gerichtet war: »Mit dem jungen Großherzog Wilhelm Ernst hat sich die erdrückende Atmosphäre über Weimar verflüchtigt und das Großherzogtum geht, wenn nicht alle Zeichen trügen, einer neuen Zukunft entgegen. […] Es ist nicht nur für Weimar ein Glück, dass auf dem Thron der Ernestiner jetzt ein Fürst sitzt, der ein moderner Mensch ist, sondern für ganz Deutschland. Denn wir brauchen Erneuerer« (Der Tag, 15. 6. 1903). GW

Literatur: Gantner 1970 WVZ-Nr. 172.

Kat. 142 Lovis Corinth · Porträt des Malers Hans Olde · 1904
Kunsthalle zu Kiel

Kat. 142 ☐ S. 135
DER REFORMDIREKTOR HANS OLDE

Das 1904 von Lovis Corinth gemalte Porträt erfasst Hans Olde in seiner Persönlichkeit als hoch angesehener Direktor der Großherzoglichen Kunstschule. Schon vor seiner Berufung nach Weimar war Olde 1892 Gründungsmitglied der Münchner Secession gewesen und hatte sich sechs Jahre später an der Seite Max Liebermanns und Max Slevogts auch an der Gründung der Berliner Secession beteiligt. Mit Corinth verband ihn nicht nur eine persönliche Freundschaft, sondern ebenso eine künstlerische Haltung, die impressionistische Freilichtmalerei mit einer expressiven Pinselhandschrift verknüpfte.

Nach seinem Amtsantritt in Weimar 1902 widmete Olde sich einer grundlegenden Reform der unter Wilhelm Ernsts Regierung in eine staatliche Kunstschule überführten Akademie. Dem späteren Bauhaus unter der Leitung Walter Gropius' vorausgreifend, stellte Olde ausdrücklich die handwerklich-technische Ausbildung als Grundlage für eine künstlerische Betätigung auf allen Gebieten der freien und angewandten Kunst in den Mittelpunkt. Zum Reformgedanken gehörte ab dem Wintersemester 1902 auch die Zulassung von weiblichen Studenten, die bislang in Deutschland weitgehend auf private Malschulen angewiesen waren. Den Schülern und

Kat. 143 Sascha Schneider · Hohes Sinnen · 1903 · Klassik Stiftung Weimar

Schülerinnen sollte ein vielseitiges Programm angeboten werden, daher plante Olde von Anfang an eine enge Zusammenarbeit mit Henry van de Velde, der ab Oktober 1902 zunächst ein kunstgewerbliches Seminar im Prellerhaus einrichtete. Auf Drängen Oldes wurde van de Velde außerdem damit beauftragt, einen Neubau der Schule zu planen. Während die Vollendung des Kunstschulhauptgebäudes sich über mehrere Bauabschnitte von 1904 bis 1911 hinzog, wurde die kleinere Kunstgewerbeschule bereits in den Jahren 1905 bis 1906 errichtet. GW

Literatur: Gantner 1970, S. 112–124; Simon-Ritz/Winkler/Zimmermann 2010.

Kat. 143 ☐ S. 136, Frontispiz
KÖRPER UND GEIST

Hans Olde folgte wohl vor allem der Empfehlung Max Klingers, als er 1904 den in Dresden lebenden Künstler Sascha Schneider als Professor für Aktmalerei nach Weimar berief, nachdem Gustav Klimt aus Wien eine Absage erteilt hatte. Schneiders Berufung erfolgte gegen den Widerstand von Henry van de Velde und Harry Graf Kessler, dennoch wurde sein künstlerisches Werk noch zum Jahreswechsel 1905/06 in einer Einzelausstellung im Großherzoglichen Museum für Kunst und Kunstgewerbe vorgestellt. Das Schlüsselwerk dieser Ausstellung bildete zweifellos Schneiders großformatiges Gemälde *Hohes Sinnen*, das einen halb mit antikischem Gewand bekleideten, athletischen Heroen zeigt, der auf einer Terrasse hoch oberhalb des Mittelmeeres steht. Sein Kopf ist im Profil nach links gewendet, wo sich der Blick auf eine gebirgige, südliche Küstenlandschaft öffnet, in der auf einer Felsspitze ein weißes Kastell steht. Als Bewunderer von Max Klinger und Vertreter einer ›Ideenmalerei‹, einer von geistigen Inhalten geprägten Kunst, stellt Schneider hier in symbolisch-allegorischer Form die Suche nach idealen Wahrheiten in Anlehnung an die Gedankenwelt Nietzsches dar. Schneiders künstlerisches Credo von einem neuen Körperideal, dem »neuen Leib« des »neuen Menschen« (Mattenklott 1999, S. 27), äußert sich in einem übersteigerten Realismus, in dessen Zentrum der männliche Akt steht. Das Gemälde wurde 1905 von Großherzog Wilhelm Ernst direkt aus der Ausstellung erworben und hing im Treppenhaus des noch vor Ausbruch des Ersten Weltkriegs fertiggestellten Südflügels des Residenzschlosses in Weimar. GW

Literatur: Ausst. Kat. Sascha Schneider, 2013; Mattenklott 1999; Range 1999.

Kat. 144
MAILLOL ALS VORBILD

Bevor Richard Engelmann 1913 an die Weimarer Kunsthochschule berufen wurde, hatte er nach einem abgebrochenen Studium an der Münchner Akademie Einzelstudien bei Adolf Hildebrand genommen. 1907 erregte er mit der kleinen Gipsfigur *Ruhende Frau* auf der Internationalen Kunstausstellung in München die Aufmerksamkeit von Henry van de Velde. Wie in der etwa gleichzeitig entstandenen Marmorfassung gestaltete Engelmann eine junge Frau, die in einer entspannt zurückgelehnten Haltung auf einem bossiert belassenen Steinsockel sitzt, das rechte Bein nur leicht, das linke stärker angewinkelt. Die sich in antikischer Nacktheit präsentierende Frau hält ihren Kopf leicht geneigt und stützt ihn mit der linken Hand ab, während ihr rechter Arm locker herabhängt. Das Motiv einer halb sitzenden, halb liegenden nackten Frau verweist auf das Vorbild von Michelangelos *Nacht* vom Grabmal des Giuliano de' Medici, doch lassen sich in der blockhaften Wirkung der geschlossenen Form auch Einflüsse des französischen Bildhauers Aristide Maillol erkennen.

Der Erfolg der *Ruhenden Frau* war so groß, dass Engelmann zunächst eine überlebensgroße Kalksteinfassung schuf, der weitere vier in Kunststein folgten. Nachdem er die große Fassung 1908 in der Berliner Secession zeigte, wurde sie im selben Jahr auch in Weimar vorgestellt. Auf Wunsch von Wilhelm Ernst wurde eine der in Kunststein gegossenen Repliken für sein Museum erworben. Ihren ersten Standort fand sie neben Rodins *Ehernem Zeitalter* im Innenhof des Großherzoglichen Museums für Kunst und Kunstgewerbe. 1913 wurde sie auf Vorschlag van de Veldes vor die Westgiebelseite des Kunsthochschulgebäudes umgesetzt, wo sie heute wieder zu sehen ist. GW

Literatur: Opitz 2000, S. 121–124, Kat. 048.

Kat. 145 ☐ S. 137
EINE NEUE BÜSTE FÜR DAS GOETHE-NATIONALMUSEUM

Die Entstehung der Büste ist untrennbar verbunden mit dem Prozess der Neugestaltung des Goethe-Nationalmuseums 1913/14 unter dem Direktor Wolfgang von Oettingen. Die Vollendung des sogenannten Sammlungsbaues ermöglichte, bedeutende Teile der Kunst- und Naturaliensammlungen Goethes angemessen zu präsentieren und für die Forschung bereitzustellen. Parallel dazu zielten die Veränderungen im historischen Goethehaus auf authentische, das heißt archivalisch gesicherte Ausstattung und atmosphärische Erlebbarkeit.

Teil dieser Maßnahmen war auch die Neugestaltung der Eingangssituation des Hauses. Durch die Verlagerung von Kasse und Garderobe in einen Nebenraum wurden die zwei hintereinanderliegenden, fast gleich großen quadratischen Räume des Erdgeschosses frei für eine stimmungsvolle Inszenierung als Entree in die ›geweihte Stätte‹. Der Besucher betrat zunächst die am Frauenplan gelegene, schlichte und schmucklose Eingangshalle. Von dort blickte er durch die geöffneten Flügeltüren in das Halbdunkel des hinteren Raumes, in dessen Zentrum die historisierende Büste des einstigen Hausherrn stand. Sie befand sich genau an dem Standort, an dem Oberbaudirektor Clemens Coudray 1832 auch Goethes Leichnam hatte aufbahren lassen.

Der Bildhauer Richard Engelmann, der seit 1913 als Professor an der Hochschule für bildende Künste in Weimar tätig war, schuf die marmorne Goethe-Büste in Hermenform für den Eingangsbereich. Er ging bei seinem en face angelegten Goethe-Bildnis von dem vergrößerten Bruststück der 1828/29 von dem Bildhauer Christian Daniel Rauch modellierten Statuette *Goethe im Hausrock* aus. Indem Engelmann noch markante Gesichtszüge zeitgenössischer Goethe-Porträts einarbeitete, verlieh er dem Bildwerk einen eigentümlichen Pasticcio-Charakter. KKR

Literatur: Oettingen 1915, S. 227–236; Ausst. Kat. Richard Engelmann, 2001.

Kat. 145 Richard Engelmann · Bildnisbüste Johann Wolfgang von Goethe · 1914
Klassik Stiftung Weimar

Kat. 146 Fritz Mackensen · Die Scholle · 1898 · Klassik Stiftung Weimar

Kat. 146 □ S. 138
MACKENSEN UND DIE HEIMATKUNST

1908 wurde Fritz Mackensen, einer der Mitbegründer der Künstlerkolonie Worpswede, nach Weimar berufen; als Ersatz für Sascha Schneider unterrichtete er in der Naturklasse. Nur zwei Jahre später folgte er Hans Olde als Direktor der Kunsthochschule nach. Mit Mackensen übernahm ein Künstler die Leitung, der sich seit Anfang der 1890er Jahre intensiv mit Julius Langbehns Buch *Rembrandt als Erzieher* auseinandergesetzt hatte. Langbehns Aufruf zur Besinnung auf ›das deutsche Wesen‹ kam einem Kompendium nationaler Erweckungswünsche gleich. Auch Mackensen wurde von diesen Thesen, die zunächst idealistisch verstanden werden konnten und mit der Betonung des Volkscharakters wegweisend für die Heimatkunstbewegung wurden, nachhaltig geprägt. Sein Hauptwerk *Die Scholle* von 1898 verweist einerseits in der Konzentration auf die bäuerlichen Figuren auf das Vorbild des französischen Barbizon-Künstlers Jean-François Millet. Andererseits monumentalisiert es die auf der ›heimatlichen Scholle‹ arbeitenden Menschen entsprechend Langbehns Forderung nach einer im deutschen Volkstum wurzelnden nationalen Kunst: Zwei große Frauengestalten in friesischer Tracht mit weißen Hauben ziehen kraftvoll eine Egge durch den Ackerboden, gelenkt von einem Mann. Die Figuren sind in leichter Untersicht gemalt, sodass ihre Silhouetten im gewaltigen Format des Bildes gleichnishaft erhöht wirken. Dieses wurde erst 1917 aus einer Einzelausstellung von Mackensen im Weimarer Museum für Kunst und Kunstgewerbe für die großherzogliche Sammlung erworben. GW

Literatur: Hamm/Küster 1990, S. 44–72.

Kat. 147 □ S. 139 · 148
DER KAMPF UM DIE KUNST

Als neu berufener Direktor der Weimarer Kunsthochschule suchte Fritz Mackensen seine Position an der Kunsthochschule zu stärken. Zum Jahreswechsel 1910/11 beabsichtigte er den Bremer Carl Vinnen, seinen langjährigen Wegbegleiter und Mitbegründer der Worpsweder Künstlervereinigung, nach Weimar zu berufen. Zu diesem Zeitpunkt erregte der von Vinnen initiierte *Protest deutscher Künstler* in der Öffentlichkeit großes Aufsehen. An dieser Kontroverse um die Überwertung französischer Kunst beteiligte sich beinahe die gesamte Prominenz des künstlerischen Lebens in Deutschland. Den Stein des Anstoßes bildete der Ankauf eines Bildes von Vincent van Gogh, das *Mohnfeld*, für die Bremer Kunsthalle durch den damaligen Direktor Gustav Pauli. Vinnen veröffentlichte daraufhin einen vieldiskutierten Protestartikel, den er auch an die Mitglieder verschiedener Secessionen und des Künstlerbundes schickte. Ihre Antworten und der zwischenzeitlich überarbeitete Artikel erschienen Mitte des Jahres 1911 bei Eugen Diederichs in Jena.

Im Bewusstsein der politischen Brisanz des Protests leiteten Vinnen und Diederichs ihre Schrift mit folgender Erklärung ein: »Wir wollen keine chinesische Mauer, keinen Schutzzoll für unsere Kunst, keine chauvinistische Deutschtümelei, kein Absperren gegen Wertvolles, bloß weil es von jenseits der Grenzen kommt« (Vinnen 1911, o. S.). Gleichwohl rief Vinnen zum Kampf auf gegen eine Überfremdung der deutschen Kunst. Zu den Unterzeichnern gehörten bekannte und erfolgreiche Künstler wie Franz von Stuck und Wilhelm Trübner. Ebenso unterschrieben Wolfgang von Oettingen und Paul

Schultze-Naumburg den Protest. Die Weimarer Künstlerschaft war mit Absolventen der Kunstschule wie Momme Nissen, Carl Strathmann und Charles Tooby, dem ehemaligen Direktor Hans Olde sowie Max Thedy und Fritz Mackensen vertreten. Die Polarisierung der konservativen und progressiven Lager der damaligen deutschen Kunstszene führte dazu, dass bereits im Juli 1911 eine *Antwort auf den ›Protest deutscher Künstler‹* im Münchner Piper Verlag veröffentlicht wurde. Unter der Federführung von Franz Marc und seinen Mitstreitern der Neuen Künstlervereinigung München sowie dem Rheinländer August Macke schlossen sich 75 Künstler, Galeristen, Sammler, Kunstkritiker und Schriftsteller zusammen für den *Kampf um die Kunst*. Auch Harry Graf Kessler und Henry van de Velde verteidigten hier eine liberale internationale Ausstellungs- und Ankaufspolitik. GW

Literatur: Jeddeloh-Sayk 1986.

Kat. 149 ☐ **S. 139**
STREIT UM EGGER-LIENZ

Als Ersatz für Carl Vinnen konnte Fritz Mackensen im Januar 1912 den Tiroler Künstler Albin Egger-Lienz an die Kunsthochschule berufen. Im Juli desselben Jahres entzündete sich dann der sogenannte Hodlerstreit im Rahmen der Ausstellung *Monumental-dekorative Malerei* in Dresden. Albin Egger-Lienz nahm mit Verärgerung wahr, dass die deutsche Kunstkritik die Werke seines Schweizer Konkurrenten Ferdinand Hodler feierte und ihn selber als einen Epigonen bezeichnete. Er veröffentlichte daraufhin einen polemischen Artikel unter dem Titel *Monumentale Kunst*, der sogleich in 18 deutschsprachigen Zeitungen nachgedruckt wurde. Es ging darin sowohl um nationale Charakteristika als auch um künstlerische Fragen nach einem neuen monumentalen Stil. Dabei griff Egger-Lienz zwar in erster Linie Hodler an, setzte aber ebenso bedeutende deutsche Künstler wie Max Klinger und Lovis Corinth in verletzender Weise herab. Die Gemälde Hodlers bezeichnete er als dekorative »Nervenkunst«, während seine eigene Malerei aus einer inneren Notwendigkeit als »Blutkunst« im Sinne einer Heimatkunst entstünde (Egger-Lienz 1912, o. S.).

In Weimar löste gerade der Angriff auf Klinger einen Skandal aus. Der Leipziger Künstler war hier hoch angesehen, nicht nur als Mitbegründer des Deutschen Künstlerbundes, sondern auch als Ehrenmitglied der Kunsthochschule. Obwohl sich mit Ausnahme Henry van de Veldes die Weimarer Künstler einer öffentlichen Stellungnahme enthielten, war Egger-Lienz nicht mehr im Amt zu halten und schied zum 1. Oktober 1913 als Lehrer aus.

Als sein Hauptwerk dieser Zeit gilt das Triptychon *Die Erde* von 1912, das in Weimar vollendet wurde und einen jahreszeitlichen Zyklus von Aussaat, Reife und Ernte thematisiert. Der *Sämann* bildete die linke Tafel des Triptychons, das im März 1913 in einer Einzelausstellung des Künstlers im Großherzoglichen Museum zu sehen war. Die Anlehnung an die christliche Bildform des Flügelaltars in Verbindung mit dem symbolischen Motiv des Sämanns überhöhen die monumentale Formensprache noch ins Sakrale. GW

Literatur: Kirschl 1996, S. 192–209.

Kat. 149 Albin Egger-Lienz · Der Sämann · 1913 · Staatsgalerie Stuttgart

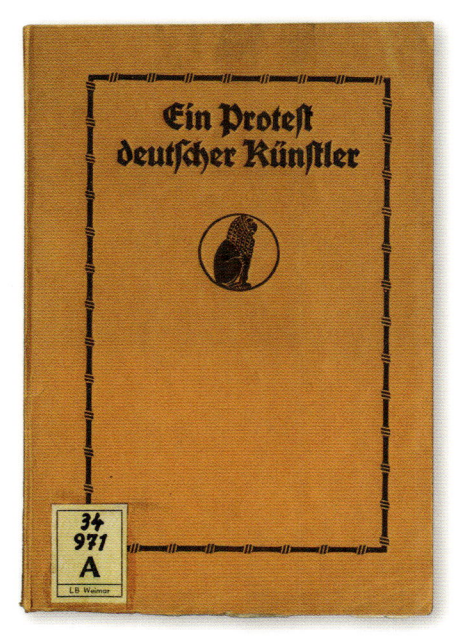

Kat. 147 Carl Vinnen (Hrsg.) · Ein Protest deutscher Künstler · 1911 · Klassik Stiftung Weimar

DAS LITERARISCHE WEIMAR IN DER DEBATTE UM DAS NATIONALE

Die Frage nach einer nationalen Kunst trieb auch die Literaten um, ihre Debatte war ebenso geknüpft an diskursive Begriffe wie Heimat, Volkstum, Natur, Ideal und Form. Die Schriftsteller suchten nach belastbaren Konzepten nationaler Identitätsstiftung – sowohl in der Literaturgeschichte als auch in der zeitgenössischen Dichtung. Während Berlin seit den 1880er-Jahren zu einem Zentrum der literarischen Moderne im Zeichen des Naturalismus geworden war, zog die Residenzstadt Weimar jene Autoren an, die Ruhe und Verinnerlichung sowie die unmittelbare Nähe der Klassiker-Stätten suchten. Friedrich Lienhard und Johannes Schlaf etwa wandten Berlin sehr entschieden den Rücken zu, um sich in Richtung Thüringen zu orientieren; Ernst von Wildenbruch pendelte lange Zeit zwischen der Großstadt und Weimar, bis er sich endgültig hier niederließ, und Adolf Bartels zog aus Dithmarschen in die ›Klassikerstadt‹.

Sie alle partizipierten an Weimars Ruf als nationaler Kulturstätte und halfen gleichzeitig bei dessen Festigung und Verbreitung mit. So unterschiedlich sich die Konzepte der einzelnen Schriftsteller gestalteten, verband Wildenbruch, Schlaf, Ernst, Lienhard und Bartels das Streben nach einer Erneuerung der Literatur. Die Autoren sahen ihre Zeit im Verfall begriffen, die zunehmende Ausdifferenzierung aller Lebensbereiche schien ihnen zugleich Ursache und Ausdruck mangelnder geistiger Tiefe und fehlenden sozialen Zusammenhalts. Hierauf wollten sie reagieren, wobei ihr jeweiliges literarisches Programm einem nationalen Anspruch und Sendungsbewusstsein folgte. Lienhard und Bartels beriefen sich explizit auf die Werke und Lebensumstände der Weimarer Klassiker: Goethe und Schiller, auch Herder waren ihre Leitsterne. In der Goethezeit glaubten sie das Ideal einer Nationalliteratur und -kultur verwirklicht, die unter den Bedingungen eines ganzheitlichen Lebensentwurfs hatte entstehen können. Unter Verweis auf die endlich erfolgte Reichseinigung sahen Lienhard und Bartels in einer anspruchsvollen Heimatkunst die Möglichkeit zu neuer nationaler Identitätsstiftung.

Paul Ernst knüpfte ebenfalls an die Literatur des vergangenen Jahrhunderts an, allerdings lag sein Augenmerk auf der Ausgestaltung und auf dem moralischen Gehalt der Werke. Mit dem formstrengen klassischen Drama, das nationale Themen und Stoffe verhandelte, glaubte Ernst dem Werteverfall sinnstiftend entgegenwirken zu können. Er stellte sich bewusst in die Reihe der Weimarer Klassiker, hatte dabei Nietzsche als zeitgenössisches Ideal vor Augen und suchte ein ausgewähltes Publikum unter anderem mit Lesungen im Nietzsche-Archiv zu überzeugen. Die Idealisierung der Geistesheroen Goethe, Schiller und Nietzsche fand in den auratisierten Gedenkstätten Weimars sowie im feierlichen Zelebrieren der Vergangenheit den bestmöglichen Nährboden. GP

Kat. 150
EIN NATIONALDICHTER DES KAISERREICHS

»Was geht mich Weimar an? […] Ich habe meine Seele an diesen Ort gehängt und sein Schicksal geht mir nach, wie das einer Vaterstadt« (Wildenbruch 1916, S. 261). Dies schrieb Ernst von Wildenbruch 1904. In seinen Weimarer Jahren erscheinen noch einmal Bedeutung und Tragik dieses Autors, sein leerer pathetischer Idealismus, sein Kampf gegen die künstlerische Moderne, flammender Patriotismus und gelegentliche hellsichtige Überlegungen. 1901 schrieb Wildenbruch Großherzog Carl Alexander den Nachruf, einen durchaus pessimistischen, voller düsterer Vorahnungen einer Zeit, die den Idealismus preisgäbe. »Eine Zeit geht zu Ende […]« (Wildenbruch 1901, S. 4.)

Als Wildenbruch 1907 dann dauerhaft nach Weimar kam, lag ein konfliktreiches Schriftstellerleben hinter ihm. Einst erschienen seine Gedichte in der ersten naturalistischen Lyrik-Anthologie. Wildenbruch brachte Geschichte, auch und vor allem preußische und deutsche, auf die Bühne, dies mit unterschiedlichem Erfolg und nicht immer zureichendem poetischen Vermögen. Pathos, mangelnden Sinn für das Wahrscheinliche, bequeme Verstechnik erkannten bereits die zeitgenössischen Rezensenten. Zweifellos aber gab es eine Zeit, in der Wildenbruch an ihrem Puls schrieb, ihre Stimmung erfasste, gerade die jungen Rezipienten erreichte.

Nach 1900 war diese Zeit vorbei. Verstört und beunruhigt beobachtete Wildenbruch in Weimar das Aufkommen neuer künstlerischer Bestrebungen. Intensiv wie nie reflektierte er über das Vaterland, dessen Aufgabe und Zukunft, und über das eigene Selbstverständnis als nationaler Dichter. Merkwürdig immerhin, dass Wildenbruch in den Weimarer Jahren auch über eine neue, große Gestaltung Europas nachdachte (Wildenbruch 1916, S. 273), die nur mit Frankreich und Deutschland als befreundeten Staaten möglich werde. AP

Kat. 151 · 152 ☐ S. 141
DICHTER VERGANGENER GRÖSSE

Im Mai 1905 beging die Welt den einhundertsten Todestag Schillers. In Weimar wurde des Ereignisses lange und intensiv gedacht – und dabei war die starke Sehnsucht nach kultureller Orientierung der Nation zu Beginn des 20. Jahrhunderts unverkennbar. Schon als Karl Weiser auf dem Hoftheater Goethes *Epilog* zur *Glocke* in der ersten Fassung sprach, ertönte gewaltiger und elementarer Beifall bei dem Wunsch, das Vaterland möge Schillers Willen vernehmen und erfüllen.

In diesem Kontext stand Wildenbruchs *Heros bleib bei uns!*, zum 9. Mai 1905 verfasst. Auch in ihm wird auf den *Epilog* zur *Glocke* angespielt. Das lyrische Ich sieht das Wort »So bleibt er uns« (MA 11.1.1, S. 298) längst nicht mehr uneingeschränkt wirken, es scheint ihm, als seien tausend Jahre seit Schillers Tod vergangen. Man muss den Dichter zum Verweilen überreden: »Heros, bleib bei uns! Über deutscher Erden | Neigt sich der Tag, und es will dunkel werden« (Wildenbruch 1905, S. 9). Fehlendes Licht, Dürre, von prunkendem Gewand bedeckte Seelenlosigkeit – Wildenbruchs Klage um das Ideal, um eine sinnhafte verbindliche Ordnung geht einher mit

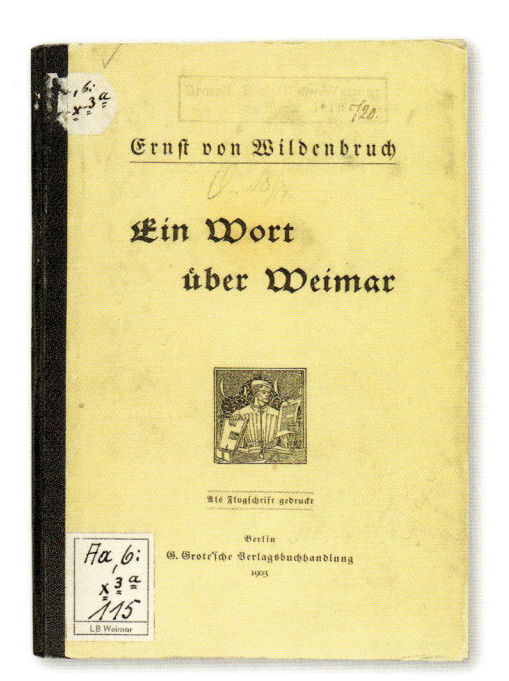

Kat. 152 Ernst von Wildenbruch · Ein Wort über Weimar
1903 · Klassik Stiftung Weimar

dem Tadel von Kunst und Dichtung. Die These, »Witz und Klugheit« (ebd.) hätten Glauben und Mut abgelöst, teilte der Autor mit einer ganzen Richtung konservativ-völkischer Kulturkritik: Das »Taumellied wild-wüt'ger Lehren« könnte auf dekadente wie auf engagierte Weltaneignung zielen, die »Fremdelei« (ebd., S. 103) erfasst die internationale Rezeptivität der Moderne. Wildenbruch stilisierte Schiller zum Helden eines vaterländischen Idealismus, der bitter nottue.
Bereits Wildenbruchs Schrift *Ein Wort über Weimar* stand inmitten der Auseinandersetzungen um die kulturelle Entwicklung hier und in Deutschland. Äußerer Anlass war die Tatsache, dass der junge Großherzog der Jahresversammlung der Goethe-Gesellschaft 1902 fernblieb, die von 1903 verschieben ließ und damit ein gewisses Desinteresse für das Wirken der Goethefreunde anklingen ließ. Wildenbruch ging es um grundsätzliche Probleme der Kulturentwicklung zu Beginn des neuen Jahrhunderts. Er wollte die Goethe-Arbeit aus der Stube der Philologen holen, einen lebendigen Idealismus anregen. Nicht müde wurde er zu mahnen, Weimar möge dem für die Idee gefährlichen Zeitgeist widerstehen, es möge besser unpraktisch, den geistigen Quellen des Lebens zugetan bleiben. Seine Schau auf das Ganze, auf den Sinn der Welt und des menschlichen Daseins wurde von etlichen Zeitgenossen nicht nur in Weimar geteilt. Sie ging freilich einher mit einer bestimmten Blindheit gegenüber der sich wandelnden Wirklichkeit, dem Versuch, disparate geschichtliche und kulturelle Kräfte einer absoluten Idee zu verpflichten. AP

Kat. 153 ☐ S. 142

WEIMARER TRADITIONALISTEN IM GESPRÄCH

Wildenbruchs Wohnungen in Weimar, die Villa Blanc in der Tiefurter Allee, die Villa Alisa und später sein Haus Ithaka am Horn waren Zentren der Geselligkeit, in denen sich der Dichter als liebenswürdiger und kluger Gesprächspartner erwies. Freilich stellte sich nach und nach eine gewisse Isolation Wildenbruchs ein; nicht nur die Modernen im Umkreis des Neuen Weimars hielten den idealischen Dichter und seine Formensprache für überholt.
Wenige Freunde blieben ihm, so der Hoftheaterintendant Hippolyt von Vignau und seine Frau Margarethe, mit denen ihn Louis Held im Garten fotografierte. Sicher sprach die kleine Gesellschaft über Theaterprobleme. Die breite und intensive Debatte über die Bühne, die Notwendigkeit von Reformen, über einen grundlegenden Wandel der Dramaturgie und Aufführungspraxis, die im letzten Drittel des 19. Jahrhunderts in Deutschland begann, berührte Weimar in besonderer Weise. Moderne und konservative Vorschläge zu einer Reform des Theaters wurden hier – stets mit dem Blick auf die klassische Überlieferung – entwickelt.
Vignau nahm in den Reformprozessen eine eher bremsende Haltung ein, seiner Arbeit eignete eine gewisse Konzeptionslosigkeit und mangelnder Mut zu anspruchsvollen Vorhaben. Den Zeitgenossen schien er nicht hinreichend gebildet für seinen Posten. Der »Herr Generaldilettant« (Scholz 1936, S. 32) vermochte nicht an die großen Intendantenleistungen des 19. Jahrhunderts anzuknüpfen. Wildenbruchs und Vignaus verband die Abneigung gegen die künstlerische Moderne insbesondere auf dem Theater, eine gewisse Ratlosigkeit über den Gang der sozialen und kulturellen Entwicklung, die mehr als das Bekenntnis zu Ideal und klassischer Tradition erforderte. AP

Kat. 154 · 155 ☐ S. 142

RUHM ÜBER DEN TOD HINAUS

Ernst von Wildenbruch starb am 15. Januar 1909 in Berlin und wurde am 19. Januar 1909 unter großer öffentlicher Anteilnahme in Weimar beerdigt. Louis Held wählte in mehrfacher Hinsicht eine gute Perspektive, als er den Gang der Trauergemeinde über den Friedhof fotografierte. Held erfasste sowohl die Länge des Trauerzugs als auch die zahllosen Menschen an dessen Rand und ermöglicht schließlich einen eindrucksvollen Ausblick auf Weimar. Exponierte Gebäude wie das 1904 errichtete Atelierhaus in der Karl-Haußknecht-Straße sind deutlich zu erkennen, eine Ansicht, die durch den heutigen Baumbestand auf dem Friedhof so nicht mehr möglich ist. Dem Trauerzug gehen Mitglieder von drei Jenaer Landsmannschaften voraus, der Sueva, der Rhenania und der Hercynia. Die Träger der umflorten Fahnen werden von Chargierten flankiert. An dem Begräbnis nahm auch Rudolf Eucken teil und legte für die Philosophische Fakultät einen Kranz nieder. Nach Wildenbruchs Tod fanden im ganzen Land Feiern zu Ehren des Schriftstellers statt, der vor allem in konservativen und nationalistischen Kreisen zum Dichter der Nation stilisiert worden war. Auch in Weimar richtete

Kat. 153 Die Ehepaare von Wildenbruch und von Vignau im Garten · Fotoatelier Louis Held · vor 1909

Kat. 155 Beisetzung Ernst von Wildenbruchs · Fotoatelier Louis Held · 19.1.1909

man eine Gedenkveranstaltung im Hoftheater aus, bei der Spenden für ein Denkmal gesammelt wurden. Im März desselben Jahres wurde Wildenbruchs Drama *Väter und Söhne* erstmals wieder aufgeführt.

Erst zwei Jahre zuvor hatte das Ehepaar Wildenbruch die von Paul Schultze-Naumburg entworfene Villa Ithaka bezogen, und der Mitbegründer des Bundes Heimatschutz gestaltete im Auftrag der Familie Wildenbruch nun auch das Grabmal. Schultze-Naumburg wählte dafür die Form eines dorischen Tempels, den Gustav Sachse in exponierter Lage auf dem Weimarer Friedhof ausführte. Der in Berlin lebende Bildhauer Georg Kolbe schuf für die Rückwand des Grabmals das beinahe lebensgroße Relief eines dynamisch ausschreitenden Sämanns. Kolbes idealistischer Akt hält mit der linken Hand einen Beutel mit Saatgut auf, während er mit dem rechten Arm kraftvoll ausholt, um den Samen zu verstreuen. Der Dichter als ›Sämann des ewigen Wortes‹, so könnte die Symbolik auch als Apotheose Wildenbruchs gelesen werden. GP

Literatur: WLZD Jg. 61, Nr. 20; WZ Jg. 99, Nr. 16.

Kat. 156 □ S. 143
VON BERLIN RICHTUNG WEIMAR: DER NEUIDEALIST FRIEDRICH LIENHARD

Dieses bisher unbekannte und nicht datierte Porträt von Friedrich Lienhard zeigt den Dichter in sehr jungen Jahren, was ein Vergleich mit später entstandenen, datierten Fotografien nahelegt. Die aufwendige Restaurierung des Gemäldes hat die Signatur des Malers Hans Steinhausen sichtbar werden lassen, ein Künstler, der nach derzeitigem Stand kaum nachzuweisen ist. Im Nachlass von Lienhard finden sich zwei Postkarten mit kleinen humoristischen Zeichnungen aus dem Jahr 1899. Steinhausen sandte sie von einer Berliner Adresse aus an Lienhard, der zu dieser Zeit ebenfalls in der Stadt wohnte (vgl. GSA 57/2063). Sie lassen vermuten, dass das Porträt um die Jahrhundertwende entstand. Dem ungezwungenen Duktus der Karten nach zu urteilen, kannten die beiden sich näher. Der Dichter ist als Halbfigur vor einem dunklen Hintergrund zu sehen und blickt im Dreiviertelprofil am Betrachter vorbei ins Unbestimmte. Der steife weiße Kragen mit schwarzer Binde und das braune Jackett mit dem dunkelgrünen Mantel wirken gediegen.

Lienhards Erfahrungen mit der Großstadt Berlin wurden durch nachhaltige Irritationen gegenüber den Phänomenen der Moderne geprägt. In der Folge suchte er immer wieder eine naturnahe Einsamkeit im Thüringer Wald, die er für sein Schaffen als unentbehrlich ansah. Trotz seiner zurückgezogenen Lebensweise pflegte er Kontakte vor allem nach Weimar. So korrespondierte er etwa mit Johannes Schlaf und auch Samuel Lublinski über seinen kritischen Artikel zu Arthur de Gobineaus Rassentheorie. Lublinski stellte zwar eine »ideelle Einheit« mit Lienhards Ansichten und eine gemeinsame Zielsetzung fest, doch über die »Mittel und Wege« bestünden »weit gehende […] Differenzen« (GSA 57/1328). Lienhard bewunderte Ernst von Wildenbruch uneingeschränkt und bat diesen sogar, seine dramatischen Werke in Berlin zu lancieren, ein erfolgloses Unternehmen, wie Wildenbruch dem enttäuschten Dichter mitteilte (vgl. GSA 94/214,6). GP

Kat. 156 Hans Steinhausen · Porträt Friedrich Lienhard · undat. Klassik Stiftung Weimar

Kat. 157
GRÜSS DICH DEUTSCHLAND AUS HERZENSGRUND!

Der gebürtige Elsässer Friedrich Lienhard pendelte seit 1903 zwischen seiner Heimat und dem Thüringer Wald, bis er 1917 endgültig in die Residenzstadt Weimar übersiedelte. Einige Semester hatte er als Theologie- und Germanistikstudent in Berlin verbracht, eine Zeit, die ihn stark beeinflusste und seine Ablehnung von Urbanität sowie seine grundsätzliche Modernekritik begründete und bestätigte. Um die Jahrhundertwende schrieb Lienhard kurzzeitig gemeinsam mit Adolf Bartels für die Zeitschrift *Heimat*, wobei sich das Verhältnis der beiden Wahlthüringer im Laufe der Jahre verkomplizierte und abkühlte. Lienhards Werke wurzeln durchaus im Regionalen, in nationalen Mythen und heimatbezogenen Motiven, weshalb er schon seinen Zeitgenossen als Mitbegründer der Heimatkunstbewegung galt. Er selbst verwahrte sich jedoch dagegen, sah sein Schaffen vielmehr dem Neuidealismus verpflichtet und strebte nach einer ›geistigen Vollendung‹, wie er sie zuletzt in Goethe und Schiller verwirklicht glaubte.

In Lienhards umfangreichem Nachlass hat sich ein Fotoalbum erhalten, das in beinahe anrührender Weise seine Weltabgewandtheit und Sehnsucht nach einer verloren ge-

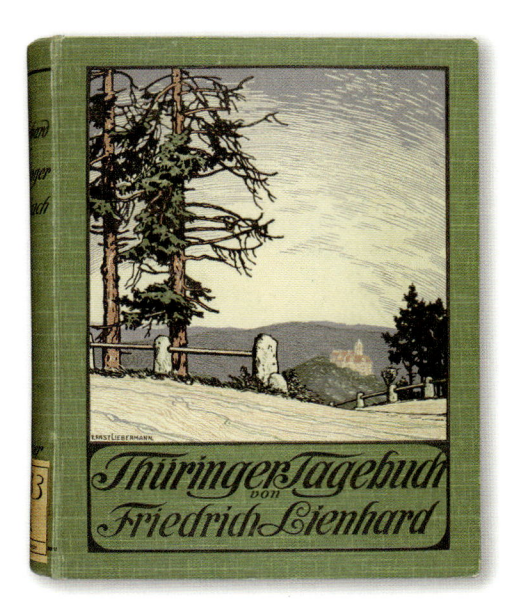

Kat. 158 Friedrich Lienhard · Thüringer Tagebuch · 1910
Klassik Stiftung Weimar

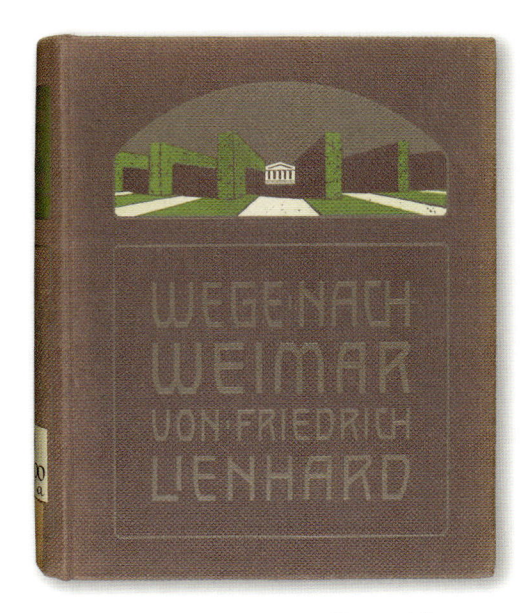

Kat. 160 Friedrich Lienhard · Wege nach Weimar · 1910
Klassik Stiftung Weimar

glaubten Idylle widerspiegelt (vgl. GSA 57/2566). Unter dem Titel *Grüß Dich Deutschland aus Herzensgrund!* klebte der Schriftsteller Fotografien in das Album, denen er sowohl eigene Gedichte und Sprüche als auch Verse anderer Autoren wie etwa Walther von der Vogelweide beifügte. Die Aufnahmen zeigen häufig Bäume, Landschaftsbilder, friedvolle Dorf- und historische Stadtansichten, bevorzugt verschneit. Den Motiven korrespondieren die offenbar eigens dafür verfassten und ausgewählten Gedichte, eine sentimentale Natur- und Erlebnislyrik, die ganz in der subjektiven Anschauung verhaftet ist. GP

Literatur: Châtellier 1996.

Kat. 158 ☐ S. 144 · 159 · 160 ☐ S. 144
WEGE NACH WEIMAR

»Es forme jeder sich selber und sein Leben zu einem klassischen Kunstwerk!« (Lienhard 1909, S. 8), fordert Friedrich Lienhard programmatisch in *Das Klassische Weimar*. Weimar und der Thüringer Wald sind die ideellen und konkreten Bezugspunkte für Lienhards literarisches Schaffen. Die Stadt Goethes und Schillers ist ihm Chiffre für das geistige »Hochland« (Lienhard 1913 a, S. 90), nach dem jeder Mensch streben könne und solle – unabhängig von seiner Herkunft und Ethnie. Die Basis einer erfolgreichen inneren Entwicklung der Deutschen seien der heimatliche Boden und ein geeintes Deutsches Reich. Verbinde man nun die Heimatkunst mit eben jenem ›Hochlandsgeist‹, entstehe schließlich Nationalkunst. Heimatkunst als eigenständige literarische Strömung hingegen lehnte Lienhard ebenso ab wie Ästhetizismus und sieht sich in seinem Bemühen um die (Wieder-)Herstellung einer ideellen Einheit von Mensch und Kunst in der Tradition der Weimarer Klassiker: »Historisches und Modernes, Ethik und Ästhetik, Betrachtung und Gestaltung durchdringen sich also in diesen Blättern [*Wege nach Weimar*] und suchen ein *Ganzes* zu bilden, wie jene große Zeit das Ganze gesucht hat« (Lienhard 1911, S. 3 f.). Lienhard beruft sich dabei auch auf den Jenaer Philosophen Rudolf Eucken, mit dem ihn das Ziel verbinde, die »reinmenschlichen Grundlagen wieder klarzustellen« (ebd., S. 4).

Beiträge zur Erneuerung des Idealismus untertitelt Lienhard entsprechend seine Schriftenreihe *Wege nach Weimar*. Die sechsbändige Ausgabe begreift sich als eine »Verinnerlichung und Vereinfachung einer großen Epoche« (ebd., S. 3), die einen weiten Bogen schlägt von dem amerikanischen Transzendentalisten Ralph Waldo Emerson über Shakespeare und Homer hin zu Friedrich II., Herder, Jean Paul und Schiller und mit einem Einzelband zu Goethe abschließt. In einem sentimentalen Ton verfasst, ist auch das *Thüringer Tagebuch* eine Absage an die Ansprüche der Gegenwart. Es beschwört den Wald, die Stille, naturverbundene Arbeit, moralische Werte wie Tapferkeit, Mut und immer wieder (körperliche) Unschuld. Mit Emphase schwärmt Lienhard von der Wartburg und dem Sängerkrieg, von Luther, der heiligen Elisabeth, vom Nibelungenlied und von Goethe als kulturellen und historischen Wegmarken. »Hier ist Deutschlands schönstes Herz! Die geistige Geschichte Thüringens ist die Geschichte deutscher Kultur« (Lienhard 1910, S. 15). Damit einher geht seine modernekritische Warnung vor den »Zeiten des Verfalls« (ebd., S. 34), die er im Materialismus begründet sieht. Während Adolf Bartels als Lösung die Exklusion der Juden anstrebt, sieht Lienhard ganz im Sinne seiner neuidealistischen Weltanschauung in einer neuen Vergeistigung das Mittel zum Zweck. GP

Literatur: Châtellier 1996.

Kat. 161 ☐ S. 145

DER ANTISEMITISCHE LITERATURHISTORIKER ADOLF BARTELS

Als einen Geistesarbeiter porträtierte Otto Rasch den völkischen Publizisten Adolf Bartels. Rasch hatte an der Weimarer Kunstschule bei Max Thedy studiert, bevor er ab 1899 dem Lehrkörper angehörte und später die Zeichen- und Naturklasse sowie Anatomisches Zeichnen unterrichtete. Mit kräftigen Pinselstrichen arbeitete er das Gesicht und die Hände heraus, während die Kleidung und das Interieur eher flächig erscheinen und wenig Tiefenwirkung erzielen. Der Porträtierte hält ein Buch in den Händen, den Zeigefinger klemmt er zwischen die Seiten, als hätte er in diesem Moment seine Lektüre unterbrochen, rechts neben ihm stapeln sich weitere Bücher. Auf diese Weise ließ sich Bartels vielfach abbilden, vor allem auf Fotografien späterer Zeit sieht man ihn inmitten von überfüllten Bücherregalen und Tischen stehen oder sitzen (vgl. GSA 147/1236d).

Die Inszenierung als Gelehrter korrespondiert mit Bartels' umfangreichen Versuchen, sich als Literaturhistoriker zu etablieren, wobei sein Augenmerk darauf gerichtet war, eine genuin deutsche Geschichte der Literatur zu schreiben. Sein Ziel war es dabei unter anderem, jüdische Schriftsteller zu identifizieren, zu diskreditieren und damit von der deutschen Literaturgeschichtsschreibung auszuschließen. Der Beifall von rechtsradikaler Seite war ihm sicher (vgl. GSA 134/2,4), in wissenschaftlichen Kreisen jedoch wurde der Nicht-Akademiker weitgehend ignoriert. Bartels bezeichnete sich selbst stolz als Antisemit und machte Juden für die als negativ empfundenen Veränderungen der Moderne verantwortlich: »Über die Ursachen der Zersetzung im deutschen Leben brauche ich mich nicht des weiteren auslassen, die Worte Industrialismus und Judentum genügen da beinahe« (Bartels 1907a, S. 6). Vor diesem Hintergrund verwundert die anhaltende Auseinandersetzung etwa mit dem nach Weimar gezogenen deutsch-jüdischen Literaten Samuel Lublinski nicht. GP

Kat. 161 Otto Rasch · Porträt Adolf Bartels · undat. · Klassik Stiftung Weimar

Kat. 162 · 163 ☐ S. 145 · 164

EIN VÖLKISCHER AGITATOR

Adolf Bartels' Lebenslauf ließe sich allein anhand seiner Mitgliedschaften in den einschlägigen nationalistischen, antisemitischen und völkischen Gesellschaften, Verbänden, Bünden und Parteien nacherzählen. Sein Engagement reichte von einflussreichen Organisationen wie dem Alldeutschen Verband, dessen Ziel unter anderem die territoriale Erweiterung des Deutschen Reiches war, bis hin zur völkischen Fichte-Gesellschaft 1914, einer der zahlreichen kurzlebigen Gesellschaften, die im Geist der ›Ideen von 1914‹ entstanden. Daneben war Bartels Mitbegründer des Werdandi-Bundes und der Ortsgruppe Weimar des Bundes Heimatschutz, während seine Frau sich im Deutschen Bund gegen Frauenemanzipation engagierte (vgl. GSA 147/1244). Bartels Kontakte reichten folglich von den örtlichen Honoratioren bis zu nationalen Vertretern von Kunst, Wissenschaft und Politik.

Kat. 163 Mitgliedskarte Alldeutscher Verband für Adolf Bartels · 1912
Klassik Stiftung Weimar

Kat. 165 Adolf Bartels · Weimar. Die klassische Literaturperiode in ihrer nationalen Bedeutung · 1910 · Klassik Stiftung Weimar

Und doch blieb er in Weimar, seiner ausdrücklichen Wahlheimat, eine gesellschaftlich eher randständige Person. Im Nietzsche-Archiv scheint er zumindest kein Gast gewesen zu sein, und in gemäßigt konservativen Gesellschaften wie dem Schillerbund, dessen Gründungsmitglied er immerhin war, bekleidete er untergeordnete Positionen. Dies lag wohl zum einen maßgeblich an seiner radikalen Gesinnung. Zum anderen konnte Bartels weder eine abgeschlossene wissenschaftliche Laufbahn, einen bedeutenden Familiennamen noch nennenswerten Besitz vorweisen, im Gegenteil: Er erhielt finanzielle Unterstützung von der Deutschen Schillerstiftung. Die von Wilhelm Ernst 1905 verliehene Ehrenprofessur konnte diese gesellschaftlichen Makel offenbar nicht kompensieren.

In deutsch-völkischen Kreisen avancierte Bartels hingegen zum gefeierten Vorkämpfer der ›deutschen Sache‹. In diesem Sinne publizierte er ohne Unterlass, hielt Vorträge und führte eine umfangreiche Korrespondenz, etwa mit dem Herausgeber der antisemitischen Zeitschrift *Hammer*, Theodor Fritsch (vgl. GSA 147/1094). Auch hatte er sich nicht ohne Grund in Weimar niedergelassen. Seine Forderung nach einer Erneuerung der deutschen Kultur mit national-völkischem Gepräge konnte er besonders überzeugend von der Wirkungsstätte der beiden überhöhten Nationaldichter aus vorbringen. Die unmittelbare Nähe zu den auratisch aufgeladenen Stätten der ›Dioskuren‹ schien unverzichtbar für die Authentizität seiner Mission. GP

Literatur: Oesterhelt 2014; Puschner/Schmitz/Ulbricht 1996.

Kat. 165 □ S. 146
NATIONALISTISCHE KLASSIK-REZEPTION

In Adolf Bartels' Schriften kommt Weimar symbolische Bedeutung zu. Weimar gilt als Ort deutscher Werte und als Gegenentwurf zur Großstadt Berlin, die mit dem assoziiert wird, was an der Moderne missfällt: Internationalismus, Kapitalismus, Feuilletonismus etc. Schon der Untertitel des in der Reihe *Als Deutschland erwachte* erschienenen Buches verrät indes die Probleme, mit denen die Vereinnahmung Weimars für völkisches Ideengut zu kämpfen hat. Denn wenn *Die klassische Literaturperiode in ihrer nationalen Bedeutung* beschrieben werden soll, müssen deren Kosmopolitismus und Humanismus radikal umgedeutet werden. Zwar kann Bartels das ›Weltbürgertum‹ Goethes nicht völlig leugnen und muss aus diesem Grund auch Teile der klassischen Periode verwerfen, *Wallenstein* und *Tell* von Schiller, *Götz* und *Faust* von Goethe zählen für ihn dagegen zu den großen deutschen Stücken. Schiller und Goethe, auf dem Titelbild in einer durch die Untersicht stark heroisierenden Darstellung des Rietschel'schen Denkmals von Hans Kohlschein, werden für die völkische Sache vereinnahmt und ihr Denken mithilfe entkontextualisierter Zitate zum »Kern des modernen deutschen Nationalismus« (Bartels 1910, S. 108) erklärt.

Ähnlich argumentiert Bartels auch nach dem Ersten Weltkrieg, etwa in seiner Schrift *Weimar und die deutsche Kultur*, in der er rät, den »Begriff Menschheitskultur, den man in der Regel mit Weimar verbindet, scharf unter die Lupe« (Bartels 1921, S. 25) zu nehmen und behauptet, »der Weimarische Humanismus war weit nationaler, als man gemeinhin weiß« (ebd.). In diesem Sinne ist Weimar bei Bartels der Ort des gesamtdeutschen Geistes: »[…] bis zu einem hohen Grade trägt die Weimarische Kultur überhaupt […] allgemeindeutschen und gar keinen thüringischen Charakter, Sprossen aller deutschen Stämme haben an ihr mitgewirkt und ihr den allseitigen deutschen Charakter verliehen, der sie, als Ganzes gesehen, so mächtig über alles, was sonst noch in Deutschland geschaffen worden ist, emporhebt« (ebd., S. 92). AOe

Kat. 166 □ S. 147
DEUTSCH-VÖLKISCHE GEDICHTE

Bartels' 1914 veröffentlichte *Deutschvölkische Gedichte* knüpfen inhaltlich und stilistisch an das im Kontext der ›Befreiungskriege‹ 1813–1815 entstandene Liedgut Friedrich Rückerts und Ernst Moritz Arndts an. Besonders Arndt gehörte während des 19. Jahrhunderts zu den wichtigsten Referenzen eines ressentimentgeladenen und militaristischen deutschen Nationalismus. Hatten Arndts Bestrebungen allerdings der Errichtung eines Nationalstaats gegolten, war es nun, lange nach 1871, der diffusere Kampf für ein wiederzugewinnendes »reines, stolzes Deutschtum« (Bartels 1914, S. 174), den Bartels führen wollte. Während Arndt zudem die kollektive Identität der Deutschen symbolisch mit dem Rhein verbunden hatte, steht bei Bartels Weimar für ein noch zu errichtendes »Alldeutschland« (ebd., S. 155).

Kat. 166 Adolf Bartels · Deutschvölkische Gedichte aus dem Jubeljahr der Befreiungskriege 1913 · 1914 · Klassik Stiftung Weimar

Die Swastika auf dem Titelblatt, um 1900 noch in den unterschiedlichsten okkulten, lebensreformerischen, theosophischen, aber auch schon völkischen Zusammenhängen verwendet, hatte sich im Erscheinungsjahr der *Deutschvölkischen Gedichte*, 1914, inzwischen als völkisches Symbol etabliert. Ganz im völkisch-antisemitischen Geist dieses Symbols erscheint auch Weimar: Im Gedicht *An Weimar* wird es mit Jerusalem assoziiert und die deutsch-völkische Bewegung, ja Bartels selbst, als Tempelreiniger in der Nachfolge Christi imaginiert, wenn »der alte heil'ge Boden« vom »Volk der Händler« (ebd., S. 155) befreit werden müsse, um wieder zu neuer Größe zu gelangen. Und in einem Gedicht auf Ernst von Wildenbruch wird verkündet: »Wohl kann's ein Jena geben, | Doch Weimar siegt zuletzt« (ebd., 159) – eine militärische Niederlage wie jene von Jena und Auerstedt mag es für die Deutschen gegeben haben, am Ende aber wird die Kulturnation Deutschland siegen. Dass indes auch der Geisteskampf schließlich mit militärischen Mitteln ausgetragen werden soll, daran lässt Bartels keinen Zweifel. Für seinen Prolog zum *Tell* für die Eröffnung der Weimarer Nationalfestspiele für die deutsche Jugend am 6. Juli 1909 reimt Bartels: »Groß ist zum eignen Volkstum auch der Drang, | Und auch im Geisteskampf ziert Waff' und Wehr. | Bleibt uns das deutsche Volkstum unverloren, | Wird Weimar sicher noch einmal geboren« (ebd., S. 161). AOe

Literatur: Oesterhelt 2014.

Kat. 167
DER DEUTSCHE VERFALL

Am 17. Dezember 1912 hielt Adolf Bartels den Vortrag *Der Deutsche Verfall*, der 1913 im Druck erschien und noch im selben Jahr in mehreren Neuauflagen erlebte. Das Vorwort betont die »nationale Pflicht, den Vortrag herauszugeben, gerade in diesem Augenblick, wo die Wehrkraft des deutschen Volkes zu heben und dabei zugleich zu erkennen ist, daß die Zahl allein nicht hilft, wenn nicht auch der neue oder der alte starke Geist erwacht. Eine Erneuerung des deutschen Lebens aus dem Tiefsten heraus ist, da sind sich alle ernsten Deutschen einig, eine dringende Notwendigkeit geworden« (Bartels 1913, Vorwort). Die symbolträchtige Unterzeichnung des Vorworts mit »Weimar, Ostern 1913« (ebd.) inszeniert gleich doppelt eine Wiederauferstehungsphantasie, verbanden sich doch der angeblich wiederzugewinnende »alte starke Geist« und das »Tiefste« der Deutschen in der völkischen Programmatik gern mit Weimar.

Die Krisendiagnose des Pamphlets: Der entfesselte Kapitalismus führe zu einem Werteverlust, produziere ein mechanistisches Weltbild und opportunistisches Verhalten. Ausdrucksformen des diagnostizierten Verfalls seien unter anderem geringe Geburtenzahlen, die Frauenbewegung und Homosexualität, Verursacher aber seien die Juden. Der Ausweg erscheint leicht: Mit einer Absage an alles Jüdische würden auch die Krisensymptome der Moderne verschwinden, so Bartels' Behauptung. Eine zweite, mindestens ebenso wichtige Lösung der Probleme sieht er im Krieg: Die schleichend der »Degeneration« (ebd., S. 23) anheim fallenden Deutschen würden nur über eine durch die Geschichte gestellte »große und schwere Aufgabe« wieder zu sich kommen, »je schwerer, desto besser« (ebd., S. 42). Es werden verschiedene Kriegsszenarien entworfen, doch wichtig sei nicht so sehr der Gegner, sondern die reinigende Kraft des Krieges: »Wir brauchen Boden, wir brauchen eine schwere Kolonisationsaufgabe, um wieder zu gesunden. […] Not und schwere Arbeit machen den Mann und das Volk« (ebd.). AOe

Kat. 168 ☐ S. 148 · 169 ☐ S. 148
DIE NEUE KLASSIK DES PAUL ERNST

Paul Ernst ist der bekannteste Dichter der Neuklassik, die von Weimar aus ihre Stimme erhob. Mit Wilhelm von Scholz und Samuel Lublinski, aber auch mit Besuchern wie Georg Lukács erörterte er das Konzept einer Literatur, die wieder Urbilder als höchste Erscheinungsformen von Welt und Mensch schaffen sollte, die ihren sittlichen Anspruch erneuerte, einem reinen und tiefen Humanismus verpflichtet wäre. Die neuklassischen Autoren wünschten einen tiefgreifenden Wandel der Kultur. Wenn es gelänge, die ›Einheit der Menschennatur‹ wiederherzustellen, die durch ökonomischen und soziologischen Wandel preisgegeben schien, wenn man Glauben, Nation und Volk von Dogma und Verflachung reinigen könnte, dann hätten nicht nur Literatur und Kunst, sondern die Gesellschaft insgesamt eine Zukunft.

Kat. 169 Hermann Möller · Bildnisbüste Paul Ernst · um 1928
Deutsches Literaturarchiv Marbach

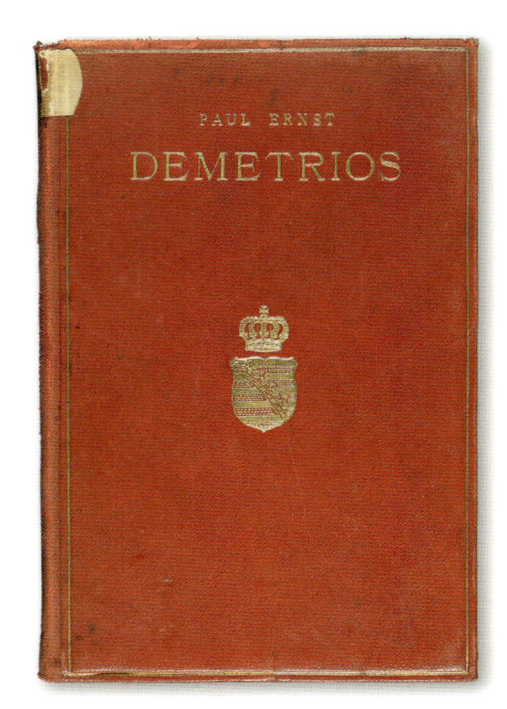

Kat. 168 Paul Ernst · Demetrios · 1905
Klassik Stiftung Weimar

1905 erschien die Buchausgabe von Paul Ernsts Drama *Demetrios*, mit dem sich der Autor in eine lange Traditionslinie stellte. Der Stoff des Betrügers Dimitrij, der Boris Godunow auf dem russischen Thron ablöste, bewegte etwa Friedrich Schiller, dem der Tod die Feder aus der Hand nahm. Goethe versuchte erfolglos, den *Demetrius* zu vollenden. Jahrzehnte später nahm Hebbel den Stoff auf, auch sein *Demetrius*-Drama blieb Fragment.

Paul Ernst verlegte das Stück in die griechische Antike, nach Sparta, in eine Zeit, da die privilegierten Vollbürger, die Spartiaten, ihrer Auflösung entgegensahen. Der Autor freilich sah bewusst vom Historischen ab und steckte seine Figuren in eine Art Ewigkeitskostüm. Er glaubte fälschlicherweise, dass eine plastische und farbige Gestaltung sozialer Umstände das dauernde Potenzial des Dramas verhindere. In Ernsts Stück will einer Wahrheit und Recht, der stattdessen Macht erhalten und taktieren müsste. Als Kämpfer gegen den Pragmatismus geht er unter, der Idealismus ist preisgegeben. Dieses Thema ist vom beginnenden 20. Jahrhundert stimuliert, ebenso wie der Schluss des Stückes: Nach dem Tod der Hauptfigur herrscht auf der Bühne Verwirrung, das Volk schreit nach vermeintlichen Heilsbringern und Führergestalten.
Ernsts *Demetrios* zeigt beispielhaft, was auch die Analyse seiner sonstigen Dramatik ergäbe: Konzentration auf den ethischen Willen und die strenge Form sind im Theoretischen anregende Prämissen; den Stücken aber fehlt die Verankerung in der lebendigen und sinnlichen Daseinswelt. AP

Kat. 170 · 171
LESUNGEN IM NIETZSCHE-ARCHIV

Einer der wichtigsten Orte Weimarer Geselligkeit war das Nietzsche-Archiv. Nur auf den ersten Blick verwunderlich ist, dass die neuklassischen Autoren hier ein Forum für ihre Kunst fanden. Sie begeisterten sich alle für Nietzsche, der ihnen als ›klassische Natur‹ galt. Für Paul Ernst war es die große Tat Nietzsches, dass er ein »ethisches Ziel aufgestellt hat, das mit dem Glück gar nichts zu thun hat« (Hillebrand

1978, S. 126), dass er es überhaupt wagte, der Menschheit wieder ein höheres Ziel zu zeigen. Die neuklassischen Autoren sahen Nietzsche als Wegbereiter ihrer eigenen Ästhetik, als einen, der um die klassische Kunst rang wie sie selbst, für den die neue Klassizität nicht eine Richtung unter vielen, sondern einzig mögliche und heilsame Weltaneignung war.

Bereits am 29. Oktober 1908 hörte eine bunte Zuhörerschaft im Nietzsche-Archiv Paul Ernsts bekanntestes Drama *Brunhild*, das erst 1909 bei Insel erschien. Die Einladungsliste gibt zunächst Aufschluss über den Ablauf solcher Veranstaltungen: Vor der Lesung wurden der Autor und ein ausgewählter Kreis zum Diner geladen, zu diesem gehörten neben Förster-Nietzsches Vertrauten die Vertreter des Staates und der Kultureinrichtungen.

Der Hörerkreis bei der Lesung um 20.30 Uhr war noch breiter und heterogener: Henry und Maria van de Velde, die Frau des schwedischen Mäzens Ernest Thiel, der vom Naturalismus kommende Autor Wilhelm Hegeler, Verfasser des Romans *Das Ärgernis*, erschienen ebenso wie Dora Wibiral und Dorothea Seeligmüller, literarisch und künstlerisch gebildete Lehrerinnen an der Kunstgewerbeschule. Else Lampe-von Guaita war eingeladen, deren buchkünstlerische Ledereinbände in ganz Deutschland Bewunderer fanden. Fast schon selbstverständlich war es, dass Ernsts neuklassischer Mitstreiter Lublinski und seine Schwester Ida, Ethnologin und Religionsforscherin, kamen.

Den fesselnden und konfliktreichen Nibelungenstoff gestaltete Ernst in einer Weise, der die Zuhörer zu Attributen wie »noble ennui« und »edelverstiegener Oberlehrer« (Watzdorf-Bachoff 1997, S. 171) greifen ließen. Selbst Scholz, der mit dem Verfasser persönlich und geistig eine Zeit lang eng verbunden war, vermerkte, dass Ernst das Ziel dramatischer Dichtung in einer »fleisch- und farblosen Abstraktion einer rein ethischen Konfliktsdarstellung« sehe (Scholz 1939, S. 129). AP

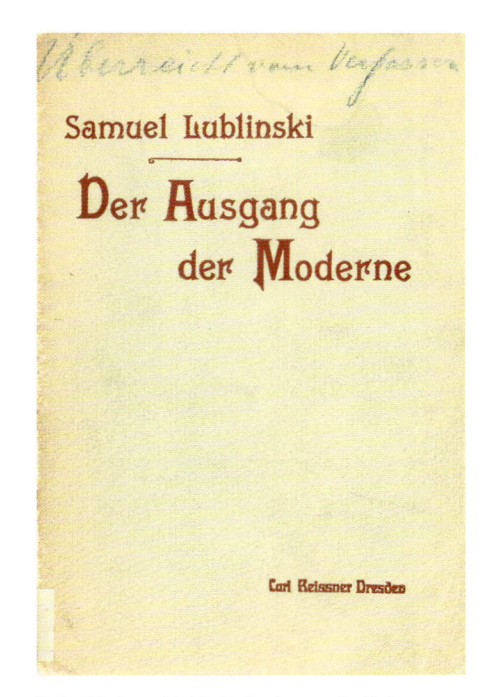

Kat. 172 Samuel Lublinski · Der Ausgang der Moderne
1909 · Klassik Stiftung Weimar

Kat. 172 □ S. 149 · 173 · 174
SAMUEL LUBLINSKI: DIE BILANZ DER MODERNE

Als Samuel Lublinski 1906 nach Weimar übersiedelte und in der Amalienstraße 29 Quartier nahm, war er im literarischen Leben Deutschlands kein Unbekannter mehr: In Berlins intellektueller Szene – etwa bei den ›Kommenden‹ im Nollendorf-Kasino – schärfte er seinen kritischen Verstand und diskutierte leidenschaftlich über gesellschaftliche und ästhetische Fragen. Lublinski trat zunächst als Kritiker und Essayist hervor, er schrieb für Blätter, die ein weites weltanschauliches Spektrum umfassten. Eine der ersten Würdigungen von Thomas Manns Roman *Buddenbrooks* stammte von Samuel Lublinski.

Lublinskis 1904 erschienenes Buch *Die Bilanz der Moderne* ist ein auch für heutige Leser fesselndes Resümee des Naturalismus und der ihm folgenden Strömungen Impressionismus, Neuromantik, Symbolismus. Der Autor, der ein guter Kenner des Marxismus war, ohne je den Blick vor seinen theoretischen Grenzen zu verschließen, betrachtete Literatur als integriert in den materiellen Zusammenhang der Produktion und Reproduktion des gesellschaftlichen Lebens. Ihm gelang es, soziologische Komponenten der Literatur, etwa die des Publikums, zu beachten und zugleich subtiles Verständnis für die Formensprache zu entwickeln.

In Weimar begab sich Lublinski in eine freundschaftliche, aber auch produktiv-kritische Beziehung zu Paul Ernst und Wilhelm von Scholz und in die Geselligkeit des Nietzsche-Archivs. Lublinski gehörte zu den zahlreichen jüdischen Intellektuellen, die mit Elisabeth Förster-Nietzsche in regelmäßigem geistigen Austausch standen, er und seine Schwester Ida waren häufige Gäste der Archiv-Veranstaltungen. Von früh an war Nietzsche für Lublinski der bewunderte Genius, den Gedanken einer »Kultursynthese grössten Stiles« (Lublinski 1914, S. 359) entnahm er dessen Schriften. Diese Idee entwickelte er in Weimar weiter. 1909 erschien sein Buch *Der Ausgang der Moderne*. Seine Auseinandersetzung mit dem Kulturgedanken der Nationalität, mit Volk und Volkskultur, seine scharfe Abwehr rassistischer Theoreme, auch seine würdigend-kritische Haltung zu van de Velde zeigen seine Stellung in der zeitgenössischen Debatte in Weimar. Nicht nur vom Umfang seiner theoretischen Abhandlungen her lieferte Lublinski die gewichtigsten und kühnsten Postulate der Neuklassik. Dem Zerfall verbindlicher ethischer und künstlerischer Orientierungen eine Kulturevolution entgegenzusetzen, aus der Persönlichkeiten und Einheitskräfte gleichermaßen hervorgehen, ist eine Intention, der ein wahrer und guter Kern innewohnt. AP

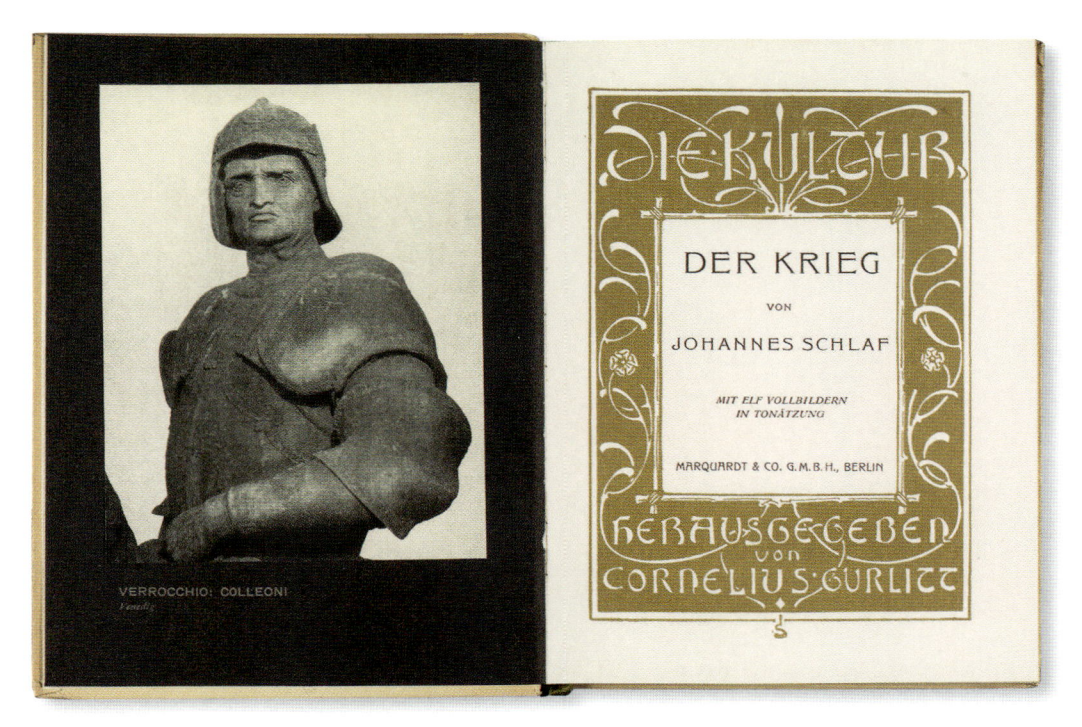

Kat. 175 Johannes Schlaf · Der Krieg · 1907 · Klassik Stiftung Weimar

Kat. 175 ▢ S. 150 · 176 · 177

AUF DER SUCHE NACH EINEM EINHEITLICHEN WELTPRINZIP

Als Johannes Schlaf 1904 nach Weimar übersiedelte, hatte er sich schon weit von seinen naturalistischen Anfängen und von seinem Freund und Mitstreiter Arno Holz entfernt. Die hiesige Atmosphäre schien ihm förderlich für die geistige Arbeit. Er genoss Weimars Stille und die »ruhige, harmonische Linie« (Schlaf 1941, S. 48) der Landschaft, er knüpfte Kontakte ins Nietzsche-Archiv und zu Autoren und Künstlern, selbst der Wortführer des Berliner Dadaismus Johannes Baader gehörte eine Zeit lang zu seinen Freunden.

Konsequenter als andere Dichter des frühen 20. Jahrhunderts sah sich Schlaf nunmehr als grundlegender Reformer von Weltanschauung. Seine Schrift *Das absolute Individuum und die Vollendung der Religion* führte bereits in Berlin entwickelte philosophische Ansätze zusammen: Schlaf behauptete, durch die Tatsache der Polarität ergebe sich die geschlossene, endliche Ausdehnung des Weltalls, die kopernikanische Anschauung sei damit obsolet. Der Autor war bei seiner Lieblingsidee, die er in Weimar mit Eifer und gegen Widerstände und Spott ernst zu nehmender Naturwissenschaftler verfolgte. Dreht sich die Sonne um die Erde? Ist die Erde doch der Zentralkörper des geschlossenen Weltalls? Diese Fragen bejahend zu beantworten und mithin des Kopernikus Lehre zu widerlegen saß Schlaf in seiner Wohnung in der Grunstedter Straße am Fernrohr und beobachtete die Planeten. Nicht dass Schlaf in der Folge literarische Texte aufgegeben hätte, sie ordnen sich aber seinen philosophisch-weltanschaulichen Thesen unter. Das Bestreben, alle Dinge auf ein einheitliches Prinzip zurückzuführen, dem Kulturverfall eine wirkliche Identität entgegenzusetzen, trieb ihn zu Experiment und Theorem.

Schon vor 1914 beschäftigte sich Schlaf mit dem Thema des Krieges. Cornelius Gurlitt, der Nietzsche-Anhänger und Langbehn-Unterstützer, gab seine einschlägigen Werke *Der Krieg* und *Das absolute Individuum und die Vollendung der Religion* mit einem jugendstilhaft verzierten Titel in einer Reihe heraus. Der Krieg erschien bei Schlaf als Selektionsschritt der Evolution. Die rassisch stärkeren Elemente würden sich durchsetzen – schließlich erreichte die Menschheit eine Kulturstufe, auf der sie keines Krieges mehr bedürfe. Derartige Thesen entstanden in einer gewissen Blindheit gegenüber sozialer und politischer Wirklichkeit und übrigens auch gegenüber militärischen Realitäten im Industriezeitalter. AP

Kat. 178 ▢ S. 151 · 179 ▢ S. 151 · 180 · 181

DER GUSTAV KIEPENHEUER VERLAG IN WEIMAR

Begonnen hat die Karriere von Gustav Kiepenheuer als Buchhändler in Weimar. Im Jahr 1909 kaufte er die Sortimentsbuchhandlung und Leihbibliothek des Großherzoglichen Hof-Buchhändlers Ludwig Thelemann in der Schillerstraße 15 und erweiterte diese zu einer Buch-, Kunst- und Musikalienhandlung. Hinzu kam eine Konzertagentur. Kiepenheuer veranstaltete hier für das literaturbegeisterte bürgerliche oder adlige Publikum »Literarische Vortragsabende Zeitgenössischer Schriftsteller« und bestimmte so wesentlich das geistige Klima in Weimar mit. Für Oktober, November und Dezember 1910 kündigte er in der Zeitung Vorträge von

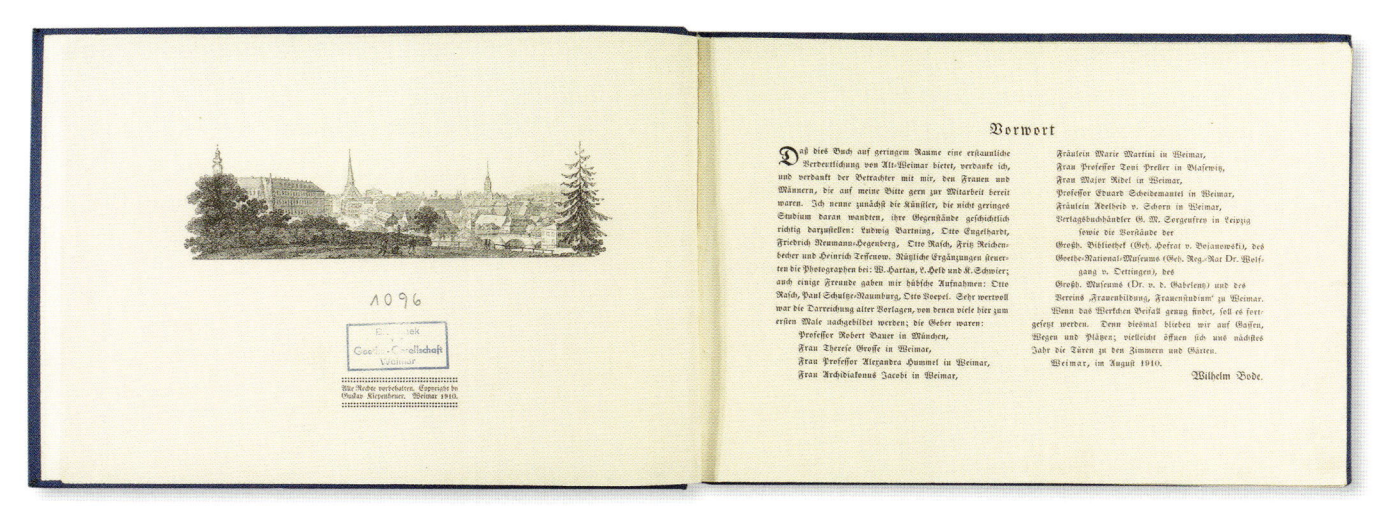

Kat. 179 Wilhelm Bode · Damals in Weimar · 1910 · Klassik Stiftung Weimar

Ottomar Enking, Thomas Mann und Hermann Bahr an. In seinem 1910 gegründeten Gustav Kiepenheuer Verlag, der 1913 zusätzlich ins Leben gerufene Alt-Weimar Verlag existierte nur bis 1915, verlegte er laut Werbekatalog unter anderem Werke aus folgenden Bereichen: »Einmalige und numerierte Vorzugsausgaben, Briefe/Tagebücher/Gespräche, Goethe und Weimar, Lyrik/Dramen/Theatergeschichte/Musik, Geschichte, Bildende und angewandte Kunst, Liebhaberbibliothek, Märchen, Künstlerische Kinderbücher, Politik und Wirtschaft« (Kiepenheuer 1916, o. S.). Kiepenheuer wandte sich immer der Herausgabe bibliophiler Ausgaben zu.

Mit dem Literaturwissenschaftler und Kenner der Goethezeit Wilhelm Bode, dem Schriftsteller Paul Ernst und mit Wolfgang von Oettingen, dem Direktor von Goethe-Nationalmuseum sowie Goethe- und Schiller-Archiv, verpflichtete Kiepenheuer in Weimar ansässige Autoren und Herausgeber. Das reich illustrierte Buch *Damals in Weimar* von Bode erlebte seit 1910 zahlreiche Nach- und Neuauflagen und vermittelte weiten Kreisen ein beschauliches Bild der Klassikerstadt. Die von Paul Ernst 1911 herausgegebenen Märchen von Andersen erschienen 1917 in zweiter Auflage mit Originallithografien von Charlotte Christine Engelhorn, einer Absolventin der Weimarer Kunstschule. Oettingen sammelte in seiner Zusammenstellung früherer Veröffentlichungen *Erlebtes und Erdachtes* (1911) italienische Impressionen, aber auch Eindrücke aus seinen neuen Wirkungskreisen in Weimar.

Ab 1913 beteiligte sich der Berliner Buchhändler August Wollbrück an der Buchhandlung in der Schillerstraße. Ab 1917 wurde dessen Sohn Bruno Wollbrück alleiniger Inhaber der Sortimentsbuchhandlung. Durch die Verbreitung linksbürgerlicher Literatur in seinem 1919 nach Potsdam übergesiedelten Verlag hat sich Gustav Kiepenheuer einen hohen Bekanntheitsgrad sowie bleibende Verdienste erworben. AR

Literatur: Funke 1999; Hürlimann 1976; Rößner 2012; Wahl 2009 u. 2010.

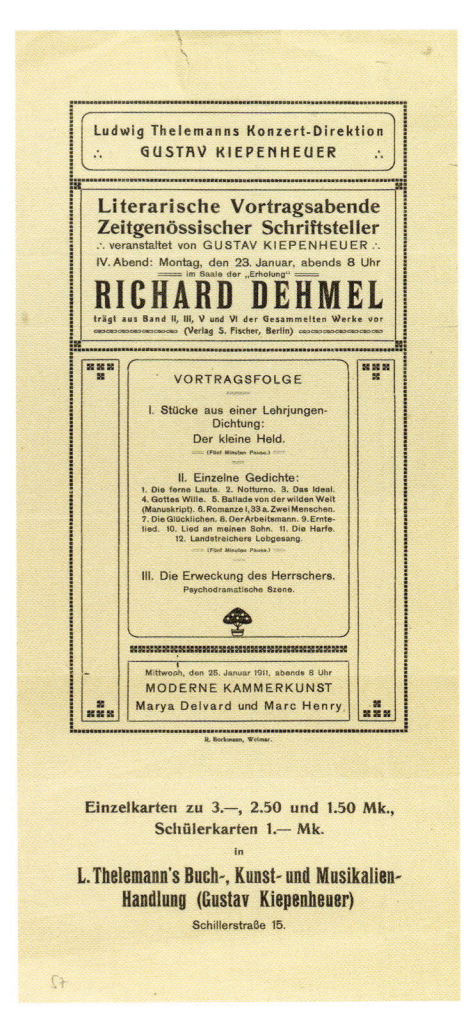

Kat. 178 Eine Lesung mit Richard Dehmel, veranstaltet von Gustav Kiepenheuer · 23. 1. 1911 Klassik Stiftung Weimar

Kat. 183
Porträt Eugen Diederichs
A. Bischoff · 1911
Deutsches Literaturarchiv Marbach

Kat. 182 · 183 ☐ S. 152 · 184 · 185

DER KULTURVERLEGER EUGEN DIEDERICHS

Bei Erscheinen seines Verlagsverzeichnisses *Die Kulturbewegung Deutschlands im Jahre 1913* stand Eugen Diederichs im Zenit seiner Bedeutung. War S. Fischer in Berlin der wichtigste literarische Verlag der Moderne, so galt Diederichs als der deutsche Kulturverleger schlechthin. Seinen 1896 gegründeten Verlag hatte Diederichs 1904 von der Buchmetropole Leipzig nach Jena verlegt, um vor Ort an die klassisch-romantischen Traditionen der modernen Industrie- und Universitätsstadt anzuknüpfen. Aus der geografischen Mitte Deutschlands, Europas oder gar der Welt, wie Diederichs seinen Standort gern vermarktete, lancierte der Verleger ein Kulturprogramm, in dem sich kosmopolitische Sammlertätigkeit mit einer national-religiösen Zielgebung verschränkten – ablesbar an den großen Buchreihen des Verlages: *Erzieher zu deutscher Bildung, Die deutschen Volksbücher, Das Zeitalter der Renaissance, Politische Bibliothek, Religion und Philosophie Chinas, Staatsbürgerliche Flugschriften, Sammlung Thule, Märchen der Weltliteratur, Religiöse Stimmen der Völker*. Neue Gesamtausgaben der Werke von Bergson, Jens Peter Jacobsen, Kierkegaard, Maeterlinck, Platon, Ruskin und Tolstoi standen neben aktuellen Schriften von Thomas G. Masaryk, Jean Jaurès und den englischen Fabiern, aus der Lebensreform, Jugendbewegung und Reformpädagogik. Stichwortgeber dieser ambitionierten Kultursynthese waren Fichte, Nietzsche und Lagarde. Gegen nationalistische Exklusivität wandte sich Diederichs mit Argumenten wie: »von den Engländern [haben wir] politischen Sinn, von den Franzosen Leichtigkeit und Lebensempfinden, von den Skandinaven die Volkserziehungspraxis, von den Slawen die notwendige Ergänzung zu unserem einseitigen religiösen Individualismus zu holen, und von Indien und China vielleicht den Sinn des Lebens, nämlich wahre geistige Kultur« (Diederichs 1913, S. 3).

Der assimilatorische Griff in die deutschen, europäischen und außereuropäischen Traditionen und Kulturen diente der kulturreformerischen Anspannung. Denn nicht Wiederholung oder gar Nachahmung war Programm, sondern – alles und alle überbietend – die Schöpfung einer neuen deutschen Kultur. Im Laufe des Krieges und mehr noch in der Weimarer Republik gewann die Suche nach vermeintlich deutsch-germanischer Tiefe die Oberhand über die europäisch-globale Ausrichtung des Verlages, und damit ein härterer, exklusiver Nationalismus. MW

Kat. 186 ☐ S. 153
DIEDERICHS GEGEN FÖRSTER-NIETZSCHE

Eugen Diederichs erkannte früh die manipulative Art von Elisabeth Förster-Nietzsche und ihre verzerrende Darstellung ihres Bruders. Da es ihm zudem nicht gelang, Nietzsche-Texte in seinem Verlag zu publizieren, ergriff er 1905 die Chance, die Veröffentlichungsrechte am Briefwechsel zwischen Franz Overbeck und Friedrich Nietzsche zu erwerben. Overbeck war ein enger Freund Nietzsches – und einer der wenigen, die sich offen gegen die Schwester des Philosophen gewandt hatten. Die Briefe befanden sich im Besitz des Basler Overbeck-Schülers Carl Albrecht Bernoulli, der den zweibändigen Schriftwechsel bei Diederichs herausgab. Ihm war am Ansehen seines Lehrers gelegen, das Förster-Nietzsche versucht hatte zu diffamieren.

Vorab informierte Diederichs Förster-Nietzsche über die geplante Veröffentlichung und versicherte, dass von seiner Seite kein unlauteres Verhalten zu erwarten sei. Dennoch folgte eine Reihe von Prozessen, bei denen es um Urheberrechtsverstöße ging. Der zweite Band wurde von Diederichs gar mit geschwärzten Passagen veröffentlicht, da Peter Gast vom Nietzsche-Archiv gegen den Abdruck seiner Briefe an Overbeck klagte. Es entwickelte sich eine Auseinandersetzung zwischen Diederichs und Förster-Nietzsche um die jeweilige Glaubwürdigkeit und richtige Interpretation des Nietzsche-Bildes. Juristisch endete der Fall erst 1912 in einem Vergleich, der eine gemeinsame Herausgabe der Briefe vorsah. Sie erschienen 1916 im Insel-Verlag.

Trotz der öffentlich wirksamen Prozesse verkauften sich die Bände nicht sonderlich gut. Dennoch blickte Diederichs mit Stolz auf die Veröffentlichungen, da er es nicht nur als verlegerische, sondern auch persönliche Aufgabe sah, »Nietzsche vor den Entstellungen seiner Schwester zu retten« (NL Diederichs, II, Bl. 105). Ferner war die Veröffentlichung der Beginn der Basler Nietzsche-Forschung. MS

Literatur: Heidler 1998.

Kat. 186 Carl Albrecht Bernoulli · Franz Overbeck und Friedrich Nietzsche · 2. Bd. · 1908 (geschwärzte Seite) · Klassik Stiftung Weimar

Kat. 187
EIN KÜNSTLERISCHES SACHBUCH

Eugen Diederichs Intentionen bei der Buchausstattung zielten auf die Herausgabe schöner Gebrauchsbücher, die sich sowohl von der Massenproduktion als auch von den Luxus-Ausgaben seiner Zeit abheben sollten. Von Anfang an fasste er das Buch als Gesamtkunstwerk auf, bei dem Druck, Papier und Einband eine gestalterische Einheit bilden sollten. Gerade in seinem ersten Jenaer Jahrzehnt erhielt Diederichs zahlreiche nationale und internationale Auszeichnungen. Als anspruchsvoller Kulturverleger kannte Diederichs persönlich eine Vielzahl von Schriftstellern und Künstlern. Zu seinem näheren Freundeskreis gehörte Erich Kuithan, der von 1903 bis 1908 die von Siegfried Czapski und Ernst Abbe initiierte freie Zeichenschule im Volkshaus Jena leitete. Als vielseitig schaffenden Künstler, der neben Gemälden, Zeichnungen und Buchillustrationen auch angewandte Kunst wie Möbel und Kleider entwarf, beauftragte die Carl-Zeiss-Stiftung Kuithan mit der künstlerischen Ausgestaltung des Volkshauses. Er übernahm auch verschiedene Illustrationsaufträge für den Diederichs Verlag. So gestaltete er unter anderem die 1909 publizierte Schrift Eberhard Zschimmers über die Entwicklung der *Glasindustrie in Jena*; ein wegweisendes buchkünstlerisches Werk, das sowohl in der klaren, schnörkellosen typografischen Gestaltung als auch in den Illustrationen Maßstäbe setzte. Insbesondere der Umschlag und das Titelblatt mit dem zentralen Kristallmotiv nehmen die expressionistischen, kristallinen Architekturutopien der Gläsernen Kette, einer nach dem Ende des Ersten Weltkriegs von Bruno Taut initiierten Architektengruppe, voraus. GW

Literatur: Reitmeier 1995.

Kat. 188 Sonnenwendfeier des Serakreises auf dem Hohen Leeden · Unbekannt · vor 1914 · Deutsches Literaturarchiv Marbach

Kat. 188 ☐ S. 154 · 189
DER FREISTUDENTISCHE SERAKREIS

Als sich im Sommersemester 1908 die Jenaer Freistudentenschaft erneut konstituierte, ergriff der Verleger Eugen Diederichs die Gelegenheit, die reformwilligen jungen Studenten zu einer Sonnenwendfeier auf dem Hohen Leeden im Tautenburger Forst einzuladen. Ging es Diederichs um die Praxis einer neuen deutschen Festkultur, eröffneten die Aktivitäten um ›Vater‹ Diederichs den jungen Menschen eine kreative Alternative zur konventionellen Geselligkeit in Familie und studentischen Vereinen: Volkstänze, Lieder zur Laute, Vagantenfahrten, Theater, gemeinsame Lektüre und Gespräche. In Anspielung auf den Refrain eines mittelalterlichen Schreittanzes *Sera, sera, sancti nostri Domine* nannte man sich Serakreis. Serapfiff, Seralied, Serafahne und eine an mittelalterliche Scholaren und Bauernmädchen erinnernde Tracht stifteten Zugehörigkeit.

Das gleichzeitige Engagement in Serakreis und Freistudentenschaft beschrieb Hans Kremers folgendermaßen: »Die Freistudentenschaft ist ganz modern: Organisation, Politik, Betrieb, Aufklärung, sozialer Ausgleich, Massenwirkung, Parlament im Kleinen, Strömungen der Gegenwart, durchaus ein Abbild der Gewerkschaften, Genossenschaften, Parteien. Die Serageselligkeit ist ganz romantisch: bewußte Ablehnung jeder Organisation, völliges Absehen von den Verhältnissen, Zwecken und ›Problemen‹ des gewöhnlichen Daseins […] zwangloser, frei spielender Verkehr von Freunden, Farbigkeit, Ausgelassenheit und poetischer Glanz« (Kremers 1914, S. 2).

Bis der Ausbruch des Krieges dem jugendbewegt-geselligen Treiben ein abruptes Ende setzte, wuchs der Kreis auf mehr als hundert Menschen an: Studierende der Universitäten Jena, Leipzig und Berlin – oft aus dem Wandervogel kommend –, darunter Rudolf Carnap, Wilhelm Flitner, Walter Fränzel, Hans Freyer und Karl Korsch; junge Künstler aus Jena und Weimar sowie Töchter und Söhne bildungsbürgerlicher Familien, sei es in Jena, Weimar, Naumburg oder Leipzig und Berlin. Neben den alljährlichen Sonnenwendfeiern bildeten die Teilnahme am Goethefest in Tiefurt 1910 und drei Jahre später am Werkbundfest auf den Saalewiesen unter der Rudelsburg bei Naumburg sowie die Mitorganisation des Ersten Freideutschen Jugendtags auf dem Hohen Meißner 1913 in der Nähe Kassels die Höhepunkte der jugendbewegten Serageselligkeit. Auch nach seinem Ende lebte der Serakreis fort in Freundschaften, in Theorie und Praxis der Volkshochschulbewegung, Reformpädagogik und Lebensreform. MW

KLASSISCH, MODERN UND VÖLKISCH – THEATERKONZEPTE AUS WEIMAR

Seit den 1880er-Jahren bestimmten die neuen freien Bühnen in Berlin mit ihren Aufführungen moderner Dramen den Diskurs in den Feuilletons und Tagespressen, wo die Stücke von Ibsen, Hauptmann, Maeterlinck, Shaw und Hofmannsthal skandalisiert, gefeiert und verrissen wurden. Nach einer gewissen Eingewöhnungsphase, in der das Publikum seine Rezeptionshaltung auf das ungewohnte Bühnengeschehen einstellte, etablierte sich zumindest Hauptmann Ende des 19. Jahrhunderts sogar am Berliner Hoftheater.

In der Residenzstadt beobachtete man auch nach der Jahrhundertwende diese Entwicklungen mit Skepsis bis hin zu unverhohlener Ablehnung. Während jedoch die konservativen Kulturvertreter noch über das naturalistische Drama debattierten, wurde parallel dazu bereits über eine neue Form und Reform des Theaters nachgedacht: Harry Graf Kessler hatte Kontakt zu dem englischen Bühnenkünstler Edward Gordon Craig aufgenommen, dem eine völlige Loslösung der Inszenierung von der literarischen Vorlage und deren illusionistischer Umsetzung auf der Bühne vorschwebte. Dem Engländer schwebte ein multitalentierter Regisseur vor, der Sprache, Bewegung, Musik und Ästhetik auf der Bühne zu einem ganzheitlichen Kunsterlebnis verbinden müsste. Raum für ein so ambitioniertes Vorhaben hätte vielleicht das von Henry van de Velde geplante Dumont-Theater in Weimar bieten können. Realisiert wurde stattdessen der neoklassizistische Neubau des Hoftheaters durch den erfahrenen Architekten Max Littmann.

In diesem Rahmen ging wiederum Adolf Bartels seinen nationalistischen Reformplänen nach, die das Weimarische Hoftheater zu einer Bühne mit reichsweiter Strahlkraft wandeln sollten, wobei er den Vergleich mit Bayreuth suchte. Doch während Wagner das Musikdrama als die ideale, weil jede nationale Grenze überschreitende Kunstform angesehen hatte, beharrte Adolf Bartels auf dem dramatischen Sprechtheater als höchster Ausdrucksform, gerade in seiner genuin nationalen Ausprägung. Wagner hatte seine Theaterreformpläne statt in der thüringischen schließlich in der fränkischen Provinz verwirklichen können. Ein Vierteljahrhundert später wollte Bartels nun das Weimarische Hoftheater unter völkischen Vorzeichen zu einem ›Bayreuth des Dramas‹ machen. Den Festspielcharakter betonte auch Ernst Wachler. Sein Ideal war eine Naturbühne, die das passende Ambiente für die von ihm favorisierten germanisierenden Volksstücke bot. Von Weimar aus begründete Wachler das Harzer Bergtheater, um auf dem sagenumwobenen Hexentanzplatz Mensch, Natur und religiösen Mythos zu vereinen. Wohlwollen fand das Theaterprojekt bei Bartels, und Friedrich Lienhard unterstützte die völkische Unternehmung mit eigenen Stücken. GP

Literatur: Fischer-Lichte 1993.

Kat. 190 □ S. 156

DAS NEUE HOFTHEATER VON MAX LITTMANN

Seit Ende 1904 beschäftigte sich der Münchner Architekt Max Littmann mit den Plänen für das neue Hoftheater. Nach Prüfung verschiedener Standorte bestand die Stadt Weimar aus städtebaulichen Gründen darauf, den Neubau am alten Platz zu errichten. Im Dezember 1905 stellte Littmann dem Großherzog das Entwurfsmodell vor, am 23. Januar 1906 erfolgte die offizielle Beauftragung, und bereits am 11. Januar 1908 konnte das neue Hoftheater in Anwesenheit Kaiser Wilhelms II. eingeweiht werden. Die Gründung des Gebäudes auf bauphysikalisch schwierigem Terrain und die Organisation der Baustelle bei fortlaufendem Spielbetrieb bedeuteten eine logistische Herausforderung, für die jedoch das Bauunternehmen Heilmann & Littmann die notwendigen Referenzen mitbrachte. Den Großteil der Gesamtkosten von 2,1 Millionen RM übernahm Wilhelm Ernst, der Landtag bewilligte 400 000 RM, die Stadt Weimar übernahm 300 000 RM. Littmann entwarf einen Bau, der sich durch seine klassizistische Stilhaltung auch im Sinne der Heimatschutzbewegung in das Bild Alt-Weimars einfügte, weil es gelang, »an die gesunde und einfache Bauweise anzuschließen, wie sie in der großen Zeit Weimars üblich war« (Littmann 1908, S. 27). Besondere Aufmerksamkeit galt dem Goethe- und Schiller-Denkmal, das in seiner Position leicht in Richtung der nun zurückgezogenen Front des Neubaus verschoben wurde. Die Erweiterung des Platzes setzte das Denkmal in neue Beziehung zur zurückhaltend dekorierten Fassade mit neoklassizistischer Säulenordnung. Für Littmann öffnete der erfolgreich abgeschlossene Bau die Tür zu weiteren Aufträgen des Weimarer Hofes. Sein Erweiterungsbau des goethezeitlichen Residenzschlosses (1913–1917) war allerdings seitens des Heimatschutzes durch den Vorsitzenden der Ortsgruppe, Eduard Scheidemantel, deutlicher Kritik ausgesetzt. GDU

Literatur: Hecht 2005; Littmann 1908; Oelwein 2013, S. 246–252; Post/Werner 2006, S. 429–441; Ulferts 2014.

Kat. 191 □ S. 156

DEKORATIVE REPRÄSENTATION

Am 16. Februar 1907 wurde der Betrieb im alten Hoftheater mit einer Vorstellung von Goethes *Iphigenie auf Tauris* eingestellt. Der neue Bühnen- und Zuschauerraum ist von den Prinzipien bestimmt, die Max Littmann erstmals im vielbeachteten Prinzregententheater in München realisiert hatte. Das von ihm entwickelte und beim Reichspatentamt angemeldete Variable Proszenium bietet optimale Voraussetzungen für Musik-, Sprechtheater und Tanz auf engem Raum. Entsprechend der Funktion als Hoftheater bildete Littmann keinen rein amphitheatralischen Raum aus, sondern fügte Ränge ein: Neben den knapp tausend Plätzen im Parkett boten der Erste Rang 106, die Logen insgesamt 32 Plätze. Die Festloge betrat der Hofstaat durch ein künstlerisch reich ausgestattetes Foyer, eine der gegenüberliegenden Seitenlogen war dem Generalintendanten vorbehalten.

Kat. 190 Max Littmann · Modell des Großherzoglichen Hoftheaters in Weimar · 1906/1908 · Deutsches Theatermuseum München

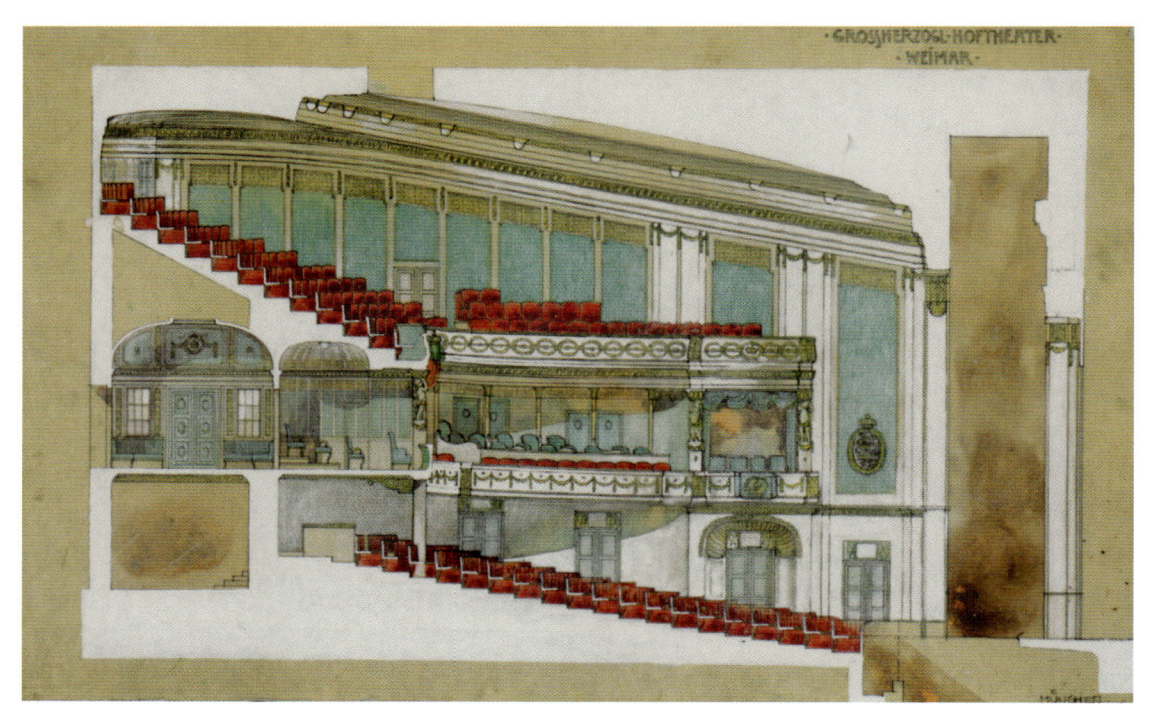

Kat. 191 Max Littmann · Entwurf für den Zuschauerraum des Großherzoglichen Hoftheaters in Weimar. Längenschnitt
Dezember 1905 · Deutsches Theatermuseum München

»In der architektonischen Formensprache des Innern und des Äusseren ist an die grosse Epoche Weimars angeknüpft«, formulierte Littmann das ästhetische Konzept (Littmann 1908, S. 27). Auch beim Weimarer Theater galt Littmanns künstlerischer Ansatz, die zweckgerichtete Optimierung des Baus mit dekorativer Repräsentation zu verbinden; Sachlichkeit der Architektur und historisierende Stilkunst gingen dabei eine elegante Mischung ein. Schon die Zeitgenossen charakterisierten den im Baugeschäft überaus erfolgreichen Littmann als »geschmackvollen Eklektiker« (zit. nach Oelwein 2013, S. 55). Und er war in seiner ästhetischen Auffassung geschmeidig genug, um Vertreter der Weimarer Kunsthochschule einzubeziehen: Adolf Brütt für die bildhauerischen Arbeiten, Ludwig von Hofmann und Sascha Schneider für die Wandbilder. Die dekorative Plastik, für die Littmann wie bei vielen Bauten die Münchner Bildhauer Heinrich Düll und Georg Pezold heranzog, sind nicht mehr erhalten. Julius Mössel malte den Plafond des Zuschauerraums aus. GDU

Literatur: Littmann 1908; Hecht 2005; Post/Werner 2006, S. 429–441; Oelwein 2013.

Kat. 192 · 193 □ S. 157
VAN DE VELDES REFORMTHEATER

In Weimar ein nationales Festival-Theater für die moderne Bühnenkunst zu etablieren, war das erklärte Ziel der Schauspielerin Louise Dumont. Dieses Projekt nach dem Vorbild Bayreuths trat in Konkurrenz zu den Plänen zum Neubau des Hoftheaters. Hierbei werden die teils unscharfen Frontlinien zwischen den konservativen ›Gralshütern des klassischen Weimar‹ und den Vertretern des Neuen Weimar anhand des kulturpolitisch wichtigsten Bauprojekts vor dem Weltkrieg erkennbar. Bereits in den späten Regierungsjahren Carl Alexanders plante man einen zeitgemäßen Ersatz des noch zu Lebzeiten Goethes errichteten Baus. Der 1895 berufene Hoftheaterintendant Hippolyt von Vignau setzte sich auch nach dem Regierungsantritt Wilhelm Ernsts weiterhin für das Neubauprojekt ein. Der Spielbetrieb des nicht nur bautechnisch überalterten Hoftheaters hatte nach großen Erfolgen des Musiktheaters im späten 19. Jahrhundert jedoch an Glanz verloren. Neben der künstlerischen Konkurrenz, die man in dem Vorhaben der Louise Dumont sah, schätzte man dieses auch ökonomisch als Bedrohung ein, da man zwei Theaterbetriebe in Weimar für nicht lebensfähig hielt.

Währenddessen befasste sich Henry van de Velde in den Jahren 1903/04 intensiv mit den Plänen für den Bau des Dumont-Theaters. Ein Foto Louis Helds zeigt den Architekten mit seinem Assistenten Sigurd Fosterus im Beisein von Harry Graf Kessler und des Bühnenarchitekten und Theaterreformers Edward Gordon Craig bei der Betrachtung des Entwurfsmodells. Craigs ganzheitliche Auffassung der Bühnenkunst unter Einbeziehung aller Medien traf sich mit van de Veldes Vorstellungen vom Gesamtkunstwerk. Dessen Entwurfsprinzipien manifestierten sich in dem Plan, das Gebäude organisch von innen, vom Zuschauerraum her zu entwickeln. Das Rund der amphitheatralischen Form zeigt sich auch in der Kubatur der Fassade. Aufgrund der Unstimmigkeiten, die auch mit der Verfügbarkeit eines geeigneten Grundstücks an der Belvederer Allee zusammenhängen, rückte Louise Dumont vom Bauvorhaben ab und orientierte sich nach Düsseldorf. Vignau nahm wegen des Hoftheaterneubaus inzwischen Kontakt zu Max Littmann in München auf. GDU

Kat. 193 Besprechung über das Modell des Dumont-Theaters (v.l. Kessler, Fosterus, von Hofmann, Craig, van de Velde) · Fotoatelier Louis Held · 1904

Literatur: Ausst. Kat. van de Velde, 1990; Föhl 2010; Hecht 2005; Post/Werner 2006.

Kat. 194 □ S. 158
VATERLÄNDISCHES PROGRAMM IM HOFTHEATER

1913 beging man in ganz Deutschland das Jubiläum der Völkerschlacht bei Leipzig. Diesem patriotischen Gedenken waren auch die Nationalfestspiele für die deutsche Jugend verpflichtet. Sie fanden seit 1909 in Weimar statt und erwiesen sich als ambivalente Unternehmung: Ein großes Erlebnis von Geschichte, Landschaft und Kunst organisierte man, das freilich allein nationale Überzeugungen beförderte, dagegen etwa die in Mitteldeutschland und in Weimar starke Traditionslinie von Kosmopolitismus und Europäertum unberücksichtigt ließ.

Die Auswahl der beiden Stücke für die Nationalfestspiele 1913 ist interessant: Kleists *Hermannsschlacht* wählten die Verantwortlichen der Nationalfestspiele gerade aus, weil es völkischen Fremdenhass zu stützen schien. Das andere Stück, Wildenbruchs *Väter und Söhne*, führt direkt zu den Befreiungskriegen gegen das napoleonische Frankreich 1806 bzw.

Kat. 194 Theaterzettel zu Ernst von Wildenbruch: Väter und Söhne · 19. 7. 1913
Thüringisches Hauptstaatsarchiv Weimar

Kat. 195 · 196

EINE NATIONALBÜHNE FÜR DIE DEUTSCHE JUGEND

Adolf Bartels formulierte in seiner Schrift *Das Weimarische Hoftheater als Nationalbühne für die deutsche Jugend* (1905) seine Anforderungen an ein zeitgemäßes Nationaltheater und lieferte die seiner Meinung nach nötigen Reformpläne gleich mit: »Hebung, Läuterung, konsequente Vervollständigung und dabei möglichste Nationalisierung des Spielplans ist die erste zu lösende Aufgabe« (Bartels 1906, S. 26). Bartels führte den vermeintlichen, aktuellen Missstand in der Theaterwelt auf den Kapitalismus, ausländische Einflüsse und die Meinungsbildung durch die »Berliner Sensationspresse« (ebd., S. 19) zurück. Er verweist auf einige wenige Vorbilder in der Vergangenheit, so etwa das Hoftheater unter Goethes Leitung, um das Fehlen eines gegenwärtigen Theaters mit nationaler Strahlkraft zu unterstreichen. Mit Blick auf das angestrebte junge Publikum, das noch am leichtesten zu beeinflussen sei, sah Bartels im Nationaltheater eine unverzichtbare soziale staatliche Institution mit einem nationalen Bildungs- und Erziehungsauftrag. Die »große und echte Tragödie« (ebd., S. 30) sei das einzige wirksame Mittel gegen das von ihm konstatierte geistige Vakuum und die grundtiefe Verunsicherung der Deutschen. Geeignete Dichtungen stünden zumindest unter den kanonisierten Werken zur Verfügung – Goethe, Schiller, Shakespeare, Kleist und Hebbel sind die immer wieder von ihm genannten ›klassischen‹ und ›nachklassischen‹ Dichter; unter den zeitgenössischen Dramatikern empfiehlt er Ernst von Wildenbruch. Die Aufgabe der Schauspielkunst sei letztlich die Verkörperung und Visualisierung der dramatischen Intentionen mit der Auflage, »die Treue gegen den Dichter zu ihrem Hauptgesetz zu machen« (ebd., S. 9).

In dem Generalintendanten Hippolyt von Vignau scheint Bartels in vielerlei Hinsicht einen Geistesverwandten gefunden zu haben. Seit Vignaus Einsetzung im Jahr 1895 sucht man im Spielplan vergeblich nach ernst zu nehmenden zeitgenössischen Dramen, Bartels Favoriten haben bereits einen sehr guten Stand. In der ›klassischen‹ Rolle des Mephisto präsentiert sich denn auch der Hofschauspieler und Regisseur Karl Weiser in einem konventionellen Kostüm auf einer Fotopostkarte. Weiser war abonniert auf Rollen wie Hamlet, Franz Moor, König Lear, Macbeth und gab auch den Tyrann von Sparta in Paul Ernsts *Demetrios*. Für Bartels schien Weimar zweifellos der Ort, an dem sich seine nationalen Pläne verwirklichen lassen würden. GP

Literatur: Neumann 1997.

1813. Es verweist den vaterländischen Gedanken auf die junge Generation, eben auf die Söhne, die weder in defätistische Jammerei noch in Kollaboration verfallen. Wildenbruchs Drama enthält in der Geschichte eines beim Spießrutenlaufen Getöteten durchaus soziales Potenzial; am Ende wird ein Vaterland beschworen, das auch den Armen »gerecht und gütig« (Wildenbruch 1929, S. 144) ist. Die Gründe für die Weimarer Auswahl 1913 sind klar: Das Drama stellt die aktuelle Frage, ob soziale Ungerechtigkeit patriotische Parteinahme ausschließe, und beantwortet sie verneinend. Es appelliert an den kriegerischen Opfergeist der Jugend, der allein ein »gutes Vaterland« (ebd.) entstehen ließe. AP

Kat. 197 ☐ S. 159 · 198
EXPERIMENTELLES BÜHNENDESIGN

Harry Graf Kessler hält in seinem Vorwort zu *Die Kunst des Theaters* (1905) von Edward Gordon Craig ein flammendes Plädoyer für die Bühnenkunst des Engländers. Aufmerksam wurde Kessler auf Craigs Werke durch eine Buchkunst-Ausstellung, die er 1903 in London besuchte. Craig war Bühnenbildner, Regisseur, Schauspieler und Künstler in Personalunion und setzte seine Talente für eine ihm vorschwebende Reform des Theaters ein. Es ging ihm dabei weniger um die Inhalte der Stücke als vielmehr um eine grundlegend neue Auffassung des Bühnengeschehens. Seine Überlegungen basierten auf der Annahme, dass die visuelle Umsetzung einer Dichtung auf den Zuschauer stärker wirke als der Text. In *Die Kunst des Theaters* benennt er als die »fünf Hauptfaktoren« eines Dramas »Bewegung, Worte, Linien, Farben und Rhythmus« (Craig 1905, S. 13).

Tanz und Geste identifiziert Craig als die ursprünglichste und eingängigste Form des Theaters und merkt an, dass die modernen Dramatiker – hier schließt er Shakespeare mit ein – nur Lesestücke schrieben, die für eine Aufführung im Grunde ungeeignet seien. Programmatisch fordert er: »Die Zeit muß kommen, in der Stücke in ihrer eigenen Kunstart aufgeführt werden« (ebd., S. 15). Kessler nimmt diese Idee vom Theater als einem Gesamtkunstwerk auf und unterstreicht den von Craig formulierten Anspruch, der Regisseur müsse als Universalkünstler fungieren. Dieser sei vom Bühnenbild über das Lichtkonzept und die Musik bis hin zur Leistung der Schauspieler und schließlich für die gelungene Synthese aller Aspekte verantwortlich. Der Initiator des Neuen Weimar dachte in diesem Sinne an die kongeniale Umsetzung der Stücke von Hauptmann, Hofmannsthal und Maeterlinck. Als Leiter des Großherzoglichen Museums für Kunst und Kunstgewerbe bot er Craig in Weimar ein Forum. In den Jahren 1904 und 1905 zeigte er in zwei Ausstellungen neben dessen grafischen Werken auch Entwürfe für Theaterszenen, Kostüme und Bühnenbilder. Nur wenige Entwürfe von Craigs Bühnenkunst kamen während seiner Schaffenszeit zur Ausführung, so etwa in Moskau, Florenz und Kopenhagen. In Weimar fanden seine Ideen für das Theater kaum Anklang, doch ergab sich eine fruchtbare Zusammenarbeit mit Kesslers Cranach-Presse. GP

Literatur: Barzantny 2002; Newman 2000.

Kat. 197 Edward Gordon Craig · Katalog über einige Entwürfe für Szenen, Kostüme, Theater-Dekorationen · 1905 · Klassik Stiftung Weimar

Kat. 199 · 200 ☐ S. 160
DAS HARZER BERGTHEATER – ERNST WACHLERS FREILICHTBÜHNE

Ernst Wachler studierte in den 1890er-Jahren Germanistik, Geschichte und Dramaturgie und promovierte bei dem einflussreichen Lebensphilosophen Wilhelm Dilthey. Dessen Denkanstöße mochte Wachler verinnerlicht haben, denn Unmittelbarkeit, Natur- und Gemeinschaftserlebnis sowie emotionales Verstehen waren die Grundlagen, die er für eine ganzheitliche Kunsterfahrung als wesentlich erachtete. Konkret speisten sich seine nationalen Kulturbestrebungen jedoch aus dem Wirken völkisch-nationaler, germanophiler und rassistischer Ideengeber wie Julius Langbehn, Adolf Bartels und Arthur de Gobineau. Ebenso berief er sich auf Nietzsches Überlegungen zur Tragödie und huldigte einer allgemeinen Kulturkritik, die sich gegen Dekadenz, Kapitalismus, Internationalismus, Urbanität usw. richtete.

Nach ersten dramaturgischen Erfahrungen in Berlin siedelte Wachler kurz nach der Jahrhundertwende nach Weimar über. Neben seiner Tätigkeit als Publizist und Redakteur zahlreicher Zeitungen und Zeitschriften, darunter der *Weimarischen Zeitung*, betrieb er von hier aus energisch die Gründung einer Freilichtbühne. Auf dem sagenumwobenen Hexentanzplatz, »auf geheiligtem Boden« (Wachler 1905, S. 25), fand er nicht nur den »Tempel der göttlichen Natur« (ebd., S. 21), den er im Hinblick auf ein Theatererlebnis, wie es ihm vorschwebte, für unabdingbar hielt. Wachler sah hier auch den idealen Rahmen gegeben, innerhalb dessen »der Deutsche […] auf die verborgenen Trümmer seiner angestammten Religion und auf die Welt seines Mythos« stoßen könne

Kat. 200 Porträt Ernst Wachler vor dem Harzer Bergtheater
Fotograf Leiste · um 1905 · Fotoarchiv der Stadt Thale

(Wachler 1912, S. 556). Natur, Kunst und Religion sollten vom ›Volk‹ wieder als ein Ganzes wahrgenommen und empfunden werden, weshalb für das Bergtheater insbesondere dramatische Adaptionen von germanischen Mythen und Sagenstoffen in Frage kämen.

Seine eigene Dichtungen *Walpurgis, Mittsommer* und *Widukind*, Lienhards *Wieland der Schmied* sowie Hebbels *Moloch*, aber auch Komödien wie Shakespeares *Sommernachtstraum* und Goethes *Die Laune des Verliebten* kamen seit 1903 vielfach zur Aufführung. Wachlers völkisch-neuheidnische Theaterreform bedurfte einiger infrastruktureller Investitionen und war daher auch ökonomischen Überlegungen unterworfen. Zwar warb er Spenden ein, etwa von Elisabeth Förster-Nietzsche, doch verschuldete sich Wachler zunehmend. Die Deutsche Schillerstiftung in Weimar verweigerte dem Schriftsteller bald die finanzielle Unterstützung mit der klarsichtigen Begründung, dass etwa sein Roman *Osning* »in der Literatur nur als Zeugnis für die Verirrung, in die unsere Wotansanbeter und falschen Deutschtümler allmählich geraten waren, einen Platz behaupten könnte« (GSA 134/149,9). GP

Literatur: Breuer 2008; Puschner/Walter/Ulbricht 1996.

Kat. 202 Friedrich Lienhard: Wieland der Schmied. Auftritt der Walküren, Harzer Bergtheater · Fotograf Leiste · 1905 · Fotoarchiv der Stadt Thale

Kat. 201 · 202 □ S. 161
WALKÜREN AUF DEM HEXENTANZPLATZ

Friedrich Lienhard war einer der engagiertesten Unterstützer von Ernst Wachlers Idee einer Freilichtbühne, die in die Gründung des Harzer Bergtheaters mündete. Lienhard begrüßte ein Theater, das seine Form dem griechischen Amphitheater entlehnte, auf der »Stätte« eines »uralte[n] Heiligtum[s]« erbaut war und dessen Stücke in nationalen Stoffen wurzelten (Lienhard 1907, S. 6). Hier könne sich »etwas Reines und Gesundes« entfalten, eine Volkskultur, die er im Fastnachts- und Mysterienspiel begründet sah und ideell vervollkommnen wollte (ebd., S. 3). Demgegenüber wertete er das moderne Drama ab, »in dem nicht mehr gespielt […], sondern verhandelt, untersucht und angeklagt« werde (ebd. S. 5). Erlebnis, Gefühl und Verinnerlichung, Natürlichkeit und Unmittelbarkeit sind die Schlagworte, die Lienhard gegen diese »Ibsenschule« ins Feld führt (ebd., S. 15). Nietzsche und Wagner hingegen werden ebenso phantasiereich wie sinnentstellend als Ideengeber für das Naturtheater bemüht wie Schiller. Die Reformbestrebung erfordere neue, eigens für das Bergtheater verfasste Dramen, deren Vorbild die ›nationale Volkspoesie‹ Herders und der Brüder Grimm sein solle.

Eines der meistgespielten Stücke ist Lienhards *Wieland der Schmied*, allein im Sommer 1905 kam es 17 Mal zur Aufführung. Lienhard nahm Karl Simrocks Versepos von 1835 als Grundlage und passte die germanische Heldensage seinem neuidealistischen Programm an. Es kommt in seinem Stück deshalb nicht zu Tötung und Vergewaltigung durch den Schmied. Stattdessen spielen Symbole und märchenhafte Motive eine entscheidende Rolle in der dramatischen Entwicklung des naturhaften Wielands hin zu dem »durch Schmerz geläuterte[n] Künstler und Waldschmied« (Lienhard 1905, S. VIII). Die auftretenden Walküren und Wichtel wurden überaus beliebte Foto- und Postkartenmotive. Lienhard beruft sich mit seiner Umdeutung der Sage auf die dichterische Freiheit und stellt sich in eine Reihe mit Goethe, Schiller, Shakespeare und Voltaire, um sie zu legitimieren. Sein *Wieland* wurde auch mindestens einmal im Großherzoglichen Hoftheater aufgeführt. Lienhards Replik auf die Kritiken deutet an, dass sein Stück im geschlossenen Haus kein großer Erfolg war – er führt diesen Umstand kurzerhand auf die schwache Leistung des Schauspielers zurück. GP

Literatur: Ulbricht 1999.

DER KAISERMARSCH ALS RITUALISIERTER HERRSCHERKULT

Das deutsche Geistesleben in der Musik war im dritten Viertel des 19. Jahrhunderts tief in zwei gegnerische Lager gespalten, die sich besonders in Zeitschriften und auf dem Buchmarkt erbitterte Glaubenskämpfe lieferten. Gegner in dieser Kontroverse waren die Partei der Konservativen um Johannes Brahms und die als ›Zukunftsmusik‹ verballhornte Fortschrittspartei um Franz Liszt und Richard Wagner, dessen Buch *Das Kunstwerk der Zukunft* namensgebend war. In diesem künstlerisch allgegenwärtigen Krieg konnten schon allgemein gebildete Musikliebhaber kaum neutral bleiben, für schaffende wie nachschaffende Musiker aber galt ganz archaisch: ›Viel Feind' – viel Ehr'!‹

Mit dem Allgemeinheits-Anspruch der ›Neutöner‹ für Programmmusik und Musikdrama trat ein bis heute singuläres nationales Musikfestkonzept auf den Plan: die Tonkünstler-Versammlungen des Allgemeinen Deutschen Musikvereins (ADMV, 1861–1937). Zum 25-jährigen Bestehen der seit 1844 von Franz Brendel herausgegebenen *Neuen Zeitschrift für Musik* wurde 1859 zunächst ein Preisausschreiben zur Erklärung der umstrittenen neuen, erweiterten *Tristan*-Harmonik durchgeführt. Außerdem sollten die von Brendel zwischen 1847 und 1849 in Leipzig veranstalteten künstlerisch-wissenschaftlichen Versammlungen mit progressiver Tendenz wiederbelebt werden: Auf der Leipziger Tonkünstler-Versammlung 1859 wurde dazu unter Brendels und Liszts Ägide die Gründung eines auch für Ausländer zugänglichen, nationalen Musikvereins beschlossen, die am 7. August 1861 in Weimar erfolgte.

War auf den zwischen Aachen, Düsseldorf und Köln wechselnden Niederrheinischen Musikfesten den ›Brahminen‹ das *Halleluja* aus Georg Friedrich Händels *Messias* zur Hymne geworden, so wurde es auf den reichsweit und jährlich an neuem Ort ausgetragenen Tonkünstler-Versammlungen Wagners *Kaisermarsch mit Volksgesang*. Die Komposition entstand im Auftrag des Leipziger Verlages C. F. Peters zur Rückkehr der siegreichen deutschen Truppen in Berlin nach der Ausrufung Wilhelms I. zum deutschen Kaiser 1871 in Versailles. Gegen die konservative Anfeindung des 1859 geprägten Begriffs der ›Neudeutschen Schule‹ für den Ungarn Liszt und den unter französischem Einfluss (Giacomo Meyerbeers) stehenden Wagner wurde dessen *Kaisermarsch* zum nationalen Bekenntnis des ADMV. TR

Kat. 203 · 204 ☐ S. 163 · 205 ☐ S. 163
»ALS MIT DIR WIR FRANKREICH SCHLUGEN«

Richard Wagners *Kaisermarsch mit Volksgesang* (auch des Publikums, als zweitem Teil) ist eine Komposition im Auftrag des Leipziger Verlages C. F. Peters zur Rückkehr der siegreichen deutschen Truppen in Berlin nach der Ausrufung Wilhelms I. zum deutschen Kaiser am 18. Januar 1871 in Versailles. Das Stück mit kleiner Flöte und Militärtrommel sowie martialischem Rhythmus weist im ersten, instrumentalen Abschnitt staatsprotestantisch sinntragende Zitate des Luther-Chorals *Ein' feste Burg ist unser Gott* in langen ›Pfundsnoten‹ auf. Bis 1913 wurde der *Kaisermarsch* auf den jährlichen Musikfesten des 1861 in Weimar gegründeten Allgemeinen Deutschen Musikvereins (ADMV) als letzter Programmpunkt des ersten oder letzten Symphoniekonzerts aufgeführt – als national-heroischer Auftakt oder Abschluss.

Dabei kam es auf der Weimarer Tonkünstler-Versammlung des ADMV am 16. Mai 1884 zu einem Eklat, über den auch die Festrezensenten in den Fachblättern berichteten: Laut *Allgemeiner Deutscher Musikzeitung* (Berlin) habe es »Anstoß erregt, dass [noch] vor dem Kaisermarsch […] die französischen Besucher des Concertes […] das Theater verließen« (ADMZ, Jg. 11, H. 24, 13. 6. 1884, S. 211) – also vor der Textstelle »als mit dir [König Wilhelm] wir Frankreich schlugen!«, wie es im damals bereits allbekannten *Volksgesang* heißt. Im *Musikalischen Wochenblatt* (Leipzig) wird berichtet, dass »bei Beginn […] die französische Colonie (man nannte uns die Damen Viardot-Garcia, Jaëll-Trautmann und Montigny-Remaury, Hr. Saint-Saëns u. A.) demonstrativ sich von ihren Plätzen erhob und das Theater verließ, was aber nicht hindern konnte, dass diesen Herrschaften nach wie vor die Honneurs gemacht wurden« (MW, Jg. 15, H. 23/24, 5. 6. 1884, S. 295 f.).

In der Bibliothek des ADMV befinden sich eine handschriftliche und zwei gedruckte Melodiestimmen, alle mit Aufführungsspuren, vielleicht von den Weimarer Tonkünstler-Versammlungen 1884 oder 1894: Die ›sensible‹ Stelle, »als mit dir wir Frankreich schlugen!«, wird bereits in einem der Drucke neutralisierend bereinigt: »als mit dir den Feind wir schlugen!«. Das Gruppenbild mit Franz Liszt wurde beim ADMV-Fest 1884 von Louis Held vor der *Armbrust* (Schützengasse 14 – Kino) aufgenommen (ThLMA, ADMV-A: 1279 b und ADMV-B: VII.84). TR

Kat. 204
Tonkünstlerversammlung in Weimar
Fotoatelier Louis Held · 1884
Hochschularchiv / Thüringisches
Landesmusikarchiv Weimar

Kat. 205
Richard Wagner · Volksgesang zum
Kaisermarsch · 1884 · Streichung durch
Carl Müllerhartung · Hochschularchiv /
Thüringisches Landesmusikarchiv Weimar

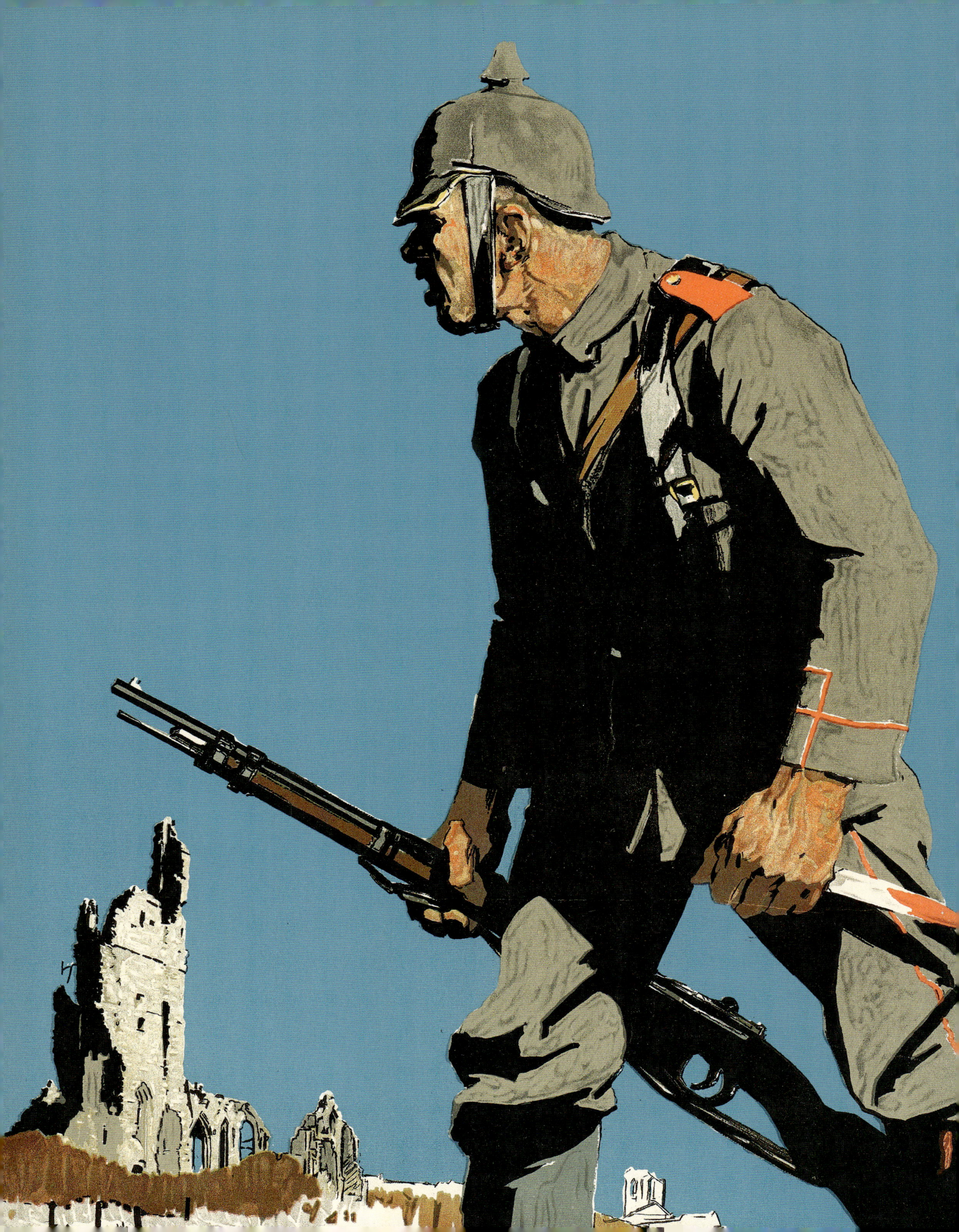

C
Der Erste Weltkrieg als Kulturkrieg

JUSTUS H. ULBRICHT

»Die Welt der Nichtigkeiten liegt hinter uns ... wir sind erwacht«

Der Krieg der Gebildeten um die deutsche Kultur

*»Mit dem Schwerte müssen wir heute erwerben,
um zu besitzen, was wir ererbt haben«.*
Alois Riehl im Oktober 1914

Geschichte und Verlauf des Ersten Weltkriegs waren von Anfang an verbunden mit der Entstehung beziehungsweise Neubelebung politischer und kultureller Mythen. Sie sollten die deutsche Berechtigung zum Krieg, den unbeugsamen Willen des Heeres und der Heimatfront sowie später das die meisten Deutschen verstörende Kriegsende in der Niederlage herleiten und rechtfertigen. Den schnell populär gewordenen Schlachtenmythen von Langemarck, Verdun und Tannenberg ging das ›Augusterlebnis‹ voraus, das seine spätere intellektuelle Fundierung in den ›Ideen von 1914‹ fand; schließlich folgten zum bitteren Ende der ›Dolchstoß‹ und die Vision eines ›ewigen Deutschland‹ hinter und jenseits der Zufälligkeiten staatlich-politischer Zustände.

Erfinder und Verwalter dieses Paradigmas nationaler Mythen waren – neben einigen Politikern – vorrangig deutsche Gelehrte, Künstler und Intellektuelle, die sich jedoch lieber ›Geistige‹ oder ›Gebildete‹ nannten. Was diese als Probleme und kulturelle Eigenheiten der deutschen Gesellschaft diagnostizierten, lobten oder streng tadelten, welche kulturellen, zumeist als unpolitisch bezeichneten Ziele sie sich selber und ihren Zeitgenossen setzten und welche Visionen eines kommenden Deutschlands sie entwarfen – all dies war ursächlich und intensiv mit ihrer eigenen sozialen, politischen und ästhetischen Haltung verflochten. Die ›Geistigen‹ entwickelten bei ihrer Gegenwartsbetrachtung meist ungewollt ein kritisches Selbstbild intellektueller und künstlerischer Existenz unter den Bedingungen des modernen Obrigkeitsstaates, des entfalteten Industriekapitalismus und einer wachsenden Marktförmigkeit auch der wissenschaftlichen, künstlerischen und geistigen Produktion.

Zu ›Nothelfern‹ der ›deutschen Sache‹ in den Fährnissen der Moderne wie später des Weltkriegs erklärten Dichter, Künstler und Intellektuelle einzelne ›Große‹ der deutschen Geistes-, Kunst- und Politikgeschichte: von Hermann dem Cherusker bis zum ›Eisernen Kanzler‹ Bismarck, dessen mythisch verklärte Reichsgründung mit ›Blut und Eisen‹ von ›Geistesheroen‹ wie Luther, Schiller, Goethe und Fichte vorbereitet worden sei. Der Lektürekanon des deutschen Gymnasiums, eine Fülle populärer Historiendramen, Unterhaltungsromane und Fortsetzungsgeschichten in Zeitungen und Zeitschriften sowie Hunderte Platz- und Straßennamen hatten diese deutschen ›Männer des Geistes und der Tat‹ dem kollektiven Gedächtnis eingeschrieben.

Als Karl Hoffmann im ersten Kriegsheft der Zeitschrift *Die Tat* aus dem Jenaer Eugen Diederichs Verlag *Das deutsche Kulturgefühl* skizzierte, benannte er »drei Säulen, auf denen die Grundlage des deutschen Kulturgefühls« beruhe: die »germanische Herkunft des uns eingeborenen Volkstums, die Antike und der Gedankenschatz unserer geistigen Größe aus der Zeit um die Wende des achtzehnten zum neunzehnten Jahrhundert«,[1] das heißt aus der Weimarer Klassik und der einst in Jena beheimateten Romantik. Beide hätten das germanische und das antike Erbe im Deutschen kongenial verschmolzen: »Und der seelischen Vermählung des deutschen Geistes mit dem Griechentume verdanken wir es, daß wir den großen Krieg nicht nur für uns selbst führen, sondern zugleich für eine Erneuerung und Wiedergeburt des *europäischen* Geistes«.[2]

Der Elsässer Schriftsteller Friedrich Lienhard legte bereits kurz nach der Jahrhundertwende in seiner Zeitschrift *Wege nach Weimar* dar, wie eng er dem klassischen Erbe und dem Geist von Weimar verbunden war. Seinem lang gehegten Traum von einer neuidealistischen »Reichsbeseelung«[3] verlieh er 1913 unter dem Titel *Deutschlands geistige Mission* Gestalt. Ein Jahr darauf wurden daraus »Kriegsgedanken«unter der Überschrift *Deutschlands europäische Sendung*,[4] zu der die Deutschen als »Söhne Goethes« und im »unerschütterlichen Glauben an Deutschlands heilige Sendung«berufen seien.[5]

1913 – Ein Vorspiel zum Krieg

Der Rekurs auf die Klassik, die Romantik, den Deutschen Idealismus und auf den ›Geist von 1813‹ war spätestens seit der Jahrhundertwende 1900 ein integraler Bestandteil bildungsbürgerlicher Kulturkritik. In ihr spiegelt sich die Statusunsicherheit des gehobenen Bürgertums ebenso wider wie die Unsicherheit angesichts des beschleunigten Wandels der Gesellschaft. Gerade die in Weimar und Jena beheimateten weltanschaulich-ästhetischen Bestrebungen des Neuidealismus, der Neuklassik und der Neuromantik[6] sorgten zwischen 1900 und 1914 für eine Rückbesinnung auf Weimars ›Goldene Zeit‹. Das Jahr 1913 mit dem doppelten Jubiläumsanlass der hundertsten Wiederkehr der Leipziger Völkerschlacht und dem 25-jährigen Regierungsjubiläum Kaiser Wilhelms II. verstärkten diese Tendenz. Noch deutlicher als in den Jahren zuvor beschwor man den Geist der ›Befreiungskriege‹ und die kulturelle Blüte des ›Ereignis Weimar-Jena‹ und schaute durch diese verklärte Erinnerung kritisch auf die eigene Gegenwart. In bemerkenswerter Weise waren diese kulturkritischen, ja bisweilen kulturpessimistischen Töne, also fundamentale Zweifel am Erfolg und dem Glanz des Kaiserreichs, mit solchen des selbstbewussten Gefühls ›deutscher Größe‹ und laut proklamierten Weltmachtambitionen verschränkt.

Für unstrittig hielten die meisten Festredner und Vielschreiber des Gedenkjahres 1913, dass 1813 »die Befreiung vom fremden Joche […] im Zeichen der tiefen neuen deutschen Bildung aus dem Geiste Kants, Goethes, Schillers, der Romantik«[7] erfolgt sei. Und ein weiterer wesentlicher Argumentationsstrang war, dass die ›deutsche Erhebung‹ von 1813 ihre Fortsetzung in der Reichsgründung 1871 und schließlich – so urteilte man angesichts des Kriegsausbruchs – im August 1914 gefunden habe. In Friedrich Meineckes Bilanz *Die deutsche Erhebung von 1914* (1914), die auf wesentlichen Grundideen seines Hauptwerkes *Weltbürgertum und Nationalstaat* (zuerst 1908) fußt, fand sogar die Revolution von 1848 als Station auf dem Weg der Deutschen zu sich selbst ihre lobende Erwähnung.

Der in Naumburg und Jena wirkende Literaturwissenschaftler und Lokalhistoriker Ernst Borkowsky veröffentlichte schon 1912 das hymnische Werk *Deutscher Frühling 1813. Die Wiedergeburt des deutschen Volkes vor hundert Jahren*. ›Frühling‹, ›Wiedergeburt‹, ›Auferstehung‹, ›Erhebung‹ und ›Befreiung‹ waren in zahllosen Veröffentlichungen der spätwilhelminischen Erinnerungskultur die meistverwandten Synonyme für die ›Befreiungskriege‹. Wiederum bei Diederichs erschien pünktlich zum Jubiläum Ernst Lissauers Gedicht-Zyklus *1813*, geschmückt mit dem berühmten Bild Ferdinand Hodlers zum *Auszug deutscher Studenten in den Freiheitskrieg von 1813* – heute in der Aula der Friedrich-Schiller-Universität in Weimars Nachbarstadt zu bewundern. Im ersten Kriegsjahr sollte dann ein erregter Disput um dieses Bild und dessen Schöpfer losbrechen,[8] an dem sich der dramatische Zerfall der europäischen Gelehrten- und Künstlerwelt zu Beginn des Ersten Weltkriegs ablesen lässt.

Vielzitiert und omnipräsent war auch ein anderer Jenaer Geist, dessen Ruhm und Rolle als ›deutscher Prophet‹ einst jedoch an der neugegründeten Berliner Universität begonnen hatte: Johann Gottlieb Fichte. Der Jenaer Philosoph Rudolf Eucken bilanzierte im Februar 1914 die Würdigungen Fichtes vom Vorjahr »Die Gedenktage des vergangenen Jahres ließen sich nicht wohl feiern, ohne daß auch Fichtes ehrend und dankbar gedacht ward«.[9] Der Philosoph habe der Nation ihren wahren Charakter gezeigt, die Deutschen zu sich selbst erweckt und klargemacht, »daß das deutsche Volk dem Ganzen der Menschheit unentbehrlich sei«.[10] Solche Gedanken der nationalen Fichte-Renaissance[11] aus dem Geist der Lebensphilosophie und des Wilhelminismus variierte und erweiterte Eucken dann in seinem Buch *Zur Sammlung der Geister*, das man später, am Ende des Weltkriegs, als »neue Reden an die deutsche Nation« würdigte und ihren Autor folglich als »zweiten Fichte« bezeichnete.[12]

Der August der Intellektuellen

Die poetische oder »geistige Mobilmachung«,[13] der »Krieg der Geister«[14] und die Rolle der Intellektuellen und Künstler zu Beginn der ›Urkatastrophe des 20. Jahrhunderts‹ sind oftmals beschrieben worden[15] – und sollen daher hier nicht wiederholt werden. So kritisch man inzwischen das ›Augusterlebnis‹ als angebliches schichtenübergreifendes Massenphänomen auch betrachtet, so deutlich wird in der Rückschau, dass die deutschen Gebildeten aller politischen Lager und ästhetischer Überzeugungen in vorher nicht gekannter Einmütigkeit bereit waren, ihren Geist und ihre Fähigkeiten der ›nationalen Sache‹ zur Verfügung zu stellen. Nicht wenige von ihnen ließen die Idee zur Tat werden und meldeten sich freiwillig zum Kriegsdienst. Elisabeth Förster-Nietzsche schrieb am 1. Dezember 1914 an den im Feld stehenden Harry Graf Kessler: »Glauben Sie mir, wenn m. Br. [mein Bruder] noch lebte u. sich ungefähr so wie ich befände, wäre er trotz seiner 70 Jahre mit in den Krieg gezogen«,[16] – in einen Krieg, den man aus englischer Perspektive den ›Euro-Nietzschean War‹ nannte, in dem sich deutsche blonde Bestien im Namen des Philosophen als eine Art wildgewordener Übermenschen auf die Vertreter der wahren europäischen Zivilisation geworfen hätten.[17] Werner Sombart, bekannt geworden durch sein Pamphlet *Händler und Helden* (1915), meinte wenig später: »So gut […] wie man diesen Krieg den Krieg Nietzsches nennen kann, kann man ihn auch den Krieg Friedrichs des Großen, oder Goethes, oder Schillers, oder Beethovens, oder Fichtes, oder Hegels, oder Bismarcks nennen: es ist eben der deutsche Krieg«.[18]

Doch nicht allein die Philosophen(-Verehrer) befanden sich im Krieg. Vertreter der etablierten bürgerlichen Kunst und Kultur suchten und fanden den Schulterschluss mit Exponenten der Avantgarde; Angehörige des universitären Establishments griffen zu ähnlichen Formulierungen wie die vordem von ihnen geschmähten Vertreter der Presse; Predigten von hoch gebildeten Universitätstheologen klangen plötzlich im Rausch des nationalen Überschwangs wie die einfacher Landpfarrer – mit den Worten des scharfen Beobachters Karl Kraus gesagt: »[…] wir sehen rings im kulturellen Umkreis nichts als das Schauspiel, wie der Intellekt auf das Schlagwort einschnappt, wenn die Persönlichkeit nicht die Kraft hat, schweigend in sich selbst zu beruhen. Die freiwillige Kriegsdienstleistung der Dichter ist ihr Eintritt in den Journalismus [laut Kraus ein Hochverrat am Geist der deutschen Sprache, JHU]. Hier steht ein Hauptmann, stehen die Herren Dehmel und Hofmannsthal, mit Anspruch auf eine Dekoration in der vordersten Front und hinter ihnen kämpft der losgelassene Dilettantismus. Noch nie vorher hat es einen so stürmischen Anschluß an die Banalität gegeben und die Aufopferung der führenden Geister ist so rapid, daß der Verdacht entsteht, sie hätten kein Selbst aufzuopfern gehabt, sondern handelten vielmehr aus der heroischen Überlegung, sich dorthin zu retten, wo es jetzt am sichersten ist: in die Phrase«.[19] Die Flut tausender Kriegsgedichte, die pro Tag in den Redaktionen der Zeitungen mit der Bitte um Abdruck eingingen, sammelte sich früh in ersten Anthologien mit sprechenden Titeln wie *Deutsche Kriegspsalmen* von Otto Clorius (1915), *Des Vaterlandes Hochgesang* von Karl Quenzel (1914), *Der heilige Krieg. Gedichte aus dem Beginn des Kampfes* (1914) aus dem Eugen Diederichs Verlag oder in den Gedichtsammlungen von Julius Bab (1914/15).

Daneben existierte eine Masse an ›grauer Literatur‹, das heißt Broschüren, umfangreichere Flugblätter, Vereinsschrifttum, Publikationen im Selbstverlag, von der nicht wenige Texte auf den Geist der ›Befreiungskriege‹ rekurrierten. In den Freiwilligen des August 1914 vermeinte man die des Jahres 1813 wiederzuerkennen, patriotischen Frauen wurde erneut Königin Luise als unerreichbares, deshalb aber umso erstrebenswerteres Vorbild anempfohlen.[20] Offiziere und Generäle mussten sich an Schill, Scharnhorst, Blücher und Gneisenau messen lassen, der Freiherr vom Stein und Staatskanzler Hardenberg wurden als staatsmännische Vorbilder hochgehalten. Zahlreiche Gedichte feierten Theodor Körner und seine ›Lützower‹ – der Tod des jugendlichen ›Helden‹ wurde der modernen jungen Generation als vorbildliche ›vaterländische Tat‹ gepriesen.[21]

In Reden und Aufrufen beschworen die Repräsentanten der akademischen Elite Deutschlands den unlöslichen Zusammenhang von Krieg und Kultur in der Geschichte,[22] feierten das ›Volksheer‹ und dessen bedingungslosen Einsatz[23] und begründeten die substantielle Verbundenheit von Militarismus und Kultur im Reich – wie etwa im Manifest *An die Kulturwelt!*

Deutschland befinde sich in einem gerechtfertigten Abwehrkampf gegen eine ›Welt von Feinden‹, der zu widerstehen nahezu jedes Mittel recht sei. Man sei selbstlos, der Feind aber berechnend und perfide. Deutschlands ›Geistige‹ sprächen die Wahrheit, die Feinde aber lögen und täuschten die Welt über ihre wahren Absichten. Letztlich ginge es im ›großen Krieg‹ um den Kampf zwischen ›deutscher Kultur‹ und ›westlicher Zivilisation‹. Ein Sieg Deutschlands käme nicht nur diesem selbst, sondern der gesamten Menschheit und ihrer Geschichte zugute – seien doch die Deutschen von Gott berufen, den Gang der Weltgeschichte durch ihre befreiende Tat zu einem guten Ende zu bringen. Gott sei bei den Deutschen, der Krieg geheiligt und die Toten wertvolle, doch notwendige Opfer – so klingen die wesentlichen Argumentationsmuster einer profanen Kriegstheologie von Katheder und Kanzel, deren schiere Masse an Texten, Selbstgefälligkeit, Selbstgerechtigkeit und aggressiv vorgetragene Stereotypen bis heute verblüfft.

»[…] wir fühlen uns als eine heilige Phalanx, die nichts wieder trennen soll, und aufwärts steigt die Flamme heiligen Glaubens an die weltgeschichtliche Sendung des deutschen Volkes gegen Barbarei und Überkultur, eine Sendung, die noch lange nicht ihr Ende erreicht hat«,[24] verkündete der Goetheforscher und spätere Präsident der Goethe-Gesellschaft Gustav Roethe am 3. September 1914 in seiner Berliner Rede *Wir Deutschen und der Krieg*. Alois Riehl, der zusammen mit anderen 1907 Elisabeth Förster-Nietzsche für den Nobelpreis vorgeschlagen hatte, sprach unter dem Titel *1813 – Fichte – 1914* von einem neuen »Befreiungskrieg«, in dem sich Deutschland nun befinde und proklamierte: »Die Wahrheit ist, wir sind das Volk in Waffen: Heer und Volks sind eins […] unser Heer ist unser Volk in seiner Aktion«.[25] Der Germanist Berthold Lietzmann beschwor in seiner Erinnerung an Ernst von Wildenbruch den nationalen Gedanken, für den auch der 1909 in Weimar beerdigte Dichter stets gekämpft habe: »Auch der Geist des Dichters, dessen Leib nun schon seit fünf Jahren die Erde deckt, rauscht so in unseren Fahnen«.[26] Der nationale Gedanke sei nun in Deutschland wieder auferstanden und mit ihm Wildenbruch: »Mitten in der erregten Welt steht er in unsren Reihen und führt für uns das Wort, wie da er lebte«.[27] Andere aber nahmen Zuflucht zu größeren Weimarer Geistern: »[…] in diesen Tagen nationaler Begeisterung und Opferfreudigkeit, vaterländischen Fühlens und heroischen Handelns bewährt sich aufs neue Schillers Bedeutung als Volksredner und Führer, als Dichter und Prophet, als Deutschlands guter Genius«.[28]

Doch viele Bildungsbürger und Künstler, selbst wenn sie anfangs begeistert waren, wurden schnell ernüchtert angesichts der immensen Opferzahlen und Gräuel schon der ersten Kriegswochen. Noch vor der Mobilmachung etwa notierte Gerhart Hauptmann, der danach trotzdem zur patriotisch gespitzten Feder griff, im Juli in sein Tagebuch: »Dem bürgerlichen Leben und Wirken scheint jede Farbe, jeder Sinn genommen, zugleich mit jedem Reiz. Das wohlbekannte Gesicht Europas löscht aus. Etwas ganz anderes tritt an seine Stelle: die Medusa. – Das wohlbekannte ›Zeitalter‹ ist nicht mehr: Nichts von allem ist noch, was als fest und unumstößlich gegolten«.[29]

Das Jahr 1916 – Verzweiflung und neue Hoffnung auf Siege im ›Krieg der Geister‹

Im damals wohl wichtigsten und einflussreichsten expressionistischen Verlag Deutschlands, dem Unternehmen von Kurt Wolff, erschien 1916 eine Sammlung von *Grotesken* des Schriftstellers Salomon Friedlaender unter dessen Pseudonym Mynona, einem Anagramm von anonym. Der Titel des Bändchens *Schwarz-Weiß-Rot* spielt auf die seit 1892 offiziell eingeführte Flagge des Kaiserreichs an, die aus jener des Deutschen Bundes entstanden und schon seit 1871 in Gebrauch war. Mynona konnte mit dieser Titelwahl bei seinen Lesern wohl auch die Kenntnis zahlloser Kriegsgedichte auf die Reichsfarben voraussetzen, von denen *Die deutsche Fahne* (1914) des Georg Freiherrn von Ompteda, *Deutschlands Fahnenlied* (1914) von Richard Dehmel und das *Deutsche Flaggenlied* (bereits 1883) des in Erfurt geborenen Robert Linderer die bekanntesten waren.

Das Frontispiz des Bändchens zeigt eine Zeichnung des Malers Ludwig Meidner, einem der wenigen engagierten Kriegsgegner innerhalb der deutschen Künstlerschaft, ihn kannte Mynona schon aus Kreisen der Berliner Vorkriegsbohème.[30] Man sieht Goethe mit der Reichskriegsflagge in den Händen, wie er gegen einen zaghaft zurückweichenden Isaac Newton vorgeht. Der dazugehörige Text »Schwarz-Weiss-Rot oder Deutschlands Sieg über England unter Goethes Farben. Will sagen: Solange Newton herrscht, siegt England« persifliert in grotesker Überzeichnung die aggressive Polemik deutscher Geister gegen das ›perfide Albion‹. Denn mit einer Flut entsprechender Gedichte,[31] Flugblätter und Broschüren hatten zahlreiche deutsche Gelehrte, Intellektuelle und Künstler auf den Kriegseintritt des vormaligen ›Vetters‹, ›Bruders‹ und ›Stammverwandten‹ jenseits des Kanals reagiert, den sie nun als eigentlichen Hauptfeind der deutschen Kultur und des Reiches, als Verräter an der gemeinsamen ›germanischen‹ Sache ausmachten. England begehe »Verrat am Germanentum« und zerbreche damit die »Solidarität der weißen Rasse«,[32] meinte etwa Otto von Gierke in seiner Kriegsrede *Krieg und Kultur*, deren Argumentation beispielhaft für Dutzende andere ähnliche *Deutsche Reden in schwerer Zeit* (1914–1917) stehen kann, die die Zentralstelle für Volkswohlfahrt Berlin herausgab.

Sätze wie »[…] führt Eure Farben auch zum Sieg deutscher Gründlichkeit unter dem Farben-Generalfeldmarschall Goethe, diesem Über-Hindenburg aller Farbenlehre!«[33] und »Dieses englische Licht ist nur eine andere Finsternis, und Deutschland kann von Goethe lernen, wie sich ›Licht und Schatten | Zu echter Klarheit gatten‹«[34] karikieren diesen irrationalen England-Hass ebenso wie die auch und gerade im Krieg ungebrochene Klassiker-Verehrung der Bildungsbürger. Mynonas überdrehte Formulierungen klingen nur für denjenigen abseitig, der die zahllosen Texte nicht kennt, mit denen in Deutschland ab August 1914 *Der Krieg der Geister* (Kellermann 1915) bestritten wurde.

Mynonas Grotesken erschienen im zweiten Kriegsjahr und damit zu einem Zeitpunkt, der einen atmosphärischen Wandel in der intellektuellen Kriegskultur markiert. Die letztlich ergebnis- und sieglosen Schlachten von Verdun und an der Somme, in denen Hunderttausende deutsche Soldaten fielen, der rigide innenpolitische Kurs der 3. Obersten Heeresleitung unter Hindenburg und Ludendorff, die Verabschiedung des dirigistischen ›Hindenburg-Programms‹ im August 1916 sowie die wachsende soziale Unruhe an der Heimatfront ließen auch das Lager der geistigen Sinnstifter in unterschiedliche Fraktionen zerfallen und nährten bei vielen den Zweifel am glücklichen Ausgang des Weltkriegs.

Zusammenschlüsse wie der schon im Juni 1915 gegründete, weit rechts stehende Unabhängige Ausschuß für einen Deutschen Frieden, der etwas gemäßigtere Deutsche Nationalausschuß für einen ehrenvollen Frieden (Juli 1916) und die pazifistische Zentralstelle Völkerrecht (Juli 1916) spiegeln die Fraktionierungen des bildungsbürgerlichen Lagers, die »Polarisierung der Geister«[35] wider. In mehreren Städten entstanden 1916 Vaterländische Vereinigungen, die oftmals die Jahreszahl 1914 im Titel führten, ging es doch darum, an den vielbeschworenen ›Geist von 1914‹, also das ›Augusterlebnis der Volksgemeinschaft‹ wieder anzuknüpfen. Die 1916 in Hamburg begründete Fichte-Gesellschaft von 1914, in der unter anderem der deutschnationale Jenaer Philosoph Bruno Bauch eine wichtige Rolle spielte, gehört ebenso in diesen Zusammenhang wie die Deutsche Gesellschaft 1914, vor welcher der berühmte Theologe und Kulturphilosoph Ernst Troeltsch seinen legendären Vortrag *Die Ideen von 1914* hielt.

In Jena rief Eugen Diederichs, der schon lange von einer »Brüderschaft im Geiste, die schweigend wirkt«,[36] geträumt hatte, gemeinsam mit dem freireligiösen Prediger, ehemaligen Sozialdemokraten und nun Deutschnationalen Max Maurenbrecher sowie dem Volkswirtschaftler und Publizisten Wilhelm Vershofen eine Gemeinnützige Gesellschaft 1914 ins Leben,[37] die sich in Weimar am Osterdienstag 1917 den Namen Vaterländische Gesellschaft 1914 in Thüringen gab. In einer Reihe von Einzelvorträgen und seminaristischen Veranstaltungen, die der reformpädagogischen Idee der ›Arbeitsgemeinschaft‹ folgten und die späteren Thüringer Volkshochschulkurse vorwegnahmen, sollte ein »charaktervolles Deutschtum«[38] entwickelt werden. Selbstbewusst und stark dürfe dennoch nicht vergessen werden, dass »der Deutsche seinem Wesen nach international, kosmopolitisch veranlagt ist«.[39] Diederichs dachte an die *Neuorientierung der deutschen Kultur nach dem Kriege*, so der Titel eines anspruchsvollen Verlagsprospekts von 1916. Damit setzte er sich deutlich ab von radikalnationalen, gar völkischen Positionen innerhalb der Intellektuellen- und Politikszene, insbesondere von den Anhängern eines annexionistischen ›Siegfriedens‹ und der 1917 gegründeten Vaterlandspartei. Der Verleger setzte auf »fröhliches Glauben und Handeln im Geiste Fichtes«,[40] der seiner Meinung nach von den Völkischen »abrücken«[41] würde. Diese Distanzierung führte letztlich auch zum Bruch mit Maurenbrecher, der 1917 die erste Lauensteiner Kulturtagung,[42] die ebenfalls einer ›Sammlung der Geister‹ dienen sollte, noch mit vorbereitet hatte. In seinem Beitrag in der *Tat, Der Krieg als Ausgangspunkt einer deutschen Kultur,* und in einem Vortrag gleichen Inhalts auf der Lauensteiner Kulturtagung visioniert Maurenbrecher ein »Stahlbad der Wiedergeburt und eine Erneuerung des Heiligen Geistes der Deutschheit«.[43] Er sieht die »Wurzel der deutschen Kultur« in »jener Ideenbewegung von 1780 bis 1830«[44] und rekurriert damit einmal mehr auf den ›Geist von Weimar‹ unter Einschluss der Jenaer Romantik, Fichtes und letztendlich auch Bismarcks. Ähnlich argumentiert Hugo Bennewitz in der Zeitschrift *Bühne und Welt*, die sich 1916 in *Deutsches Volkstum* umbenannte. Er setzte *Weimar, deutsche Weltanschauung und Weltkrieg* miteinander in Beziehung: Die »Tatmänner des Preußentums« und die »idealen Männer deutscher Wissenschaft, die seit Goethe und Schillers Zeiten unseren Wirklichkeitssinn auf so vielen Lebensgebieten erst geweckt und damit wieder unsere deutsche Weltanschauung im Sinne praktischen Deutschtums noch mehr erweiterten«, hätten gemeinsam dafür gesorgt, dass »wir heute nach zweijährigem blutigstem Kampfe […] uns noch immer des unerschütterlichen Glaubens an die sieghafte Macht unserer deutschen Weltanschauung getrösten können«.[45]

Es sollte nochmal zwei Jahre dauern, bis der Kampf um das Deutsche Reich und die deutsche Kultur in der Niederlage beider endete – was viele ›Kulturkrieger‹ nicht daran hinderte, ab 1918 den ›Geist von Potsdam‹ und den ›Geist von Weimar‹ gegen den Geist der jungen Demokratie in Stellung zu bringen. Sie ernannten Goethe und Schiller zu Anwälten eines anderen Deutschland, das angeblich mit der Weimarer Republik nichts zu tun habe, oder verweigerten sich jeglicher Teilhabe an der Politik, wie es Goethe einst auch getan habe. Andere wiederum öffneten sich mit dem ›Weltbürger‹ Goethe der neuen Zeit – doch auch diese sollte enden, wie man es 1918 noch nicht erahnen konnte.

Anmerkungen

1 Hoffmann 1915, S. 561. **2** Ebd., S. 567. **3** Lienhard 1920. **4** Lienhard 1913b. **5** Lienhard 1914, S. 6. **6** Vgl. Werner 2003, Ulbricht 2007 und Ulbricht 2014b. **7** Klein 1913, Einleitung. **8** Vgl. Steiger 1970. **9** Eucken 1914a, S. 666. **10** Ebd. **11** Vgl. Nordalm 1999. **12** Budde 1918, S. 1 f. **13** Flasch 2000. **14** Schneider/Schuhmann 2000. **15** Vgl. Mommsen 1996. **16** Föhl 2013.I, S. 902. **17** Vgl. Aschheim 1996, S. 130–167. **18** Sombart 1915, S. 53. **19** Kraus 1914, S. 16. **20** Vgl. Demandt 2003. **21** Vgl. Ulbricht 2014. **22** Vgl. Gierke 1914. **23** Vgl. Troeltsch 1914a. **24** Roethe 1914, S. 32. **25** Riehl 1914, S. 196. **26** Litzmann 1914, S. 8 **27** Ebd., S. 29. **28** Widmann 1915, S. 3. **29** Hauptmann 1914, S. 23 f. **30** Vgl. Ausst.Kat. Meidner, 2013. **31** Vgl. Utz 1990; Lang 1993. **32** Giercke 1914, S. 98 f. **33** Mynona 1916, S. 8. **34** Ebd., S. 10. **35** Sato 2001. **36** Ulbricht 2000. **37** Vgl. Reimers 1999, S. 107–115. **38** Diederichs 1916b, S. 395. **39** Ebd. **40** Diederichs 1915/1920, S. 22. **41** Diederichs 1918/1920, S. 11. **42** Vgl. Hübinger 1996. **43** Maurenbrecher 1917, S. 104. **44** Ebd, S. 107. **45** Bennewitz 1916, S. 464.

KLASSISCHES ERBE – KRIEG UND KATHARSIS

Das legendäre ›Augusterlebnis‹ von 1914 hatte vor allem eine intellektuelle Seite. Während die Begeisterung für den Krieg in den unterschiedlichen sozialen Milieus der deutschen Gesellschaft höchst ungleich verteilt war, fällt auf, dass die überwiegende Mehrheit der Gebildeten sofort bereit war, ihre Ideen, künstlerischen Positionen und sogar ihre Person für Deutschland ›in die Schanze zu schlagen‹. Neben einer Flut von Kriegsgedichten, die zumeist aus bürgerlicher Feder stammten, erschienen schon in den ersten Kriegsmonaten Hunderte von Pamphleten, Reden, Kriegspredigten und Gedichtsammlungen, die sich als Beitrag zur ›geistigen Mobilmachung‹ verstanden. Auch das schon seit Mitte des 19. Jahrhunderts vielfach national gedeutete klassische Erbe der Deutschen wurde unter Kriegsbedingungen neu beerbt und uminterpretiert. Verleger dachten über Feldpost- oder Kriegsausgaben etablierter deutscher Autoren zwischen Klassik und bürgerlichem Realismus nach; einschlägige Zitate machten die Runde und wurden Teil der propagandistischen Aufbereitung literarischer Texte.

Hinter dieser speziellen Rückbesinnung auf das kanonisierte kulturelle Erbe der Nation stand bei eher traditionalistischen Bildungsbürgern ein Unbehagen an der zunehmenden Modernität der wilhelminischen Gesellschaft und ihrer Kultur sowie eine große Distanz zur ästhetischen Avantgarde. Junge Autoren, Künstler und Intellektuelle übten hingegen massive Kritik am herrschenden Literatur- und Kunstbetrieb; von deren Etabliertheit und Selbstgenügsamkeit sei nichts Neues, die geltenden ästhetischen Normen und Sichtweisen Umstürzendes zu erwarten. ›Alt‹ wie ›Jung‹ ersehnten daher vom Krieg eine Katharsis, die reinigende Erneuerung der gesamten deutschen Kultur, wobei apokalyptische Denkfiguren diese Hoffnung fundierten. Nach der großen Katastrophe sei endlich Platz für eine neue Welt großer Kunst, Raum für neue gesellschaftliche Verhältnisse, und es käme die Zeit der Geburt des ›neuen Menschen‹, von dem schon Friedrich Nietzsche zu Beginn des Kaiserreichs geträumt habe.

Für einen solch fundamentalen Neuanfang aber schien jedes Mittel recht und gerechtfertigt. Wer glaubte, jenseits von Moral und Recht handeln zu dürfen, neigte dazu, die deutsche Politik und Kriegsführung in jedem Fall zu unterstützen. Nachdem deutsche Truppen das neutrale Belgien überrannt und besetzt hatten, wobei Altstadt und Bibliothek von Löwen massiv beschädigt wurden, sowie nach der Beschießung der Kathedrale von Reims schien für die alliierte Propaganda bewiesen, dass die Deutschen ›Barbaren‹, ›Hunnen‹ oder eine Art wildgewordener ›Übermenschen‹ seien. Deutsche Gebildete reagierten empört, betonten weiterhin den weltbedeutenden Rang deutscher Kultur und beschworen die unlösliche, gar fruchtbringende Verbindung von deutscher Kultur und deutschem Militarismus. Die Verbindungen der europäischen Intellektuellen und der Wissenschaftskultur lösten sich ab August 1914 rasend schnell auf. JHU

Kat. 206 □ S. 173
UNSER HEILIGER KRIEG

Der Topos vom ›Heiligen Krieg‹ war seit August 1914 eines der populärsten Deutungsmuster, das nicht allein von Pfarrern und Theologen, sondern auch von Schriftstellern und Publizisten in legitimatorischer Absicht verwendet wurde. Denn ein ›Heiliger Krieg‹ kann weder ungerecht noch amoralisch sein. Er heiligt jene, die ihn führen – und jene, die in ihm fallen.

In vielen Texten seit dem Siebenjährigen Krieg (1756–1763), vor allem aber nach 1813, werden Gefallene als Märtyrer, Blutzeugen, Kreuzritter und heilige Krieger bezeichnet. Dass Gott auf Seiten der Deutschen kämpfe, wurde ab 1813 durch die Aufschrift »Gott mit uns« auf dem Koppelschloss deutscher Uniformen bekräftigt. Diese Losung war bereits das Feldgeschrei der protestantischen Truppen unter Gustav Adolf in der Schlacht von Lützen 1632 und diente ab 1701 als Wahlspruch der preußischen Könige.

Frontispiz und Innentitel-Signet in Borkowskys Buch verweisen auf die Vorbilder des ›Heiligen Krieges‹ von 1914: die Befreiungskriege 1813 und die Kreuzzüge. Borkowsky hatte schon 1912 den Kampf gegen Napoleon im Werk *Deutscher Frühling 1813: die Wiedergeburt des deutschen Volkes vor hundert Jahren* verklärt. Für ihn existierten drei »Eiserne-Kreuz-Züge«: 1813, 1870/71, 1914.

Borkowsky lebte in Naumburg. Er war überregional bekannt als Literaturwissenschaftler und Regionalhistoriker mit Publikationen zur Literatur der deutschen Klassik, zum Jenaer Universitätsjubiläum (1908) und zur Stadtgeschichte Naumburgs. Die Illustrationen der Ausgabe stammen von Walther Klemm, Hans Baluschek und Emil Preetorius. Der Künstler und Schriftsteller Baluschek gehörte der Berliner Secession an, Klemm leitete seit 1913 die Druckwerkstatt der Kunsthochschule. Emil Preetorius aus München war seinerzeit einer der bekanntesten deutschen Illustratoren und Bühnenbildner. JHU

Kat. 207
DEUTSCHLANDS EUROPÄISCHE SENDUNG

Mehr als eigenwillig reimte Friedrich Lienhard im Oktober 1914: »Bleibt still und stark, bleibt stark und still! | Der über uns waltet, weiß, was er will: | Schmieden will er aus Zorn und Zucht | Ein Volk der Würde, ein Volk der Wucht!« (Lienhard 1914, S. 3). Der Neuidealist Lienhard begrüßte den Krieg nicht nur enthusiastisch als »europäische[s] Reinigungsgewitter«, das in der »geistigen Luft vorgezeichnet« war (ebd., S. 5). Er mischt diese gebräuchliche Wettermetaphorik mit einem Vokabular, das an die Propagierung eines Kreuzzuges mahnt. Mit Goethe beschwört er den »unerschütterlichen Glauben an Deutschlands heilige Sendung« und lobt die »segnende Kraft« der Gedanken. Er synthetisiert die Geistesarbeit der deutschen Dichter mit denen der Frontsoldaten, indem er auf den heiligen Zorn der Cromwell'schen Schwadronen rekurriert, die sich vor dem Kampf mit Psalmen stärkten. Einer Art Neuheidentum folgend beruft sich Lienhard jedoch auch auf die Ideale von Asgard, Walhalla und Folkwang, sieht er Deutschlands Zukunft in der Offenbarung des Johannes

Kat. 206 Ernst Borkowsky · Unser Heiliger Krieg. Illustrationen: Walther Klemm u. a. · 1914 · Privatbesitz · Weimar

und in der Edda vorgezeichnet. Letztlich ist der rundum göttlich legitimierte Krieg aber »nur Mittel zum Ziel« (ebd., S. 6). Lienhard denkt bereits kurz nach Kriegsbeginn über dessen Ende und seine Folgen nach, nämlich über »Deutschlands europäische Sendung« (ebd.). Diese geistige Aufgabe liege dezidiert bei den in der Heimat verbliebenen »Truppen« (ebd., S. 7), wobei er die propagandistische Hetze einiger Kollegen als eines Deutschen unwürdig ablehnt. Zunächst müsse der Sieg Deutschland selbst läutern und emporheben, damit es derart gestärkt die »seelische Höherführung der Völker« (ebd., S. 14) übernehmen könne. Lienhard imaginiert Deutschland schließlich als das geistige Zentrum Europas: »ein heiliger Hain der Sammlung« für alle Europäer (ebd., S. 29). GP

Literatur: Beßlich 2014.

Kat. 208 ☐ S. 173 · 209
RELIGION UND KRIEG

Im Ersten Weltkrieg entwickelte sich eine spezielle Kriegstheologie, die sich in Ansätzen bereits in den Befreiungs- und Einigungskriegen gezeigt hatte. Besonders profilierte sich in nationalem Sinn die größte deutsche Konfession, der Protestantismus. Doch versuchten Katholiken und Juden ihren gesellschaftlichen Außenseiterstatus durch die betont emphatische Zustimmung zum Krieg und zu den Kriegszielen

Kat. 208 Johannes Hesse · Die Bibel als Kriegsbuch · 1916
Thüringer Universitäts- und Landesbibliothek Jena (ThULB)

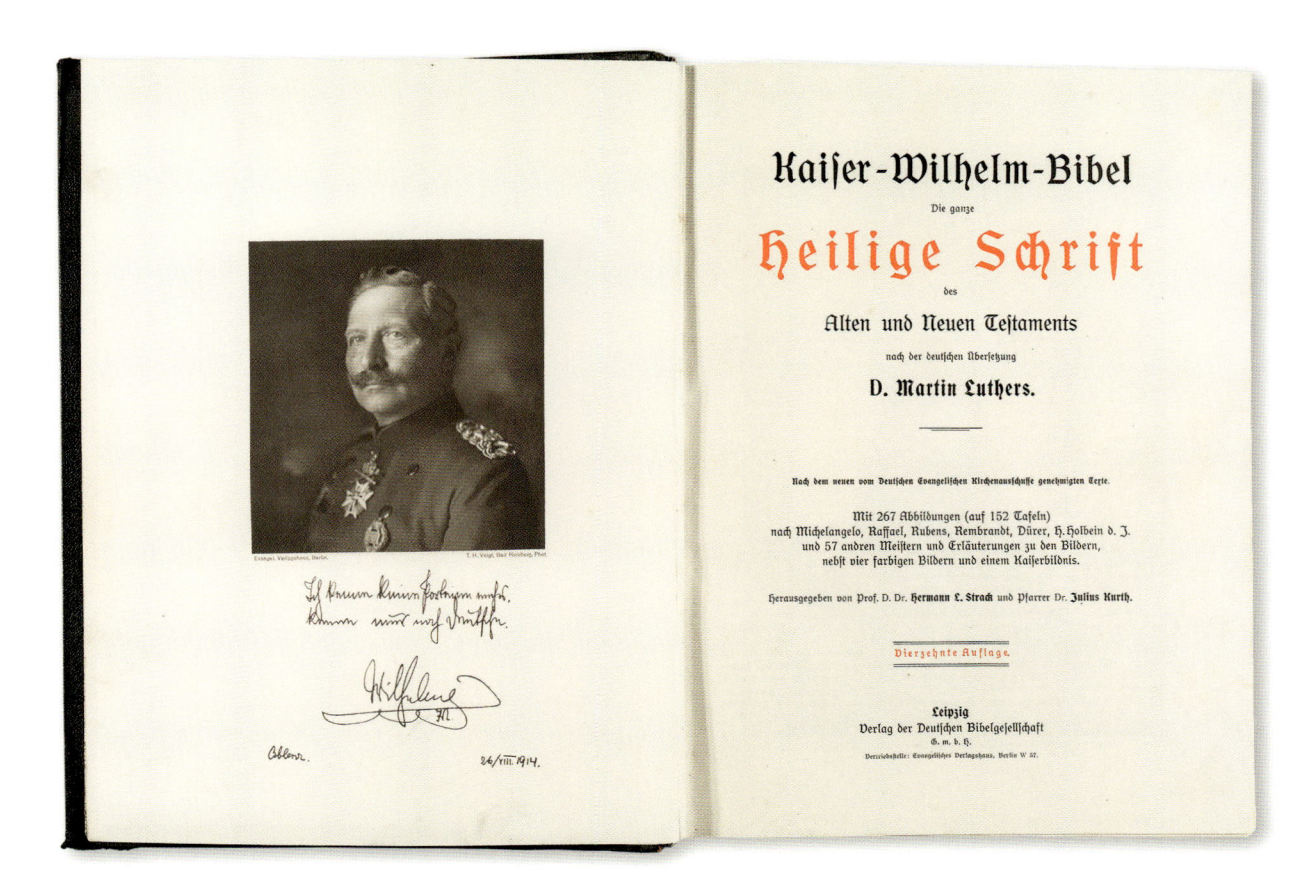

Kat. 210 Hermann Leberecht Strack u. a. (Hrsg.) · Kaiser-Wilhelm-Bibel. Die ganze Heilige Schrift · 1914 · Privatbesitz

zu kompensieren und stimmten vielfach in den vaterländischen Chor ein. Skeptische oder gar den Krieg und das Morden an der Front ablehnende Stimmen hörte man bis Kriegsende kaum.

Zwischen 1914 und 1918 wurden Tausende Kriegspredigten gehalten, die man zum Teil auch für die Heimatgemeinden und den Gebrauch in Feldgottesdiensten druckte. Daneben erschien eine Fülle von Erbauungsliteratur, die der religiösen und theologischen Rechtfertigung des Kampfes und außerdem der kollektiven Sinnstiftung angesichts des massenhaften Sterbens und Tötens diente.

Johannes Hesse, Leiter des Calwer Verlagsvereins, Missionar – und Vater des Schriftstellers Hermann Hesse –, legte sogar die Heilige Schrift selbst als *Kriegsbuch* aus und kompilierte entsprechende Stellen zu einem kriegsaffirmativen Text, den er kommentierte und argumentativ ausbaute.

Der reformierte, liberale Bremer Pastor Karl König, Autor des Jenaer Eugen Diederichs Verlags, beschwor den rechten »Luthergeist« im existenziellen ›Kampf des Deutschtums‹ gegen eine »Welt von Feinden« (König 1914, S. 11, 16). Luthers ›Kampf gegen Rom‹, seine Standhaftigkeit und seine vermeintliche ›Deutschheit‹ galten ihm als unverzichtbares Vorbild protestantischen Glaubens und deutschen Kampfesmutes. JHU

Kat. 210 ☐ S. 174
KAISER-WILHELM-BIBEL

Seit 1900 erschien im Verlag der Deutschen Bibelgesellschaft in Leipzig *Die ganze Heilige Schrift des Alten und Neuen Testaments* nach der Übersetzung Martin Luthers als reich ausgestatteter Folioband. Herausgeber waren der Berliner Theologe und Orientalist Hermann Leberecht Strack sowie der Berliner Pfarrer und Kunstsammler Julius Kurth, die auch das Vorwort verfassten. Neben dem Bibeltext enthält die Ausgabe 271 Abbildungen, unter anderem nach Michelangelo, Rembrandt und Dürer. Eingebunden ist die Bibel in Leder und Leinen, mit Goldprägungen, die unter anderem Darstellungen von Christus, Moses, David sowie die Apostel Paulus und Johannes zeigen. Die Bibel wurde zu einem niedrigen Preis verkauft, um sie für große Bevölkerungskreise erschwinglich zu machen. Im Jahr 1914 ging das Werk bereits in die 14. Auflage – äußerlich unverändert. Doch das Titelblatt zeichnete das Buch nun als *Kaiser-Wilhelm-Bibel* aus, die »Zur Erinnerung an die große und schwere Kriegszeit des Jahres 1914« erschien (Strack/Kurth 1914, o. S.).

Gleichsam als Frontispiz fungiert ein Foto von Wilhelm II., untertitelt mit den Worten: »Ich kenne keine Parteien mehr, kenne nur noch Deutsche« (ebd.). Dem Titelblatt voran gestellt wurden die erste Strophe von Luthers *Ein' feste Burg ist unser Gott*, Ansprachen und Erklärungen des Kaisers an das

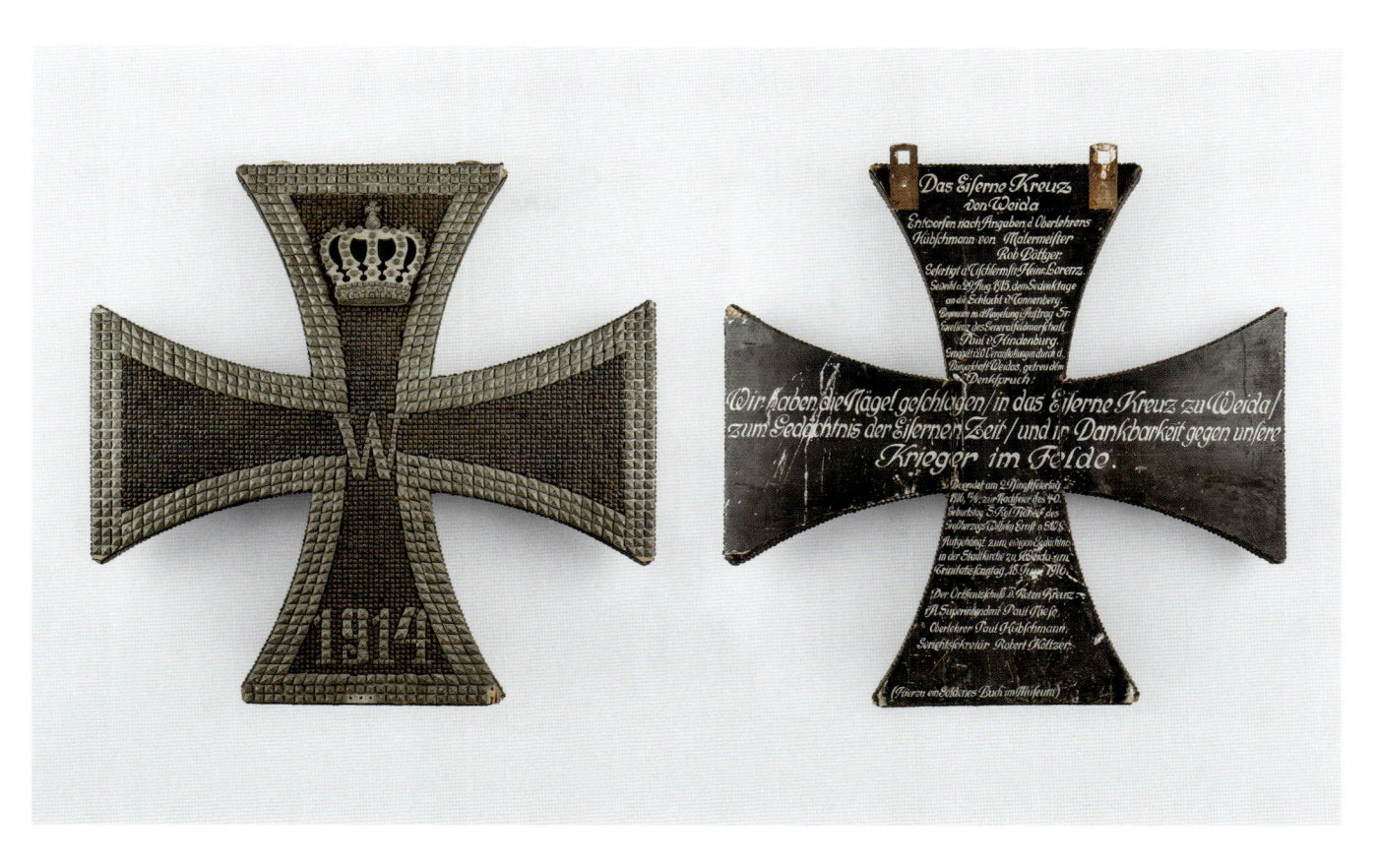

Kat. 211 Nagelkreuz aus Weida · 1915/16 · Evangelische Kirche Mitteldeutschland / Kirchenkreis Gera

deutsche Volk, das deutsche Heer und die deutsche Marine, die Erklärung der Kaiserin an die deutschen Frauen, die kaiserliche Anordnung eines Bettages, eine Seepredigt sowie das 1859 entstandene Gedicht *Einst geschieht's* von Emanuel Geibel. Das Vorwort erfuhr keine Veränderungen gegenüber der Ausgabe von 1913, und so fehlen Hinweise zur Entstehung der *Kaiser-Wilhelm-Bibel* wie auch Herausgeberkommentare zum Weltgeschehen. In beinahe unveränderter Form erschien die Bibel bis 1918. MS

Kat. 211 ☐ S. 175
NAGELKREUZ

Während des Ersten Weltkriegs entwickelten sich verschiedene Formen, mit denen die Bevölkerung ihre ›vaterländische Gesinnung‹ öffentlich zeigen und Loyalität bekunden konnte. Neben Sach- und Geldspenden, öffentlichen Festen und Feiern sowie dem Zeichnen von Kriegsanleihen gehörte dazu das Nageln von Kriegswahrzeichen.

Benagelt wurden Holzfiguren von Rittern, Soldaten und historischen Persönlichkeiten, Wehrschilder, Stadtwappen, manchmal auch Gegenstände – so in Gotha das Modell eines Flugzeugs – und auch die Türen öffentlicher Gebäude. Daneben existierten Nagelungen in Kirchen, Schulen und Vereinslokalen. Man erwarb Nägel aus Eisen, Silber oder Gold (beziehungsweise vergoldete Nägel) für einen bestimmten Betrag und schlug sie in die vorgebohrten Objekte. Die Spendengelder kamen in der Regel Lazaretten und Hinterbliebenen von Gefallenen zugute.

Eines der beliebtesten Nagelmotive war das Eiserne Kreuz. Das Weidaer Nagelkreuz wurde symbolträchtig erstmals am 29. August 1915, dem ersten Jahrestag der Schlacht bei Tannenberg, und letztmalig zu Pfingsten 1916 benagelt. Danach fand es seinen Platz in der Stadtkirche und überdauerte dort die Zeiten.

Die Gestaltung des Kreuzes folgt der berühmtesten deutschen Kriegsauszeichnung, die Friedrich Wilhelm III. am 10. März 1813 gestiftet hatte. Sie wurde an alle Soldaten unabhängig von deren Rang verliehen, war betont schlicht gehalten und bestand aus Gusseisen – ein Sinnbild selbstloser, uneitler preußischer Soldatentreue. Das Material spielt auf die Kriegssammlungen unter dem Motto ›Gold gab ich für Eisen‹ und auf die »Eiserne Kriegszeit« an. Die Form orientiert sich am Balkenkreuz (Tatzenkreuz) des Deutschen Ritterordens. Das Weidaer Kreuz zeigt oben die preußische Königskrone, mittig das W für Wilhelm II. und schließlich das Jahr der Ordenserneuerung (19. Juli) 1914. JHU

Kat. 212 Reinhard Buchwald (Hrsg.) · Der Heilige Krieg. Gedichte aus dem Beginn des Kampfes · 1914 · Klassik Stiftung Weimar

Kat. 212 □ S. 176
DIEDERICHS KRIEGSMISSION

Mit Beginn des Ersten Weltkriegs sank der Absatz des Eugen Diederich Verlags erheblich. Um dieser Entwicklung entgegenzuwirken und den eigenen kulturpolitischen Zielen weiterhin gerecht zu werden, begann Diederichs mit einer regen Publikation von Literatur und Liedern, die insbesondere für die Soldaten im Feld bestimmt war. Als erster Titel in der Reihe der *Tat-Bücher für die Feldpost* erschien im Oktober 1914 *Der Heilige Krieg. Gedichte aus dem Beginn des Kampfes*, zusammengestellt von Rainhard Buchwald, der seit 1913 Mitarbeiter des Verlages war und später als einer der Begründer der deutschen Volkshochschulbewegung Bedeutung erlangte. Der Band enthielt unter anderem Gedichte von Richard Dehmel und Gerhart Hauptman sowie Ernst Lissauers berüchtigten *Haßgesang gegen England*.

Sofort nach Veröffentlichung erstand der Thüringische Verband zur Verbreitung wahrer Kriegsnachrichten im Ausland 500 Exemplare. Mit dem Versand ließe sich zeigen, so Diederichs, dass »die Dichter und Denker auch in diesen Tagen Deutschlands wahre geistige Führer sind« (NL Diederichs, II, Nr. 6, Bl. 89). Diederichs maß der »geistigen Kriegsfürsorge« (Diederichs Verlag, 1914/15, S. 2) der Soldaten eine hohe Bedeutung zu, der Reingewinn seiner Feldausgaben ging zudem an das Rote Kreuz. Der Verleger und Buchwald waren überzeugt, dass die Soldaten einen »geistigen Hunger« (ebd.) verspürten. Mit der Feldpost-Bücherei wollten sie diesen stillen und so gleichzeitig die Grundlagen einer erneuerten deutschen Kultur entwickeln. Die Bandbreite der *Feldpost-Bücherei* reichte von Plato über germanische Sagen bis zur deutschen Klassik. MS

Literatur: Heidler 1998.

Kat. 213 □ S. 177
EINE KRIEGSHYMNE FÜRS VOLK

1914 erschien im Jenaer Verlag Eugen Diederichs als *Kriegsflugblatt Nr. 1* (von 18 Nummern bis 1915) Richard Dehmels sechsstrophiges *Gebet ans Volk*, vertont als *Hymne für Klavier und Singstimme* von Waldemar Edler von Baußnern. Der aus dem Spreewald stammende Richard Dehmel hatte sich freiwillig zum Kriegsdienst beim 1. Thüringischen Infanterie-Regiment Nr. 31 Graf Bose gemeldet; noch kurz vor Kriegsende 1918 forderte er die Deutschen in einem Aufruf zum Durchhalten auf. Sein Gedichttext hat ganz aktuellen Kriegsbezug mit ausdrücklicher Betonung des defensiven, unfreiwilligen Eintritts Deutschlands in den Konflikt. Dieser Aspekt wird zugleich religiös gedeutet im Sinne einer gottgewollten Bewährung deutscher Tugenden auch auf diesem Feld. Im vorletzten Vers wird die heute folgerichtig nicht mehr gesungene 1. Strophe des *Deutschlandliedes* zitiert: »über alles in der Welt«. Der Komponist Waldemar von Baußnern zog es vor, mit seiner Vertonung des *Gebets ans Volk* anonym zu bleiben. Er war nach persönlichen Verhandlungen mit dem Großherzoglich Sächsischen Staatsminister Dr. Karl Rothe 1909 Direktor der Großherzoglichen Musikschule in Weimar und hier 1910 auch Professor für Komposition geworden. Die Spielanweisung »Feierlich und wuchtig. Fortissimo« seiner *Hymne* für mittlere Stimmlage mit Klavierbegleitung potenziert im Grunde nur den Ausdruck, der durch die Komposition ohnehin schon erzeugt wird: Der Begleitsatz aus Akkorden unter den Melodietönen wird bei langen Gesangsnoten mit Punktierungen typisch marschmäßig rhythmisiert. Die linke Hand hat dabei ihre Töne durchgängig in Oktaven zu verdoppeln. TR

Literatur: Grützner 1999, S. 58, 69, 206; Wehle 1999, S. 539.

Kat. 214 □ S. 178
EIN DICHTER ZIEHT IN DEN KRIEG

Ende des 19. Jahrhunderts gehörte Richard Dehmel dem Zirkel geistreicher junger Berliner Schriftsteller an, die unter anderem die innovative Literatur- und Kunst-Zeitschrift *Pan* gründeten. Auch die Avantgardeszenerie des Neuen Weimar zog den Bohèmien Dehmel an, er kam des Öfteren für Lesungen, besuchte das Nietzsche-Archiv und folgte Einladungen des Kreises um Graf Kessler. Dehmel arbeitete für eine Reihe expressionistischer Zeitschriften wie den STURM und wurde von jüngeren Schriftstellern und Schriftstellerinnen als Vorbild verehrt, darunter Else Lasker-Schüler, René Schickele, Max Brod und Fritz von Unruh.

Auch Rainer Maria Rilke gehörte dazu, dessen Frau Clara Rilke-Westhoff 1911 Dehmels Charakterkopf porträtierte. Rilke-Westhoff hatte 1898 zunächst Malerei bei Fritz Mackensen in Worpswede und 1899 bei Max Klinger Bildhauerei in Leipzig studiert und wurde schließlich 1900 im Institut Rodin in Paris aufgenommen. Ihre intensive Auseinandersetzung mit Rodins Schaffen spiegelt sich auch in der Ausgestaltung der Büste Dehmels wider. Mit Sinn für Details, dabei kraftvoll modellierend, arbeitete die Bildhauerin den Kopf des Dichters plastisch heraus. Darüber hinaus schuf sie ein-

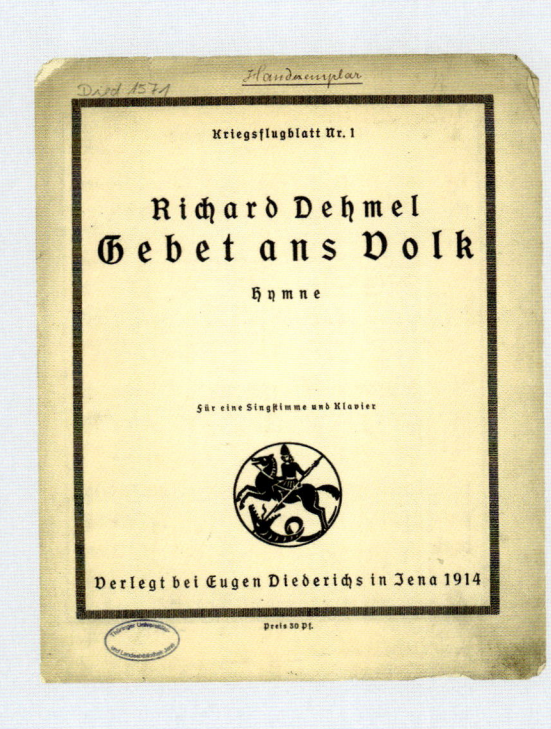

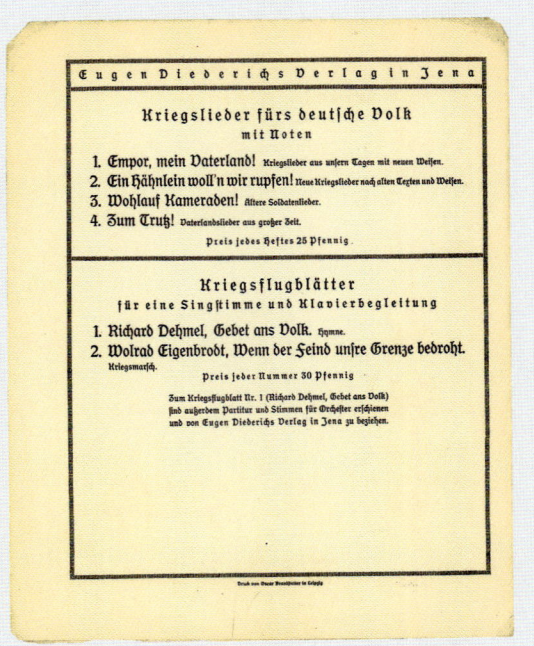

Kat. 213 Richard Dehmel · Gebet ans Volk. Komposition: Waldemar von Baußnern
1914 · Thüringer Universitäts- und Landesbibliothek Jena (ThULB)

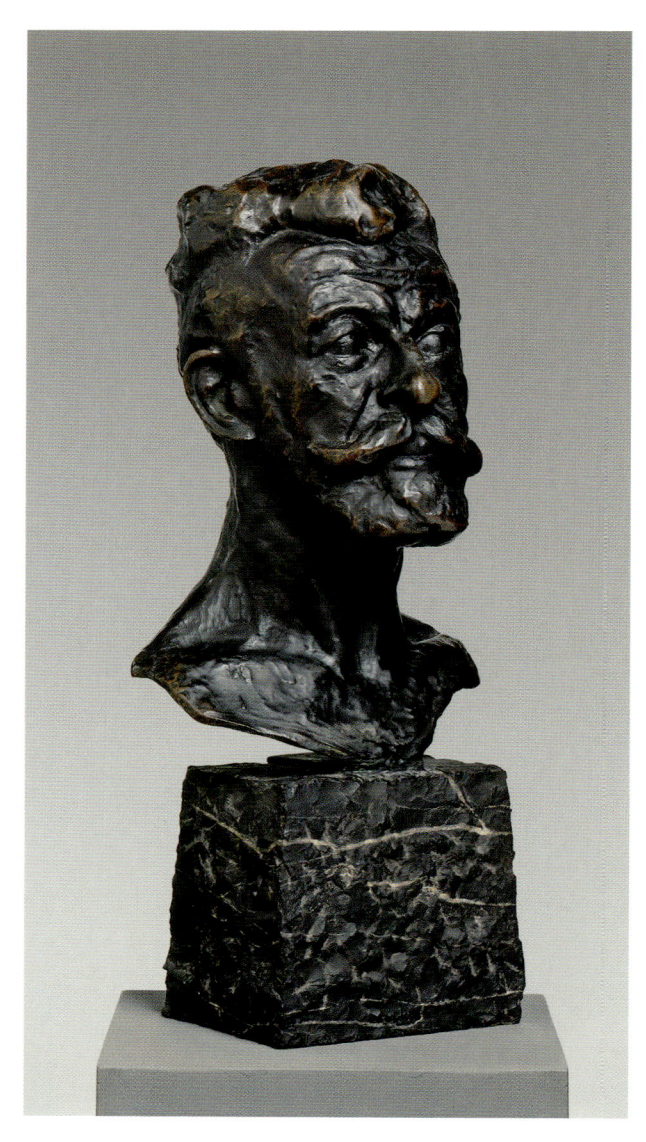

Kat. 214 Clara Rilke-Westhoff · Bildnisbüste Richard Dehmel · 1911
Hamburger Kunsthalle / pbk

drückliche Bildnisbüsten von Gerhart Hauptmann und Ricarda Huch. Während Hauptmann und Dehmel 1914 das *Manifest der 93* unterzeichneten, setzte Huch ihren Namen unter den analogen Aufruf *An die Frauen des Auslandes*. Dehmel trat kurz nach Kriegsausbruch als 51-Jähriger in den Militärdienst ein und spielte eine öffentlichkeitswirksame Doppelrolle als Kriegspoet und rasch beförderter Frontkämpfer. Er verfasste kriegsverherrlichende Gedichte und eine glühende Rede, um noch einmal die nötigen Massen für die groß angelegte Offensive an der Westfront zu mobilisieren. Die »grossen Verdienste um die deutsche Literatur«, die er »auch in dieser grossen Zeit an den Tag gelegt« habe (GSA 134/II,11), wurden ihm von der Deutschen Schillerstiftung im November 1916 mit 1 000 Mark belohnt. GP

Literatur: Ausst. Kat. Dehmel, 1995; Ausst. Kat. Rilke-Westhoff, 1988; Best. Kat. Hamburger Kunsthalle 1988, S. 354.

Kat. 215
NEUE MARSCHLIEDER

Mehr als bisherige (im Wortsinn) verheerende Flächenbrände wie der Dreißigjährige Krieg oder die Napoleonischen Kriege war der Erste Weltkrieg der erste Militärkonflikt, in dem ganze Nationen und Volkswirtschaften gegeneinander antraten. Motorisierte Beschleunigung kennzeichnete sowohl das Kriegsgeschehen als auch die begleitende Propaganda. Die schnelleren Truppenbewegungen erzeugten nicht nur eine dynamischere Reichweite der Auseinandersetzungen zu Land, See und Luft, sondern verlangten auch auf logistischem Feld eine immense Anstrengung aller, auch der geistigen Ressourcen. Feldgepäcktaugliche Kriegsliederbücher im Taschenformat und Kriegsliederkarten mit Melodie und Text auf der Rückseite sollten in doppelter Hinsicht sozusagen den geistig-moralischen Nachschub des einzelnen Soldaten und der jeweiligen Einheit sichern: Sie dienten zum einen der individuellen Kommunikation zwischen den Kämpfern an der Front und ihren Familien in der Heimat. Zum anderen lieferten sie neue Beiträge für den kollektiven Marschgesang auf unterwegs leicht zu handhabenden Postkarten.

Der Jenaer Eugen Diederichs Verlag etwa veröffentlichte für die an der Heimatfront zurückgebliebenen Angehörigen drei ›Sets‹ zu jeweils zwölf Kriegsliederkarten, jedes zum Preis von 50 Pfennig, darunter auch zwei Lieder von Waldemar Edler von Baußnern. Die Rückseite der Verpackung gibt Auskunft über die Intentionen der Publikation als – in strategisch bezeichnender Weise – »Schrittmacher des neuen Volksliedes [...], das im Kriege entstanden ist [für die] sangeskundigen Kameraden« (ThULB Died 1382). Letztlich ging es aber um emotionale Schrittmacher für den Krieg selbst. TR

Kat. 216 · 217 ☐ S. 179
MIT GOETHE UND SCHILLER AN DIE FRONT

Widmanns Buch *Friedrich Schiller und der Weltkrieg 1914/15. Eine Denkschrift für unser Volk und Heer* ist ein treffendes Beispiel für die Instrumentalisierung von Klassikern in kriegerischen Zeiten: »[…] in diesen Tagen nationaler Begeisterung und Opferfreudigkeit, vaterländischen Fühlens und heroischen Handelns bewährt sich aufs neue Schillers Bedeutung als *Volksredner* und *Führer*, als *Dichter* und *Prophet*, als *Deutschlands guter Genius*« (Widmann 1915, S. 3). Diese Attributierungen waren schon seit langem Bestandteil der nationalen Schiller-Rezeption, die 1859 in den Feierlichkeiten zum 100. Geburtstag einen ersten Höhepunkt erreicht hatte.

Doch schon in den Befreiungskriegen – so Widmanns Sicht –, als »das friedliche Volk der Deutschen sich um das Kriegsbanner einmütig zusammenscharte und in großartiger Kraftentfaltung den fremden Bedrücker niederwarf, da hat *sein Lied* auf allen Lippen geschwebt, *sein Geist* die siegreichen Schlachten mitgeschlagen« (ebd., S. 10).

Die Parallelisierung der Jahre 1813/15 mit denen des Weltkriegs ist ebenso ein Topos der zeitgenössischen Kriegspublizistik wie die von Schiller abgeleitete beziehungsweise auf ihn projizierte Idee der ›deutschen Freiheit‹. Widmann entdeckt Heroismus und Opferfreudigkeit, den Willen zu Gehorsam und Unterordnung, die ›Volksgemeinschaft‹ und den ›Burgfrieden‹ sowie die Distanz zu allem ›Französischen‹ und den ›Ideen von 1789‹ bereits in den Texten des Weimarer Klassikers, die er entsprechend kompiliert und fragmentarisch zitiert. Die so entstehende Collage dient der Rechtfertigung und Ermunterung deutschen Wehrwillens.

Ähnliche Absichten verfolgte der Breslauer Historiker, Verleger und Buchhändler Felix Priebatsch mit seiner Anthologie *Der feldgraue Goethe* (1915).

Selbstverständlich durfte der größte deutsche Klassiker im ›Krieg der Geister‹ nicht fehlen. Doch schon im 19. Jahrhundert war deutlich geworden, dass sich Goethes Werk weniger leicht als das Schillers für nationale Zwecke instrumentalisieren ließ. Goethe hasste gewaltsame Umbrüche wie Revolutionen und Kriege und stand der Nationalbewegung seiner Zeit und den Freiheitskämpfern gegen Napoleon kritisch-distanziert gegenüber.

Allein die radikale Dekontextualisierung und Fragmentierung seiner Texte erlaubte es, ihn 1914 zum geistigen Kriegsteilnehmer zu machen. JHU

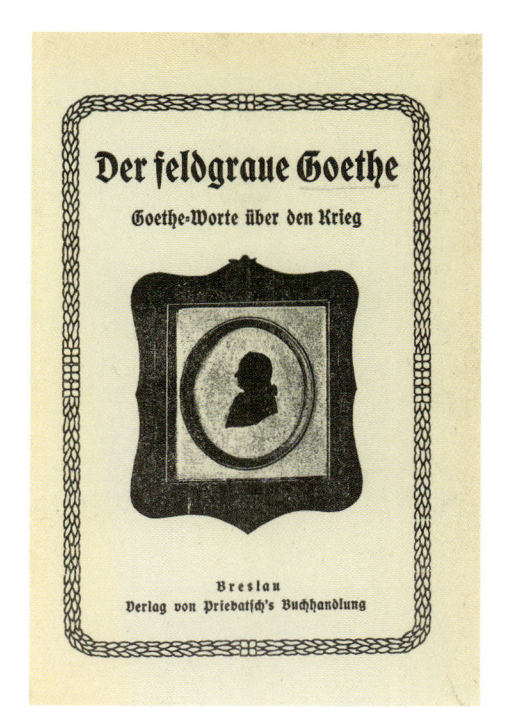

Kat. 217 Johann Wolfgang von Goethe · Der feldgraue Goethe. Goetheworte über den Krieg · 1915 · Klassik Stiftung Weimar

Kat. 218 ☐ S. 180 · 219 ☐ S. 180 · 220 ☐ S. 179
DEUTSCHE KULTUR IM TORNISTER

In den ersten Kriegswochen stellte der Buch- und Zeitschriftenhandel im Reich sofort auf Kriegsproduktion um, belieferte jedoch vorerst die Heimatfront in großem Stil mit kriegsbejahender und -verherrlichender Literatur.

Mit anhaltender Dauer des Krieges und dem Erstarren der Fronten wurde es alsbald ebenso wichtig, die Truppen im Feld mit Lesestoff zu versorgen: Der Feld- oder Kriegsbuch-

Kat. 220 Franz Siegeln · Sendet Bücher ins Feld! · 1914 Stiftung Deutsches Historisches Museum, Berlin

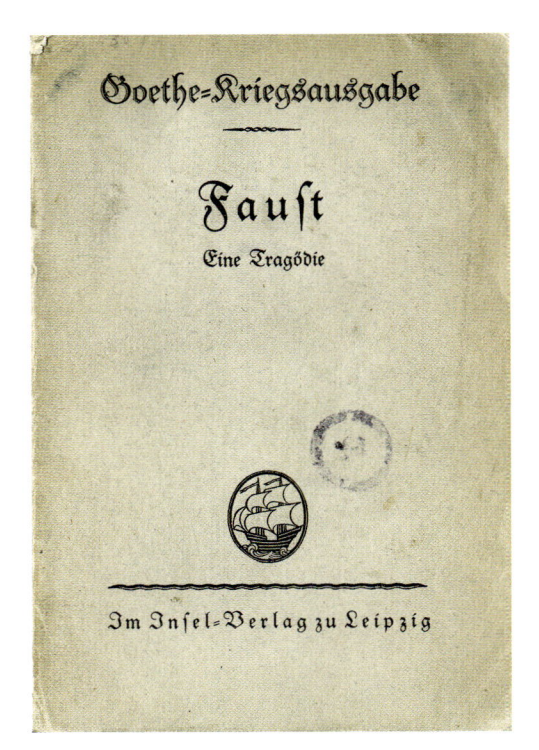

Kat. 218 Johann Wolfgang von Goethe · Faust. Eine Tragödie. Goethe-Kriegsausgabe · 1915 · Klassik Stiftung Weimar

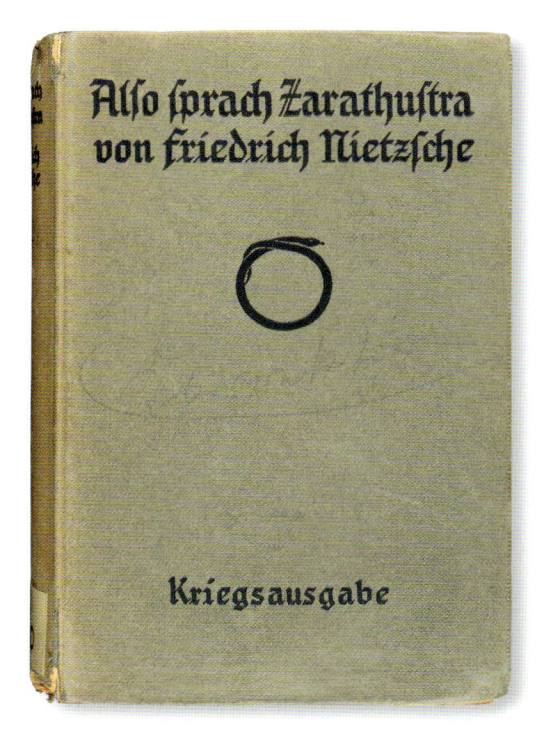

Kat. 219 Friedrich Nietzsche · Also sprach Zarathustra. Kriegsausgabe · 1918 · Klassik Stiftung Weimar

handel florierte mit bis dahin undenkbaren Stückzahlen – während die Daheimgebliebenen entsprechend zu Buchspenden aufgefordert wurden. Die Frontkämpfer wünschten allerdings keine Literatur zur geistigen Mobilmachung, sondern bevorzugten eher leichte Kost zur Zerstreuung und Ablenkung im stupiden, ermüdenden und traumatisierenden Alltag der Unterstände, Gräben und Materialschlachten. Heimat- und Abenteuerromane, leicht erotische Werke und Sachbücher fanden mithin guten Absatz.

Doch die Bildungsbürger zu Hause, die Aktivisten und Propagandisten des Feldbuchhandels sowie zahlreiche Gebildete ›unter Waffen‹ griffen zu denjenigen Werken, die sie in Friedenszeiten geschätzt hatten und nun auch nicht entbehren wollten. Sie empfahlen zur Lektüre die Klassiker, etablierte, im Kulturbetrieb anerkannte bürgerliche Autoren und einzelne Philosophen – so auch den zumeist missverstandenen, vielfach instrumentalisierten Friedrich Nietzsche.

Dass der deutsche Soldat den *Faust* und den *Zarathustra* im Tornister hatte, ist ein literarischer Mythos, den das viel gelesene Buch *Der Wanderer zwischen beiden Welten. Ein Kriegserlebnis* (1916) von Walter Flex beglaubigt und verbreitet hat. Angesichts von Millionen Männern unter Waffen und den heute bekannten Auflagenzahlen blieben *Faust* und *Zarathustra* der Lesestoff einer hoch gebildeten Minderheit. JHU

Kat. 221 ☐ S. 181 · 222 · 223

SINNSPRÜCHE FÜR DEN KRIEG: GOETHE

Der erste ›totale Krieg‹ in Europa mobilisierte alle Ressourcen – auch und vor allem die Medien. Flugblätter, Plakate, Karikaturen, Bild- und Spruchpostkarten sowie eine Flut von Broschüren waren bevorzugte Instrumente zur Beeinflussung der eigenen Bevölkerung und der in den besetzten Gebieten. Bildpostkarten dienten jedoch nicht nur politisch-propagandistischen Zwecken. Es ging auch um die Modellierung gesellschaftspolitischer und geschlechtsspezifischer Leitbilder sowie um die Kompensation der emotionalen Folgekosten von Mobilmachung, Kriegsdienst, Verlusten und anderen traumatisierenden Erfahrungen. Nicht zuletzt dienten zahlreiche Bilder und Texte der Sentimentalisierung sozialer Beziehungen.

Hierbei wurden gerne geflügelte Worte aus dem Kanon der Klassiker herangezogen. Das Postkartenmotiv einer sehnsuchtsvoll schauenden jungen Frau etwa schmückt das Zitat »Nur wer die Sehnsucht kennt, weiss was ich leide«, aus dem vierten Buch des *Wilhelm Meister* (1795/96), wo Mignon und der Harfner gemeinsam singen. Trennungen waren 1914 ein europäisches Ereignis, als Millionen frisch ausgehobener Männer ins Feld zogen. Ein weiteres Motiv zeigt einen Soldaten und sein ›Liebchen‹, die in trauter Zweisamkeit und idyllischer Landschaft einander zugewandt sind. Diese Postkarte ist ein typisches Beispiel für die Verbreitung emotionalisierender Botschaften in sentimentalen Bildwelten auch und gerade im Weltkrieg. Allerdings muss offen bleiben, auf wen genau die Botschaft der Karte von 1917 zielt, die das berühmte Goethe-Gedicht *Heidenröslein* (1770) zitiert: Geht es um Liebesbeziehungen daheim oder ›in Feindesland‹? – Somit ist diese Karte eher ein Denkbild als eine eindeutige Illustration.

Der Appell der Postkarte mit dem Spruch »Edel sei der Mensch, hilfreich und gut!« zielt auf die Rekrutierung von Frauen zu ›vaterländischen Hilfsdiensten‹, vor allem in der Pflege und Versorgung Verwundeter. Deren immense Zahl bereits in den ersten Monaten des Krieges hatte in allen Nationen das zivile und militärische Krankenpflegewesen völlig überfordert. Somit appellierte man umgehend an die als natürlich propagierte Hilfs- und Fürsorgebereitschaft der Frauen. Die hier gezeigte Szene spielt in Frontnähe. Das »deutsche Herz« kennt weder Feind noch Freund, sondern hilft allen Bedürftigen – der links gezeigte Verwundete ist ein Franzose. Das Goethe-Zitat stammt aus dem Gedicht *Das Göttliche* von 1783, in dem es um das ethische Verhalten des Menschen geht. JHU

Kat. 224 ☐ S. 181 · 225 · 226
SINNSPRÜCHE FÜR DEN KRIEG: SCHILLER

Zahlreiche in der Zeit des Ersten Weltkriegs verbreitete Bildpostkarten beschwören die ›Waffenbrüderschaft‹ zwischen dem Deutschen Reich und Österreich-Ungarn, die schon vor 1914 begründet worden war. Reichskanzler Bernhard von Bülow sprach in einer Reichstagsrede am 29. März 1909 während der bosnischen Annexionskrise von der deutschen ›Nibelungentreue‹ gegenüber Österreich. Wilhelm II. erneuerte im August 1914 angesichts der russischen Mobilmachung dieses Treuegelöbnis. Der realhistorische Hintergrund dafür liegt im Zweibund, den Bismarck nach dem Berliner Kongress 1878 mit Österreich geschlossen hatte. Beide Mächte versicherten sich der gegenseitigen Waffenhilfe im Falle einer russischen Aggression. 1882 trat Italien dem Zweibund bei, der Dreibund entstand. Zu Kriegsausbruch verhielt sich Italien abwartend und erklärte seine Neutralität, um dann 1915 die Seiten zu wechseln und zur Entente überzugehen.
Das Zitat auf der Karte, »Die Treue, sie ist doch kein leerer Wahn!«, stammt aus Schillers Ballade *Die Bürgschaft* (1799). Dionys, der Tyrann von Syrakus, spricht die Worte im Angesicht der unverbrüchlichen Treue der beiden Freunde.
Ein weiteres beliebtes Motiv ist der ›Rütli-Schwur‹ aus Schillers *Tell* von 1805, der in der ikonografischen Tradition drei ›Eidgenossen‹ kennt. Neben einem österreichischen und einem deutschen Soldaten fungiert hier als Dritter im Bunde Otto von Bismarck beziehungsweise dessen Hamburger Standbild von Hugo Lederer. Der Altkanzler war nicht allein in Deutschland Symbol- und Projektionsfigur deutschnationaler Kreise, sondern auch in Deutschösterreich. Er galt als Garant unverbrüchlicher Treue, politischer Durchsetzungsfähigkeit und nationaler Haltung.
Bismarck wird auch auf einer Sammel-Spruchkarte im Sinne der ›deutschen Sache‹ zitiert, die letztlich durch ›Blut und Eisen‹ gesichert werde. Neben ihm darf wiederum Schillers ›Rütli-Schwur‹ nicht fehlen sowie ein Zitat aus dem Gedicht *Aufruf* von Theodor Körner, dem national verklärten Helden der ›Befreiungskriege‹.
Prominent platziert sind ebenso Sprüche von Philipp Stauff und Adolf Bartels. Stauff war ein bekannter völkischer Autor, der neben dem Weimarer Literaturhistoriker und Antisemiten Adolf Bartels zu den prominentesten Rasseideologen im Feld von Kunst und Kultur zählte. JHU

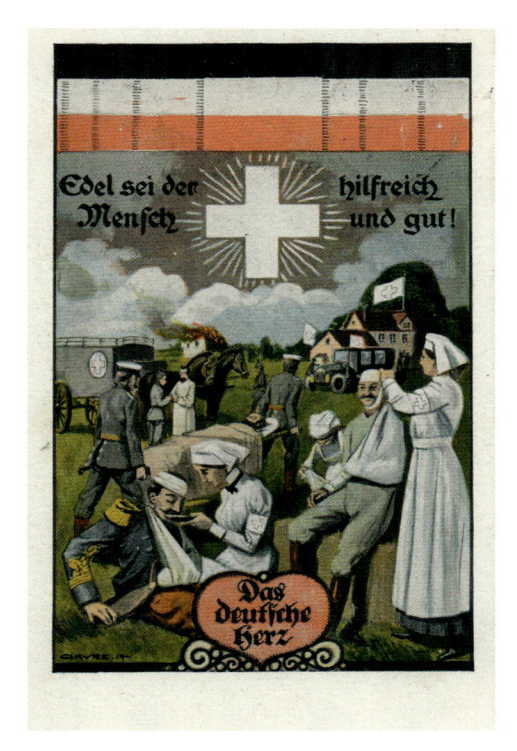

Kat. 221 Edel sei der Mensch | hilfreich und gut! (Zitat nach Goethe)
4.8.1916 · Hist. Bildpostkartensammlung, Osnabrück

Kat. 224 Die Treue · sie ist doch kein leerer Wahn! (Zitat nach Schiller)
15.1.1917 · Hist. Bildpostkartensammlung, Osnabrück

Kat. 227 ☐ **S. 182 · 228**

GOETHE-ZITATE IM KRIEG

Nach dem Ausruf »Vivat« (Er lebe hoch) wurden seit dem 18. Jahrhundert Bänder aus Seide und anderem Stoff benannt, die man zu feierlichen Anlässen an der Kleidung befestigte. Diese Vivat-Bänder fungierten als Widmungs- und Gedenkbänder bedeutender privater und politischer Ereignisse. Der Brauch, Vivat-Bänder zu tragen, ging im Lauf des 19. Jahrhunderts zurück, wurde jedoch anlässlich der Feierlichkeiten zum hundertjährigen Gedenken der Befreiungskriege 1913 wiederbelebt.

Im Ersten Weltkrieg war der Erwerb eines solchen Bandes an eine Kriegsspende gekoppelt. Der Erlös des hier gezeigten Vivat-Bandes sollte der Unterstützung einer vergleichsweise jungen Waffengattung dienen, der Luftwaffe. Wer die Geschichte von Ikarus kennt, mag sich wundern, dass ausgerechnet dieser Mythos bemüht wurde, denn der Jüngling stürzte bekanntlich ab, als er der Sonne zu nahe kam. Diese uns heute irritierende Symbolik wird dadurch verstärkt, dass das Zitat auf dem Band einer Satire entstammt, nämlich dem *Faust III* des Literatur- und Kunstwissenschaftlers Friedrich Theodor Vischer, der ein glühender Bewunderer Goethes und Shakespeares war.

Die gleiche Funktion wie dem Vivat-Band kommt auch der Spendenmedaille für das Rote Kreuz zu. Das Sammeln von Gedenkmünzen und -medaillen war eine im Bürgertum weit verbreitete Art, sich der Geschichte und ihrer großen Ereignisse bleibend zu versichern. Der Staat, die Kirchen, Parteien und Verbände prägten Sondermünzen und Medaillen, die als Sammlerobjekt oder gar als Wertanlage auf großes Interesse stießen. Manchmal fungierten Medaillen auch als Gegengabe für großzügige Geldspenden.

Eine Medaille aus dem zweiten Kriegsjahr zeigt den österreichisch-ungarischen Doppeladler vereint mit dem deutschen Wappentier und beschwört damit – ebenso wie die Schwertkämpfer der Rückseite – die ›Waffenbrüderschaft‹ der Mittelmächte. Das Zitat »Zusammen haltet Euren Wert – Und Euch ist niemand gleich« stammt aus Goethes *Des Epimenides Erwachen* (1815). Der antike Stoff mag erklären, wieso die beiden Kämpfer unbekleidet – mit allerdings überdimensionierten Schwertern – dargestellt sind. JHU

Kat. 229 ☐ **S. 183**

KLASSIKER FÜR DIE PROPAGANDA

Im Ersten Weltkrieg kam es zum ›totalen‹ Einsatz auch der Massenmedien. Die Propaganda richtete sich nicht nur an die eigene Bevölkerung, sondern auch an die Menschen in den jeweils besetzten Gebieten. Nach dem Überrennen Belgiens, der Besetzung großer Teile Nordfrankreichs und dem Erstarren der Westfront war die deutsche Oberste Heeresleitung gezwungen, ihre Pressepolitik auf Dauer zu stellen. Während Armee- und Schützengrabenzeitungen sich an die eigene Truppe wandten, zielten mehrere französischsprachige Blätter auf die einheimische Bevölkerung.

Kat. 227 Hans Anker · Unseren Fliegern · 1915
Stiftung Deutsches Historisches Museum, Berlin

PRIX = 15 CENTIMES · TIRAGE 100 000 EXEMPL. · CHARLEVILLE LE 16. AOÛT 1917

GAZETTE DES ARDENNES
ÉDITION ILLUSTRÉE N° 41

PENSÉES DE GOETHE

Que le ciel devienne seulement serein, vous en compterez mille et plus encore.

En peu d'instants Dieu a trouvé le bien.

Qui se confie en Dieu est édifié.

Cette parole même n'a pas menti: «Celui que Dieu trompe est bien trompé.»

Veux-tu pénétrer dans l'infini? Avance de tous côtés dans le fini.

Veux-tu puiser dans le tout une nouvelle vie? Sache voir le tout dans le plus petit objet.

Tout ce qui est sage a été déjà pensé; il faut seulement essayer de le penser encore une fois.

Comment peut-on apprendre à se connaître soi-même? Jamais par la méditation, mais bien par l'action. Essaye de faire ton devoir, et tu sauras d'abord ce que tu vaux.

Mais qu'est-ce que ton devoir? L'obligation du jour.

Le monde raisonnable doit être considéré comme un grand et immortel individu qui accomplit irrésistiblement le nécessaire, et par là se rend maître même de l'accidentel.

Plus je vis, plus je souffre, quand je vois l'homme qui, proprement, occupe sa haute position pour commander à la nature, pour affranchir lui et les siens de l'impérieuse nécessité, faire, par quelque fausse idée préconçue, justement le contraire de ce qu'il veut, et, parce que l'entreprise est manquée dans l'ensemble, se tourmenter ensuite à faire en détail de mauvaise besogne.

Dis-moi qui tu hantes, je te dirai qui tu es: que je sache à quoi tu t'occupes, je saurai ce que tu peux devenir.

Chaque homme doit penser à sa manière, car il trouve toujours sur son chemin une vérité, ou une sorte de vérité qui l'aide à fournir la carrière de la vie; seulement il ne doit pas se laisser la bride sur le cou; il doit se contrôler; l'instinct pur et simple ne doit pas être la règle de l'homme.

Une activité sans bornes, de quelque nature qu'elle soit, finit par faire banqueroute.

Il n'est pas toujours nécessaire que le vrai prenne un corps; il suffit qu'il plane en esprit à la ronde et produise l'harmonie, et, comme le son d'une cloche, que, sérieux et doux, il flotte dans les airs.

Les botanistes ont une classe de plantes qu'ils appellent *incomplètes*; on peut dire de même qu'il y a des hommes incomplets; ce sont ceux dont les désirs et les efforts ne sont pas proportionnés à leurs actes et à leurs œuvres.

Les hommes d'une activité sage, qui connaissent leurs forces, et les emploient avec mesure et discernement, auront seuls de grands succès dans les affaires du monde.

C'est un grand défaut de se croire plus que l'on n'est et de s'estimer moins que l'on ne vaut.

Je rencontre de temps en temps de jeunes hommes que je ne souhaiterais pas de voir changés ni réformés; seulement je m'inquiète d'en voir plusieurs entièrement disposés à se laisser emporter à la dérive par le torrent du siècle, et, là-dessus, je voudrais faire observer sans cesse que, dans sa fragile nacelle, l'homme s'est vu mettre la rame à la main précisément pour qu'il obéisse, non pas au vouloir aveugle des flots, mais à la volonté de son intelligence.

La poésie déploie surtout ses effets au début des phases sociales, qu'elles soient barbares ou demi-civilisées, ou lorsqu'il arrive un changement de culture, lorsqu'on apprend à connaître une culture étrangère; si bien qu'on peut dire que l'effet de la nouveauté se déploie tout entier.

La musique excellente n'a pas le même besoin de la nouveauté; au contraire, plus elle est vieille, et plus on y est accoutumé, plus elle produit d'effet.

C'est peut-être dans la musique que la dignité de l'art paraît à son degré le plus éminent, parce qu'il n'est point là d'éléments matériels, dont il faille tenir compte; elle est, tout ensemble, la forme et le fond, et ennoblit tout ce qu'elle exprime.

Je me tais sur beaucoup de choses, car je n'aime pas à déconcerter les hommes, et je suis charmé qu'ils se réjouissent où je me chagrine.

Tout ce qui affranchit notre esprit, sans nous donner l'empire sur nous-mêmes, est pernicieux.

C'est l'art, et particulièrement la poésie, qui règlent seuls notre imagination: il n'y a rien de plus horrible que l'imagination sans goût.

La manière est un idéal manqué, un idéal subjectif: aussi l'esprit ne lui manque-t-il guère.

La Statue de Goethe à Francfort

C'était par un long soir de la saison passante
Qui prodigue à la terre et le fruit et la fleur
Emplit de gerbes d'or le champ du moissonneur
Et gonfle aux ceps lourds la grappe jaunissante

Les derniers feux du jour et leur calme splendeur
Très loin du mont Taunus dorment la cime ardente
La bel astre d'amour qui brille au ciel du Dante
Montait sur la cité de l'antique empereur

Sur le haut piédestal où ta gloire s'élève
D'un regard de Vénus, doucement comme en rêve
O Goethe! J'éclairait ton grand front souverain

Tandis que de silence et d'ombre revêtue
Craintive, je baissais au pied de ta statue
Le pli rigide et froid de ton manteau d'airain.

Daniel Stern

Kat. 229 Daniel Stern (d. i. Marie de Flavigny) · Pensées de Goethe. In: Gazette des Ardennes
16. 8. 1917 · Stiftung Deutsches Historisches Museum, Berlin

Das bei weitem erfolgreichste Presseorgan war dabei die *Gazettes des Ardennes*, die ab November 1914 zweimal wöchentlich erschien und ab September 1917 viermal pro Woche. Die Auflage lag bei 5 000, ab Anfang 1915 bei 25 000, 1918 bei etwa 175 000 Exemplaren. Alle zwei Wochen erschien eine *Edition illustrée* – wie die gezeigte – und zwischen Sommer 1916 und Herbst 1918 auch eine Wochenendausgabe. Rittmeister Fritz H. Schnitzer fungierte als Herausgeber, zur Redaktion zählten deutsche und französische Mitarbeiter. Das Blatt ließ auch ausländische Stimmen zu Wort kommen und vermied allzu aggressive und einseitige Propaganda. Der Versuch, die *Gazette* auch in Lagern für französische Kriegsgefangene zu vertreiben, schlug jedoch weitgehend fehl.

Mit Goethe an ein gemeinsames Kulturerbe zu erinnern, war eine der Strategien, die Leser zu erreichen. Daniel Stern, Verfasser des abgedruckten Gedichts, war das Pseudonym für Marie d'Agoult. Diese französische Schriftstellerin war etwa 15 Jahre die Geliebte Franz Liszts und Mutter von dessen Tochter Cosima, spätere Wagner. In dem Pariser Salon von d'Agoult verkehrten ab 1836 zahlreiche deutsche Schriftsteller. JHU

Kat. 230
SCHILLER FÜR ENGLAND!

Die deutsche Kriegspropaganda gegen England klang entschieden unversöhnlicher als jene gegen Frankreich, den eigentlichen ›Erbfeind‹. Im nationalen Diskurs des 19. Jahrhunderts galt England als ›stammverwandt‹ (Angelsachsen) und wurde als erfolgreiche Großmacht gar bewundert und kopiert. Doch der Schlachtflottenbau, das Wettrüsten und die imperiale Konkurrenz der Kolonialmächte Deutschland und Großbritannien führte in den Jahren nach 1900 zu massiven Spannungen zwischen beiden Ländern, deren Herrscherhäuser pikanterweise eng verwandt waren.

In seinem viel gelesenen Buch *Händler und Helden* (1915) stigmatisierte der Nationalökonom Werner Sombart die Engländer zum ›Krämervolk‹ und zum Hauptfeind des ›heldischen Kulturvolkes‹ der Deutschen. Zahllose Plakate, Postkarten und Flugblätter mit hasserfüllten Botschaften schlugen in die gleiche Kerbe. Berühmt-berüchtigt war Ernst Lissauers Gedicht *Hassgesang gegen England* (1914), dessen Zeile »Gott strafe England« eine Art deutscher Schlachtruf wurde. Das englische Königshaus wiederum nannte sich nach 1914 bewusst Windsor und legte den Namen Sachsen-Coburg-Gotha ab.

Das gezeigte Kriegs-Flugblatt, ein Beispiel antideutscher, britischer Propaganda, präsentiert einen Auszug aus Schillers Gedicht *Die unüberwindliche Flotte*. Schiller preist darin den Untergang der spanischen Armada (1588) im Sturm vor der englischen Küste und verherrlichte das elisabethanische England als Hort eines »freigebornen Volke[s]«. Das katholische Spanien hingegen galt ihm – wie schon im *Don Carlos* (1787) und dem *Abfall der Niederlande* (1788) – als Land der Despotie und Willkür. Wenn man Spanien durch Deutschland ersetzt, wird die Intention des Flugblattes schlagend deutlich. JHU

Kat. 231 · 232 □ S. 185 · 233
KRIEG DER WORTE

Rechtfertigungsschriften mit gegenseitigen Schuldzuweisungen hatten im Ersten Weltkrieg bei allen Kriegsparteien Konjunktur. Im intellektuellen Krieg um die öffentliche Meinung spielte die Ableitung des deutschen Verhaltens aus der spezifischen nationalen Kultur eine entscheidende Rolle. Diese Debatte hatte gleich zu Kriegsausbruch der französische Philosoph Henri Bergson mit seiner These vom Rückfall der Deutschen in die Barbarei angestoßen und sie nahm im Verlauf der ersten Kriegsmonate an Schärfe zu. Für viele alliierte und neutrale Kommentatoren erhielt diese Sicht Bestätigung durch den von 93 deutschen Persönlichkeiten aus Kultur und Wissenschaft unterzeichneten Protest *An die Kulturwelt!* (1914), der nicht nur eine deutsche Kriegsschuld abstritt und die völkerrechtswidrige Verletzung der belgischen Neutralität verharmloste, sondern auch dem Vorwurf der Kriegsgräuel und der mutwilligen Zerstörung von Kulturdenkmälern durch deutsche Truppen widersprach. Verfasser des am 4. Oktober 1914 in zahlreichen Tageszeitungen abgedruckten und ins Ausland verschickten Aufrufs war der Dramatiker Ludwig Fulda; zu den Unterzeichnern gehörten Max Planck, Ernst Haeckel, Rudolf Eucken, Max Liebermann, Hans Thoma, Gerhart Hauptmann und Max Reinhardt, wobei viele der betroffenen ohne die genaue Kenntnis des Textes ihre Zustimmung gegeben hatten und sich davon nach Kriegsende distanzierten.

Der apodiktische Ton des Aufrufs und seine Schlussthese, der Militarismus sei ein fester Teil der deutschen Kultur, wurden vielerorts als weiterer Beleg dafür gewertet, dass in deutschen Denktraditionen bereits der Kern zur Aggression angelegt sei. Die auch auf Deutsch erschienene Broschüre *Why We Are at War* (1914) stammt von Oxforder Historikern: Ihre These lautet, dass Deutschland den Krieg zur politischen Staatsraison erhoben habe, was unter anderem anhand der Schriften des preußischen Historikers Heinrich von Treitschke belegt wird. Die Debatte über Deutschlands ›zivilisierte Barbarei‹ dokumentierte die kurz zuvor gegründete und im Verlag der *New York Times* erscheinende Zeitschrift *Current History* vom Dezember 1914, indem sie die öffentliche Korrespondenz zwischen Romain Rolland und Gerhart Hauptmann sowie den *Aufruf der 93* nachdruckte. JRö

Literatur: Brocke 1985; Hoeres 2004; J. u. W. v. Ungern-Sternberg 1996.

Kat. 234
AUFRUF DER FRAUEN

»Niemand, der Deutschland kennt, die Gesittung seiner Massen, seine Volksbildung, die Disziplin und Ordnung seines öffentlichen Lebens, wird ernstlich glauben, daß der Krieg diese Grundfesten der deutschen Kultur umwirft und die Menschen plötzlich von Grund aus umwandelt« (GSA 72/92). Mit diesen Sätzen versuchten im September 1914 namhafte Frauenrechtlerinnen, Schriftstellerinnen und Künstlerinnen, die gegen das Deutsche Reich erhobenen Vorwürfe einer brutalen Kriegsführung zu entkräften. Im Vergleich zu dem

AN DIE KULTURWELT!

Wir als Vertreter deutscher Wissenschaft und Kunst erheben vor der gesamten Kulturwelt Protest gegen die Lügen und Verleumdungen, mit denen unsere Feinde Deutschlands reine Sache in dem ihm aufgezwungenen schweren Daseinskampfe zu beschmutzen trachten. Der eherne Mund der Ereignisse hat die Ausstreuung erdichteter deutscher Niederlagen widerlegt. Um so eifriger arbeitet man jetzt mit Entstellungen und Verdächtigungen. Gegen sie erheben wir laut unsere Stimme. Sie soll der Verkünderin der Wahrheit sein.

Es ist nicht wahr, daß Deutschland diesen Krieg verschuldet hat. Weder das Volk hat ihn gewollt noch die Regierung noch der Kaiser. Von deutscher Seite ist das Äußerste geschehen, ihn abzuwenden. Dafür liegen der Welt die urkundlichen Beweise vor. Oft genug hat Wilhelm II. in den 26 Jahren seiner Regierung sich als Schirmherr des Weltfriedens erwiesen; oft genug haben selbst unsere Gegner dies anerkannt. Ja, dieser nämliche Kaiser, den sie jetzt einen Attila zu nennen wagen, ist jahrzehntelang wegen seiner unerschütterlichen Friedensliebe von ihnen verspottet worden. Erst als eine schon lange an den Grenzen lauernde Übermacht von drei Seiten über unser Volk herfiel, hat es sich erhoben wie ein Mann.

Es ist nicht wahr, daß wir freventlich die Neutralität Belgiens verletzt haben. Nachweislich waren Frankreich und England zu ihrer Verletzung entschlossen. Nachweislich war Belgien damit einverstanden. Selbstvernichtung wäre es gewesen, ihnen nicht zuvorzukommen.

Es ist nicht wahr, daß eines einzigen belgischen Bürgers Leben und Eigentum von unseren Soldaten angetastet worden ist, ohne daß die bitterste Notwehr es gebot. Denn wieder und immer wieder, allen Mahnungen zum Trotz, hat die Bevölkerung aus dem Hinterhalt beschossen, Verwundete verstümmelt, Ärzte bei der Ausübung ihres Samariterwerkes ermordet. Man kann nicht niederträchtiger fälschen, als wenn man die Verbrechen dieser Meuchelmörder verschweigt, um die gerechte Strafe, die sie erlitten haben, den Deutschen zum Verbrechen zu machen.

Es ist nicht wahr, daß unsere Truppen brutal gegen Löwen gewütet haben. An einer rasenden Einwohnerschaft, die sie im Quartier heimtückisch überfiel, haben sie durch Beschießung eines Teils der Stadt schweren Herzens Vergeltung üben müssen. Der größte Teil von Löwen ist erhalten geblieben. Das berühmte Rathaus steht gänzlich unversehrt. Mit Selbstaufopferung haben Soldaten es vor den Flammen bewahrt. — Sollten in diesem furchtbaren Kriege Kunstwerke zerstört worden sein oder noch zerstört werden, so würde jeder Deutsche es beklagen. Aber so wenig wir uns in der Liebe zur Kunst von irgend jemand übertreffen lassen, so entschieden lehnen wir es ab, die Erhaltung eines Kunstwerks mit einer deutschen Niederlage zu erkaufen.

Es ist nicht wahr, daß unsere Kriegführung die Gesetze des Völkerrechts mißachtet. Sie kennt keine zuchtlose Grausamkeit. Im Osten aber tränkt das Blut der von russischen Horden hingeschlachteten Frauen und Kinder die Erde, und im Westen zerreißen Dumdumgeschosse unseren Kriegern die Brust. Sich als Verteidiger europäischer Zivilisation zu gebärden, haben die am wenigsten das Recht, die sich mit Russen und Serben verbünden und der Welt das schmachvolle Schauspiel bieten, Mongolen und Neger auf die weiße Rasse zu hetzen.

Es ist nicht wahr, daß der Kampf gegen unseren sogenannten Militarismus kein Kampf gegen unsere Kultur ist, wie unsere Feinde heuchlerisch vorgeben. Ohne den deutschen Militarismus wäre die deutsche Kultur längst vom Erdboden getilgt. Zu ihrem Schutze ist er aus ihr hervorgegangen in einem Lande, das jahrhundertelang wie kein zweites von Raubzügen heimgesucht wurde wie kein zweites. Deutsches Heer und deutsches Volk sind eins. Dieses Bewußtsein verbrüdert heute 70 Millionen Deutsche ohne Unterschied der Bildung, des Standes und der Partei.

Wir können die vergifteten Waffen der Lüge unseren Feinden nicht entwinden. Wir können nur in die Welt hinausrufen, daß sie falsches Zeugnis ablegen wider uns. Euch, die Ihr uns kennt, die bisher gemeinsam mit uns den höchsten Besitz der Menschheit gehütet habt, Euch rufen wir zu:

Glaubt uns! Glaubt, daß wir diesen Kampf zu Ende kämpfen werden als ein Kulturvolk, dem das Vermächtnis eines Goethe, eines Beethoven, eines Kant ebenso heilig ist wie sein Herd und seine Scholle.

Dafür stehen wir Euch ein mit unserem Namen und mit unserer Ehre!

Adolf von Baeyer, Exz., *Professor der Chemie, München.*
Prof. Peter Behrens, *Berlin.*
Emil von Behring, Exz., *Professor der Medizin, Marburg.*

Wilhelm von Bode, Exz., *Generaldirektor der Kgl. Museen, Berlin.*
Alois Brandl, *Professor der Shakespeare-Gesellschaft, Berlin.*
Lujo Brentano, *Professor der Nationalökonomie, München.*

Prof. Justus Brinkmann, *Museumsdirektor, Hamburg.*
Johannes Conrad, *Professor der Nationalökonomie, Halle.*
Franz von Defregger, *München.*

Richard Dehmel, *Hamburg.*
Adolf Deißmann, *Professor der Theologie, Berlin.*
Prof. Wilhelm Dörpfeld, *Berlin.*

Friedrich von Duhn, Prof. Paul Ehrlich, Exz., Albert Ehrhard, Karl Engler, Exz., Gerhard Esser, Rudolf Eucken, Herbert Eulenberg, Heinrich Finke, Emil Fischer, Exz., Wilhelm Foerster, Ludwig Fulda, Eduard von Gebhardt, J. J. de Groot, Fritz Haber, Ernst Haeckel, Exz., Max Halbe, Prof. Adolf von Harnack, Gerhart Hauptmann, Karl Hauptmann, Gustav Hellmann, Wilhelm Herrmann, Andreas Heusler, Adolf von Hildebrand, Ludwig Hoffmann, Engelbert Humperdinck, Leopold Graf Kalckreuth, Arthur Kampf, Fritz Aug. v. Kaulbach, Theodor Kipp, Felix Klein, Max Klinger, Alois Knoepfler, Anton Koch, Paul Laband, Exz., Karl Lamprecht, Philipp Lenard, Maximilian Lenz, Max Liebermann, Franz von Liszt, Ludwig Manzel, Josef Mausbach, Georg von Mayr,

Sebastian Merkle, Eduard Meyer, Heinrich Morf, Friedrich Naumann, Albert Neisser, Walter Nernst, Wilhelm Ostwald, Bruno Paul, Max Planck, Albert Plehn, Georg Reicke, Prof. Max Reinhardt, Alois Riehl, Karl Robert, Wilhelm Röntgen, Exz., Max Rubner, Fritz Schaper, Adolf von Schlatter, August Schmidlin, Gustav von Schmoller, Exz., Reinhold Seeberg, Martin Spahn, Franz von Stuck, Hermann Sudermann, Hans Thoma, Wilhelm Trübner, Karl Vollmöller, Richard Voß, Karl Vossler, Siegfried Wagner, Wilhelm Waldeyer, August von Wassermann, Felix von Weingartner, Theodor Wiegand, Wilhelm Wien, Ulrich von Wilamowitz-Moellendorff, Exz., Richard Willstätter, Wilhelm Windelband, Wilhelm Wundt, Exz.

Kat. 232 Ludwig Fulda u. a. · An die Kulturwelt! · 4. 10. 1914
Thüringer Universitäts- und Landesbibliothek Jena (ThULB)

Kat. 237

Max Liebermann · Bildnis des Schriftstellers
Dr. Ludwig Fulda · 1914
Historisches Museum Frankfurt

wenige Tage später erschienenen und ungleich bekannteren Aufruf *An die Kulturwelt!* erscheint der Aufruf *An die Frauen des Auslandes* gemäßigter, er widerspricht aber ebenso dem Vorwurf eines von Deutschland ausgehenden Rückfalls in die Barbarei. Der Appell zur Mäßigung des Hasses, zur freundschaftlichen Verbundenheit und zur Verständigung »zwischen Menschen gleicher Kulturstufe« kontrastiert auffallend mit der Rechtfertigung der deutschen Kriegshandlungen. So wird in Verkehrung von Ursache und Wirkung die »irregeleitete belgische Bevölkerung« für Zerstörungen und Kriegsgräuel verantwortlich gemacht: Ihr Widerstand zwänge die deutschen Truppen »zu Maßnahmen«, die ein »Franktireurkrieg« automatisch heraufbeschwöre (ebd.).

Zu den Unterzeichnerinnen zählten führende Frauenrechtlerinnen wie Helene Lange und Gertrud Bäumer, aber auch Kulturschaffende wie Käthe Kollwitz, Ida Dehmel, Ricarda Huch oder Cosima Wagner. Mit der gebürtigen Weimarerin Helene Böhlau war die Verfasserin der seit 1897 erschienenen und populären *Altweimarischen Geschichten* vertreten; aus Jena unterzeichnete die Malerin Irene Eucken, Frau des Philosophen und Literaturnobelpreisträgers Rudolf Eucken. JRö

Kat. 235 · 236

ÜBER RECHT UND UNRECHT

Wie in keinem anderen Krieg zuvor und danach engagierten sich die europäischen Intellektuellen in einem ›Kulturkrieg‹, in dem ›westliche Zivilisation‹ und ›deutsche Kultur‹ gegeneinanderstanden. So stellte etwa der deutsche Appell *An die Kulturwelt!* keinesfalls einen Präzedenzfall dar, sondern er erlangte seine Bekanntheit vor allem wegen seiner weitreichenden negativen Folgeerscheinungen. Eigentlich sollte er als gewichtige Antwort der geistigen Elite Deutschlands die internationalen Anklagen wegen deutscher Kriegsgräuel verstummen lassen. Unter diesen Beschuldigungen stach die in der *Times* vom 18. September 1914 veröffentliche britische Erklärung *Britain's Destiny and Duty* hervor. Auch sie war von den führenden Schriftstellern Großbritanniens unterschrieben worden, darunter die in Deutschland bekannten Autoren Gilbert Keith Chesterton, Arthur Conan Doyle, John Galsworthy, H. G. Wells und Rudyard Kipling, der Literaturnobelpreisträger von 1907. Der Text bemüht sich um einen durchaus sachlichen Ton: Einerseits werden die deutschen Kulturleistungen respektvoll hervorgehoben, andererseits jedoch der hegemoniale Anspruch des preußischen Militarismus als

Kat. 238
Max Liebermann · Der Dichter Gerhart Hauptmann · 2. Fassung · 1912
Hamburger Kunsthalle/bpk

Hauptfeind deklariert und der britische Auftrag zum Schutz des französischen Partners und des überfallenen neutralen Belgiens betont.

In Frankreich waren die Angriffe sehr viel heftiger. Bereits am 8. August hielt der Philosoph Henri Bergson einen Vortrag vor der Académie des sciences morales et politiques in Paris, in dem er den Krieg gegen Deutschland als einen Kampf der Zivilisation gegen die Barbarei bezeichnete. Nach dem fatalen Brand der Universitätsbibliothek von Löwen und der Beschießung der Kathedrale von Reims verschärfte sich der Ton noch weiter. 1915 erschien eine ausführliche Dokumentation der Zerstörung von Kulturgütern durch das deutsche Heer. *Les Allemands destructeurs de cathedrales et de trésors du passé* ist eine Sammlung von Texten, Augenzeugenberichten und Fotos, der eine Erklärung der Kulturelite Frankreich vorangestellt ist. Zu den Unterzeichnern zählten auch Künstler und Musiker, deren Werke in der Vorkriegszeit in Weimar ausgestellt oder aufgeführt worden waren: Pierre Bonnard, Claude Debussy, André Gide, Aristide Maillol, Henri Matisse, Claude Monet, Auguste Rodin und Camille Saint-Saens. GW

Literatur: Bruendel 2003; Hoeres 2004.

Kat. 237 □ S. 186
IM NAMEN GOETHES

Das Porträt des Schriftstellers Ludwig Fulda entstand im Sommer 1914 kurz vor Ausbruch des Weltkriegs. Max Liebermann stellt ihn als Intellektuellen dar, als gespannt und aufmerksam wirkenden Mann, der von der Lektüre aufblickt. Fulda gehörte mit Gerhart Hauptmann und Hermann Sudermann zu dem Kreis um die Freie Bühne in Berlin. Seine Stücke wurden deutschlandweit sehr erfolgreich aufgeführt. Aufgrund seiner ausgezeichneten Übersetzungen von Werken großer europäischer Autoren, vor allem französischer Klassiker wie Molière, wurde er 1907 in die französische Ehrenlegion aufgenommen. Aus einer assimilierten jüdischen Frankfurter Familie stammend, engagierte Fulda sich besonders im Kampf gegen die ›Lex Heinze‹ und gehörte zu den Mitbegründern des Goethe-Bundes in Berlin. Angesichts seines entschiedenen Eintretens für die Freiheit der deutschen Kultur konnte er als Vorsitzender des Goethe-Bundes dafür gewonnen werden, den patriotisch-propagandistischen Text *An die Kulturwelt!* zu entwerfen. Mit einem sechsfachen »Es ist nicht wahr« protestierten die Unterzeichner, zu denen auch Liebermann zählte, gegen »Lügen und Verleumdungen«, mit denen

Deutschland überzogen werde (NL Eucken III 4, Stück 2/8). Dieser in viele Sprachen übersetzte Aufruf, dem der Charakter einer offiziellen Stellungnahme der deutschen Wissenschaft und der Kultur zugeschrieben wurde, sollte vor allem durch das Renommee der Unterzeichner wirken. Doch das Gegenteil wurde erreicht: Durch die unglaubwürdigen Behauptungen wurde deren internationale Reputation schwer beschädigt. GW

Literatur: Eberle 1996, Bd. 2, WVZ-Nr. 1914/5; J. u. W. v. Ungern-Sternberg 1996.

Kat. 238 ☐ S. 187
GERHART HAUPTMANN UND DER KRIEG

Max Liebermann malte im Winter 1912 zum fünfzigsten Geburtstag von Gerhart Hauptmann zwei Porträts des »modernen Göthe« (Liebermann an Alfred Lichtwark, 22.12.1912, nach Eberle 1996, S. 856). Sowohl der ›Maler des Häßlichen‹ als auch der anfänglich naturalistische Dramatiker Hauptmann hatten sich früh für moderne Kunstentwicklungen eingesetzt und damit als Vertreter der sogenannten ›Rinnsteinkunst‹ die Kritik Kaiser Wilhelms II. auf sich gezogen. Hauptmann, der 1912 mit dem Nobelpreis für Literatur ausgezeichnet wurde und als international renommiertester deutscher Dramatiker galt, verbanden zahlreiche enge Kontakte mit Weimar. So war er nicht nur häufiger Gast in den Salons von Harry Graf Kessler und Elisabeth Förster-Nietzsche. Er pflegte auch eine persönliche Freundschaft zu Ludwig von Hofmann, bei dem sein Sohn Ivo Hauptmann zwischen 1906 und 1909 an der Weimarer Kunsthochschule studierte. 1912 wurde Hauptmanns Drama *Gabriel Schillings Flucht* im Goethe-Theater von Bad Lauchstädt uraufgeführt. Mit Ausbruch des Krieges wandelte sich Hauptmann zu einem der engagiertesten Wortführer im ›Krieg der Geister‹. Er publizierte patriotisch-sentimentale Kriegsgedichte und unterschrieb auch den Aufruf *An die Kulturwelt!* Darüber hinaus wies Hauptmann in zahlreichen Zeitungsartikeln die Vorwürfe französischer, belgischer und englischer Intellektueller gegen den ›barbarischen‹ Charakter der deutschen Kriegsführung unter Hinweis auf die Höhe der deutschen Kultur zurück. Von Bedeutung für die Orientierung deutscher Intellektueller war insbesondere Hauptmanns Argumentation in seinen *Offenen Briefen* an den bekannten französischen Schriftsteller und Pazifisten Romain Rolland, der ihn in seiner Antwort stellvertretend für die Deutschen fragte: »Seid Ihr die Enkel Goethes oder Attilas?« (Journal de Genève, 29.8.1914). GW

Literatur: Eberle 1996, Bd. 2, WVZ 1912/43; Sprengel 2000, S. 41–74.

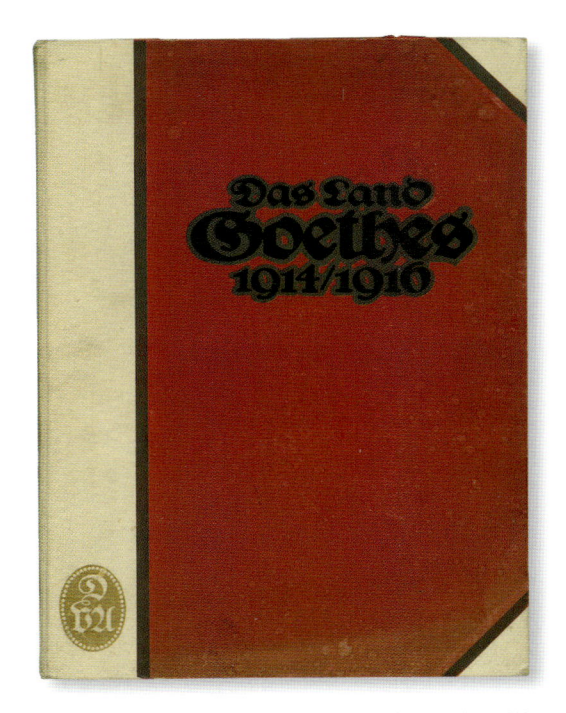

Kat. 239 Berliner Goethebund (Hrsg.) · Das Land Goethes 1914–1916. Ein vaterländisches Gedenkbuch · 1916 · Privatbesitz, Weimar

Kat. 239 ☐ S. 188
DAS LAND GOETHES

Im Jahr der Materialschlachten 1916 um Verdun und an der Somme stellten sich große Teile der deutschen Intelligenz noch einmal mit viel Engagement dem Dienst an der Heimatfront zur Verfügung. Während sich in mehreren Städten etwa Vaterländische Gesellschaften gründeten, leistete der Berliner Goethe-Bund einen besonderen Beitrag. Er publizierte ein »vaterländisches Gedenkbuch«, so das Vorwort, als »Heerschau der geistigen und sittlichen Führerschaft des gegenwärtigen Deutschland«, das »bis auf den heutigen Tag das Land Goethes geblieben« sei. In dem »ihm [Deutschland] aufgedrungenen Daseinskampf« würden »nicht zuletzt die Ideale verteidigt, für die sein größter Genius [Goethe] ihm Vorbild und Sinnbild geworden« sei (Goethebund 1916, o. S.). Insgesamt 235 berühmte Persönlichkeiten gestalteten diesen Prachtband, wobei sich nicht nur konservative Geister beteiligten, sondern auch liberale Gebildete, die vor 1914 zu den Kritikern des wilhelminischen Kaiserreichs gehört hatten. So gibt es etwa einen nachdenklichen Beitrag von Albert Einstein. Die diesem direkt gegenüberliegende Seite hingegen zeigt eine Abbildung des 1915 von Richard Engelmann geschaffenen Denkmals für den ›Hofpoeten der Hohenzollern‹, Ernst von Wildenbruch: Ein antikisierter, streitbarer Jüngling kämpft – so die Denkmalswidmung –, um sich zu verteidigen, nicht um anzugreifen. Der Topos vom Verteidigungskrieg war ein lagerübergreifender Konsens im Krieg der deutschen Geister.
Der Berliner Goethe-Bund, der 1900 gegen die Zensurmaßnahmen der sogenannten ›Lex Heinze‹ gegründet worden war, gehörte im Herbst 1914 zu den Initiatoren des umstritte-

nen Aufrufs *An die Kulturwelt!*, mit dem 93 Persönlichkeiten aus allen politischen Lagern das Recht Deutschlands zu einem »Verteidigungskrieg«, ihre nationale Loyalität und die Verbindung von deutscher »Kultur« und deutschem »Militarismus« proklamierten (J. u. W. v. Ungern-Sternberg 1996, S. 144–147). JHU

Kat. 240 · 241 ☐ S. 190 · 242 ☐ S. 190

PROPAGANDASCHLACHT UM REIMS

Nach Ansicht des Bonner Kunsthistorikers und Denkmalpflegers Paul Clemen hatten die Nachrichten über die Zerstörungen in Reims und Löwen durch deutsche Truppen mehr Schaden angerichtet als zwei verlorene Schlachten. Die Verwüstung Löwens kulminierte Ende August 1914 in einem Massaker an 200 Zivilisten und einem verheerenden Bibliotheksbrand. Einen internationalen Aufschrei provozierte auch die Beschießung der Kathedrale von Reims am 19. September 1914: Die schweren Beschädigungen wertete die gegnerische Seite als Akt der Kulturbarbarei, während nach deutscher Version das französische Militär den vom Roten Kreuz beflaggten Nordwestturm als Beobachtungsposten missbraucht hatte.

Im propagandistischen Krieg der Bilder wurde dieses Ereignis besonders oft thematisiert: Die mit *Schlau* betitelte Karikatur aus dem Berliner *Kladderadatsch* erhebt den Vorwurf des Missbrauchs von Kulturgütern als militärische Schutzschilder: Gezeigt werden französische Soldaten, die vor der Reimser Kathedrale eine Barrikade aus Kunstwerken des Louvre bilden – darunter die *Venus von Milo*, die *Mona Lisa* und einer der *Sklaven* Michelangelos. Mit Realismus klagt dagegen die französische Zeitschrift *L'Illustration* die Beschießung an, indem sie die brennende Reimser Kathedrale von mehreren Ansichten fotografisch dokumentiert und damit die umfassenden Zerstörungen anprangert.

In Reaktion auf die internationalen Proteste wurde Paul Clemen für den Schutz der Baudenkmäler an der Westfront, dann auf allen Kriegsschauplätzen beauftragt. Sein aus dreißig Kunsthistorikern bestehender Stab war jedoch gegenüber den Entscheidungen der deutschen Heeresleitung weitgehend machtlos. Die zahlreichen Schriften Clemens verteidigten die deutschen Bemühungen, indem sie Bedauern über die Zerstörungen ausdrückten, im Übrigen aber die Notwendigkeit kriegswichtiger Operationen betonten und die gegnerischen Vorwürfe als feindliche Propaganda darstellten. Eine zweite Gruppe deutscher Kunsthistoriker wirkte im Bereich der mobilen Kulturgüter: In Belgien war Wilhelm Köhler, von 1917 bis 1931 Direktor des Weimarer Kunstmuseums und Förderer der Moderne, mit dem Schutz von Archivbeständen betraut. Sein späterer Assistent Eberhard Schenk zu Schweinsberg sicherte gefährdete Kunstwerke in Zusammenarbeit mit der belgischen Zivilverwaltung. JRö

Literatur: Goege 1991; Kott 1997; Kott 2006.

Kat. 243 ☐ S. 190

KUNST ALS DECKUNG

Die Zeitschrift *Ulk* war eines der im Kaiserreich beliebten und zahlreichen Witzblätter, die sich der politischen Satire gegenüber nicht verschlossen, solange es der Familienunterhaltung nicht schadete. Im September 1914 gingen in Europa die publizistischen Wogen gegen das deutsche Heer so hoch, dass, so scheint es, auch der *Ulk* nicht umhin kam, eindeutig Position zu beziehen. Deutsche Artillerie hatte zuvor die Kathedrale von Reims unter Beschuss genommen und nicht unerheblich beschädigt. Als gerechtfertigt erklärte die deutsche Heeresleitung diesen Schritt durch die Existenz eines Beobachtungspostens, den sie in einem der Kirchtürme ausgemacht zu haben behauptete. Da das Bauwerk aber – nicht zuletzt als Krönungskirche der französischen Könige – einen unersetzlichen nationalen Symbolwert besaß, ist es mehr als wahrscheinlich, dass die Zerstörung des mittelalterlichen Bauwerks in der vollen Absicht der Heeresleitung gelegen hatte. Viel heftiger als von deutscher Seite wohl erwartet war dann die internationale Resonanz.

Dem Gesetz der Propaganda folgend, niemals einen Zweifel an der eigene Lauterkeit zuzulassen, dreht der Karikaturist des *Ulk* den Vorwurf der Kulturbarbarei um: Die französische Armee habe die Kathedrale als Schutzschild benutzt und dabei die Beschießung zum Vorteil ihrer eigenen Propaganda in Kauf genommen. Um dieses Argument eindeutig zu illustrieren, nehmen die französischen Soldaten in der Zeichnung Deckung hinter der Gestalt der Göttin Athene, griechische Patronin des Krieges, der Strategie und der Künste zugleich. Pointiert unterstreicht der Karikaturist die Rechtfertigung der deutschen Heeresleitung und verleiht ihr Anschaulichkeit, er funktionalisiert seine Zeichnung zu einem unzweideutigen Werkzeug der offiziellen Propaganda. HZ

Kat. 244

KAMPF UM DIE DEUTSCHE KUNST

Die Broschüre zeugt von einer betont völkischen Kunstauffassung, die in Abwehr internationaler Einflüsse den Krieg als reinigende Kraft ansieht. Ihr Verfasser Momme Nissen studierte zwischen 1886 und 1889 Malerei an der Weimarer Kunstschule bei Max Thedy. Von holländischer Genremalerei und Thedys Realismus beeinflusst, wandte sich Nissen Bildthemen wie dem bäuerlichen Interieur zu, die 1891 das Interesse des »Rembrandtdeutschen« Julius Langbehn weckten. Fortan wirkte Nissen als Langbehns Privatsekretär. Nach dem Tod seines Mentors 1907 gab er dessen nachgelassene Texte in starken Überarbeitungen heraus.

Wie Langbehn trat Nissen zum Katholizismus über und vertrat einen großdeutschen Standpunkt, was auch die Widmung der Schrift an »kunstliebende Deutsche beider Kaiserreiche« verdeutlicht. Nissen bezeichnet darin die deutsche Kunst als infiltriert vom »Wahnsinn« fremdländischer Kunst, von dem es sich in einem Akt der Katharsis zu reinigen gelte. Belegt wird diese angebliche Fremdbestimmung mit zwei Abbildungen von Werken Wassilij Kandinskys und Wladimir Burljuks,

Kat. 241 La cathédrale de Reims en flammes · Jules Matot · In: L'Illustration
1914 · Staatsbibliothek zu Berlin

Kat. 242 Werner Hahmann · Schlau. In: Kladderadatsch · 1914
Klassik Stiftung Weimar

Kat. 243 Unbekannt · Die Kunst als Deckung. In: Ulk · 1914
Staatsbibliothek zu Berlin

die Nissen dem Ausstellungkatalog der Künstlervereinigung Der Blaue Reiter entnahm. Die in Jahrzehnten vor dem Krieg verbreitete Kritik an der Internationalisierung der deutschen Kunst, die sich vorwiegend gegen den Impressionismus richtete, wird hier nicht nur auf den Expressionismus übertragen, sie wird auch angesichts des Kriegsgeschehens in eine ungleich aggressivere Variante überführt: Gegen ein »schrankenloses Gewährenlassen« gerichtet ist das Plädoyer für »Heimatgeist«, »Heldengeist« und »Gottesgeist«, deren »sittlicher Ernst« (Nissen 1914, S. 24) zu neuer Formstrenge und handwerklicher Fertigkeit in der deutschen Kunst führen soll. JRö

Kat. 245 · 246 □ S. 191
ABGRENZUNG UND VEREINNAHMUNG

Paul Rieth, Mitarbeiter der *Jugend* und ein durchaus nicht konservativer, ständiger Chronist der besseren Gesellschaft, veröffentlichte im Januar 1915 eine Zeichnung, aus welcher der hochgestimmte Glaube an einen baldigen und souveränen Sieg des Deutschen Reiches spricht. Es spiegelt sich darin die verbreitete Stimmung, in der man noch meinte, über die Friedensverhandlungen scherzen zu können. Ziel seines Spottes ist die moderne Kunst, die um ihr Selbstverständnis ringend in viele Strömungen geteilt wurde und die man mit ebenso vielen Einzelbezeichnungen zu beschreiben versuchte. Mit Differenzierungen hält sich die Unterschrift nicht auf, vielmehr werden alle Stilrichtungen als akademisch verkopfte Ableger der französischen Malerei klassifiziert und kumulativ verschmäht. Doch irritiert diese Karikatur durch eine ausgearbeitete Komposition, die nicht recht zu der überraschend faden, eindimensionalen Pointe zu passen scheint. Sie lässt sich auch als mentalitätskritisches Urteil über die Engstirnigkeit von Mitgliedern der höheren Gesellschaft lesen und als Anspielung auf die Kunstpolitik des Kaisers, der ohne großen Erfolg versucht hatte, den Einfluss der französischen Moderne auf deutsche Künstler zu verhindern. Wahrscheinlich ist, dass die Zeichnung nicht in national-propagandistischer Absicht entstand, sondern erst, wie dies nicht selten geübte Praxis war, in der Redaktion mit einer entsprechenden Unterschrift versehen wurde.

Als eindeutigen Beitrag zur Gegenpropaganda lässt sich hingegen eine etwa gleichzeitig im *Ulk* erschienene Zeichnung identifizieren, auch wenn die darin verwendete Methode des bloßen Widerspruchs nicht frei von Naivität ist. Der Zeichner versuchte den gegnerischen Vorwurf, das deutsche Publikum verhöhne die englischen und französischen Dichter, als Verleumdung zu entkräften. Indem ein brav applaudierendes deutsches Publikum Molière und Shakespeare auf der Bühne huldigt und ihnen Kränze windet, demonstriert es sein absolut vorurteilsfreies Kulturverständnis, das wahre Kunst über alle Grenzen hinweg anerkennt. Anrührend an der Zeichnung bleibt, dass sie sich nicht erlaubt, in die übliche nationale ›Dichter-und-Denker-Attitüde‹ zu verfallen, doch ist die matte Wirkung dieser frühen Propagandaarbeit nicht zu übersehen. HZ

Kat. 246 Paul Rieth · Die auf »ismus«. In: Jugend · 1915
Staatsbibliothek zu Berlin

Kat. 247
SHAKESPEARE – DER DRITTE KLASSIKER

Das Jahr 1914 stand für die Deutsche Shakespeare-Gesellschaft zunächst ganz im strahlenden Licht ihres fünfzigjährigen Jubiläums und des 350. Geburtstages Shakespeares, welche man am 23. und 24. April in Weimar beging. Eine im Jahrbuch für 1913 (Bd. 49) von Albert Ludwig sorgsam zusammengestellte Jubiläumsschrift hatte alle Interessierten bereits im Vorfeld eingestimmt, indem er auf 96 Seiten einen umfangreichen Überblick über die Geschichte der Gesellschaft lieferte. Der Anregung der Gesellschaft, das Jubiläum durch Shakespeare-Inszenierungen zu feiern, folgten zahlreiche deutschsprachige Theater, und so kam es zu 1133 Aufführungen von 23 Werken auf insgesamt 190 Bühnen. Zu den Feierlichkeiten gesellte sich eine Reihe ausländischer Gäste, mit denen weitere Kooperationen eingegangen oder intensiviert wurden.

Nur kurze Zeit später sollten die geknüpften Bande durch den Ausbruch des Krieges jäh auseinandergerissen werden. Fortan galt England als Hauptfeind, und es musste die brennende Frage geklärt werden, wie mit Shakespeare und seinen Werken in Zukunft umzugehen sei. Alois Brandl argumentierte dazu in seinem Jahresbericht für 1914/15: »Was unsere Klassiker für die Einbürgerung Shakespeare'scher Stücke getan haben, muß dauern; Shakespeare gehört zu unserer geistigen Rüstung; die Seele unseres Volkes darf um all das, was er uns seit zwei Jahrhunderten geworden ist, nicht verarmen«, gleichzeitig zitiert er mit patriotischem Impetus aus *Heinrich V.*: »O Gott der Schlachten, stähle unsre Krieger!« (ShJ Bd. 51, S. v). Zudem bittet er Gerhart Hauptmann um eine

Kat. 251 Unbekannt · Souvenez-vous! Crimes allemands! · 1917
Stiftung Deutsches Historisches Museum, Berlin

programmatische Rede zu *Deutschland und Hamlet* für das Jahrbuch von 1915. Dort heißt es: »Shakespeares Gestalten sind ein Teil unserer Welt, seine Seele ist eins mit unserer geworden; und wenn er in England geboren und begraben ist, so ist in Deutschland das Land, wo er wahrhaft lebt« (ebd., S. xii). Auf die von Gollancz besorgte Anthologie *A Book of Homage to Shakespeare*, in dem Beiträge der Kriegsgegner nicht berücksichtigt wurden, aber dennoch ein Aufsatz von Alois Brandls engem Freund, Charles H. Herford, zum Thema *The German Contribution to Shakespeare Criticism* abgedruckt wurde, spricht der Rezensent, A. Schröer, in einer Besprechung im *Shakespeare Jahrbuch* von einem »mutige[n], anständig anerkennende[n] Aufsatz« und fügt in Klammern hinzu, dass der Artikel »wie eine Reaktion des englischen Gewissens in all dieser Kriegspsychose« wirke (ShJ Bd. 55, 1919, S. 181). CJ

Kat. 248 · 249 ☐ S. 193 · 250 · 251 ☐ S. 192 · 252 ☐ S. 194 · 253
DER DEUTSCHE ALS BARBAR

Die Staaten der Entente begannen bereits frühzeitig mit einer regen Propagandatätigkeit. Für Großbritannien war die Anwerbung von Freiwilligen besonders wichtig, da es zu Beginn des Krieges noch eine Berufsarmee besaß. Es gründete bereits im August 1914 mit dem War Propaganda Bureau eine offizielle Behörde. Der völkerrechtswidrige Einmarsch des deutschen Heeres in das neutrale Belgien, die Gräueltaten an der Zivilbevölkerung, die Zerstörung von Kulturgütern sowie der uneingeschränkte U-Boot-Krieg lieferten die Motivik für die Propaganda. Die Themen finden sich auf zahllosen Plakaten wieder: Sie zeigen Deutsche als Barbaren, Hunnen, Tiere und Monster, die im Krieg plündern, vergewaltigen, verstümmeln und morden. Nach dem Brand von Löwen und der Zerstörung der Kathedrale von Reims waren auf vielen Plakaten zudem brennende oder zerstörte Städte und Kirchen zu sehen. Auch Ausstellungen über tatsächliche und vermeintliche Verbrechen der Deutschen wurden plakativ beworben.

Ein solches Plakat aus Frankreich zeigt einen deutschen Soldaten als Meuchelmörder und Brandstifter vor einer Kirchenruine und brennendem Kruzifix. Ferner waren Kaiser Wilhelm II. und Darstellungen des preußischen Militarismus beliebte Motive der Propagandisten – vor allem in den Vereinigten Staaten, die den Krieg verstärkt mit der Begründung führten, das Deutsche Reich befreien zu wollen. Insbesondere nach dem Aufruf *An die Kulturwelt!* wurde Kultur zum Synonym für deutschen Militarismus und deutsche Barbarei. Auf dem amerikanischen Plakat *Destroy this mad brute* ist die Gestaltung dessen beispielhaft umgesetzt: Ein affenartiges Monster mit Pickelhaube schreitet vom zerstörten europäischen Kontinent auf das amerikanische Festland zu. In seiner rechten Hand trägt es eine blutverschmierte Keule mit der Aufschrift »Kultur«. Die Propaganda der Alliierten, die auf eine Dämonisierung des Gegners zielte, erwies sich als wirksamer als die der Mittelmächte. Die deutschen Bilder verblassten gegenüber den plakativen und drastischen Motiven, die eine eindeutige Botschaft vermittelten. MS

Literatur: Vorsteher 1994, S. 149–162.

Kat. 249   Harry Ryle Hopps · Destroy this mad brute / Enlist · 1917 · Imperial War Museums, London

Kat. 252 Adolph Treidler · Help stop this. Buy W.S.S. & keep him out of America · 1914–1918 · Stiftung Deutsches Historisches Museum, Berlin

Kat. 254 ☐ S. 195 · 255 · 256 · 257 · 258 ☐ S. 195
WER SIND DIE BARBAREN?

Obgleich sich im Deutschen Reich vor 1914 eine kreative Plakatkunst entfaltete, gelang es den Verantwortlichen nicht, dieses Potential im Verlauf des Ersten Weltkriegs für die Propaganda zu nutzen. Die offiziellen Stellen – allen voran die Oberste Heeresleitung (OHL) – versäumten es, die Propaganda strategisch auszurichten, um eine allgemein ansprechende Kriegsbotschaft zu vermitteln. Man besaß keine adäquate Antwort auf die mediale Kriegsführung der Alliierten, die ganz auf die Dämonisierung des Feindes setzte und den Krieg zu einem Kampf um Demokratie und Zivilisation erklärte. Die Behauptung der Deutschen, lediglich einen Verteidigungskrieg zu führen, erwies sich langfristig als nicht tragfähig, zumal es den Alliierten international gelungen war, die Mittelmächte als Angreifer zu brandmarken. Die OHL sah es dagegen als unehrenhaft und als Verstoß gegen die Haager Landkriegsordnung von 1907 an, Bevölkerung und Heer des Feindes zu verunglimpfen. So versuchte man in Deutschland beispielsweise mit Hilfe von belehrenden Plakaten die eigene Bevölkerung für den Krieg zu gewinnen. Der bekannte Grafiker Louis Oppenheim entwarf zahlreiche Plakate, die mit detaillierten Statistiken beweisen sollten, dass das Deutsche Reich weder für Militarismus noch Barbarei stehe, sondern eine Kulturnation sei.

Auch der seinerzeit bedeutende Künstler Lucian Bernhard, ab 1923 Professor für Reklamekunst am Kunstgewerbemuseum Berlin, setzte bei einigen seiner Plakate ganz auf schriftliche Botschaften; darunter den vielzitierten Liedtitel *Ein' feste Burg ist unser Gott*. Trotz des großen Erfolges des von Fritz Erlers entworfenen Plakats für die sechste Kriegsanleihe – es zeigt einen deutschen Soldaten mit Stahlhelm und Gasmaske vor Stacheldraht – griff man gerne auf antik oder mittelalterlich anmutende Motive zurück. Auf eine Darstellung des Feindes verzichtete man bis 1918 fast gänzlich. Auch auf eine plakative Umsetzung des von Intellektuellen und Künstlern beschworenen ›Kulturkrieges‹ wurde größtenteils verzichtet. Die Versäumnisse der eigenen Propaganda wurden spätestens nach Kriegsende in Deutschland erkannt und von Verfechtern der ›Dolchstoßlegende‹ als wahrer Grund für die Niederlage genannt. In der Weimarer Republik und im ›Dritten Reich‹ entfaltete sich ein umso größerer Einsatz von Propagandaplakaten. MS

Literatur: Vorsteher 1994, S. 149–162.

Kat. 254 Louis Oppenheim · Wir Barbaren! · 1916
Stiftung Deutsches Historisches Museum, Berlin

Kat. 258 Lucian Bernhard · Und wenn die Welt voll Teufel wär … es soll uns doch gelingen!
1914–1918 · Museum Schloss Neu-Augustusburg · Weißenfels

DER ZUSAMMENBRUCH DER GELEHRTENWELT

Im Oktober 1914 versuchte der deutsche Arzt und Pazifist Georg Friedrich Nicolai sich *An die Europäer* zu wenden, um zu verhindern, dass »Europa sich durch Bruderkrieg allmählich erschöpfen und zugrunde gehen« wird (Nicolai 1917, S. 10). In seinem Appell richtete er sich vor allem an Künstler sowie Intellektuelle und bat eine Vielzahl deutscher Persönlichkeiten um ihre Unterschrift. Der Text stieß zwar bei vielen auf Zustimmung, doch lediglich drei Personen waren auch bereit, den Aufruf zu unterschreiben: die Mitverfasser Albert Einstein und Wilhelm Foerster sowie Otto Buek. Aufgrund der wenigen Unterzeichner wurde der Aufruf vorerst nicht veröffentlicht.

Die mangelnde Unterstützung für einen pazifistischen und an die Vernunft appellierenden Aufruf zeigt die Verfassung, in der sich die Gelehrtenwelt nach Ausbruch des Ersten Weltkriegs befand. Apologetische Erklärungen wie *An die Kulturwelt!* oder die *Erklärung der Hochschullehrer des Deutschen Reiches* fanden dagegen zahlreiche Unterstützer. Sei es aus der rauschhaften Stimmung der ersten Augusttage heraus, aus echter Überzeugung oder aufgrund von gesellschaftlichem und politischem Druck – die meisten deutschen Gelehrten waren bereit, ihren ›Dienst am Vaterland‹ zu leisten. Auch die intellektuelle Elite der Kriegsgegner Deutschlands engagierte sich in besonderem Maße. Während man auf deutscher Seite den ›Kulturkrieg‹ beschwor, erklärten die Gelehrten auf Seiten der Alliierten den Krieg zu einem Kampf für die Freiheit und gegen Tyrannei, Barbarei und Militarismus. Die seit dem Westfälischen Frieden von 1648 bestehende Einhegung des Krieges verlor ihre Bedeutung: Feind und Verbrecher wurden wieder eins, die Gleichberechtigung unter den Staaten aufgehoben. Die Chance für einen vorzeitigen Verhandlungsfrieden wurde damit vertan, denn, so die Argumentation, mit dem ›Bösen‹ könne man nicht verhandeln, es müsse niedergerungen werden.

Die enge internationale Vernetzung, die unter vielen Gelehrten vor dem Krieg bestanden hatte, existierte nicht mehr. Die meisten blieben auch bis zum Ende des Krieges bei ihrer Haltung: Noch im Oktober 1917 unterzeichneten 900 Hochschullehrer aus dem Deutschen Reich eine Erklärung gegen die Reichstagsmehrheit, die einen Verständigungsfrieden anstrebte. Georg Friedrich Nicolai dagegen hielt während des Krieges Vorträge, in denen er seinen Zuhörern die schreckliche Realität des Krieges darlegte. Mehrfach versuchten die offiziellen Stellen im Deutschen Reich Nicolai zum Verstummen zu bringen. 1917 veröffentlichte er in Zürich *Die Biologie des Krieges. Betrachtungen eines deutschen Naturforschers*, das zu einem bedeutenden Werk des Pazifismus wurde. Der Text des Aufrufs *An die Europäer* war darin ebenfalls abgedruckt. MS

Literatur: Hoeres 2004; NDB Bd. 19 (1998), S. 203 f..

Kat. 259 Richard Engelmann · Porträt Rudolf Eucken · undat. Bauhaus-Universität Weimar · Archiv der Moderne

Kat. 259 □ S. 196 · 260 □ S. 197
JENAER GELEHRTENPORTRÄTS

Als Professor der Weimarer Kunsthochschule ab Herbst 1912 in der Residenzstadt tätig, porträtierte Richard Engelmann gleich zwei herausragende Gelehrte der Jenaer Universität. Er begegnete Rudolf Eucken wohl erstmalig im Umkreis von Elisabeth Förster-Nietzsche und gehörte bald zu den gern gesehenen Gästen in Euckens Salon in Jena. Nachdrücklich weist Engelmann in seinen Erinnerungen auf die Bedeutung von Eucken und seiner Frau Irene für die Offenheit gegenüber der künstlerischen Moderne in Jena hin. Offensichtlich beeindruckt von der Persönlichkeit des berühmten Philosophen, schuf Engelmann mehrere Bildnisse Euckens. Neben zwei Porträtbüsten entstanden auch mehrere Radierungen. Engelmann skizzierte hier den bärtigen Charakterkopf Euckens im Profil mit wenigen feinen, aber energischen Strichen als idealisierten antiken Philosophen. Wohl noch 1918 wurde Richard Engelmann durch den damaligen Staatsminister Karl Rothe damit beauftragt, auch eine Büste von Ernst Haeckel zu schaffen. Aus Rücksicht auf Haeckels angegriffene Gesundheit suchte Engelmann den greisen Wissenschaftler in Jena auf und begann dann, dessen Porträt nach eigenen Zeichnungen sowie nach Fotografien im Weimarer Atelier zu modellieren. So entstand 1919 ein ausdrucksstarkes Gipsmodell, das das »wunderbar geistige Haupt« (Engelmann 1948, zit. nach Opitz 2000, S. 357) des berühmten Zoologen in einer impressionistisch-skizzenhaften Formensprache in der Nachfolge Rodins wiedergibt. Haeckel verstarb jedoch, bevor sein Bildnis vollendet werden konnte. Für das 1920 in der Villa Medusa eröffnete Haeckel-Museum wurde diese Ausdrucksstudie in Bronze gegossen und fand über dem Grab des Naturforschers ihren Platz auf einem hohen Kalksteinsockel. GW

Literatur: Opitz 2000.

Kat. 260 Richard Engelmann · Bildnisbüste Ernst Haeckel · 1919/20 · Bauhaus-Universität Weimar · Archiv der Moderne

Kat. 269 Ferdinand Hodler · Jenenser Student · 1908 · Kunstmuseum Solothurn. Josef-Müller-Stiftung

und auszugleichen mit tüchtiger Arbeit an der sichtbaren Welt« (ebd.). Der propagierte Gegensatz zwischen Kultur und Zivilisation wurde von Eucken nun national aufgeladen, der Erste Weltkrieg zum Kulturkrieg erhöht; Das Heil aller Nationen sei abhängig vom Sieg des Deutschen Reiches. Ein deutscher Sieg war für Eucken somit zwingend, da die Deutschen »die Seele der Menschheit bilden, und […] die Vernichtung der deutschen Art die Weltgeschichte ihres tiefsten Sinnes berauben würde« (ebd., S. 23). MS

Literatur: Dathe 2000, S. 47–64; Hoeres 2004.

Kat. 268 · 269 □ S. 200 · 270
DER FALL HODLER

Das Kunstgeschenk der 1904 entstandenen Gesellschaft der Kunstfreunde von Weimar und Jena für das 1908 eingeweihte neue Universitätsgebäude am Fürstengraben war das große Historiengemälde des Schweizers Ferdinand Hodler über den *Auszug deutscher Studenten in den Freiheitskrieg von 1813*, das heute in der Aula der Friedrich-Schiller-Universität hängt. In der öffentlichen Meinung war der Auftrag an einen ausländischen Künstler nicht unumstritten. Das Bild selbst wurde in Jena als Ausdruck moderner Kunst begeistert aufgenommen, erst der Kriegsausbruch veränderte jäh die Sicht auf dieses Werk des international renommierten Malers. Als Hodler im September 1914 als Mitunterzeichner des in der *Tribune de Geneve* veröffentlichten Protestes Schweizer Künstler gegen die deutsche Beschießung der Kathedrale von Reims bekannt wurde, entbrannte unter vaterländischem Vorzeichen ein Sturm der Entrüstung, Ablehnung und Schmähung. Die Universität wurde aufgefordert, das Wandbild zu entfernen oder zu verdecken. Auch Rudolf Eucken sprach sich gegen den Verbleib des Bildes an der bisherigen Stelle aus.

Der Zoologe Ernst Haeckel als achtzigjähriger Senior der Universität sah durch den Schweizer Protest »unser nationales Ehrgefühl auf das Tiefste verletzt« (JV, Jg. 25, Nr. 244) und schlug am 14. Oktober 1914 in einem Offenen Brief an Ferdinand Hodler die Entfernung seines Bildes und dessen Veräußerung vor. Der Verwaltungsausschuss hatte allerdings schon am Vortag beschlossen, das Bild »sofort in Schutzhaft zu nehmen« (BA Nr. 1799, Bl. 147) und gegen mögliche Übergriffe mit einer dauerhaften Holzverkleidung abzudecken. Auf ihr befestigte später der Geograf Gustav von Zahn die Karten von Kriegsschauplätzen mit den markierten Frontlinien. Zu Haeckels Antrag über den Verkauf des Bildes durch die Universität vom 6. Dezember 1914 erklärte der Senat, »über das endgiltige Schicksal des zur Zeit verkleideten Hodler-Bildes erst nach Beendigung des Krieges entscheiden zu wollen« (BA Nr. 1799, Bl. 174). Am 9. November 1918 äußerte der neu gebildete örtliche Arbeiter- und Soldatenrat den Wunsch, »daß das Hodlerbild der Universität der Bretterwand entkleidet werden möge« (zit. nach Steiger 1969, S. 97). Während einer Jugendtagung in Jena am 14. April 1919 wurde die hölzerne Verkleidung von Freideutschen Studenten gewaltsam entfernt, das Bild nach viereinhalb Jahren aus seiner »Schutzhaft« befreit. VW

Literatur: Steiger 1970.

Kat. 271
AUSSCHLUSS FRANZÖSISCHER KOMPONISTEN

Im Dezember-Heft 1914 der *Mittheilungen des Allgemeinen Deutschen Musikvereins* wird über den Ausschluss der französischen beziehungsweise schweizerischen Ehrenmitglieder Camille Saint-Saëns und Emile Jaques-Dalcroze berichtet. Diesem Vorstandsbeschluss waren seit dem 8. Oktober 1914 ein halbes Dutzend Beschwerdeschreiben prominenter Vereinsmitglieder an den ADMV-Vorsitzenden Max von Schillings, Generalmusikdirektor in Stuttgart, vorangegangen – etwa von dem Münchner Klavier-Professor August Schmid-Lindner. Der Schriftführer Wilhelm Klatte versandte schon am 9. November 1914 gleichlautende maschinenschriftliche Antworten an die Beschwerdeführer, in welchen deren Auffassung geteilt wird, dass die beiden Komponisten angesichts ihrer deutschfeindlichen Publikationen ihre Ehrenmitgliedschaft verwirkt hätten.

Saint-Saëns, der dem heutigen deutschen Publikum vor allem durch seinen *Karneval der Tiere* bekannt ist, hatte sich im *L'echo de Paris* am 21. September und 6. Oktober 1914 unter dem Titel *Germanophilie* zum Kriegsgeschehen geäußert: Eigentlich begeistert von deutscher Musik, distanzierte er sich vehement von deren weiterer Aufführung in Frankreich. Nach den Massakern an Frauen und Kindern könne man als Franzose etwa Richard Wagner als potentiellen Weltkriegstreiber nicht mehr hören. Der Genfer Komponist und bedeutende Musikpädagoge Jaques-Dalcroze geriet zusammen mit dem Schweizer Maler Ferdinand Hodler als Mitunterzeichner des Genfer Protests gegen den Beschuss der Kathedrale von Reims durch deutsche Artillerie ins tagesaktuelle Fadenkreuz. Mehr aber empörte sein diesbezüglich noch verschärfter Zeitungsartikel, der auf Deutsch in den *Basler Nachrichten* erschien, auf Französisch im *Journal de Genève*. TR

Literatur: Kugler 2003.

»Forschungsinstitute« und »Ehrenhallen«: Kriegssammlungen im Ersten Weltkrieg

In den Jahren von 1914 bis 1918 entstanden überall im Deutschen Reich Kriegssammlungen, die meisten davon bereits in den ersten Monaten des Krieges. Viele der Sammler – Privatleute, Bibliotheken, Museen und Archive – waren sich der weltgeschichtlichen Bedeutung der Ereignisse bewusst und wollten sie für sich selbst, ihre Zeitgenossen und die kommenden Generationen dokumentieren.

Die Bandbreite der jeweiligen Sammlungen richtete sich nach dem Anspruch und den Interessen der Sammler. Einige spezialisierten sich auf Drucksachen und schlossen auch fremdsprachige Publikationen ein, andere suchten eine ganzheitliche Dokumentation der Geschehnisse aufzubauen. Das Spektrum reichte von gedruckten und handschriftlichen Materialien, wie Bücher, Zeitungen, Zeitschriften, Graphiken, Fotografien und Feldpostbriefe über Militaria bis hin zu Zeugnissen von der Heimatfront, wie Notgeld und Lebensmittelkarten. Privatleute, Unternehmen sowie Staats- und Militärbehörden unterstützten die Sammlungen durch finanzielle und materielle Spenden. Eine Vielzahl der Einrichtungen besaß eine Doppelfunktion: Zum einen waren sie Archive, die das Material für die Forschung sammelten, bewahrten und bereitstellten; zum anderen waren sie Denkmäler des Krieges. Vor allem die Kriegsausstellungen, die zum Teil Bestände der Sammlungen zeigten, sowie die Kriegsmuseen verherrlichten den ›Waffengang‹. Die Schrecken des Krieges, Verwundung und Tod, wurden ausgeblendet, die deutsche Kriegsführung idealisiert. Aber auch die Kriegssammlungen, die den Anspruch der Objektivität erhoben, erfüllten diesen nur selten.

Die unerwartet lange Dauer des Krieges änderte nichts an der regen Sammeltätigkeit – möglicherweise sah manch Daheimgebliebener auch seine Aufgabe darin. Einige Einrichtungen wurden sogar über den 9. November 1918 hinaus betrieben, um die Folgen des Weltkrieges und der Revolution zu dokumentieren. Allgemein ließ das Interesse der Sammler nach der Niederlage jedoch stark nach, finanzielle Probleme kamen aufgrund von fehlenden Spenden hinzu. Viele der Sammlungen wurden eingestellt, manche auch aufgelöst. Der im Jahr 1917 gegründete Verband Deutscher Kriegssammlungen bestand nur bis 1921. MS

Literatur: Brandt 1993; Gaertringen 2014.

Kat. 272 · 273 ☐ S. 203 · 274 · 275 · 276 · 277 · 278 · 279 ☐ S. 203 · 280

Das Kriegsarchiv in Jena

Das Jenaer Kriegsarchiv ging im März 1915 aus der Tätigkeit der Abteilung Jena des Thüringischen Verbandes zur Verbreitung wahrer Kriegsnachrichten im Ausland, der Feldpostsammlung der Kriegsnachrichten-Sammelstelle Nr. 2 des XI. Armeekorps sowie einer bereits bestehenden Zeitungsausschnittsammlung hervor. Gründer und erster Leiter des Archivs war der Geologe Wilfried von Seidlitz. Nach dessen Abberufung ins Feld übernahm ab April 1917 der Historiker Georg Mentz die Leitung. Schrittweise weitete man die Sammeltätigkeit auf alle Arten von gedruckten und handschriftlichen Quellen wie Zeitungsausschnitte, Feldpostbriefe, Zeitungen, Zeitschriften, Bücher, Postkarten, Bilder und Plakate aus. Im Juni 1916 wurde sogar eine Ausstellung von Kunstblättern und Bildern aus dem Kriegsarchiv gezeigt. Die Zeitungssammlung, die eine Vielzahl von Zeitungs- und Zeitschriftentitel aus neutralen wie feindlichen Staaten enthielt, galt als Besonderheit der Einrichtung. 1917 wurde das Archiv in ein »Forschungsinstitut für alle Fragen der Kriegsgeschichte« umgewandelt, das die Sammlung als »Arbeitsinstitut« (Seidlitz, 1917, o. S.) der Forschung zugänglich machen sollte.

Dem am 20. Dezember 1916 erstmals zusammengetretenen Vorstand gehörten unter anderem der Politiker Clemens von Delbrück und der Jurist Eduard Rosenthal an. Im Verwaltungsrat saßen unter anderem Eugen Diederichs, Ernst Haeckel und Rudolf Eucken. Über das Kriegsende hinaus bestand die Einrichtung weiter und sammelte nun auch Material zur Revolutionszeit. Finanziert wurde das bis dahin selbstständige Kriegsarchiv von Spendern, vor allem der Carl Zeiss-Stiftung. Am 1. April 1922 wurde das Kriegsarchiv dann der Universitätsbibliothek überantwortet; die Bestände gingen in den Katalog der Bibliothek ein. Die Sammlung wurde in den folgenden Jahren in kleinerem Umfang ergänzt. Zu Beginn des Zweiten Weltkriegs beabsichtigte man die Tätigkeit wieder aufzunehmen, um auch zu diesem Krieg eine umfangreiche Sammlung aufzubauen. Jedoch wurden bei einem Bombentreffer des Bibliotheksgebäudes am 9. Februar 1945 Teile der Sammlung, die Inventare und Kataloge vernichtet. Die restlichen Bestände wurden 1945/46 fast vollständig ausgesondert, so dass heute nur noch ein sehr geringer Teil existiert. MS

Literatur: Gaertringen 2014; Ott 2014.

Kat. 281 ☐ S. 204

Der Krieg der Geister

Bereits im Frühjahr 1915 veröffentlichte Hermann Kellermann den berühmt-berüchtigten Sammelband *Krieg der Geister* im Alexander Duncker Verlag, den er 1908 erworben hatte. Seit 1911 war Weimar der Firmensitz dieses Verlages, dessen Programm unter Kellermanns Leitung eine eindeutige deutschnationale Ausrichtung entwickelte.

Kat. 273 Unbekannt · Die Hefe · Kriegsflugblatt Großbritannien · 1914–1918
Thüringer Universitäts- und Landesbibliothek Jena (ThULB)

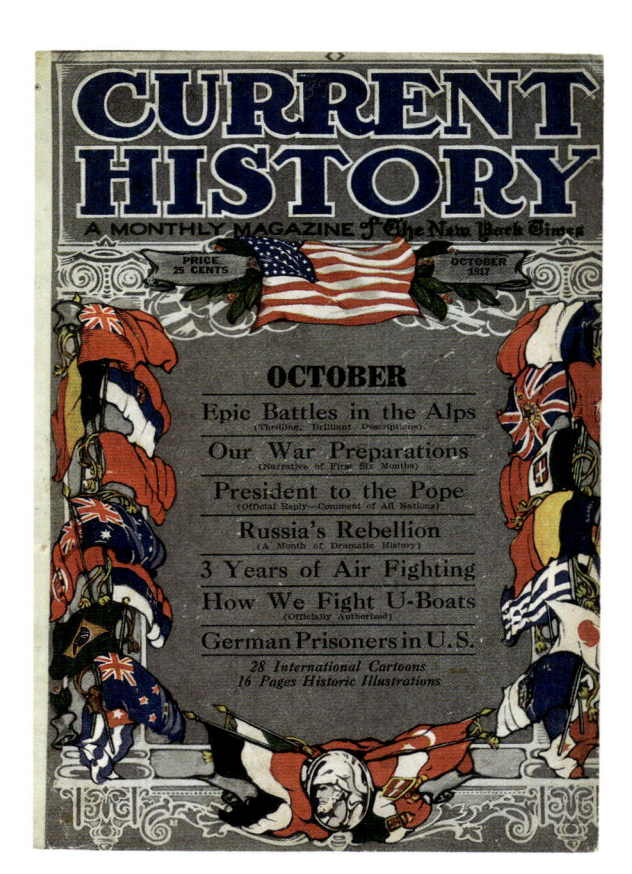

Kat. 279 Current History. A Monthly Magazine of The New York Times · 1917/18
Thüringer Universitäts- und Landesbibliothek Jena (ThULB)

In diesem Sinne interessierte sich Kellermann auch unmittelbar nach Kriegsausbruch für den ›Lügenfeldzug‹. So wurde die gegnerische Propaganda bezeichnet, die auf die deutsche Besetzung Belgiens und Nordfrankreichs reagierte. Dabei konnte sich Kellermann auf die umfangreiche Sammlung des Jenaer Kriegsarchivs stützen, deren Schwerpunkt die internationale Presse war. So führt das Inhaltsverzeichnis der Zeitungsausschnittsammlung vom 1. Mai 1915 unter Punkt »P. Wissenschaft, Kunst Religion« (ThHStAW, Staatsministerium, Departement des Kultus Nr. 283, Bl. 70v) die entsprechenden Reaktionen der intellektuellen Elite des Auslands auf den Kulturkrieg auf.

In der Tat bildet Kellermanns Publikation eine eindrucksvolle Sammlung von ausländischen Pressestimmen zu den vermeintlichen Kriegsgräueln des deutschen Heeres. Angesichts der durch den Kriegsausbruch abgebrochenen internationalen Beziehungen überrascht der Umfang des Sammelbandes. Kellermann stellt hier die diversen Artikel, Aufrufe, Offenen Briefe und ähnliches in chronologischer Abfolge nach Ländern geordnet vor, wobei er neben den kriegführenden Ländern auch die neutralen Staaten berücksichtigt. Die einzelnen Kapitel und Themenabschnitte werden jeweils von einem Kommentar Kellermanns begleitet, der einen vermeintlich objektiven Ton anschlägt, in Wahrheit jedoch eindeutig parteiisch und polemisch ist. GW

Kat. 282 · 283 · 284
DIE KRIEGSSAMMLUNG DER GROSSHERZOGLICHEN BIBLIOTHEK

In der Großherzoglichen Bibliothek bestand bereits vor 1914 eine lange Tradition des Sammelns von Militaria und Militärschriftgut, wovon die Militärbibliothek Carl Augusts und die Sammlung zum Deutsch-Französischen Krieg 1870/71 zeugen. Wohl auch deshalb begann man in der Großherzoglichen Bibliothek in den Jahren 1914 bis 1918 mit einer Sammlung speziell zum Ersten Weltkrieg. Hier wie anderorts war man sich der weltgeschichtlichen Bedeutung der Ereignisse wohl bewusst. Ehemals vorhandene Dokumentationen über die Bestände sind nicht überliefert, so dass sich über die genauen Umstände der Entstehung nichts sagen lässt. Die Sammlung enthielt hauptsächlich Literatur und Zeitschriften, insbesondere aus dem Großherzogtum Sachsen-Weimar-Eisenach. Darüber hinaus barg sie aber etwa auch Skizzenbücher, Berichte, Tagebücher, Flugschriften, Sonderdrucke und einige ausländische Schriften. Bis 1939 wurde die Sammlung weitergeführt, einige kleinere Ergänzungen folgten noch in der Zeit bis 1945, so dass sie am Ende über 2 000 Bände umfasste. In den Jahren nach 1945 wurden die Bestände der Kriegssammlung mehrmals geprüft. Es kam sowohl zu Zurückstellungen für den internen Gebrauch, Bestandsabgaben als auch Vernichtungen, weshalb heute nur noch um die 370 Bände nachweisbar sind. MS

Literatur: Bärwinkel 2014.

Kat. 281 Hermann Kellermann (Hrsg.) · Der Krieg der Geister. Eine Auslese deutscher und
ausländischer Stimmen zum Weltkriege 1914 · 1915 · Klassik Stiftung Weimar

Kat. 285 · 286
EIN KRIEGSMUSEUM FÜR WEIMAR

Bereits im November 1914 entstand der Verein Kriegsmuseum Weimar, dessen Zweck die Gründung und Erhaltung eines zentralen Kriegsmuseums für Thüringen in Weimar war. An seiner Spitze stand ein zwölfköpfiger Vorstand, der sich aus den maßgeblichen politischen, institutionellen und künstlerischen Vertretern Weimars zusammensetzte. Es gab mehrere Arbeitsausschüsse, die intensiv an der Ausweitung der Sammlung und ihrer öffentlichen Wirksamkeit arbeiteten, wie etwa die literarische Abteilung, in der sich unter anderen Gustav Kiepenheuer und Eduard Scheidemantel engagierten. In der Abteilung ›Kriegsbilder‹ arbeitete ehrenamtlich der Historienmaler Eilmar von Eschwege, während die Abteilung ›Beutestücke, Ausrüstungsgegenstände, Waffen‹ von Oberbürgermeister Donndorf geleitet wurde. Am 4. Juli 1915 fand in den Räumen der Erholung die Eröffnung der Vorläufigen Schaustellung des Vereins Kriegsmuseum Weimar statt.
Die Sammlungsstrategie des Vereins lässt sich einem Schreiben Max Heckers vom 29. September 1915 entnehmen. Er verweist darin auf eine umfassende Sammlung »authentischer Documente und unmittelbarer Erinnerungszeichen […], um sowohl späterer historischer Forschung als auch der dankbaren Verehrung kommender Geschlechter ein treues Bild der Kriegswirkungen […] zu überliefern« (ThHStAW, Departement des Kultus Nr. 324). Mit Hecker setzte sich ein Spezialist für die Weimarer Klassik am Goethe- und Schiller-Archiv auch für die Archivierung des Weltkriegs ein. In diesem Sinne heißt es in der vom Verein herausgegebenen Broschüre *Die Ausdehnung der Sammlung*, Weimar sei als Standort für ein zentrales Kriegsmuseum wegen seiner »großen nationalen Ueberlieferungen, als Mittelpunkt der Goethe-Gesellschaft und des Schillerbundes, […] und nicht zuletzt als Heimat des Ernestinischen Fürstenhauses, in besonderer Weise dazu geeignet« (ebd.). Für dieses ambitionierte Projekt war ein Neubau mit »vaterländischer Ehrenhalle« (ebd.) geplant, in der neben Geschützen, Maschinengewehren und Fahnen auch die Bildnisse des Kaisers, des Großherzogs und der übrigen Kommandeure der thüringischen Regimenter präsentiert werden sollten. Die Museumspläne scheiterten in Weimar, wie auch in anderen deutschen Städten, an dem realen Verlauf des Krieges. Der Verein wurde Anfang der 1920er Jahre aufgelöst, seine Sammlung ging in den Besitz der Stadt Weimar über. GW

GERDA WENDERMANN

Kunst im Krieg

*»wo aus dem krampfhaften Aufruhr des Lebens
das Ornament einer neuen Schönheit entsteht«.*

Karl Scheffler, 1914

Krieg als ›Katharsis‹

Die Vorkriegszeit war im wilhelminischen Kaiserreich nicht nur vonseiten des verunsicherten Bürgertums, sondern gerade auch durch die Kunstkritiker und die Künstler selbst als eine Phase der gegensätzlichen künstlerischen Entwicklungen und einer großen kulturellen Krise wahrgenommen worden. Daher wurde der Kriegsausbruch im August 1914 von der übergroßen Mehrheit der bildenden Künstler und Kunstkritiker mit Begeisterung begrüßt. Mit diesem Jubel verband sich die Hoffnung auf ›Reinigung‹ und ›Heilung‹ der Kultur und des Geistes. Während ein Teil der Künstler voller Enthusiasmus ins Feld zog, stellte ein anderer Teil seine künstlerischen Talente an der Heimatfront in den Dienst der eigenen Nation. Nur wenige kritische oder warnende Stimmen waren zu hören. Selbst ein Künstler wie Franz Marc, der in seiner Malerei eine Gegenwelt zur Industriegesellschaft entwarf und dem Vorbild der französischen Kunst viel verdankte, meldete sich als Freiwilliger an die Front. Dringliche Bitten von Künstlerkollegen und Freunden, sich freistellen zu lassen, hatte er abgelehnt.[1] In seiner Schrift *Das geheime Europa* (1914) und in seinen Feldbriefen ist von notwendigen Blutopfern die Rede, werden Schlachten als läuternde Fegefeuer interpretiert: »Ich selbst lebe *in diesem Krieg.* Ich sehe in ihm sogar den heilsamen, wenn auch grausamen Durchgang zu unseren Zielen; er wird [...] Europa *reinigen,* ›bereit‹ machen!«[2], schrieb er an seinen Künstlerkollegen aus der Münchner Zeit, Wassily Kandinsky, den Maler und Theoretiker des Geistigen in der Kunst. Der in die Schweiz vertriebene Russe Kandinsky reagierte auf Marcs Emphase mit den ernüchternden Worten: »Ich dachte, daß für den Bau der Zukunft der Platz auf eine andere Art gesäubert wird. Der Preis dieser Art Säuberung ist entsetzlich«.[3] Auch ein nachdenklicher, kritischer Künstler wie Max Beckmann, der seine prägenden Studienjahre in Weimar verbracht hatte, nahm als Sanitäter freiwillig am ›Großen Krieg‹ teil. Trotz seiner erschütternden Erfahrungen schrieb er mit voller Überzeugung an seine Frau Minna: »Für mich ist der Krieg ein Wunder, wenn auch ein ziemlich unbequemes. Meine Kunst kriegt hier zu fressen«.[4] Er gehörte wie Otto Dix zu denjenigen Künstlern, welche »das Erlebnis des Krieges als Erlebnis extremen Lebens [suchten] um einer realitätsgesättigten Kunst willen«.[5]

Tatsächlich entsprang die anfängliche Kriegsbegeisterung vieler Künstler oft keinem blinden Patriotismus, sondern viel eher dem diffusen Gefühl, dass sich das alte bürgerliche Europa überlebt habe. Nur durch eine gewaltige Katharsis könne es in jene leuchtende Zukunft einer neuen Geistigkeit überführt werden, von der gerade die künstlerische Avantgarde träumte.[6] Doch die einstmals hervorragend vernetzten fortschrittlichen Künstlergruppen der großen europäischen Kunstzentren lösten sich auf, agierten zusehends isoliert voneinander. Freundschaftliche Kontakte, wie etwa die der Münchner Künstlergruppe Der Blaue Reiter zu dem französischen Orphisten Robert Delaunay, wurden gekappt.

Im Unterschied etwa zu den englischen Künstlern, die vielfach noch mit Vorstellungen eines männlichen Heldentums an die Front zogen, trugen die deutschen Künstler ihr idealistisches Marschgepäck stets mit sich.[7] Obgleich nationalistische Töne eher selten zu hören waren, steht außer Frage, dass die Ideologisierung der deutschen Kultur Teil der Propagandamaschinerie geworden war: Werk und Künstler ließen sich gleichermaßen vereinnahmen.[8] Deren Frontberichte, vielfach zeitnah publiziert, zeigen nicht nur die Empfänglichkeit für Eindrücke, sondern auch jenes Maß an Idealismus, das propagandistisch verwertbar war. Die Künstler im Feld wurden zum Beleg für die Rechtschaffenheit und Idealität der Kriegsziele. Und sie erfüllten ihre Rolle, indem sie – vor allem in den ersten zwei Kriegsjahren – eine Mystifizierung der Ereignisse selbst aus der unmittelbaren Betroffenheit heraus betrieben.

Auch die deutschen Kunstkritiker und die führenden Kunstzeitschriften stellten sich mit Beginn des Krieges eindeutig auf die Seite des ideologischen Kampfes.[9] Karl Scheffler, ein leidenschaftlicher Promotor des Impressionismus und ein entschiedener Gegner der von Wilhelm II. geförderten historisierenden Kunst, veröffentlichte als Herausgeber der liberalen Zeitschrift *Kunst und Künstler* unmittelbar nach Kriegsausbruch einen ersten Propagandaband. In seinem Vorwort bejahte er den Krieg als eine aus der Notwendigkeit geborene Befreiung, von der er eine »mächtige Regeneration des Idealismus« erhoffe.[10] Wörtlich schreibt er, dass mit der »endgültigen Befestigung einer gewaltigen nationalen und imperialistisch-weltwirtschaftlichen Macht« auch im Künstlerischen die Führung an Deutschland übergehe.[11] Gleichwohl beharrte er darauf, dass es die Aufgabe der deutschen Künstler sei, die Kunst des in Frankreich geborenen Impressionismus weiterzuentwickeln. Darüber hinaus forderte er eine neue Art von Kriegsmalerei, »vielleicht Bilder voller Blut, Verwüstung und Grausamkeit […] Motive jener grotesk erhabenen Schönheit, die allgegenwärtig ist und die aus dem Grässlichsten noch Arabesken des Ewigen macht«.[12]

Das agitatorische Pathos der ersten Kriegswochen findet sich auch in der Zeitschrift *Die Kunst* wieder, die sich eher an ein konservativ-bürgerliches Publikum richtete. Im ersten Kriegsheft zog Paul Westheim einen historischen Bogen von 1870/71 zu 1914 und fordert emphatisch: »An diesem Weltbrand, der jetzt Europa durchflammt, muß sich auch die deutsche Kunst entzünden. Muß! Muß! Sie hat jahrelang Kräfte in wilden Schößlingen auswuchern lassen, hat sich bis zur Knifflichkeit in technische Probleme verspielt. Jetzt wirft ihr die aus den Banden geratene Zeit einen unbändigen Stoff in den Schoß«.[13] Eine »Uniformmalerei«[14] im Sinne der traditionellen Schlachtenbilder des 19. Jahrhunderts lehnte der spätere Verfechter des Expressionismus jedoch nachdrücklich ab und entwarf stattdessen die Vision einer vollständig neuen Kunst, die aus dem modernen Schlachtenfeuer geboren werden müsse: »Die Männer der 42 Zentimeter-Haubitze fordern auch geistig ein anderes Format als die, die mit der Lanze oder der Pike ins Feld zogen. Diese neue Kunst selbst wird befriedigend erst dann sein, wenn sie etwas von dieser alles Zwingenden [sic] 42 Zentimeter-Wucht in sich haben wird. Ob unsere Künstler imstande sein werden, dieses Heldentum unserer Zeit so innerlich groß zur Darstellung zu bringen? Eine bange Frage, eine Schicksalsfrage an die deutsche Kunst«.[15]

Auch Paul Cassirer, einer der erfolgreichsten Galeristen der Vorkriegszeit, der wegen seiner Vorliebe für die französische Kunst vielfach angegriffen worden war, stellte sich mit Ausbruch des Krieges an die Seite der Kriegsunterstützer. So wirkte die seit dem 31. August 1914 von ihm herausgegebene *Kriegszeit* wie ein Organ der kaiserlichen Kriegspolitik. Die *Künstlerflugblätter* umfassten jeweils vier Seiten mit großformatigen Lithografien. Die künstlerischen Beiträge wurden vor allem von der daheimgebliebenen älteren Generation der deutschen Impressionisten geliefert, in erster Linie von Max Liebermann. Er illustrierte bevorzugt populäre Sentenzen des Kaisers, aber auch Gedichte von Richard Dehmel. So schuf Liebermann für die Dezemberausgabe eine Lithografie zu Dehmels Weihnachtsgedicht *Krieg auf Erden* (1914).[16] Die militante Haltung während der Kriegszeit wurde ab Ende Oktober 1914 gelegentlich unterbrochen, als man von Käthe Kollwitz *Das Bangen* und bald darauf von Max Beckmann das *Andenken an einen gefallenen Freund* abbildete. Die *Kriegszeit* erschien noch bis März 1916. Die Nachfolgepublikation von Paul Cassirer, die Flugblätter *Der Bildermann*, stellte eine ideologische Kehrtwende dar und distanzierte sich mit Lithografien von Ernst Barlach, Erich Heckel, Oskar Kokoschka, Ernst Ludwig Kirchner und Max Slevogt vom militaristischen Geist.

Da die erhoffte Wiedergeburt der deutschen Kunst nicht eintrat, machte sich unter den Kunstkritikern rasch Ernüchterung breit. Kritisch merkte Scheffler hierzu an, es gebe gegenwärtig zwei Gruppen von Künstlern, die in einer Verbindung zum Weltkrieg stünden: auf der einen Seite die Jüngeren, die aktiv am Geschehen teilnähmen und sich davon beeindrucken und formen ließen, auf der anderen Seite die in der Heimat zurückgebliebenen älteren Künstler, die den Krieg lediglich in der Phantasie, als Idee erlebten »und darum«, so Scheffler, »ihre Empfindungen zeichnend so zu gestalten [suchten], daß ihre Darstellungen symbolisch wirken«.[17] Diese Künstler seien als Illustratoren für Kriegszeitungen gut geeignet. Schefflers Prognose lautete: »Wenn dieser Krieg überhaupt auf die Kunst wirkt, so wird es erst nach längerer Zeit geschehen und nur in mittelbarer Form. Die Wirkung wird mit dem Kriegsmotiv nichts zu thun haben, sondern nur mit der sittlichen Gesinnung, die in diesem Krieg neu erobert wird und mit den Früchten einer neuen grossen Anschauung, die auf dem Schlachtfeld erworben werden, die aber erst in der zeitlichen und räumlichen Distanz, wenn der Ekel des Augenblicks, die Strapazen, kurz das Allzumenschliche überwunden sind, künstlerisch fruchtbar werden können«.[18]

Künstler an der Front

Zweifellos waren die entwürdigenden Zustände in den Schützengräben keineswegs geeignet für eine künstlerische Tätigkeit. Zwar wurden manche bekanntere Künstler geschont, indem man ihnen einen Schreibdienst zuwies. Andere arbeiteten als Sanitäter, wie Max Beckmann oder Alfred Ahner, wobei auch diese Tätigkeit die Künstler mit stark belastenden Situationen konfrontierte und zu Nervenzusammenbrüchen führte. Eine Sonderrolle spielte der Kunsthistoriker und spätere Direktor des Erfurter Angermuseums Walter Kaesbach, der eine Sanitätseinheit leitete.[19] Während seines Einsatzes in Roeselaere bei Ypern und in Ostende forderte er den Brücke-Künstler Erich Heckel, außerdem die Maler Max Kaus, Anton Kerschbaumer und Otto Herbig für seinen Zug an und ermöglichte ihnen in der Freizeit künstlerisches Arbeiten. Auch Max Beckmann war ihm für kurze Zeit zugeteilt.

Zu ihren Aufgaben gehörten unter anderem die Verschönerung von Kantinen und Offiziersräumen, während etwa Franz Marc und Paul Klee Tarnplanen für Kriegsgerät bemalten. Die Mehrzahl jedoch verrichtete den Kriegsdienst als gewöhnlicher Soldat und erlebte den nervenzermürbenden Stellungskrieg am eigenen Leib. Im Schützengraben waren sie der Angst vor Scharfschützen und dem nächsten Angriff, dem Dreck und dem Ungeziefer ausgeliefert, und dabei auf kleine, mobile Formate und einfache Techniken angewiesen. Hier entstanden überwiegend Tagebuchnotizen, Porträts von Kameraden, Zeichnungen von Alltagsszenen und Ruinenlandschaften, jedoch kaum Darstellungen von Toten und Verletzten. Technisch und inhaltlich anspruchsvollere Werke wurden oft erst später im Atelier aus der Distanz nach Lazarettaufenthalten, Beurlaubungen oder Entlassungen geschaffen. Die heute berühmten Antikriegsbilder von Otto Dix, Max Beckmann, Ernst Ludwig Kirchner, Gert Wollheim und anderen stammen in der Mehrzahl aus den 1920er-Jahren.[20]

Lehrer und Schüler der Weimarer Kunstschule im Krieg

Mit Ausbruch des Krieges waren die unmittelbaren Folgen auch in der Weimarer Kunsthochschule spürbar. Ihr Direktor Fritz Mackensen rückte sofort als Hauptmann der Reserve beim 10. Infanterie-Regiment König in Ingolstadt ein. Hier erreichte ihn bereits am 10. August 1914 die Nachricht seines Sekretärs Bruchlos, dass auf »höchster Anordnung S. K. H. des Großherzogs«[21] die großen Lehrräume der Hochschule der Militärverwaltung für ein Kriegslazarett zur Verfügung gestellt werden sollten. Tatsächlich wurde es Ende November 1914 erstmals mit 57 Verwundeten belegt. Darüber hinaus wurden ab Ende 1915 weitere Räume der ehemaligen Kunstgewerbeschule als Kriegerheim für die rekonvaleszenten Soldaten eingerichtet. Henry van de Velde hatte noch kurz vor Beginn des Krieges am 25. Juli 1914 seine Demission als Leiter der Kunstgewerbeschule eingereicht.[22]

In einem Brief vom 14. August 1914 beschrieb Bruchlos Mackensen die Kriegseuphorie in Weimar, die sich von anderen Orten im Kaiserreich kaum unterschied: »Hier ist seit dem Beginn der Mobilisation großer Militärbetrieb. Truppenzüge gehen Tag und Nacht durch nach Westen. Die Begeisterung ist bei den Truppen und der Bevölkerung gleich groß und darf man daraus einen Schluss ziehen, so dürfen unsere Feinde ›die Rechnung aber wirklich ohne den Wirt‹ gemacht haben. Die ersten Erfolge bestätigen dies und wollen wir zu Gott hoffen, dass es so weiter geht. Wenn nur auch diesmal das perfide England gehörig seinen Teil bekommt! Nun, die Marine wird nicht nachstehen, denn auch dort ist ein guter Anfang gemacht«.[23]

Während die älteren Lehrer wie Max Thedy und Theodor Hagen den auch räumlich eingeschränkten Unterricht an der Schule aufrechterhielten, meldete sich etwa ein Drittel der männlichen Studenten an die Front. Der erst 1913 berufene Leiter der Graphischen Werkstatt und der Zeichenklasse, Walther Klemm, wurde vom Kriegsdienst freigestellt. Noch im November 1914 fand eine erste Ausstellung zur Unterstützung Weimarer Künstler statt, die unter der Schirmherrschaft von Großherzogin Feodora stand. Diejenigen Künstler, die aus Alters- oder Krankheitsgründen nicht zum Wehrdienst einberufen worden waren, hatten angesichts des Zusammenbruchs des Kunstmarktes an der Heimatfront mit großen finanziellen Problemen zu kämpfen. Paul Klopfer, der Direktor der Weimarer Baugewerkeschule, ging in seinem Katalogvorwort auf diese prekäre Lage nicht ein, sondern berief sich auf die »alten deutschen Maler« sowie auf Adolph von Menzel und Hans Thoma, in denen die »echte deutsche Seele« lebe und nach deren Vorbild »unsere Maler von heute [...] unbewusst deutsch malen [sollten] aus ihrer deutschen Seele heraus«.[24] Dass auch die mit körperlichen und seelischen Verletzungen heimkehrenden Studenten in finanzielle Nöte gerieten, geht aus einem Stipendiumsantrag hervor, den Mackensen 1916 für die Studenten Walter Determann und Paul Simon bei der Adjutantur des Großherzogs Wilhelm Ernst stellte. Hier heißt es lapidar zur Begründung: »Beide Studierende befinden sich der schweren Zeiten wegen in einer Notlage. Sie haben beide mit Auszeichnung für's Vaterland gekämpft«.[25]

Grafiker wie Walther Klemm und Max Thalmann profitierten hingegen von der massiven propagandistischen Buchproduktion zu Beginn des Krieges. Neben offiziellen Aufträgen zur Gestaltung von Kriegsauszeichnungen und Gefallenengedenkblättern erhielten sie auch zahlreiche Angebote zur Illustrierung von einschlägigen Büchern. So schuf Walther Klemm für das im Weimarer Kiepenheuer Verlag herausgegebene Buch von Ernst Borkowsky, *Unser Heiliger Krieg* (1914), zahlreiche suggestive Holzschnitte und Tuschezeichnungen. Auf andere Weise dienten die an der Kunstschule ausgebildeten Historien- und Tiermaler H. W. Schmidt und Eilmar von Eschwege der Idealisierung und Romantisierung des Krieges. Sie belieferten Zeitschriften und Kriegsdokumentationen mit Illustrationen von den Kämpfen an der Front. Im Unterschied zu dem neuen Medium Fotografie, das bereits vielfach genutzt wurde, stehen diese phantasiereichen Illustrationen noch eindeutig in der Tradition der Schlachtenmalerei des 19. Jahrhunderts. Die dargestellten Kampfszenen heben den Edelmut der Soldaten hervor und geben kaum den Schrecken des mechanisierten Krieges wieder. Dass Europa sich in ein Schlachthaus verwandelte, in dem Millionen junger Männer sinnlos starben, wird hier nicht thematisiert.

Ein ehemaliger Lehrer der Weimarer Kunsthochschule, der Tiroler Maler Albin Egger-Lienz, arbeitete als nichtoffizieller Kriegsmaler.[26] Er entwarf Vorlagen für Kriegspostkarten und Illustrationen für die Tiroler Soldatenzeitung. Nach einer Besichtigungsfahrt an der Dolomitenfront begann er mit der Arbeit an »modernen Schlachtenbildern«[27], in denen der gemeinsame ›Bruderkampf‹ Österreichs und Deutschlands pathetisch überhöht wurde. Erst nachdem er das Grauen auf den Schlachtfeldern als Beobachter der großen österreichischen Offensive bei Rovereto im Mai 1916 erlebt hatte, schuf er Werke, die auf beklemmende Weise die Entmenschlichung der Soldaten zeigen. Zu seinen talentiertesten Schülern an der Weimarer Kunsthochschule gehörten Gert Wollheim und Otto Pankok. Beide meldeten sich nicht freiwillig an die Front, sondern wurden infolge der Mobilmachung eingezogen. Während Pankok seine traumatischen Kriegserlebnisse erst nach der Entlassung aus dem Wehrdienst vor allem in Holzschnitten mit Variationen des symbolreichen Schnittermotivs darstellte, gelang es Wollheim, an der Front zahlreiche Zeichnungen und Skizzen auszuführen. In diesen realistisch-sachlichen Werken zeigte Wollheim sich noch als Teilnehmer und Augenzeuge. Erst 1918 begann er in Berlin, mit expressiv gesteigerten großformatigen Gemälden wie *Im Schützengraben* oder *Der Verurteilte* eine eindeutige Anklage zu formulieren.

Eine andere Gruppe von Weimarer Schülern hatte bei Walther Klemm in der Druckwerkstatt und in der Zeichenklasse studiert. Zu ihnen zählten etwa Hans Groß sowie die Meisterschüler Karl Peter Röhl und Eberhard Schrammen. Insbesondere das Werk Röhls spiegelt den Umbruchcharakter der Zeit. Beeinflusst von lebensreformerischen und expressionistischen Tendenzen der Vorkriegszeit, suchte er trotz der Schrecken des Krieges seine Vision einer besseren Welt bildnerisch zu artikulieren.[28] Als Infanterist an der russischen Front eingesetzt, schuf er hier vor allem kleinere Skizzen von Ruinenlandschaften und Porträts von Kameraden. Nach einem Lazarettaufenthalt war Röhl von 1915 bis 1917 in Berlin stationiert, wo er die Möglichkeit hatte, am Kunstgewerbemuseum freischaffend zu arbeiten. Dort entstanden seine vital-bewegten Akte, die sich in tänzerischer Gebärde der Sonne entgegenrecken. Indem Röhl diese männlichen und weiblichen Akte den Gräberfeldern des Krieges gegenüberstellt, erscheinen sie als bildhafter Ausdruck der Suche nach einem neuen Bezug zur Welt, nach einem ›neuen Menschen‹.

In Röhls Werken wird eine Zivilisationskritik sichtbar, die den Menschen zurückführen will zu seinen Ursprüngen, zur Harmonie mit den kosmischen Gesetzen.[29] Röhl gehörte schon vor Kriegsbeginn zu einer gleichgesinnten Gruppe um den Maler Johannes Molzahn.[30] Dieser Absolvent der Weimarer Mal- und Zeichenschule hatte 1912 in der Schweiz Kontakte zu dem experimentell arbeitenden Künstlerkreis um Otto Meyer-Amden aufgenommen, der sich mit pantheistischen Vorstellungen von Leben und Kosmos beschäftigte. Auch die während Molzahns Kriegsdienst 1916/17 an der deutsch-dänischen Grenze entstandenen Gemälde und Aquarelle nehmen kaum Bezug auf die reale Situation des Künstlers, sondern zeigen in symbolisch verschlüsselten Werken wie *Neue Tafeln* den Einfluss von Meyer-Amden.[31] Diese Arbeiten wurden schon 1917 in Herwarth Waldens Berliner STURM-Galerie ausgestellt.

Eine Sonderstellung nimmt Robert Michel ein, der als Versuchsflieger für die Konstruktions- und Versuchsabteilung der Waggonfabrik in Gotha arbeitete und nach einem Abschuss als Verwundeter 1916 in das Reservelazarett der Weimarer Kunsthochschule verlegt wurde.[32] Hier bot sich ihm die Möglichkeit, ein Kunststudium aufzunehmen. Michels ungebrochene Faszination für Maschinen und Propellerrotoren kommt in seinen in der Druckwerkstatt Walther Klemms hergestellten Holzschnitten zum Ausdruck. Deren dynamisches Bewegungsspiel verweist auf den Einfluss des italienischen Futurismus. In der Zeichenklasse Klemms lernte er auch seine spätere Frau Ella Bergmann kennen, die seit 1915 an der Großherzoglich Sächsischen Kunsthochschule studierte. Aufgrund der Einberufung eines Großteils der männlichen Studenten hatte sich der Anteil der weiblichen Hochschüler erheblich erhöht. So waren im Wintersemester 1917/18 insgesamt 140 Studierende eingeschrieben, davon 73 Männer und 67 Frauen. Für die Kunststudentinnen stellte sich an der Heimatfront das Problem, wie sie auf den Krieg künstlerisch reagieren sollten. In den Werken Ella Bergmanns aus der Kriegszeit zeigt sich eine Entwicklung von eher traditionellen figürlichen Bildthemen wie dem christlichen Klage-Motiv der Pietà bis hin zu einer abstrakt-bewegten Formensprache.[33] Eine andere Weimarer Kunststudentin, Magda Langenstraß-Uhlig, hatte als eine der ersten Frauen ihr Malereistudium bei Hans Olde und Sascha Schneider begonnen und 1911 bei Fritz Mackensen abgeschlossen. Im Ersten Weltkrieg folgte sie ihrem Mann, der als Truppenarzt eingesetzt war, in verschiedene Lazarette. In dieser Umgebung konnte sie eine Reihe von sachlichen Porträts verwundeter Soldaten ausführen, die durch eine bemerkenswert sensible Charakteristik auffallen.

Während ein vom Kriegsdienst befreiter Kunststudent wie Hans Groß sich in seinen Holzschnitten etwa der altdeutschen Holzschnittkunst zuwandte und aus deren Motiven mystisch-religiöse Totentänze entwickelte, orientierte sich Hans Richter als einer der wenigen Weimarer Studenten in eine politisch-pazifistische Richtung. Aus dem Exil in der Schweiz begegnete er dem Wahnwitz des Krieges mit dadaistisch-grotesker Bitterkeit. In Ludwig Rubiners pazifistischer Zeitschrift *Zeit-Echo* veröffentlichte er 1917 einen eindringlichen Appell unter dem Titel *Ein Maler spricht zu den Malern*. Mit klaren Worten forderte Richter: »Kein Mensch wird um *die* Entscheidung herum können: zur Erhaltung seiner selbst und des Guten und *des* Menschen *sich* einzusetzen mit *aller* Kraft in jeder Handlung? Einmal wird auch dem Maler eigene Qual einfachste Formulierung für Gut und Böse hervorpressen. Einmal wird auch der Maler das finden, was zu *tun* ist. Dann wird malen und für die Menschheit handeln, so untrennbar sein, daß man nicht mehr auf Menschen schießt«.[34]

Anmerkungen

1 Vgl. Möning 1993, S. 233–241. **2** Kandinsky/Marc Briefwechsel, Lankheit 1983, S. 263. **3** Ebd. **4** Brief vom 18.4.1915, Beckmann. Briefe im Felde 1914/15, Tube 1984, S. 43. **5** Schneede 2013, S. 25. **6** Vgl. Ausst. Kat. Die Avantgarden im Kampf, 2014; Segal 1996. **7** Vgl. Cork 1994, S. 321. **8** Vgl. Ausst. Kat. Der Erste Weltkrieg und die Kunst, 2008. **9** Vgl. Börsch-Supan 1996, S. 195–207. **10** Scheffler 1915a, S. 2. **11** Ebd., S. 3. **12** Scheffler 1915b, S. 44. **13** Westheim 1915, S. 81. **14** Ebd. **15** Ebd., S. 87–88. **16** Vgl. Kriegszeit. Nr. 18/19, 24. Dezember 1914. **17** Zit. nach Küster 2008, S. 100. **18** Zit. nach Küster 2008, S. 101. **19** Vgl. Ausst. Kat. Einsatz für die Moderne, 1996. **20** Vgl. Eberle 1989. **21** Brief von Bruchlos an Mackensen, 10.8.1914, ThHStAW, Großherzoglich Sächsische Hochschule für bildende Kunst Nr. 29, Bl. 373. **22** Vgl. Wahl 2007, S. 303–305. **23** Brief von Bruchlos an Mackensen, 14.8.1914; ThHStAW, Großherzoglich Sächsische Hochschule für bildende Kunst Nr. 29, Bl. 374. **24** Ausst. Kat. Weimarer Künstler, 1914. **25** ThHStAW, Großherzoglich Sächsische Hochschule für bildende Kunst Nr. 28, Bl. 2. **26** Kirschl 1996, S. 264–298. **27** Brief von Albin Egger-Lienz an Hammer, 5.11.1915, zit. nach Kirschl 1996, S. 268. **28** Vgl. Hofstaetter 1999, S. 378. **29** Vgl. Hofstaetter 1997, S. 11. **30** Vgl. Tack 1999, S. 246. **31** Vgl. Gries 1996, S. 55f., 66. **32** Vgl. Reising-Pohl 1988, S. 12. **33** Vgl. Nobis 1990, S. 8. **34** Richter 1917, S. 23.

LEHRER UND SCHÜLER DER WEIMARER KUNSTSCHULE

Kat. 287 Albin Egger-Lienz · 1915 · 1915 · Klassik Stiftung Weimar

Kat. 287 ☐ S. 211
MONUMENTALE KUNST IM KRIEG

Im Frühjahr 1915 meldete sich Albin Egger-Lienz zu den Tiroler Standschützen. Bereits nach einer Woche Schanzarbeiten war sein Einsatz beendet, und ärztlich attestierte Herzbeschwerden ermöglichten ihm die Heimkehr nach Bozen. Dort entwarf er als künstlerischer Berater im Kriegsfürsorgeamt Vorlagen für Kriegspostkarten und Illustrationen für die *Tiroler Soldatenzeitung*. Nach einer Besichtigungsfahrt an die Dolomitenfront begann Egger-Lienz den Krieg in monumentalen Werken zu überhöhen. Diese »modernen Schlachtenbilder« sollten »das Aufrechte, Unbesiegbare Schreiten über Leichen, [das] Ewige als Mythos darstellen« (Egger-Lienz, 5. 11. 1915, zit. nach Kirschl 1996, S. 286). Auch in der Lithografie *1915* konzentriert sich der Künstler auf eine horizontale Verkettung dreier Soldatenreihen, die auf einem nur vage angegebenen flachen Terrain beinahe frontal auf den Betrachter zustürmen. Egger-Lienz verzichtete auf jegliche individuelle Charakterisierung der Soldaten, da es ihm vor allem darum ging, den gemeinsamen ›Bruderkampf‹ Österreichs und Deutschlands in einer symbolischen Formensprache zu feiern. Über diese Lithografie, in der die Masse der Soldaten nur anhand der unterschiedlichen Kappen und Pickelhauben zu unterscheiden ist, schrieb er: »Österreichs und Deutschlands Volk in Waffen schiebt als eine unbesiegbare Macht, eine undurchbrechliche Mauer, den Feind vor sich her« (ebd.). GW

Literatur: Kirschl 1996, S. 266–298.

Kat. 289 Albin Egger-Lienz · Finale · um 1923 · Privatbesitz

Kat. 288 Albin Egger-Lienz · Anno 1914 · 1923 · Staatliche Graphische Sammlungen München

Kat. 290 Gert Wollheim · Im Schützengraben · 1918 · Stadtmuseum Landeshauptstadt Düsseldorf

Kat. 288 ☐ S. 212 · 289 ☐ S. 212
DEN NAMENLOSEN

Obwohl Egger-Lienz nicht unmittelbar am Kriegsgeschehen teilnahm, ist in späteren Werken nichts Heroisches mehr zu erkennen. Diese Entwicklung lässt sich gut an der erst in der Nachkriegszeit entstandenen Lithografie *Anno 1914* beobachten. Die isolierte Mittelfigur ist dem Monumentalgemälde *Den Namenlosen 1914* (Heeresgeschichtliches Museum, Wien) entnommen und symbolisiert die Entmenschlichung und Mechanisierung des Menschen im Krieg. Die mit gezückten Waffen tief geduckt vorstürmende Soldatengruppe entkleidete Egger-Lienz in der letzten Gemäldefassung aller realistischen Details und reduzierte die Soldaten zu kriechenden, automatenhaften Wesen.

Das Grauen auf den Schlachtfeldern erlebte Egger-Lienz im Mai 1916, als er die große Offensive der Österreicher bei Rovereto als Beobachter verfolgte. Unter diesem Eindruck schuf er einige Schlüsselwerke wie *Missa eroica*, die als Gegenstücke zu seinen frühen Kriegsbildern gelten können. Die Bilderreihe der *Totenfelder* führte schließlich zu der radikalen Formfindung in dem Gemälde *Finale* (Privatbesitz, Wien), das am Ende dieser Entwicklung steht. Von einer diffusen Masse von Körpern heben sich die erstarrten Leiber zweier Toter ab, die sich bereits in einem Auflösungsprozess befinden. Die gleichnamige Lithografie aus der Nachkriegszeit ist ganz auf eine der verkrümmt liegenden Gestalten reduziert, die gleichsam zu einem Menetekel des Kriegsschreckens wird. GW

Literatur: Kirschl 1996, S. 266–298.

Kat. 290 ☐ S. 213
WOLLHEIM IM SCHÜTZENGRABEN

Gert Wollheim war einer der talentiertesten Schüler von Albin Egger-Lienz, bei dem er auf Rat von Fritz Mackensen von April 1912 an studierte. Neben anderen Künstlern wie Karl Peter Röhl, Eberhard Schrammen und Carl Lohse lernte Wollheim hier seinen späteren Freund Otto Pankok kennen, mit dem er nach Ende des Ersten Weltkriegs in Düsseldorf der Avantgardegruppe *Junges Rheinland* beitrat. Als Egger-Lienz im Herbst 1913 Weimar verließ, ging Gert Wollheim zunächst nach Berlin und folgte Anfang 1914 dem österreichischen Künstler nach Tirol, wo dieser eine Freie Kunstschule gegründet hatte. Mit Ausbruch des Krieges wurde Wollheim eingezogen und kämpfte zunächst an der Front in Ostpreußen, bevor er an die Westfront versetzt wurde.

Im Schützengraben entstanden zahlreiche Zeichnungen und Skizzen, die Wollheim teilweise in eine Mappe einklebte, der er den Titel *1917* gab. Im Spätsommer 1917 wurde er durch einen Bauchschuss schwer verletzt und kam in ein Lazarett nach Berlin. Ein Oberarzt rettete ihn vor weiterer ›Kriegsverwendung‹. Auf der Grundlage seiner im Feld entstandenen Zeichnungen begann Wollheim 1918 in Berlin mit großformatigen ›Antikriegsbildern‹. Eines der Hauptwerke dieser Zeit heißt *Im Schützengraben* und zeigt zwei Soldaten, deren gekrümmte Körper sich schutzsuchend im lehmigen Schützengraben zusammendrängen, während sie auf den Angriff warten. In der stilisierten Formensprache und der auf erdige Töne reduzierten Farbigkeit ist deutlich das Vorbild des von Egger-Lienz entwickelten monumentalen Stils zu erkennen. GW

Literatur: Ausst. Kat. Wollheim, 1984.

Kat. 291 ☐ S. 214 · 292 · 293

KRIEGSTRAUMATA

Das Trauma seines eigenen Bauchschusses im Spätsommer 1917 verarbeitete Gert Wollheim in zahlreichen Zeichnungen und Skizzen, die auch die Vorlage bildeten zu seinem Hauptwerk der Kriegszeit, zum Triptychon *Der Verwundete* (Privatbesitz) von 1919. In diesem Bild ist die existentielle Gebärdensprache des Schmerzes und des Leidens, die auch Zeichnungen wie *Fassungsloser Schmerz* prägt, zu einem Ausdruck totaler körperlich-seelischer Erschütterung gesteigert. In ähnlich berührender Weise wie Otto Dix stellt Wollheim den anonymen Soldaten mit seiner schmerzverzerrten Maske unter dem Stahlhelm dar. In anderen Blättern deutet Wollheim auf skizzenhafte Weise nur Details von Gesichtern und Verwundungen an. Gerade die Zeichnungen, die er in seine Mappe *1917* einklebte, markieren den Wandel vom Zeugen der individuell Leidenden zum kämpferischen, entlarvenden Ankläger, der schonungslos die Sinnlosigkeit und Entmenschlichung des Krieges schildert. GW

Literatur: Ausst. Kat. Wollheim, 1984.

Kat. 294 ☐ S. 215

DER VERURTEILTE

Wollheims Weg vom Kriegsteilnehmer zum kritischen Beobachter zeigt sich auch in dem Gemälde *Der Verurteilte*, das auf einer Tuschezeichnung eines am Pfahl hingerichteten Menschen (um 1917) basiert. Gert Wollheim hatte mit ansehen müssen, wie ein Belgier erschossen wurde, weil dieser nach der Plünderung seines Bauernhofes die deutschen Täter als ›boches‹ bezeichnet hatte. Die Vorlage zeigt verschiedene Detailstudien des erschossenen Mannes, der vornübergebeugt in seinen Fesseln hängt. In seinem erst 1919 vollendeten Gemälde stellt Wollheim den verurteilten Zivilisten hingegen lebend und aufrecht stehend, an einem Pfahl gebunden mit einer Augenbinde dar. Die Exekutionsszene erinnert an das berühmte Blatt Nr. 15 *Y no hay remedio (Da gibt es keine Hilfe)* aus der Radierfolge *Desastres de la Guerra* von Francisco de Goya, in der dieser die Schrecken des Spanisch-Französischen Krieges von 1808 bis 1813 auf einzigartig beklemmende Weise schildert. Wollheim verdichtet sein bedrückendes Motiv, indem er den Verurteilten auf einer Schädelstätte zeigt; zur Rechten des Mannes sind ein Totenschädel und eine abgehackte Hand zu sehen, während auf der linken Seite ein Spaten im Erdboden steckt und damit auf das bevorstehende Handwerk des Totengräbers vorausweist. GW

Literatur: Ausst. Kat. Wollheim, 1984, S. 17.

Kat. 291 Gert Wollheim · Fassungsloser Schmerz · 1917
Stadtmuseum Landeshauptstadt Düsseldorf

Kat. 294 Gert Wollheim · Der Verurteilte · 1921 · Privatbesitz Berlin

setzte er sich unmittelbar nach Ende des Krieges künstlerisch vor allem mit dem von Millet und van Gogh übernommenen Thema des Schnitters auseinander, den er als Symbol des Todes sieht. In Pankoks kleinformatigen Holzschnitten fährt der Tod auf den von einer Sonne überstrahlten Schlachtfeldern seine Ernte ein. Auch der Titel *Der Blitz* der 1919 entstandenen Radierung verweist zunächst auf ein Naturereignis, zeigt jedoch in expressiv abstrahierter Formensprache eine auseinanderfliegende, explodierende Dorflandschaft. GW

Literatur: Ausst. Kat. Otto Pankok, 1993.

Kat. 298 · 299 · 300 · 301 ☐ S. 216 · 302
AKT VOR GRÄBERFELD

Karl Peter Röhl studierte ab 1912 an der Hochschule für bildende Kunst in Weimar bei Albin Egger-Lienz und Walther Klemm, dessen Meisterschüler er 1914 wurde. Mit Johannes Molzahn, Ilmari Auerbach und Johannes Karl Hermann bildete Röhl nach Ende des Ersten Weltkriegs eine Künstlergruppe, die sich mit den neuesten Kunstströmungen auseinandersetzte und sich für die Berufung von Paul Klee, Wassily Kandinsky, Lyonel Feininger und Georg Muche an das von Walter Gropius in Weimar gegründete Bauhaus einsetzte. Röhl studierte von 1919 bis 1921 am Bauhaus und begleitete es kritisch bis 1925. Karl Peter Röhl gehörte nicht zu den Künstlern, die sich im Zuge der allgemeinen Kriegsbegeisterung freiwillig zum Militärdienst meldeten, wurde aber schon im November 1914 einberufen. In seinem erhaltenen Kriegstagebuch von 1915 schildert Röhl entgegen des propagierten ›Augusterlebnisses‹ die gedämpfte Stimmung bei der Abreise und dem Abschied von der Heimat.

Kat. 301 Karl Peter Röhl · Ohne Titel (Kniender männlicher Akt mit ausgebreiteten Armen)
1917 · Karl Peter Röhl Stiftung · Weimar

Kat. 295 ☐ S. 216 · 296 · 297
DER SCHNITTER AUF DEM FELD

Otto Pankok studierte von Oktober 1912 bis März 1913 an der Großherzoglich Sächsischen Hochschule für bildende Kunst bei Albin Egger-Lienz. Unter seinen Kommilitonen befand sich auch Gert Wollheim. Mit Ausbruch des Krieges wurde Pankok zum Militärdienst eingezogen und an der Westfront in Nordfrankreich eingesetzt. Hier erlebte er die ersten großen Materialschlachten und wurde bei einer Grabensprengung verschüttet. Nach einem Lazarett- und Sanatoriumsaufenthalt entließ man ihn im April 1917 aus dem Wehrdienst. Pankok ging zunächst nach Berlin, wo er Gert Wollheim wiedertraf. Mit Bitterkeit schrieb er in einem Rückblick über seine Kriegszeit: »Unsere energiegeladene Jugend hatte man geknebelt, versklavt und zermürbt. Man hat uns zur Verzweiflung getrieben und uns jeden Funken aus dem Schädel geknallt« (Pankok 1930, S. 11 f.).

Während seiner Akademiezeit in Weimar waren Rembrandt, Millet und van Gogh seine großen Vorbilder gewesen. In der Nachfolge von Millets großen Bauernfiguren suchte Pankok die Einheit von Mensch und Natur. Obwohl die Handgranatenschlachten von La Bassée und Loos ihn zutiefst erschütterten, blieb er seiner eigentlichen Motivwelt treu. Es existieren zwar Skizzenblätter mit Eindrücken von der Front, doch

Kat. 295 Otto Pankok · Sonne · 1919
Eva Pankok – Otto-Pankok-Museum, Hünxe

Kat. 306 Eberhard Schrammen · Reiseskizzenbuch (Selbstporträt als Soldat und Zivilist) · 1918
Klassik Stiftung Weimar

In seinen Gedichten herrscht der Krieg als elementare Bedrohung vor. Die Zeichnungen von der Westfront in Frankreich 1917 zeigen den Kriegsalltag jenseits der Kämpfe: die verwüstete und geschundene Landschaft mit zerschossenen Bäumen und darüber friedlich strahlender Sonne oder die Ruinen eines niedergebrannten Dorfes mit einer zerbeulten Wasserpumpe im Zentrum als Symbol für das Leben. Das Porträt eines jungen Soldaten mit Stahlhelm und Militärmantel vermittelt mit seinem nach innen gerichteten Blick Resignation und Kriegsmüdigkeit. Künstlerisch überhöht und voller Symbolgehalt tritt uns dagegen ein weiblicher Akt vor einem Gräberfeld mit einfachen Grabkreuzen vor Augen. Expressiv und betont skizzenhaft zeigt Röhl den Frauenkörper in ekstatischer Trauergeste und widmet das Blatt »meinen lieben Kameraden«. Als Gegenstück dazu kann man den knienden männlichen Akt deuten, der mit ausgebreiteten Armen und gen Himmel gerecktem Haupt Gnade und Frieden zu erbitten scheint. Zugleich wird die Suche nach dem ›Neuen Menschen‹ erlebbar. Die tänzerisch bewegten Figuren scheinen gleichermaßen von Henri Matisse' Tanzbildern um 1909 wie von religiösen Motiven in der Kunst des Expressionismus beeinflusst. MSi

Kat. 305 Eberhard Schrammen · Infanteristen · 1918
Klassik Stiftung Weimar

Kat. 318
Ella Bergmann-Michel
Ohne Titel (Aufruhr) · 1917–1920
Sprengel Museum Hannover

Kat. 315
Ella Bergmann-Michel
Ohne Titel (Totenklage) · um 1915
Sprengel Museum Hannover

Kat. 322
Robert Michel · Ohne Titel (Kreise)
1917/1918 · Sprengel Museum Hannover
Leihgabe Nachlass Robert Michel und
Ella Bergmann-Michel

Ohne Titel (Abstraktion III) zeigen, verdrängte die abstrahierende Darstellung in Bergmann-Michels Kunst zunehmend die Darstellung menschlicher Figuren. Explodierendes und Kristallines, Sterne und morphologische Formen beherrschen Bergmann-Michels Bildwelt der Umbruchszeit zwischen Krieg und Revolution. UA

Kat. 319 · 320 □ S. 222 · 321 · 322 □ S. 221
DYNAMISCHE MECHANIK

Robert Michels besonderes Interesse galt zunächst nicht der bildenden Kunst, sondern der Technik. Bereits als 15-Jähriger hatte er sich für die Fliegerei begeistert. Im Jahr 1914 meldete er sich als Volontär in der Gothaer Waggonfabrik, die zwischen 1910 und 1918 Flugzeuge produzierte, freiwillig zum Kriegsdienst. Er legte mit gerade einmal 18 Jahren das Pilotenexamen ab und wurde 1916 Versuchsflieger. Daneben sammelte er Erfahrungen im technischen Zeichnen. Ein tragischer Absturz 1916, den Michel schwerverletzt überlebte, beendete zwar seine Pilotenlaufbahn, bewahrte ihn jedoch vor dem Fronteinsatz. In einem Brief seines Fluglehrers Willy Charlett spricht dieser mit Schicksalsergebenheit vom Krieg, von den gefallenen Kameraden Michels, von technischen Neuentwicklungen und Rückschlägen im Flugzeugbau. Auch betont er sein Bedauern, dass an Michel »ein tüchtiger und guter Flieger verloren gegangen« (Sprengel Museum Hannover, A 28.01-1916/001) sei. Nach einem längeren Lazarettaufenthalt wurde Michel aus dem Heeresdienst entlassen.

Noch 1916 schrieb er sich als Student in der Zeichenklasse von Walther Klemm ein. Bereits in der Sommerausstellung des Jahres 1917 wurde Michel für seine Zeichnungen belobigt. In dieser Ausstellung zeigte auch eine kleine Gruppe von ›Futuristen‹ ihre Arbeiten, die Michel beeindruckten. Recht bald ließ er seine frühen akademischen Zeichenversuche hinter sich und erklärte Lineal, Zirkel und Reißschiene zu seinen wichtigsten Malutensilien. Michel setzte sich nun seinerseits intensiv mit dem Futurismus auseinander und entwickelt eine dynamisch-abstrakte, beinahe konstruierende Darstellungsweise. Häufig auftauchende kreisende Formen erinnern an rotierende Propeller, und die Kompositionen wirken wie

Kat. 320 Robert Michel und sein Fluglehrer Willy Charlett in Gotha · Unbekannt · 1914/15 · Sprengel Museum Hannover

Kat. 323 Reserve-Lazarett 11 in der Großherzoglichen Kunsthochschule Weimar · Heinrich Koch · 8. 1. 1915 · Privatbesitz

chaotische, nicht zu erklärende Maschinen und Mechaniken. Mit dem Expressionismus, dem viele seiner Kommilitonen anhingen, wollte Michel nichts zu tun haben.
Anlässlich der Schülerausstellung im Sommer 1918 kam es zu einer Auseinandersetzung zwischen Michel und seinem Lehrer Klemm, in deren Folge Michel aufgrund seines Verhaltens aus der Kunsthochschule entlassen wurde. Diese Entscheidung nahm das Kollegium jedoch einen Monat später auf Michels Bitten hin wieder zurück. Formal war Michel bis Oktober 1919 noch Schüler der Kunsthochschule beziehungsweise des Bauhauses. Er gehörte jedoch zu jenen Künstlern um Karl Peter Röhl und Johannes Molzahn, die ein kritisches Verhältnis zu jeglicher Art von Schule pflegten und sich schließlich als eigenständige Künstler emanzipierten. UA

Kat. 323 ☐ S. 222
DAS LAZARETT IN DER KUNSTSCHULE

Unmittelbar nach Ausbruch des Ersten Weltkrieges informierte Staatsminister Karl Rothe das Königliche Kommando des Infanterieregiments Großherzog von Sachsen (5. Thür.) Nr. 94, dass nach »höchster Anordnung Seiner Königlichen Hoheit des Großherzogs« die Räume der Kunstschule der Militärverwaltung zur Verfügung gestellt würden (ThHStAW, Großherzoglich Sächsische Hochschule für bildende Kunst 47). Für die militärische Nutzung kämen in erster Linie die Ateliers im Erd- und im Dachgeschoss in Betracht, während die Werkstätten der einzelnen Professoren im ersten Obergeschoss diesen zum privaten Gebrauch überlassen bleiben sollten. Bereits Ende November 1914 wurde das Reserve-Lazarett 11 in der Kunstschule erstmals mit 57 Verwundeten belegt. Darüber hinaus wurden ab Ende 1915 Räume der ehemaligen Kunstgewerbeschule als Kriegerheim genutzt, was die endgültige »Liquidierung der Kunstgewerbeschule« (ebd.) zur Folge hatte.
Im Oktober 1918 wurde das Lazarett um mehr als 100 Betten erweitert, weshalb nun auch Arbeitsräume im Obergeschoss der ehemaligen Kunstgewerbeschule genutzt werden mussten. Erst im Mai 1919, nach Gründung des Staatlichen Bauhauses in Weimar, begann die schrittweise Räumung des Lazaretts. Walter Gropius übernahm Teile der Lazarett-Küche, die sich im ehemaligen Brendel'schen Atelier befand, zur Einrichtung der Bauhaus-Kantine. Noch im Juni desselben Jahres wurden die privaten Atelierräume von Henry van de Velde im ehemaligen Werkstattgebäude der Kunstgewerbeschule als Wäschedepot genutzt, sodass die Renovierungs- und Instandsetzungsarbeiten erst über den Sommer 1919 abgeschlossen werden konnten. NK

Kat. 324 Hans Groß · Vertreibung aus dem Paradies · 1918
Klassik Stiftung Weimar

Kat. 324 ☐ S. 223 · 325
VERTREIBUNG AUS DEM PARADIES

Im Jahr 1914 begann Hans Groß sein Studium an der Großherzoglichen Sächsischen Hochschule für bildende Kunst. Seit 1915 bediente er sich konsequent einer expressionistischen Formensprache. Der Holzschnitt kam dem kontrastreichen und eruptiven Gestus der Expressionisten sehr entgegen, die diese Technik für sich neu entdeckten. In der europäischen Kunstgeschichte ist der Holzschnitt eine deutsche Erscheinung. Indem sich einige expressionistische Künstler auf die spätgotische Malerei in Verbindung mit einer ›nationalen‹ Drucktechnik beriefen, konstruierten sie vermeintliche Traditionslinien einer neuen nationalen Kunst.
Die Blätter *Vertreibung aus dem Paradies* und *Lass die letzte Posaune erklingen* umschließen als thematische Klammer die zehn Blatt umfassende Serie *Kleiner Totentanz* von 1918. Im Holzschnitt *Vertreibung aus dem Paradies* übernimmt die Figur des Todes die Rolle des Verführers. Groß platziert diese Gestalt im Zentrum der oberen Bildhälfte, in einer stilisierten Baumkrone. Die linke Hand hält den Apfel, während die andere mit einer Handbewegung einlädt. Hinter dieser Figur öffnet sich der Raum wie ein Fenster, an dessen äußerer Begrenzung die Scheidung von Tag und Nacht in einem ewigen Dunkel aufgehoben ist. Die linke Seite des Blattes versammelt die klassischen Symbole der Weiblichkeit: den Apfel, die Mondsichel und schließlich die Gestalt der Eva selbst. Neben ihr, auf der Sonnenseite der Darstellung, sitzt der schlafende

Kat. 327 Hans Richter · Die Welt den Ochsen und den Schweinen Bl. 2 · 1917
Kunsthaus Zürich, Grafische Sammlung

Kat. 329 Hans Richter · Die Welt den Ochsen und den Schweinen Bl. 4 · 1917
Kunsthaus Zürich, Grafische Sammlung

Adam. Während Eva erwachend dem Tod ins Antlitz schaut, verbirgt Adam sein Gesicht schlafend in den gekreuzten Armen. Der Titel des Blattes verweist nicht auf das unmittelbare Geschehen, sondern nimmt dessen Folgen voraus. Groß sieht schon in der Möglichkeit von Erkenntnis das Ende der Unsterblichkeit vorausbestimmt. Das zweite Blatt nimmt mit dem Titel *Tod über den Schanzen* als einziges der Reihe direkt Bezug auf den Krieg. *Lass die letzte Posaune erklingen* markiert als Schluss der Reihe den Zeitpunkt der Auferweckung der Toten und des jüngsten Gerichts.

Groß' Beschäftigung mit dem Totentanz-Thema war um 1918 wohl auch kompensatorisch motiviert. Zu Kriegsbeginn hatte er sich freiwillig zum Heeresdienst gemeldet, wurde aber nach einem Unfall in der Ausbildung und wegen einer schwächlichen Konstitution als dienstuntauglich entlassen. Statt seinem ›Vaterland mit Schwert zu dienen‹, verarbeitete er in seiner Kunst nun umso intensiver die kollektive Todeserfahrung, mit welcher der Krieg das Volk konfrontierte. UA

Kat. 326 · 327 ☐ S. 224 · 328 · 329 ☐ S. 224 · 330 · 331

DIE WELT DEN OCHSEN UND DEN SCHWEINEN

Hans Richter hatte von 1908 bis 1909 bei dem amerikanischen Künstler Gari Melchers an der Weimarer Kunstschule studiert, bevor er nach Berlin wechselte. Unter dem Eindruck des von Herwarth Walden organisierten Berliner Herbstsalons im Jahr 1913 wandte sich Richter dem Kubismus zu. Noch kurz vor Ausbruch des Krieges beteiligte er sich an der von Jean Genet herausgegebenen deutsch-französischen Kulturzeitschrift *Der neue Mensch/Le nouveau homme*. Mit der Mobilmachung wurde Richter eingezogen und als Artillerist an der Ostfront eingesetzt. Nach einem Lazarettaufenthalt konnte er im September 1916 in die neutrale Schweiz flüchten, wo er Kontakt zu der dadaistischen Cabaret-Voltaire-Gruppe um Hugo Ball und zu dem Publizisten und Verleger Ludwig Rubiner fand. In Zürich entstanden 1917 die Zeichnungsfolgen zu *Kaiser Wilhelm II., Im Felde der Ehre* und *Die Welt den Ochsen und den Schweinen*, in denen er seine traumatischen Kriegserlebnisse künstlerisch umsetzte und auf karikaturistische und groteske Weise die deutsche Kriegsführung anprangerte. In dieser Phase lieferte er auch künstlerische und literarische Beiträge für die pazifistische Zeitschrift *Zeit-Echo* von Rubiner. Mit Tuschezeichnungen wie *Der heilige Mitmensch. Widmungsblatt an die russische Freiheit* und dem eindringlichen Appell *Ein Maler spricht zu den Malern* antizipierte er bereits das Bild eines neuen, idealen Menschentypus, der von einer zutiefst pazifistischen Überzeugung getragen sein sollte. GW

Literatur: Gray 1971, S. 21–33; Ausst. Kat. Hans Richter, 1984.

Kat. 232 Johannes Molzahn · Neue Tafeln · 1916 · Bayerische Staatsgemäldesammlungen, München

Kat. 332 ☐ S. 225
NEUE TAFELN

Johannes Molzahn wuchs in Weimar auf und absolvierte nach dem Besuch der Großherzoglichen Zeichenschule eine Fotografenausbildung. Bei seinem Schweiz-Aufenthalt von 1909 bis 1914 kam er mit dem Maler Otto Meyer-Amden in Kontakt, der ihm kosmisch-spekulatives Gedankengut vermittelte. Im Frühjahr 1915 ohne Begeisterung zum Kriegsdienst einberufen, diente er bis zur Versetzung an die Ostfront 1917 als Grenzposten in Nordschleswig, wo er den Wandel zur abstrakten Malweise vollzog.

Zu den dort entstandenen Werken gehört das Bild *Neue Tafeln*. Mit dem religiösen Sujet der Übergabe der Gesetzestafeln an Moses spielt der Künstler programmatisch auf die Anwendung neuer Formgesetze an und überhöht sie damit zu einem Ereignis göttlicher Offenbarung. Von oben reicht ein Engel eine eingerollte Gesetzestafel an den Künstler-Moses im Bildzentrum weiter, der bereits von weiteren Tafeln umstellt ist. Der differenzierte Farbauftrag bildet eine reliefartige Wirkung aus, die in pulsierenden Gegensatz zu den schwarzen Gliederungselementen aus Ovalen, Rechtecken und Diagonalen tritt. Eine kosmische Dimension vermittelt die kühle Farbgebung, die zum Bildzentrum hin durch wärmere Farben gebrochen wird.

Das Bild wurde 1917 in Herwarth Waldens expressionistischer STURM-Galerie in Berlin gezeigt. Dieser Kontakt machte Molzahn zum Vermittler neuer Strömungen nach Weimar, wo er sich nach seiner Rückkehr 1918 als ›deutscher Boccioni‹ der futuristischen Auffassung zuwandte. Gemeinsam mit Karl Peter Röhl und Johannes Karl Herrmann bildete er eine für avantgardistische Neuerungen empfängliche und provokant auftretende Gruppe, die unter anderem durch ihren Kontakt zu Walter Gropius an der Gründungsphase des Bauhauses beratend mitwirkte. JRö

Literatur: Gries 1996; Schade 1972; Tack 1999, S. 256–251.

KRIEGSGRAFIKER UND BUCHILLUSTRATOREN

Kat. 336 Walther Klemm · Zum Gedächtnis. Er starb fürs Vaterland · 1916–1918
Klassik Stiftung Weimar

Kat. 333 · 334 · 335 · 336 □ S. 226 · 337
GEBRAUCHSGRAFIK FÜR DEN KRIEG

Der in Wien an der dortigen Kunstgewerbeschule ausgebildete Walther Klemm wurde von Fritz Mackensen 1913 als Leiter der Graphischen Werkstatt an die Weimarer Kunsthochschule berufen. Zu seinen Schülern gehörten unter anderen Karl Peter Röhl, Hans Groß und Robert Michel, die im Ersten Weltkrieg kämpfen mussten und die nach Ende des Krieges den visionären Ideen von Walter Gropius folgten und ins neugegründete Bauhaus eintraten.

Noch im Sommer 1914 wurde Walther Klemm mit der Goldmedaille der Internationalen Leipziger Buch- und Grafikausstellung ausgezeichnet. Vom Militärdienst befreit, arbeitete er als gefragter Grafiker sowohl im Dienst des Großherzogs als auch für führende deutsche Verlage. Vor allem zu Kriegsbeginn publizierten viele Verlage einschlägige patriotische Bücher, die zu einem ›Heiligen Krieg‹ zur Verteidigung der deutschen Kultur aufriefen. Walther Klemm illustrierte zahlreiche dieser Bücher, darunter Ernst Borkowskys *Der Heilige Krieg*, 1914 im Kiepenheuer Verlag in Weimar erschienen, *Standarten wehn und Fahnen. Lieder aus großen Tagen*, 1914 bei Albert Langen in München und *Briefe an einen Deutschen ins Feld* von Ernst Hardt, gedruckt 1917 im Insel Verlag in Leipzig.

In seinen Zeichnungen und Holzschnitten greift Klemm den nationalpatriotischen Ton dieser Bücher auf und beschwört einen ritterlich geführten Krieg im Geist des 19. Jahrhunderts. Als beispielhaft für diese Haltung können seine 18 ganzseitigen Holzschnitte für Wilhelm Klemms ersten Gedichtband *Gloria! Kriegsgedichte aus dem Feld* gelten, der 1915 im Albert Langen Verlag in München erschien. Zwar schildert Walther Klemm hier auch den Tod auf dem Schlachtfeld oder zeigt Ruinenlandschaften, doch werden die Kriegsfolgen als ein romantisch-schicksalhaftes Verhängnis dargestellt, dem der Mensch nicht entkommen kann.

Zu Klemms gebrauchsgrafischen Arbeiten im Auftrag des Großherzogtums gehört die Gedächtnisurkunde für die gefallenen thüringischen Soldaten. Nach dem Vorbild eines von Max Klinger gestalteten Gedächtnisblatts für Sachsen entwarf Klemm eine Komposition, in der im Vordergrund eine trauernde Mutter mit Kindern dargestellt ist, während ein kniender Soldat einen Lorbeerkranz auf ein frisch ausgehobenes Grab legt. Im Hintergrund stürmen Soldaten in eine Schlacht, die wie eine Apotheose erscheint. Gegenüber der Vorzeichnung (Graphische Sammlung, KSW) übermittelte die offizielle Urkunde den Hinterbliebenen eine ausgeprägt patriotische Botschaft. GW

Kat. 338 · 339 □ S. 227 · 340 □ S. 228
KRIEGSKOMMENTARE

Dass Walther Klemm sich zu Beginn des Krieges auch für die weniger heroischen Aspekte der Mobilmachung interessierte, belegen einige Radierungen, die 1914 entstanden. In dem Blatt *Musterung* zeigt der Weimarer Künstler in sachlich-realistischer Weise die Schlüsselsituation, in der die künftigen Soldaten sich nackt einer militärischen Kommission präsentieren müssen. In feinnervigen Strichen stellt Klemm das Entwürdigende einer solchen Musterung, einer ›Fleischbeschau‹, heraus, in der aus einem zivilen Individuum ein uniformer Bestandteil einer Masse wird. Auch das Entladen von Armeepferden aus einem Transportzug erschien dem Künstler bildwürdig. Einerseits thematisiert er die militärische Organisationsmaschinerie, andererseits mutet die Radierung angesichts des kommenden Massensterbens der Pferde im Ersten Weltkrieg wie eine leise Vorahnung an.

Walther Klemms stärkster künstlerischer Kommentar zum Krieg stellt zweifellos der Holzschnitt *Der Krieg* dar. Reiter und Pferd sind hier in einer kraftvollen Vorwärtsbewegung wiedergegeben, doch tragen beide eine Maske zum Schutz gegen Gasangriffe, mit denen die Deutschen ab April 1915 an der Westfront begannen. Durch die grotesk verfremdenden Gasmasken erscheinen Reiter und Pferd als Verkörperung der Mechanisierung des Krieges und als monströse Wesen einer neuen mutierten Art. GW

Kat. 339 Walther Klemm · Musterung · 1914 · Klassik Stiftung Weimar

Kat. 341 ☐ S. 229 · 342 ☐ S. 228 · 343
BUCHILLUSTRATIONEN ZUM KRIEG

Max Thalmann studierte wie Karl Peter Röhl und Hans Groß in der Klasse von Walther Klemm an der Hochschule für bildende Kunst in Weimar. Schon 1915/16 hatte er sich erstmals als Illustrator mit vier Holzschnitten zu Charles de Costers *Vlämische Legenden* (1916) beweisen und seine finanzielle Lage durch Auftragsarbeiten etwas verbessern können.
Der wegen seiner angeschlagenen Gesundheit als ›arbeitsverwendungsfähig für die Heimat‹ eingestufte Buchgestalter Thalmann erhielt wie andere Studierende der Hochschule auch während des Ersten Weltkriegs Aufträge für die Propaganda. Die Nachrichtenabteilung des Auswärtigen Amtes plante eine Reihe von Jugendbüchern, die im neutralen Ausland ein möglichst positives Bild der Deutschen entwerfen sollten. Thalmann illustrierte für dieses Vorhaben Wilhelm Schussens Erzählung *Leutnant Vollmar erzählt: eine Geschichte für die Jugend* mit Holzschnitten, welche 1917 in Gotha beim Perthes Verlag erschien. Wehende Fahnen, straffe Paraden, Kasernenhöfe und liebliche Landschaft verniedlichen die Realität des Krieges und des Soldatenlebens zu einem beschaulichen Knabenabenteuer. Es muss Spekulation bleiben, ob sich Thalmann von diesem Auftrag innerlich distanzieren konnte.
Eine interessante Facette in Thalmanns Schaffen liefern seine Arbeiten für den Theosophischen Kultur-Verlag in Leipzig. Der hier gezeigte Titel *Die Toten kommen wieder! Eine Abhandlung über die Wiederverkörperung der menschlichen Seele nach den Lehren der großen Religionen und Denker der Welt* mag als Konzept zur Tröstung und als Erlösungsstrategie die große Popularität der Theosophie in der Zeit des Ersten Weltkriegs illustrieren. Thalmann trat 1916 als Redner auf für die Reihe *Theosophische Vorträge zur Einführung in eine höhere Weltanschauung und zur Verwirklichung der Idee einer allgemeinen Menschenverbrüderung auf der undogmatischen (unsektiererischen, toleranten) Grundlage der Erkenntnis der ›Einheit des Wesens‹ in allem und des Entwicklungsprinzips der Glaubens- und Gewissensfreiheit* zum Thema *Die Erlösung durch die Liebe zum Schönen*. Es darf davon ausgegangen werden, dass die Theosophie zumindest bis 1918 das Weltbild des Künstlers bestimmte. Über das Jahr 1918 hinaus ist eine Zusammenarbeit Thalmanns mit der Theosophischen Gesellschaft oder dem Verlag nicht nachzuweisen. UA

Kat. 340
Walther Klemm · Der Krieg · um 1915
Klassik Stiftung Weimar

Kat. 342
Max Thalmann · Marschierende Truppen
1917/18 · Klassik Stiftung Weimar

Kat. 341 Hermann Rudolph · Die Toten kommen wieder.
Umschlag: Max Thalmann · 1917 · Klassik Stiftung Weimar

Kat. 345 Max Thalmann · Hunger · 1917 · Klassik Stiftung Weimar

Kat. 344 · 345 □ S. 229
KÜNSTLER AN DER HEIMATFRONT

Max Thalmann legte nach einer Buchbinderlehre und nach zwei Jahren als Schüler bei Otto Dorfner an der Kunstgewerbeschule unter Henry van de Velde 1911 erfolgreich seine Meisterprüfung im Buchbinderhandwerk ab. Nach einem zweijährigen Studium als Illustrator und Buchgestalter in Leipzig kehrte er als Assistent und Schüler van de Veldes nach Weimar zurück. Mit dessen Vertreibung verlor er seinen wichtigsten Förderer und eine väterliche Bezugsperson. Aufgrund seiner angeschlagenen Gesundheit vom Heeresdienst befreit, jedoch völlig mittellos, bewarb sich Thalmann nun um Aufnahme an der Hochschule für bildende Kunst in Weimar. Das Studium bei Walther Klemm absolvierte er mit Bravour.

Thalmann war 1917 einer der wenigen fortgeschrittenen, nicht im Feld stehenden männlichen Studierenden der Hochschule. Max Thedy schrieb über ihn: »Herr Thalmann ist der letzte uns noch gebliebene Studierende, dessen Ausbildung und Fähigkeiten uns veranlassen, ihm alle für die Kunsthochschule sich ergebenden und uns von anderer Seite zugehenden graphischen Aufträge in Ausführung zu geben« (zit. nach Henkel 2011, S. 27). Möglicherweise kam Thalmann 1918 auf diesem Weg zu dem Auftrag für die Gestaltung der Urkunde *Dem Sieger im Wettkampf* für Großherzog Wilhelm Ernst. Der Künstler zitiert in dieser Arbeit die antike Statue des Diskuswerfers von Myron. Die zurückhaltende Gestaltung orientiert sich insgesamt an einer klassischen Form, die wohl dem Wunsch des Auftraggebers geschuldet ist. Mit dem Zitat des Athleten wird ein Gegenentwurf zur grausamen Realität an der Front formuliert: Über das Motiv der athletischen Körperschönheit kann bruchlos an zeitlose Ideale angeknüpft und die unversehrte Figur des Siegers als Identifikationsmodell angeboten werden.

Der denkbar größte Unterschied zur Urkunde oder den propagandistischen Illustrationsaufträgen jener Zeit zeigt sich in Thalmanns Arbeit *Hunger*. Obwohl vignettenhaft aufgefasst, lässt sich bisher kein Zusammenhang dieser Arbeit zu einer Buchgestaltung oder einem anderen Auftrag herstellen. Der allgegenwärtige Hunger wird von Thalmann als ein winziger, beinahe skelettierter Oberkörper mit ausgestreckten Armen und riesigen Augen personifiziert. Der Künstler schildert mit der gespensterhaften Erscheinung die unmittelbaren und selbsterlebten zivilen Kriegsfolgen. Mit *Hunger* äußert sich Thalmann nicht als distanzierter Auftragnehmer und professioneller Gestalter, sondern als Künstler und emotionaler Zeitzeuge. UA

Literatur: Henkel 2011.

KRIEGS- UND SCHLACHTENMALER

Kat. 350 Hans W. Schmidt · Selbstbildnis im Feldanzug · 1916 · Privatbesitz

Kat. 346 · 347 · 348 · 349
VOM HISTORIENMALER ZUM KRIEGSILLUSTRATOR

Hans W. Schmidt hatte sich in Weimar schon lange vor Ausbruch des Ersten Weltkriegs einen Namen als Historienmaler gemacht. Im Oktober 1885 zeigte er anlässlich seiner Ernennung zum Meisterschüler in der permanenten Kunstausstellung das Gemälde *Aus alter Zeit* – ein größeres Dekorationsstück mit der Darstellung einer bewegten Hetzjagd mit Reitern, Pferden, Hunden und Jagdbeute. Im Jahr 1888 durfte er den gerade fertiggestellten Ausstellungsraum im Neubau der Kunstschule mit einem großen Reiterbildnis Kaiser Wilhelm II. einweihen. Als gefragter Dokumentarist seiner Zeit hielt er 1906 in fürstlichem Auftrag die *Huldigung des Landtags* (KSW) vor dem jungen Großherzog Wilhelm Ernst in einem Monumentalgemälde fest. Auch das gesellschaftliche Weimarer Großereignis der Vorkriegszeit, die Eröffnung des neuen Weimarer Hoftheaters 1908 in Anwesenheit von Kaiser Wilhelm II., war Anlass für ein vielfiguriges Monumentalbild in der Tradition Anton von Werners. Als vielseitiger Historienmaler und Illustrator schuf er für den Neubau der Universität Jena 1913 auch das großformatige Bild *Besuch Bismarcks in Jena*. Darüber hinaus entstanden bereits vor Beginn des Weltkriegs Darstellungen historischer Schlachten wie etwa von den Feldzügen des Preußenkönigs Friedrich II., den ›Befreiungskriegen‹ gegen Napoleon oder dem Deutsch-Französischen Krieg von 1870/71.

Zu den vielen Auftragsarbeiten, die Schmidt aus finanziellen Gründen während der Dauer des Krieges annahm, gehörten außerdem Entwürfe für Postkarten und Buchillustrationen. Seine Postkarten wirken wie Miniaturausführungen von großformatigen Triptychen und Monumentalbildern, in denen der Friede unter der Herrschaft der beiden Kaiserreiche Deutschland und Österreich beschworen wird. Das erst 1917 gedruckte Kriegsliederbuch *Wanken nicht, noch weichen* wurde von dem Weimarer Weinhändler Arno Krehan herausgegeben, der sich unter anderem im Schillerbund und im Verein Kriegsmuseum Weimar engagierte. Für den Buchumschlag entwarf Schmidt eine Zeichnung, die auf eine für ihn ungewöhnlich realistische Weise einen Soldaten mit Stahlhelm und Bajonett in einem zerstörten Schützengraben zeigt. GW

Kat. 350 ☐ S. 230 · 351 · 352 ☐ S. 231 · 353
PROPAGANDABILDER

Das 1916 datierte Selbstbildnis von Hans W. Schmidt zeigt den Weimarer Künstler im grauen Feldanzug als Kriegsillustrator. Schon vor Ausbruch des Krieges hatte er als gefragter Illustrator für überregionale Zeitschriften wie die *Illustrirte Zeitung* gearbeitet und aktuelle Ereignisse wie Pferderennen, Militärparaden und Festveranstaltungen zeichnerisch festgehalten. Mit Beginn des Krieges wurde er von der Stuttgarter Verlagsanstalt Union als einer der wichtigsten Zeichner für ihre große Buchreihe *Illustrierte Geschichte des Weltkrieges* gewonnen, in der jedes Jahr ein neuer Band erschien. Von 1915 bis 1917 war Schmidt als Frontberichterstatter sowohl an der West- und Ostfront als auch an der Isonzo-Linie tätig. Darüber hinaus belieferte er auch die *Illustrirte Zeitung* mit Zeichnungen von den Kämpfen.

Schmidts Illustrationen, mit Feder und mit Pinsel ausgeführt, offenbaren einen sorgfältig beobachteten Detailreichtum. Als ehemaliger Meisterschüler des Tiermalers Albert Brendel an der Großherzoglichen Kunstschule hatte er sich einerseits auf die Darstellung von Pferden und auf Reiterporträts spezialisiert, andererseits besaß er ein geschultes Auge für alle Einzelheiten der militärischen Ausrüstung und der militärisch-technischen Vorgänge. In vorwiegend erzählerisch angelegten Einzelszenen vermittelten seine Zeichnungen dem heimischen Publikum die Ereignisse an der Front. Neben zumeist siegreichen Eroberungen von Städten und Festungen zeigten sie auch den Alltag der Soldaten in idealisierter Form. Dabei orientierte Schmidt sich zunächst an traditionellen Schlachtenbildern von heroischen Kämpfen aus dem 19. Jahrhundert, ohne die tatsächliche Gewalt und den Schrecken des modernen industrialisierten Stellungskrieges wiederzugeben. In diesem Sinne handelt es sich um Propagandabilder, die den Patriotismus und den Durchhaltewillen der Heimatfront befeuern sollten.

Noch im Mai 1918 fand eine Retrospektive seiner Kriegsbilder im Thüringischen Ausstellungsverein statt. Hier war unter anderen auch das 1917 entstandene *Reiterbild von Walther Vulpius* zu sehen. Schmidt stellt seinen Freund und Nachkommen der bekannten Altweimarer Familie Vulpius als standesbewussten Chefarzt des in Grandpré stationierten Landwehr-Feldlazaretts Nr. 13 auf einem Schimmel sitzend dar. Im Hintergrund sind der Turm einer Dorfkirche und ein blühender Obstgarten zu erkennen. In dieser Frühlingsidylle deutet nur die Rote-Kreuz-Binde an Vulpius' Arm auf die Realität des Krieges hin. GW

Kat. 354 · 355 ☐ S. 231 · 356

SCHLACHTENBILDER FÜR DIE HEIMAT

Der aus Braunschweig stammende Maler Eilmar Freiherr von Eschwege war von 1882 bis 1883 Schüler an der Großherzoglichen Kunstschule in Weimar unter Albert Brendel und Alexandre Struys. Anschließend studierte er in Dresden als Meisterschüler bei Ferdinand Pauwels und in München. Seit 1889 war er wieder in Weimar ansässig. Seine häufigsten Motive sind Reiterszenen und historische Schlachtendarstellungen, darunter solche aus den ›Befreiungskriegen‹ und aus dem Deutsch-Französischen Krieg 1870/71. Mit seinen heroischen und teils monumentalen Kriegsschilderungen war Eschwege einer traditionellen Historienmalerei verpflichtet und kam damit dem Geschmack des wilhelminischen Zeitalters entgegen. Avantgardistische, kritische oder gar kriegsanklagende Bilder fehlen in seinem Œuvre. Damit eignete er sich zum offiziellen Kriegsmaler im Ersten Weltkrieg, dessen Bilder als Reproduktionen den bürgerlichen Haushalt schmückten oder Aufnahme in Geschichtswerke fanden.

So etwa seine Darstellung der Gefechte in und bei Cravant vom 7. bis 10. Dezember 1870, die für das Regiment Nr. 94 die schwersten im ganzen Feldzug gegen Frankreich waren. Drei Tage focht man gegen eine Übermacht und erkaufte den Sieg mit blutigen Opfern. Einige der auf dem Schlachtengemälde Dargestellten tragen porträthafte Züge. Das Gemälde ist unter dem Titel *Angriff des Regiments auf Cravant*, allerdings ohne Nennung der künstlerischen Autorenschaft, in der *Geschichte des Infanterie-Regiments Großherzog von Sachsen (5. Thüringisches) Nr. 94 und seiner Stammtruppen 1702–1912* abgebildet (1912).

Die beiden anderen Bilder widmen sich Szenen aus dem Ersten Weltkrieg und folgen ebenfalls traditionellen Bildmustern der Historienmalerei des 19. Jahrhunderts. Drei zu einem Triptychon angeordnete Gemälde mit überhöhtem Mittelteil zeigen Szenen des Kampfes um die serbische Hauptstadt Belgrad im Jahr 1915: *Save-Übergang, Erstürmung der Banovo-Höhe* und *Beschießung von Belgrad*. Zwar werden schreckliche Details des Krieges nicht ausgespart, so treiben zum Beispiel gefallene deutsche Soldaten in der Save. Doch das Bild reiht sich ein in die Propagandagemälde, welche an einem deutschen Sieg keinen Zweifel aufkommen lassen sollten und somit in der Tradition von historischen Schlachtengemälden aus dem Deutsch-Französischen Krieg stehen. Die Darstellung eines feindlichen Überfalls auf eine deutsche Proviantkolonne in Frankreich reduzierte der Maler schließlich auf ein reines Abenteuer. AR

Kat. 352 Hans W. Schmidt · Porträt Walther Vulpius zu Pferd · 1917
Klassik Stiftung Weimar

Kat. 355 Eilmar von Eschwege · Überfallene Proviantkolonne im Argonnerwald
Herbst 1915 · Stadtmuseum, Weimar

C KRIEGS- UND SCHLACHTENMALER

die Schäden und verschiedenartige Verwendung der Schule« sowie den »geistreichen Hinweise[n] auf die Fähigkeit Goethes, ein ihm fremdes Volk in seinen Charaktereigenschaften durch eine einzelne Person so trefflich zu schildern, wie z. B. Egmont als Typus für den Niederländer«.[37] Der 1. Vorsitzende des Schillerbundes, Eduard Scheidemantel, verweist zwar auf den patriotischen Wert der Nationalen Festspiele für die deutsche Jugend. Er gedenkt allerdings auch der Teilnehmer, »die bei den frühen Festspielen hier anwesend waren u[nd] ihre Begeisterung fürs Vaterland hier noch vertieft hatten, jetzt aber unter fremder Erde ruhten oder sich schwere Körperliche Leiden für ihre fernere Lebensdauer zugezogen hatten«.[38] Damit erschöpft sich das vaterländische Engagement seitens des Schillerbundes während des Krieges; von der emphatischen Verve für die ›nationale Sache‹ während der Vorkriegszeit war nur noch wenig zu spüren. Das Hauptaugenmerk lag nun vielmehr auf dem Erhalt der Mitgliederzahlen, weshalb man kleinere Veranstaltungen plante, um dem Schwund durch Austritte entgegenzuwirken. Patriotisch wurde der Ton erst nach dem Krieg wieder, als es darum ging, den gefallenen Mitgliedern des Bundes ein Denkmal zu setzen.

Der ›Siegfrieden‹ war in weite Ferne gerückt, jeder hatte Verluste im Familien- oder Freundeskreis zu beklagen und auch die kritischen Töne waren nun unüberhörbar. Kurz vor Kriegsende erreichte Elisabeth Förster-Nietzsche noch ein Feldpostbrief des Kriegsfreiwilligen Dehmel. Sie hatte ihm zuvor vom Tod des Grafen Walther von Kielmansegg berichtet, einem guten Bekannten der beiden. Betroffen schreibt Dehmel ihr: »Meine Begegnung mit ihm an der Front (im Dezember 1914) gehört zu den leider sehr spärlichen erhebenden Erinnerungen, die mir von da draußen geblieben sind«.[39] Auch der völkische Ideologe Ernst Wachler äußert in einem an Brief Förster-Nietzsche sein Bedauern über diese Todesnachricht – allerdings mit einem anderen Impetus: »Es ist leider wahr, dass der Tod in dieser furchtbaren Katastrophe der weißen Völker die besten im Felde heimsucht«.[40]

Im Angesicht der »Katastrophe«, ihrer immensen Opferzahlen, der Vermissten und anonym bestatteten Heeresangehörigen hatte man schon während des Krieges öffentlich über eine angemessene Gedächtniskultur nachgedacht. Auch in Weimar wurde der Umgang mit den Verlusten zu einem Thema, dem sich Privatpersonen, Vereine und Gemeindevertreter widmeten. Während das persönliche Gedenken häufig reflektierte Formen annahm, bestimmten die Topoi vom heldenhaften Opfertod, dem unbesiegten Heer und der unbeugsamen ›Größe Deutschlands‹ den öffentlichen Diskurs der Gedächtniskultur. Wiederum führte Weimar seine Qualitäten als geografisches und geistiges ›Herz Deutschlands‹ ins Feld, um als Ort für einen geplanten Reichsehrenhain zum Zentrum des deutschlandweiten Gedenkens zu werden.[41]

Anmerkungen

1 Lienhard 1917, S. 137. **2** Vgl. Beßlich 2014, S. 41. **3** Lienhard 1917, S. 123. **4** Ebd., S. 127 f. **5** Vgl. Chatellier 1996, S. 115 f. **6** Vgl. Chatellier 2002, S. 3 f. **7** Vgl. Fries 1995, S. 5. **8** Vgl. Sieg 2013, S. 104. **9** Vgl. Mommsen 2004, S. 145. **10** ThHStAW, GHA A XXXIV Nr. 4, Bl. 4v. **11** Lienhard 1915, S. 12 f. **12** Vgl. Mommsen 2004, S. 142 f., 160 f. **13** Vgl. Mainholz 1995, S. 150 f. **14** Vgl. Chatellier 2002, S. 84. **15** Lienhard 1915, S. 5 f. **16** GSA 149/21, Bl. 197. **17** Vgl. Fries 1995, S. 114. **18** Vgl. Sieg 2013, S. 117–122. **19** GSA 57/533. **20** Ernst 1918, S. 427 f. **21** GSA 72/91. **22** GSA 72/BW 5706. **23** GSA 72/2506. **24** Vgl. GSA 165/1686, 16790, 16740, 16960. **25** GSA 165/1686. **26** Ebd. **27** Ebd. **28** Vgl. Hirschfeld/Krumeich 2013, S. 101 f. **29** Füllkrug 1916, S. 6. **30** Ebd., S. 15. **31** GSA 149/21. **32** Vgl. GJB 1915, S. V–X; GJB 1916, S. IX–X. **33** Aus Sundgau und Wasgenwald Nr. 7, vom 9. 1. 1918, S. 1. **34** Ebd., S. 2. **35** ThHStAW, Deutscher Schillerbund Nr. 4, Protokollbuch, Bl. 34. **36** Ebd., Bl. 41. **37** Ebd., Bl. 42. **38** Ebd. **39** GSA 72/BW 960. **40** GSA 72/BW 5706. **41** Vgl. Haufe 2008.

MEINUNGSMACHER AUS WEIMAR UND JENA

Nach der allgemeinen Aufbruchsstimmung im Sommer 1914 folgten Monate, dann Jahre, in denen sich die Deutschen mit der Erkenntnis auseinandersetzen mussten, dass der Krieg ihr Leben dauerhafter und nachhaltiger bestimmen würde als angenommen. Die Politik hatte versäumt, Industrie und Landwirtschaft rechtzeitig auf die Kriegsverhältnisse einzustellen, die Gemeinden standen vor der Aufgabe, die Familien der Militärangehörigen zu versorgen, Lazarette mussten eingerichtet werden. Neben der steten Mobilisierung und dem Unterhalt des Heeres war die moralische und geistige Fürsorge an der Heimatfront unerlässlich.

Die Schriftsteller, Philosophen und Künstler fühlten sich berufen, an allen Fronten als entscheidende Meinungsführer dieses von ihnen ausgerufenen ›Kulturkriegs‹ mitzuwirken. Je länger der Krieg indes dauerte, meldeten sich – wenn auch verhalten und meist im privaten Rahmen – nach und nach kritische Stimmen zu Wort. Einstmalige Kriegsbefürworter, wie die Schriftsteller Arnold Zweig und Gerhart Hauptmann, vertrauten Tagebüchern und Briefen ihr Entsetzen angesichts der Gräuel und ihre massiven Zweifel am Sinn des Krieges an.

In der Garnisonsstadt Weimar und der Universitätsstadt Jena übertönten die national gesinnten Schriftsteller, Kulturschaffenden und Akademiker jene wenigen, die Bedenken äußerten. Wilhelm Ernst war es als General und Vertreter eines Fürstenhauses ohnehin versagt, sein Unverständnis gegenüber Entscheidungen der Heeresleitung und der beobachteten Missstände an der Front öffentlich zu äußern. Doch gingen etwa von Eugen Diederichs und Harry Graf Kessler auch deutliche Impulse für einen neuen politischen und kulturellen Diskurs aus, der auf die Nachkriegszeit gerichtet war und nicht von den Propagandastellen gesteuert wurde. GP

Kat. 360 Rudolf Eucken · Mensch und Welt. Eine Philosophie des Lebens
1918 · Klassik Stiftung Weimar

Kat. 357 · 358 · 359 · 360 ☐ S. 237 · 361 ☐ S. 238
HAECKEL UND EUCKEN IM KRIEG

Rudolf Euckens Engagement im Ersten Weltkrieg, für das ihm Ernst Haeckel in seiner Geburtstagsgratulation am 5. Januar 1916 ausdrücklich dankte, blieb im Laufe der vier Jahre ungebrochen. Er führte seine Vortragstätigkeit trotz der seit 1916 sinkenden Besucherzahlen fort und war publizistisch überaus aktiv. Seine überlieferte Zeitungssammlung aus den Jahren 1914 bis 1918 zeigt deutlich, dass er das Kriegsgeschehen und die politischen Debatten im In- uns Ausland genau verfolgte. Allerdings veränderte sich die Stoßrichtung von Euckens politischer Agitation: Versuchte er in den ersten Kriegsjahren vor allem auf die öffentliche Meinung in den USA einzuwirken, wandte er sich ab 1916 Osteuropa zu und setzte sich unter anderem für die Nationalbewegungen Polens, Finnlands und der Ukraine ein. Russland löste fortan England als Euckens Hauptfeindbild ab. Zwar lehnte er große Annexionsforderungen ab, sprach sich mit der Unterzeichnung der Haller-Resolution allerdings noch 1917 öffentlich gegen einen Verständigungsfrieden aus.
Innenpolitisch stand Eucken liberalen Reformvorstellungen zwar nicht ablehnend gegenüber, ergänzte sie jedoch um reaktionäre Ideen. So schlug er die Einrichtung einer zweiten Kammer vor, bestehend aus Gelehrten und Künstlern, als Ausgleich zu den gewählten Abgeordneten im Reichstag. Eucken trat außerdem der Deutschen Vaterlandspartei bei, der auch Ernst Haeckel angehörte. Dessen politische Haltung hatte sich während des Krieges zunehmend radikalisiert. Trotz seiner ideellen Unterstützung des Krieges widmete sich

Kat. 361 Mitgliedskarte Deutsche Vaterlandspartei für Ernst Haeckel · 1913
Ernst-Haeckel-Haus · Friedrich-Schiller-Universität Jena

Eucken weiterhin intensiv seiner philosophischen Gedankenwelt. Die Rettung der Menschheit blieb sein erklärtes Ziel. Er veröffentlichte 1918 sein »systematisches Hauptwerk« (Eucken 1921, S. 101) *Mensch und Welt*, in dem er »eine energische Besinnung auf uns selbst, eine Konzentration unserer Kräfte, eine Herausarbeitung des in uns wirksamen Beisichselbstseins des Lebens« (Eucken 1918, S. 452) zur Überwindung der »geistigen Krise« (ebd., S. V) fordert. Euckens philosophische und politische Positionen blieben nach Ende des Krieges weitgehend dieselben. Er beschwor einen besonderen deutschen Idealismus, erhoffte sich eine moralische Erneuerung und lehnte eine Demokratie nach westlichem Vorbild ab. MS

Literatur: Dathe 2000; Hoeres 2004.

Kat. 362 · 363 ☐ S. 239
ELISABETH FÖRSTER-NIETZSCHES PROPAGANDA

Elisabeth Förster-Nietzsche tat sich auch angesichts des immer länger andauernden Krieges als dessen unerschütterte Befürworterin hervor. In Briefen und vor allem in vielfach nachgedruckten Zeitungsartikeln propagierte sie ihre Kriegsbegeisterung, wobei sie ihren Bruder als Sprachrohr nutzte. Nicht müde wurde sie zu betonen, dass Friedrich Nietzsche freudig in diesen Krieg gezogen wäre. Ihre Aufsätze tragen Titel wie *Nietzsche und der Krieg* (1914) oder *Nietzsche, Frankreich und England* (1916) oder, wie ihr Beitrag im *Berliner Tageblatt* vom 5. September 1915, *Nietzsche und Deutschland*. In den Texten versucht sie den argumentativen Spagat, einerseits Nietzsches Auslassungen gegen die Deutschen und ihre Nation sowie seine franko- und anglophilen Niederschriften zu rechtfertigen. Andererseits charakterisiert sie ihren Bruder als überzeugten Deutschnationalen, der die »Berechtigung zu Deutschlands Weltmission« (BTB Nr. 453, 2. Beiblatt) antizipiert habe. In einer Art Textcollage stellt sie nachweislich entkontextualisierte Zitate neben vermeintliche Äußerungen ihres Bruders und kombiniert diese mit eigenen Deutungen und ›Richtigstellungen‹ von Nietzsches Intentionen. So wird der Philosoph Nietzsche in den Worten seiner Schwester zum geistigen Heerführer der Nation: »Mit dem Ausbruch des Krieges zeigte sich plötzlich die ungeheure Ausdehnung von Nietzsches Einfluß. Der Geist unerschrockener Männlichkeit und der direkte Appell an die Willenskraft, der aus seinen Werken spricht, klang unseren tapferen Feldgrauen wie ein Heroldsruf« (ebd.).

Diesem Ruf ihres Bruders folgten, laut Förster-Nietzsche, jedes Kriegsjahr aufs Neue Tausende von Soldaten. Ein nachgelassenes Manuskript, das mit *Falsche Besorgnisse* überschrieben ist, möchte »die ängstlichen Seelen« mit der Bestätigung beruhigen, »wie vorzüglich für den Ersatz in unserem Heere gesorgt ist, so dass unsere herrlichen Truppen immer auf der gleichen Höhe ihrer Leistungsfähigkeit bleiben« (GSA 72/91). In einem fingierten Gespräch lässt Förster-Nietzsche einen »verwandten und befreundeten Offizier« die Stärke des deutschen Heeres propagieren: »Wir können glatt 10 Jahre hindurch unser Heer dauernd auf derselben Güte erhalten, wie es zu Anfang des Krieges war, ja noch länger, da jedes Jahr wieder c. [sic] 500 000 junge Leute das dienstpflichtige Alter erreichen« (ebd.). GP

Kat. 364
KRIEGSHELDEN DES NIETZSCHE-ARCHIVS

Mit Weimar verbanden den Schriftsteller Richard Dehmel literarische und persönliche Interessen. Er war zu Dichterlesungen eingeladen, trug im Nietzsche-Archiv aus dem Werk des Philosophen vor und war gut mit den Protagonisten des Neuen Weimar bekannt. Mit Elisabeth Förster-Nietzsche pflegten Dehmel und seine Frau Ida eine langjährige Freundschaft. Dem Briefwechsel eignet ein leichter, ironischer und humorvoller Ton, der sich von den üblichen Ehrerbietungen der Zeitgenossen unterscheidet. Förster-Nietzsche warb den Dichter auch für die Unterstützung des von Kessler und van de Velde verfolgten Projekts eines Ehrendenkmals für Friedrich Nietzsche.

Als einer der wenigen bekannten Schriftsteller führte Dehmel nicht nur den ›Krieg mit der Feder‹, sondern meldete sich auch aus voller Überzeugung freiwillig zum Kriegsdienst. Während seine offiziellen Publikationen das Kriegsgeschehen feiern, schlägt er im Privaten mit zunehmender Kriegsdauer nachdenkliche bis skeptische Töne an. Von Förster-Nietzsche erfährt er, dass ihr gemeinsamer Bekannter Oberleutnant Walther Graf von Kielmansegg gefallen war. Er lässt sich von Förster-Nietzsche ausführlich über die Umstände des Todes berichten und erwidert ihr in einer Feldpostkarte vom 27. August 1918: »Seien Sie von Herzen bedankt für die liebevoll ausführliche Nachricht. Ja, dieser Tod aus vornehmstem Pflichtgefühl paßt zu dem ganzen Leben des seltenen Mannes. Aber was fruchtet die Hinopferung unserer Besten? Nur Gottvertrauen kann auf die Frage eine hoffnungsvolle Antwort geben. Gern werde ich mich einmal mit Ihnen über all das aussprechen« (GSA 72/BW960). GP

Literatur: Ausst. Kat. Dehmel, 1995.

Kat. 363

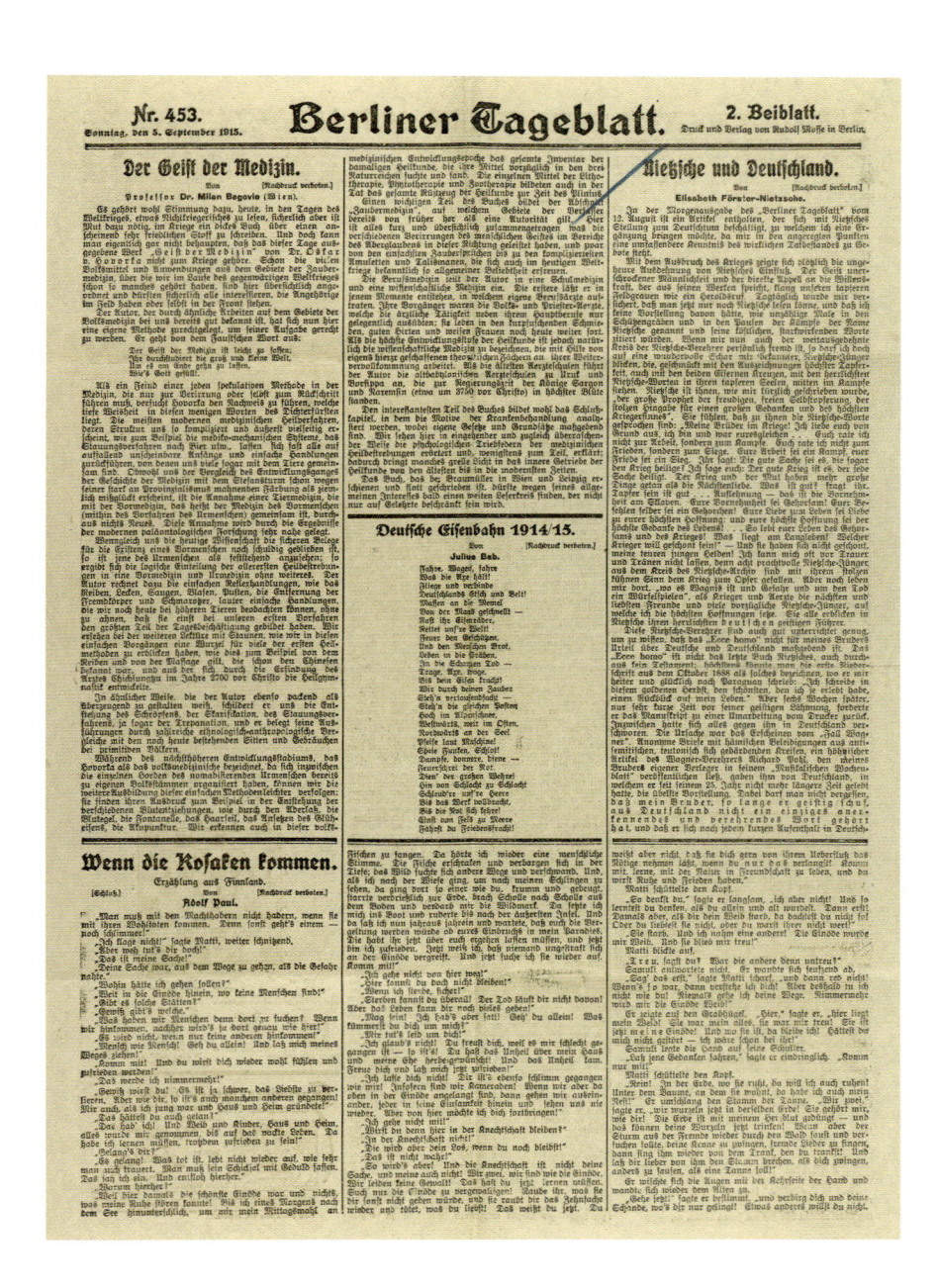

Elisabeth Förster-Nietzsche
Nietzsche und Deutschland.
In: Berliner Tageblatt · 5.9.1915
Klassik Stiftung Weimar

Kat. 365 ☐ S. 240 · 366 ☐ S. 240
KRIEGSDRUCKE DER CRANACH-PRESSE

Am Tag der Ermordung des österreichischen Thronfolgers hielt sich Harry Graf Kessler in London auf, wo er Empfänge besuchte und Künstler traf. Zurück in Deutschland meldete sich der 46-jährige Rittmeister der Reserve bei seinem Regiment, den 3. Garde-Ulanen, und marschierte in Belgien ein, der ihm vertrauten Heimat seines Freundes Henry van de Velde. Der Kunstkenner zeigte sich von der Notwendigkeit des Einmarschs überzeugt, hielt den Krieg für »hart aber gesund« und hoffte auf eine umfassende gesellschaftliche Erneuerung durch diese »Naturkatastrophe« (an Maria van de Velde, 25.11.1914, zit. nach Neumann 2012, Nr. 368). Kessler erlebte das Kriegsgeschehen ab Herbst 1914 in Oberschlesien, später an der Front in den Karpaten und im Frühjahr 1916 in Verdun, ohne jedoch direkt kämpfen zu müssen. Mit Chauffeur erkundete er das Umfeld und stilisierte die Gefechte als spannende Abenteuer. Der kosmopolitische Homme de lettres hielt die Zerstörung belgischer Ortschaften und die Massaker an der Bevölkerung für notwendig, obgleich er sie bedauerte. Dagegen sei »das Gefecht selbst aufregend und aufpeitschend wie Champagner. […] Die Beklemmung ist viel geringer als auf einer Rutschbahn« (an Gustav Richter, 23.8.1914, Kessler 1921, S. 5f.). Seine Feldpostbriefe, von denen einige als vertraulicher Privatdruck der Cranach-Presse veröffentlicht wurden, spiegeln erschütternde Erlebnisse aus intellektueller Distanz.

Auch im Feld blieb Kessler eine internationale Figur, die von englischen und französischen Freunden Schildkrötensuppe und ausländische Zeitungen erhielt. Weiterhin unterstützte er die deutsche Avantgarde und bot Henry van de Velde im November 1914 an, französische Literatur auf der Cranach-Presse zu drucken. 1916 half er Wieland Herzfelde und Johannes R. Becher bei der Finanzierung der verklausuliert pazifistischen Zeitschrift *Neue Jugend*, distanzierte sich jedoch von

Kat. 365 Wieland Herzfelde · Sulamith · 1917
Deutsches Literaturarchiv Marbach

Kat. 366 Harry Graf Kessler · Krieg und Zusammenbruch 1914/1918.
Aus Feldpostbriefen · 1921 · Klassik Stiftung Weimar

deren Ansichten. Während seiner Abwesenheit durften junge Künstler in der Werkstatt der Cranach-Presse arbeiten. Herzfelde druckte seine expressionistischen Liebesgedichte für den Band *Sulamith*, der 1917 mit einem von Georg Grosz gestalteten Einband erschien. Nachdem einflussreiche Freunde im Herbst 1916 Kesslers Abkommandierung an die deutsche Gesandtschaft in Bern erreicht hatten, konnte er als Leiter der Kulturpropaganda die Avantgarde mit staatlichen Mitteln fördern. Obgleich ein mit Grosz und Herzfelde geplanter Propagandafilm scheiterte, realisierte er in der Schweiz Gastspiele des Max-Reinhardt-Ensembles, Konzerte mit Richard Strauss und Ausstellungen aktueller deutscher Kunst. SW

Literatur: Ausst. Kat. Kessler, 1988; Kamzelak/Ott 2005, 2006, 2008; Neumann 2012.

Kat. 367 · 368 · 369
KESSLERS AMBIVALENZEN

Mit der Versetzung an die Ostfront betrat Harry Graf Kessler im September 1914 ein ihm unbekanntes Land, das er bislang nur über die *Ballets russes* oder Strawinsky gekannt hatte. Auf das geringe Zivilisationsniveau in den russischen Gebieten reagierte er mit einem »Gemisch aus westlicher Überheblichkeit, Reinheitsphantasien und Antisemitismus« (Riederer/Ott 2008, S. 40). In den ersten Kriegsjahren teilte er deutsche Weltmachtphantasien und rechnete mit einer Landverbindung bis zu »unsrem Zentral- und Südafrikanischen Kolonialreich« (Tgb. 18.10.1915, Riederer/Ott 2008, S. 433). Mit zunehmenden militärischen Schwierigkeiten und einer mangelhaft ausgestatteten Truppe konfrontiert, begann er die Entscheidungsträger vor Ort wie in der deutschen Politik zu kritisieren. Grundsätzliche Zweifel am totalen Krieg hegte Kessler jedoch erst in der Schweiz, wo er als Leiter der Kulturpropaganda ab September 1916 mit Pazifisten und diplomatischen Vertretern der Entente in Kontakt stand. Dennoch sah er sich »politisch nicht auf einem demokratischen Standpunkt« (Tgb. 27.11.1916, Riederer 2006, S. 115). Als Nietzscheaner hielt er den Pazifismus für schwach, »ohne irgendetwas Schöpferisches, Formendes an Stelle der Gewalt« (Tgb. 29.11.1916, Riederer 2006, S. 116). Angesichts des überwältigenden Leids wandelte sich Anfang 1918 diese Ansicht. Zwischen Bern und Berlin pendelnd, beklagte er »millionenfach hungrige Narren, die sich einbilden, um hohe Ideale Blut zu vergießen oder durch Worte ungeheure Kräfte binden zu können« (Tgb. 12.1.1918, Riederer 2006, S. 244). Von nun an beschäftigte ihn eine demokratische und friedliche Zukunft in Deutschland und Europa. Er setzte sich ab 1919 intensiv mit dem Kommunismus auseinander und unterstützte die beiden KPD-Mitglieder Herzfelde und Grosz bei der Finanzierung der Zeitschrift *Die Pleite*. Wenige Tage vor Kriegsende hielt Kessler den Pazifismus für Deutschlands einzige Rettung. Anfang der zwanziger Jahre trat er, inzwischen als ›Roter Graf‹ bekannt geworden, pazifistischen Organisationen bei und formulierte eigene Ideen für einen Völkerbund, in dem Nationalstaaten von selbstständigen, internationalen Körperschaften ersetzt werden sollten. SW

Literatur: Ausst. Kat. Kessler, 1988; Easton 2005; Kamzelak/Ott, 2004–2010.

Kat. 371 Auguste Rodin · Eva · 1881 · Bauhaus-Universität Weimar, Archiv der Moderne

Kat. 370 · 371 ☐ S. 241 · 372 · 373
FEINDLICHE KUNST IN WEIMAR

Fritz Mackensen zählte zu den Unterstützern von Carl Vinnens *Protest deutscher Künstler*, der sich vornehmlich gegen den Einfluss der französischen Kunst richtete. Als Direktor der Weimarer Kunsthochschule setzte er sich dennoch kurz vor Ausbruch des Ersten Weltkriegs für den Erwerb der lebensgroßen Bronzefigur *Eva* von Auguste Rodin ein. Als die Plastik zu Beginn des Jahres 1913 im Foyer der Kunsthochschule aufgestellt wurde, gab es Kritik in den Zeitungen. Seit dem sogenannten Rodin-Skandal von 1906, der zur Demission von Harry Graf Kessler geführt hatte, galt der berühmteste französische Bildhauer in Weimar als eine umstrittene Künstlerpersönlichkeit.

Mit Ausbruch des Krieges gehörte Mackensen zwar zu den engagierten Kriegsbefürwortern und hielt als Major der Reserve patriotische Vorträge, doch beteiligte er sich nicht unmittelbar an den öffentlichen Diskussionen über die Ausgrenzung ausländischer Kunst und Literatur. Erst im August 1916 sah er sich genötigt, wegen des Verbleibs von Rodins *Eva* in seiner Kunstschule an Großherzog Wilhelm Ernst zu schreiben: »Da die Kunst in erster Linie dazu beitragen kann, Gegensätze der Völker zu überbrücken, habe ich keinen Anstand genommen, die Bronze Rodins auf ihrem Platz zu belassen. Zu Anfang des Krieges hat eine Reihe ausländischer Künstler, unter anderen solche, die bei uns sehr geschätzt werden und zum Teil sogar […] Deutschland ihre Anerkennung verdanken, einen schmählichen Aufruf unterschrieben, der uns Barbaren schimpft, weil wir Kunstdenkmäler ungerechtfertigterweise zerstört haben sollen. Die deutsche Künstlerschaft hat die entsprechende Antwort gegeben, indem sie die betreffenden Künstler aus ihren Vereinigungen, denen sie als Ehrenmitglieder angehörten, ausstiess. Die Werke dieser Künstler wurden zum grossen Teil aus der Oeffentlichkeit entfernt. Der bedeutendste lebende französische Künstler August [sic] Rodin, hatte verweigert, seinen Namen für jenes gehässige Machwerk zu benutzen. Leider ist er auch nunmehr in den Kreis unserer Schmäher eingetreten, indem er anderes Machwerk jener Art unterzeichnet hat. Ich kann nun die Belassung der Bronze Rodins in der Halle der Kunsthochschule nicht mehr verantworten« (ThHStAW, Großherzoglich Sächsische Hochschule für bildende Kunst Nr. 28, Bl. 1). In seinem patriotischen Eifer schlug Mackensen außerdem vor, auch die zweite Weimarer Rodin-Bronze, *Das Eherne Zeitalter*, die seinerzeit im Hof des Großherzoglichen Museums für Kunst und Kunstgewerbe stand, zu entfernen. Beide Plastiken Rodins wurden daraufhin ins Depot gebracht. GW

Literatur: Hamm/Küster 1990, S. 111; Wendermann 2014, S. 225–228.

Kat. 374 Hugo Lederer · Bildnisbüste Paul von Hindenburg · 1915
Hamburger Kunsthalle

Kat. 374 ☐ S. 242
DER HELD VON TANNENBERG

Die Büste Hugo Lederers, dessen bekanntestes Werk das monumentale Bismarck-Denkmal in Hamburg ist, zeigt den populärsten deutschen Heerführer des Ersten Weltkriegs, Paul von Hindenburg. Wir kennen ihn heute als Reichspräsidenten der Weimarer Republik und Steigbügelhalter Adolf Hitlers, den er am 30. Januar 1933 zum Reichskanzler ernannte. Bereits Ende 1914 galt Hindenburg als ›Held von Tannenberg‹. Ihm war es zusammen mit Erich Ludendorff gelungen, zwei nach Ostpreußen eingedrungene russische Armeen in der Schlacht bei Allenstein Ende August 1914 und Mitte September an den Masurischen Seen zu zerschlagen. Auf seinen Wunsch hin wurde der erste Sieg als ›Schlacht von Tannenberg‹ bezeichnet. Damit sollte die Niederlage der Deutschordensritter gegen ein polnisch-litauisches Heer 1410 in derselben Region symbolisch wettgemacht werden.

Hindenburg, Veteran der Kriege von 1866 gegen Österreich und 1870/71 gegen Frankreich, war 1911 pensioniert worden, man reaktivierte ihn im August 1914. Nach seinen spektakulären Erfolgen stieg er schnell auf, wurde Generalfeldmarschall und Oberbefehlshaber der deutschen Streitkräfte an der Ostfront. Ein knappes Jahr nach Tannenberg nahm die ›Heeresgruppe Hindenburg‹ die Festung Kowno (Kaunas) in Litauen ein. Darauf zielt die Signatur »Kowno 1915« auf der Rückseite der Büste. Lederer weilte zusammen mit anderen Künstlern 1916 in Hindenburgs Hauptquartier. Dort hatte der kaum beschäftigte Feldmarschall viel Zeit, an seinem Mythos zu arbeiten. Er empfing Künstler, Kriegsberichterstatter und Schriftsteller, führte eine ausgedehnte Privatkorrespondenz und sicherte so seinen Nimbus als großer Feldherr, dessen Entschlossenheit sich auch in Lederers Porträtbüste zeigt. JHU

Kat. 375 ☐ S. 243
EIN KOMPONIST AN DER HEIMATFRONT

Bereits seit der Jahrhundertwende hatte sich der Komponist Max Reger zunehmende Anerkennung erkämpft, war aber stets ein eigenwilliger und umstrittener Außenseiter geblieben. Er hatte einen Stil geprägt, in welchem er klassische Formen mit seiner expressiven Klangsprache zu vermitteln suchte, nicht zuletzt durch innovative Bearbeitungen historischer Werke (vor allem von Johann Sebastian Bach). Dabei beschritt er in der Vorkriegszeit eine berufliche Laufbahn, die institutionell eher traditionell geprägt war: Wie seit Jahrhunderten bedeutende Musiker vor ihm war er Hofkapellmeister; seit dem 1. Dezember 1911 war sein Dienstherr der Herzog Georg II. von Sachsen-Meiningen. Die dortige Hofkapelle war schon unter Hans von Bülow zu einem der führenden deutschen Klangkörper geworden; deren differenzierte Interpretationen inspirierten auch Reger zu neuen Werken, die den bisherigen Höhepunkt seines Schaffens bildeten. Dennoch wurde der Kriegsausbruch im Meininger Herzogshaus unter maßgeblichem Einfluss der neuen Herzogin sehr bald zum Anlass vorerst noch ganz unnötiger kultureller Einsparungen genommen: Allen Hoftheater-Schauspielern und nicht fest engagierten Musikern wurde gekündigt: »22 Familien brotlos« (an Fritz Stein, 15. 8. 1914, Reger 1982, S. 180). Reger übersiedelte 1915 nach Jena, von wo aus er seinen wöchentlichen Konservatoriumsdienst als Dozent in Leipzig bestritt. Hier erlag er nach jahrelanger Vorerkrankung am 11. Mai 1916 einem Herzschlag; Richard Engelmann nahm in Regers Leipziger Hotelzimmer die Totenmaske ab, die ihm im Jahr darauf auch für seine Porträtbüste diente. Er hatte den Komponisten im Haus des Jenaer Philosophie-Professors Rudolf Eucken kennengelernt und wollte ihn eigentlich Ende Mai porträtieren sowie Anfang Juni modellieren. TR

Literatur: Opitz 2000, S. 356; Popp 2005, Sp. 1402.

Kat. 376
MAX REGERS *VATERLÄNDISCHE OUVERTÜRE*

Max Regers tagesaktuelle Reaktionen auf den Kriegsausbruch ergeben zunächst kein einheitliches Bild seiner Haltung. In privaten Briefen hält er fünf Tage vor dessen Ausbruch den Krieg noch für abwendbar: »In 8 Tagen hat sich alles geklärt« (an Fritz Stein, 27. 7. 1914, Reger 1982, S. 179). Fünf Tage nach Beginn »diese[s] schreckliche[n] Krieg[es]« (an Gretel Stein, 6. 8. 1914, ebd., S. 180) ist er von einem baldigen deutschen Sieg überzeugt und berichtet von seiner freiwilligen Meldung als Schreiber zum Landsturm 2. Aufgebots

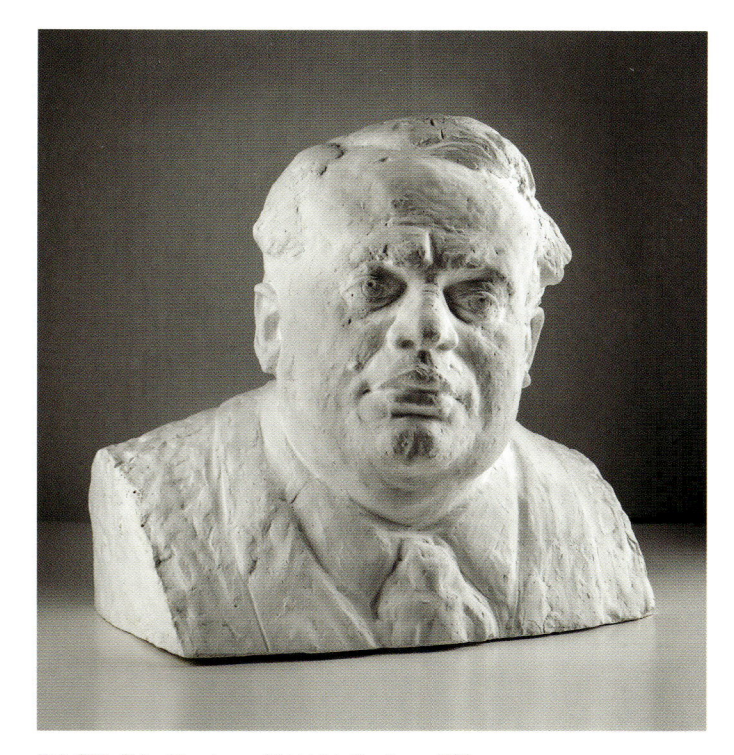

Kat. 375 Richard Engelmann · Bildnisbüste Max Reger · 1917
Bauhaus-Universität Weimar, Archiv der Moderne

sowie seiner Erklärung zum garnisonsdienstuntauglichen »totale[n] Vaterlandskrüppel« (an Karl Straube, 24. 8. 1914, Popp 1986, S. 239 f.) Im ersten Kriegsmonat ›komponiert sich‹ Reger scheinbar in eine künstlerische Gegenwelt zum Weltgeschehen: Es entstehen geradezu friedliche, heitere Werke wie das Klavierquartett a-Moll op. 133 oder die neoklassizistischen *Telemann-Variationen* für Klavier op. 134. Der Druck seines Anfang September vollendeten *Hymnus der Liebe* für Bariton oder Alt mit Orchester op. 136 wird vom Berliner Verlag Simrock gar bis 1916 zurückgestellt, da der Kontrast zur allgemeinen Kriegseuphorie als zu groß erscheint.
Erst Mitte September zollt Reger mit seiner *Vaterländischen Ouvertüre* op. 140 der geistig-moralischen Mobilmachung an der Heimatfront seinen Tribut. Seine eigene Einschätzung dieses Werks hängt offenbar vom jeweiligen Adressaten ab: Dem Verlag Simrock macht er noch während seiner Arbeit daran geschäftstüchtig Meldung »ganz entre nous« mit Bitte »um strengstes Silentium« über die siegesgewissen Zitate dreier Vaterlandslieder des frühen 19. Jahrhunderts und eines Chorals: *Deutschland über alles, Die Wacht am Rhein, Ich hab mich ergeben; Nun danket alle Gott* (an Verlag Simrock, 11. 9. 1914, Reger 1973, S. 248). Seinem Freund und Orgelinterpreten Karl Straube beschreibt er vor allem den Choral-Satz für bis zu je vier Trompeten und Posaunen. TR

Literatur: Popp 2005, Sp. 1413.

Kat. 377
DER TAG DES JÜNGSTEN GERICHTS

Die bald an der Heimatfront eintreffenden Meldungen über immense Verluste an Menschenleben bleiben nicht ohne Eindruck auf Max Reger: Noch Mitte September wendet er sich der Komposition eines Requiems, also einer katholischen Totenmesse für Soli, Chor, großes Orchester und Orgel zu, das unvollendet bleiben soll. Sein Scheitern nach drei Monaten stürzt ihn für ein weiteres Vierteljahr in eine schwere Schaffenskrise ohne neue Originalwerke. Die Tonsprache der Entwürfe ist so hochexpressiv geraten, dass zugunsten großangelegter, bedrückender Steigerungen aus dem Klangraum heraus Reger sogar seine typische, hochentwickelte Kontrapunktik und Motivarbeit zurückstellt. Diese radikale Modernität vermag nicht einmal sein langjähriger persönlicher Freund, Orgelinterpret und kompositorischer Berater Karl Straube nachzuvollziehen und rät ihm schließlich unumwunden zum Abbruch der Arbeit daran.

Die Diskussion beginnt zunächst bei der Textfrage: Reger lässt sich von seiner Idee eines – unter nationalem Aspekt – deutschen Textes durch Straubes Warnung vor einer Variation über das Brahms'sche Requiem abbringen, auch dadurch, »daß der lateinische Text so sehr populär ist« (an Straube, Ende September 1914, Reger 1986, S. 239 ff.). Im Gegensatz zur – auch staatsprotestantischen – Vaterländischen Ouvertüre bekundet Reger gegenüber seinem Freund: »[…] aber von der Idee, da evangelische Choräle einzuführen, will ich nichts wissen!« (ebd.). Noch im Brief vom 10. Dezember beschwört er ihn geradezu, ihm Rückmeldungen zum 1. Satz (Requiem aeternam, am 10. Dezember dem Verlag Simrock angekündigt) und dem fast vollendeten Dies irae (Tag des jüngsten Gerichts) zu machen. Eine Woche später macht seine Frau Elsa in Briefen an Freunde Straube schwere Vorwürfe, Reger zum Requiem schlecht beraten zu haben, weil er selbst dem Stoff nicht gewachsen gewesen sei (Brief 19.12.1914, Reger 1986, S. 245 f.). TR

Literatur: Popp 2005, Sp. 1413.

Kat. 378 · 379 · 380
LITERATEN IN DER KRIEGSDEBATTE

Trotz oder auch aufgrund der unter ihnen herrschenden Differenzen tauschten Adolf Bartels und Friedrich Lienhard immer wieder Briefe aus. So formuliert Lienhard in einem Briefkonzept vom 9. September 1916: »Wenn ich besorgt in die deutsche Zukunft schaue, so geschieht es nicht wegen der Juden oder Judengenossen, sondern im Hinblick auf die Deutschen selber und ihren mangelnden Zusammenhalt« (GSA 57/2426). Der Brief offenbart die weitreichenden Unterschiede in der Beurteilung des Kriegsgeschehens und der Reaktionen darauf. Lienhard auf der einen Seite konzentrierte seinen ›Dienst an der Heimatfront‹ insbesondere auf die Propagierung der Annexion von Elsaß-Lothringen. In seiner Schrift Weltkrieg und Elsaß-Lothringen (1916) wirft er den Franzosen ›Nationalwahnsinn‹ vor und leitet den deutschen Ursprung des Gebietes kulturgeschichtlich ab. Neben Barbarossa, der dort schon Füchse und Bären gejagt habe, beruft er sich auf Goethes Aufenthalte in Sesenheim und Jakob Grimms Forschungen, um schließlich festzustellen, dass 1870 »geraubtes deutsches Gut« durch »ehrliche Rückeroberung wieder zu deutschem Land« (Lienhard 1916, S. 14) geworden war.

Bartels wiederum setzte seine Agitation auch während der Kriegsjahre ungebrochen fort und suchte die Verbreitung völkischen Gedankenguts zu professionalisieren. Dabei radikalisierte sich sein politisches und gesellschaftliches Weltbild zunehmend. Als Vorsitzender der 1913 gegründeten Deutschvölkischen Vereinigung, deren Geschäftsstelle in Bartels' Wohnung in der Lisztstraße 23 lag, versandte er im Herbst 1914 400 Fragebögen vor allem an regionale Zeitungen und Zeitschriften, um das Leserpotenzial für ein genuin völkisches Organ zu ermitteln. Zu seinen zahlreichen Mitgliedschaften in völkischen Verbänden kam etwa noch der Eintritt in den Reichsverband der Deutschvölkischen Partei, deren radikales rassistisches und antisemitisches Programm unter anderem expansionistische Kriegsziele und die Ausweisung von Juden einschloss. Die Bildnisbüste von Bartels erinnert durch den leicht gehobenen Blick, die in Falten geworfene hohe Stirn und trotz des bürgerlichen Anzugs an Darstellungen des blinden ›Sängers‹ Homer. Der Weimarer Kunstschüler Arnold Dahlke hatte zusammen mit seinem Freund Otto Illies in der Klasse von Ludwig von Hofmann studiert, bevor er zur Bildhauerei überging. Selbst einem diffusen Germanentum anhängend, gibt er in seiner Gestaltung der Büste dem Eindruck des Prophetischen und der geistigen Anspannung Raum. Damit greift er bereits Bartels' beginnende Verehrung als Vorkämpfer und Ideengeber des völkischen Nationalismus auf. GP

Literatur: Ausst. Kat. Farben-Schöpfung, 2009.

Kat. 381 □ S. 245
BARTELS PORTRÄTIERT BISMARCK

Auf der Titelseite zu Bartels' siebzigseitiger Biografie prangt ein Porträt Bismarcks mit Pickelhaube. Im Jahr der Veröffentlichung, 1915, ordnete die Oberste Heeresleitung an, die verräterisch aus den Schützengräben herausragende Pickelhaube nur noch ohne Spitze zu tragen, 1916 wurde sie dann als der modernen Kriegsführung nicht mehr angemessen endgültig vom Stahlhelm abgelöst. Das Symbol der preußischen Vormachtstellung in Europa war damit schon zwei Jahre vor ihrem tatsächlichen Ende beseitigt. Davon wusste Bartels' Schrift samt Illustration freilich noch nichts. Vielmehr wird Bismarck als Vater der Einigungskriege von 1864, 1866 und 1870/71, als Schöpfer der deutschen Einheit und zugleich als Spiritus Rector des gegenwärtigen Krieges in Anspruch genommen. So, wie der deutsche Sieg von der Geschlossenheit abhänge, mit der man dem Bismarck'schen Geist folge (vgl. Bartels 1915, S. 77), so sehr sei dieser Geist ein spezifisch deutscher: Treue, Ehrlichkeit, Einfachheit, Wille zur Macht. Wie schon in Gustav Freytags Bildern aus der deutschen Vergangenheit werden Bismarck und Luther zum Zweigestirn des deutschen ›genialen Tatmenschen‹ erhoben. Und wie in Julius Langbehns Rembrandt als Erzieher wird neben die beiden Goethe als Leitbild gestellt.

Kat. 381 Adolf Bartels · Bismarck der Deutsche · 1915
Klassik Stiftung Weimar

Kat. 382 Hans Groß · Porträt Adolf Bartels · 1919
Klassik Stiftung Weimar

Das ›Tatgenie‹ Bismarck überragt jedoch am Ende alle – freilich auch, weil er neben seiner »Herrscher- und Kämpfernatur« (ebd., S. 8) zugleich den Kulturdeutschen verkörpere. Die Symbol- und Wertwelten von Potsdam und Weimar verschränken sich für Bartels in der idealen Führergestalt Bismarcks: »Vielleicht ist Bismarck sogar, mehr als Luther und mehr als Goethe, typischer Deutscher: Seine Kampflust, sein ungemein starker Natursinn, seine sittliche Reinheit erscheinen als höchste deutsche Tugenden. Und der besondere deutsche Idealismus und die deutsche Geistigkeit fehlen denn doch auch nicht, Bismarck der Junker ist trotz seines Realismus viel mehr, als es seine Gegner Wort haben wollen, Kulturdeutscher gewesen, nicht bloß allseitiger Politiker, sondern ein volles Genie, dem nichts Menschliches fremd war« (ebd.). AOe

Kat. 382 □ S. 245
BARTELS – MENTOR EINES KUNSTSCHÜLERS

Das Porträt Adolf Bartels zeigt den Literaten als bärtigen älteren Herren. Der Kopf des Schriftstellers ist von einer hellen, aureolenhaften Fläche umgeben, die dem Porträtierten Autorität verleiht. Er scheint aus dem Licht heraus äußerst kritisch den Betrachter zu erforschen.
Der Künstler Hans Groß, der diesen Holzschnitt 1919 fertigte, stammt – wie auch Bartels – aus dem Landkreis Dithmarschen. Beide lernten sich jedoch erst in Weimar kennen. Groß verehrte Bartels als väterlichen Freund und Mentor. Dieser beförderte die Vergabe eines Stipendiums der Friedrich-Hebbel-Stiftung für das Jahr 1917 an Groß. Die deutschnationale und antisemitische Gesinnung des jungen Künstlers ist durch Bartels' Denken wesentlich geprägt.
Im Frühjahr 1919 gründete Walter Gropius das Bauhaus, dessen Schüler Groß nun wurde. Er interpretierte das Bauhaus-Programm – ganz im Sinne Bartels – als Bekenntnis zu einer reinen deutschen Kunst. Mittels einer geheimen Kandidatenliste versuchte er anlässlich der Wahlen im Herbst 1919 ausschließlich Schüler nichtjüdischer Herkunft in die Schülervertretung zu lancieren und die vermeintliche Bevorzugung von Ausländern und Juden seitens der Leitung des Bauhauses zu unterwandern.
Die Auseinandersetzung mit dem Bauhaus anlässlich einer von Groß öffentlich gehaltenen deutschnationalen Rede kulminierte zum Jahreswechsel 1919/20 im sogenannten Bauhaus-Streit. In dessen Folge kam es am Bauhaus zum Verbot jeglicher politischer Tätigkeit. Groß verließ Weimar und kehrte nach Dithmarschen zurück. Sein Bartels-Porträt wurde im November 1920 auf dem Frontispiz der ersten Nummer der heimattümelnden Zeitschrift *Dithmarschen. Monatsschrift für Kunst und geistiges Leben* abgedruckt, die Groß 1920 als Medium zur Verbreitung seiner auf Deutschtum und Heimatpflege fixierten Kunst- und Lebensauffassung gegründet hatte. UA

Kat. 384 Theaterzettel zu Paul Ernst: Preußengeist · 27.1.1915
Thüringisches Hauptstaatsarchiv Weimar

Kat. 383 · 384 □ S. 246

PREUSSENGEIST UND IDEALISMUS

Am 27. Januar 1915, zu Kaisers Geburtstag also, fand im Hoftheater die Uraufführung von Paul Ernsts Drama *Preußengeist* statt. Unter den Zuschauern war der Großherzog, der auf Urlaub vom westlichen Kriegsschauplatz in Weimar weilte. Zunächst wurde Lessings Einakter *Philotas* gespielt, der eine Traditionslinie wahren Preußengeistes beschwören sollte. Paul Ernst gestaltete das Schicksal Hans Hermann von Kattes, der auf Befehl des Soldatenkönigs in Küstrin hingerichtet wurde. Der Stoff um den Jugendfreund Friedrichs des Großen, der manche dramatische Potenzen bietet, wurde bei Ernst auf eine Idee reduziert: Kattes aufrechter Opfertod läutert Friedrich zu einem keineswegs feigen und subalternen Pflichtverständnis. Dieser ›Preußengeist‹ führt in der das Drama schließenden Prophetie gewissermaßen auf die Schlachtfelder des Weltkriegs, auf denen entsagungsvoll gekämpft wird, damit die »deutsche Sonne für die ganze Welt« aufgehe (Ernst 1933, S. 137).

War Ernsts Drama schlichter Kriegspropaganda verpflichtet, so entstand sein Sammelband *Der Zusammenbruch des deutschen Idealismus* aus dem Anspruch umfassender Kulturkritik. Die Aufsätze wurden 1916/17 verfasst; die Weltkriegslage um Verdun erklärt zu einem Teil ihre pessimistische Grundhaltung. Der Autor erblickte seit dem Zusammenbruch des deutschen Idealismus um etwa 1830 in allen sozialen Bereichen Abstieg und Verfall. Er übte scharfe Kapitalismuskritik, beklagte Nichtigkeit und Gemeinheit der Bourgeoisie, ohne etwa Zutrauen zum Proletariat oder zu sozialistischen Utopien zu haben. Die eklatante Unbildung bis hinein in die höhere Beamtenschaft war ihm ebenso verächtlich wie die »sogenannte Demokratisierung« (Ernst 1931, S. 317), die wirkliche Persönlichkeitsentwicklung verhindere. Rassistische Töne fehlen nicht, zwar verwahrte sich der Autor gegen eine antisemitische Verwertung seiner Thesen, die Klage über den Einfluss der Juden in der Gesellschaft ist doch deutlich. Wo ist Rettung in dieser Situation des Niedergangs? Ernst besann sich auf den Kern neuklassischer Lehre und postulierte die Form als letzten und einzigen metaphysischen Wert. Es ging ihm nicht nur um den ästhetischen Ausdruck, sondern um den Sinn der Kultur, ja des Daseins: »Das gesamte höhere Leben der Menschheit ist eine Aufgabe der Form« (ebd., S. 9). Sollte man sich als unfähig erweisen, Form zu finden, werde die europäische Welt untergehen. Man muss Ernsts Verirrungen kritisch begegnen; seine Suche nach Sinn und Wert in der kriegerischen Krise der Gesellschaft war die vieler Intellektueller, nicht nur in Weimar. AP

Kat. 385

POLITISIERUNG EINES NEUKLASSIKERS

Am 27. Oktober 1918 schrieb Paul Ernst von seinem Gut in Sonnenhofen bei Bad Königsdorf in Bayern an Friedrich Lienhard: »Lieber Herr Professor […] Ich schreibe gleichzeitig an Scheffler, Scholz, Schäfer, Dehmel u. Leop. Ziegler. Wir sind zusammen 7. Ich bitte Sie auf einige Tage nach hier, wo die Verpflegung möglich ist, zusammen zu kommen u. zu besprechen, was zu thun ist. Ich bin dafür, daß wir mit unsren 7 Namen gezeichnete Flugschriften herausgeben, in denen wir im Namen des deutschen Volkes sprechen. Erste: Forderung, d[as]s Kaiser u. Kronprinz abdanken. 2te: Aufhebung des Belagerungszustands. 3te: Autonomie für Elsaß-Lothringen. 4te: Anklage gegen Tirpitz u. Genoßen. Werden Sie sich anschließen?« (GSA 57/533). Ein Rundbrief begleitete offenbar das persönliche Schreiben an Lienhard, in dem Ernst die Adressaten zur Unterschriftensammlung aufruft, um mit 17 000 Unterschriften eine Audienz beim Kaiser zu verlangen und die Forderungen persönlich vorzutragen (vgl. ebd.).

Der Brief scheint ein vorläufiger Höhepunkt von Ernsts Politisierung während des Ersten Weltkriegs zu sein. Zwar hatte er sich zunächst freiwillig zum Kriegsdienst gemeldet, wurde aber aufgrund seines schlechten Gesundheitszustandes nicht angenommen. Ernst zog sich im Laufe des Krieges aus der

Gesellschaft zurück, siedelte 1916 zunächst nach Neustadt im Harz über, um sich ein Jahr später in Sonnenhofen ein Gut zu kaufen. Hier wollte er sich weltabgewandt, aber bürgerlich standesbewusst eine neue Existenz aufbauen, die er offenbar durch den Krieg gefährdet sah. Der Ruf nach der Abdankung des Kaisers wurde zu dieser Zeit bereits in der Friedensbewegung laut. Bemerkenswert ist das große persönliche Engagement Ernsts, aber auch eine gewisse Realitätsferne und schließlich die Überlegenheitsgeste, wenn er meint, »im Namen des deutschen Volkes sprechen« zu können. GP

Literatur: Châtellier 2002.

Kat. 386 □ S. 247
DER KRIEG ALS HEILSAME BEWÄHRUNG

»Wer sollte denn nun wohl […] einen großen Krieg auf europäischem Boden unter europäischen Völkern anfangen?« (Schlaf 1906, S. 263). Dies fragte Johannes Schlaf noch 1906. In seinem Buch *Vom Krieg, vom Frieden und dem Irrtum des Pazifismus* (1918) sah er den Krieg dann als heiliges Übel an. Auf dem Schlachtfeld, das auf dem Titel in expressiver Stilisierung erschien, ringe sich Deutschland zu seiner Aufgabe als Kulturhegemon durch – dann ergäbe sich Weltfrieden als zwangsläufige Stufe globaler Entwicklung. Schlaf hatte keinen realistischen Blick auf Ursachen und soziale Wirklichkeit des Krieges, er deutete ihn als eine zwar schreckliche, aber heilsame Bewährung des Nationalen.

Die Niederlage 1918 freilich erlebte er keineswegs abgeklärt. Wie viele – nicht nur konservative – Zeitgenossen empörte er sich über den ›Schandfrieden‹ von Versailles. Sein Räsonnement über den materialistischen und nihilistischen Geist als Ursache des deutschen Scheiterns fand ebenso Widerhall in der Öffentlichkeit. Mit verstärktem Eifer widmete sich Schlaf der philosophischen Fundierung seiner geozentrischen Lehre; der Gedanke eines neuen synthetischen Geistes, der alle Bereiche des Lebens umfasste, ließ ihn auch jetzt nicht los. Wie können die Individuen zu einer neuen Identität und zu einer Verbindung mit kosmischen Zusammenhängen gelangen? Die Frage, die Schlaf schon in seinem in Weimar entstandenen Bildungsroman *Der Prinz* (1908) aufnahm, war im geistesgeschichtlichen Diskurs der Zeit verbreitet. Schlaf setzte in den Entwicklungsprozessen auf eine geistige und sittliche Elite, die er auch rassisch-nationalistisch bestimmte. Ein solches Denken führte ihn folgerichtig zum Wartburg-Treffen der völkisch-konservativen Dichter im Mai 1932. AP

Kat. 387
DEUTSCHLAND SEI WACH!

Wildenbruchs Gedichtband *Deutschland sei wach!* erschien 1915, zu einem frühen Zeitpunkt des Ersten Weltkriegs. Er fügte sich ein in eine Vielzahl literarischer Werke, die den Krieg mutvoll bejahten, ihn gar enthusiastisch als Aufbruch zu gesellschaftlichem Wandel feierten.

Kat. 386 Johannes Schlaf · Vom Krieg / Vom Frieden und dem Irrtum des Pazifismus · 1918 · Klassik Stiftung Weimar

Wildenbruchs Lyrikbuch erschien postum; Maria von Wildenbruch stellte in ihm alle vaterländischen Gedichte ihres Mannes zusammen, bereits gedruckte und noch unpublizierte, sie nahm auch Passagen aus den für den 1870er Krieg geschriebenen Texten *Vionville* und *Sedan* auf. Die Erinnerung an jenen siegreichen Feldzug, Trauer über die Gefallenen und Stolz auf den Sieg sind wesentliche Motive, ebenso wie der Dichter als patriotischer Rufer und Mahner. Wildenbruch sah Deutschland von Feinden aus Ost und West umkreist, sah es nur unzureichend gerüstet zum Kampf. Viele der Gedichte kritisieren die innere Entwicklung, insbesondere die Kultur: Politische Auseinandersetzung erscheint als bloßes Parteiengezänk, als selbstzerstörerische Aufgabe einer einenden Idee. »Pracht und Prunk und Eitelkeit« (Wildenbruch 1919, S. 56), eine Veräußerlichung des Lebens also, hielt der Dichter für ebenso verderblich wie den »Taumelklang von dekadenten Liedern« (ebd.), eine moderne Formensprache, die einem kraftvollen und machtbewussten Volk nicht gemäß sei. Die Zitate stammen aus Wildenbruchs Gedicht *Deutsches Neujahr 1909*, das beschämt auf die Nachgiebigkeit Deutschlands gegenüber England und Frankreich blickt. »Lern verachten! Buhl' um Gunst nicht! Haß ertrage!« (ebd., S.57) wird dem Vaterland zugerufen. Das Gedicht stützt mithin eine klare kriegspropagandistische Intention. AP

Kat. 388 Max Hecker (Hrsg.) · Goethes Werke. Bd. 54 · Register · 1916
Vermerk: Gott strafe England! 1915 · Klassik Stiftung Weimar

Kat. 388 ☐ S. 248
»GOTT STRAFE ENGLAND!«

Diese Eintragung findet sich auf Seite 257 von Band 54 der ersten Abteilung der Weimarer Goethe-Ausgabe am Ende des Registerstichworts *England* (und seiner Zahlenkolonnen). Mit den Registerbänden 54 und 55 zur ersten Abteilung (1916 und 1918) gelangte die 1887 begonnene Ausgabe zu ihrem Abschluss. Als Autor beider Registerbände gibt sich in Band 55 Max Hecker zu erkennen. In seinem Vorwort, datiert »Weimar, am 15. December 1917, dem Tage des Waffenstillstandsvertrages von Brest-Litowsk«, formulierte Hecker ein markiges patriotisches Bekenntnis: »Vor einem vollen Menschenalter mitten in tiefem Frieden begonnen«, lege die Ausgabe »ein Zeugniß ab von deutscher Opferwilligkeit und Ausdauer, von der Kraft freudiger Hingabe an einen großen Gedanken, wodurch sich in der blutigen Zeit, da die Ausgabe unter den Stürmen des Weltkrieges zu Ende geführt worden ist, auf größerem, weltgeschichtlichem Schauplatze Deutschlands Heere als unüberwindlich erwiesen haben« (WA I, Bd. 55, VI).

Vor allem die letzte Wendung lässt deutlich werden, dass es sich bei Heckers Register-Einschub, der eine populäre Kriegsparole aufgreift, um die Kundgabe seiner Gesinnung gehandelt haben wird, selbst wenn man ins Kalkül zieht, dass sich ein solcher Eintrag in einem wissenschaftlichen Register mehr als seltsam ausnehmen muss und ein entsprechender Eintrag etwa zu Frankreich fehlt (ein Eintrag zu Russland hatte sich angesichts des Waffenstillstandes von selbst verboten). Mit dieser Haltung stand Hecker unter den Weimarer Germanisten nicht allein. Sein Kollege Hans Gerhard Gräf, Herausgeber des *Jahrbuchs der Goethe-Gesellschaft*, formulierte im Vorwort zum *Jahrbuch* 1915: »Und als nun der Dreiverband: Revanchewut, Handelsneid, rohe Gewalt […] von West und Ost über uns herfallen wollte, da stand Deutschland auf wie Ein Mann, um Weib und Kind, Haus und Hof, Kaiser und Reich zu verteidigen bis zum letzten Blutstropfen. […] Und wer Kultur will, so sehr er die Blutopfer beklagen muß, die dieser Krieg uns auferlegt, segnen wird er ihn dennoch; denn gerade der Krieg, sofern er ein wahrhafter Volkskrieg, ist der gewaltigste Förderer der Kultur« (GJb 1915, Bd. 2, S. V u. VII).
JG

Kat. 389 ☐ S. 249
EUGEN DIEDERICHS' ZUKUNFTSPROGRAMM

In den Jahren 1916/17 befasste sich Eugen Diederichs stärker mit der Frage nach der zukünftigen Gestaltung Deutschlands und Europas. Er wurde gesellschaftspolitisch tätig, gründete die Vaterländische Gesellschaft und organisierte die Kulturtagungen auf Burg Lauenstein. Der 1916 erschienene Verlagskatalog betonte diesen Anspruch ebenfalls, zumal die Flut an Kriegslyrik und Kriegsliteratur verflachte. Im Vorwort erklärt Diederichs, dass er »einige Zukunftsziele« darstellen wolle, betont jedoch, dass der Krieg seine »Richtlinien« (Diederichs 1916a, S. 1) nicht verändert habe. Die außenpolitische Rolle Deutschlands war für den Verleger klar: »Auch in Zukunft werde ich unsere nationalen Aufgaben nicht in einer Verengung durch Abschluß von anderen Völkern sehen; jedes Volk hat seinen kulturellen Eigenwert, und Deutschlands Aufgabe ist es vielleicht, alle Völker zur Weltkultur zu führen« (ebd.). Diederichs glaubte zwar an eine besondere Sendung Deutschlands, verstand darunter aber keine kulturelle Hegemonie. Im Inneren strebte Diederichs den Aufbau eines demokratischen Volksstaats im Gegensatz zum Obrigkeitsstaat an. Die wichtigste Veröffentlichung dazu war *Das deutsche Volk und die Politik* (1915) von Hugo Preuß. Der ›Vater‹ der späteren Weimarer Reichsverfassung forderte darin die Politisierung und Organisation des Volkes sowie die kommunale Selbstverwaltung. Obwohl der Verleger in der Vergangenheit bereits für die Verwendung der Swastika kritisiert worden war – das Symbol vereinnahmten völkische Kreise zunehmend für sich –, zierte das in der Jugendbewegung verbreitete Sonnenrad erneut das Titelblatt des Verlagskatalogs.
MS

Literatur: Heidler 1998.

Kat. 389 Eugen Diederichs · Zur Neuorientierung der deutschen Kultur nach dem Kriege · 1916 · Universitätsbibliothek Potsdam

Kat. 390 · 391 · 392
BELEBUNG DES ›GEISTES VON 1914‹

Während im Juli 1916 an der Somme die bis dahin größte Materialschlacht tobte, gründete Eugen Diederichs, einer der einflussreichsten lebensreformerischen Verleger, in Jena die Gemeinnützige Vaterländische Gesellschaft 1914 mit dem Ziel, »daß der Geist des August 1914 im deutschen Volke lebendig bleibe« (WLZD Jg. 68, Nr. 275). Als vaterländische Erziehungs- und Kampfgemeinschaft glaubten die Gründer, mittels Kundgebungen und Vorträgen die anfängliche Kriegsbegeisterung im Land wieder entfachen zu können. Im Angesicht des 1917 bevorstehenden 400. Reformationsjubiläums wurden einmal mehr Martin Luther und die Wartburg sowie die ›klassische Kultur Weimars‹ angerufen. Weil diese durch die nationalistische Philosophie Johann Gottlieb Fichtes und die Staatsphilosophie Georg Wilhelm Friedrich Hegels politisch weiterentwickelt worden sei, wären der ›Geist von Weimar‹ und der ›Geist von Potsdam‹ keine Gegensätze mehr. Nur mit beiden Tugenden könne Deutschland im Krieg bestehen, so der Vorsitzender Pfarrer Dr. Max Maurenbrecher, der als Hauptagitator von Weimar aus Thüringen bereiste. Vormals freireligiöser Theologe und Sozialdemokrat, hatte er sich im Verlauf des Krieges immer weiter dem rechten Lager angenähert. Weil Maurenbrecher die Vaterländische Gesellschaft 1914 in Thüringen, wie sie sich nannte, zunehmend an den völkisch-nationalistischen Alldeutschen Verband und die 1917 neugegründete autoritär-nationalistische Deutsche Vaterlandspartei heranführte, zog sich der zunehmend um Völkerverständigung bemühte Diederichs zurück. Mithilfe von Selma von Lengefeld, die der Ortsgruppe Weimar vorstand, veranstaltete die kleine Gesellschaft am 5. und 6. Oktober 1918 in Weimar ihre Erste öffentliche Tagung, die allerdings kaum Echo fand. Einen Monat vor der militärischen Kapitulation beschworen die männlichen Redner noch immer den ›Geist von 1914‹, lehnten jede Friedensinitiative ab und warnten vor der drohenden »Weltrevolution« (WLZD Jg. 68, Nr. 276). Noch Ende Januar 1918 trat der Architekt Paul Schultze-Naumburg bei.

Im Dezember 1918, kurz nach der Niederlage, zog sich Lengefeld aus der Vaterländischen Gesellschaft zurück und wurde Mitbegründerin der liberalen Deutschen Demokratischen Partei (DDP), nicht zuletzt aus Angst vor der USPD und dem revolutionären Spartakusbund. JR

Literatur: Kähler 1916; Werner 2003.

Kat. 393 · 394 □ S. 250
ZUKUNFTSDEBATTEN AUF BURG LAUENSTEIN

1917 gilt als Wendejahr des Krieges und der Weltgeschichte: Der Kriegseintritt der Vereinigten Staaten, die Revolutionen in Russland, die Friedensresolution und nicht zuletzt Hunger und Not im eigenen Land beschleunigten die politische Radikalisierung. Auf diese reagierte der Verleger Eugen Diederichs mit zwei Kulturtagungen, zu denen er zusammen mit dem Dürerbund, der Vaterländischen Gesellschaft 1914 in Thüringen und der Comenius-Gesellschaft auf die Burg Lauenstein in der Nähe von Probstzella in Thüringen einlud. Die erste Tagung zum Thema *Sinn und Aufgabe unserer Zeit* fand vom 29. bis 31. Mai statt, die zweite über *Das Führerproblem im Staate und in der Kultur* vom 29. September bis 3. Oktober 1917. Geladen waren Gelehrte, Künstler, politische Schriftsteller, Lebensreformer und Vertreter der freideutschen Jugend – im Ganzen etwa sechzig Personen –, darunter der Historiker Friedrich Meinecke, die Nationalökonomen Edgar Jaffé und Werner Sombart, der Soziologe Max Weber, der Journalist Theodor Heuss, die Frauenrechtlerin Gertrud Bäumer, der Mediziner Knud Ahlborn, die Schriftsteller Richard Dehmel, Karl Bröger und Ernst Toller.

Bereits die erste Zusammenkunft machte deutlich, dass die von Diederichs anvisierte partei-, klassen- und konfessionsübergreifende Zusammenarbeit schöpferischer Kulturpraktiker eine Illusion war. Unüberbrückbare Gegensätze kristallisierten sich in der kontrovers geführten Debatte zwischen Max Weber und dem alldeutsch orientierten freireligiösen Publizisten Max Maurenbrecher heraus. Forderte Weber die parlamentarisch-demokratische Durchsetzung von Reformen im Innern, warb Maurenbrecher für einen starken Staat nach preußischem Vorbild mit einer ›Partei der Geistigen‹ an der Spitze.

Die Publizistin Marianne Weber hat die Stimmung damals festgehalten: »Sie sprechen dieselbe Sprache, aber sie verstehen sich schwer. Die Generation der Gereiften spalten vor allem die verschiedenen politischen Überzeugungen, und die Jungen trennen sich von den Alten durch Abkehr von allen überkommenen Wertungen, vor allem durch Abkehr von

Kat. 394 Teilnehmer der Lauensteiner Tagung (u. a. Eugen Diederichs, Theodor Heuss, Selma v. Lengefeld) · 29.–31. 5. 1917 · Deutsches Literaturarchiv Marbach

einer Staats- und Gesellschaftsordnung, die immer aufs neue den Krieg erzeugt« (Weber 1989, S. 609). Die Enttäuschung der jüngeren Generation brachte Ernst Toller auf den Punkt: »Tagelang wird geredet, diskutiert, draußen auf den Schlachtfeldern Europas trommelt der Krieg, wir warten, warten, warum sprechen diese Männer nicht das erlösende Wort, sind sie stumm und taub und blind, weil sie nie in den Schützengräben gelegen, nie die verzweifelten Schreie der Sterbenden, nie die Klage zerschossener Wälder gehört […] Zeigt uns endlich den Weg, rufe ich« (Toller 1996 S. 58).
Die kritische Intelligenz in Deutschland war nicht mehr konsensfähig. Aus dem Scheitern zog Diederichs die Konsequenz und sagte die geplante dritte Tagung ab. MW

Kat. 395 ☐ S. 251 · 396 · 397 ☐ S. 251
FRAUENVERDIENSTE IM KRIEG

Um das Engagement der Frauen, insbesondere der Frauenvereine, in der Kriegszeit zu würdigen, stifteten Wilhelm Ernst und Feodora, die als Großherzogin zugleich Obervorsteherin der Frauenvereine im Großherzogtum Sachsen-Weimar-Eisenach war, das Ehrenzeichen für Frauenverdienst im Kriege. Die Stiftung erfolgte am 15. August 1915, anlässlich der Jahrhundertfeier der Sachsen-Weimarischen Frauenvereine. Die Auszeichnung sollte an Frauen verliehen werden, die sich auf dem Gebiet der Kriegsfürsorge »durch besondere Opferwilligkeit und hervorragende Leistungen ausgezeichnet haben« (Regierungsblatt Nr. 39/1915, S. 205–207). Die Medaille zeigt auf der Vorderseite je ein Porträt der Großherzogin Feodora, auf deren Vorschlag das Ehrenzeichen verliehen wurde, sowie eines der ehemaligen Großherzogin Maria Pawlowna, auf deren Initiative das Zentraldirektorium des Patriotischen Instituts der Frauenvereine am 3. August 1817 gegründet worden war. Die Umschrift verweist auf die beiden Großherzoginnen sowie die Daten 1815 und 1915. Die Rückseite schmückt eine Krone über den ineinander verwobenen Initialen des großherzoglichen Paares, darunter befinden sich Stiftungsdatum und Titel des Ehrenzeichens. Die Stempel wurden nach einem Modell des Münchner Bildhauers

Georg Römer von Theodor Müller in Weimar und der Kunstprägeanstalt A. Werner & Söhne in Berlin gefertigt. Auf Grund der Ressourcenknappheit erfolgte die Prägung in versilbertem Kriegsmetall. Getragen wurde das Ehrenzeichen an einem zu einer Doppelschleife gebundenen roten Band des Falkenordens. Die grün-weißen Seitenstreifen verweisen auf die sächsischen Landesfarben.

Insgesamt wurde das Ehrenzeichen nicht mehr als 900 Mal verliehen. Selma von Lengefeld erhielt die Auszeichnung am 15. August 1918. Ihre langjährige Arbeit als Vorsitzende des Vereins Frauenbildung-Frauenstudium sowie ihr gesellschaftspolitisches Engagement in Kriegszeiten, etwa bei der Rekrutierung von weiblichen Arbeitskräften für die Rüstungsindustrie oder im Rahmen der Vaterländischen Gesellschaft 1914 in Thüringen, dürften eine Rolle bei der Verleihung gespielt haben. Ihren Kampf um die Rechte der Frauen vernachlässigte sie auch in der Kriegszeit nicht. So reichte sie 1917 beim Landtag des Großherzogtums Sachsen-Weimar-Eisenach gemeinsam mit Gertrud Bäumer im Namen des Bundes Deutscher Frauenvereine eine Denkschrift über die *Stellung der Frau in der politisch sozialen Neugestaltung Deutschlands* ein. MS

Literatur: Boblenz 2003; Fritsche 2012; Herfurth /Klee/ Klauß 2012.

Kat. 398 ☐ S. 252 · **399** ☐ S. 252
DER GROSSHERZOG IN FELDGRAU

Ein häufiges Motiv auf Postkarten ist Großherzog Wilhelm Ernst in Felduniform mit dem Eisernen Kreuz, das ihm Ende 1914 verliehen wurde. Am Gürtel trägt er einen Feldstecher. Da bei der Pickelhaube die Messingbeschläge in der Sonne reflektierten, wurde sie im Krieg mit einem beigefarbenen Überzug getragen, auf dem in roter Farbe die Regimentsnummer aufgenäht oder aufgemalt war. Ab 1915 wurde an der Front auf die Helmspitze verzichtet, da sie verräterisch aus den Gräben hervorragen konnte. Da dieser aus Leder, später aus Filz oder Pappe gefertigte Helm keinen Schutz gegen Granatsplitter bot, wurde er schließlich durch den Stahlhelm M 1916 ersetzt. Diesen trägt Wilhelm Ernst auf einer Postkarte mit Widmung, die in großer Auflage gedruckt und in diesem Fall »Zum Besten der Hinterbliebenen des Regiments« verkauft wurde. Sie zeigt Großherzog Wilhelm Ernst 1917 in dekorierter Felduniform mit Pistole und Stahlhelm.

Bei Kriegsausbruch hatte der Großherzog zwar den Rang eines preußischen Generals der Kavallerie à la suite, den für einen Landesherrn üblichen Ehrenrang. Doch da sich seine militärische Ausbildung lediglich auf den Dienst als Oberleutnant beim 1. Garderegiment zu Fuß in Potsdam beschränkt hatte, wurde ihm ein Truppenkommando trotz mehrfachem Wunsch verwehrt. Er ließ sich daher dem Stab des XI. Armeekorps zuteilen, dem auch die thüringischen Truppenteile angehörten, und begleitete seine Soldaten an die Fronten in Frankreich und Galizien. Persönlich nahm er an einem Sturmangriff teil, flog als Beobachter über russische Stellungen und erlebte 1918 einen Gasangriff. Dass er noch 1914 mit dem Eisernen Kreuz sowie mit dem österreichischen Militärverdienstkreuz ausgezeichnet wurde, war

Kat. 397 Porträt Selma von Lengefeld · Unbekannt · um 1916
Thüringisches Staatsarchiv Rudolstadt

Kat. 395 FA Theodor Müller · Ehrenzeichen für Frauenverdienst im Kriege für Selma von Lengefeld
1918 · Thüringisches Staatsarchiv Rudolstadt

Kat. 399 Großherzog Wilhelm Ernst in Uniform und mit Stahlhelm · Unbekannt
1917 · Stiftung Deutsches Historisches Museum, Berlin

Kat. 398 Porträt Großherzog Wilhelm Ernst von Sachsen-Weimar-Eisenach
Fotoatelier Franz Vältl · um 1914 · Stadtmuseum, Weimar

ihm jedoch eher peinlich, da er nach eigenem Bekunden nichts Entsprechendes geleistet hatte. 1915 ließ der Kaiser den Schriftzug auf den Schulterklappen des an der Front so erfolgreichen Regiments von »CA« (Carl Alexander) auf »WE« (Wilhelm Ernst) ändern.

Bereits Mitte August 1914 äußerte er sich misstrauisch gegenüber einem schnellen Kriegsende. Häufig berichtete er in Briefen an die Großherzogin über das Leiden der Soldaten auf beiden Seiten. Seine Kritik am U-Boot-Krieg löste 1916 einen heftigen Notenwechsel zwischen Berlin und Weimar aus. Resigniert und gesundheitlich angegriffen kehrte der Großherzog schließlich im Spätsommer 1916 nach Weimar zurück, von wo aus er aber regelmäßig die weimarischen Truppenteile besuchte. BP

Kat. 400 ☐ S. 253
DIE WEIMARER KASERNE

Für das 1. Bataillon des Infanterie-Regiments Großherzog von Sachsen (5. Thüringisches) Nr. 94 errichtete Oberbaudirektor Carl Heinrich Ferdinand Streichhan auf einer Anhöhe am Ostufer der Ilm in den Jahren 1854 bis 1858 ein Kasernengebäude. Bis dahin hatten für Militärzwecke umgebaute Wohnhäuser in der Stadt als provisorische Unterkünfte gedient. Prägend für das neue Kasernengebäude waren neogotische, an mittelalterliche Wehrbauten angelehnte Stilelemente. Als architektonisches Vorbild diente Streichhan die Kaserne des 2. Garde-Ulanen-Regiments in Berlin-Moabit. Darüber hinaus wurden ein Exerzier- und ein Schießplatz angelegt.

Die Weimarer Kaserne ziert auch die gelaufene Feldpostkarte vom 6. März 1915. Eingerahmt von je einem Eichen- und einem Lorbeerzweig verweisen ein kleines Brustporträt von Wilhelm Ernst und ein Emblem mit dem Schriftzug »CA« auf die lange Tradition des Regiments. Ein Landsturmmann des 94er-Infanterieregiments sandte die Postkarte von der Garnisonsstadt nach Jena und bat seine Frau oder Mutter, ihm Besteck, Schuhwichse und -putzzeug sowie eine Blechschüssel, einen Spiegel und einen Steintopf zu schicken.

Seit der Militärkonvention vom 26. Juni 1867 war das Regiment in die preußische Armee eingegliedert und unterstand nicht mehr der Verfügungsgewalt des Großherzogs. Das 2. Bataillon des Regiments war in Eisenach, das 3. Bataillon in Jena stationiert. Das Bataillon unterstand seit 1913 dem Kommando von Major Elimar Friedrich von Taysen, der am 1. Dezember 1914 zum Regimentskommandeur ernannt wurde. BP

Kat. 401

FELDPOST VON WILHELM ERNST

Großherzog Wilhelm Ernst erhielt im Ersten Weltkrieg trotz seines vielfach geäußerten Wunschs kein Kommando. Dennoch begleitete er das thüringische Infanterie-Regiment Nr. 94 an die Kriegsschauplätze in West und Ost. Mit der Großherzogin hielt er regen Briefkontakt und tauschte sich mit ihr über private, militärische und politische Belange aus. Bereits im Frühjahr 1915 äußert er sich zu den Geschehnissen kritischer, so etwa in einem Schreiben vom 9. März 1915 aus Rzeczyca, Westpommern, zu einem geplanten Angriff: »Wir halten es für einen Blödsinn, denn es wird furchtbar viel Blut kosten zu den Strömen die schon geflossen sind« (ThHStAW, GHA A XXXIV Nr. 4, Bl. 4v). Einen Tag später äußert der verhinderte Kommandant Ratlosigkeit: »Uns wurde gesagt, der Erfolg unserer Operation sei politisch von der höchsten Bedeutung. Warum, weiß ich nicht« (ThHStAW, GHA A XXXIV Nr. 4, Bl. 7v). Offen berichtet er seiner Frau auch vom Grauen des Krieges: »Ich kam über Flächen des ersten Gefechtstages. Da lagen am Vorwerk Jezierzec noch massenhaft tote Deutsche in denselben Lagen, wie sie gestorben waren […] aber noch nicht begraben, es fehlt an Arbeitskräften. Die Gefangenen schiebt man gleich ab, anstatt sie dazu zu benutzen« (ThHStAW, GHA A XXXIV Nr. 4, Bl. 5r).

Ging es um das Wohlergehen der Soldaten, zeigte sich Wilhelm Ernst besorgt, beispielsweise unterstützte er die Versorgung Verwundeter und ließ dem Thüringer Regiment Alkohol und Zigaretten zukommen. In anderen Momenten scheint der Großherzog allerdings realitätsfremd und beklagt sich etwa bei seiner Frau über den Geschmack von Südfrüchten: »Allerherzlichsten Dank für Deine Sendung, habe mich sehr darüber gefreut. Nur die Ananas sind etwas sehr süß« (ThHStAW, GHA A XXXIV Nr. 4, Bl. 120–121). Im Sommer 1916 kehrte Wilhelm Ernst nach Weimar zurück, wenngleich er das Regiment bis zum Kriegsende immer wieder kurz besuchte. MS

Kat. 400 Gruss aus Weimar. Kaserne des 1. Bat. Inf. Reg. No. 94 · 6.3.1915 · Privatbesitz

Kat. 402 ☐ S. 253

EIN KRIEGSKREUZ FÜR DIE TAPFERKEIT

In den Statuten des Großherzoglich Sachsen-Weimarischen erneuerten Ritterordens der Wachsamkeit oder vom weißen Falken ist im zehnten Nachtrag vom 10. Juni 1915 die Stiftung des Wilhelm-Ernst-Kriegskreuzes durch den Großherzog festgehalten. »Das Ordenszeichen besteht aus einem silbernen, weißemaillierten Kreuz mit einem offenen Lorbeerkranz und zwei gekreuzten goldenen Schwertern. Auf dem goldenen Mittelschild der Vorderseite ist der weiße Falke Unseres Hausordens angebracht, auf der Rückseite Unser Namenszug und die Jahreszahl 1915« (Statuten des Großherzoglich Sachsen-Weimarischen erneuerten Ritterordens der Wachsamkeit oder vom weißen Falken, zit. nach Herfurth/Klauß/Klee 2012, S. 328).

Das zum Hausorden gehörige besondere Ordenszeichen wurde, nachdem sich der Krieg unerwartet in die Länge zog, »in dankbarer Anerkennung der ruhmvollen Beteiligung Unserer Landeskinder an den Kämpfen in dem gegenwärtigen Kriege« (ebd.) verliehen. Gedacht war es für Angehörige des Infanterie-Regiments Großherzog von Sachsen (5. Thüringisches) Nr. 94, aber auch für Staatsangehörige des Großherzogtums, die in anderen Truppenteilen dienten. Nach dem Tod des Beliehenen konnten die Hinterbliebenen das Ordenszeichen behalten. Bemerkenswert ist die Kopplung dieses Kreuzes mit einer preußischen Kriegsauszeichnung: Die Voraussetzung für eine Verleihung war der Besitz des Eisernen Kreuzes I. Klasse. Das Wilhelm-Ernst-Kriegskreuz wurde auf der linken Brust neben dem Eisernen Kreuz I. Klasse getragen.

Für das ab 1915 von der Firma Theodor Müller in Weimar hergestellte Ehrenzeichen wurde anfänglich auch Gold verwendet. Dieses ersetzte man später durch vergoldetes Silber, und seit 1917 kam Weißmetall zum Einsatz. Es gab insgesamt 368 Verleihungen. Wilhelm Ernst als regierender Großherzog war automatisch Ordensgroßmeister des Falkenordens,

Kat. 402 FA Theodor Müller · Wilhelm-Ernst-Kriegskreuz · 1915/1918 Privatbesitz

Kat. 404 Kriegsliederbuch für das Deutsche Heer · 1914
Staatsbibliothek zu Berlin

seines Hausordens, und trug somit auch das Wilhelm-Ernst-Kriegskreuz. Ein weiterer prominenter Dekorierter war Kaiser Wilhelm II. Der erste Ausgezeichnete, Regimentskommandeur Friedrich von Taysen, erhielt 1918 als Einziger das Wilhelm-Ernst-Kriegskreuz in Brillanten. AR

Literatur: Arnold 2002; Fritsche 2012; Herfurth/Klauss/Klee 2012.

Kat. 403 · 404 □ S. 254
KRIEGSLIEDER FÜR DAS 94ER REGIMENT

Am 20. Mai 1915 wird auch dem Weimarer Großherzoglich Sächsischen Staatsminister Dr. Karl Rothe von Prof. Max Friedländer aus Berlin die sofortige Übersendung von 3000 Exemplaren des reichsweit versandten *Kriegsliederbuchs für das Deutsche Heer 1914*, herausgegeben von der *Kommission für das Kaiserliche Volksliederbuch*, angekündigt. Da ihm nicht bekannt sei, wo überall das 94er Großherzogliche Regiment im Feld kämpfe, bittet er um zentrale Verteilung dieses Textbuches von der Weimarer Garnison aus. Zunächst Konzertsänger, hatte Friedländer ab 1884 in Berlin bei Philipp Spitta studiert, einem Pionier der deutschen Musikwissenschaft. Danach erwarb er sich vor allem grundlegende Verdienste um die Erforschung beziehungsweise Herausgabe des Lebens und Werks von Franz Schubert und anderen bedeutenden deutschen Kunstlied-Komponisten. Seine Sammelbände von Chorsätzen prägten schon um die Jahrhundertwende landläufig das deutsche Chorwesen. Friedländers Bemühungen um das deutsche Volkslied waren von Anbeginn traditionell-patriotisch motiviert: 1892 gab er ein *Commersbuch* für Studenten heraus und trug auch zur Edition der von Wilhelm II. angeregten *Kaiserliederbücher* bei. Ab 1908 preußischer Geheimer Regierungsrat, hielt er im Krieg populärwissenschaftliche Vorträge für die Soldaten an der Front sowie in Internierungslagern und stellte 1918 ein Liederbuch für deutsche Kriegsgefangene zusammen. Noch in der Weimarer Republik wurde er 1923 Vorsitzender der (nunmehr) Staatlichen Kommission für das deutsche Volkslied-Buch (Schwand 2002, Sp. 135 f.). Das gezeigte Exemplar aus dem *Neunten Hunderttausend* des *Kriegsliederbuchs 1914* belegt die Verbreitung als eine Standardpublikation mit 52 Lied- und Choraltexten »der beliebtesten und verbreitetsten Soldatenlieder, die aus dem reichen Schatze unserer Volksgesänge sorgsam ausgewählt […] sind«, auf vierzig Seiten im feldgepäcktauglichen Taschenbuchformat (Werbetext, ThHStAW, Kultusdpt. 380, 7v). Die der Truppe allbekannten Melodien sollten für alle (weltlichen und geistlichen) Kriegssituationen und zur Stärkung der Kampfmoral dienen, »erfrischend und belebend […] auf dem Marsch, in der Ruhe, nach alter Germanenart selbst beim Angriff« (ebd.). Daraus werden das nationalpatriotische Lied *Ich hab mich ergeben* (Nr. 28, von 1820) und der (inzwischen preußisch staats-)protestantische Choral *Nun danket alle Gott* (Nr. 37, aus dem Dreißigjährigen Krieg) schon im September 1914 von Max Reger instrumental in seiner *Vaterländischen Ouvertüre* op. 140 zitiert. TR

Kat. 405 □ S. 255
DER ENDLOSE KRIEG

Im Februar 1918, wenige Monate vor dem tatsächlichen Ende des Krieges, zeichnete Thomas Theodor Heine eine Karikatur, die in deutlichem Kontrast zu den sonst im Weltkriegs-*Simplicissimus* üblichen Durchhalte- und Propagandazeichnungen steht. Kein Gegner wird in dieser Zeichnung denunziert, kein Held verehrt und keine Überlegenheit propagiert, stattdessen imaginiert sie eine harmlose, heiter scheinende Steinzeit-Familienidylle. Doch wird deren Harmlosigkeit sogleich durch den zynischen Hintersinn konterkariert: Der Untertitel verweist die Szenerie in das fünfzehnte Kriegsjahr und verkündet damit ein höchst zweifelhaftes Jubiläum, das sich niemand wünschen konnte. Ohne dies explizit auszusprechen, thematisiert die Zeichnung eine Resignation, die nach Jahren vergeblicher militärischer und diplomatischer Anstrengungen die Politik in die Agonie getrieben hat. Die Logik des Krieges hat sich verselbstständigt, er ist durch die Mittel eines zivilisierten Miteinanders nicht aufzuhalten. Was bleibt, so die bittere Pointe der Zeichnung, ist die makabre Hoffnung auf einen Neuanfang, der allerdings nur als Radikallösung zu haben ist.

Heine zeichnet eine zynische Utopie, deren außergewöhnliche Qualität darin besteht, dass sie an alle kriegsbeteiligen Nationen gerichtet ist – auch an die eigene. Zum Zeitpunkt des Erscheinens war dies gewiss nicht ohne Risiko, doch weiß Heine die zu erwartende Kollision mit der Zensur durch den Ton heiterer Ironie zu vermeiden, ohne dem Appell etwas von seiner Dringlichkeit zu nehmen. HZ

Kat. 405 Th. Th. Heine · Der Europäer nach dem fünfzehnten Kriegsjahr. In: Simplicissimus · 1918 · Thüringer Universitäts- und Landesbibliothek Jena (ThULB)

JUBILÄUMSFEIERLICHKEITEN AN DER HEIMATFRONT

Feste zu feiern und besonderer Begebenheiten zu gedenken gehört zu den Ausdrucksformen menschlicher Kultur. Neben der willkommenen Unterbrechung des Alltags dienen feierliche Ereignisse auch dazu, Ideen und Anschauungen in ungezwungener Atmosphäre zu präsentieren. Zudem kann das kollektive Erlebnis eines Festes das Gemeinschaftsgefühl einer Gesellschaft stärken. Zielgerichtet wurden sie als Mittel gegen die im Kriegsverlauf zunehmende Demoralisierung der Bevölkerung genutzt. Hinzu kommt, dass sich die Vorstellungen von einem Fest seit dem 19. Jahrhundert gewandelt hatten. Die ritualisierte Feier als Sonderform des Festes mit ihrem Ernst und ihrer Bedeutungsschwere stellte die gesellschaftlich anerkannte Norm dar und schien so auch in schweren Zeiten akzeptabel.

Trotzdem war bei der öffentlichen Festkultur mit Beginn des Krieges 1914 eine deutliche Zäsur zu erkennen. Die bis dahin vorhandene Vielgestaltigkeit und Wirkmächtigkeit wurde nicht mehr erreicht. Noch 1913 war der Festkalender ausgefüllt mit Veranstaltungen jeglicher Art, wie ›hurra-patriotischen‹ Feiern zum Kaisergeburtstag und repräsentativen Anlässen des Gedenkens. Mit Kriegsbeginn war – abgesehen von den mit Böllerschüssen gefeierten Siegen deutscher Truppen – nur noch Raum für ernste und getragene Gedächtnisfeiern.

Im Großherzogtum Sachsen-Weimar-Eisenach sind zwei Säkularfeiern bemerkenswert. 1915 wurde der 100. Jahrestag der Verleihung der Großherzoglichen Würde an Carl August von Sachsen-Weimar-Eisenach gefeiert. 1917 beging man den 400. Jahrestag des Lutherischen Thesenanschlags. Mit den Vorbereitungen war bereits vor Beginn des Krieges begonnen worden. Das Fest zur 100. Wiederkehr der Annahme der Großherzoglichen Würde sollte die Verdienste des Weimarer Fürstenhauses hervorheben und der Bevölkerung noch lange in Erinnerung bleiben. Zum 400. Jubiläum der Reformation waren deutschlandweit Feste und Erinnerungsfeiern geplant, die sich in ein weltweites Gedenken der Protestanten an dieses große Ereignis einordnen sollten. Durch den Krieg kam es zu einschneidenden Beschränkungen. Neben der Propagierung der großen Errungenschaften und Leistungen der ernestinischen Dynastie wurden beide Jubiläumsfeiern auch dazu genutzt, den Siegeswillen zu stärken und Durchhalteparolen zu verbreiten. DB

Kat. 406
KRIEGSBEDINGTE EINSCHRÄNKUNGEN

Es sollte ein großes Fest werden! Zur Mitwirkung an den Vorbereitungen der Jubiläumsfeier anlässlich der Annahme der Großherzoglichen Würde durch Carl August waren schon 1913 Wissenschaftler, Lehrer, Künstler, Hof- und Staatsbehörden aufgerufen worden. Fritz Mackensen und Paul Klopfer hatten sich bereit erklärt, ein »Künstlerfest im allergrößten Stil« zu organisieren, das »ein Huldigungsfest des Weimarer Landes« (WLZD Jg. 66, Nr. 161) für seinen Fürsten werden sollte. Davon ausgehend war ein zwei- bis dreitägiges Volksfest geplant. Ein umfangreiches historisches Projekt zur Erforschung des Lebens und Wirkens von Carl August von Sachsen-Weimar-Eisenach, das sogenannte *Carl-August-Werk*, wurde initiiert, als dessen erster Leiter der bekannte Historiker Erich Marcks gewonnen werden konnte. Eine gemeinsame Ausstellung der Kultureinrichtungen sollte auf das historische Ereignis hinweisen. Mit einer großartig inszenierten Feier und Erinnerungsstücken mit bleibendem Wert wollte sich das Weimarer Fürstenhaus, das sich wie die anderen Souveräne in Europa in einer Legitimationskrise befand, als erfolgreiches Herrscherhaus präsentieren.

Nach Ausbruch des Krieges musste neu nachgedacht werden. Da noch Hoffnung auf einen schnellen Sieg bestand, war die Liste der gestrichenen Vorhaben nicht allzu lang. Unterbleiben sollte das geplante Künstlerfest samt anschließendem Volksfest. Die Entscheidung über einen Gnadenerlass, Auszeichnungen, die historische Ausstellung und die Veranstaltung von Hoffesten hatte sich der Großherzog noch vorbehalten. DB

Kat. 407 □ S. 257
NACHRICHTENBLATT ZUR JAHRHUNDERTFEIER

Am 21. April 1915 wäre Gelegenheit für eine große Feierlichkeit gewesen, aber im Großherzogtum geschah nichts. Die *Weimarische Zeitung* brachte an diesem Tag ganz klein den Hinweis, dass die 100-Jahr-Feier auf den Geburtstag des Großherzogs verlegt und »entsprechend dem Ernst der Kriegszeit in einfacher Form« zu begehen sei. Am 10. Juni 1915, dem 39. Geburtstag von Wilhelm Ernst, erschien dann die Zeitung »Zur Jahrhundertfeier des Großherzogtums«. Das Titelblatt zeigt ein Porträt des regierenden Großherzogs über seiner Signatur, oben flankiert von Medaillons mit den Bildnissen von Goethe und Schiller. Der Rahmen aus Lorbeer- und Eichenlaub ist mit Bändern in den Farben des Großherzogtums umwunden. Auf den ersten Seiten der Festausgabe steht der Fürst im Mittelpunkt. Ein umfangreicher Artikel, der mehr als eine Seite umfasst, würdigt die Verdienste der knapp 15-jährigen Regierungszeit des Enkels von Carl Alexander. In einer *Landesherrlichen Kundgebung* bestimmt Wilhelm Ernst »in Anbetracht der schweren und ernsten Zeit, in der das deutsche Volk gegenwärtig steht«, dass das Jubiläum zwar »mit kirchlichen und Schulfeiern begangen, von sonstigen festlichen Veranstaltungen jedoch abgesehen werde« (WZ Jg. 161, Nr. 133).

Kat. 407
Zur Jahrhundertfeier des Großherzogtums.
In: Weimarische Zeitung · 10. 6. 1915
Thüringisches Hauptstaatsarchiv Weimar

Neben Aufsätzen zur Würdigung des Geburtstagskindes und des historischen Ereignisses sowie der Mitteilung über die Stiftung eines Wilhelm-Ernst-Kriegskreuzes findet man unter der Überschrift »Thüringer Ehrentafel« freilich auch die Namen derer, die »den Heldentod fürs Vaterland erlitten« (ebd.). DB

Kat. 408 · 409 □ S. 258
ERINNERUNGSMÜNZE UND FESTVORSTELLUNG

Trotz des Krieges fanden einige der ursprünglich geplanten Veranstaltungen zur 100-Jahr-Feier des Großherzogtums statt. Auf einer Festsitzung des Weimarer Stadtrates wurde die Einrichtung einer mit 100 000 Mark dotierten Stiftung verkündet, deren Zinsertrag »zu milden Zwecken für Krieger und deren Familien, auch für patriotische Zwecke« (StadtAW, NA-II-11a-36, Bl. 6) verwendet werden sollte. Am 10. Juni 1915 versammelten sich die Bürger von Weimar am geschmückten Carl-August-Denkmal zu einer Kranzniederlegung, anschließend bewegte sich ein Festzug vom Fürstenhaus zum Residenzschloss.

Am Abend hatte das Fürstenpaar Mitglieder des Landtages, der Landessynode, der Universität sowie Hof- und Staatsbeamte zur Festtafel geladen. Danach besuchte man gemeinsam die Festvorstellung am Hoftheater. Dem Huldigungsmarsch von Franz Liszt folgte der Vortrag eines Festgedichtes von Bruno Eelbo durch Hans Illiger. Eelbos Gedicht endet mit den Worten: »Hoch die Fahnen! Durch, mein Deutschland! – Endlich mußt Du siegen!« (ThHStAW, Hofmarschallamt 2738, Bl. 54). Den Abschluss des Abends bildete die Aufführung der Oper *Der faule Hans* von Alexander Ritter nach einer poetischen Erzählung von Felix Dahn.

Grundsteinlegung zur Luther-Kirche in Weimar am 31. Okt. 1917.

Kat. 413 Grundsteinlegung der Lutherkirche in Weimar · Unbekannt · 31.10.1917 · Evangelisch-Lutherische Kirchengemeinde Weimar

Der geplante Termin der Fertigstellung war der Reformationstag 1917, der somit auch auf die Jubiläumsfeierlichkeiten zum 400-jährigen Thesenanschlag durch Martin Luther fiel. Aufgrund der Einsparungen, zu denen der Erste Weltkrieg zwang, konnte zum geplanten Einweihungstag jedoch nur der Grundstein gelegt werden. Am 31. Oktober 1917 sammelte sich ein Festzug von über tausend Teilnehmern auf dem Marktplatz. Nach einem Gottesdienst in der Stadtkirche zog man zur feierlichen Grundsteinlegung an die Ettersburger Straße, im Beisein des großherzoglichen Paares und des Architekten. Der Grundstein markierte die Stelle des geplanten Altars. Darin wurde eine Kassette eingelassen, die neben Urkunden, einem Adressbuch, Bildern, Tageszeitungen, Geld und Predigten auch eine Karte vom Stand der Fronten auf den verschiedenen Kriegsschauplätzen enthielt. Der Kirchenbau wurde nie realisiert, auch bedingt durch die Inflation der Nachkriegszeit. AR

Literatur: Rößner 1999; Rößner 2000.

Kat. 415

GLOCKENABSCHIED

Ab 1917 waren die für die Rüstungsindustrie wichtigen Buntmetalle knapp. Die im Land befindlichen Ressourcen, zu denen auch Bronzeglocken gehörten, wurden eingezogen und eingeschmolzen. Ihre Abnahme erfolgte allerdings nicht wahllos, Glocken mit hohem Kunstwert waren von der Ablieferung ausgenommen. Das betraf in Weimar jedoch nur eine Glocke in der Stadtkirche St. Peter und Paul sowie drei im Schlossturm. Bis Januar 1918 wurden im Großherzogtum Bronzeglocken mit einem Gesamtgewicht von mehr als 530 Tonnen zu den Sammelplätzen gebracht.

In der Weimarer Stadtkirche riefen am 17. Juli 1917 die Glocken die Gemeinde das letzte Mal zum Gebet. Die Predigt an diesem Tage hielt Stiftsprediger Friedrich Schmidt unter dem Motto »Ich bin das A und das O, der Anfang und das Ende (Off. Joh. 1,8)« (Schmidt 1917, S. 3). Schmidt, Sohn eines Hamburger Kaufmanns, der 1898 das Stiftspredigeramt an der

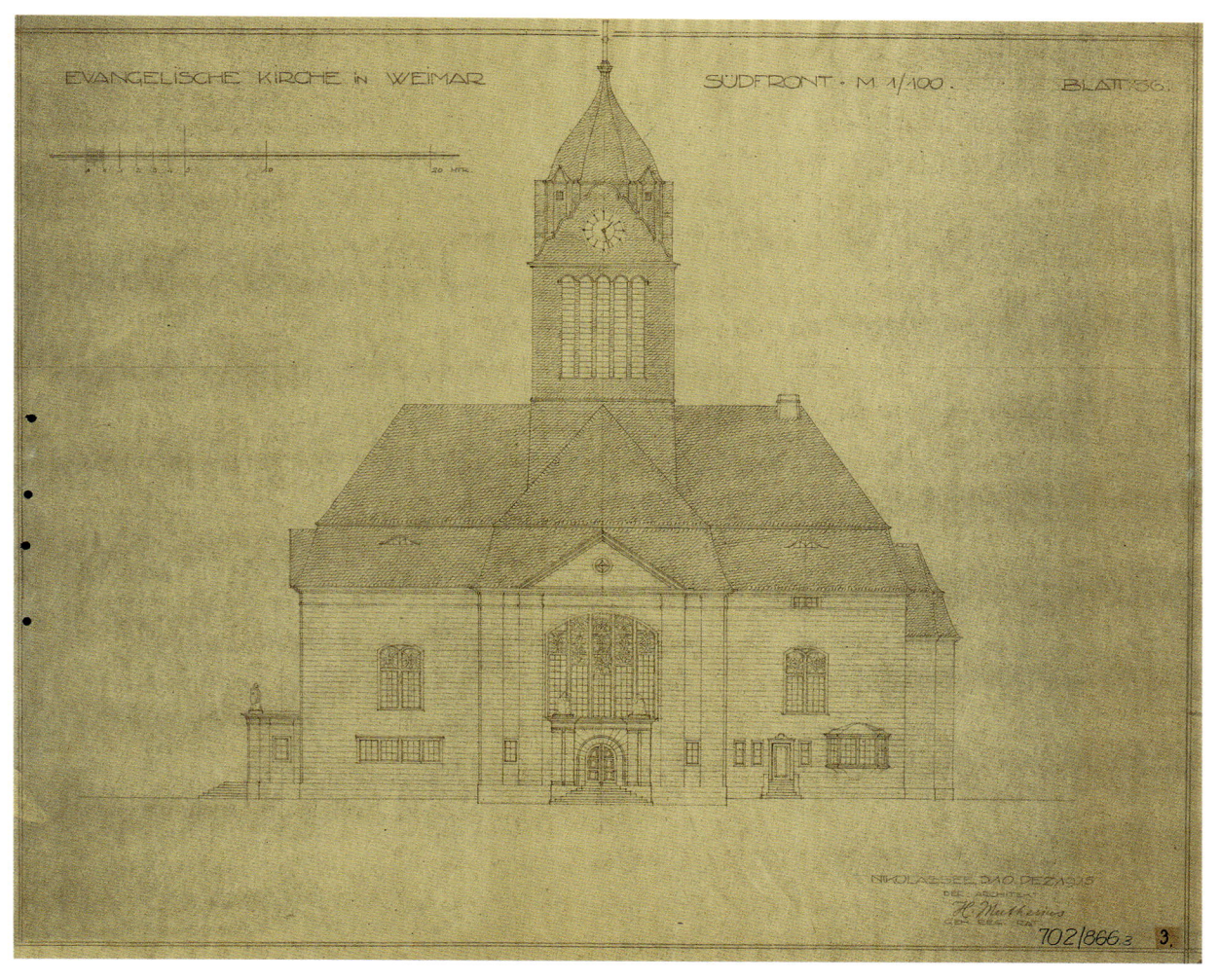

Kat. 414 Hermann Muthesius · Entwurf für eine Lutherkirche in Weimar · 10.12.1915 · Stadtarchiv Weimar

Stadtkirche übernommen hatte, ist in seinen theologischen Auffassungen durchaus als liberal einzuschätzen, zeigt aber politisch eine deutlich konservative und nationalistische Einstellung. Seine Predigt zum »Glockenabschied« ist Ausdruck seiner Betroffenheit beim Abschied vom Geläut der Stadtkirche. Seine Gemeinde versucht er damit zu trösten, dass das Erz der Glocken gegeben werde, um die »Söhne draußen zu schützen und den Feinden zu wehren« (ebd., S. 12). Er ruft dazu auf, in diesen schweren Zeiten auf Gott zu vertrauen, »denn selbst wenn das Schlimmste einträte, wäre das Schlimmste eben das Beste, – weil es Gottes Wille ist« (ebd., S. 10). Dass Schmidt mit dieser Predigt auch einen propagandistischen Auftrag erfüllte, kann man aus ihrer Drucklegung schließen. Im Verständnis der protestantischen Kirche ist eine Predigt das gesprochene Wort zur Verkündigung des Evangeliums. DB

GLORIFIZIERUNG UND GEDENKEN

»Der Kampf der Geister um den Reichsehrenhain ist noch immer nicht entschieden«, heißt es im *Schwarzburgbote* vom 15. Juli 1927 (SB Nr. 29). Der Verfasser war allerdings überzeugt, dass eine Entscheidung unmittelbar bevorstünde. Die Ursprünge dieser Debatte um einen zentralen Ort zum Gedenken an die Millionen Opfer des Krieges reichen bis ins Jahr 1916 zurück. Eine breite Diskussion entstand aber erst 1924, nachdem Reichspräsident Friedrich Ebert bei den Gedenkfeiern zum Kriegsausbruch vor zehn Jahren gefordert hatte, den Toten ein Zeichen zu setzen. Aufgrund der Kriegsniederlage und des Untergangs der Monarchie war für viele Deutsche die Frage nach dem Sinn der Opfer besonders virulent. Dies hatte zur Folge, dass die politischen und gesellschaftlichen Akteure der Weimarer Republik versuchten, das Gedenken an die Gefallenen in ihrem Sinne zu instrumentalisieren. Die demokratischen Parteien scheiterten jedoch am Versuch der Sinnstiftung. Stattdessen schufen die nationalistischen und revanchistischen Kräfte einen Opferkult, der ein mythisiertes Kriegserlebnis beschwor: Mit ihrem Durchhalten und ihrer Selbstaufopferung hätten die ›Helden‹ das Deutsche Reich vor dem Untergang bewahrt. Viele der entstandenen Denkmäler wurden in diesem Sinne gestaltet; andere dagegen standen tatsächlich im Zeichen von Trauer und Verlust. Das Gedenken an die Gefallenen bildete ein zentrales Element der Weimarer Republik – nicht nur in der unmittelbaren Nachkriegszeit. Nach Überwindung der ersten finanziell und wirtschaftlich schwierigen Nachkriegsjahre kamen zahlreiche weitere Denkmäler hinzu.

Auch in Weimar und Umgebung wurden zahlreiche Denkmäler errichtet: von schlichten Tafeln über Steine, Kreuze bis zu Figuren von Soldaten und Trauernden. Nachdem kurz nach dem Krieg als Notlösung die Begräbniskapelle auf dem Weimarer Friedhof in eine Gedächtnishalle für die Gefallenen der Stadt Weimar umfunktioniert worden war, errichtete man schließlich 1927 ein monumentales Ehrenmal vor dem Stadtschloss. Geplant, aber nicht verwirklicht wurden außerdem großflächige Anlagen, die neben dem Gedenken die Möglichkeit zur sportlichen Ertüchtigung bieten sollten, um Jugendliche für den nächsten Krieg geistig und körperlich zu erbauen.

Nach der ›Machtergreifung‹ 1933 wurde der Totenkult fortgeführt und weiter ideologisch vereinnahmt: Der Opfertod wurde nun als Voraussetzung für den Sieg, für das Überleben der Rasse propagiert. So überrascht es nicht, dass auch die jahrelange Debatte um den Reichsehrenhain während der Herrschaft des Nationalsozialismus ein Ende fand. Im Oktober 1935 ließ Adolf Hitler den verstorbenen Reichspräsidenten und Generalfeldmarschall Paul von Hindenburg im Tannenberg-Denkmal beisetzen und erklärte dieses zum Reichsehrenmal. MS

Kat. 416 Thüringen im und nach dem Weltkrieg · 1921
Klassik Stiftung Weimar

Kat. 416 ☐ S. 262
EIN VATERLÄNDISCHES GEDENKBUCH

Das auch durch das Kriegsarchiv der Universitätsbibliothek Jena unterstützte, in mehreren Auflagen und mit veränderter Ausstattung erschienene *Vaterländische Kriegsgedenkbuch* wurde unter der Mitarbeit von ›Kunstmaler‹ Max Thalmann herausgegeben. Der Maler, Grafiker und Buchkünstler Max Thalmann, Schüler der Kunstgewerbeschule in Weimar unter Henry van de Velde, Absolvent der Weimarer Kunstschule sowie der Akademie in Leipzig, war Meisterschüler von Walther Klemm und Otto Dorfner. Der Jungmeister am Bauhaus arbeitete später auch als Buchgestalter des Eugen Diederichs Verlags in Jena. Möglicherweise stammt auch die Einbandgestaltung der ersten Auflage von ihm, einem Meister des Holzschnitts. Die symbolhafte, verdichtete Darstellung von deutschen Frontsoldaten, in gespannter Erwartung der Abwehr eines Angriffs oder selbst kurz vor einem Sturmangriff stehend, zeigt viele alltäglich gewordene Elemente von Nahkampf und mörderischem Grabenkrieg: Schützengraben, Stacheldrahtverhau, Stahlhelm, Gasmaskenbehälter und Handgranaten. Das zweibändige Werk sollte eine überhöhende und verklärende Erinnerung an den Weltkrieg kultivieren. In Einzelkapiteln wurden die unterschiedlichen Aspekte des Krieges beleuchtet: In *Gefallene Helden* werden die deutschen Kriegstoten geehrt, *Die Thüringer in früheren Kriegen* verherrlicht thüringische Kriegstraditionen. Das Autorenkollektiv spart nicht mit ausführlichen Beschreibungen der *Technik im Weltkriege* (unter anderem *Die Flammenwerfer, Der Gaskampf*) sowie Nacherzählungen der Ereignisse an den Fronten unter Zuordnung zu den Truppenteilen aus den Fürstentümern, etwa *Weimaraner an allen Fronten*. Auch die Heimatfront (*Thüringen daheim*) mit Beiträgen zur *Volkswirtschaft*, *Geistesleben* und der *Fürsorge für Kriegsbeschädigte* spielte eine Rolle. AR

Kat. 418 Josef Heises *Heldenglaube* in der Gedächtnishalle in Weimar
Fotoatelier Franz Vältl · nach 1919 · Stadtarchiv Weimar

Kat. 419 Wolfgang Schadewaldts Modell des Gefallenendenkmals für den Deutschen Schillerbund · Unbekannt · 1922 · Stadtarchiv Weimar

Kat. 417 · 418 □ S. 263
HELDENGLAUBE

Insgesamt verloren 152 Offiziere sowie 4 542 Unteroffiziere und Mannschaften des Infanterie-Regiments Großherzog von Sachsen (5. Thüringisches) Nr. 94 im Verlauf des Ersten Weltkriegs ihr Leben. Hinzu kommen die Thüringer, die in anderen Einheiten oder Waffengattungen gedient hatten. Die von Julius Bormann nach einem Entwurf Carl Heinrich Ferdinands 1878/79 auf dem Historischen Friedhof der Stadt Weimar errichte Friedhofskapelle war durch die Einrichtung des Neuen Friedhofs mit Kapelle und Krematorium überflüssig geworden. Sie wurde 1921 in eine Gedächtnishalle umgewandelt und »Den Gefallenen der Stadt Weimar« gewidmet. Ein Eisernes Kreuz und die Jahreszahlen 1914 – 1918 im Giebel verweisen auf den Ersten Weltkrieg. An den Außenwänden wurden später eine Tafel mit dreißig Namen von Eisenbahnern, die im Ersten Weltkrieg umgekommen waren, sowie vier Bronzetafeln mit den 344 Namen der Gefallenen des Krieges 1870/71 angebracht. Sie hatten sich vorher an dem Kriegerdenkmal am Watzdorfplatz (heute Buchenwaldplatz) befunden. Im Innern der Kapelle sind an den Wänden 1341 Namen aufgelistet. Zentral aufgestellt ist in der Kapelle die Skulptur *Heldenglaube* des Weimarer Bildhauers Josef Heise. Ein überlebensgroßer Krieger kniet monumental erhöht auf einem Sockel und stützt sich auf sein Schwert. Heise hatte bereits während des Krieges Skulpturen auf den Soldatenfriedhöfen in den von Deutschland besetzten Gebieten Frankreichs geschaffen. Bei dem Wettbewerb um ein Märzgefallenendenkmal in Weimar wurde ihm zwar der 1. Preis für den Entwurf einer Figurengruppe zugesprochen, allerdings kam dann aus Kostengründen der Entwurf von Walter Gropius zur Ausführung. BP

Kat. 419 □ S. 263 · 420
DEN GEFALLENEN DES SCHILLERBUNDES

»Einige Tausend der Teilnehmer an den Weimarer Nationalfestspielen stehen heute vor dem Feind, und ich habe mehr als ein Zeugnis erhalten, daß ihnen die Weimarer ›Ideale‹ erhalten geblieben sind, und daß sie für das Vaterland zu sterben wissen« (Bartels 1915, S. 420), verkündete Adolf Bartels 1915 voller Stolz. Vier Jahre später begann der Weimarer Nationalausschuss des Deutschen Schillerbundes mit der Planung eines Ehrenmals für »seine gefallenen Helden«, wie es auf dem Sockel des Denkmals heißt. Als Standort hatte man eine Fläche auf dem von Architekt Lehrmann angelegten Ehrenfriedhof gewählt, die Nähe zur Fürstengruft wurde dabei hervorgehoben. Im Februar 1922 konkretisierten sich die Pläne, man hatte »sich entschlossen, ein Kunstwerk zu schaffen, das des Deutschen Schillerbundes und der Gefallenen würdig sei« (ThHStAW, Deutscher Schiller Bund Nr. 4, Bl. 70). Das Modell eines sitzenden jungen Schwertkämpfers wurde auf der vorgesehenen Stelle des Ehrenfriedhofs zur Besichtigung für den Vorstand aufgestellt. »Es wurde dabei ausgemacht, die Figur des Jünglings solle dahin abgeändert werden, daß der Idealismus jener Kämpfer besser zum Ausdruck gebracht werde […] denn es solle auch ein Sinnbild dafür sein, daß der Deutsche Schiller Bund den Zeitverhältnissen zum Trotz sich kräftig weiterentwickelt […] Schließlich billigte die Versammlung dem jungen Studenten Wolfgang Schadewaldt in Berlin für seine Erstellung des ersten Modells u. für das […] große Interesse eine Ehrengabe von 2 000 M« (ebd., Bl. 71). Ob es sich bei dem Studenten um den später berühmten gleichnamigen Altphilologen handelt, wird noch zu verifizieren sein.

Das schließlich von Josef Heise ausgeführte Denkmal unterscheidet sich nicht wesentlich von dem Erstentwurf. Der antikisierende Kämpfer sitzt nach vorn gebeugt auf einem Sockel, stützt sich auf ein Schwert und scheint damit wenig kampfbereit. Die Inschrift auf dem Stein bleibt hingegen mehrdeutig, sie zitiert ausgerechnet aus der *Braut von Messina*: »Leicht verschwindet der Thaten Spur | Von der sonnenbeleuchteten Erde, | Wie aus dem Antlitz die leichte Geberde – | Aber nichts ist verloren und verschwunden, | Was die geheimnißvoll waltenden Stunden | In den dunkel schaffenden Schooß aufnahmen – | Die Zeit ist eine blühende Flur, | Ein großes Lebendiges ist die Natur, | Und alles ist Frucht, und alles ist Saamen« (NA 10, S. 93). GP

Kat. 421 ☐ S. 265
WEIMARS PLÄNE FÜR EIN REICHSEHRENMAL

Im Jahr 1924, genau zehn Jahre nach Kriegsbeginn, rief Reichspräsident Friedrich Ebert die Deutschen dazu auf, den im Krieg Gefallenen ein Denkmal mit reichsweiter Bedeutung zu setzen. Die Idee wurde schnell aufgegriffen und im ganzen Land diskutiert, wobei vor allem die zukünftige Lage eines solchen Nationaldenkmals die Gemüter bewegte. Nicht zuletzt versprachen sich die Gemeinden einen immensen finanziellen Vorteil von einer millionenfach besuchten Gedenkstätte. Aus ganz Deutschland erhielt der eigens gebildete Reichsratsausschuss zur Errichtung eines Reichsehrenmals Bewerbungen mit Entwürfen.

Auch Weimar sandte bereits Anfang Dezember desselben Jahres drei Vorschläge für die Ausgestaltung eines Reichsehrenmals: eines in Verbindung mit einer »Stätte körperlicher Ertüchtigung der Jugend«, ein zweites »in einem Ehrenhain« oder ein drittes assoziiert mit »Kriegsfürsorgeanstalten« (StadtAW 12/4-46-1). Letzteres ist aufgrund seines geplanten Standortes interessant, der südwestlich von Goethes Gartenhaus als »noch verfügbares geeignetes fiskalisches Gelände« ausgewiesen wurde (ebd.). Auf 450 mal 800 Metern sollten terrassenförmig angelegt drei Ebenen für Feierlichkeiten sowie parzellierte Hainanlagen entstehen. Die größte Terrasse vor dem geplanten Denkmal war für 30 000 Personen ausgerichtet. Diese »nationale Weihestätte« (ebd.) wurde mit denselben Argumenten beworben, mit denen Weimar bereits für den Krieg instrumentalisiert worden war: »Ohne Zweifel fern vom Getriebe der Großstadt, in der freien Natur, an geschichtlich bedeutsamer Stätte. Sollte die reizvolle Umgebung von Weimar, die Heimatstadt unserer Größten, im Herzen des Deutschen Reiches gelegen, zugleich der Begründungsort der neuen deutschen Staatsverfassung, nicht der gegebene Platz sein?« (StadtAW 12/4-46-2-Bd. 2). GP

Literatur: Haufe 2008.

Kat. 422 · 423 · 424 ☐ S. 265
DAS KRIEGERDENKMAL DES 94ER REGIMENTS

1924 erschien ein Aufruf des Verbandes der Vereine ehemaliger 94er, in dem um Spenden für die Errichtung eines Denkmals für die Gefallenen des Infanterie-Regiments gebeten wurde. Die Schirmherrschaft übernahmen die ehemalige Großherzogin Feodora und ihr Sohn Karl August. Das Denkmal sollte ein Symbol des »Dankes«, der »Teilnahme« und der »Hoffnung auf die Zukunft unseres geliebten Vaterlandes« sein (StadtAW, 12/4-46-7). Aufgrund intensiver Diskussionen, etwa um einen geeigneten Standort, zogen sich die Planungen drei Jahre hin, bis mit dem Bau vor dem Südflügel des Schlosses begonnen wurde. Bei der Grundsteinlegung am 18. April 1927 wurde neben einigen Militaria und Urkunden auch eine Ehrentafel mit den Namen aller im Weltkrieg Verstorbenen oder Vermissten in einer bronzenen Kiste in den Boden eingelassen. Eingeweiht wurde das von Arno Zauche entworfene Denkmal anlässlich der 225-Jahr-Feier des Regiments vom 8. bis 10. Oktober 1927. Weimar wurde zu diesem Anlass geschmückt, festliche Veranstaltungen, Umzüge und Kranzniederlegungen bildeten das Rahmenprogramm. Entsprechend den Vorgaben zur Gestaltung durfte es sich nicht um »Bauhaus-Plastik« handeln (ThHStAW, Thüringer Wirtschaftsministerium Nr. 1023, Bl. 3). Die zur Ausführung gelangte trauernde Haltung der Soldaten wurde im Vorhinein eigentlich abgelehnt. Vielmehr hatte man ein Bildnis gefordert, das »Entschlossenheit und Tatkraft, Glaube an den Wiederaufstieg« (ebd.) symbolisiere. In diesem Sinne thronte über den Soldaten ein stolzer Löwe, der in seinen Pranken die Regimentsfahne hielt. Die Vorderseite des Steins wurde mit einem Kreuzrelief versehen, das nicht allein als Zeichen der Trauer, sondern für den »schönste[n] Sieg des Regiments« (ebd.), die Erstürmung der Höhe 181 vor Lodz am 2. Dezember 1914, stand. Das Denkmal wurde im Jahr 1949 demontiert. MS

Literatur: Rößner 1999.

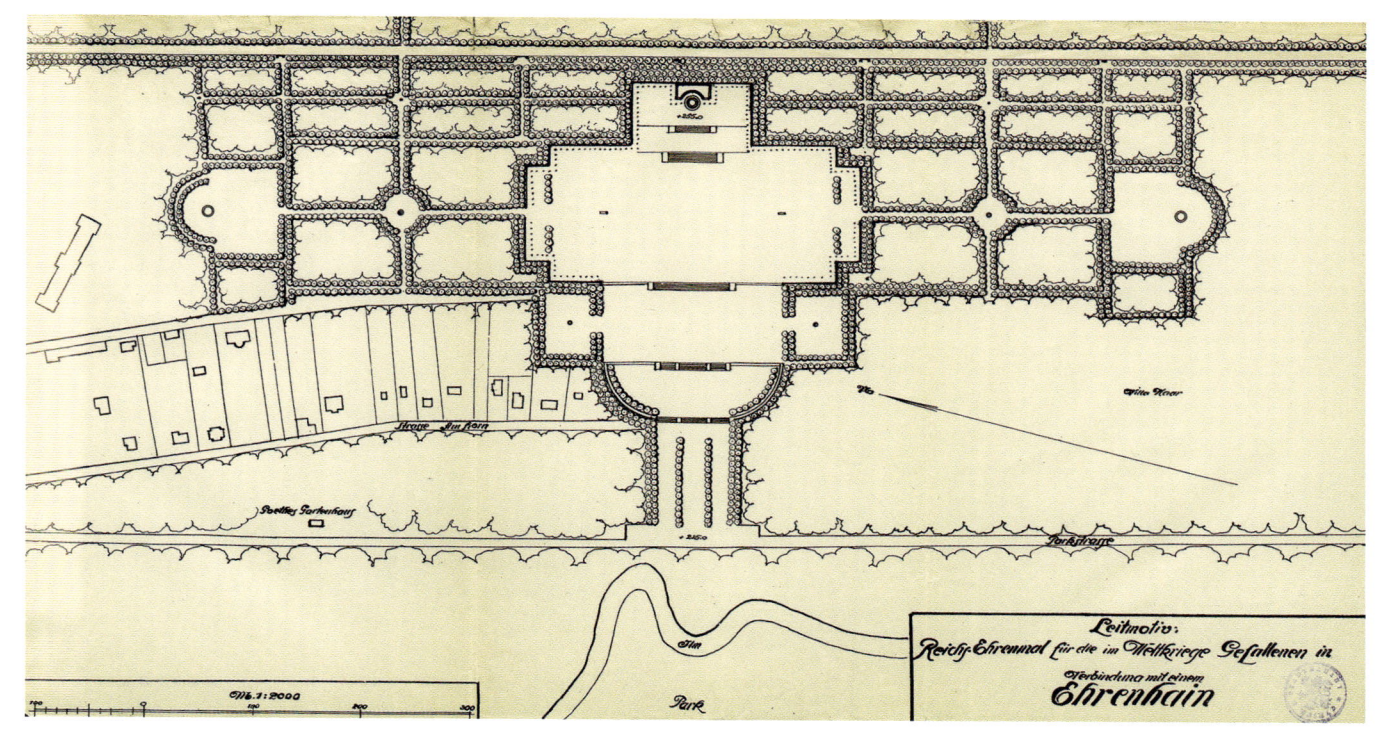

Kat. 421 Entwurfsplan für ein Reichsehrenmal für die im Weltkriege Gefallenen in Weimar · 4.12.1924 · Stadtarchiv Weimar

Kat. 424 Einweihungsfeier des Kriegerdenkmals · Fotoatelier Louis Held · 8. – 10.10.1927

Kat. 426 Gustav Sachse · Ehrentafel für das Nietzsche-Archiv · 1921
Klassik Stiftung Weimar

Kat. 425 · 426 □ S. 266
EINE EHRENTAFEL FÜR DAS NIETZSCHE-ARCHIV

Elisabeth Förster-Nietzsche beging am 10. Juli 1921 ihren 75. Geburtstag. Zu diesem Anlass erhielt sie eine Vielzahl an Geschenken, darunter eine Festschrift mit Beiträgen unter anderem von Rudolf Eucken, Paul Ernst, Friedrich Lienhard und Thomas Mann sowie die Ehrendoktorwürde der Philosophischen Fakultät der Universität Jena. Zudem kam »ein Kreis dankbar verehrender Frauen« (HAAB C5140) dem »seit Jahren gehegten Wunsch der Jubilarin« (GSA 72/1057) nach und schenkte ihr eine vom Weimarer Bildhauer Gustav Sachse aus bayrischem Marmor gefertigte Ehrentafel. Dem Stein sind die »Namen von 14 im Kriege gefallenen Helden, die Frau Förster-Nietzsche nahe standen« (ebd.) eingraviert und zwei Zitate aus *Also sprach Zarathustra*: »Meine Brüder im Kriege, ich liebe euch von Grund aus« sowie »Und auch, wenn die lange Dämmerung kommt und die Todesmüdigkeit, wirst du an unserem Himmel nicht untergehen, du Fürsprecher des Lebens«. Die Tafel wurde in den Räumen des Nietzsche-Archivs angebracht. Zu den »Helden« gehören unter anderem der Neffe Paul Schultze-Naumburgs, Paul Hain, die beiden Söhne Hans Oldes, Joachim und Otto, sowie Kurt Nietzsche, ein Verwandter des Philosophen. Unter den bedeutenden Spenderinnen waren Selma von Lengefeld und ihre Lebensgefährtin Mathilde Wagner, Elsa Reger, Bertha Paulssen und Elisabeth von Alvensleben. Letztere war gemeinsam mit Max Oehler für die Organisation rund um das Geschenk zuständig. Dorothea Seeligmüller und Dora Wibiral, ehemalige Schülerinnen Henry van de Veldes und Lehrerinnen an der Kunstgewerbeschule, gestalteten zudem eine Schenkungsurkunde, die die Namen aller Spenderinnen enthält. MS

Kat. 427 □ S. 267 · 428 · 429
RICHARD ENGELMANNS TRAUERNDE

Da Richard Engelmann bereits 1908 seinen Abschied vom Militär genommen hatte, war er nicht zum Kriegsdienst einberufen worden. 1915 beteiligte er sich an einer von der obersten Heeresleitung veranlassten Studienreise zu den Grabstätten ›deutscher Krieger‹ in den gerade eroberten polnischen Gebieten. Neben August Gaul und anderen sollte auch Engelmann dem Ministerium Vorschläge für die Gestaltung von Kriegsgräbern und Kriegerdenkmälern unterbreiten. Im Jahr 1916 erhielt er den Auftrag des Hannoveraner Fabrikanten Otto Rheinhold, für dessen an der Westfront gefallenen Sohn Paul ein Grabmal auf dem Stöckener Friedhof mitzugestalten. Der Architekt Hermann Schaedtler hatte einen Rundtempel in exponierter Hügellage errichtet. Hierfür entwarf Engelmann eine zentrale monumentale Sitzfigur der *Trauernden* und acht Marmorreliefs, die in die Pfeiler eingelassen wurden. Diese Reliefs, von denen ein Gipsabguss erhalten ist, zeigen ebenfalls den Typus der trauernden, tief verschleierten weiblichen Gestalt in verschiedenen Klageposen. Der Gestus und das antikische Gewand der weiblichen Figuren verweisen auf das Vorbild des berühmten Klagefrauensarkophags aus der Mitte des 4. Jahrhunderts v. Chr. in Istanbul. Dieses Thema variierte Engelmann um 1916/17 auch in einer Reihe von Radierungen.

Kat. 427 Richard Engelmann · Trauernde · um 1916 · Bauhaus-Universität Weimar, Archiv der Moderne

Kat. 431 Serastein · Unbekannt · 1919 · Deutsches Literaturarchiv Marbach

Elisabeth Förster-Nietzsche beauftragte ihrerseits Richard Engelmann nach dem Ende des Weltkriegs mit dem Entwurf eines Grabmals für den gefallenen Walther Graf von Kielmansegg und dessen ältesten Sohn Wolf. Der Bildhauer griff hierfür erneut auf das Motiv der Klagenden zurück. Walther Graf von Kielmansegg hatte zum engsten Freundeskreis um Förster-Nietzsche in Weimar gehört, in dem Engelmann selbst auch häufig verkehrte. Der jüngere Sohn Wilhelm Graf von Kielmansegg, der als Assistent des Düsseldorfer Galeristen Alfred Flechtheim tätig war und eine ambitionierte Kunstsammlung besaß, lehnte es jedoch ab, das Relief der *Trauernden* von Engelmann auf dem Familiengrab errichten zu lassen. So entschied Elisabeth Förster-Nietzsche sich dafür, das Relief im Garten des Archivs aufzustellen. Ein kleines Gipsmodell zeigt den ursprünglichen Entwurf mit dem zentralen Relief einer nach links geneigten weiblichen Figur in einem langen peplosähnlichen Gewand. Sie verbirgt das verschleierte Gesicht mit einer Hand. GW

Literatur: Opitz 2000, S. 210–212.

Kat. 430 ☐ S. 268 · 431 ☐ S. 267

SERA IN MEMORIAM

Die Begeisterung, mit der weite Teile der deutschen Jugend den Krieg begrüßten, war auch im freistudentischen Serakreis zu spüren. Zahlreiche seiner Mitglieder meldeten sich freiwillig zum Kriegseinsatz oder wurden einberufen. So wurde am Johannistag 1916 auf dem Hohen Leeden nicht wie früher gefeiert, sondern der Mitglieder an der Front durch »lebendiges Schauen und Tun« gedacht (Einladung zum Johannistag 1916, NL Diederichs, II, 7, Bl. 12). Viele kehrten aus dem Ersten Weltkrieg nicht nach Hause zurück, darunter Walter von Baußnern, der Sohn des Direktors der Großherzoglichen Musikschule in Weimar, Waldemar von Baußnern. Die großen Verluste hatten das Ende des Serakreises zur Folge. 1919 trafen sich die verbliebenen Mitglieder und die Angehörigen zu einer Gedächtnisfeier für die Gefallenen auf dem Hohen Leeden. Neben einer Totenklage sollte ein von der Jenaer Künstlerin Marta Bergemann-Könitzer gefertigter Gedenkstein eingeweiht werden, der allerdings nicht rechtzeitig fertig wurde. Eugen Diederichs hielt die Gedächtnisrede, in der er die vergangenen elf Jahre des Serakreises Revue passieren ließ und den Gefallenen einige persönliche Worte

Kat. 430 Eugen Diederichs (Hrsg.) · Sera in Memoriam. Briefe der gefallenen Freunde · 1919 · Klassik Stiftung Weimar

widmete. Im gleichen Jahr erschien zum Gedächtnis an 19 im Krieg verstorbene Seraleute unter dem Titel *Sera in Memoriam* eine Sammlung von Briefen aus dem Feld. Die in den Briefen vermittelten Stimmungen sind sehr verschieden, von Begeisterung über Ermüdung bis Resignation und Trauer. Ebenfalls abgedruckt sind zwei Fotografien des inzwischen aufgestellten Gedächtnissteins, der im Gegensatz zu anderen Denkmälern jener Zeit keine Heroisierung oder Verklärung der Gefallenen intendiert. MS

Kat. 432 ☐ S. 269
ERNST JÜNGER: *DIE UNVERGESSENEN*

Im Jahr 1928 gab Ernst Jünger einen Band zum Gedenken an 44 Männer heraus, die im Ersten Weltkrieg oder kurz darauf gestorben waren. Es sei eine deutsche Besonderheit, nicht einen »Helden« aus dem »Holz der Masse«, sondern »immer einen ganz Bestimmten, Besonderen, Eigenartigen« (Jünger 1928, S. 11) zu verehren. Jünger spricht sich deswegen gegen das anonyme Gedenken wie im Fall des Denkmals für den unbekannten Soldaten aus. Die Porträts der Gefallenen wurden, wie häufiger bei von Jünger herausgegebenen Sammelwerken, von Freunden und Bekannten des Schriftstellers verfasst. Bei den »Unvergessenen« handelt es sich einerseits um Männer, die als Soldaten Bekanntheit erlangten, wie Rudolf von Eschwegge und Maximilian von Spee, andererseits um Intellektuelle, Literaten und Künstler, wie August Macke, Franz Marc und Richard Dehmel, die bereits berühmt in den Krieg zogen. Der »Ausdruck eines […] deutschen Charakters« (ebd., S. 13) in ihrem Wirken, ob militärisch oder künstlerisch, verbinde sie, so Jünger.

Im Vor- und Nachwort, beide stammen von Ernst Jünger, werden die Lebenden in die Pflicht genommen, der Gefallenen zu gedenken. Das Opfer für das Vaterland wird zum Höchsten erklärt: »So lassen wir die Toten in uns leben, weil sie lebendiger als die Lebenden sind. Sie haben das Leben auf die mächtigste Weise bejaht, die Menschen zur Verfügung steht« (ebd., S. 394). Der in einer Auflage von 50 000 Exemplaren erschienene, reich ausgestattete Band fand dennoch nur geringe Resonanz. In einigen wenigen Besprechungen wurde meist nur Jüngers Leistung gewürdigt. Der Verleger Wilhelm Andermann zahlte zudem die Honorare an die Autoren nicht aus. MS

Literatur: Schwilk 2007.

Kat. 433 ☐ S. 269
VISION EINER FRIEDENSSTADT

Eine langjährige Vorbereitungszeit lag dem Plan einer Friedensstadt als Kriegsdenkmal zugrunde, als der Stadtplaner Hans Kampffmeyer die Idee 1917 verschriftlichte. Auf der Lauensteiner Tagung am Pfingstwochenende 1917 stellte er seine Pläne zum ersten Mal vor, sah aufgrund der politischen Lage aber bis Januar 1918 von einer Veröffentlichung ab. Diese erste Auflage wurde lediglich »einem Kreis von Sachverständigen vorgelegt und diente als Grundlage für zahlreiche Verhandlungen« (Kampffmeyer 1918, S. 7). Erst mit der zweiten, im Eugen Diederichs Verlag erschienenen Auflage wandte sich Kampffmeyer an die Öffentlichkeit.

Entgegen dem Charakter der überwiegenden Mehrzahl zeitgenössischer Denkmalsentwürfe plante er ausdrücklich kein »Kriegerdenkmal«, sondern ein »Kriegsdenkmal«, das die »Erinnerung an das Große und Gute […], das sich in der Zeit der Gefahr regte« lebendig halten und in Friedenszeiten fortentwickeln sollte (ebd., S. 10). Seine Vision sah vor, das durch den Krieg vermeintlich entstandene Gemeinschaftsgefühl schöpferisch und friedlich zu nutzen. Konkret war Kampffmeyers Plan, eine Stadt auf einer Fläche von 4 500 Hektar mit Wohnraum für rund 100 000 Menschen zu errichten. Die Friedensstadt sollte insbesondere als Zuhause für Kriegsheimkehrer, Witwen und Waisen dienen. Als Vertreter der Gartenstadtbewegung plante er um die 400 Hektar für Grünanlagen und einen festen, die Stadt umschließenden Kreis von landwirtschaftlichen Betrieben ein. Zahlreiche positive Kritiken zum Friedensstadtprojekt, unter anderem von Richard Dehmel, Hans Thoma und Ludwig von Hofmann, erreichten den Autor. Trotz alledem wurde die Friedensstadt nicht verwirklicht. Die politisch und wirtschaftlich schwierigen Nachkriegsjahre ließen die Umsetzung solch ambitionierter Vorhaben nicht zu. MS

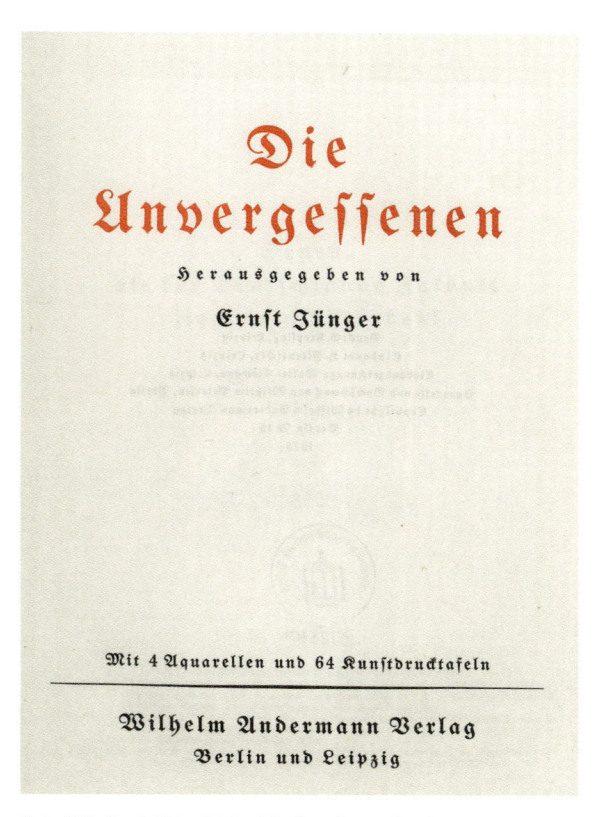

Kat. 432 Porträt Richard Dehmel. In: Ernst Jünger (Hrsg.)
Die Unvergessenen · 1928 · Universitätsbibliothek Erfurt

Kat. 433
Hans Kampffmeyer · Friedenstadt
1918 · Thüringer Universitäts- und
Landesbibliothek Jena (ThULB)

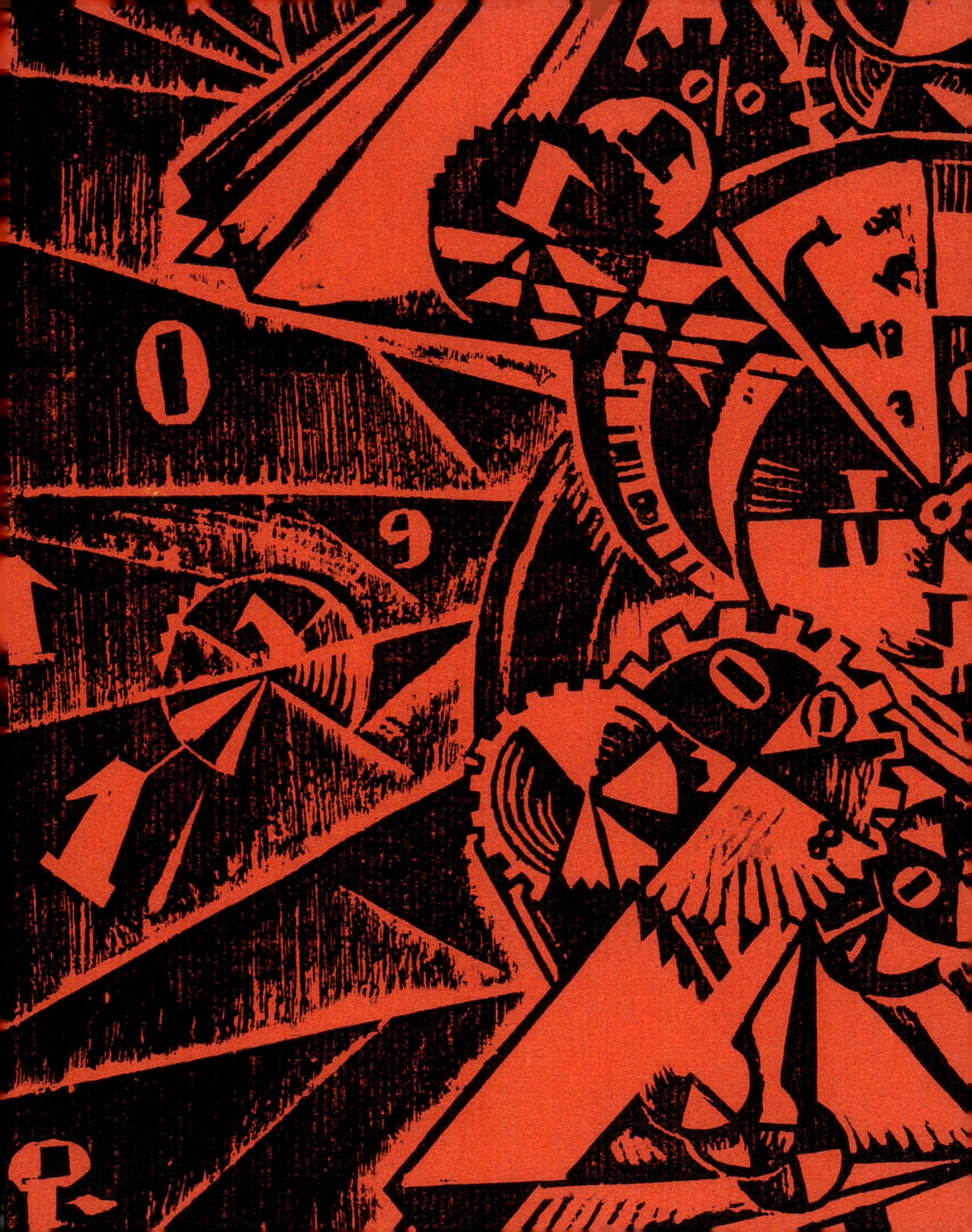

D
Die Revolution und das Ende des Krieges

BERNHARD POST

Die stille Revolution in Weimar

Auf dem Linienschiff *SMS Thüringen*, das Großherzog Wilhelm Ernst 1909 getauft hatte, begann am 30. Oktober 1918 die Revolution. Die rund 350 meuternden Matrosen waren zunächst in Militärgefängnisse gebracht worden. Kurz darauf schlossen sich andere Schiffsbesatzungen an und solidarisierten sich mit den Werftarbeitern in Kiel. Die schleswig-holsteinische Hafenstadt war vier Tage später in den Händen der Revolutionäre. Ausführlich über die Kieler Ereignisse berichtete die *Weimarische Landeszeitung Deutschland* am 6. November. Die halbamtliche Weimarische Zeitung hingegen begnügte sich am Tag darauf mit einer kurzen Notiz auf der dritten Seite über die Unruhen, die inzwischen wieder abgeflaut seien.

    Bis zum Sturz der bayerischen Wittelsbacher am 7. und des Herzogs von Braunschweig am 8. November 1918 glaubten die thüringischen Fürsten an einen Erhalt des monarchischen Systems nach der Abdankung des Kaisers zugunsten eines Reichsverwesers oder Regenten, da inzwischen auch die Person des preußischen Kronprinzen als politisch nicht mehr tragbar angesehen wurde. Man hegte noch die Hoffnung, durch Verhandlungen mit den Sozialdemokraten der Krise Herr werden zu können, doch wurden die thüringischen Fürsten und ihre Regierungen von der Schnelligkeit der nun ablaufenden Ereignisse völlig überrollt.[1] Die Bildung von Soldatenräten beim Stellvertretenden Generalkommando des XI. Armeekorps in Kassel sowie beim IV. Generalkommando in Magdeburg (zuständig für das Herzogtum Sachsen-Altenburg), die bisher die Befehlsgewalt über die militärischen Verbände und die Kriegsverwaltung in Thüringen ausgeübt hatten, verschaffte den Revolutionären am 8. November 1918 freie Bahn. Als am selben Tag in Weimar vormittags der Landtag zusammentrat, machte bereits das Gerücht die Runde, dass auch hier am Abend die Revolution ausbrechen würde. Es seien Abgesandte des Kieler Soldatenrats per Flugzeug in Nohra eingetroffen; auch galten bestenfalls noch die Rekruten der in Weimar stationierten Ersatzkompagnie als politisch zuverlässig. Der sozialdemokratische Reichstags- und Landtagsabgeordnete August Baudert wurde von Seiten der Revolutionäre wie auch von den Trägern der staatlichen Ordnung gebeten, einen für den Abend geplanten Demonstrationszug anzuführen, um mögliche Ausschreitungen radikaler Kräfte zu verhindern.

    Am Nachmittag wurde im Volkshaus ein provisorischer Soldatenrat in Weimar gewählt. Er einigte sich auf einen Forderungskatalog, der neben der Abdankung des Kaisers und der thüringischen Regenten vor allem militärische Angelegenheiten betraf. Die Regelung der weiteren politischen Fragen wollten die Soldaten der sozialdemokratischen Landtagsfraktion sowie der Partei überlassen. Die Arbeiterschaft verhielt sich abwartend und hatte noch keinen Arbeiterrat gebildet. Im Vergleich zu den Industriestädten Jena und Eisenach waren in der Residenzstadt nur wenige Arbeiter organisiert.[2] Gegen Abend versammelten sich daher hauptsächlich Soldaten mit roten Fahnen und roten Nelken im Knopfloch und nur einige Arbeiter auf dem Karlsplatz (heute Goetheplatz). Der Zug mit rund 1 500 Personen marschierte schließlich gegen 19 Uhr unter Führung von Unteroffizier Kühn und Baudert zunächst still, später Arbeiterlieder singend die vorgesehene Route vorbei am Theater Richtung Hauptwache am Residenzschloss. Vor der Aufnahme von Verhandlungen mit dem Militärbefehlshaber bestand Baudert auf einer Ansprache an die Menge. Zum einen sollten die Forderungen der demonstrierenden Soldaten öffentlich gemacht werden. Zum anderen zielte er auf eine Beruhigung der aufgestauten Aggressionen, die ansonsten leicht in eine Erstürmung des Schlosses oder in andere Gewaltakte hätten umschlagen können.

Die Rede Bauderts, die unter anderem die Forderung nach der Abdankung des Großherzogs enthielt und mit einem Hoch auf die deutsche Republik endete, wurde mit Jubel und Begeisterung aufgenommen. Nach Baudert sprach der 23-jährige Hermann Lindemann, ein Spartakist aus Berlin. Seine mit großem Engagement vorgetragene Rede ließ befürchten, dass die Stimmung doch noch kippen würde, und so sah Baudert sich mehrmals veranlasst, beruhigend auf die Menge einzuwirken. Schließlich zogen sich die Vertreter des Soldatenrats, Baudert und der Standortkommandant Oberst Friedrich Freiherr von Dalwigk zu Verhandlungen zurück. Um angesichts der immer unruhiger werdenden Menge ein Blutvergießen zu verhindern, stimmte Dalwigk den Forderungen nach Freigabe der wegen Disziplinarvergehen inhaftierten Soldaten und der Herausgabe von Waffen und Munition zu.

Nachdem sich die Demonstration aufgelöst hatte, suchten die Soldaten die Stadt unter ihre Kontrolle zu bringen und besetzten bis 21 Uhr strategisch wichtige Gebäude wie die Post mit dem Telefon- und Telegrafenamt sowie den Hauptbahnhof. Die Druckerei für amtliche Drucksachen druckte noch in der Nacht die erste Proklamation des Soldatenrats. Am anderen Morgen wurden Exemplare unter anderem von einem Flugzeug aus über der Stadt abgeworfen. Während der Nacht suchten auch einige Soldaten nach der großherzoglichen Familie. Diese hatte das Schloss getrennt verlassen und sich in die Wohnung des Rechtsanwalts Hermann Jöck begeben. Nach Mitternacht erschienen Oberhofmarschall Hugo Freiherr von Fritsch und Oberleutnant von Redern bei Staatsminister Karl Rothe und berieten im Auftrag des Großherzogs, wie man sich nach dem ersten Aufruhr verhalten solle. Da für den Morgen eine Abordnung des Soldatenrates erwartet wurde, beschlossen sie, dem Großherzog nahezulegen, allein in das Schloss zurückzukehren, was dieser zwischen 2 und 3 Uhr tat.[3]

Inzwischen patrouillierten bewaffnete Militärs durch die Stadt. Am Morgen des 9. November 1918, einem Samstag, wurden aus dem großherzoglichen Fuhrpark im Marstall die Wagen geholt, das großherzogliche Wappen abgebrochen und durch rote Fahnen ersetzt. August Baudert bezeichnete dies in seinen 1923 publizierten Erinnerungen als Unfug und Anarchie, weil nach seiner Einschätzung zu diesem Zeitpunkt eine organisierte Leitung der revolutionären Ereignisse noch nicht vorhanden war.[4] Unzweifelhaft befand sich die Residenzstadt seit der Nacht fest in den Händen der Soldaten, doch schien niemand genau zu wissen, wie die Machtübernahme nun auch politisch abzusichern sei. Obgleich ohnehin bereits vereinbart war, dass die sozialdemokratische Landtagsfraktion gemeinsam mit der Parteileitung und den Gewerkschaften im Laufe des 9. November 1918 die politische Macht übernehmen sollte, wurden ihre Führer in den frühen Morgenstunden vom Soldatenrat dringend ersucht, schnellstens einen Arbeiterrat zu bilden. Die Vertrauensmänner der Arbeiterschaft versammelten sich um 11 Uhr im Volkshaus. Mit verhaltener Kritik urteilte Baudert später über die Zusammensetzung dieses Gremiums: »Was so in aller Eile zusammengeholt wurde, bildete für die ersten Tage den Arbeiterrat«.[5] Bereits am Nachmittag wurden gemeinsame Beratungen mit dem Soldatenrat aufgenommen.

Besonders die Weimarer Geschäftsleute – Hoffriseur, Hofbäcker, Hofschneider – fürchteten die wirtschaftlichen Konsequenzen der Revolution. Einerseits befürworteten sie zwar die Abdankung des Großherzogs, andererseits wünschten sie sich aus Sorge um ihre Existenz die Beibehaltung des Hofes als Auftraggeber und den Erhalt des fürstlichen Mäzenatentums. Nach Viktor Slonin, vermutlich der Deckname des Spartakisten Herrmann Lindemann, fragten sich angeblich »die gutgenährten Heldentenöre und auch die blassen Statisten und Balletttänzerinnen: Wer wird denn unsere Gage bezahlen!«[6] Und der »hoffnungsfrohe Schriftsteller, der über den Zopf von Goethe ein dickleibiges Werk in Arbeit hat«, fürchtete sogar »die Schändung des ›Geistes von Weimar‹«.[7] Doch die Ereignisse hatten bereits eine Eigendynamik entwickelt, die sich durch solche Bedenken nicht mehr aufhalten ließ, denn inzwischen waren auch aus Eisenach, Jena und Ilmenau Forderungen nach der Abdankung Wilhelm Ernsts eingetroffen.[8]

Am Nachmittag verhandelte Oberst von Dalwigk in Begleitung des Polizeihauptmanns Bährecke mit den Revolutionären im Bürgerhof. Sie waren zu einem Zweckbündnis mit dem Militär und der Polizei zur Aufrechterhaltung der Ordnung entschlossen. Hinsichtlich der Person des Großherzogs sicherte der Soldatenrat zu, es »würde ihm nichts geschehen, dafür stünden sie ein«.[9]

Das Ende der Monarchie

Staatsminister Karl Rothe hatte sich am frühen Morgen des 9. November 1918 durch eine äußerlich ruhige Stadt zum Schloss begeben, da eine Abordnung des Soldatenrats angekündigt war. Demonstranten waren nicht zu sehen, lediglich nahe der Hauptwache standen zwei Militärposten. Im Schloss angekommen, musste sich der Minister den Vorwürfen seines Landesherrn stellen, denn Wilhelm Ernst brachte seine Unzufriedenheit mit dem Staatsministerium zum Ausdruck, das ihn nicht ausreichend mit Berichten und Informationen versorgt hatte. Rothe wie auch die übrigen später zusammen mit dem Polizeihauptmann eintreffenden Chefs der Regierungsdepartements entschuldigten sich damit, dass ihnen nach der Besetzung des Telefonamts durch die Revolutionäre selbst keine Informationsquellen mehr zur Verfügung gestanden hätten. Johannes Hunnius wusste zu berichten, dass sich die Wut der Revolutionäre besonders gegen die Person des Großherzogs richtete. Bei der Erörterung einer Flucht aus Weimar wurde gegen 11 Uhr auch erstmals die Frage einer möglichen Abdankung gestreift. Kurz danach meldeten sich die fünf sozialdemokratischen Landtagsabgeordneten, darunter August Baudert, bei Rothe und ersuchten ihn, dem Großherzog die Abdankung nahezulegen. Baudert versprach, dass der sich konstituierende Arbeiterrat dafür sorgen werde, die revolutionäre Bewegung in ruhigen Bahnen zu halten und keinen ›Bolschewismus‹ aufkommen zu lassen. Die Delegation wollte ausdrücklich verhüten, »daß dem Großherzog der Verzicht mit dem Revolver in der Hand abgezwungen würde«.[10] Zwar sah der Minister aus staatsrechtlichen Gründen eine Abdankung als unmöglich an, versprach jedoch, seinen Landesherrn über die Lage zu informieren.[11] Vereinbart wurde eine gemeinsame Sitzung des Staatsministeriums mit einer Deputation des Arbeiter- und Soldatenrates um 17 Uhr.

Überraschenderweise wurde Baudert mittags vom Großherzog zunächst allein ins Schloss gebeten. Bei dem Gespräch waren auch Rothe und Rechtsanwalt Hermann Jöck anwesend. Großherzog Wilhelm Ernst trug eine feldgraue Uniform ohne Orden und Achselstücke. Wie der Sozialdemokrat später in seinem Erinnerungsband schrieb, erkannte er in diesem Moment, dass der Großherzog, »obwohl er es sichtbar meisterte, seine innersten Gefühle zu beherrschen, seelisch zusammengebrochen war«.[12] Nach Baudert betonte Wilhelm Ernst ausdrücklich in den nachfolgenden Verhandlungen: »Ich hatte alles getan was ich konnte. Ich hatte noch viel Gutes vor«.[13] Resümiert man seinen persönlichen Einsatz und besonders die großen Summen aus seinem Privatvermögen, die er während seiner Regierungszeit in das Großherzogtum investiert hatte, war diese Behauptung des Großherzogs durchaus begründet. Gleichzeitig deutete er mit dieser Aussage erstmals seine Bereitschaft zum Thronverzicht an. Er, der an der Schwelle zum zwanzigsten Jahrhundert den Thron mit der Absicht bestiegen hatte, das Großherzogtum Sachsen-Weimar-Eisenach in die moderne Zeit zu führen, musste sich nun sagen lassen, dass er sich als »Großherzog keiner Beliebtheit im Land erfreue, im Gegenteil, daß er wohl der gehaßteste Fürst in ganz Deutschland sei«.[14] Am Ende des Gesprächs sah Wilhelm Ernst endgültig ein, dass seine Abdankung unumgänglich war. Bis zur Klärung der politischen Verhältnisse musste allerdings noch ein geeigneter Aufenthaltsort für die großherzogliche Familie in den kommenden Wochen gefunden werden. Baudert schlug schließlich Schloss Allstedt vor, das zwar für einen längeren Aufenthalt im Winter wenig geeignet, dafür aber abgelegen von politischen Brennpunkten war.

Die Vertrauensmänner der Arbeiterschaft, des provisorischen Arbeiterrats und des Soldatenrats hatten sich inzwischen im Bürgerhof versammelt. Nach den Vorstandswahlen wurde der Beschluss gefasst, Wilhelm Ernst eine Urkunde vorzulegen, mit der er für sich und seine Familie auf den Thron verzichtete. Die Abdankungsurkunde entwarf der sozialdemokratische Redakteur Heinrich Fischer.[15] Gegen 16.30 Uhr brach die Delegation auf, die mit den Departementchefs im Kultusdepartement über die Abdankung des Großherzogs verhandeln sollte. Neben Hermann Lindemann bestand sie aus Baudert, dem Redakteur der Volkszeitung, den Unteroffizieren Kühn, Meißner und Friebel, dem Gefreiten Reser sowie zwei sozialdemokratischen Mitgliedern des Soldatenrats.[16] Außerdem nahm der Landtagsabgeordnete Emil Polz von der DDP an der Beratung teil.

Staatsminister Rothe eröffnete die Verhandlungen mit den Worten: »Sie fordern die Abdankung meines erlauchten Herrn – Was geben Sie für Garantien. Er kann doch unmöglich für seine ganze Familie abdanken«.[17] Polz sprach sich für die Abdankung des Großherzogs bei gleichzeitigem Erhalt der

Thronfolge für die großherzogliche Familie aus. Baudert versuchte zu vermitteln und wies darauf hin, dass der Großherzog auf jeden Fall abdanken müsse, wolle man einen Bürgerkrieg vermeiden. Schließlich stellte Lindemann ein Ultimatum: »Wenn der Großherzog nicht bis heute Abend abdankt, dann werden wir andere Maßregeln ergreifen! Die Revolution gibt keine Garantien, sie handelt und wer sich entgegenstemmt, wird vernichtet!«[18] Bald darauf wurde die Sitzung aufgehoben, und die Regierungsmitglieder versprachen eine Entscheidung bis zum Abend. Die *Neue Hamburger Zeitung* berichtete am 15. November 1918 über diese dramatischen Verhandlungen unter dem Titel: »Eine gemütliche Revolution. […] Der Großherzog ließ den Repräsentanten der neuen Macht Zigarren reichen und in behaglichen Klubsesseln wurde im Qualm der Virginia die Abdankungsurkunde vorbereitet«.[19]

Die Departementchefs begaben sich anschließend ins Schloss und erstatteten dem Großherzog Bericht. Auf seine direkte Frage hin rieten sie ihm übereinstimmend zur Abdankung. Im gleichen Sinne äußerten sich die ebenfalls anwesenden Hofbediensteten Fritsch und Finck von Finckenstein. Inzwischen war auch die vom Reichskanzler Prinz Max von Baden verkündete Abdankung des Kaisers publik geworden, obwohl dieser sich – was erst später bekannt wurde – hierzu noch nicht durchgerungen hatte. Der Großherzog redigierte daraufhin persönlich den ihm vom Arbeiter- und Soldatenrat vorgelegten handschriftlichen Entwurf für die Abdankungsurkunde. Er strich die Worte »wie der Bürger«, da seiner Meinung nach aus dieser Schicht keine Forderungen nach seinem Rücktritt kamen. Weiterhin strich er »bisherigen« vor der Staatsbezeichnung Großherzogtum.[20] Nach dem korrigierten Entwurf fertigte Rothe eine kanzleimäßige Abdankungsurkunde. Gegen 20 Uhr unterzeichnete Wilhelm Ernst sowohl die Reinschrift als auch den Entwurf. Die anwesenden Regierungsmitglieder und Hofbediensteten fungierten als Zeugen. Weiterhin unterzeichnete der Großherzog die Entlassungsurkunden für seine drei Departementchefs. Kurz darauf traf der Rechtsanwalt Jöck ein und äußerte nachträglich rechtliche Bedenken gegen die Formulierung »für alle Zeiten«.[21] Nach längerer Diskussion entschied sich Wilhelm Ernst, es bei der Formulierung zu belassen.

Gegen 21 Uhr suchte der Staatsminister in Begleitung des Oberhofmarschalls und des Oberstallmeisters Paul von Anderten den Weißen Schwan auf, um dort mit dem Arbeiter- und Soldatenrat die nötigen Garantien für die Sicherheit der großherzoglichen Familie auszuhandeln. Die Forderungen des Oberhofmarschalls wurden in zwei Schriftstücken fixiert, die von den Mitgliedern des Arbeiter- und Soldatenrats abgezeichnet wurden. Danach übergab Rothe die Abdankungsurkunde an Baudert. Damit war in den Abendstunden des 9. November 1918 die Abdankung des Großherzogs von Sachsen-Weimar-Eisenach als erstem der thüringischen Fürsten vollzogen.

Die an die Revolutionäre ausgehändigte offizielle Ausfertigung muss als verloren angesehen werden, ebenso die Garantieerklärung der Revolutionäre. Erhalten geblieben ist lediglich der von Wilhelm Ernst redigierte Entwurf des Thronverzichts. Bewahrt wurden weiterhin die ab dem Jahr 1748 geführten Fourierbücher des Hofmarschallamtes, in denen minutiös die großen und kleinen Ereignisse der fürstlichen Familie festgehalten wurden. Der letzte Eintrag vermerkt das Ende der Monarchie: »Sonnabend, den 9. November. Seine Königliche Hoheit der Großherzog ist heute gezwungen worden, abzudanken. Was wird, weiß man nicht. Gott schütze die Großherzogliche Familie. Nach 16-jähriger Tätigkeit als Hoffourier schließe ich heute in Treue und Anhänglichkeit an die Höchsten Herrschaften das Fourierbuch. Thelen«.[22]

Das Verhalten der thüringischen Landesherren und ihrer Regierungen angesichts der revolutionären Ereignisse im Herbst 1918 lässt den Schluss zu, dass überall die tatsächliche Brisanz der politischen Lage fast bis zum Schluss nicht realisiert worden war. Auch in Weimar waren der Großherzog, seine Departements und Militärs ohne ein strategisches Konzept gewesen. Nirgendwo in Thüringen wurde auch nur der Versuch eines bewaffneten Widerstands unternommen. Im Vorfeld der Ereignisse waren im Gegensatz zu den streng konservativen Staatsministerien jedoch einige Fürsten wie Wilhelm Ernst überraschenderweise zu Reformen geneigt gewesen, nicht zuletzt um den politischen Gegnern wie den Sozialdemokraten das Wasser abzugraben. Waren die thüringischen Kleinstaaten in der zweiten Hälfte des 19. Jahrhunderts vor allem im wirtschaftlichen und kulturellen Bereich durchaus gestaltungs- und innovationsfähig gewesen, so hatte sich das System der konstitutionellen Monarchien dennoch überlebt durch die Unfähigkeit, für die politischen und sozialen Problemstellungen der Jahrhundertwende einschließlich der kleinräumigen Grenzziehungen Lösungen anzubieten.[23] Der politische Wandel war überfällig gewesen. Unaufgeregt kommentierte daher selbst die bürgerliche Presse am 11. November das Ergebnis des revolutionären Geschehens in Weimar: »Der Großherzog abgedankt und doch alles ruhig!«[24]

Ein demokratisches System in Weimar

Am 10. November 1918 wurde ein offizieller Arbeiterrat gewählt. August Baudert und der sozialdemokratischen Partei ging es vor allem darum, eine bürgerlich-demokratische Verfassungsform zu schaffen. Gefährdet war dies weniger durch die Reaktion, die ja während der ganzen Ereignisse in Untätigkeit verharrte, als vielmehr durch den kommunistischen Flügel der Revolution. Obwohl es in Weimar im Gegensatz zu Eisenach und Jena vergleichsweise wenig Anhänger der USPD in der Arbeiterschaft gab, wurden um »des lieben Friedens willen«[25] zwei ihrer Anhänger in den Arbeiterrat aufgenommen. Tags darauf wurde auch ein neuer Soldatenrat, anstelle des bisherigen provisorischen, vom Weimarer Bataillon in geheimer Wahl gewählt. Eine organisatorische Vereinigung beider Räte fand jedoch nicht statt, beide unterhielten getrennte Büros.

Die provisorische Regierung in Sachsen-Weimar-Eisenach bildeten nun August Baudert und Heinrich Fischer als Vertreter des Arbeiterrates sowie Karl Perner, Lüder Winters und Max Härzer vom Soldatenrat. Als Vertreter des Staatsministeriums ersetzten ihre zurückgetretenen Departementchefs die Ministerialdirektoren Karl Slevogt, Viktor Neumann, Ernst Wuttig und der Geheime Regierungsrat Hugo Müller. Angesichts der ohnehin schwierigen Zeiten konnte man auf die Sachkenntnis leitender Beamter des alten politischen Systems nicht verzichten. Mit der Wahrnehmung ihrer Vertretung nach innen und außen beauftragte die provisorische Regierung den Abgeordneten Baudert als Staatskommissar. Wie in den anderen thüringischen Staaten war es auch im Großherzogtum dem gemäßigteren Flügel der Sozialdemokraten letztlich gelungen, die Macht von den revolutionären Organen zu übernehmen und die staatliche Neuordnung in parlamentarische Bahnen zu lenken. Von politisch radikaleren Kreisen wurde Baudert später allerdings auch vorgeworfen, die Revolution verraten zu haben.

In Erfurt tagten am 10. Dezember 1918 die Arbeiter- und Soldatenräte des 36. Wahlkreises mit Vertretern mehrerer thüringischer Staatsministerien mit dem Ziel, ein Land Thüringen unter Einschluss der preußischen Gebiete zu bilden, als Teil einer Einheitsrepublik Deutschland. Die ersten Wahlen im Volksstaat Sachsen-Weimar-Eisenach unter demokratischen Bedingungen fanden am 9. März 1919 statt. Bis zum Aufgehen des ehemaligen Großherzogtums in das am 1. Mai 1920 gegründete Land Thüringen, als kleinthüringische Lösung und ohne preußische Gebietsteile, blieb Baudert als Staatsminister an der Spitze der Regierung.

Anmerkungen

1 Vgl. Facius 1978, S. 318. **2** Vgl. Wallraf 1975, S. 515 f. **3** Vgl. den Bericht von Johannes Hunnius, ThHStAW, A 2002 AD, Bl. IV. **4** Vgl. Baudert 1923, S. 16. **5** Vgl. Ebd., S. 17. **6** WSB Jg. 15, Nr. 50. **7** WSB Jg. 15, Nr. 46. **8** Vgl. Baudert 1923, S. 17. **9** Vgl. Niederschrift von Dalwigk, ThHStAW, A 2002 AD, Bl. 4r. **10** Niederschrift von Rothe und Hunnius in den Tagen vom 8. bis 11.11.1918, ThHStAW, A 2002 AD, Bl. 4v. **11** Vgl. ebd. sowie Baudert 1923, S. 17. **12** Vgl. Baudert 1923, S. 19. **13** Ebd., S. 21. **14** Ebd. **15** Vgl. Hess 1967, S. 1036. **16** Vgl. WSB Jg. 15, Nr. 50. **17** Ebd. **18** Ebd. **19** NHZ, 15.11.1918. **20** ThHStAW, Urkunden 1918 November 9. **21** Ebd. **22** ThHStAW, Hofmarschallamt Nr. 4669, Bl. 97. **23** Vgl. John 1996, S. 140 sowie Hahn 1999, S. 89. **24** WLZD Jg. 70, Nr. 311. **25** Hess 1967, S. 1038.

1918 Schloßhof nach Verlassen
des Großherzogs mit seiner Familie

Kat. 435 Weimarer Schlosshof nach Verlassen des Großherzogs mit seiner Familie · Unbekannt · 1918 · Stadtarchiv Weimar

Kat. 434 · 435 ◻ S. 277
DIE REVOLUTION ERREICHT WEIMAR

Großherzog Wilhelm Ernst beabsichtigte am 8. November 1918 zunächst, im Schloss zu bleiben. Lediglich seine Familie wollte er in Sicherheit wissen. Er plante, bei der angekündigten Demonstration vom Balkon des Schlosses zu den Revolutionären zu sprechen. Die Regierungsmitglieder überzeugten den Großherzog jedoch, von diesem Auftritt Abstand zu nehmen und sich unerkannt in Sicherheit zu bringen. Ein sicheres Versteck fand er im Haus seines Rechtsanwalts Hermann Jöck. Da am Tag nach der Demonstration eine Abordnung des Soldatenrats zu Verhandlungen im Schloss erwartet wurde, kehrte der Großherzog in den frühen Morgenstunden des 9. November 1918 dorthin zurück.

Am 11. November 1918 verließ die großherzogliche Familie in aller Heimlichkeit das Residenzschloss in Weimar. Es war bekannt geworden, dass einige Soldaten die Erstürmung des Schlosses und die Verhaftung des Großherzogs planten. Unter dem Schutz von zwanzig Soldaten, die der Soldatenrat abgestellt hatte, traf die Familie am Morgen des 12. November 1918 in Schloss Allstedt ein, das knapp siebzig Kilometer von Weimar entfernt im äußersten Norden des Großherzogtums Sachsen-Weimar-Eisenach lag. Es folgten noch etwa dreißig Personen, die zum Hofpersonal gehörten, sowie ein Lastwagen mit Vorräten, denn angesichts der Rationierung hätte sich die Versorgung in Allstedt schwierig gestaltet. Da sich die Wachmannschaften undiszipliniert verhielten, wurden sie auf Veranlassung von August Baudert, der inzwischen anstelle der zurückgetretenen Regierung zum Staatskommissar berufen worden war, durch verlässliche Soldaten ersetzt.

Die Heftigkeit der Emotionen in der Bevölkerung, welche seine Depossedierung begleitet hatten, war für Wilhelm Ernst nicht nachzuvollziehen. Als »Potentatchen«, das ein »Reitpeitschen-Herrenregiment« geführt und »in puncto Größenwahn« (WM, 19.12.1918) seinem Vetter Wilhelm II. in nichts nachgestanden hätte, bezeichnete ihn am 19. Dezember 1918 die Zeitung *Welt am Montag*. Schloss Allstedt war nur als vorübergehendes Domizil bis zur Klärung der politischen Verhältnisse vorgesehen. Kurz vor Weihnachten 1918 siedelte die großherzogliche Familie in ihr Schloss Heinrichau bei Münsterberg in Schlesien über, wo sie bis 1945 lebte. BP

Kat. 436 ◻ S. 278
DER SOLDATENRAT ÜBERNIMMT DIE STADT

Auf dem Karlsplatz (heute Goetheplatz) versammelten sich am 8. November 1918 rund 1 500 Soldaten und zogen gegen 19 Uhr unter Führung eines provisorischen Soldatenrats Arbeiterlieder singend am Theater vorbei zur Hauptwache am Residenzschloss. Dort konnte der sozialdemokratische Reichs- und Landtagsabgeordnete August Baudert die aufgeheizte Stimmung mit einer Rede deeskalieren, in der er die Abdankung des Großherzogs forderte. Es wurden Jubelrufe auf die deutsche Republik ausgebracht. Ein spontan gewählter Soldatenrat löste den bisherigen ab und verhandelte mit dem Stadtkommandanten Oberst Friedrich Freiherr von Dalwigk zu Lichtenfels, wobei Baudert abermals vermittelte. Die wegen Disziplinarvergehen inhaftierten Soldaten wurden freigelassen und Waffen sowie Munition herausgegeben.

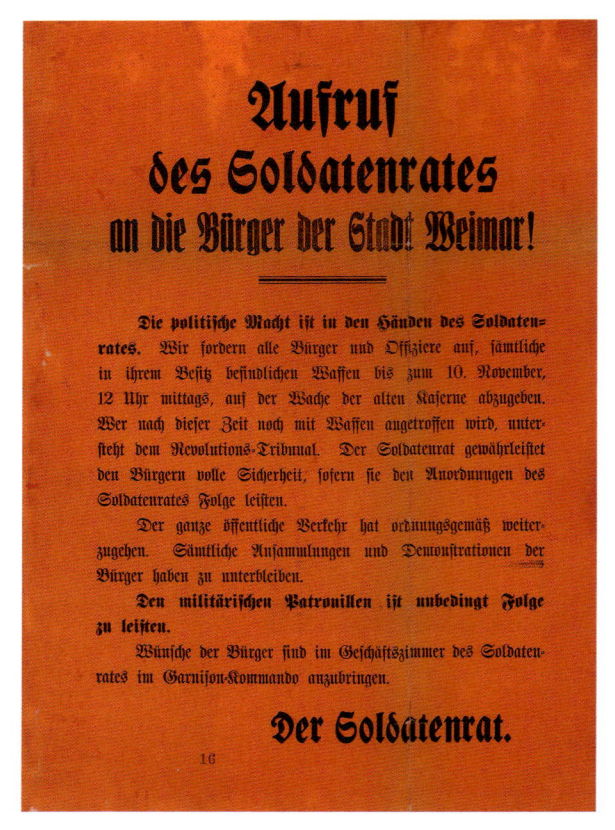

Kat. 436 Aufruf des Soldatenrates · 9.11.1918
Thüringisches Hauptstaatsarchiv Weimar

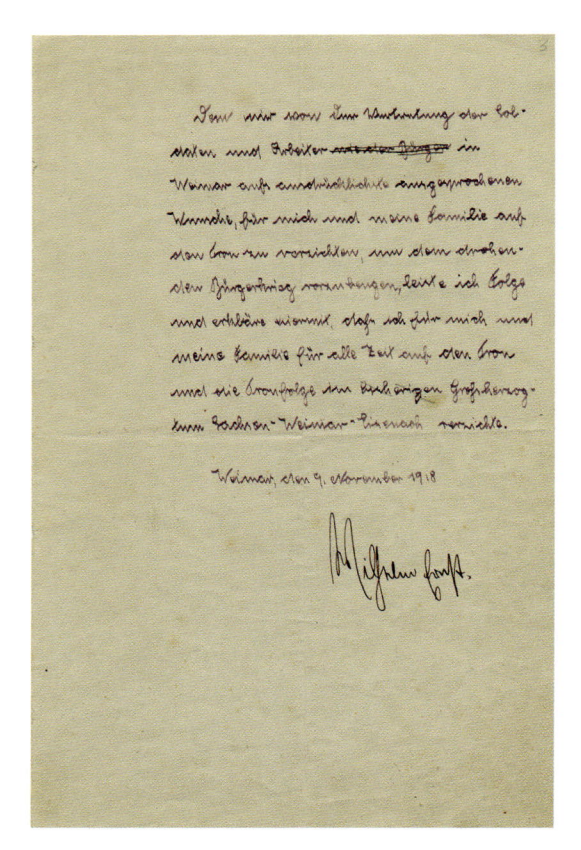

Kat. 437 Heinrich Fischer · Entwurf der Abdankungsurkunde für Großherzog
Wilhelm Ernst · 9.11.1918 · Thüringisches Hauptstaatsarchiv Weimar

Nachdem sich die Demonstration aufgelöst hatte, setzte in der Stadt ein hektisches Treiben ein. Im alten Landgerichtsgefängnis wurden nun doch alle Militärpersonen ungeachtet ihrer Vergehen befreit. Bis 21 Uhr waren die Post und der Bahnhof besetzt; auch Telegrafie und Fernsprecher brachten die Revolutionäre unter ihre Kontrolle. Noch in der Nacht des 8. November 1918 besetzte der Soldatenrat die Druckerei für amtliche Drucksachen und fertigte die erste Proklamation. Die Bürger Weimars wurden am folgenden Morgen informiert, dass die politische Macht in die Hände des Soldatenrats übergegangen sei, obwohl der Großherzog zu diesem Zeitpunkt noch nicht abgedankt hatte. Militärpatrouillen gingen unter Gewehren durch die Stadt, um Übergriffe und Plünderungen zu verhindern. Die Sicherheit der großherzoglichen Familie wurde garantiert. Tatsächlich verliefen die revolutionären Ereignisse in Weimar ohne jegliches Blutvergießen. BP

Kat. 437 ☐ S. 278
WILHELM ERNST DANKT AB

Im Lokal Bürgerhof (Bürgerschulstraße 14, heute Karl-Liebknecht-Straße) konstituierte sich am 9. November 1919 nachmittags ein Arbeiter- und Soldatenrat für Weimar. Unmittelbar anschließend entwarf Heinrich Fischer, der Redakteur der sozialdemokratischen *Volkszeitung*, den Text der Abdankungsurkunde. Diese legte eine Delegation der Soldaten um 16.30 Uhr Mitgliedern der großherzoglichen Regierung in den Räumen des Kultusdepartements im Roten Schloss vor. Es wurde ein Ultimatum bis zum Abend gestellt, woraufhin sich die Regierungsmitglieder zum Großherzog in das Residenzschloss begaben und ihm übereinstimmend zur Abdankung rieten. Der Großherzog redigierte den Entwurf noch persönlich und strich die Worte »wie der Bürger« (ThHStAW, Urkunden, 1918 November 9), da seiner Meinung nach aus dieser Schicht keine Forderung nach seiner Abdankung kam. Weiterhin löschte er »bisherigen« vor der Staatsbezeichnung »Großherzogtum« (ebd.). Gegen 20 Uhr dann unterzeichnete Wilhelm Ernst sowohl eine kanzleimäßige Abdankungsurkunde als auch den Entwurf.

Kat. 438 ☐ **S. 279 · 439 · 440** ☐ **S. 280**

DAS NEUE THÜRINGEN

Die Novemberrevolution von 1918 führte auch in den thüringischen Fürstentümern das Ende der Monarchie herbei. Die Umwälzung gestaltete sich hier aber weniger konfrontativ als in anderen Teilen Deutschlands. Über die Ereignisse in Weimar berichtet August Baudert in seinen 1923 erschienenen Erinnerungen *Sachsen-Weimars Ende. Historische Tatsachen aus sturmbewegter Zeit* ausführlich. Er selbst war es gewesen, der 1918 die Verhandlungen im Auftrag des Arbeiter- und Soldatenrates mit den Ministern und dem Großherzog geführt und diesen schließlich zur Abdankung bewegt hatte. Baudert führte fortan als Staatskommissar die Regierungsgeschäfte für Sachsen-Weimar-Eisenach. In ähnlicher Weise wie Großherzog Wilhelm Ernst verzichteten bis zum 25. November auch die anderen thüringischen Fürsten auf ihren Thron. Lediglich Herzog Karl Eduard von Sachsen-Coburg und Gotha weigerte sich abzudanken. Er wurde durch den Gothaer Arbeiter- und Soldatenrat abgesetzt.

In allen thüringischen Staaten wurden nun neue Landtage gewählt, und Sachsen-Weimar-Eisenach und Schwarzburg-Sondershausen gaben sich neue Verfassungen. Die Vereinigung der thüringischen Staatenwelt zu einem Land Thüringen stand seit Beginn der Revolution auf der Tagesordnung. Als das Scheitern der Bestrebungen, auch den preußischen Regierungsbezirk Erfurt zu integrieren, abzusehen war, verabschiedeten Konferenzen von Regierungs- und Parlamentsvertretern der thüringischen Staaten am 19./20. Mai 1919 in Weimar den Entwurf eines Gemeinschaftsvertrages. Dieser wurde von den einzelnen Landtagen mit Ausnahme Sachsen-Meiningens, das erst am 12. Dezember 1919 beitrat, umgehend angenommen. Nicht einbezogen wurde Sachsen-Coburg, das sich nach einer Volksabstimmung am 30. November 1919 Bayern angliederte. Aufgrund des Gemeinschaftsvertrags bildete sich ein Volksrat aus Deputierten der einzelstaatlichen Parlamente mit legislativen Befugnissen, während die Vollziehung der Gemeinschaftsgesetze einem Staatsrat übertragen wurde, dem August Baudert ebenfalls angehörte. Am 23. März 1920 legte der Staatsrat dem Volksrat den Entwurf einer vorläufigen Landesverfassung vor, den dieser am 12. Mai 1920 annahm. Das Reichsgesetz zur Gründung des Landes Thüringen trat bereits am 1. Mai 1920 in Kraft. GM

Kat. 438 August Baudert · Sachsen-Weimars Ende · 1923
Klassik Stiftung Weimar

Eine Stunde später begaben sich Staatsminister Karl Rothe, Oberhofmarschall Hugo von Fritsch und Oberstallmeister Paul von Anderten in den Weißen Schwan, um mit dem Arbeiter- und Soldatenrat Garantien für die Sicherheit der großherzoglichen Familie auszuhandeln. Die Forderungen des Oberhofmarschalls wurden in zwei Schriftstücken fixiert, die dann von den versammelten Mitgliedern des Arbeiter- und Soldatenrats abgezeichnet und Fritsch ausgehändigt wurden. Danach übergab Rothe die Abdankungsurkunde an den sozialdemokratischen Reichstags- und Landtagsabgeordneten August Baudert. Damit war in den Abendstunden des 9. November 1918 die Abdankung von Großherzog Wilhelm Ernst als erstem der thüringischen Fürsten vollzogen. Die Ausfertigung der Abdankungsurkunde gilt als verloren. BP

Kat. 440 Hans W. Schmidt · Landtagssitzung 1919 im Fürstenhaus zu Weimar
 1931 · Privatbesitz

Kat. 441 Alfred Ahner · Abgeordneter Eduard Rosenthal spricht · 9. 5. 1924
 Alfred-Ahner-Stiftung Weimar

Kat. 441 ☐ S. 280 · 442

EDUARD ROSENTHAL ALS ›VATER‹ DER VERFASSUNG

Der 1853 in Würzburg geborene Eduard Rosenthal kam nach dem Studium der Rechtswissenschaften und anschließender Promotion 1880 an die Universität Jena, die er ab 1909 als Landtagsabgeordneter und Mitglied der liberalen Fraktion im Landtag des Großherzogtums Sachsen-Weimar-Eisenach vertrat. Seit 1896 hatte er die Professur für Rechtsgeschichte und Öffentliches Recht inne. Als Gründungsmitglied und erster Vorsitzender des 1903 ins Leben gerufenen Jenaer Kunstvereins gestaltete er aktiv die Kulturwelt seiner Stadt. Die Villa der Eheleute Rosenthal entwickelte sich zu einem Ort des gesellschaftlichen Lebens in Jena. Rosenthal war auch juristischer Berater Ernst Abbes und maßgeblich an der Erarbeitung des Stiftungsstatuts der Carl-Zeiss-Stiftung beteiligt. Seine politisch bedeutsamste Aufgabe übernahm er allerdings erst im Zuge der Vereinigung der thüringischen Kleinstaaten zu einem Gesamtstaat 1919/20. Rosenthal erarbeitete, zusammen mit dem Geraer Staatsminister Carl von Brandenstein, den Gemeinschaftsvertrag und selbstständig innerhalb von nur zwei Monaten den Entwurf für die Verfassung des Freistaats Thüringen. Anfang 1920 konnte im Staatsrat und im Volksrat bereits über den Entwurf beraten werden. Da es nur wenige Änderungen gab, trug das am 12. Mai 1920 verabschiedete vorläufige Papier wesentlich Rosenthals Handschrift.

Die Verfassung basierte auf einer freiheitlichen Gesellschafts- und Wirtschaftsordnung, einer repräsentativen Demokratie, einem parlamentarisch kontrollierten Finanzsystem und einem modernen Bildungssystem. Eduard Rosenthal saß zudem bis 1925 als Abgeordneter für die linksliberale Deutsche Demokratische Partei (DDP) im Thüringer Landtag. Bei einer Rede im Parlament am 9. Mai 1924 zeichnete ihn der seit 1922 in Weimar lebende Alfred Ahner. Der Künstler skizzierte während seiner Besuche im Landtag das Parlamentsgeschehen, wie er auch sonst alles, was ihn bewegte, zu Papier brachte. Auf diese Weise entstand über die Jahre ein umfangreiches Werk, das Ahner zu einem bedeutenden grafischen Künstler und Chronisten seiner Zeit macht. MS

Literatur: Ausst. Kat. Alfred, 2002; Lingelbach 2005.

MANUEL SCHWARZ

Weimar als Symbolort für einen politischen Neuanfang

*»Die Reichsregierung ist heute früh nach Weimar abgereist.
Ob sie jemals wiederkehrt, scheint mir unsicher«.*[1]
Harry Graf Kessler, 3. Februar 1919

Der Weg nach Weimar

Der besorgte Tagebucheintrag Harry Graf Kesslers vom 3. Februar 1919 zeigt, in welch schwieriger Situation sich die junge deutsche Republik befand und vor welch ungewisser Zukunft sie stand. Zu groß schienen die Probleme zu Beginn des Jahres 1919: die wirtschaftlichen und sozialen Lasten des verlorenen Krieges, die spartakistischen Aufstände im Deutschen Reich sowie die Kämpfe an den Grenzen Deutschlands und im Baltikum. Die von der Obersten Heeresleitung verbreitete ›Dolchstoß-Legende‹, die den demokratischen Kräften die Schuld an der Kriegsniederlage gab, erschwerte es den Vertretern der neuen Ordnung zudem, das Vertrauen der Bevölkerung zu gewinnen. Dennoch bestand Grund zur Hoffnung: Der Erste Allgemeine Kongress der Arbeiter- und Soldatenräte stimmte am 19. Dezember 1918 für einen frühen Wahltermin zur Nationalversammlung. Die große Mehrheit der 514 Delegierten folgte damit dem Vorschlag der Mehrheitssozialdemokraten im Rat der Volksbeauftragten. Bei den Wahlen zur Nationalversammlung am 19. Januar 1919 erhielten die später als ›Weimarer Parteien‹ bezeichneten Parteien – die Mehrheitssozialdemokraten (MSPD), die linksliberale Deutschdemokratische Partei (DDP) und das Zentrum – eine eindeutige Mehrheit von über 75 Prozent der abgegebenen Stimmen. Die Unabhängige Sozialdemokratische Partei Deutschlands (USPD) war mit nur 7,6 Prozent der Wählerstimmen ein Verlierer der Wahl. Rechts der Mitte etablierte sich die Deutschnationale Volkspartei (DNVP) mit 10,3 Prozent vorerst als stärkste Kraft.[2]

Der politische Weg zur Verfassung war geebnet, ein Problem bestand indes immer noch: Die in Berlin herrschenden Unruhen ließen ein ungestörtes Zusammentreten der Verfassunggebenden Deutschen Nationalversammlung nur schwer vorstellbar erscheinen. Bereits in den Kabinettssitzungen um Weihnachten 1918 schlug Otto Landsberg von der MSPD vor, die Regierung aus Gründen der Sicherheit nach Rudolstadt oder Weimar zu verlegen. Zu diesem Zeitpunkt drängten vor allem die Vertreter der USPD auf ein Verbleiben in der Reichshauptstadt. In einem Umzug sahen sie das Eingeständnis der Regierung, Furcht vor dem eigenen Volk zu haben.[3] In der Kabinettssitzung vom 31. Dezember 1918 sprach sich Ebert erstmals dafür aus, die Nationalversammlung »mehr in das Herz Deutschlands hineinzuverlegen«[4] – allerdings nicht vornehmlich aus Gründen der Sicherheit, sondern »aus politischen Gründen«.[5] Ebert wollte damit auf die in vielen süd- und westdeutschen Regionen verbreitete Abneigung gegen Preußen, die ›Los-von-Berlin-Stimmung‹, reagieren. Als Tagungsorte brachte er Frankfurt am Main, Bayreuth, Kassel und Weimar ins Gespräch. Als diese Pläne nach außen drangen, wandten sich Vertreter der genannten sowie einiger anderer Städte an die Regierung, um sich als Tagungsort zu empfehlen. Neben dem Oberbürgermeister von Berlin, der sich gegen eine Verlegung aussprach, bewarben sich Bamberg, Eisenach, Erfurt, Jena, Nürnberg, Potsdam und Würzburg als Ort für die Nationalversammlung. Da sich im Januar 1919 die Lage in Berlin durch den Spartakusaufstand verschärfte, schien ein Umzug schließlich unausweichlich. Bereits Anfang des Monats besuchten Reichstagsdirektor Bernhard Jungheim und Alfred Schulze vom Ministerium des Inneren die in Frage kommenden Städte. Der daraus entstandene Bericht schränkte die Wahl auf vier Orte ein: Bayreuth, Jena, Nürnberg und Weimar. Die gemeinsame Empfehlung einiger süddeutscher Länderregierungen vom 10. Januar 1919, die Nationalversammlung in Würzburg abzuhalten, fand keine Unterstützung. Am 14. Januar behandelte das Kabinett in seiner Sitzung die Frage nach dem Tagungsort. Von den vier im Bericht empfohlenen Städten wurde drei die Eignung abgesprochen: Jena und Bayreuth schieden wegen mangelnder Räumlichkeiten aus, Nürnberg wurde als nicht sicher genug erachtet. So fiel die Entscheidung zugunsten Weimars und gegen Berlin aus, das bis zuletzt im Gespräch geblieben war. Öffentlich bekanntgegeben wurde die Entscheidung erst nach den Wahlen am 19. Januar.[6]

Die ehemalige Residenzstadt des Großherzogtums Sachsen-Weimar-Eisenach schien alle Ansprüche zu erfüllen: Mit dem Theater als Versammlungsort und dem Stadtschloss als Unterbringung für die Regierung standen die benötigten Räumlichkeiten zur Verfügung, die vergleichsweise gut zu sichern waren. Der neu berufene Intendant Ernst Hardt verkündete am 19. Januar passenderweise die von ihm schon länger beschlossene Umbenennung des früheren Hoftheaters in Deutsches Nationaltheater Weimar. Die Lage der Stadt in der Mitte Deutschlands war zudem als Symbol für die partikularistischen Kräfte in Süd- und Westdeutschland gedacht – die darauf auch positiv reagierten. Ferner besaß die Stadt verhältnismäßig wenig Industrie und somit weniger revolutionär gesinnte Arbeiter. Als ›Wallfahrtsort der deutschen Nation‹ war Weimar außerdem bereits seit dem 19. Jahrhundert vergleichsweise gut vorbereitet auf die Beherbergung von Besuchern. Die Fraktionen hielten ihre Sitzungen größtenteils in den Hotels der Stadt ab, etwa im Elephant oder im Thüringer Hof. Die MSPD tagte aufgrund ihrer hohen Zahl an Abgeordneten im Volkshaus und im Theater.

Trotzdem erforderte der Umzug nach Weimar einen Ausbau der Verkehrs- und Kommunikationswege, darunter die Einrichtung der ersten Flugpostverbindung im Deutschen Reich, die zweimal täglich zwischen Berlin und Weimar flog. Darüber hinaus fuhr ein Parlamentszug zwischen Berlin und Weimar, der nur von Mitgliedern der Regierung, Abgeordneten und Pressevertretern benutzt werden durfte. Zur Sicherung des Tagungsortes wurden mehrere tausend Soldaten bereitgestellt, darunter das Landesjägerkorps unter Befehl von Generalmajor Maercker, das sich bereits bei den Unruhen in Berlin bewährt hatte. Die Stadt wurde in einem Umkreis von sieben Kilometern abgesperrt, Zutritt erhielten nur Personen mit entsprechender Erlaubnis.[7]

Der ›Geist von Weimar‹

Besonders Friedrich Ebert hatte aus den genannten Gründen für eine Verlegung der Verfassunggebenden Deutschen Nationalversammlung nach Weimar plädiert. Des Weiteren betonte er in den Beratungen über den Tagungsort am 14. Januar und in der Eröffnungsrede zur Nationalversammlung am 6. Februar den ›Geist von Weimar‹ unter Berufung auf die Werte der deutschen Klassik: »So müssen wir hier in Weimar die Wandlung vollziehen vom Imperialismus zum Idealismus, von der Weltmacht zur geistigen Größe. Es charakterisiert durchaus die nur auf äußeren Glanz gestellte Zeit der Wilhelminischen Ära, das Lassallesche Wort, daß die klassischen deutschen Denker und Dichter nur im Kranichzug über sie hinweggeflogen seien. Jetzt muß der Geist von Weimar, der Geist der großen Philosophen und Dichter, wieder unser Leben erfüllen«.[8]

Auch Alterspräsident Wilhelm Pfannkuch von der MSPD und der Zentrumspolitiker Adolf Gröber bedienten sich in ihren ersten Ansprachen an das Plenum bei Goethe und Schiller. Dass dieser Rückgriff auf den ›Geist von Weimar‹ nicht überall auf Anerkennung stieß, davon zeugen viele polemische Kommentare und Karikaturen.[9] Das Titelblatt der Satirezeitschrift *Kladderadatsch* vom 30. März 1919 zeigt Philipp Scheidemann und Friedrich Ebert – spöttisch als »Dioskuren von Weimar«[10] betitelt. Der Vergleich mit den Söhnen des Zeus, Castor und Pollux, war seit jeher dem Dichterpaar Goethe und Schiller vorbehalten gewesen. In karikierender Adaption des Osterspaziergangs aus *Faust I* werden Ebert und Scheidemann Worte des Faust in den Mund gelegt: »O glücklich, wer noch hoffen kann, aus diesem Meer des Irrtums aufzutauchen! Was man nicht weiß, das eben brauchte man, und was man weiß, kann man nicht brauchen«.[11]

Weimar als Symbolort für die junge Demokratie bot eigentlich Identifikationsmöglichkeiten für das Bildungsbürgertum. In den traditionell nationalkonservativ gesinnten Kreisen herrschte jedoch große Skepsis gegenüber der jungen Republik oder sogar grundsätzliche Ablehnung. Folglich empfand man es als Beleidigung, dass die Sozialdemokraten sich auf die deutschen Klassiker beriefen. Friedrich Hussong vom *Berliner Lokal-Anzeiger* fasste die vorherrschende Meinung frei nach Goethe zusammen: »Der Geist Weimars ist nicht der Geist vom 9. November, und der Sozialismus gleicht nur dem Geist, den er begreift«.[12] Elisabeth Förster-Nietzsche beschrieb Max Brahn im Dezember 1918 ihre Gefühle gegenüber den Veränderungen und den Trost, den sie einzig bei der Lektüre von Thomas Manns *Betrachtungen eines Unpolitischen* fände: »Und gerade in dieser entsetzlichen Zeit, über welche ich Tag und Nacht in Herzeleid und Jammer nicht hinwegkomme, ist es mein Trost. Es ist noch geschrieben zur Zeit unserer Herrlichkeit, aber es zeigt deutlich, woran wir zu Grunde gehen werden: nämlich durch die liberale Demokratin und die Sozialdemokratin, weil beides Widernatürlich ist«.[13]

Weimar und Versailles

Dagegen waren sich Friedrich Ebert und der designierte Außenminister Ulrich von Brockdorff-Rantzau sicher, die Wahl von Weimar als Tagungsort würde auch über die Grenzen des Deutschen Reiches hinaus Anklang finden. Denn genau wie in den süd- und westdeutschen Regionen hegten viele in Deutsch-österreich – das die Vereinigung mit dem Deutschen Reich anstrebte – eine Abneigung gegen das preußische Berlin. Und endlich war der Tagungsort Weimar als Zeichen an die Alliierten gedacht, die in Paris über die Bestimmungen des Friedensvertrages berieten. Brockdorff-Rantzau war »überzeugt, daß wir, wenn wir Weimar wählen, aus Berlin hinausgehen, einen besseren Frieden bekommen«.[14]

Doch auch in diesem Fall wurden die Hoffnungen enttäuscht. Die Siegermächte ließen sich von der Symbolik des Tagungsortes nicht beeinflussen, nutzten aber ihrerseits bedeutungsvolle Zeichen, um ihre Handlungen zu unterstreichen: Die Pariser Friedenskonferenz begann am 18. Januar 1919 im Schloss von Versailles, auf den Tag genau 48 Jahre nachdem am selben Ort König Wilhelm I. zum deutschen Kaiser proklamiert wurde. Der Rat der Vier, bestehend aus dem amerikanischen Präsidenten Woodrow Wilson, dem französischen Ministerpräsidenten Georges Clemenceau, dem britischen Premierminister David Lloyd George und dem italienischen Minister Vittorio Emanuele Orlando, legte die wesentlichen Pfeiler des Friedensvertrags fest. Den entstandenen Vertragsentwurf erhielt die deutsche Delegation am 7. Mai 1919 – dem vierten Jahrestag der Versenkung des Passagierschiffes *Lusitania* durch ein deutsches U-Boot. Der Vertrag sah unter anderem vor: Gebietsabtretungen an Frankreich, Belgien, Polen, Dänemark und die Tschechoslowakei, Abtretung aller überseeischen Gebiete, Verbot des Zusammenschlusses von Deutschland und Österreich, Abrüstung und Beschränkung von Heer, Marine und Luftwaffe sowie Reparationszahlungen.[15]

Der als Grundlage für die Reparationszahlungen dienende Artikel 231 wurde in Deutschland als besonders ungerecht aufgefasst: »Die verbündeten und assoziierten Regierungen erklären, und Deutschland erkennt an, daß Deutschland und seine Verbündeten als Urheber aller Verluste und aller Schäden verantwortlich sind, welche die verbündeten und assoziierten Regierungen und ihre Angehörigen infolge des ihnen durch den Angriff Deutschlands und seiner Verbündeten aufgezwungenen Krieges erlitten haben«.[16] In Deutschland war man bislang von dem von Woodrow Wilson proklamierten 14-Punkte-Programm ausgegangen, mit dem man einen milden Frieden verband. Der Präsident konnte sich in Paris jedoch nicht durchsetzen, vor allem Frankreich hatte eine dauerhafte Schwächung und Bestrafung Deutschlands verfolgt.[17]

Daraus folgten im Frühjahr 1919 bereits die erste große Regierungskrise und schließlich der Rücktritt des Kabinetts Scheidemann. Harry Graf Kessler notierte während dieser Tage, nach der Selbstversenkung der deutschen Hochseeflotte in Scapa Flow: »Abends unbeschreibliche Niedergeschlagenheit; als ob Alles Leben im Inneren der Seele erstorben wäre«.[18] Dass die Regierung am Ende den Vertrag unterschrieb – es bestand aufgrund eines Ultimatums der Alliierten keine Alternative –, zerstörte für viele Deutsche die während der Revolution gehegte Hoffnung, durch die Demokratie zu einem gerechten Frieden zu gelangen. Diese Enttäuschung sollte sich als schwere Bürde der jungen Republik erweisen.[19]

Weimar als Ort des Aufbruchs

Am 21. August 1919 tagte die Nationalversammlung zum letzten Mal in Weimar, danach kehrte sie ins befriedete Berlin zurück. Der vorübergehende Tagungsort blieb vielen Abgeordneten positiv in Erinnerung – zumindest bis zur Verkündung der Friedensbedingungen, wonach die meisten die Abgeschiedenheit in der idyllischen Kleinstadt als unpassend empfanden.[20] Doch es überwog die positive Stimmung und aus Dank erhielt die hier verabschiedete Verfassung von der Nationalversammlung den Namen *Weimarer Verfassung*. Friedrich Ebert unterzeichnete sie am 11. August in Schwarzburg in der Nähe von Rudolstadt. In der letzten Sitzung in Weimar wurde Friedrich Ebert als Reichspräsident vereidigt. Die unpathetische Art und Weise der Zeremonie, mit der man sich von der auf Prunk setzenden Wilhelminischen Ära bewusst distanzierte, hinterließ bei manchen Zeugen wiederum gemischte Gefühle. Kessler befand die Feier für »sehr anständig, aber schwunglos«[21] und war der Meinung, dass sich die Staatsform der Republik nicht für Zeremonien eigne. Er resümierte: »Trotzdem hatte das Ganze Etwas Rührendes und vor Allem Tragisches. Dieses kleinbürgerliche Theater als Abschluss des gewaltigsten Krieges und der Revolution! Wenn man über die tiefere Bedeutung nachdachte, hätte man weinen mögen«.[22]

Weimars Glanz als Symbolort für einen politischen Neuanfang strahlte nur kurz und wenig hell. Es ließen sich nicht viele vom ›Geist von Weimar‹ beseelen: weder die Alliierten in Paris, noch die Zweifler und Gegner im Deutschen Reich. Selbst viele der Abgeordneten der Nationalversammlung zeigten sich aufgrund der Kompromisse mit dem Ergebnis nicht zufrieden. Auch die Weimarer und Jenaer Akteure beurteilten die Verfassung skeptisch: Eugen Diederichs etwa versuchte erfolglos mit seinem Heft *Neue Wege zum Aufbau Deutschlands* der Nationalversammlung Vorschläge zur Sozialisierung des Landes zu unterbreiten.[23] Rudolf Eucken dagegen glaubte, dass »politische Unfreiheit vor allem von seiten einer radikalen Demokratie und des Sozialismus«[24] drohe.

Den Mut zum Aufbruch in einen neuen Staat, die erste parlamentarisch verfasste Demokratie der deutschen Geschichte, wussten seinerzeit nur wenige zu würdigen. Dennoch verdient die *Weimarer Verfassung* große Anerkennung. Sie verankerte verfassungsrechtlich fortschrittliche Werte und Normen, darunter die politische Gleichstellung von Männern und Frauen, die Gleichberechtigung der Geschlechter in der Ehe, Chancengleichheit im Bildungswesen und eine gerechte Wirtschaftsordnung. Selma von Lengefeld, die sich Zeit ihres Lebens für die Rechte der Frauen engagierte, war es erst dadurch möglich, im Weimarer Stadtrat aktiv zu werden.

Waren die ersten und die letzten Jahre der Weimarer Republik auch von bürgerkriegsähnlichen Zuständen und schweren wirtschaftlichen Nöten gekennzeichnet, existierte in den 1920er Jahren immerhin für einige Zeit eine Phase relativer wirtschaftlicher und politischer Stabilität. Ferner verband sich mit dem politischen untrennbar ein kultureller Aufbruch. Dafür stehen Namen wie Otto Dix, George Grosz, Alfred Döblin, Kurt Tucholsky, Bertolt Brecht, Kurt Weill, Fritz Lang und Friedrich Wilhelm Murnau. Mit der Gründung des Staatlichen Bauhauses bildete auch Weimar ein Zentrum des kulturellen Aufbruchs. Ausdrücklich berief sich Walter Gropius im Frühjahr 1919 wiederum auf den ›Geist von Weimar‹ – unter neuen Vorzeichen: »Meine Idee von Weimar ist keine kleine, ich sehe gerade in dem Punkt der alten, schwerüberwindlichen Tradition die Möglichkeit, fruchtbare Reibungsflächen für das Neue zu schaffen. Ich glaube bestimmt, daß Weimar gerade um seiner Weltbekanntheit willen der geeignetste Boden ist, um dort den Grundstein einer Republik der Geister zu legen«.[25]

Anmerkungen

[1] Tgb. Kessler, 3.2.1919, Reinthal 2007, S. 120. [2] Vgl. Bollmeyer 2007, S. 192, 215. [3] Vgl. ebd., S. 197; Conze/Matthias 1969, S. 17. [4] Ebert, 31.12.1918, in Conze/Matthias 1969, S. 165. [5] Ebd., S. 164. [6] Vgl. Bollmeyer, 2007, S. 197–200; Dorrmann 1999, S. 22 f. [7] Vgl. Bollmeyer 2007, S. 200 ff.; Dorrmann 1999, S. 23 f. [8] Ebert, 6.2.1919, in DNV 1920, S. 3. [9] Vgl. Dorrmann 1999, S. 28 f. [10] Titelblatt Kladderadatsch Jg. 72, Nr. 13 vom 30.3.1919. [11] Ebd. [12] BLA Jg. 36, Nr. 56. [13] Förster-Nietzsche an Max Brahn, 12.12.1918, GSA 152/14. [14] Brockdorff-Rantzau, 14.1.1919, in Conze/Matthias 1969, S. 228. [15] Vgl. Schwabe 1997, S. 1–38. [16] Friedensbedingungen 1919, S. 109 f. [17] Vgl. Schwabe 1997, S. 3–8. [18] Tgb. Kessler, 22.6.1919, Reinthal 2007, S. 246. [19] Vgl. Winkler 1999, S. 20. [20] Vgl. Dorrmann 1999, S. 27 f. [21] Tgb. Kessler, 21.8.1919, Reinthal 2007, S. 265. [22] Ebd. [23] Vgl. Heidler 1998, S. 417. [24] Eucken 1919, S. 1. [25] Gropius an Ernst Hardt, 19.4.1919, Meyer 1975, S. 109.

DIE NATIONALVERSAMMLUNG IM DEUTSCHEN NATIONALTHEATER

Kat. 443 ☐ S. 287 · 444

DIE DEUTSCHE NATIONALVERSAMMLUNG IN WEIMAR

Am 19. Januar 1919 fanden die Wahlen zur Verfassunggebenden Deutschen Nationalversammlung statt. Die Einführung des Frauenwahlrechts und die Absenkung des Wahlalters erlaubten es erstmals allen Deutschen ab dem vollendeten 20. Lebensjahr, ihre Stimme bei freien, gleichen, direkten und geheimen Wahlen abzugeben. Aufgrund der unsicheren Lage in Berlin entschied sich die Regierung für Weimar als Tagungsort der Nationalversammlung. Die Sitzungen sollten im Weimarer Theater stattfinden, dem der neue Intendant Ernst Hardt am Tag der Wahlen den Namen Deutsches Nationaltheater gab. Auf der Tribüne befand sich das Rednerpult, im Parterre saßen die Abgeordneten der einzelnen Fraktionen, auf den Rängen fanden die Pressevertreter und die Zuschauer Platz. Der Nationalversammlung gehörten 421 Mitglieder an, darunter befanden sich erstmals auch 37 weibliche Abgeordnete. Die SPD-Abgeordnete Marie Juchacz, die spätere Gründerin der Arbeiterwohlfahrt, sprach am 19. Februar 1919 als erste Frau in der deutschen Geschichte gleichberechtigt vor einem deutschen Parlament. Die Sozialreformerin und Frauenrechtlerin begrüßte damals die Anwesenden mit der Anrede: »Meine Herren und Damen!«

Die SPD hielt ihre Sitzungen aufgrund der großen Anzahl an Abgeordneten ebenfalls im Deutschen Nationaltheater ab, nachdem sich das Weimarer Volkshaus als zu klein erwiesen hatte. Die Reichsregierung war im ehemaligen Residenzschloss untergebracht, das noch der Großherzoglichen Schlossverwaltung Weimar unterstellt war. Bis zur Wahl Friedrich Eberts zum Reichspräsidenten am 11. Februar bzw. zum Antritt des Kabinetts Scheidemann am 13. Februar besaß noch der Rat der Volksbeauftragten die höchste Regierungsgewalt im Deutschen Reich. Dieser setzte sich nach dem Austritt der USPD-Vertreter aus fünf MSPD-Vertretern zusammen: Otto Landsberg (später Justizminister), Philipp Scheidemann (später Reichsministerpräsident), Gustav Noske (Volksbeauftragter für Heer und Marine, später Reichswehrminister), Friedrich Ebert (ab 11. Februar 1919 Reichspräsident) und Rudolf Wissell (später erster Wirtschaftsminister der Republik). AR

Kat. 443 Nationalversammlung in Weimar · Robert Sennecke · 1919
Klassik Stiftung Weimar

Kat. 445 ☐ S. 288

EIN HISTORIENMALER PORTRÄTIERT DIE NATIONALVERSAMMLUNG

Die zum Abdruck in einem Geschichtswerk vorgesehene Zeichnung der Eröffnungssitzung der Nationalversammlung am 6. Februar 1919 von Hans W. Schmidt zeigt Friedrich Ebert bei der Eröffnungsrede. Schmidt war Augenzeuge der Eröffnungsveranstaltung und wählte einen Bildausschnitt, der seine direkte Teilnahme am Geschehen unterstreicht. Ein ähnliches Bild (allerdings aus der gegenüberliegenden Blickrichtung) veröffentlichte er in der Leipziger *Illustrirten Zeitung* am 20. Februar 1919. Nach dem Weltkrieg bestand weiterhin allgemeines Interesse an illustrierten Geschichtsbüchern über die Ereignisse der letzten Jahre bis in die ›neue Zeit‹ nach dem Waffenstillstand. Es erschienen zahlreiche Erinnerungswerke wie auch das zwölfbändige Werk *Der Weltkrieg von 1914–1918*, für das Schmidt die Nationalversammlung zeichnete. In den Augen der Buchgestalter und Verleger wiesen Illustrationen durch die künstlerische Überhöhung immer noch Vorteile gegenüber der Fotografie auf. Die Anfertigung von Fotografien im dunklen Innenraum war außerdem technisch schwierig. Der Historienmaler konnte die abgebildeten Personen dagegen individuell mit hoher Porträtähnlichkeit oder auch idealisierten Zügen zeigen. AR

Kat. 445 Hans W. Schmidt · Die Eröffnungssitzung der Deutschen Nationalversammlung · um 1931 · Privatbesitz

Kat. 446 ☐ S. 289 · **447** ☐ S. 289
ZWEI SEITEN EINER MEDAILLE

Zahlreiche numismatische Zeugnisse würdigen die Geburt der ersten deutschen Demokratie in Weimar 1919 als große Chance. Der Medailleur Carl Ebbinghaus wählte dafür das Bild der drei Grazien, die mit ihren Attributen – einem Spiegel, einer Fackel und einer Waage – Wahrheit, Freiheit und Recht personifizieren. Die Zierlichkeit und leichte Bewegung der drei Damen wird durch das schwere Eisen der Medaille kontrastiert. Die Umschrift »IN FRIEDEN WIRKE NUN WIE ES DIE ZEIT BEGEHRT« ist ein Zitat aus *Faust II*: Der Kaiser wendet sich mit diesen Worten an einen der vier Fürsten, ernennt ihn zum Erbmarschall und überreicht ihm als erstem Verwalter seines Reiches das Schwert. Durch diese Kontextualisierung scheint Ebbinghaus' Blick auf die junge Republik wiederum von Ambivalenz gekennzeichnet.

Eindeutig in ihrer Kritik ist hingegen die Medaille von Karl Goetz, die er in Erinnerung an den 9. November 1918 schuf. Sie kündet satirisch von der politischen Zerrissenheit und dem schweren Neubeginn nach dem Ersten Weltkrieg. Auf der seltenen Bronzegussmedaille des Münchener Medailleurs werden die Abgeordneten der Nationalversammlung als »Weimarer Waschweiber« diffamiert. Zwei tratschende Frauen stehen mit ihrem Waschtrog vor dem Deutschen Nationaltheater in Weimar. Goetz legt ihnen einen beeindruckend alliterierenden Spruch in den Mund, dessen humoristischer Zug die schwere Anklage noch unterstreicht. Auf der Rückseite stülpt eine jugendliche Frau als Personifikation der Republik, bekleidet mit einer phrygischen Mütze und einen Lorbeerkranz haltend, einem Adler, dessen Kopf in Flammen steht, einen Trichter (Kerzenlöscher) über. Sie löscht somit sinnbildlich das Feuer des Hauses Hohenzollern, denn der preußische Wappenvogel trägt die Gesichtszüge von Kaiser Wilhelm II. Der Vogel hält in Anspielung auf den Adler des Zeus ein Blitzbündel in den Krallen, dessen Blitze in Richtung der Worte Freiheit, Gleichheit, Brüderlichkeit fahren. In seiner Schwinge hält er ein zerbrochenes Zepter. In seiner Detailfreude versammelt Goetz auf kleiner Fläche viele Anspielungen, die etwas mehr Interpretationsspielraum lassen als die »Waschweiber« der Weimarer Republik. AR/GP

Literatur: Steguweit 2000.

Kat. 446 Carl Ebbinghaus · Medaille zur Deutschen Nationalversammlung Weimar 1919 · 1919 · Klassik Stiftung Weimar

Kat. 447 Karl Goetz · Medaille zur Deutschen Nationalversammlung in Weimar 1919 · Klassik Stiftung Weimar

Kat. 448 ☐ S. 290 · 449 ☐ S. 290

SPOTT UND HOHN AUF DIE POLITIKER IN WEIMAR

Die Einberufung zur ersten konstituierenden Sitzung der Nationalversammlung in Weimar am 6. Februar 1919 wurde von der Öffentlichkeit gleichermaßen mit Hoffnung und Skepsis begleitet. Werner Hahmann, Mitarbeiter der traditionsreichen Satirezeitung *Kladderadatsch*, setzte den Zusammenbruch des Deutschen Reichs als Eisenbahnkatastrophe ins Bild und zeigte Germania und Michel in deren Trümmern als hilflose Opfer. Daneben aber steht das Bahnpersonal am Weimarer Stellwerkhäuschen und ist mit der heftigen Debatte über die Schuld an dem Unglück beschäftigt, statt mit anzupacken, wie das erklärende Gedicht beklagt. Hahmann artikulierte damit sehr früh ein Ressentiment, das die Mitglieder der Weimarer Nationalversammlung noch häufig hören sollten und das schließlich von den Nationalsozialisten in der Diffamierung des Parlaments als ›Quatschbude‹ gipfelte: Als seien Ärmelhochkrempeln und tüchtiges Zupacken die einzigen sinnvollen und notwendigen Maßnahmen nach dem Zusammenbruch, diffamiert die Karikatur Reflexion, Debatte und Auseinandersetzung als unproduktiv und negiert damit eines der Fundamente republikanischer Staatskultur.

In der Zeichnung Thomas Theodor Heines zu diesem Thema klingt hingegen Verwunderung und Skepsis angesichts der Auswahl des Tagungsortes an – immerhin standen auch Städte wie Bayreuth, Nürnberg und Jena zur Debatte. Der Ruf Weimars als Musenstadt scheint ihm die einzig mögliche

Kat. 448 Werner Hahmann · An die Redner von Weimar. In: Kladderadatsch 1919 · Klassik Stiftung Weimar

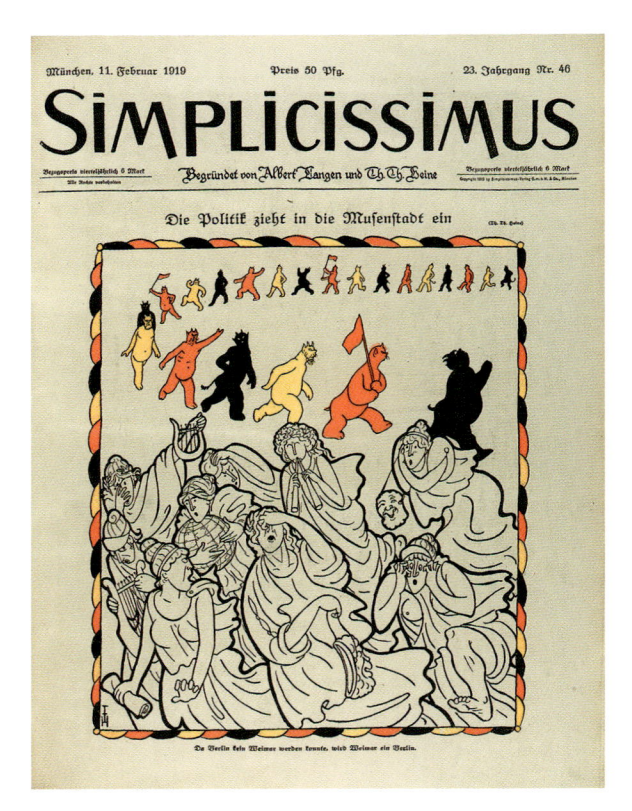

Kat. 449 Th. Th. Heine · Die Politik zieht in die Musenstadt ein. In: Simplicissimus · 1919 · Klassik Stiftung Weimar

Erklärung für diese Entscheidung zu sein. Hier könne die kulturferne Politik Berlins endlich eine Chance bekommen, mehr Kulturnähe zu entwickeln – doch entsetzt fliehen die Musen vor der teuflischen Politik. Pikanterweise hat er den aufmarschierenden Repräsentanten das Äußere jener eher tapsigen als schreckenerregenden Teufelsgestalten verliehen, die im Verlauf der Erscheinungsjahre des *Simplicissimus* zu einem der Markenzeichen Heines geworden waren. Neben dieser eher milde Zweifel signalisierenden Bildlichkeit könnte der Leser auch Zuversicht aus dem Bildarrangement herauslesen. Die Musen flüchten in Richtung des Betrachters, der Rahmen erscheint in den neuen Nationalfarben, die sich wiederum in den Politikerteufeln spiegeln, deren gemeinsame Marschrichtung das Verbindende der Aufgabe betont. HZ

Kat. 450 □ S. 291 · 451 □ S. 291 · 452
»MEHR LICHT!«

Am 6. Februar 1919 fand die Eröffnungssitzung der Verfassunggebenden Deutschen Nationalversammlung in Weimar statt, die am 31. Juli 1919 die neue Reichsverfassung verabschiedete. Zu den gebrauchsgrafischen Werken, die diese Ereignisse in der Klassikerstadt begleiteten, gehörten auch Plakate, Postkarten und Briefmarken. Anfang 1919 hatte das Reichsministerium in einem Preisausschreiben dazu aufgerufen, Vorschläge für einen Satz Sonderbriefmarken einzureichen. Am Ende lagen der 14-köpfigen Jury, der renommierte Mitglieder wie Max Friedländer, Walter Gropius und Max Pechstein angehörten, 4 682 Entwürfe vor. An dem Wettbewerb beteiligte sich auch der in Weimar geborene Künstler Marcus Behmer, der sich als Illustrator und Buchgestalter bereits vor Ausbruch des Ersten Weltkriegs einen Namen gemacht hatte. So hatte er unter anderem für den Insel Verlag Goethes *West-östlichen Divan* (1910) und die *Die schönsten Geschichten aus 1001 Nacht* (1914) gestaltet. Behmers Entwurf für die 15-Pfennig-Briefmarke rückt ein Altersbildnis Goethes in das Zentrum der Darstellung. Das von einem Kreis umrahmte Profil des Dichters ist von Lorbeerblättern und dem berühmten Zitat »Mehr Licht!« umgeben, der Weimarer Überlieferung nach Goethes letzte Worte. In Kombination mit der Inschrift »Deutsche Nationalversammlung« wird dieses Vermächtnis Goethes unmittelbar mit den Hoffnungen auf eine neue demokratische Republik verknüpft. Die Jury des Wettbewerbs entschied sich gleichwohl für Entwürfe von spezialisierten Markengestaltern, die allerdings in der Öffentlichkeit auf eine kritische Resonanz stießen.

Zwei weitere Weimarer Künstler, Max Thalmann und Max Nehrling, lieferten Vorlagen für Postkarten, die für die Tagung der Nationalversammlung in der Klassikerstadt warben. Thalmanns Entwurf zeigt in einer strahlenden Aureole eine riesige verkrüppelte Eiche, die wieder neue Triebe aufweist. Unter ihrem Schutz entfaltet sich das Panorama eines blühenden Deutschlands, mit Schiffen, Häfen, Industrieschloten, Dörfern und schließlich der tempelähnlichen, klassizistischen Front des zum Nationaltheater ausgerufenen ehemaligen Hoftheaters. Auch Max Nehrling wählte die Frontseite des Nationaltheaters als zentrales Motiv seiner Postkarte, umrahmt von antikischen Fackeln. GW

Kat. 450 Marcus Behmer · Mehr Licht. Deutsche Nationalversammlung 1919
1919 · Klassik Stiftung Weimar

Kat. 451 Max Thalmann · Deutsche Nationalversammlung Weimar 1919
17. 7. 1919 · Stiftung Deutsches Historisches Museum, Berlin

KULTUR IM AUFBRUCH?

Kat. 453
EINE AVANTGARDEZEITSCHRIFT DES NATIONALTHEATERS

Bereits am 19. Januar 1919, dem Tag der Wahlen zur Nationalversammlung, hatte der Generalintendant Ernst Hardt das vormals Großherzogliche Hoftheater zum Deutschen Nationaltheater ausgerufen. Dass die Stadt Weimar zum Tagungsort der Versammlung werden sollte, war zu der Zeit noch nicht bekannt. Vom 6. Februar bis zum 21. August 1919 fanden dann im neu benannten Theater 86 Sitzungen der verfassunggebenden Deutschen Nationalversammlung statt.

Der programmatischen Neuausrichtung des Nationaltheaters diente auch die 1919 neugegründete Zeitschrift *Weimarer Blätter*: »In Weimar steht das Deutsche Nationaltheater. Von seiner Arbeit sollen diese Blätter künden. Weiter umfassend von allem Geistigen, das neu in Weimar aufblühend aus dieser Zeit geboren wurde, in ihr entsteht« (Noether 1919, S. 5). Besprechungen von zeitgenössischen oder klassischen Theaterstücken, Äußerungen von Weimarer Kunstschaffenden, Bücherbesprechungen und Fragen zur Kunst sollten das Publikum in die Arbeit des Theaters umfassend einbeziehen. Auch zukünftige politische Ereignisse wurden in den Blättern verarbeitet, so schrieben Hardt und Eduard Scheidemantel über die beginnende Nationalversammlung. Einzelnen Heften waren Bilder, oft als Originalgrafiken, beigegeben. Max Thalmann hatte den Titel der *Weimarer Blätter* gestaltet. Gotische Spitzbögen in klaren, geometrisch-kristallinen Formen rahmen eine Flamme, die als Altarfeuer oder ›Flamme des Geistes‹ gedeutet werden kann. Auch das von Walter Gropius verfasste *Programm des Staatlichen Bauhauses in Weimar* trug auf dem Titel die Abbildung einer expressiven Kathedrale von Lyonel Feininger. AR

Kat. 454
DIEDERICHS *BLÄTTER ZUR NEUEN ZEIT*

Eugen Diederichs befasste sich schon ab der Mitte des Krieges vor allem mit der Frage, wie es nach einem Friedensschluss weitergehen sollte. Nach Kriegsende versuchte er deshalb sofort Einfluss auf die politische Neugestaltung Deutschlands zu nehmen. Zu diesem Zweck rief der Verleger neben der bestehenden *Tat* drei Schriftenreihen ins Leben. Die von 1917 bis 1920 herausgegebene Reihe *Deutsche Gemeinwirtschaft* orientierte sich an den wirtschaftlichen Vorstellungen Walther Rathenaus und warb für eine soziale und gegen den Kapitalismus gerichtete Wirtschaftsordnung.

Von 1918 bis 1921 erschienen die *Blätter zur Neuen Zeit*, die dem »deutschen Geist zum Durchbruch« (Diederichs 1918, zit. nach Heidler 1998, S. 416) verhelfen sollten. Beiträge von Künstlern und Intellektuellen wie Richard Dehmel und Hans Thoma sollten den Blättern ein zusätzliches Gewicht verleihen. Diederichs und seine Ehefrau Lulu von Strauß und Torney setzten sich stark für die Verbreitung der *Blätter* ein. Unter anderem richtete sich Diederichs mit der Bitte an offizielle Regierungsstellen, die Schriften zu drucken und zu verteilen. Doch die Bemühungen waren vergeblich und die *Blätter zur Neuen Zeit* erreichten keine breite Leserschaft.

Zuletzt suchte Diederichs mit einem *Beiheft zur Tat* die Aufmerksamkeit der Nationalversammlung in Weimar zu erregen. Doch trotz namhafter Autoren wie dem Sozialdemokraten Hugo Sinzheimer fanden die Vorschläge, vor allem zur Sozialisierung Deutschlands, kein Gehör. Nach einer Ausgabe stellte Diederichs das Erscheinen der *Beihefte zur Tat* bereits wieder ein. Dagegen belief sich die Anzahl der Abonnenten der *Tat* 1919/20 mit etwa 2 500 auf ihrem Höchststand seit der Übernahme durch Diederichs im Jahr 1912. MS

Literatur: Heidler 1998.

Kat. 455 □ S. 293
KIEPENHEUERS POLITISCHE WENDE

Im Jahr 1918 zog Gustav Kiepenheuer mit seinem Verlag von Weimar nach Potsdam. Hier richtete er sich inhaltlich stärker an neuen gesellschaftlichen und künstlerischen Entwicklungen aus. Als neuen Lektor stellte er 1919 den Literaturkritiker Ludwig Rubiner ein, der während des Krieges als politischer Exilant in der Schweiz die pazifistische Zeitschrift *Zeit-Echo* herausgegeben hatte. Noch im selben Jahr erschienen zwei von Rubiner zusammengestellte Anthologien: *Kameraden der Menschheit. Dichtungen zur Weltrevolution* und *Die Gemeinschaft. Dokumente der geistigen Weltwende*.

Im Unterschied zu der von Kurt Pinthus ebenfalls 1919 veröffentlichten Lyrik-Anthologie *Menschheitsdämmerung*, die heute zu den bedeutendsten Werken des literarischen Expressionismus zählt, umfasst Rubiners Auswahl vor allem Gedichte mit politischem Impetus. So versammelte er neben den ehemaligen *Zeit-Echo*-Mitarbeitern Albert Ehrenstein und Yvan Goll weitere Autoren, die wie er am Pazifismus und am Ziel der Weltrevolution festhielten. Hierzu gehörten unter anderen Carl Einstein, Johannes R. Becher, Walter Hasenclever, Arthur Holitscher, Karl Otten, Ernst Toller, Franz Werfel und Alfred Wolfenstein. Nachdrücklich hob Rubiner im Nachwort hervor: »Jedes Gedicht dieses Buches ist ein Bekenntnis seines Dichters zum Kampf gegen eine alte Welt, zum Marsch in das neue Menschenland der sozialen Revolution« (Rubiner 1919, S. 167). In Verbindung mit dem seit 1917 von Paul Westheim herausgegebenen *Kunstblatt* wandelte sich der Kiepenheuer Verlag durch die Aktivitäten Rubiners zu einem der führenden expressionistischen Verlage. GW

Literatur: Funke 1999, S. 53–71.

Kat. 455 Ludwig Rubiner · Kameraden der Menschheit · 1919
Klassik Stiftung Weimar

Kat. 456 Walther Klemm · Einladung zur 50. Tonkünstlerversammlung in Weimar
1920 · Klassik Stiftung Weimar, Dauerleihgabe

Kat. 456 ☐ S. 293 · 457

TRADITION UND AUFBRUCH

Der 50. Jahrestag der Gründung der Tonkünstlerversammlung des Allgemeinen Deutschen Musikverbandes sollte ursprünglich 1919 an seinem Gründungsort, nämlich in Weimar, gefeiert werden. Aufgrund der dort tagenden Nationalversammlung wurden die Jubiläumsfeierlichkeiten auf 1920 verschoben, wo sie vom 8. bis zum 12. Juni im Nationaltheater stattfanden. Die Einladungskarte gestaltete Walther Klemm. Als Motiv wählte er einen kristallinen Berg, der sich funkelnd aus stürmischen Wasserfluten erhebt. Über dem leuchtenden Kristall ist die Inschrift »Weimar 1920« zu lesen.

Das von Klemm gewählte Kristall-Motiv nimmt deutlich Bezug auf die von Walter Gropius im April 1919 in Weimar präsentierte Ausstellung für unbekannte Architekten, die vom revolutionären Arbeitsrat für Kunst in Berlin organisiert worden war. In Weimar warb sie als anschauliches Beispiel für die vielzitierte Zusammenführung aller Künste unter dem Dach der Architektur. Die ausgestellten expressiven Architekturphantasien hatten in ihrer Begeisterung für das Kristalline und für die zum Himmel strebende Glasarchitektur viele Berührungspunkte mit dem Gründungsmanifest des Bauhauses. Darin wurde das »kristalline Sinnbild eines neuen kommenden Glaubens« (Gropius 1919, o. S.) beschworen. Die Analogie von Kristall und Kathedralmotiv findet sich schon in der Frühromantik, die im Kristall ein naturhaftes Gesetz entdeckte, die ›innere Geometrie der Natur‹. Nach den Erschütterungen des ›Großen Krieges‹ fanden Künstler im Kristall erneut eine Metapher für die Einheit von Mensch, Natur und Kosmos. Sowohl Gropius' mittelalterliches Bauhüttenideal als auch Lyonel Feiningers kristallin-leuchtende Kirchen verweisen letztlich auf eine innere Traditionslinie. Sie reicht von Goethes hymnischem Lobgesang auf das Straßburger Münster als Inbegriff deutscher Baukunst (1773) über Karl Friedrich Schinkels *Entwurf für einen gotischen Nationaldom in Berlin zum Gedächtnis an die Befreiungskriege* (1814/15) bis zu Paul Scheerbarts *Glasarchitektur* (1914) und schließlich zu den Architektur-Utopien der Künstlergruppe Gläserne Kette um Bruno Taut und Hans Scharoun. GW

Literatur: Ausst. Kat. Bau einer neuen Welt, Köln 2003;
Ausst. Kat. Kristall, 1997; Prange 1991.

Kat. 459 Robert Michel · Blatt 2 der Folge MEZ (Mitteleuropäische Zeit) · 1919/20 · Sprengel Museum Hannover

Kat. 458 · 459 ☐ S. 294 · 460 · 461

WEIMAR IM ZENTRUM DER MITTELEUROPÄISCHEN ZEIT

Das künstlerische Schaffen Robert Michels ist von Anfang an von seiner Begeisterung für Technik im Allgemeinen und die Fliegerei im Besonderen geprägt. Starke Diagonalen und kreisende Formen bestimmen seine Bildkompositionen. Die Dynamik mag durch die Fliegerleidenschaft des Künstlers bestimmt sein, entspricht jedoch auch der Aufbruchstimmung jener Jahre. Michels Optimismus speiste sich nicht wie bei anderen jungen Künstlern aus religiösen oder pseudoreligiösen Heilserwartungen. Er setzte seine ganze Hoffnung auf die Verbindung von Technik und Demokratie als Säulen einer neuen Gesellschaft. Damit gingen seine Ideen selbst jenen des Bauhauses voraus, erkor es doch erst 1923 die neue Einheit von Kunst und Technik zum Leitspruch der Schule.

In Michels Bildern der Jahre 1918/19 ist sein persönlicher Neubeginn häufiges Thema. So markiert er beispielsweise mit den Arbeiten *Neunzehnhundert-achtzehner Blickpunkt* (1918) oder *Der Mein-Plan* (1918) jenen Moment in seiner künstlerischen Entwicklung, an dem er sich bewusst von seiner akademischen Künstlerausbildung abwandte und einen individuellen Stil entwickelte. Ganz ähnlich wie etwa Marcel Duchamp oder Francis Picabia schuf Michel Bilder von komplizierten mechanischen Gebilden. Dabei scheint der Künstler am dynamischen Verhältnis von Raum und Zeit besonders interessiert. Tachometer, Zahnräder, Zifferblätter sind die häufig auftauchenden Elemente seiner Collagen, Assemblagen und Zeichnungen.

Die vier Holzschnitte der Serie *MEZ (Mitteleuropäische Zeit)* von 1919/20 entsprechen ganz dieser Werkphase. Bei Blatt 1 und 2 entwickelt sich die Dynamik der Komposition aus einer Bildmitte heraus, die jeweils mit dem Zifferblatt einer Uhr besetzt ist. Blatt 3 erinnert mit ineinandergreifenden Zahnrädern an das Innere eines Uhrwerkes, während mit dem letzten Blatt der Serie durch starke Wechsel das an die Zentralperspektive gewöhnte Auge verwirrt und die Logik des Dargestellten infrage gestellt wird. Hier scheint etwas zu funktionieren, das sich nicht mit herkömmlichen Mitteln erklären lässt. Der Bildtitel mag nicht nur als Bestimmung einer realen Zeitzone gemeint sein, sondern bindet das Bildgeschehen an Ort und Zeit. Mitteleuropa nach dem Ersten Weltkrieg und dem Ende der Monarchie ist der energetisch aufgeladene Dynamo gewaltiger Umwälzungen. Michels Serie *MEZ* richtet sich nicht an einer Idee von deutscher Nationalkunst aus, sondern lenkt den Blick über Grenzen hinaus. UA

Kat. 462 ☐ S. 296

VERSUNKENE WELT

Robert Michels Gemälde *Fische* steht stellvertretend für die Werkphase von 1919 bis 1922, die selten eingehender betrachtet wird. Der Künstler verbindet in den Arbeiten dieser Zeit, in die auch sein Weggang aus Weimar fällt, dadaistische Spielfreude, mechanistische Formelemente und realistisch aufgefasste Tiere zu einem märchenhaften Kosmos. Vor allem Fische und Spinnen tauchen immer wieder in seinen Bildern auf.

Die Farbigkeit des Gemäldes *Fische* erinnert an eine türkisblaue Wasserwelt, in der sich Vertreter der einheimischen Süßwasserfauna neben Meeresbewohnern wie Seepferdchen und Medusen tummeln. Das Wassergetier schwimmt zwischen einer rätselhaften Mechanik aus Scheiben und Zahnrädern. Die Bewegung ist aber nur scheinbar frei, vielmehr richtet sie sich auf ein zentrales Bildelement aus: ein Zifferblatt. Raumbeherrschende Kreisformen sind mathematisch genau durch Linien segmentiert, die wie Lichtstrahlen aufleuchten und die gesamte Bildfläche als eine Art Koordinatensystem strukturieren. Zwei Fische, Zander und Barsch, schwimmen von links oben und rechts unten kommend auf einer Linie aufeinander zu und begegnen sich im Zentrum des Gemäldes. Eine Diagonale durchkreuzt den Weg der Fische genau im Bildmittelpunkt, der Nabe eines merkwürdigen Zifferblatts.

Michels scheinbar so spielerisches Bild ist Ausdruck einer neuen, individuellen Weltsicht. Der Künstler setzte sich kritisch mit dem Hergebrachten auseinander und erforschte die Potenziale des Bekannten durch die Neuordnung und -kombination seiner Elemente. Mit der Verbindung von Kunst, Technik und Naturwissenschaft entwickelte Michel in dieser Zeit seine Idee von der Versöhnung der Kunst mit dem Ingenieurswissen, was in einem eigenwilligen Personalstil eine Form findet. UA

Kat. 462 Robert Michel · Fische · um 1919 · Privatbesitz

Kat. 463 · 464 ☐ S. 297

MENSCHEN MIT KOPF SIND SELTEN

In den beiden Blättern von Ella Bergmann-Michel lassen sich bei aller stilistischen Unterschiedlichkeit doch auch Gemeinsamkeiten finden. In *Menschen und Pferde* streben Menschen, Pferde, Kirchtürme auf ein zentrales Gestirn in der oberen Bildmitte zu. Das Blatt entspricht formal in seiner expressiven, kristallinen Struktur auch anderen Arbeiten der Künstlerin, wie beispielsweise dem in der Ausstellung gezeigten Blatt *Aufruhr*. Thematisch steht es im Zusammenhang mit den Ideen der Künstlergruppe um Johannes Molzahn, die ihre Hoffnung auf einen Neuanfang nach dem Ersten Weltkrieg als kosmische Visionen versinnbildlichten.

Menschen mit Kopf sind selten nennt Bergmann-Michel eine Collage von 1918/19. Sie organisiert Versatzstücke der realen Welt, wie Textausschnitte und Teile von astronomischen Karten, zu einem mechanisch wirkenden Universum. Mehrfach taucht Saturn, in der Astrologie der Herrscher über die Zeit, in dieser Komposition auf. Im Mythos vom Goldenen Zeitalter war im Zeichen des Saturn die Welt in Harmonie, es herrschten ewiger Frühling, Überfluss und Friede. Vielleicht ist der Planet als ein Hoffnungszeichen zu lesen, er könnte aber auch als ironische Anspielung auf die Sternenwelten der Künstlerkollegen verstanden werden. »Weltuntergang/Tod«

Kat. 464 Ella Bergmann-Michel · Menschen mit Kopf sind selten · 1918/19 · Kunstverein Paderborn e.V.

Kat. 465 Max Thalmann · Der Sternenmensch · 1919 · Klassik Stiftung Weimar

sowie »kosmischer Anfang« werden von Bergmann-Michel in ihrer Collage in Dada-Manier mit Datum und Uhrzeit angekündigt. Der Bildtitel eröffnet im Zusammenhang mit der komplexen Komposition unterschiedliche Deutungsmöglichkeiten. So verweist er unter anderem auf die disparaten zeitgenössischen Kunsttheorien, die den Künstler zu einem Wesen mit höheren geistigen Einsichten stilisierten. Bergmann-Michel folgte diesen Auffassungen nicht. Sie sah die neue Aufgabe der Kunst in der Vermittlung zwischen Technik, Natur und Kunst. Der Künstler wurde im Sinne eines Naturforschers oder Ingenieurs zum Entdecker neuer universeller Gesetzmäßigkeiten, mit deren Hilfe die Welt besser und schöner werden konnte. Mit leicht ironischem Gestus verbaute Bergmann-Michel in einer Art Weltmaschine die ganze Gegenwart. Der »Arbeitsrat für Kunst« wird der Mechanik nach leichter sprachlicher Deformation eingefügt. Analog zu den Arbeiter- und Soldatenräten war der Arbeitsrat für Kunst unter Behnes und Walter Gropius' Federführung gegründet worden, um die Rolle der Kunst in der Demokratie festzuschreiben. Es bleibt offen, ob die Protagonisten der neuen Zeit, wie Paul Scheerbart und Johannes Schlaf, dessen Namen Bergmann-Michel zu »Ruhe sanft« verballhornt, die Mechanik der »Arbeitsräder für Kunst« antreiben oder bremsen. UA

Kat. 466 Karl Peter Röhl · Ohne Titel (Kosmische Komposition IX) · 1919 · Karl Peter Röhl Stiftung · Weimar

Kat. 465 ☐ S. 298
DER STERNENMENSCH

Max Thalmann zählte 1919 zu jenen Studierenden von Walther Klemm, die 1919 zunächst als Schüler am neugegründeten Staatlichen Bauhaus blieben. Thalmann, der seit 1915 an der Weimarer Kunsthochschule studierte, konnte als Meisterschüler ein Schulatelier nutzen und hatte überdies im Wintersemester 1918/19 eine Schulgeldfreistelle erhalten. Mit 29 Jahren war er einer der älteren Studierenden. Zu Thalmanns Freundeskreis zählte seit 1917 auch Karl Peter Röhl. Um Röhl und Molzahn hatte sich eine Gruppe expressionistischer Künstler geschart, die das Bauhaus und seine Ideen begrüßten. Darunter waren Robert Michel, Ella Bergmann-Michel und Johannes Karl Herrmann. Ihre Aktivitäten, Ausstellungen und Lesungen fanden im Graphischen Kabinett der Wollbrück'schen Buchhandlung in Weimar ein Zentrum. Durch seine Freundschaft mit dem Inhaber Bruno Wollbrück und Röhl stand Thalmann mit diesem Kreis in Verbindung, ohne jedoch durch seine Arbeiten tatsächlich als Expressionist aufzufallen. Zweifelsohne ist die eher untypische Arbeit *Sternenmensch* in diesem Zusammenhang entstanden. Der Mensch als Teil und Zentrum des Kosmos tauchte in den Arbeiten dieser Gruppe und vor allem bei Röhl immer wieder

D WEIMAR ALS SYMBOLORT FÜR EINEN POLITISCHEN NEUANFANG

Kat. 467 Johannes Molzahn · Steigen (Steigende Bewegung) · 1922/23 · Lehmbruck Museum, Duisburg

als Thema und Motiv auf. Das Motiv zeigt sich auch im ersten Signet des Bauhauses, dem sogenannten *Sternenmännchen*. Thalmanns Holzschnitt ist eine für den Künstler ungewohnt frei und dynamisch aufgefasste Komposition und dokumentiert seine innere Teilnahme am Aufbruch von 1919. Lediglich zwei Exlibris – für die Ehefrau und für die Schwester von Wollbrück – aus dem gleichen Jahr stehen dem *Sternenmenschen* motivisch und stilistisch nah. Mit seinem Austritt aus dem Bauhaus im Oktober 1919 und dem darauf folgenden endgültigen Schritt in die berufliche Selbstständigkeit als Buchgestalter und Grafiker endet dieser kurze, expressive Ausflug in kosmische Phantasiewelten. UA

Kat. 466 ☐ S. 299
KOSMISCHE VISION

In neuer, expressionistischer Formensprache erscheinen Karl Peter Röhls Holzschnitte des Jahres 1919. Sie sind Teil einer großen Werkgruppe von Druckgrafiken, Handzeichnungen und Gemälden aus den Jahren 1919 bis 1921, die von Röhls Kriegstrauma geprägt ist und zugleich einen künstlerischen Aufbruch hin zur gegenstandslos-abstrakten Kunst vollzieht. Erstmals werden diese Werke in den Kontext des Krieges gestellt und ermöglichen so eine neue Interpretation. Stellt die *Kosmische Komposition IX* weitgehend abstrakte Linien und Flächen mit einem Stern am unteren Bildrand dar oder gleichermaßen eine explodierende Granate und das Schlachtfeld mit Drahtverhauen und berstenden Balkenlagen der Schützengräben? In der *Kosmischen Komposition I* scheinen menschliche Körper nach Explosionen durch die Luft zu wirbeln, während in *Kosmische Vision III* eine kleine Figur aus dem Chaos flieht. Röhl setzte sich mit den aktuellen kunsttheoretischen und künstlerischen Strömungen wie dem Vitalismus Henri Bergsons, dem italienischen Futurismus sowie dem Werk Wassily Kandinskys auseinander und fand zu eigenständigen Bildlösungen. MSi

Literatur: Ausst. Kat. Röhl, 1997; Hofstaetter/Siebenbrodt 2007.

Kat. 467 ☐ S. 300
STEIGENDE BEWEGUNG

Ende 1918 kehrte Johannes Molzahn aus dem Kriegsdienst zurück nach Weimar, wo er bis Anfang 1921 zwei künstlerisch produktive Jahre verbrachte. Sein Atelier in der Amalienstraße 31 bildete das intellektuelle Zentrum der ›Trabanten um Molzahn‹, in dem unter anderem Lesungen von Kurt Schwitters und dem Berliner ›Oberdadaisten‹ Johannes Baader stattfanden. Auf dem vermutlich 1920 entstandenen Bild dominiert eine aus Kreissegmenten gebildete, plastisch hervortretende Volute. Von Robert Delaunay angeregt scheinen die abstrakt-räumlichen Werte des farblich changierenden Hintergrunds, der durch hohe Weißanteile und durch das Vor- und Zurückweichen in warmen und kalten Farben erzeugt wird. Die Komposition wirkt nach Molzahns expressionistischer und futuristischer Phase beruhigter, zugleich belegen diverse formale Mittel wie Ritzungen eine technische Experimentierfreude. Neben Pfeilsymbolen, den Kompassen und den Ziffern sind vor allem die an Schwitters erinnernden Collageanteile auffallend: Unten bildet der mit »Hauptverkehr von Europa« beschriftete Ausschnitt die erste Stufe der im Bildtitel angedeuteten Steigung. Sie setzt sich fort mit einem darübergeklebten Kartenfragment zu russischen Verkehrswegen. Weiter oben rechts sind Teile eines astrologischen Kalenders vom März 1920 montiert, während sich in der rechten oberen Ecke erneut ein Fragment der Verkehrskarte findet. In der Verwendung von Landkarten und astrologischen Kalendern hat man Chiffren für Molzahns kosmologisches Verständnis von Abstraktion gesehen, das hier mit der Konzentration auf Russland als vieldeutige Anspielung auf die Oktoberrevolution und die künstlerischen Neuerungen wie den Suprematismus interpretiert werden kann. JRö

Literatur: Ausst. Kat. Mohlzahn, 1988; Gries 1996.

Anhang

KATALOG

LITERATURVERZEICHNIS

PERSONENREGISTER

BILD- UND COPYRIGHTNACHWEIS

IMPRESSUM

Katalog

DIE MOBILMACHUNG IM GROSSHERZOGTUM SACHSEN-WEIMAR-EISENACH

1 ☐ S. 48

FAHNE DES INFANTERIE-REGIMENTS GROSSHERZOG VON SACHSEN (5. THÜRINGISCHES) NR. 94, II. BATAILLON

um 1900 · Als Digitalisat in der Medieninstallation · Original: Höhe 128 cm (Liekseite) / Höhe 122 cm (Flugseite) / Breite 125 cm (Fahnenblatt) / Länge 312 cm (Fahnenstange mit Spitze)
Stiftung Deutsches Historisches Museum, Berlin · Fa 66/101

2 ☐ S. 50/51

FELDGOTTESDIENST FÜR DAS 1. BATAILLON DES INFANTERIE-REGIMENTS NR. 94 IM SCHLOSSHOF IN WEIMAR

7.8.1914 · Fotoatelier Louis Held
Fotografie (als Digitalisat in der Medieninstallation)
Foto Atelier Louis Held / Stefan Renno, Weimar

3 ☐ S. 42/43

ABSCHIEDSFEIER AUF DEM MARKTPLATZ

7.8.1914 · Fotoatelier Louis Held
Fotografie (als Digitalisat in der Medieninstallation)
Foto Atelier Louis Held / Stefan Renno, Weimar

4 ☐ S. 49

Vorstand des Sozialdemokratischen Vereins

NIEDER MIT DEM KRIEG! AUFRUF ZU EINER ÖFFENTLICHEN POLITISCHEN VERSAMMLUNG

(nicht ausgestellt)
3.8.1914 · Druck · 28,5 × 22 cm
Stadtmuseum, Weimar · 8 pa A 12255

EIN DEUTSCHES BEISPIEL: DIE RESIDENZSTADT WEIMAR IM WILHELMINISCHEN KAISERREICH

5 ☐ S. 62

Unbekannt

WARTBURG, MIT WIDMUNG VON GROSSHERZOG CARL ALEXANDER VON SACHSEN-WEIMAR-EISENACH

1867 · Bronze, Holz · Höhe 24 cm; Sockel 27 × 35 × 3 cm
Klassik Stiftung Weimar, Museen · Kg-2006/110

6 ☐ S. 62

ELISABETHKEMENATE DER WARTBURG IN EISENACH

nach 1905 · Unbekannt
Fotografie · 12 × 17 cm
Wartburg-Stiftung Eisenach · C352

7

Ernst Scheibe (1852–1924)

MERKTAFEL DER SPEYSSEORDNUNG

(Speisekarte anlässlich des Besuchs Wilhelm II. auf der Wartburg)
25.4.1903 · Lithografie · 29 × 16,5 cm
Klassik Stiftung Weimar, Herzogin Anna Amalia Bibliothek · k: 219340-A

8 ☐ S. 63

Ernst Scheibe (1852–1924)

DAS KAYSER-MAHL, WELCHES IST GEHALTEN AM 18TEN TAGE DES ABRILLEN-MONDS MCMVI, DA UNSER GNED: HERRE IN FREMBDEN LANDEN WEYLETE

(Speisekarte anlässlich des Besuchs Wilhelm II. auf der Wartburg)
1906 · Lithografie · 31 × 19 cm
Klassik Stiftung Weimar, Herzogin Anna Amalia Bibliothek · 219311-A

9 ☐ S. 64

Max Baumgärtel (Hrsg.) (1852–1925)

DIE WARTBURG. EIN DENKMAL DEUTSCHER GESCHICHTE UND KUNST

Historischer Verlag Baumgärtel, Berlin · 1907
Wartburg-Stiftung Eisenach

10 ☐ S. 64

Louis Karl Krug (1851–1916)

ADLERPULT

1906–1908 · Holz · 128 × 92 × 65 cm
Wartburg-Stiftung Eisenach · KMO 122

11
Karl Donndorf (1870–1941)

BILDNISBÜSTE GROSSHERZOG WILHELM ERNST VON SACHSEN-WEIMAR-EISENACH

1902 · Gips · 72,5 × 52 × 31 cm
Klassik Stiftung Weimar, Museen · KPl/00810

12 ☐ S. 65
Gottlieb Elster (1867–1917)

BILDNISBÜSTE GROSSHERZOG WILHELM ERNST VON SACHSEN-WEIMAR-EISENACH

1911 · Marmor · 57 × 30 × 23,5 cm
Klassik Stiftung Weimar, Museen · G 1921

13 ☐ S. 65
Gottlieb Elster (1867–1917)

BILDNISBÜSTE GROSSHERZOGIN FEODORA VON SACHSEN-WEIMAR-EISENACH

1911 · Marmor · 57 × 34 × 24 cm
Klassik Stiftung Weimar, Museen · G 1922

14 ☐ S. 66
Friedrich Schiller (1759–1805)

SCHILLERS ÜBERSETZUNGEN BD. 1

(= Grossherzog Wilhelm Ernst Ausgabe)
Insel-Verlag, Leipzig · 1906
Klassik Stiftung Weimar, Herzogin Anna Amalia Bibliothek · N 52443 (6)

15
Johann Wolfgang von Goethe (1749–1832)

GOETHES AUTOBIOGRAPHISCHE SCHRIFTEN BD. 3

(= Grossherzog Wilhelm Ernst Ausgabe)
Insel-Verlag, Leipzig · 1910
Klassik Stiftung Weimar, Herzogin Anna Amalia Bibliothek · G 59 (o)

16 ☐ S. 66
Otto Hermann Paul Oettel (1878–1961)

BILDNISBÜSTE KARL ROTHE

undat. · Gips · 49 × 22 × 25 cm
Klassik Stiftung Weimar, Museen · KPl/00983

17 ☐ S. 67

MITARBEITER DES GOETHE- UND SCHILLER-ARCHIVS

um 1913 · Fotoatelier Louis Held
Fotografie · 16,4 × 22,2 cm
Klassik Stiftung Weimar, Goethe- und Schiller-Archiv · GSA 150/1114 (ÜF 420)

18 ☐ S. 68
Johannes Gerold (1879–1945)

BILDNISBÜSTE MAX HECKER

1926 · Gips · 42 × 20 × 23,5 cm
Klassik Stiftung Weimar, Museen · KPl/01008

19
Wolfgang von Oettingen (1859–1943)

DIE VÖLLIGE ERSCHLIESSUNG VON GOETHES NACHLASS

Hof-Buchdruckerei, Weimar · 1913
Klassik Stiftung Weimar, Herzogin Anna Amalia Bibliothek · Goe Qu 12

20 ☐ S. 68

PORTRÄT WOLFGANG VON OETTINGEN IM GOETHE-NATIONAL-MUSEUM

um 1911 · Fotoatelier Louis Held
Fotografie · 24 × 18,2 cm
Foto Atelier Louis Held / Stefan Renno, Weimar

21 ☐ S. 69
Gustav Heinrich Eberlein (1847–1926)

JOHANN WOLFGANG VON GOETHE BEI BETRACHTUNG DES SCHÄDELS VON FRIEDRICH VON SCHILLER

vor 1898 · Gips · 102 × 65 × 62 cm
Klassik Stiftung Weimar, Museen · KPl/00056

22 ☐ S. 69
Ernst Julius Hähnel (1811–1891)
nach Johann Heinrich Dannecker (1758–1841)

BILDNISBÜSTE FRIEDRICH SCHILLER

1860 · Marmor · 86 × 40 × 29 cm
Klassik Stiftung Weimar, Museen · KPl/00908

23 ☐ S. 70
Unbekannt

BILDNISBÜSTE EDUARD SCHEIDEMANTEL

um 1920 · Gips · 56 × 44 × 29 cm
Klassik Stiftung Weimar, Museen · G 1860

24 ☐ S. 71

PORTRÄT PAUL VON BOJANOWSKI

um 1914 · Fotoatelier Louis Held
Fotografie · 11,2 × 8,5 cm
Foto Atelier Louis Held / Stefan Renno, Weimar

25 ☐ S. 71

PORTRÄT WERNER DEETJEN

undat. · Fotoatelier Louis Held
Fotografie · 10,1 × 6,9 cm
Foto Atelier Louis Held / Stefan Renno, Weimar

26 ☐ S. 72
Fritz Schaper (1841–1919)

BILDNISBÜSTE ERICH SCHMIDT

1911 · Gips · 60 × 28 × 23 cm
Klassik Stiftung Weimar, Museen · KPl/01067

27

PORTRÄTS VON MITARBEITERN DES GOETHE- UND SCHILLER-ARCHIVS

1912 · Unbekannt · Fotomontage · 15,6 × 12,7 cm
Klassik Stiftung Weimar, Goethe- und Schiller-Archiv · GSA 150/1114 (ÜF 408)

28 ☐ S. 73
Erich Schmidt (Hrsg.) (1853–1913)

DER VOLKS-GOETHE (WERBEHEFT)

Insel-Verlag, Leipzig · Februar 1914
Klassik Stiftung Weimar, Herzogin Anna Amalia Bibliothek · H 3091

29
Ludwig Geiger (Hrsg.) (1848–1919)

GOETHE-JAHRBUCH. BD. 34

Rütten & Loening Verlag, Frankfurt · 1913
Klassik Stiftung Weimar, Herzogin Anna Amalia Bibliothek · ZA 1733

30 ☐ S. 74

EINWEIHUNGSFEIER DES SHAKESPEARE-DENKMALS

23.4.1904 · Fotoatelier Louis Held
Fotografie · 16 × 26 cm
Foto Atelier Louis Held / Stefan Renno, Weimar

31

KRANZNIEDERLEGUNG AM SHAKESPEARE-DENKMAL

23.4.1904 · Fotoatelier Louis Held
Fotografie · 16 × 26 cm
Klassik Stiftung Weimar, Museen · KPh/7154

32 ☐ S. 75
Hermann Noack (1867–1941)
nach Otto Lessing (1846–1912)

STATUETTE WILLIAM SHAKESPEARE

um 1904 · Bronze · 45 × 22 × 27,5 cm
Klassik Stiftung Weimar, Museen · Pl-2014/21

33 ☐ S. 74

DEUTSCHE SHAKESPEARE-GESELLSCHAFT IN WEIMAR

1914 · Fotoatelier Louis Held
Fotografie · 45 × 40,1 cm
Klassik Stiftung Weimar, Museen · KPh/7223

34 ☐ S. 76

Hans W. Schmidt (1859–1950)

DEUTSCHER SCHILLERBUND

1909 · Postkarte · 14 × 9 cm
Privatbesitz, Weimar

35

DEUTSCHER SCHILLERBUND. ZUR GRÜNDUNG UND ERHALTUNG JÄHRLICHER NATIONALFESTSPIELE FÜR DIE DEUTSCHE JUGEND AM WEIMARISCHEN HOFTHEATER

1907 · Druck · 15,5 × 11,3 cm
Thüringisches Hauptstaatsarchiv Weimar · ThHStAW, Deutscher Schillerbund Nr. 11 Bl. 15-28

36 ☐ S. 76

ANSTECKNADEL DES DEUTSCHEN SCHILLERBUNDES

1913 · Kupfer, Textil · 8,5 × 4 cm
Klassik Stiftung Weimar, Museen · KMM

37

NATIONALFESTSPIELE FÜR DIE DEUTSCHE JUGEND DES DEUTSCHEN SCHILLERBUNDES ZU WEIMAR

22.–27.7.1913 · Druck · 17,4 × 11 cm
Thüringisches Hauptstaatsarchiv Weimar · ThHStAW, Deutscher Schillerbund Nr. 8 Bl. 12-15

38 ☐ S. 77

MITGLIEDSKARTE DEUTSCHER SCHILLERBUND FÜR ADOLF BARTELS

undat. · Druck, Handschrift · 9,3 × 12,4 cm
Klassik Stiftung Weimar, Goethe- und Schiller-Archiv · GSA 147/71

39 ☐ S. 78

Unbekannt

MEDAILLE ZUM 100. TODESTAG VON FRIEDRICH SCHILLER

1905 · Bronze · Ø 6 cm
Klassik Stiftung Weimar, Museen · KMM

40 ☐ S. 79

Olaf Gulbransson (1873–1958)

SCHILLERMONUMENTE

In: Beiblatt Simplicissimus Jg. 10. Nr. 6. 1905, S. 70
Staatsbibliothek zu Berlin -Preußischer Kulturbesitz, Abteilung Historische Drucke, 2″ Yy 156/90 <a> (R)

41

Erich Wilke (1879–1936)

WIR WOLLEN SEIN EIN EINIG VOLK VON BRÜDERN!

In: Jugend. Münchner illustrierte Wochenschrift für Kunst und Leben. Jg. 10. Nr. 19. 1905, o. S.
Klassik Stiftung Weimar, Herzogin Anna Amalia Bibliothek · V 2289

42

GROSSHERZOG WILHELM ERNST UND GROSSHERZOGIN CAROLINE VOR DEM GOETHE-HAUS

2.6.1903 · Fotoatelier Louis Held
Fotografie · 16 × 26 cm
Foto Atelier Louis Held / Stefan Renno, Weimar

43 ☐ S. 80

GOETHE-FEST ZU TIEFURT JUNI 1910

18.6.1910 · Fotoatelier Louis Held
Fotopostkarte · 16 × 26 cm
Stadtmuseum, Weimar

44

EINZUG DER HOFDAMEN BEIM GOETHE-FEST ZU TIEFURT

18.6.1910 · Fotoatelier Louis Held
Fotografie · 16 × 26 cm
Foto Atelier Louis Held / Stefan Renno, Weimar

45 ☐ S. 81

EINWEIHUNGSFEIER DES DENKMALS FÜR FRANZ LISZT

31.5.1902 · Fotoatelier Louis Held
Fotografie · 16 × 26 cm
Foto Atelier Louis Held / Stefan Renno, Weimar

46 ☐ S. 82

EINWEIHUNGSFEIER DES LANDESDENKMALS FÜR GROSSHERZOG CARL ALEXANDER VON SACHSEN-WEIMAR-EISENACH

24.6.1907 · Fotoatelier Louis Held
Fotografie · 16 × 26 cm
Foto Atelier Louis Held / Stefan Renno, Weimar · 8 a BF-H 17 683

47 ☐ S. 82

EINWEIHUNGSFEIER DES KRIEGERDENKMALS AUF DEM WATZDORFPLATZ

12.5.1878 · Fotoatelier Karl Schwier
Fotografie · 16 × 26 cm
Klassik Stiftung Weimar, Museen · KPh/6421

48 ☐ S. 83

ADOLF BRÜTTS ROLAND VOR DEM GROSSHERZOGLICHEN MUSEUM

1910 · Unbekannt
Fotopostkarte · 16 × 26 cm
Stadtmuseum, Weimar

49

Richard Engelmann (1868–1966)

ENTWURF ZUM WILDENBRUCH-DENKMAL

1913 · Gips · 58 × 14,5 × 12,5 cm
Bauhaus-Universität Weimar, Archiv der Moderne · 488,78

50 ☐ S. 84

EINWEIHUNGSFEIER DES WILDENBRUCH-DENKMALS

5.4.1915 · Fotoatelier Louis Held
Fotografie · 16 × 26 cm
Foto Atelier Louis Held / Stefan Renno, Weimar

51

Fotoatelier Louis Held

FOTOALBUM

1880–1927 · Leder, Karton, Fotografie · 31 × 42,5 cm
Foto Atelier Louis Held / Stefan Renno, Weimar

52 ☐ S. 86

LOUIS HELDS REFORM LICHT-SPIELE. PROGRAMM VOM 27. SEPTEMBER BIS 3. OKTOBER 1913

Druck (Faksimile) · 63,5 × 43,5 cm
Foto Atelier Louis Held / Stefan Renno, Weimar

53

LOUIS HELDS REFORM-LICHTSPIELE. PROGRAMM VOM 27. MÄRZ BIS 2. APRIL 1914 ZUM BESTEN DES BISMARCK-NATIONALDENKMALS IN BINGEN

Druck (Faksimile) · 63,5 × 43,5 cm
Foto Atelier Louis Held / Stefan Renno, Weimar

54

LOUIS HELDS REFORM LICHT-SPIELE. SPIELPLAN VOM 7. BIS 10. FEBR. 1914

Druck (Faksimile) · 63,5 × 43,5 cm
Foto Atelier Louis Held / Stefan Renno, Weimar

55
LOUIS HELDS REFORM LICHT-SPIELE. PROGRAMM VOM 31. DEZEMBER 1913 BIS 2. JANUAR 1914

31.12.1913–2.1.1914 · Druck (Faksimile) · 63,5 × 43,5 cm
Foto Atelier Louis Held / Stefan Renno, Weimar

56
KINOSTÜHLE AUS LOUIS HELDS REFORM-LICHTSPIELEN

um 1912 · Holz, Kunstleder · 87 × 150 × 21 cm
Foto Atelier Louis Held / Stefan Renno, Weimar

57
WEIMARER KONGRESS DER ALLGEMEINEN RADFAHRER-UNION

1905 · Fotoatelier Louis Held
Fotografie · 13 × 18 cm
Foto Atelier Louis Held / Stefan Renno, Weimar

58 ☐ S. 87
TENNISSPIELER AN DER FALKENBURG

undat. · Fotoatelier Louis Held
Fotografie · 17,7 × 24 cm
Foto Atelier Louis Held / Stefan Renno, Weimar

59 ☐ S. 87
AUTOS VOR SCHLOSS BELVEDERE

undat. · Fotoatelier Louis Held
Fotografie · 13 × 18 cm
Foto Atelier Louis Held / Stefan Renno, Weimar

60 ☐ S. 88
ERÖFFNUNG DES FLUGPLATZES WEIMAR

5.3.1911 · Fotoatelier Louis Held
Fotografie · 14,5 × 22,8 cm
Foto Atelier Louis Held / Stefan Renno, Weimar

61
MONTAGE EINES FLUGZEUGES

5.3.1911 · Fotoatelier Louis Held
Fotografie · 17 × 22,7 cm
Foto Atelier Louis Held / Stefan Renno, Weimar

62 ☐ S. 89
Gottlieb Elster (1867–1917)
S.K.H. GROSSHERZOG WILHELM ERNST VON SACHSEN-WEIMAR-EISENACH, PROTEKTOR DES FLUGPLATZES WEIMAR

1915 · Messingguss · 26 × 21 cm
Privatbesitz

63 ☐ S. 89
W. BACH'S LUFTBAD U. ABSTINENZ-RESTAURANT

nach 1903 · Unbekannt · Fotopostkarte · 14 × 9 cm
Privatbesitz

64
VORSTANDSWAHL DES BUNDES HEIMATSCHUTZ

19.5.1906 · Handschrift · 20,2 × 32,7 cm
Stadtarchiv Weimar, NA II-2-314, Bd. 1 (Bl. 17)

65 ☐ S. 90
MITGLIEDSKARTE ORTSGRUPPE WEIMAR DES BUNDES HEIMATSCHUTZ FÜR ADOLF BARTELS

1912 · Druck, Handschrift · 8,4 × 12 cm
Klassik Stiftung Weimar, Goethe- und Schiller-Archiv · GSA 147/71

66
Paul Schultze-Naumburg (1869–1949)
BRIEF AN ERNST VON WILDENBRUCH ÜBER DEN ABRISS VON GOETHES GARTENMAUER

8.11.1903 · Handschrift · 20,1 × 16,4 cm
Klassik Stiftung Weimar, Goethe- und Schiller-Archiv · GSA 94/255,4

67
Paul Schultze-Naumburg (1869–1949)
DIE ENTSTELLUNG UNSRES LANDES

Kastner-Callwey Verlag, München · 1908
Klassik Stiftung Weimar, Herzogin Anna Amalia Bibliothek · 11510-A

68 ☐ S. 90
Unbekannt
GOETHES GARTENMAUER

In: Ulk. Wochenbeilage zum Berliner Tageblatt. Jg. 32. Nr. 49. 4.12.1903, Titelblatt
Thüringisches Hauptstaatsarchiv Weimar · ThHStAW, Staatsministerium, Departement des Kultus, Nr. 346, Bl. 96

69
Wilhelm Bode (1862–1922)
DIE ERHALTUNG VON ALT-WEIMAR

In: Der Kunstwart. Rundschau über alle Gebiete des Schönen. Monatshefte für Kunst, Literatur und Leben. 19. Jg. Nr. 16. Zweites Maiheft 1906, S. 172–178
Stadtarchiv Weimar, NA II-2-314, Bd. 3

70 ☐ S. 91
PORTRÄT SELMA VON LENGEFELD

nach 1900 · Atelier J. B. Schäfer
Fotografie · 8,5 × 14 cm
Thüringisches Staatsarchiv Rudolstadt · NL Selma von Lengefeld, Nr. 11, Mappe 2, Foto 5

71
PORTRÄT SELMA VON LENGEFELD

1895 · Unbekannt
Fotografie · 16,5 × 10,5 cm
Thüringisches Staatsarchiv Rudolstadt · NL Selma von Lengefeld, Nr. 11, Mappe 1, Foto 10

72 ☐ S. 91
LADY LITERATE IN ARTS-SCHÄRPE FÜR SELMA VON LENGEFELD

1895 · Textil, Metall · 12,5 × 47 cm
Thüringisches Staatsarchiv Rudolstadt · NL Selma von Lengefeld, Nr. 13

73
Selma von Lengefeld (1863–1934)
KURSE AUS DEM GEBIET DER FRAUENBILDUNG. DIE BETEILIGUNG DEUTSCHER FRAUEN AN DEM POLITISCHEN, SOZIALEN, RELIGIÖSEN UND GEISTIGEN LEBEN IHRER ZEIT

vor 1914 · Druck · 26 × 18,5 cm
Thüringisches Staatsarchiv Rudolstadt · NL Selma von Lengefeld, Nr. 17, 1a

74
Gertrud Bäumer (1873–1954)
DIE FRAU IN DER KULTURBEWEGUNG DER GEGENWART

J. F. Bergmann Verlag, Wiesbaden · 1904
Klassik Stiftung Weimar, Herzogin Anna Amalia Bibliothek · Hh, 3: 83 e

75 ☐ S. 92
Lida Gustava Heymann (1868–1943)
GLEICHES RECHT, FRAUENSTIMMRECHT

Kastner-Callwey Verlag, München · 1907
Klassik Stiftung Weimar, Herzogin Anna Amalia Bibliothek · Hh 3: 75 [4]

76
Helene Lange (1848–1930)
INTELLEKTUELLE GRENZLINIEN ZWISCHEN MANN UND FRAU. FRAUENWAHLRECHT

Moeser Hofbuchdruckerei, Berlin · 1899
Klassik Stiftung Weimar, Herzogin Anna Amalia Bibliothek · Hh 3 : 80 [c] [1]

77 ☐ S. 93

GROSSER SAAL IM WEIMARER VOLKSHAUS

1911 · Unbekannt
Fotopostkarte · 9,2 × 14,4 cm
Stadtmuseum, Weimar · 8 pa BF 8552

78 ☐ S. 92

Max Neid

PORTRÄT AUGUST BAUDERT

1902 · Bleistift, Aquarell auf Papier · 18 × 13 cm
Stadtmuseum, Weimar · 8 p V 15695

79

MEDAILLE ZUR ERÖFFNUNG DES WEIMARER VOLKSHAUSES

26.4.1908 · Messing, geprägt · Ø 2,7 cm
Stadtmuseum, Weimar · 8 pa C 5493

80

Vorstand der Volkshausgesellschaft

VOLKS-KONZERT ZUR ERÖFFNUNG DES VOLKSHAUSES WEIMAR

26.4.1908 · Druck (Faksimile) · 27,3 × 18,8 cm
Stadtmuseum, Weimar · 8 pa 8561

81

Arbeiter-Bildungsausschuß Weimar

SCHILLERFEIER IM VOLKSHAUS

10.11.1909 · Druck · 14 × 10 cm
Stadtmuseum, Weimar · 8 pa A 8558

DER ›GEIST VON WEIMAR‹ – AUSDRUCK ›DEUTSCHER GRÖSSE‹

82 ☐ S. 101

INSZENIERUNG IM DONNDORF-MUSEUM MIT GIPSMODELLEN VON DENKMÄLERN VON LUTHER, SCHILLER, BISMARCK

um 1907 · Fotoatelier Louis Held
Fotografie (als Blow-Up)
Foto Atelier Louis Held / Stefan Renno, Weimar

83

Paul Gnerich / Hugo Bach (Hrsg.)

LUTHER-GOETHE-BISMARCK. DAS GEMEINSAME IHRER LEBENS- UND WELTANSCHAUUNG IN AUSSPRÜCHEN AUS IHREN PROSASCHRIFTEN

Max Kielmann Verlag, Stuttgart · 1910
Klassik Stiftung Weimar, Herzogin Anna Amalia Bibliothek · 3768

84

Carl Lehmann (? – 1884)
nach Adolf von Donndorf (1835 – 1916) und
Ernst Rietschel (1804 – 1861)

STATUETTE MARTIN LUTHER

nach 1860 · Gips · 58 × 23,5 × 21,5 cm
Klassik Stiftung Weimar, Museen · G 1852

85

Adolf von Donndorf (1835 – 1916)

BILDNISBÜSTE OTTO FÜRST VON BISMARCK

1886 · Gips · 66,5 × 70 × 40 cm
Klassik Stiftung Weimar, Museen · KPl/00807

86 ☐ S. 102

Franz von Lenbach (1836 – 1904)

PORTRÄT OTTO FÜRST VON BISMARCK

um 1880/1890 · Öl auf Leinwand, auf Holz ·
120,5 × 87,5 cm
Klassik Stiftung Weimar, Museen · G 1647

87 ☐ S. 103

Adolf Brütt (1855 – 1940)

BILDNISBÜSTE KAISER WILHELM II.

1911 · Marmor · 84 × 52,5 × 34 cm
Kieler Stadt- und Schifffahrtsmuseum · 190/1967

88 ☐ S. 104

FESTORDNUNG ZUR EINWEIHUNG DES BISMARCK-EHRENTURMS AUF DEM ETTERSBERG

27.10.1901 · Druck · 26 × 21 cm
Stadtarchiv Weimar, NA I-32-42

89

Ausschuß für die Errichtung eines Bismarck-Ehrenthurms auf dem Ettersberg

AUFRUF FÜR DEN BISMARCK-EHRENTURM AUF DEM ETTERSBERG

5.6.1899 · Druck · 26 × 23 cm
Stadtarchiv Weimar, NA I-32-42

90 ☐ S. 105

Ernst Haeckel (1834 – 1919)

ALTE UND NEUE NATURGESCHICHTE. FESTREDE ZUR EINWEIHUNG DES PHYLETISCHEN MUSEUMS IN JENA AM 30. JULI 1908

Gustav Fischer Verlag, Jena · 30.7.1908
Klassik Stiftung Weimar, Herzogin Anna Amalia Bibliothek · CA 84

91

Ernst Haeckel (1834 – 1919)

DIE WELTRÄTHSEL. GEMEINVERSTÄNDLICHE STUDIEN ÜBER MONISTISCHE PHILOSOPHIE

Emil Strauß Verlag, Bonn · 1899
Ernst-Haeckel-Haus, Friedrich-Schiller-Universität Jena

92 ☐ S. 106

Hans Dietrich Leipheimer (1870 – ?)

MONISTISCHE BUNDESLADE

16.2.1914 · Holz, Perlmutt · 44 × 40 × 31 cm
Ernst-Haeckel-Haus, Friedrich-Schiller-Universität Jena

93 ☐ S. 107

Franz von Lenbach (1836 – 1904)

PORTRÄT ERNST HAECKEL

1899 · Öl auf Leinwand · 87 × 75,7 cm
Ernst-Haeckel-Haus, Friedrich-Schiller-Universität Jena · GP 154, Haeckel-Haus

94

MITGLIEDSKARTE DEUTSCHER MONISTENBUND ORTSGRUPPE JENA FÜR ERNST HAECKEL

1911 · Druck, Handschrift · 10,8 × 8,7 cm
Ernst-Haeckel-Haus, Friedrich-Schiller-Universität Jena

95

MITGLIEDSKARTE ALLDEUTSCHER VERBAND ORTSGRUPPE JENA FÜR ERNST HAECKEL

1911 · Druck, Handschrift · 11,6 × 9,2 cm
Ernst-Haeckel-Haus, Friedrich-Schiller-Universität Jena

96

MITGLIEDSKARTE GOETHE-GESELL-SCHAFT WEIMAR FÜR ERNST HAECKEL

1911 · Druck, Handschrift · 14,8 × 9,1 cm
Ernst-Haeckel-Haus, Friedrich-Schiller-Universität Jena

97 ☐ S. 108

HARRO MAGNUSSENS MODELL FÜR EIN DENKMAL FÜR DIE NATURWISSENSCHAFT

1907 · Unbekannt
Fotografie · 19 × 24,4 cm
E. Schörle (Schwerin)

98

Ernst Haeckel (1834–1919) u. a. (Hrsg.)

LA RÉCONCILIATION. ORGANE DE L'INSTITUT FRANCO-ALLEMAND DE LA RÉCONCILIATION

Januar 1914
Ernst-Haeckel-Haus, Friedrich-Schiller-Universität Jena

99

Johann Gottlieb Fichte (1762–1814)

FICHTES REDEN AN DIE DEUTSCHE NATION. EINGELEITET VON RUDOLF EUCKEN

Insel-Verlag, Leipzig · 1909
Klassik Stiftung Weimar, Herzogin Anna Amalia Bibliothek · 2931

100 ☐ S. 109

Rudolf Eucken (1846–1926)

ZUR SAMMLUNG DER GEISTER

Quelle & Meyer Verlag, Leipzig · 1913
Klassik Stiftung Weimar, Herzogin Anna Amalia Bibliothek · V 5289

101

Rudolf Eucken (1846–1926)

DER SINN UND WERT DES LEBENS

Quelle & Meyer Verlag, Leipzig · 1910
Klassik Stiftung Weimar, Herzogin Anna Amalia Bibliothek · C 3229

102 ☐ S. 109

Hans Olde (1855–1917)

PORTRÄT RUDOLF EUCKEN

um 1910 · Radierung · 31,4 × 26,4 cm
Städtische Museen Jena · II, 876

103 ☐ S. 110

URKUNDE ÜBER DIE VERLEIHUNG DES LITERATURNOBELPREISES AN RUDOLF EUCKEN

1908 · Thüringer Universitäts- und Landesbibliothek Jena (ThULB)
Nachl. Eucken III 3, Nr. 3

104 ☐ S. 111

Hans Olde (1855–1917)

PORTRÄT ELISABETH FÖRSTER-NIETZSCHE

1906 · Öl auf Leinwand · 121,5 × 100 cm
Klassik Stiftung Weimar, Museen · NGe/00601

105 ☐ S. 112

Hans Olde (1855–1917)

PORTRÄT FRIEDRICH NIETZSCHE

1899 · Öl auf Pappe · 47 × 64,5 cm
Klassik Stiftung Weimar, Museen · NGe/00643

106 ☐ S. 113

Max Klinger (1857–1920)

BILDNISBÜSTE FRIEDRICH NIETZSCHE

um 1904 · Gips · 64 × 45 × 34 cm
Klassik Stiftung Weimar, Museen · NPl/00515

107

GEDÄCHTNISFEIER AM 15. OKTOBER UND EINWEIHUNG DER NEU-GESTALTETEN BIBLIOTHEKSRÄUME IM NIETZSCHE-ARCHIV

1903 · Druck · 29,8 × 23,1 cm
Klassik Stiftung Weimar, Goethe- und Schiller-Archiv · GSA 72/2473

108

PORTRÄT ELISABETH FÖRSTER-NIETZSCHE AM SCHREIBTISCH IM NIETZSCHE ARCHIV

1910 · Fotoatelier Louis Held
Fotografie · 16,8 × 22,8 cm
Foto Atelier Louis Held / Stefan Renno, Weimar

109 ☐ S. 114

Friedrich Nietzsche (1844–1900)

ALSO SPRACH ZARATHUSTRA

Buchschmuck: Henry van de Velde
Typographie: Georges Lemmen
Insel-Verlag, Leipzig · 1908
Deutsches Literaturarchiv Marbach · Kipp.II:B/19

110

Friedrich Nietzsche (1844–1900)

DER WILLE ZUR MACHT. 1884/88. VERSUCH EINER UMWERTHUNG ALLER WERTHE

Mit einer Einleitung von Elisabeth Förster-Nietzsche
C. G. Naumann Verlag, Leipzig · 1906
Klassik Stiftung Weimar, Herzogin Anna Amalia Bibliothek · C 4727

111 ☐ S. 115

Henry van de Velde (1863–1957)

ERSTES PROJEKT ZUM NIETZSCHE-DENKMAL UNTERHALB DES ARCHIVS

Front- und Seitenansicht · 1911
Bleistift auf Karton · 31,5 × 67,5 cm
Fonds van de Velde. ENSAV – La Cambre, Bruxelles · LC/S 4519

112 ☐ S. 115

HENRY VAN DE VELDES MODELL DES NIETZSCHE-DENKMALS IN WEIMAR

um 1911 · Unbekannt
Fotografie · 22,4 × 30 cm
Fonds van de Velde. ENSAV – La Cambre, Bruxelles · LC/S 2842

113 ☐ S. 116

Elisabeth Förster-Nietzsche (1846–1935)

SITZORDNUNG ZUM DINER AM 19.12.1909

19.12.1909 · Handschrift · 10,5 × 5 cm
Klassik Stiftung Weimar, Goethe- und Schiller-Archiv · GSA 72/2476

114

Selma von Lengefeld (1863–1934)

GLÜCKWUNSCHKARTE ZUM NEUEN JAHR AN ELISABETH FÖRSTER-NIETZSCHE

28.12.1901 · Postkarte, Handschrift
9,3 × 14,4 cm
Klassik Stiftung Weimar, Goethe- und Schiller-Archiv · GSA 72/BW 3161

115 ☐ S. 117

Elisabeth Förster-Nietzsche (1846–1935)

EINLADUNG AN FRITZ MACKENSEN ZU EINEM KONZERT VON WALDEMAR EDLER VON BAUSSNERN

11.3.1912 · Druck, Handschrift · 11,3 × 17,1 cm
Klassik Stiftung Weimar, Goethe- und Schiller-Archiv · GSA 72/2487

116 ☐ S. 118

Hans Thoma (1839–1924)

BILDNIS DES JULIUS LANGBEHN – DER PHILOSOPH MIT DEM EI

1886 · Öl auf Leinwand · 73,5 × 62,8 cm
Landesmuseum für Kunst und Kulturgeschichte in der Stiftung Schleswig-Holsteinische Landesmuseen Schloss Gottorf, Schleswig · 1988/58

117

Julius Langbehn (1851–1907)

REMBRANDT ALS ERZIEHER

Hirschfeld Verlag, Leipzig · 1890
Klassik Stiftung Weimar, Herzogin Anna Amalia Bibliothek · Cc 4 : 393 [pr]

118

Momme Nissen (1870–1943)

DÜRER ALS FÜHRER

In: Der Kunstwart. Rundschau über alle Gebiete des Schönen. Monatshefte für Kunst, Literatur und Leben. 17 Jg. Nr. 15. Erstes Maiheft 1904, S. 93–102
Staatsbibliothek zu Berlin – Preußischer Kulturbesitz, Ac 7510 (a)-17,2.1904

119 ☐ Titelabb.

Hans Thoma (1839–1924)

DER KRIEG

1907 · Öl auf Leinwand · 72 × 64 cm
Städel Museum, Frankfurt am Main · 2000

120 ☐ S. 119

Friedrich Seeßelberg (1861–1956)

VOLK UND KUNST. KULTURGEDANKEN

Schuster & Bufleb Verlag, Berlin · 1907
Klassik Stiftung Weimar, Herzogin Anna Amalia Bibliothek · Ku 8 ° I B-11

121

Friedrich Seeßelberg (Hrsg.) (1861–1956)

WERDANDI. VON DEUTSCHER ART UND KUNST

1. Jg. 1. Heft. Januar 1908
Staatsbibliothek zu Berlin – Preußischer Kulturbesitz, 4 Ac 7685-1.1908

EINE NEUE DEUTSCHE KUNST? RICHTUNGSKÄMPFE UM DIE KÜNSTLERISCHE MODERNE

122 ☐ S. 125

Edvard Munch (1863–1944)

PORTRÄT HARRY GRAF KESSLER

um 1904 · Aquarell, Bleistift auf Papier · 78,4 × 59,7 cm
Klassik Stiftung Weimar, Museen · KK 11523

123 ☐ S. 126

Edvard Munch (1863–1944)

BILDNIS DES FRIEDRICH NIETZSCHE

1906 · Lithografie · 71,5 × 51,5 cm
Klassik Stiftung Weimar, Museen · NGr/00719

124 ☐ S. 127

DEUTSCHE UND FRANZÖSISCHE IMPRESSIONISTEN UND NEO-IMPRESSIONISTEN

Ausstellung im Großherzoglichen Museum für Kunst und Kunstgewerbe Weimar · August 1903
Klassik Stiftung Weimar, Herzogin Anna Amalia Bibliothek · Ku A 14382

125

Harry Graf Kessler (1868–1937)

TAGEBUCH

Handschrift · 25.3.1902–29.7.1906
Deutsches Literaturarchiv Marbach · A: Kessler, Zug.Nr. 85.197

126

ERÖFFNUNG DER MAX KLINGER-AUSSTELLUNG IM GROSSHERZOGLICHEN MUSEUM

23.6.1903 · Fotoatelier Louis Held
Fotografie · 18 × 24 cm
Foto Atelier Louis Held / Stefan Renno, Weimar

127 ☐ S. 128

Claude Monet (1840–1926)

KATHEDRALE VON ROUEN

1894 · Öl auf Leinwand · 100,3 × 65,5 × 2,5 cm
Klassik Stiftung Weimar, Museen · G 541

128

Ludwig von Hofmann (1861–1945)

ENTWURF EINES DANKSCHREIBENS AN HARRY GRAF KESSLER VON DEN KUNSTFREUNDEN WEIMARS UND JENAS

20.1.1907 · Maschinenschrift · 33 × 20,8 cm
Klassik Stiftung Weimar, Goethe- und Schiller-Archiv · GSA 72/BW 2389, Bl. 31–32

129 ☐ S. 129

Georg Kolbe (1877–1947)

BILDNISBÜSTE HARRY GRAF KESSLER

1916 · Bronze · Höhe 31,5 cm
Georg Kolbe Museum, Berlin

130 ☐ S. 130

Ludwig von Hofmann (1861–1945)

TANZENDE

um 1906 · Tempera auf Leinwand · 209 × 445 cm
Klassik Stiftung Weimar, Museen · G 546

131 ☐ S. 130

Ernst Ludwig Kirchner (1880–1938)

DIE HOLZSCHALE

1910 · Öl auf Leinwand · 60,5 × 70,5 cm
Lehmbruck Museum, Duisburg · 422/1951

132 ☐ S. 131

Irene Eucken (1863–1941)

PORTRÄT RUDOLF EUCKEN

1900 · Öl auf Leinwand · 43,5 × 35 cm
Friedrich-Schiller-Universität Jena, Kustodie · GP 290

133 ☐ S. 131

Ferdinand Hodler (1853–1918)

OHNE TITEL (FREIWILLIGER STUDENT 1813)

1908 · Lithografie · 63,6 × 50,8 cm
Klassik Stiftung Weimar, Museen · Reg-2011/2653

134

KONZERTPROGRAMM IM NIETZSCHE-ARCHIV

4.4.1914 · Druck · 29,6 × 22 cm
Klassik Stiftung Weimar, Goethe- und Schiller-Archiv · GSA 165/283

135 ☐ S. 132

Gesellschaft der Kunstfreunde in Jena und Weimar

EINLADUNG AN ELISABETH FÖRSTER-NIETZSCHE UND ELISABETH VON ALVENSLEBEN ZUR ÜBERREICHUNG DES HODLER-BILDES

14.11.1909 · Druck, Handschrift · 11,3 × 17 cm
Klassik Stiftung Weimar, Goethe- und Schiller-Archiv · GSA 72/945

136

Botho Graef (1857–1917)

HODLERS UND HOFMANNS WANDBILDER IN DER UNIVERSITÄT JENA

Eugen Diederichs Verlag, Jena · 1910
Forschungsbibliothek Gotha, K 8° 00800

137 ☐ S. 133

Ferdinand Hodler (1853–1918)

ENTWURF FÜR DEN AUSZUG DER JENENSER STUDENTEN 1813

1908 · Farbige Kreide auf Papier · 47,2 × 66,2 cm
Klassik Stiftung Weimar, Museen · KK 1187

138

MITGLIEDSKARTE DES KUNST-VEREIN JENA FÜR ERNST HAECKEL

1911 · Druck, Handschrift · 11,8 × 9,4 cm
Ernst-Haeckel-Haus, Friedrich-Schiller-Universität Jena

139 ☐ S. 133

August Macke (1887–1914)

PLAKAT FÜR DEN KUNSTVEREIN JENA

1914 · Plakat, Lithografie · 57,1 × 43,7 cm
LWL-Museum für Kunst und Kultur (Westfälisches Landesmuseum), Münster · C-17226 LM

140 ☐ S. 134

Hans Olde (1855–1917)

PORTRÄT GROSSHERZOGIN CAROLINE VON SACHSEN-WEIMAR-EISENACH

1902/03 · Öl auf Leinwand · 95,5 × 85 cm
Klassik Stiftung Weimar, Museen · G 1681

141 ☐ S. 134

Hans Olde (1855–1917)

PORTRÄT GROSSHERZOG WILHELM ERNST VON SACHSEN-WEIMAR-EISENACH

1908 · Öl auf Leinwand · 180 × 125 cm
Friedrich-Schiller-Universität Jena, Kustodie · GP 249

142 ☐ S. 135

Lovis Corinth (1858–1925)

PORTRÄT DES MALERS HANS OLDE

1904 · Öl auf Leinwand · 77 × 49,5 cm
Kunsthalle zu Kiel

143 ☐ S. 136, Frontispiz

Sascha Schneider (1870–1927)

HOHES SINNEN

1903 · Öl auf Leinwand · 247 × 408 cm
Klassik Stiftung Weimar, Museen · G 569 b

144

Richard Engelmann (1868–1966)

RUHENDE FRAU

1906/07 · Marmor · 40 × 52,5 × 27 cm
Klassik Stiftung Weimar, Dauerleihgabe der LETTER-Stiftung, Köln · 2012.175.1

145 ☐ S. 137

Richard Engelmann (1868–1966)

BILDNISBÜSTE JOHANN WOLFGANG VON GOETHE

1914 · Marmor · 70 × 45 × 30 cm
Klassik Stiftung Weimar, Museen · KPl/00108

146 ☐ S. 138

Fritz Mackensen (1866–1953)

DIE SCHOLLE

1898 · Öl auf Leinwand · 215 × 375 cm
Klassik Stiftung Weimar, Museen · G 644

147 ☐ S. 139

Carl Vinnen (Hrsg.) (1863–1922)

EIN PROTEST DEUTSCHER KÜNSTLER

Eugen Diederichs Verlag, Jena · 1911
Klassik Stiftung Weimar, Herzogin Anna Amalia Bibliothek · 34971-A

148

IM KAMPF UM DIE KUNST: DIE ANTWORT AUF DEN PROTEST DEUTSCHER KÜNSTLER

mit Beiträgen deutscher Künstler, Galerieleiter, Sammler und Schriftsteller
Piper Verlag, München · 1911
Klassik Stiftung Weimar, Herzogin Anna Amalia Bibliothek · Ku 8° VIII A-20

149 ☐ S. 139

Albin Egger-Lienz (1868–1926)

DER SÄMANN

1913 · Öl auf Leinwand · 230 × 171 cm
Staatsgalerie Stuttgart · 1267

150

Hanns (Johannes) Fechner (1860–1931)

PORTRÄT ERNST VON WILDENBRUCH

1896 · Lithografie · 47,2 × 35,3 cm
Klassik Stiftung Weimar, Museen · Gr-2006/3016

151

Ernst von Wildenbruch (1845–1909)

HEROS, BLEIB BEI UNS! GEDICHT ZUM HUNDERTJAHRESTAG VON SCHILLERS HEIMGANG

G. Grote Verlag, Berlin · 1905
Klassik Stiftung Weimar, Herzogin Anna Amalia Bibliothek · N 23280

152 ☐ S. 141

Ernst von Wildenbruch (1845–1909)

EIN WORT ÜBER WEIMAR

G. Grote Verlag, Berlin · 1903
Klassik Stiftung Weimar, Herzogin Anna Amalia Bibliothek · Aa 6 : 115 [x] [3] [a]

153 ☐ S. 142

DIE EHEPAARE VON WILDENBRUCH UND VON VIGNAU IM GARTEN

vor 1910 · Fotoatelier Louis Held
Fotografie · 13 × 18 cm
Foto Atelier Louis Held / Stefan Renno, Weimar

154

ERNST-VON-WILDENBRUCH-GRABMAL

1909 · Unbekannt
Fotopostkarte · 9,5 × 14,1 cm
Klassik Stiftung Weimar, Museen · KPh/3716

155 ☐ S. 142

BEISETZUNG ERNST VON WILDENBRUCHS

19.1.1909 · Fotoatelier Louis Held
Fotografie · 13 × 18 cm
Foto Atelier Louis Held / Stefan Renno, Weimar

156 ☐ S. 143

Hans Steinhausen

PORTRÄT FRIEDRICH LIENHARD

undat. · Öl auf Leinwand · 105,4 × 78,2 cm
Klassik Stiftung Weimar, Museen · KGe/01155

157

GRÜSS DICH DEUTSCHLAND AUS HERZENSGRUND! FOTOALBUM

1901–1928 · Friedrich Lienhard (1865–1929)
Karton, Papier, Druck · 26,5 × 25 cm
Klassik Stiftung Weimar, Goethe- und Schiller-Archiv · GSA 57/2566

158 ☐ S. 144

Friedrich Lienhard (1865–1929)

THÜRINGER TAGEBUCH

Greiner & Pfeiffer Verlag, Stuttgart · 1910
Klassik Stiftung Weimar, Herzogin Anna Amalia Bibliothek · 9533-A

159

Friedrich Lienhard (1865–1929)

DAS KLASSISCHE WEIMAR

Quelle & Meyer Verlag, Leipzig · 1909
Klassik Stiftung Weimar, Herzogin Anna Amalia Bibliothek · 16, 6 : fin (35)

160 ☐ S. 144

Friedrich Lienhard (1865–1929)

WEGE NACH WEIMAR. BEITRÄGE ZUR ERNEUERUNG DES IDEALISMUS

Greiner & Pfeiffer Verlag, Stuttgart · 1910
Klassik Stiftung Weimar, Herzogin Anna Amalia Bibliothek · N 28300 (a)

161 ☐ S. 145

Otto Rasch (1862–1952)

PORTRÄT ADOLF BARTELS

undat. · Öl auf Leinwand · 91 × 71 cm
Klassik Stiftung Weimar, Museen · G 1142

162

FEDERSCHALE VON ADOLF BARTELS

Ende 19. Jh. · Eisenguss, Glas, Kupfer ·
25 × 35 × 15 cm
Hebbel-Museum, Wesselburen

163 ☐ S. 145

MITGLIEDSKARTE ALLDEUTSCHER VERBAND FÜR ADOLF BARTELS

1912 · Druck, Handschrift · 9,3 × 11,8 cm
Klassik Stiftung Weimar, Goethe- und Schiller-
Archiv · GSA 147/71

164

MITGLIEDSKARTE FICHTE-GESELLSCHAFT VON 1914 FÜR ADOLF BARTELS

1918 · Druck, Handschrift · 9,3 × 12,1 cm
Klassik Stiftung Weimar, Goethe- und Schiller-
Archiv · GSA 147/71

165 ☐ S. 146

Adolf Bartels (1862–1945)

WEIMAR. DIE KLASSISCHE LITERATUR-PERIODE IN IHRER NATIONALEN BEDEUTUNG

Schloessmann Verlag, Hamburg · 1910
Klassik Stiftung Weimar, Herzogin Anna Amalia
Bibliothek · 7741-A

166 ☐ S. 147

Adolf Bartels (1862–1945)

DEUTSCHVÖLKISCHE GEDICHTE AUS DEM JUBELJAHR DER BEFREIUNGSKRIEGE 1913

Armanen-Verlag, Leipzig · 1914
Klassik Stiftung Weimar, Herzogin Anna Amalia
Bibliothek · 199489-A

167

ANKÜNDIGUNG EINER REDE VON ADOLF BARTELS ÜBER DER DEUTSCHE VERFALL

Dezember 1912 · Druck · 20 × 14,6 cm
Klassik Stiftung Weimar, Goethe- und Schiller-
Archiv · GSA 147_76

168 ☐ S. 148

Paul Ernst (1866–1933)

DEMETRIOS

Insel-Verlag, Leipzig · 1905
Klassik Stiftung Weimar, Herzogin Anna Amalia
Bibliothek · Dd 3 : 1163

169 ☐ S. 148

Hermann Möller (1870–1949)

BILDNISBÜSTE PAUL ERNST

um 1928 · Bronze · Höhe 38,7 cm · Deutsches
Literaturarchiv Marbach · B 1961.0065

170

Paul Ernst (1866–1933)

FRIEDRICH NIETZSCHE

Gose & Tetzlaff Verlag, Berlin · 1904
Klassik Stiftung Weimar, Herzogin Anna Amalia
Bibliothek · C 2.229

171

Elisabeth Förster-Nietzsche (1846–1935)

GÄSTELISTE ZUM DINER UND ZUR LESUNG VON PAUL ERNSTS BRUNHILD

29.10.1908 · Handschrift · 33,3 × 21 cm
Klassik Stiftung Weimar, Goethe- und Schiller-
Archiv · GSA 72/2476

172 ☐ S. 149

Samuel Lublinski (1886–1910)

DER AUSGANG DER MODERNE

Reissner Verlag, Dresden · 1909
Klassik Stiftung Weimar, Herzogin Anna Amalia
Bibliothek · C 1435

173

Samuel Lublinski (1886–1910)

DIE BILANZ DER MODERNE

Cronbach Verlag, Berlin · 1904
Klassik Stiftung Weimar, Herzogin Anna Amalia
Bibliothek · C 1434

174

Samuel Lublinski (1886–1910)

BRIEF AN ELISABETH FÖRSTER-NIETZSCHE

18.5.1904 · Handschrift · 17,9 × 11,4 cm
Klassik Stiftung Weimar, Goethe- und Schiller-
Archiv · GSA 72/BW 3298

175 ☐ S. 150

Johannes Schlaf (1862–1941)

DER KRIEG

(= Die Kultur. Sammlung Illustrierter Einzel-
darstellungen, 21. Bd.)
Marquardt & Co. Verlag, Berlin · 1907
Klassik Stiftung Weimar, Herzogin Anna Amalia
Bibliothek · V 5154

176

Johannes Schlaf (1862–1941)

DAS ABSOLUTE INDIVIDUUM UND DIE VOLLENDUNG DER RELIGION

Oesterheld & Co. Verlag, Berlin · 1910
Klassik Stiftung Weimar, Herzogin Anna Amalia
Bibliothek · Cc 4: 538 a

177

PORTRÄT JOHANNES SCHLAF

um 1915 · Fotoatelier Louis Held
Fotografie · 23,7 × 18,3 cm
Foto Atelier Louis Held / Stefan Renno, Weimar

178 ☐ S. 151

ANKÜNDIGUNG EINER LESUNG MIT RICHARD DEHMEL, VERANSTALTET VON GUSTAV KIEPENHEUER

23.1.1911 · Druck · 37,9 × 16,8 cm
Klassik Stiftung Weimar, Goethe- und Schiller-
Archiv · GSA 72/BW 960

179 ☐ S. 151

Wilhelm Bode (1862–1922)

DAMALS IN WEIMAR

Gustav Kiepenheuer Verlag, Weimar · 1910
Klassik Stiftung Weimar, Herzogin Anna Amalia
Bibliothek · 1096

180

Hans Christian Andersen (1805–1875)

ANDERSENS MÄRCHEN UND GESCHICHTEN. BD. 1

Mit einem Vorwort von Paul Ernst
Gustav Kiepenheuer Verlag, Weimar · 1911
Klassik Stiftung Weimar, Herzogin Anna Amalia
Bibliothek · N 51209:1

181

Wolfgang von Oettingen (1859–1943)

ERLEBTES UND ERDACHTES

Gustav Kiepenheuer Verlag, Weimar · 1911
Klassik Stiftung Weimar, Herzogin Anna Amalia
Bibliothek · N 51209 (1)

182
Eugen Diederichs (1867–1930)

DIE KULTURBEWEGUNG DEUTSCHLANDS IM JAHRE 1913. EIN VERZEICHNIS DER NEUERSCHEINUNGEN DES VERLAGES EUGEN DIEDERICHS

Eugen Diederichs Verlag, Jena · 1913
Thüringer Universitäts- und Landesbibliothek Jena (ThULB) · 8 Hist.lit.XX,8/83(13)

183 ☐ **S. 152**

PORTRÄT EUGEN DIEDERICHS

1911 · A. Bischoff
Fotografie · 15,3 × 10,5 cm
Deutsches Literaturarchiv Marbach · B 1995.N (aus Bildkonvolut Eugen-Diederichs-Verlag)

184
Ernst Borkowsky (1860–1947)

AUS DER ZEIT DES HUMANISMUS

Eugen Diederichs Verlag, Jena · 1905
Klassik Stiftung Weimar, Herzogin Anna Amalia Bibliothek · C 3136

185
Friedrich Daab (Hrsg.) (1870 – ?)

PAUL DE LAGARDE. DEUTSCHER GLAUBE – DEUTSCHES VATERLAND – DEUTSCHE BILDUNG. DAS WESENTLICHE AUS SEINEN SCHRIFTEN

Eugen Diederichs Verlag, Jena · 1914
Forschungsbibliothek Gotha · Poes 8° 02620/07

186 ☐ **S. 153**
Carl Albrecht Bernoulli (1868–1937)

FRANZ OVERBECK UND FRIEDRICH NIETZSCHE. EINE FREUNDSCHAFT. 2. BD.

Eugen Diederichs Verlag, Jena · 1908
Klassik Stiftung Weimar, Herzogin Anna Amalia Bibliothek · C 1824 (b)

187
Eberhard Zschimmer

DIE GLASINDUSTRIE IN JENA

Mit Illustrationen von Erich Kuithan
Eugen Diederichs Verlag, Jena · 1909
Privatbesitz, Weimar

188 ☐ **S. 154**

SONNENWENDFEIER DES SERAKREISES AUF DEM HOHEN LEEDEN

vor 1914 · Unbekannt
Fotografie · 12,4 × 17,3 cm
Deutsches Literaturarchiv Marbach · B 1995.N (aus Bildkonvolut Eugen-Diederichs-Verlag)

189
Eugen Diederichs (1867–1930)
Rudolf Carnap (1891–1970)

EINLADUNG ZUR SONNENWENDFEIER AUF DEM HOHEN LEEDEN

18.6.1913 · Druck · 9,4 × 14 cm
Thüringer Universitäts- und Landesbibliothek Jena (ThULB) · Nachl. Diederichs, Nr. II, 5, B. 39

190 ☐ **S. 156**
Max Littmann (1862–1931)

SITUATIONSMODELL DES GROSSHERZOGLICHEN HOFTHEATERS IN WEIMAR

1906/08 · Holz, Papier, Karton, bemalt · 41 × 83,2 × 155,5 cm
Deutsches Theatermuseum München · F 2269

191 ☐ **S. 156**
Max Littmann (1862–1931)

ENTWURF FÜR DEN ZUSCHAUERRAUM DES GROSSHERZOGLICHEN HOFTHEATERS IN WEIMAR. LÄNGSSCHNITT

Dezember 1905 · Bleistift, Aquarell, Deckfarbe auf Papier · 42,8 × 68,6 cm
Deutsches Theatermuseum München · F 404

192

GROSSHERZOGLICHES HOFTHEATER

1905 · Fotoatelier Louis Held
Fotografie · 27,4 × 33,9 cm
Klassik Stiftung Weimar, Museen · KPh/7697a

193 ☐ **S. 157**

BESPRECHUNG VON HENRY VAN DE VELDE, HARRY GRAF KESSLER, U.A. ÜBER DAS MODELL DES DUMONT-THEATERS

1904 · Fotoatelier Louis Held
Fotografie · 30,2 × 23,9 cm
Foto Atelier Louis Held / Stefan Renno, Weimar

194 ☐ **S. 158**

THEATERZETTEL ZU ERNST VON WILDENBRUCH: VÄTER UND SÖHNE, GROSSHERZOGLICHES HOFTHEATER WEIMAR

19.7.1913 · Druck (Faksimile) · 37 × 24 cm
Thüringisches Hauptstaatsarchiv Weimar · Theaterzettel 2122 / Blatt 2

195
Adolf Bartels (1862–1945)

DAS WEIMARISCHE HOFTHEATER ALS NATIONALBÜHNE FÜR DIE DEUTSCHE JUGEND

Böhlau Verlag, Weimar · 1907
Klassik Stiftung Weimar, Herzogin Anna Amalia Bibliothek · Sh 8° G 47

196

KARL WEISSE ALS MEPHISTO AM WEIMARER HOFTHEATER

vor 1913 · Unbekannt · Fotopostkarte · 13 × 8 cm
Stadtmuseum, Weimar

197 ☐ **S. 159**
Edward Gordon Craig (1872–1966)

KATALOG ÜBER EINIGE ENTWÜRFE FÜR SZENEN, KOSTÜME, THEATERDEKORATIONEN, EINIGE ZEICHNUNGEN ENGLISCHER LANDSCHAFTEN, HOLZSCHNITTE

Galerie H. O. Miethke, Wien · 1905
Klassik Stiftung Weimar, Herzogin Anna Amalia Bibliothek · Ku A 8177

198
Edward Gordon Craig (1872–1966)

DIE KUNST DES THEATERS

Mit einem Vorwort von Harry Graf Kessler
Hermann Seemann Verlag, Berlin u.a.O. · 1905
Klassik Stiftung Weimar, Herzogin Anna Amalia Bibliothek · 42419-A

199
Ernst Wachler (1871–1945)

HARZER FESTSPIELE: WALPURGIS

1905 · Plakat, Druck · 99 × 61,3 cm
Fotoarchiv der Stadt Thale

200 ☐ **S. 160**

PORTRÄT ERNST WACHLER VOR DEM HARZER BERGTHEATER

um 1905 · Fotograf Leiste
Fotografie · 13 × 18 cm
Fotoarchiv der Stadt Thale, Bergtheater Nr. 171

201
Friedrich Lienhard (1865–1929)

POSTKARTE AN ERNST VON WILDENBRUCH

15.4.1907 · Postkarte, Handschrift · 8,9 × 13,9 cm
Klassik Stiftung Weimar, Goethe- und Schiller-Archiv · GSA 94/214,6

202 ☐ S. 161

AUFFÜHRUNG FRIEDRICH LIENHARD: WIELAND DER SCHMIED, AUFTRITT DER WALKÜREN, HARZER BERGTHEATER

1905 · Fotograf Leiste
Fotografie · 13 × 18 cm
Fotoarchiv der Stadt Thale, Bergtheater Nr. 61

203

Allgemeiner Deutscher Musikverein

TONKÜNSTLERFEST IN JENA 1913, PROGRAMM

1913 · Druck · 22 × 14 cm
Hochschularchiv/Thüringisches Landesmusikarchiv Weimar · ADMV-A III: 47

204 ☐ S. 163

TONKÜNSTLERVERSAMMLUNG 1884 IN WEIMAR

1884 · Fotoatelier Louis Held
Fotografie · 18 × 27 cm
Hochschularchiv/Thüringisches Landesmusikarchiv Weimar

205 ☐ S. 163

Richard Wagner (1813–1883)

VOLKSGESANG ZUM KAISERMARSCH

(Mit Streichung durch Carl Müllerhartung)
1884 · Druck, Handschrift · 28 × 19,5 cm
Hochschularchiv/Thüringisches Landesmusikarchiv Weimar

DER KRIEG DER GEBILDETEN UM DIE DEUTSCHE KULTUR

206 ☐ S. 173

Ernst Borkowsky (1860–1947)

UNSER HEILIGER KRIEG

Mit Illustrationen von Walther Klemm, Hans Baluschek, Emil Preetorius
Gustav Kiepenheuer Verlag, Weimar · 1914
Privatbesitz, Weimar

207

Friedrich Lienhard (1865–1929)

DEUTSCHLANDS EUROPÄISCHE SENDUNG

Greiner & Pfeiffer Verlag, Stuttgart · 1914
Forschungsbibliothek Gotha · Hist. 8° 01505x/06

208 ☐ S. 173

Johannes Hesse (1847–1916)

DIE BIBEL ALS KRIEGSBUCH

Verlag der Evangelischen Gesellschaft, Stuttgart · 1916
Thüringer Universitäts- und Landesbibliothek Jena (ThULB) · Nachl. Rudolf Eucken IV, 73, Nr. 526

209

Karl König

SECHS KRIEGSPREDIGTEN

Eugen Diederichs Verlag, Jena · 1914
Klassik Stiftung Weimar, Herzogin Anna Amalia Bibliothek · 243837-A

210 ☐ S. 174

Hermann Leberecht Strack (Hrsg.) (1848–1922) / Julius Kurth (Hrsg.) (1870–1949)

KAISER-WILHELM-BIBEL. DIE GANZE HEILIGE SCHRIFT DES ALTEN UND NEUEN TESTAMENTS NACH DER DEUTSCHEN ÜBERSETZUNG D. MARTIN LUTHERS

Verlag der Deutschen Bibelgesellschaft, Leipzig · 1914
Privatbesitz

211 ☐ S. 175

NAGELKREUZ AUS WEIDA

1915 · Blei, Silber, Holz · 120 × 120 cm
Evangelische Kirche Mitteldeutschland / Kirchenkreis Gera

212 ☐ S. 176

Reinhard Buchwald (Hrsg.) (1884–1983)

DER HEILIGE KRIEG. GEDICHTE AUS DEM BEGINN DES KAMPFES

Eugen Diederichs Verlag, Jena · 1914
Klassik Stiftung Weimar, Herzogin Anna Amalia Bibliothek · 245295-A

213 ☐ S. 177

Richard Dehmel (1863–1920)

GEBET ANS VOLK. HYMNE FÜR KLAVIER UND SINGSTIMME

Komposition von Waldemar Edler von Baußnern
1914 · Druck · 31 × 24,1 cm
Thüringer Universitäts- und Landesbibliothek Jena (ThULB) · Died 1571

214 ☐ S. 178

Clara Rilke-Westhoff (1878–1954)

BILDNISBÜSTE RICHARD DEHMEL

1911 · Bronze · 44 × 27 × 24,5 cm
Hamburger Kunsthalle / pbk · S-1939/39

215

12 NEUE MARSCHLIEDER. 12 POSTKARTEN

Eugen Diederichs Verlag, Jena · 1914
Postkarte · 9 × 14 cm
Thüringer Universitäts- und Landesbibliothek Jena (ThULB) · Died 1382

216

Wilhelm Widmann (1857–1925)

FRIEDRICH SCHILLER UND DER WELTKRIEG 1914/15. EINE DENKSCHRIFT FÜR UNSER VOLK UND HEER

W. Kohlhammer Verlag, Berlin u.a.O. · 1915
Klassik Stiftung Weimar, Herzogin Anna Amalia Bibliothek · K 1618

217 ☐ S. 179

Johann Wolfgang von Goethe (1749–1832)

DER FELDGRAUE GOETHE. GOETHEWORTE ÜBER DEN KRIEG

Priebatsch Verlag, Breslau · 1915
Klassik Stiftung Weimar, Herzogin Anna Amalia Bibliothek · G 168

218 ☐ S. 180

Johann Wolfgang von Goethe (1749–1832)

FAUST. EINE TRAGÖDIE. GOETHE-KRIEGSAUSGABE

Insel-Verlag, Leipzig · 1915
Klassik Stiftung Weimar, Herzogin Anna Amalia Bibliothek · N 20064

219 ☐ S. 180

Friedrich Nietzsche (1844–1900)

ALSO SPRACH ZARATHUSTRA. KRIEGSAUSGABE

Alfred Kröner Verlag, Leipzig · 1918
Klassik Stiftung Weimar, Herzogin Anna Amalia Bibliothek · C 4780

220 ☐ S. 179

Franz Siegeln

SENDET BÜCHER INS FELD!

1914 · Plakat (Deutsches Reich), Druck (Faksimile) · 46 × 36,5 cm
Stiftung Deutsches Historisches Museum, Berlin · 1988/998.3

221 ☐ S. 181

EDEL SEI DER MENSCH / HILFREICH UND GUT! (ZITAT NACH GOETHE)

4.8.1916 · Postkarte · 14 × 9 cm
Historische Bildpostkarten
Universität Osnabrück – Sammlung Prof. Dr. Sabine Giesbrecht · 14_10_1-011.jpg

222

NUR WER DIE SEHNSUCHT (KENNT,) WEISS WAS ICH LEIDE (ZITAT NACH GOETHE)

30.3.1915 · Postkarte · 13,7 × 8,8 cm
Historische Bildpostkarten
Universität Osnabrück – Sammlung Prof. Dr. Sabine Giesbrecht · 2_3_2_2-03.jpg

223

SAH EIN KNAB' EIN RÖSLEIN STEH'N! (ZITAT NACH GOETHE)

12.3.1917 · Postkarte · 14 × 9 cm
Historische Bildpostkarten
Universität Osnabrück – Sammlung Prof. Dr. Sabine Giesbrecht · 13_4_1-026fc.jpg

224 ☐ S. 181

DIE TREUE, SIE IST DOCH KEIN LEERER WAHN! (ZITAT NACH SCHILLER)

15.1.1917 · Postkarte · 14 × 9 cm
Historische Bildpostkarten
Universität Osnabrück – Sammlung Prof. Dr. Sabine Giesbrecht · 13_2-004.jpg

225

WIR WOLLEN SEIN EIN EINIG VOLK VON BRÜDERN, IN KEINER NOT UNS TRENNEN UND GEFAHR! (ZITAT NACH SCHILLER)

3.10.1916 · Postkarte · 14 × 9 cm
Historische Bildpostkarten
Universität Osnabrück – Sammlung Prof. Dr. Sabine Giesbrecht · 13_2-027.jpg

226

KRIEGSPOSTKARTE MIT ZITATEN VON BISMARCK, GOETHE, SCHILLER, ADOLF BARTELS, PHILIPP STAUFF, FRIEDRICH DER GROSSE, THEODOR KÖRNER

nach 1914 · Postkarte · 14 × 9 cm
Klassik Stiftung Weimar, Goethe- und Schiller-Archiv · GSA 147/2

227 ☐ S. 182

Hans Anker (1873–1950)

UNSEREN FLIEGERN

1915 · Vivatband · 40,5 × 6,5 cm
Stiftung Deutsches Historisches Museum, Berlin · KTe 81/24.55

228

August Gaul (1869–1921)

MEDAILLE FÜR ROT-KREUZ-SPENDEN

1915 · Eisenguss · Ø 5,81 cm
Stiftung Deutsches Historisches Museum, Berlin · N 90/46

229 ☐ S. 183

Daniel Stern (d. i. Marie d'Agoult (1805–1876))

PENSÉES DE GOETHE

In: Gazette des Ardennes. Édition Illustrée. No 41. 16.8.1917, Titelblatt.
Stiftung Deutsches Historisches Museum, Berlin · Do2 96/305

230

Friedrich Schiller (1759–1805)

GROSSHERZIGE BRITANNIA!

1918 · Flugblatt (Großbritannien) · 20,3 × 10,8 cm
Stiftung Deutsches Historisches Museum, Berlin · Do 77/61

231

WARUM WIR KRIEG FÜHREN. GROSSBRITANNIENS RECHTSSTANDPUNKT VON MITGLIEDERN DER OXFORDER FAKULTÄT DER GESCHICHTE DER NEUZEIT

Universitäts-Verlag, Oxford · 1914
Staatsbibliothek zu Berlin – Preußischer Kulturbesitz · Krieg 1914/114/3<3>

232 ☐ S. 185

Ludwig Fulda u. a.

AN DIE KULTURWELT!

4.10.1914 · Druck · 26,4 × 21 cm
Thüringer Universitäts- und Landesbibliothek Jena (ThULB) · Nachl. Rudolf Eucken III 4, Stück 2/8

233

Romain Rolland (1866–1944)

A LETTER TO GERHART HAUPTMANN

In: Current History. Vol. I. December 12, 1914
ZBW – Deutsche Zentralbibliothek für Wirtschaftswissenschaften, Kiel · X 501/K:

234

AN DIE FRAUEN DES AUSLANDES

September 1914 · Druck · 23,2 × 19,6 cm
Klassik Stiftung Weimar, Goethe- und Schiller-Archiv · GSA 72/92

235

LES ALLEMANDS DESTRUCTEURS DE CATHEDRALES ET DE TRÉSORS DU PASSÉ

Librairie Hachette, Paris · 1915
ZBW – Deutsche Zentralbibliothek für Wirtschaftswissenschaften · 1920 II 32

236 ☐ S. 35

BRITAIN'S DESTINY AND DUTY. A RIGHTEOUS WAR. DECLARATIONS BY AUTHORS

In: The Times. Bd. 9. 18.9.1914
Bayerische Staatsbibliothek, München · 2 Eph.pol. 13-1914,9

237 ☐ S. 186

Max Liebermann (1847–1935)

BILDNIS DES SCHRIFTSTELLERS DR. LUDWIG FULDA

1914 · Öl auf Leinwand · 90 × 72 cm
Historisches Museum Frankfurt · B 55:1

238 ☐ S. 187

Max Liebermann (1847–1935)

DER DICHTER GERHART HAUPTMANN, 2. FASSUNG

1912 · Öl auf Leinwand · 118,5 × 92 cm
Hamburger Kunsthalle /bpk · HK-1594

239 ☐ S. 188

Berliner Goethebund (Hrsg.)

DAS LAND GOETHES 1914 – 1916. EIN VATERLÄNDISCHES GEDENKBUCH

Deutsche Verlags-Anstalt, Stuttgart · 1916
Privatbesitz, Weimar

240

Paul Clemen (1866–1947)

DER ZUSTAND DER KUNSTDENKMÄLER AUF DEM WESTLICHEN KRIEGS-SCHAUPLATZ

E. A. Seemann Verlag, Leipzig · 1916
Staatsbibliothek zu Berlin – Preußischer Kulturbesitz · Krieg 1914/7213

241 ☐ S. 190

M. T. Holden Waterhouse /
Jules Matot (Fotografen)

L'INCENDIE DE LA CATHÉDRALE DE REIMS

In: L'Illustration. Nr. 3736. 10.10.1914, S. 268–269
Staatsbibliothek zu Berlin – Preußischer Kulturbesitz · Krieg 1914/24441 <a>-1914,2

242 ☐ S. 190

Werner Hahmann (1883–1951)

SCHLAU

In: Kladderadatsch. Jg. 67. Nr. 40. 1914. Zweites Beiblatt, Titelblatt.
Klassik Stiftung Weimar, Herzogin Anna Amalia Bibliothek · ZB 297

243 ☐ S. 190

Kraska

DIE KUNST ALS DECKUNG

In: Ulk. Illustriertes Wochenblatt für Humor und Satire. Jg. 43. Nr. 40. 1914, o. S.
Staatsbibliothek zu Berlin – Preußischer Kulturbesitz, Zeitungsabteilung · 4° Ztg 1950, Beil. 2-43.1914

244

Momme Nissen (1870–1943)

DER KRIEG UND DIE DEUTSCHE KUNST. DEN KUNSTLIEBENDEN DEUTSCHEN BEIDER KAISERREICHE GEWIDMET

Herder Verlag, Freiburg i. Br. · 1914
Universitätsbibliothek, Bauhaus-Universität Weimar · SoB 422

245

Hiller

KRIEGSGREUL

In: Ulk: illustriertes Wochenblatt für Humor und Satire. Beilage zum Berliner Tageblatt, Jg. 44/45, 1915,/16 Nr. 42, o. S.
Staatsbibliothek zu Berlin – Preußischer Kulturbesitz, Zeitungsabteilung · 4° Ztg 1950, Beil. 2-44/45.1915/16

246 ☐ S. 191

Paul Rieth (1871–1925)

DIE AUF »ISMUS«

In: Jugend. Münchner illustrierte Wochenschrift für Kunst und Leben. Jg. 20. Nr. 4. 1915, o. S.
Staatsbibliothek zu Berlin – Preußischer Kulturbesitz, Abteilung Historische Drucke · 4«Yz9028<a> (R)

247

Gerhart Hauptmann (1862–1946)

DEUTSCHLAND UND SHAKESPEARE

In: Jahrbuch der Deutschen Shakespeare-Gesellschaft
Georg Reimer Verlag, Berlin · 1915
Klassik Stiftung Weimar, Herzogin Anna Amalia Bibliothek · ZA 529 (1915)

248

Frederick Strothmann (1872 – ?)

BEAT BACK THE HUN WITH LIBERTY BONDS

1918 · Plakat (USA), Druck (Faksimile) ·
76,1 × 51 cm
Stiftung Deutsches Historisches Museum, Berlin · Art. IWM PST 0235

249 ☐ S. 193

Harry Ryle Hopps (1869–1937)

DESTROY THIS MAD BRUTE/ ENLIST

1917 · Plakat (USA), Druck (Faksimile) ·
105,7 × 70,1 cm
Imperial War Museums, London ·
Art. IWM PST 0243

250

Henry Patrick Raleigh (1880–1945)

HALT THE HUN! BUY U.S. GOVERN-MENT BONDS THIRD LIBERTY LOAN

um 1917 · Plakat (USA), Druck (Faksimile) ·
75 × 50,5 cm
Stiftung Deutsches Historisches Museum, Berlin · P 96/1517

251 ☐ S. 192

Unbekannt

SOUVENEZ-VOUS! CRIMES ALLEMANDS!

1917 · Plakat (Frankreich), Druck (Faksimile) ·
118,8 × 77,3 cm
Stiftung Deutsches Historisches Museum, Berlin · P 94/3042

252 ☐ S. 194

Adolph Treidler (1886–1981)

HELP STOP THIS. BUY W.S.S. & KEEP HIM OUT OF AMERICA

1914/18 · Plakat (USA), Druck (Faksimile) ·
72 × 52,5 cm
Stiftung Deutsches Historisches Museum, Berlin · P 73/2278

253

Adrien Sénéchal (1896–1955)

LE CRIME DE REIMS

1916 · Plakat (Frankreich), Druck (Faksimile) ·
95,7 × 70,6 cm
Stiftung Deutsches Historisches Museum, Berlin · Art. IWM PST 12764

254 ☐ S. 195

Louis Oppenheim (1879–1936)

WIR BARBAREN!

1916 · Plakat (Deutsches Reich), Druck (Faksimile) · 65 × 50,2 cm
Stiftung Deutsches Historisches Museum, Berlin · 1988/1960, PLI 03015

255

Louis Oppenheim (1879–1936)

WER IST MILITARIST? ALSO!

1914–1918 · Plakat (Deutsches Reich), Druck (Faksimile) · 46,5 × 61 cm
Stiftung Deutsches Historisches Museum, Berlin · P 57/307.3

256

Lucian Bernhard (1883–1972)

ZEICHNET DIE NEUNTE! ES GEHT UM ALLES, WAS WIR LIEBEN!

1918 · Plakat (Deutsches Reich), Druck (Faksimile) · 29 × 22 cm
Stiftung Deutsches Historisches Museum, Berlin · P 62/1427

257

Lucian Bernhard (1883–1972)

DAS IST DER WEG ZUM FRIEDEN – DIE FEINDE WOLLEN ES SO! DARUM ZEICHNE KRIEGSANLEIHE!

1914–1918 · Plakat (Deutsches Reich), Druck (Faksimile) · 69,5 × 47 cm
Stiftung Deutsches Historisches Museum, Berlin · P 57/311.6

258 ☐ S. 195

Lucian Bernhard (1883–1972)

UND WENN DIE WELT VOLL TEUFEL WÄR … ES SOLL UNS DOCH GELINGEN! KAMERADEN, ZEICHNET KRIEGSANLEIHE!

1914–1918 · Plakat (Deutsches Reich), Druck (Faksimile) · 46 × 69 cm
Museum Schloss Neu-Augustusburg, Weißenfels · V 523 T

259 ☐ S. 196

Richard Engelmann (1868–1966)

PORTRÄT RUDOLF EUCKEN

undat. · Radierung · 49 × 33,4 cm
Bauhaus-Universität Weimar, Archiv der Moderne · 488,242

260 ☐ S. 197

Richard Engelmann (1868–1966)

BILDNISBÜSTE ERNST HAECKEL

1919/20 · Gips · 51 × 29,5 × 30 cm
Bauhaus-Universität Weimar, Archiv der Moderne · 488,281 P

261

Ernst Haeckel (1834–1919)

ENGLANDS BLUTSCHULD AM WELTKRIEGE

1914 · Druck · 33,5 × 20,7 cm
Ernst-Haeckel-Haus, Friedrich-Schiller-Universität Jena

262

Unbekannt

CHALLENGER-MEDAILLE

1895 · Metall (Replik) · Ø 7,5 cm
Ernst-Haeckel-Haus, Friedrich-Schiller-Universität Jena

263

Unbekannt

DARWIN-MEDAILLE DER ROYAL SOCIETY

1900 · Metall (Replik) · Ø 5,72 cm
Ernst-Haeckel-Haus, Friedrich-Schiller-Universität Jena

264 ☐ S. 198

Unbekannt

LINNÉ-MEDAILLE DER LINNEAN SOCIETY OF LONDON

1894 · Metall (Replik) · Ø 4,8 cm
Ernst-Haeckel-Haus, Friedrich-Schiller-Universität Jena

265 ☐ S. 198

Ernst Haeckel (1834–1919)

ERKLÄRUNG DES VERZICHTS AUF ENGLISCHE EHRUNGEN

25.8.1914 · Druck · 23 × 15 cm
Ernst-Haeckel-Haus, Friedrich-Schiller-Universität Jena

266

Ernst Haeckel (1834–1919)

EWIGKEIT. WELTKRIEGSGEDANKEN ÜBER LEBEN UND TOD / RELIGION UND ENTWICKLUNGSLEHRE

Georg Reimer Verlag, Berlin · 1915
Thüringer Universitäts- und Landesbibliothek Jena (ThULB) · 8 Ph.III, 274/78

267 ☐ S. 199

Rudolf Eucken (1846–1926)

DIE WELTGESCHICHTLICHE BEDEUTUNG DES DEUTSCHEN GEISTES

(= Der Deutsche Krieg. Politische Flugschriften; Heft 8)
Deutsche Verlags-Anstalt, Stuttgart · 1914
Klassik Stiftung Weimar, Herzogin Anna Amalia Bibliothek · 245289-A

268

Ernst Haeckel (1834–1919)

ANTRAG AN PROREKTOR ALEXANDER CARTELLIERI BETREFFEND DEN VERKAUF DES BILDES VON FERDINAND HODLER

6.12.1914 · Handschrift (Faksimile) · 32,8 × 20,8 cm
Universitätsarchiv Jena, Bestand · BA Nr. 1799, Bl. 172r–173v.

269 ☐ S. 200

Ferdinand Hodler (1853–1918)

JENENSER STUDENT

1908 · Öl auf Leinwand · 85 × 67,5 cm
Kunstmuseum Solothurn. Josef Müller-Stiftung · C 701

270

PROTESTATION CONTRE DE LA BOMBARDEMENT DE REIMS

In: La Tribune de Geneve. 27 et 28 Septembre 1914, S. 5 (Faksimile)
Universitätsarchiv Jena – Bestand · BA, Nr. 1820, Bl. 3v

271

RUNDSCHREIBEN DES ADMV ZU DEN FÄLLEN SAINT-SAENS UND DALCROZE

9.11.1914 · Maschinenschrift · 28 × 21,7 cm
Klassik Stiftung Weimar, Goethe- und Schiller-Archiv · 70/123 Bl. 4r-5r

272

Hugo Preuß (1860–1925)

DAS DEUTSCHE VOLK UND DIE POLITIK

Eugen Diederichs Verlag, Jena · 1919
Thüringer Universitäts- und Landesbibliothek Jena (ThULB) · 8 K.A.2015: 14

273 ☐ S. 203

Unbekannt

DIE HEFE

1914–1918 · Flugblatt (Großbritannien) · 26,4 × 21,4 cm
Thüringer Universitäts- und Landesbibliothek Jena (ThULB) · Bibliotheksakten KA 3, Mappe 4, Flugbl. A.P. 31

274

DAS KRIEGSARCHIV DER UNIVERSITÄTSBIBLIOTHEK JENA. EIN WISSENSCHAFTLICHES FORSCHUNGSINSTITUT

In: Sonderdruck Der Woche. Nr. 15. 1917
Thüringer Universitäts- und Landesbibliothek Jena (ThULB) · Nachl. Clemens v. Delbrück, 75-585/586

275

Oberzensurstelle des Kriegspresseamts (Hrsg.)

ZENSURBUCH FÜR DIE DEUTSCHE PRESSE

März 1917
Forschungsstelle für Zeitgeschichte in Hamburg · I Qk 35

276

INHALTSVERZEICHNIS DER ZEITUNGSAUSSCHNITTSAMMLUNG DES KRIEGSARCHIVS DER UNIVERSITÄT JENA

1.12.1915 · Druck · 33,9 × 21,3 cm
Thüringer Universitäts- und Landesbibliothek Jena (ThULB) · Bibliotheksakten KA 1b, Mappe 6, Nr. 6

277

Jean Jaurès (1859–1914)

DIE NEUE ARMEE

Eugen Diederichs Verlag, Jena · 1913
Thüringer Universitäts- und Landesbibliothek Jena (ThULB) · 8 K.A.1997/1

278

NEW STATESMAN. A WEEKLY REVIEW OF POLITICS AND LITERATURE

Volume 7. 8. Apr. 1916 – 30. Sept. 1916
Thüringer Universitäts- und Landesbibliothek Jena (ThULB) · 4 K.A.13377: 7.1916

279 ☐ S. 203

CURRENT HISTORY. A MONTHLY MAGAZINE OF THE NEW YORK TIMES

Volume 7. October 1917 – March 1918
Thüringer Universitäts- und Landesbibliothek Jena (ThULB) · 8 K.A.14551: 7.1917/18

280

Joachim Kühn (1892 – 1978)

FRANZÖSISCHE KULTURTRÄGER IM DIENSTE DER VÖLKERVERHETZUNG. EINE AUSWAHL AUS DER PARISER KRIEGSLITERATUR

(= Der Tag des Deutschen, Heft 2)
Eugen Diederichs Verlag, Jena · 1917
Thüringer Universitäts- und Landesbibliothek Jena (ThULB) · Died 1613

281 ☐ S. 204

Hermann Kellermann (Hrsg.)

DER KRIEG DER GEISTER. EINE AUSLESE DEUTSCHER UND AUSLÄNDISCHER STIMMEN ZUM WELTKRIEGE 1914

Duncker Verlag, Weimar · 1915
Klassik Stiftung Weimar, Herzogin Anna Amalia Bibliothek · Kk 3 : 934

282

Gertrud Bäumer (1873 – 1954)

WEIT HINTER DEN SCHÜTZENGRÄBEN. AUFSÄTZE AUS DEM WELTKRIEG

Eugen Diederichs Verlag, Jena · 1916
Klassik Stiftung Weimar, Herzogin Anna Amalia Bibliothek · Kk 3 : 1038

283

Berthold Litzmann (1857 – 1926)

ERNST VON WILDENBRUCH UND DER NATIONALE GEDANKE

(= Deutsche Reden in schwerer Zeit, Heft 12)
Carl Heymanns Verlag, Berlin · 1914
Klassik Stiftung Weimar, Herzogin Anna Amalia Bibliothek · Kk, 3: 871

284

Karl Hönn (Hrsg.) (1883 – 1956)

DER KAMPF DES DEUTSCHEN GEISTES IM WELTKRIEG. DOKUMENTE DES DEUTSCHEN GEISTESLEBENS AUS DER KRIEGSZEIT

Friedrich Andreas Perthes Verlag, Gotha · 1915
Klassik Stiftung Weimar, Herzogin Anna Amalia Bibliothek · Kk 3 : 933

285

Verein Kriegsmuseum Weimar (Hrsg.)

DIE AUSDEHNUNG DER SAMMLUNG

1914/15
Thüringisches Hauptstaatsarchiv Weimar · ThHStAW, Staatsministerium, Departement des Kultus Nr. 324, Bl. 3 – 5

286

Max Hecker (1870 – 1948)

SCHREIBEN AN PAUL KRUMBHOLZ ÜBER DIE SAMMLUNG DES VEREINS KRIEGSMUSEUM WEIMAR

29.9.1915 · Maschinenschrift, Handschrift · 28,8 × 22,5 cm
Thüringisches Hauptstaatsarchiv Weimar · ThHStAW, Staatsministerium, Departement des Kultus Nr. 324, Bl. 16

KUNST IM KRIEG

287 ☐ S. 211

Albin Egger-Lienz (1868 – 1926)

1915

1915 · Lithografie · 64,8 × 83 cm
Klassik Stiftung Weimar, Museen · DK 582/90

288 ☐ S. 212

Albin Egger-Lienz (1868 – 1926)

ANNO 1914

1923 · Lithografie · 29,6 × 36,7 cm
Staatliche Graphische Sammlungen München · 1925:619-a D

289 ☐ S. 212

Albin Egger-Lienz (1868 – 1926)

FINALE

um 1923 · Lithografie · 38,3 × 49,8 cm
Privatbesitz · BI 32.464

290 ☐ S. 213

Gert Heinrich Wollheim (1894 – 1974)

IM SCHÜTZENGRABEN

1918 · Öl auf Leinwand · 79 × 171 cm
Stadtmuseum Landeshauptstadt Düsseldorf · B 2160

291 ☐ S. 214

Gert Heinrich Wollheim (1894 – 1974)

FASSUNGSLOSER SCHMERZ

1917 · Bleistift auf Papier · 27,5 × 17,5 cm
Stadtmuseum Landeshauptstadt Düsseldorf · C 4554

292

Gert Heinrich Wollheim (1894 – 1974)

OHNE TITEL (VERWUNDETER SOLDAT MIT GRANATE VOR STACHELDRAHTVERHAU)

1917 · Grafit auf Papier · 23,5 × 15,5 cm
Privatbesitz Berlin

293

Gert Heinrich Wollheim (1894 – 1974)

OHNE TITEL (VERWUNDETER MIT BAUCHSCHUSS UND KOPFSTUDIE)

1917 · Grafit auf Papier · 27 × 15,5 cm
Privatbesitz Berlin

294 ☐ S. 215

Gert Heinrich Wollheim (1894 – 1974)

DER VERURTEILTE

1921 · Öl auf Leinwand · 126 × 102 cm
Privatbesitz Berlin

295 ☐ S. 216

Otto Pankok (1893–1966)

SONNE

1919 · Holzschnitt · 10,3 × 5,3 cm
Eva Pankok, Otto-Pankok-Museum, Hünxe ·
WH 27

296

Otto Pankok (1893–1966)

DER BLITZ

1919 · Lithografie · 21,9 × 33,3 cm
Eva Pankok, Otto-Pankok-Museum, Hünxe ·
WR 201

297

Otto Pankok (1893–1966)

DREI MÄHER III

1919 · Holzschnitt · 5,4 × 20 cm
Eva Pankok, Otto-Pankok-Museum, Hünxe ·
WH 28

298

Karl Peter Röhl (1890–1975)

OHNE TITEL (RUINENLANDSCHAFT)

1917 · Pastell, Feder, Tusche auf Papier ·
20,8 × 32,8 cm
Karl Peter Röhl Stiftung, Weimar ·
KPRS-2006/87

299

Karl Peter Röhl (1890–1975)

OHNE TITEL (SOLDAT)

1917 · Farbige Kreide auf Papier · 30,5 × 25,6 cm
Karl Peter Röhl Stiftung, Weimar ·
KPRS-2006/3269

300

Karl Peter Röhl (1890–1975)

OHNE TITEL (VERWÜSTETE LANDSCHAFT)

1917 · Pastell auf Papier · 20,8 × 32,8 cm
Karl Peter Röhl Stiftung, Weimar ·
KPRS-2006/86

301 ☐ S. 216

Karl Peter Röhl (1890–1975)

OHNE TITEL (KNIENDER MÄNNLICHER AKT MIT AUSGEBREITETEN ARMEN)

1917 · Pastell auf Papier · 44 × 33 cm
Karl Peter Röhl Stiftung, Weimar ·
KPRS-2006/1972

302

Karl Peter Röhl (1890–1975)

MEINEM LIEBEN KAMERADEN GEWIDMET! (AKT VOR GRÄBERFELD)

1915 · Feder, Tusche auf Papier · 43,7 × 33,5 cm
Karl Peter Röhl Stiftung, Weimar ·
KPRS-2006/1924

303

Eberhard Schrammen (1886–1947)

RAST IM WALD

1918 · Aquarell, Tusche auf Papier · 26 × 34,9 cm
Klassik Stiftung Weimar, Museen, Dauerleihgabe
Familie Schrammen · L 2922

304

Eberhard Schrammen (1886–1947)

STURMANGRIFF AUF TOBOLY

1918 · Aquarell, Tusche auf Papier · 26 × 34,9 cm
Klassik Stiftung Weimar, Museen, Dauerleihgabe
Familie Schrammen · L 2923

305 ☐ S. 217

Eberhard Schrammen (1886–1947)

INFANTERISTEN

1918 · Aquarell, Tusche, Feder · 25,7 × 34,6 cm
Klassik Stiftung Weimar, Museen, Dauerleihgabe
Familie Schrammen · L 2924

306 ☐ S. 217

Eberhard Schrammen (1886–1947)

REISESKIZZENBUCH (SELBSTPORTRÄT ALS SOLDAT UND ZIVILIST)

1918 · Aquarell, Tusche auf Papier · 18 × 25 cm
Klassik Stiftung Weimar, Museen, Dauerleihgabe
Familie Schrammen · L 2949

307

MAX NEHRLING MIT KAMERADEN AN DER FRONT

um 1915 · Unbekannt
Fotopostkarte · 13,8 × 8,9 cm
Klassik Stiftung Weimar, Museen · Fo-2013/10

308

Max Nehrling (1887–1957)

VOR DER KANTINE

um 1916 · Feldpostkarte mit Handzeichnung ·
9 × 14,1 cm
Klassik Stiftung Weimar, Museen · Gr-2013/5302

309

Max Nehrling (1887–1957)

BEIM AUSHEBEN EINES SCHÜTZEN-GRABENS IN FRANKREICH

um 1916 · Feldpostkarte mit Handzeichnung ·
9 × 14,1 cm
Klassik Stiftung Weimar, Museen · Gr-2013/5301

310 ☐ S. 218

Max Nehrling (1887–1957)

IM SCHÜTZENGRABEN; FRANKREICH, 3. KOMPANIE, REGIMENT 371 (X. ERSATZDIVISION)

1916 · Feldpostkarte mit Handzeichnung ·
14,1 × 9,1 cm
Klassik Stiftung Weimar, Museen · Gr-2013/5300

311

KARTONSCHACHTEL FÜR FELDPOST-KARTEN VON MAX NEHRLING

um 1915 · Karton · 15 × 10 × 3 cm
Klassik Stiftung Weimar, Museen · Gr-2013/5297

312

Magda Langenstraß-Uhlig (1888–1965)

DER KÜRASSIER

1916 · Grafit auf Papier · 33,5 × 24,6 cm
Klassik Stiftung Weimar, Leihgabe Dr. Sigmar
Uhlig · L 2718

313

Magda Langenstraß-Uhlig (1888–1965)

OBERLEUTNANT W.

1916 · Grafit auf Papier · 33,5 × 24,4 cm
Klassik Stiftung Weimar, Leihgabe Dr. Sigmar
Uhlig · L 2719

314 ☐ S. 219

Magda Langenstraß-Uhlig (1888–1965)

ARBEITER ALS SOLDAT

1916 · Grafit auf Papier · 33,5 × 24,6 cm
Klassik Stiftung Weimar, Leihgabe Dr. Sigmar
Uhlig · L 2720

315 ☐ S. 220

Ella Bergmann-Michel (1895–1972)

OHNE TITEL (TOTENKLAGE)

um 1915 · Linolschnitt · 30 × 36,4 cm
Sprengel Museum Hannover, Leihgabe Nachlass
Robert Michel und Ella Bergmann-Michel ·
D 2383

316
Ella Bergmann-Michel (1895–1972)
**OHNE TITEL
(STUDIE FÜR HOLZSCHNITTE)**
1917 · Tusche auf Papier · 43 × 33,5 cm
Sprengel Museum Hannover, Leihgabe Nachlass
Robert Michel und Ella Bergmann-Michel ·
D s2165

317
Ella Bergmann-Michel (1895–1972)
OHNE TITEL (ABSTRAKTION III)
1918 · Holzschnitt · 33 × 19,3 cm
Sprengel Museum Hannover, Leihgabe Nachlass
Robert Michel und Ella Bergmann-Michel ·
D 2316

318 ☐ S. 220
Ella Bergmann-Michel (1895–1972)
OHNE TITEL (AUFRUHR)
1917–1920 · Holzschnitt · 48,4 × 34,4 cm
Sprengel Museum Hannover, Leihgabe Nachlass
Robert Michel und Ella Bergmann-Michel ·
D 2358

319
Willy Charlett (1892–1927)
BRIEF AN ROBERT MICHEL
16.6.1916 · Handschrift · 28,7 × 22,4 cm
Sprengel Museum Hannover, Archiv Robert
Michel und Ella Bergmann-Michel ·
A 28.01-1916/001

320 ☐ S. 222
**ROBERT MICHEL UND SEIN FLUG-
LEHRER WILLY CHARLETT VOR EINEM
FLUGZEUG IN GOTHA**
1914/15 · Unbekannt
Fotografie · 17,7 × 23,8 cm
Sprengel Museum Hannover, Archiv Robert
Michel und Ella Bergmann-Michel · A 36.01 S001

321
Robert Michel (1897–1983)
OHNE TITEL (KOMPOSITION)
1917/18 · Holzschnitt · 35,8 × 44,7 cm
Sprengel Museum Hannover, Leihgabe Nachlass
Robert Michel und Ella Bergmann-Michel · D 1553

322 ☐ S. 221
Robert Michel (1897–1983)
OHNE TITEL (KREISE)
1917/18 · Holzschnitt · 25,2 × 14,3 cm
Sprengel Museum Hannover, Leihgabe Nachlass
Robert Michel und Ella Bergmann-Michel ·
D 1552

323 ☐ S. 222
**RESERVE-LAZARETT 11 IN DER
GROSSHERZOGLICHEN KUNSTHOCH-
SCHULE WEIMAR**
8.1.1915 · Heinrich Koch (1896–1934)
Fotopostkarte · 13,8 × 9 cm
Privatbesitz

324 ☐ S. 223
Hans Groß (1892–1981)
VERTREIBUNG AUS DEM PARADIES
1918 · Holzschnitt · 51,7 × 35 cm
Klassik Stiftung Weimar, Museen · DK 858/94

325
Hans Groß (1892–1981)
**KLEINER TOTENTANZ:
LASS DIE LETZTE POSAUNE ERKLINGEN**
1918 · Holzschnitt · 51,7 × 34,9 cm
Klassik Stiftung Weimar, Museen · DK 859/94

326
Hans Richter (1888–1976)
**DIE WELT DEN OCHSEN UND DEN
SCHWEINEN, BLATT 1**
1917 · Tinte, weiß gehöht, laviert auf Papier ·
27,1 × 20,1 cm
Kunsthaus Zürich, Grafische Sammlung ·
Z Inv. 1977/0050

327 ☐ S. 224
Hans Richter (1888–1976)
**DIE WELT DEN OCHSEN UND DEN
SCHWEINEN, BLATT 2**
1917 · Tinte auf Papier · 26,8 × 20,2 cm
Kunsthaus Zürich, Grafische Sammlung ·
Z Inv. 1977/0053

328
Hans Richter (1888–1976)
**DIE WELT DEN OCHSEN UND DEN
SCHWEINEN, BLATT 3**
1917 · Tinte, laviert auf Papier · 26,9 × 20,1 cm
Kunsthaus Zürich, Grafische Sammlung ·
Z Inv. 1977/0054

329 ☐ S. 224
Hans Richter (1888–1976)
**DIE WELT DEN OCHSEN UND DEN
SCHWEINEN, BLATT 4**
1917 · Tinte, laviert über Bleistift auf Papier ·
26,9 × 20,3 cm
Kunsthaus Zürich, Grafische Sammlung ·
Z Inv. 1977/0049

330
Hans Richter (1888–1976)
**DIE WELT DEN OCHSEN UND DEN
SCHWEINEN, BLATT 5**
1917 · Farbstift auf Papier · 26,9 × 20,2 cm
Kunsthaus Zürich, Grafische Sammlung ·
Z Inv. 1977/0051

331
Hans Richter (1888–1976)
**DIE WELT DEN OCHSEN UND DEN
SCHWEINEN, BLATT 6**
1917 · Tinte, laviert über Bleistift auf Papier ·
27 × 20,2 cm
Kunsthaus Zürich, Grafische Sammlung ·
Z Inv. 1977/0052

332 ☐ S. 225
Johannes Molzahn (1892–1965)
NEUE TAFELN
1916 · Öl auf Leinwand · 92,5 × 100,5 cm
Bayerische Staatsgemäldesammlungen, München
– Pinakothek der Moderne · 14628

333
Walther Klemm (1883–1957)
**EIN SCHLACHTFELD (PROBEDRUCK
ZU WILHELM KLEMM: GLORIA)**
um 1915 · Holzschnitt · 16 × 11 cm
Klassik Stiftung Weimar, Museen · Gr-2012/1234

334
Walther Klemm (1883–1957)
**RUINEN (PROBEDRUCK ZU WILHELM
KLEMM: GLORIA)**
um 1915 · Holzschnitt · 13,9 × 10,2 cm
Klassik Stiftung Weimar, Museen · Gr-2012/1237

335
Ernst Hardt (1876–1957)
BRIEF AN EINEN DEUTSCHEN INS FELD
Titelholzschnitt: Walther Klemm
Insel-Verlag, Leipzig · 1917
Klassik Stiftung Weimar, Herzogin Anna Amalia
Bibliothek · H2666

336 ☐ S. 226
Walther Klemm (1883–1957)
**ZUM GEDÄCHTNIS.
ER STARB FÜRS VATERLAND**
1916–1918 · Radierung in Offsetdruck ·
54,5 × 44,8 cm
Klassik Stiftung Weimar, Museen · Gr-2013/4460

416 ☐ S. 262

Kriegsarchiv der Universitätsbibliothek in Jena u. a.

THÜRINGEN IM UND NACH DEM WELTKRIEG. VATERLÄNDISCHES KRIEGSGEDENKBUCH IN WORT UND BILD FÜR DIE THÜRINGISCHEN STAATEN. BD. I

Verlag der Literaturwerke »Minerva«, Leipzig · 1921
Klassik Stiftung Weimar, Herzogin Anna Amalia Bibliothek · 218200-B (1)

417

Ausschuss für die Kriegerehrung auf dem Friedhof zu Weimar (Hrsg.)

DIE GEDÄCHTNISHALLE FÜR DIE GEFALLENEN DER STADT WEIMAR

Panses Verlag, Weimar · 1921
Thüringisches Hauptstaatsarchiv Weimar · ThHStAW, Bibliothek O 1446

418 ☐ S. 263

JOSEF HEISES HELDENGLAUBE IN DER GEDÄCHTNISHALLE IN WEIMAR

um 1921 · Fotoatelier Franz Vältl
Fotopostkarte · 13,5 × 8,5 cm
Stadtarchiv Weimar, 65 1/3 K

419 ☐ S. 263

WOLFGANG SCHADEWALDTS MODELL DES GEFALLENENDENKMALS FÜR DEN DEUTSCHEN SCHILLERBUND

1922 · Unbekannt
Fotografie · 13,7 × 8,7 cm
Stadtarchiv Weimar, NA II-11b-78

420

LAGEPLAN DES EHRENFRIEDHOFS DER STADT WEIMAR

5. 2. 1920 · Tinte auf Papier · 32,5 × 77,4 cm
Stadtarchiv Weimar, NA II-11b-78

421 ☐ S. 265

ENTWURFSPLAN FÜR EIN REICHSEHRENMAL FÜR DIE IM WELTKRIEGE GEFALLENEN IN WEIMAR

4. 12. 1924 · Tinte auf Papier · 32,8 × 42 cm
Stadtarchiv Weimar, 12/4-46-1

422

Ausschuss zur Errichtung des Denkmals des Infanterie-Regiments Nr. 94

AUFRUF ZUR ERRICHTUNG EINES EHRENMALS FÜR DIE GEFALLENEN DES REGIMENTS 94 UND SEINE KRIEGSFORMATIONEN

1924 · Druck · 33 × 21 cm
Stadtarchiv Weimar, 12/4-46-7, Bl. 2

423

REGIMENTSTAG DES INFANTERIEREGIMENTS GROSSHERZOG VON SACHSEN (5. THÜRING.) NR. 94 UND SEINER KRIEGSFORMATIONEN, VERBUNDEN MIT DENKMALSWEIHE AM 8., 9. UND 10. OKTOBER 1927 IN WEIMAR

Panses Verlag, Weimar · 1927
Klassik Stiftung Weimar, Herzogin Anna Amalia Bibliothek · 28541-A

424 ☐ S. 265

EINWEIHUNGSFEIER DES KRIEGERDENKMALS FÜR DAS INFANTERIEREGIMENT NR. 94

8.–10. 10. 1927 · Fotoatelier Louis Held
Fotografie · 13 × 18 cm
Foto Atelier Louis Held / Stefan Renno, Weimar

425

Dorothea Seeligmüller (1876–1951) / Dora Wibiral (1876–1955)

ZUM GEDÄCHTNIS DER IM KRIEGE GEFALLENEN DEM NIETZSCHE-ARCHIV VERBUNDEN GEWESENEN HELDEN

10. 7. 1921 · Handschrift · 25,5 × 16,3 cm
Klassik Stiftung Weimar, Herzogin Anna Amalia Bibliothek · C 5140

426 ☐ S. 266

Gustav Sachse

EHRENTAFEL ZUM GEDÄCHTNIS DER IM KRIEGE GEFALLENEN DEM NIETZSCHE ARCHIV VERBUNDEN GEWESENEN HELDEN

1921 · Marmor · 160 × 42 × 2 cm
Klassik Stiftung Weimar, Museen · KPl/02361

427 ☐ S. 267

Richard Engelmann (1868–1966)

TRAUERNDE (RELIEF VOM GRABMAL RHEINHOLD, STÖCKENER FRIEDHOF, HANNOVER)

um 1916 · Gips · 64 × 32,4 × 5 cm
Bauhaus-Universität Weimar, Archiv der Moderne · 488,54 P

428

Richard Engelmann (1868–1966)

TRAUERNDE (STUDIE)

um 1916 · Radierung · 40,4 × 20,2 cm
Bauhaus-Universität Weimar, Archiv der Moderne · 488,40 Gr

429

Richard Engelmann (1868–1966)

GRABMAL KIELMANSEGG (ENTWURF)

1921 · Gips · 32,5 × 35 × 19,5 cm
Bauhaus-Universität Weimar, Archiv der Moderne · 488,79 P

430 ☐ S. 268

Eugen Diederichs (Hrsg.) (1867–1930)

SERA IN MEMORIAM. BRIEFE DER GEFALLENEN FREUNDE

Eugen Diederichs Verlag, Jena · 1919
Klassik Stiftung Weimar, Herzogin Anna Amalia Bibliothek · 35320-A

431 ☐ S. 267

SERASTEIN

1919 · Unbekannt
Fotografie · 13 × 8 cm
Deutsches Literaturarchiv Marbach · D20140113-008

432 ☐ S. 269

Ernst Jünger (Hrsg.) (1895–1998)

DIE UNVERGESSENEN

Wilhelm Andermann Verlag, Berlin u. a. O. · 1928
Universitätsbibliothek Erfurt, 90085

433 ☐ S. 269

Hans Kampffmeyer (1876–1932)

FRIEDENSTADT. EIN VORSCHLAG FÜR EIN DEUTSCHES KRIEGSDENKMAL

Eugen Diederichs Verlag, Jena · 1918
Thüringer Universitäts- und Landesbibliothek Jena (ThULB) · 8 K.A.17597

DIE STILLE REVOLUTION IN WEIMAR

434

Hugo Freiherr von Fritsch (1869–1945)

MITTEILUNG AN STAATSMINISTER KARL ROTHE ÜBER DIE SICHERUNG DES SCHLOSSES

8. 11. 1918 · Handschrift (Faksimile) ·
22,2 × 17,2 cm
Thüringisches Hauptstaatsarchiv Weimar ·
ThHStAW, Fürstenhaus A 2002AD, Bl. 17

435 ☐ S. 277

WEIMARER SCHLOSSHOF NACH VERLASSEN DES GROSSHERZOGS MIT SEINER FAMILIE

1918 · Unbekannt
Fotografie · 9 × 14 cm
Stadtarchiv Weimar, 60 10-5/1

436 ☐ S. 278

AUFRUF DES SOLDATENRATES AN DIE BÜRGER DER STADT WEIMAR

9. 11. 1918 · Plakat, Druck · 48,2 × 33,3 cm
Thüringisches Hauptstaatsarchiv Weimar ·
ThHStAW, Fürstenhaus A 2002AD, Bl. 16

437 ☐ S. 278

Heinrich Fischer

ENTWURF DER ABDANKUNGSURKUNDE FÜR GROSSHERZOG WILHELM ERNST VON SACHSEN-WEIMAR-EISENACH

9. 11. 1918 · Handschrift · 33,2 × 21 cm
Thüringisches Hauptstaatsarchiv Weimar ·
ThHStAW, Urkunden 1918 November 9

438 ☐ S. 279

August Baudert (1860–1942)

SACHSEN-WEIMARS ENDE. HISTORISCHE TATSACHEN AUS STURMBEWEGTER ZEIT

Panses Verlag, Weimar · 1923
Klassik Stiftung Weimar, Herzogin Anna Amalia
Bibliothek · Aa 6 : 115 [13] [4]

439

DIE PROVISORISCHE LANDES-REGIERUNG THÜRINGEN

1919/20 · Fotoatelier Louis Held
Fotografie · 12,5 × 16,7 cm
Stadtmuseum, Weimar · Foto Held, Akt. 196

440 ☐ S. 280

Hans W. Schmidt (1859–1950)

LANDTAGSSITZUNG 1919 IM ALTEN LANDTAGSSITZUNGSSAAL IM FÜRSTENHAUS ZU WEIMAR

1931 · Aquarell, Tusche auf Papier,
auf Karton · 34,8 × 49,5 cm
Privatbesitz

441 ☐ S. 280

Alfred Ahner (1890–1973)

TYPEN AUS DEM THÜRINGER LANDTAG: ABGEORDNETER EDUARD ROSENTHAL SPRICHT

9. 5. 1924 · Kreide auf Papier · 32,6 × 23,9 cm
Alfred-Ahner-Stiftung Weimar

442

Eduard Rosenthal (1853–1926)

ENTWURF FÜR DIE VERFASSUNG DES FREISTAATES THÜRINGEN

Januar 1920 · Druck, Handschrift · 33,5 × 22,6 cm
Thüringisches Hauptstaatsarchiv Weimar ·
ThHStAW, Thüringisches Staatsministerium,
Präsidialabteilung Nr. 17, Bl. 2–7

WEIMAR ALS SYMBOLORT FÜR EINEN POLITISCHEN NEUANFANG

443 ☐ S. 287

NATIONALVERSAMMLUNG IN WEIMAR. ORIGINALAUFNAHME IM SCHLOSS

1919 · Robert Sennecke (1885–1940)
Fotopostkarte · 8,5 × 13,5 cm
Klassik Stiftung Weimar, Museen · Gr-2013/4532

444

NATIONALVERSAMMLUNG IM DEUTSCHEN NATIONALTHEATER WEIMAR (PARTEITAG DER SPD)

1919 · Fotoatelier Louis Held
Fotografie · 24 × 30 cm
Foto Atelier Louis Held /Stefan Renno, Weimar

445 ☐ S. 288

Hans W. Schmidt (1859–1950)

DIE ERÖFFNUNGSSITZUNG DER VERFASSUNGSGEBENDEN DEUTSCHEN NATIONALVERSAMMLUNG IM DEUTSCHEN NATIONALTHEATER ZU WEIMAR AM 6. FEB. 1919

um 1931 · Druck auf Papier, auf Karton ·
35 × 49,8 cm
Privatbesitz

446 ☐ S. 289

Carl Ebbinghaus (1872–1950)

MEDAILLE ZUR DEUTSCHEN NATIONAL-VERSAMMLUNG WEIMAR 1919

1919 · Eisen · Ø 9,1 cm
Klassik Stiftung Weimar, Museen · KMM

447 ☐ S. 289

Karl Goetz (1875–1950)

MEDAILLE ZUR DEUTSCHEN NATIONAL-VERSAMMLUNG IN WEIMAR

1919 · Bronze · Ø 8,8 cm
Klassik Stiftung Weimar, Museen

448 ☐ S. 290

Werner Hahmann (1883–1951)

AN DIE REDNER VON WEIMAR

In: Kladderadatsch. Jg. 72. Nr. 32.1919., o. S.
Klassik Stiftung Weimar, Herzogin Anna Amalia
Bibliothek · ZB 297

449 ☐ S. 290

Thomas Theodor Heine (1867–1948)

DIE POLITIK ZIEHT IN DIE MUSENSTADT EIN

In: Simplicissimus. Jg. 23. Nr. 46. 1919, Titelblatt
Klassik Stiftung Weimar, Herzogin Anna Amalia
Bibliothek · ZC 99

450 ☐ S. 291
Marcus Behmer (1879–1958)
MEHR LICHT. DEUTSCHE NATIONAL-VERSAMMLUNG 1919
1919 · Lithografie · 12,5 × 9,7 cm
Klassik Stiftung Weimar, Museen ·
AO-2007/7377

451 ☐ S. 291
Max Thalmann (1890–1944)
DEUTSCHE NATIONALVERSAMMLUNG WEIMAR 1919
17.7.1919 · Postkarte · 9,6 × 14,1 cm
Stiftung Deutsches Historisches Museum, Berlin · Do 90/590

452
Max Nehrling (1887–1957)
DEUTSCHE NATIONALVERSAMMLUNG IN WEIMAR 1919
1919 · Postkarte · 9 cm × 14 cm
Privatbesitz, Weimar

453
Max Thalmann (1890–1944)
WEIMARER BLÄTTER. ZEITSCHRIFT DES DEUTSCHEN NATIONALTHEATERS IN WEIMAR
1919 · Plakat, Lithografie · 50 × 41,5 cm
Klassik Stiftung Weimar, Museen · Gr-2013/4455

454
WERBEBLATT FÜR DIE TAT! UND BLÄTTER ZUR NEUEN ZEIT
Eugen Diederichs Verlag, Jena · 31.1.1919
Thüringer Universitäts- und Landesbibliothek Jena (ThULB) · Nachl. Diederichs, Nr. II, 8, Bl. 96/97

455 ☐ S. 293
Ludwig Rubiner (1881–1920)
KAMERADEN DER MENSCHHEIT. DICHTUNGEN ZUR WELTREVOLUTION
Kiepenheuer Verlag, Potsdam · 1919
Klassik Stiftung Weimar, Herzogin Anna Amalia Bibliothek · V 8884

456 ☐ S. 293
Walther Klemm (1883–1957)
EINLADUNG ZUR 50. TONKÜNSTLER-VERSAMMLUNG DES ADMV IN WEIMAR 1920
1920 · Kaltnadelradierung · 12,9 × 9 cm
Klassik Stiftung Weimar, Dauerleihgabe aus Privatbesitz · Gr-2012/2267

457
ALLGEMEINER DEUTSCHER MUSIKVEREIN. 50. TONKÜNSTLERFEST IN WEIMAR 1920, PROGRAMM
1920 · Druck · 22,5 × 14,5 cm
Hochschularchiv/Thüringisches Landesmusikarchiv Weimar · ADMV-A III: 49

458
Robert Michel (1897–1983)
MEZ (MITTELEUROPÄISCHE ZEIT), BLATT 1
1919/20 · Folge von 4 Holzschnitten · 55,8 × 47,4 cm
Sprengel Museum Hannover, Leihgabe Nachlass Robert Michel und Ella Bergmann-Michel · D 1559

459 ☐ S. 294
Robert Michel (1897–1983)
MEZ (MITTELEUROPÄISCHE ZEIT), BLATT 2
1919/20 · Folge von 4 Holzschnitten · 55,4 × 45,4 cm
Sprengel Museum Hannover, Leihgabe Nachlass Robert Michel und Ella Bergmann-Michel · D 1560

460
Robert Michel (1897–1983)
MEZ (MITTELEUROPÄISCHE ZEIT), BLATT 3
1919/20 · Folge von 4 Holzschnitten · 55,6 × 47,2 cm
Sprengel Museum Hannover, Leihgabe Nachlass Robert Michel und Ella Bergmann-Michel · D 1561

461
Robert Michel (1897–1983)
MEZ (MITTELEUROPÄISCHE ZEIT), BLATT 4
1919/20 · Folge von 4 Holzschnitten · 55,8 × 47,2 cm
Sprengel Museum Hannover, Leihgabe Nachlass Robert Michel und Ella Bergmann-Michel · D 1562

462 ☐ S. 296
Robert Michel (1897–1983)
FISCHE
um 1919 · Tempera auf Pappe · 70 × 70 cm
Privatbesitz

463
Ella Bergmann-Michel (1895–1972)
OHNE TITEL (MENSCHEN UND PFERDE)
um 1920 · Holzschnitt · 44,5 × 35 cm
Sprengel Museum Hannover, Leihgabe Nachlass Robert Michel und Ella Bergmann-Michel · D 2362

464 ☐ S. 297
Ella Bergmann-Michel (1895–1972)
MENSCHEN MIT KOPF SIND SELTEN
1918/19 · Collage auf Papier · 63 × 54,5 × 4 cm
Kunstverein Paderborn e.V. · G 1993-28

465 ☐ S. 298
Max Thalmann (1890–1944)
DER STERNENMENSCH
1919 · Holzschnitt · 45,4 × 33,3 cm
Klassik Stiftung Weimar, Museen · DK 27/99

466 ☐ S. 299
Karl Peter Röhl (1890–1975)
OHNE TITEL (KOSMISCHE KOMPOSITION IX)
1919 · Holzschnitt · 43,7 × 27,3 cm
Karl Peter Röhl Stiftung, Weimar · KPRS-2007/5001

467 ☐ S. 300
Johannes Molzahn (1892–1965)
STEIGEN (STEIGENDE BEWEGUNG)
1922/23 · Öl auf Leinwand · 80,5 × 58,5 cm
Lehmbruck Museum, Duisburg · 790/1916

Literaturverzeichnis

SIGLEN UND ABKÜRZUNGEN

- ADMZ
  Allgemeine Deutsche Musikzeitung

- Ausst. Kat.
  Ausstellungskatalog

- BLA
  Berliner Lokal-Anzeiger

- BTB
  Berliner Tageblatt

- DNV
  Das Werk des Untersuchungsausschusses der Verfassungsgebenden Deutschen Nationalversammlung und des Deutschen Reichstages 1919–1928 (1929: 1919–1930): Verhandlungen, Gutachten Urkunden. Im Auftrage des Reichstages hg. von Walter Schücking, Johannis Bell als Vorsitzenden des Gesamtausschusses; Johannes Bell, Rudolf Breitscheid, Albrecht Philipp als Vorsitzenden der Unterausschüsse Verhandlungen der verfassungsgebenden Deutschen Nationalversammlung. Hier: Band 326, Berlin 1920.

- GJb
  Goethe-Jahrbuch

- GSA
  Goethe- und Schillerarchiv

- GStA PK
  Geheimes Staatsarchiv Preußischer Kulturbesitz

- HAAB
  Herzogin Anna Amalia Bibliothek

- IZ
  Illustrirte Zeitung

- JV
  Jenaer Volksblatt

- KGW
  Friedrich Nietzsche: Werke. Kritische Gesamtausgabe. Begr. v. Giorgio Colli, M. Montinari. 1967 ff.

- KSW
  Klassik Stiftung Weimar

- LT
  Leipziger Tageblatt

- MA
  Johann Wolfgang von Goethe. Sämtliche Werke nach Epochen seines Schaffens. Hg. v. Karl Richter, in Zusammenarbeit mit Herbert G. Göpfert, Norbert Miller und Gerhard Sauder. München 1985–1998.

- MdSP
  Monatshefte für deutsche Sprache und Pädagogik

- MW
  Musikalisches Wochenblatt

- NA
  Friedrich Schiller: Werke. Nationalausgabe begr. v. Julius Petersen. Weimar 1943 ff.

- NDB
  Neue Deutsche Biographie

- NL Diederichs
  Nachlass Diederichs

- NHZ
  Neue Hamburger Zeitung

- NYT
  New York Times

- PA AA
  Politisches Archiv des Auswärtigen Amtes

- SB
  Schwarzburgbote

- ShJ
  Shakespeare-Jahrbuch

- StadtAW
  Stadtarchiv Weimar

- ThHStAW
  Thüringisches Hauptstaatsarchiv Weimar

- ThLMA
  Thüringisches Landesmusikarchiv

- ThULB
  Thüringer Universitäts- und Landesbibliothek Jena

- WLZD
  Weimarische Landeszeitung Deutschland

- WM
  Welt am Montag

- WSA
  Wartburg-Stiftung Archiv

- WSB
  Weimarisches Sonntagsblatt

- WVZ
  Weimarer Volkszeitung

- WZ
  Weimarische Zeitung

- ZT
  Zeitung Deutschland

Aus Sundgau und Wasgenwald 1919
Aus Sundgau und Wasgenwald. Feldzeitung der Armee-Abteilung B. Nr. 7, vom 9.1.1919.

Ansel 1990
Ansel, Michael: Georg Gottfried Gervinus' Geschichte der poetischen Nationalliteratur der Deutschen. Nationbildung auf literaturgeschichtlicher Grundlage. Frankfurt a. M. u. a. 1990.

Arnold 2002
Arnold, Paul: Der großherzoglich sächsische Orden der Wachsamkeit oder der Weiße Falkenorden. In: Dresdener Kunstblätter. Zweimonatschrift der Staatlichen Kunstsammlungen Dresden. 46. Jg. H. 1. 2002, S. 29–35.

Arnold 2004
Alice Laura Arnold: Zwischen Kunst und Kult. Lenbachs Bismarck-Porträts und Repliken. In: Lenbach. Sonnenbilder und Porträts. Hg. v. Reinhold Baumstark. Ausst. Kat. Wallraf Richartz-Museum. Köln 2004, S. 149–170.

Aschheim 1996
Aschheim, Steven A.: Nietzsche und die Deutschen. Karriere eines Kults. Stuttgart, Weimar 1996.

Ausst. Kat. Otto Pankok, 1993
Otto Pankok 1893–1966. Retrospektive zum 100. Geburtstag. Hg. v. Bernhard Mensch u. Karin Stempel. Ausst. d. Otto Pankok-Gesellschaft. Oberhausen 1993.

Ausst. Kat. »Ihre kaiserliche Hoheit«, 2004
»Ihre kaiserliche Hoheit«. Maria Pawlowna. Zarentochter am Weimarer Hof. Ausst. Kat. hg. von der Stiftung Weimarer Klassik und Kunstsammlungen. München, Berlin 2004.

Ausst. Kat. Ahner, 2002
Alfred Ahner: Landtagszeichnungen 1924–1933. Hg. v. der Präsidentin des Thüringer Landtags. Ausst. Kat. Thüringer Landtag. Erfurt 2002.

Ausst. Kat. Aufstieg und Fall der Moderne, 1999
Aufstieg und Fall der Moderne. Hg. v. Rolf Bothe, Thomas Föhl. Ausst. Kat. Kunstsammlungen zu Weimar 1999. Ostfildern-Ruit 1999.

Ausst. Kat. Bau einer neuen Welt, 2003
Bau einer neuen Welt. Architektonische Visionen des Expressionismus. Hg. v. Rainer Stamm, Daniel Schreiber. Ausst. Kat. Kunstsammlung Böttcherstraße Bremen u. a. Köln 2003.

Ausst. Kat. Dehmel, 1995
WRWlt – o Urakord. Die Welt des Richard Dehmel. Hg. von Sabine Henning, Annette Laugwitz, Mathias Mainholz u. a. Ausst. Kat. Staats- und Universitätsbibliothek Hamburg Carl von Ossietzky. Herzberg 1995.

Ausst. Kat. Der neue Mensch, 1999
Der neue Mensch. Obsessionen des 20. Jahrhunderts. Hg. v. Nicola Lepp, Martin Roth, Klaus Vogel. Ausst. Kat. Deutsches Hygiene-Museum Dresden. Ostfildern-Ruit 1999.

Ausst. Kat. Farbenschöpfung, 2009
Farben-Schöpfung. Otto Illies (1881–1959). Hg. v. Reimar F. Lacher. Ausst. Kat. Gleimhaus Halberstadt. Halle 2009.

Ausst. Kat. Hans Richter, 1984
Hans Richter. Ausst. Kat. Akademie der Künste. Berlin 1984.

Ausst. Kat. Kessler, 1988
Harry Graf Kessler. Tagebuch eines Weltmannes. Hg. v. Gerhard Schuster, Margot Pehle. Ausst. Kat. Deutsches Literaturarchiv im Schiller-Nationalmuseum Marbach a. N. Stuttgart 1988.

Ausst. Kat. Klinger, 2004
Max Klinger. Liebe, Tod und Teufel: die graphischen Zyklen aus den Sammlungen des Stadtmuseums Oldenburg, der Akad. für Grafik und Buchkunst Leipzig und der Anhaltischen Gemäldegalerie Dessau (Hg.). Dessau 2004.

Ausst. Kat. Kristall, 1997
Kristall. Metapher der Kunst. Geist und Natur von der Romanik zur Moderne. Hg. v. Ingrid Wernecke, Roland März. Ausst. Kat. Lyonel Feininger Galerie Quedlinburg. Quedlinburg 1997.

Ausst. Kat. Lenbach, 1986
Franz von Lenbach 1836–1904. Hg. v. Winfrid Ranke, Rosel Gollek. Ausst. Kat. Städtische Galerie im Lenbachhaus München. München 1986.

Ausst. Kat. Meidner, 2013
Das Jahr 1914. Ludwig Meidner in Dresden. Hg. v. Gisbert Porstmann, Johannes Schmidt. Ausst. Kat. Städtische Galerie Dresden – Kunstsammlung. Köln 2013.

Ausst. Kat. Mohlzahn, 1988
Johannes Molzahn. Das malerische Werk. Hg. v. Barbara Lepper. Ausst. Kat. Lembruck-Museum Duisburg. Duisburg 1988.

Ausst. Kat. Olde, 1999
Hans Olde und die Freilichtmalerei in Norddeutschland. Bestandskatalog des Schleswig-Holsteinischen Landesmuseums, bearb. von Gabriele Bremer, mit Beiträgen von Heinz Spielmann u. a., Ausst. Kat. Kloster Cismar 1991. Neumünster 1991.

Ausst. Kat. Richard Engelmann, 2001
Silke Opitz: Revision 2001 – Leben und Werk des Bildhauers Richard Engelmann (1868–1966). Ausst. Kat. Bauhaus-Universität Weimar u. Stadtmuseum Weimar, Weimar 2001.

Ausst. Kat. Rietschel, 2004
Ernst Rietschel. Zum 200. Geburtstag des Bildhauers. Hg. v. Bärbel Stephan. Ausst. Kat. Skulpturensammlung der Staatlichen Kunstsammlungen Dresden. München 2004.

Ausst. Kat. Rilke-Westhoff, 1998
Die Bildhauerin Clara Rilke-Westhoff 1878–1954. Hg. v. Eduard Hindelang. Ausst. Kat. Museum Langengarden am Bodensee. Sigmaringen 1988.

Ausst. Kat. Röhl, 1997
Karl Peter Röhl in Weimar 1912–1926. Hg. v. Constanze Hofstaetter u. Michael Siebenbrodt. Ausst. Kunstsammlungen Weimar u. Karl-Peter-Röhl-Stiftung. Weimar 1997.

Ausst. Kat. Ruland, 1894
Katalog des Grossherzoglichen Museums zu Weimar. Vorbemerkung Carl Ruland. Weimar 1894.

Ausst. Kat. Sascha Schneider, 2013
Sascha Schneider: Ideenmaler und Körperbildner. Hg. von Silke Opitz. Ausst. Kat. Stadtmuseum Weimar. Weimar 2013.

Ausst. Kat. Schiller, 1905
Zum 9. Mai 1905. Schillerausstellung im Goethe- und Schiller-Archiv. Hg. v. Bernhard Suphan. Ausst. Kat. Goethe- und Schiller-Archiv Weimar. Weimar 1905.

Ausst. Kat. Schrammen, 2003
Eberhard Schrammen. Bauhäusler, Maler, Formgestalter, Fotograf. Hg. v. Michael Siebenbrodt, Lena Prents. Ausst. Kat. Stiftung Weimarer Klassik, Kunstsammlungen u. Bauhaus-Museum. Weimar 2003.

Ausst. Kat. Schwäbischer Klassizismus, 1993
Schwäbischer Klassizismus zwischen Ideal und Wirklichkeit: 1770–1830. Hg. v. Christian Holst. Ausst. Staatsgalerie Stuttgart. Stuttgart 1993.

Ausst. Kat. Thoma, 2013
Hans Thoma. »Lieblingsmaler des deutschen Volkes«. Hg. v. Felix Krämer, Max Hollein. Ausst.-Kat. Städel Museum Frankfurt. Frankfurt, Köln 2013.

Ausst. Kat. van de Velde, 1990
Henry van de Velde: Möbel, Gemälde, Graphik, Objekte, Dokumente. Ausst. Kat. bearb. v. Beate Dry-von Zezschwitz. Galerie Wolfgang Ketterer. München 1990.

Ausst. Kat. Vor hundert Jahren, 1981
Vor hundert Jahren: Dänemark und Deutschland 1864–1900. Gegener und Nachbarn. Hg. v. Jens Christian Jensen. Ausst. Kat. Statens Museum for Kunst Kopenhagen u. a. Kiel 1981.

Ausst. Kat. Wege nach Weimar, 1999
Wege nach Weimar. Auf der Suche nach der Einheit von Kunst und Politik. Hg. v. Hans Wilderotter, Michael Dorrmann. Ausst. Kat. Freistaat Thüringen in Zusammenarbeit mit dem Deutschen Historischen Museum Berlin. Berlin 1999.

Ausst. Kat. Wollheim, 1984
Gert H. Wollheim 1894–1974. Gemälde, Zeichnungen, Dokumente. Zum 90. Geburtstag des Künstlers. Hg. v. d. Landeshauptstadt Düsseldorf, Stadtmuseum. Ausst. Kat. Stadtmuseum Düsseldorf, 1984.

Bálint 1997
Bálint, Anna: Auszug deutscher Studenten in den Freiheitskrieg von 1813 (1908–1909). Ferdinand Hodlers Jenaer Historiengemälde. Auftragsgeschichte, Werkgenese, Nachleben. Frankfurt a. M. u. a.O. 1999. (Diss. phil. Göttingen 1997).

Banes 1911
Warren C. Banes: Short Talks on Free Thougt. [Chikago] 1911, S. 32.

Barron 1984
Barron, Stephanie: Die Skulptur des Expressionismus. Eine Einführung. In: Dies. (Hg.): Skulptur des Expressionismus. Ausst. Kat. Josef-Haubrich-Kunsthalle Köln. München 1984, S. 107–121.

Bartels 1907a
Bartels, Adolf: Deutsche Literatur. Einsichten und Aussichten. Eduard Avenarius Verlag, Leipzig 1907.

Bartels 1907b
Bartels, Adolf: Das Weimarische Hoftheater als Nationalbühne für die deutsche Jugend. Eine Denkschrift. 3. Aufl., Böhlau Verlag, Weimar 1907.

Bartels 1908
Bartels, Adolf: Chronik des Weimarischen Hoftheaters 1817–1907. Böhlau Verlag, Weimar 1908.

Bartels 1910
Bartels, Adolf: Weimar. Die klassische Literaturperiode in ihrer nationalen Bedeutung. (= Als Deutschland erwachte. Lebens- und Zeitbilder aus den Befreiungskriegen). Schloessmann, Hamburg 1910.

Bartels 1913
Bartels, Adolf: Der deutsche Verfall. Vortrag, gehalten am 21. Januar 1913 zu Berlin. Mit einem Anhang: Friedrich Naumann und der Liberalismus. Burger, Leipzig 1913.

Bartels 1914
Bartels, Adolf: Deutschvölkische Gedichte aus dem Jubeljahr der Befreiungskriege 1913. Armanenverlag, Leipzig 1914.

Bartels 1915a
Bartels, Adolf: Bismarck der Deutsche. Lesch & Irmer, Düsseldorf 1915.

Bartels 1915b
Bartels, Adolf: Der deutsche Schillerbund und die Weimarer Jugendfestspiele. In: Bühen und Welt. Monatsschrift für das deutsche Kunst- und Geistesleben 17 (1915), H. 9, S. 420–426.

Bartels 1921
Bartels, Adolf: Weimar und die deutsche Kultur. Fink, Weimar 1921.

Bärwinkel 2010
Bärwinkel, Roland: »Ein unersetzliches Element in allen künstlerischen und gemeinnützigen Fragen«. Paul von Bojanowski als Weimarer Oberbibliothekar. In: Das Zeitalter der Enkel. Kulturpolitik und Klassikrezeption unter Carl Alexander. Klassik Stiftung Weimar Jahrbuch 2010. Hg. v. Hellmut Th. Seemann, Thorsten Valk. Göttingen 2010, S. 197–207.

Bärwinkel 2014
Bärwinkel, Roland: Auszusondern? Vom Umgang mit Kriegsliteratur an der Herzogin Anna Amalia Bibliothek nach 1945. In: Kriegssammlungen 1914–1918. Hg. v. Julia Freifrau Hiller von Gaertringen. Frankfurt a. M. 2014, S. 435–448.

Barzantny 2002
Barzantny, Tamara: Harry Graf Kessler und das Theater. Autor, Mäzen, Initiator 1900–1933. Köln u. a. 2002.

Baudert 1923
Baudert, August: Sachsen-Weimars Ende. Historische Tatsachen aus sturmbewegter Zeit. Weimar 1923.

Bennewitz 1916
Bennewitz, Hugo: Weimar, deutsche Weltanschauung und Weltkrieg. In: Bühne und Welt. Monatsschrift für das deutsche Kunst- und Geistesleben 18 (1916), Nr. 10 [Oktoberheft], S. 461–464.

Berger 1915
Berger, Karl: Schiller als unser geistiger Führer im Weltkriege. In: Bühne und Welt. Monatsschrift für das deutsche Kunst- und Geistesleben 17 (1915), S. 203–207.

Beßlich 2000
Beßlich, Barbara: Wege in den »Kulturkrieg«. Zivilisationskritik in Deutschland 1890–1914. Darmstadt 2000.

Beßlich 2014
Beßlich, Barbara: Von der ›Westmark‹ nach Weimar. Friedrich Lienhards Weltanschauungswanderungen und »Deutschlands europäische Sendung« im Ersten Weltkrieg. In: Ilm-Kakanien. Weimar am Vorabend des Ersten Weltkriegs. Jahrbuch der Klassik Stiftung Weimar (2014). Hg. v. Franziska Bomski, Hellmut Th. Seemann u. Thorsten Valk. Weimar 2014, S. 39–54.

Best.-Kat. Nationalgalerie Berlin, 2006
Maaz, Bernhard: Otto Fürst von Bismarck. In: Nationalgalerie Berlin. Das 19. Jahrhundert. Bestandskatalog der Skulpturen. Hg. v. Bernhard Maaz. Staatliche Museen zu Berlin. Leipzig 2006, Bd. I.

Best.-Kat. Hamburger Kunsthalle 1988
Die dritte Dimension. Plastiken, Konstruktionen, Objekte. Bestandskatalog der Skulpturenabteilung der Hamburger Kunsthalle. Bearb. v. Georg Syamken. Mit einer Vorbemerkung von Werner Hofmann. Hamburg 1088.

Bismarck 1972
Bismarck, Otto von: Gedanken und Erinnerungen. Stuttgart 1972.

Bloch 1984
Bloch, Peter: Gustav Eberlein. Größe und Grenzen eines Bildhauers in Wilhelminischer Zeit. In: Mündener Vorträge zur 800-Jahrfeier der Stadt. Hg. v. Heimat- und Geschichtsverein. Hannoversch Münden 1984, S. 41–59.

Blom
Bloom, Philipp: Der taumelnde Kontinent. Europa 1900–1914. München 2009.

Boblenz 2003
Boblenz, Frank: Dr. Selma von Lengefeld und das Frauenwahlrecht in Sachsen-Weimar-Eisenach 1918/19, in: »Jetzt endlich können die Frauen Abgeordnete werden!« Thüringer Parlamentarierinnen und ihre Politik, Hg. v. Thüringer Landtag. Jena, Weimar 2003, S. 119–204.

Bode 1906
Bode, Wilhelm: Die Erhaltung von Alt-Weimar. In: Der Kunstwart. Rundschau über alle Gebiete des Schönen. Monatshefte für Kunst, Literatur und Leben, 19. Jg., Heft 2, Mai 1906, S. 172–178.

Bode 1910
Bode, Wilhelm: Damals in Weimar. Kiepenheuer Verlag, Weimar 1910.

Bojanowski 1901
Bojanowski, Paul von: Großherzog Karl Alexander von Sachsen. München 1901.

Bollenbeck 1999
Bollenbeck, Georg: Tradition, Avantgarde, Reaktion. Deutsche Kontroversen um die kulturelle Moderne 1880–1945. Frankfurt a. M. 1999.

Bollenbeck 2001
Bollenbeck, Georg: Weimar. In: Deutsche Erinnerungsorte. Bd. 1. Hg. v. Etienne François, Hagen Schulze. München 2001, S. 207–224.

Bollmeyer 2007
Bollmeyer, Heiko: Der steinige Weg zur Demokratie. Die Weimarer Nationalversammlung zwischen Kaiserreich und Republik, Frankfurt a. M., New York 2007.

Borchmeyer 2011
Borchmeyer, Dieter: »das Programm des neuen Weimar«. Liszt, Wagner und die Goethe-Stiftung. In: Jahrbuch der Klassik Stiftung Weimar (2011). Hg. v. Hellmut Th. Seemann, Thorsten Valk, S. 143–154.

Borrmann 1989
Borrmann, Norbert: Paul Schultze-Naumburg 1869–1949. Maler, Publizist, Architekt. Vom Kulturreformer der Jahrhundertwende zum Kulturpolitiker im Dritten Reich, ein Lebens- und Zeitdokument. Essen 1989.

Brandt 1993
Brandt, Susanne: Kriegssammlungen im Ersten Weltkrieg. Denkmäler oder Laboratoires d'histoire? In: Gerhard Hirschfeld, Gerd Krumeich, Irina Renz (Hg.): »Keiner fühlt sich hier mehr als Mensch …«. Erlebnis und Wirkung des Ersten Weltkriegs. Essen 1993.

Breuer 2008
Breuer, Stefan: Die Völkischen in Deutschland. Kaiserreich und Weimarer Republik. Darmstadt 2008.

Brocke 1985
Brocke, Bernhard vom: Wissenschaft und Militarismus. Der Aufruf der 93 »An die Kulturwelt!« und der Zusammenbruch der internationalen Gelehrtenrepublik im Ersten Weltkrieg. In: Wilamowitz nach 50 Jahren. Hg. v. William M. Calder, Hellmut Flashar, Theodor Lindken. Darmstadt 1985, S. 649–719.

Bruendel 2003
Bruendel, Steffen: Volksgemeinschaft oder Volksstaat. Die »Ideen von 1914« und die Neuordnung Deutschlands im Ersten Weltkrieg. Berlin 2003.

Bryce 1916
Bryce, James: Opening Address, in: The International Crisis: The Theory of the State. Lectures delivered in February and March 1916 by Louise Creighton et. al., Oxford University press 1916, S. 1–8.

Budde 1918
Budde, Gerhard: Rudolf Eucken als Herold des Deutschtums. In: Deutsches Volkstum 20 (1918), S. 1–5.

Carl Alexander, Briefe 1932
Großherzog Carl Alexander und Fanny Lehwald-Stahr in ihren Briefen 1848–1889. 2 Bde. Hg. u. eingeleit. v. Rudolf Göhler. Bd 1. Berlin 1932.

Châtellier 1996
Châtellier, Hildegard: Friedrich Lienhard. In: Handbuch zur »Völkischen Bewegung« 1871–1918. Hg. v. Uwe Puschner, Walter Schmitz, Justus H. Ulbricht. München 1996, S. 114–130.

Châtellier 2002
Châtellier, Hildegard: Verwerfung der Bürgerlichkeit. Wandlungen des Konservatismus am Beispiel Paul Ernsts. Würzburg 2002.

Claß 1920
Claß, Heinrich: Des deutschen Volkes Wiedergeburt. In: Deutschvölkisches Jahrbuch. Hg. mit Unterstützung deutschvölkischer Verbände v. Georg Fritz. Bd. 1, S. 49–53.

Conze/Matthias 1969
Conze, Werner, Erich Matthias (Hg.): Quellen zur Geschichte des Parlamentarismus und der politischen Parteien. Im Auftrag der Kommission für Geschichte des Parlamentarismus und der politischen Parteien. Erste Reihe. Von der konstitutionellen Monarchie zur parlamentarischen Republik. Band 6/II. Die Regierung der Volksbeauftragten 1918/19. Zweiter Teil. Düsseldorf 1969.

Craig 1905
Craig, Edward Gordon: Die Kunst des Theaters. Übers. u. eingel. von Maurice Magnus. Mit einem Vorwort von Harry Graf Kessler. Seemann Verlag, Leipzig, Berlin u. a. 1905.

Dann 2001
Dann, Otto: Schiller. In: Deutsche Erinnerungsorte. Bd. 3. Hg. v. Etienne François, Hagen Schulze. München 2001, S. 171–186.

Dathe 2000
Dathe, Uwe: Der Philosoph bestreitet den Krieg. Rudolf Euckens politische Publizistik während des Ersten Weltkrieges, in: Herbert Gottwald/Matthias Steinbach (Hg.): Zwischen Wissenschaft und Politik. Studien zur Jenaer Universität im 20. Jahrhundert, Jena/Quedlinburg: Bussert & Stadeler 2000, S. 47–64.

Demandt 2003
Demandt, Philipp: Luisenkult. Die Unsterblichkeit der Königin von Preußen. Köln, Weimar, Wien 2003.

Der Krieg der Geister 1915
Der Krieg der Geister. Eine Auslese deutscher und ausländischer Stimmen zum Weltkriege 1914. Hg. v. Hermann Kellermann. Vereinigung Heimat und Welt, Duncker Verlag. Weimar 1915.

Die Bibel
Die Bibel oder die ganze Heilige Schrift des Alten und Neuen Testaments nach der deutschen Übersetzung D. Martin Luthers. Hg. v. Julius Kurth und Hermann Leberecht Strack, Deutsche Bibelgesellschaft. Berlin, Leipzig 1902.

Diederichs 1913
Die Kulturbewegung Deutschlands im Jahre 1913. Ein Verzeichnis der Neuerscheinungen des Verlages Eugen Diederichs. Jena, Dezember 1913.

Diederichs 1914
Der heilige Krieg. Gedichte aus dem Beginn des Kampfes. (= Tat-Bücher für Feldpost, 1), Eugen Diederichs Verlag, Jena 1914.

Diederichs 1915/20
Diederichs, Eugen: Organisation der Kulturpolitik [Mai 1915]. In: Ders.: Politik des Geistes. Jena 1920, S. 15–23.

Diederichs 1916a
Zur Neuorientierung der deutschen Kultur nach dem Kriege. Richtlinien in Gestalt eines Bücher-Verzeichnisses des Verlages Eugen Diederichs, Jena 1916.

Diederichs 1916b
Diederichs, Eugen: Vaterländische Gesellschaften. In: Die Tat. Monatsschrift für die Zukunft deutscher Kultur 8 (1916/17), H. 5 [August 1916], S. 385–397.

Diederichs 1918/20
Diederichs, Eugen: Das Völkische [März 1918]. In: Ders.: Politik des Geistes. Jena 1920, S. 10–12.

Diederichs 1920
Diederichs, Eugen: Politik des Geistes [Gesammelte Aufsätze]. Jena 1920.

Diederichs Verlag 1914/15
Lektüre für Soldaten (Werbezettel des Eugen Diederichs Verlag, 1914/15).

Dietrich/Post 2006
Dietrich, Werner, Bernahrd Post: Herrscher in der Zeitenwende. Wilhelm Ernst von Sachsen-Weimar-Eisenach 1876–1923. Jena 2006.

Dmitrieva 2004
Dmitrieva, Katja: Auf den Spuren von Carl Alexander in russischen Archiven. In: Lothar Ehrlich, Justus H. Ulbricht (Hg.): Carl Alexander von Sachsen-Weimar-Eisenach. Erbe, Mäzen und Politiker. Köln, Weimar, Wien 2004, S. 247–262.

DNV 1920
Verhandlungen der verfassungsgebenden Deutschen Nationalversammlung, Band 326, Berlin: Norddeutsche Buchdruckerei und Verlags-Anstalt, 1920.

Domagala 1994
Domagala, Rosemarie (Hg.): Morgen-imbiss an des Lantgraven hove. Gastlichkeit auf der Wartburg. Eisenach 1994.

Dorrmann 1999
Dorrmann, Michael: »Aber nicht nach Potsdam sind wir ausgewandert, sondern nach Weimar«. Die Nationalversammlung in Weimar 1919, in: Dorrmann, Michael, Wilderotter, Hans (Hg.): Wege nach Weimar. Auf der Suche nach der Einheit von Kunst und Politik. Eine Ausstellung des Freistaats Thüringen in Zusammenarbeit mit dem Deutschen Historischen Museum Berlin, Ausstellungshalle im Thüringer Landesverwaltungsamt Weimar, 6. 2. bis 30. 4. 1999, Berlin: Jovis, 1999, S. 21–40.

DSB Werbeheft, 1907
Deutscher Schillerbund zur Veranstaltung Regelmäßiger Nationalfestspiele für die Deutsche Jugend am Weimarischen Hoftheater, Werbeheft. Hg. v. Deutscher Schillerbund. Weimar 1907.

DSB Werbeheft, 1912
Deutscher Schillerbund zur Veranstaltung Regelmäßiger Nationalfestspiele für die Deutsche Jugend am Weimarischen Hoftheater, Werbeheft. Hg. v. Deutscher Schillerbund. Weimar 1912.

Easton 2005
Easton, Laird M.: Der rote Graf. Harry Graf Kessler und seine Zeit. Stuttgart 2005.

Eberle 1996
Eberle, Matthias: Max Liebermann 1847–1935. Werkverzeichnis der Gemälde und Ölstudien. Bd. 2. München 1996.

Ebert 1926
Ebert, Friedrich: Rede vor der verfassunggebenden Deutschen Nationalversammlung. In: Ders.: Schriften, Aufzeichnungen, Reden. Mit unveröffentlichten Erinnerungen aus dem Nachlaß. Bd. 2. Dresden 1926.

Eggeling 1911
Eg. (d. i. Otto Eggeling): Gemäldeausstellung der neuen Künstlervereinigung München im Museum am Karlsplatz. In: WLZD, 63. Jg., Nr. 241, 2.9.1911.

Egger-Lienz 1912
Egger-Lienz, Albin: Monumentale Kunst. In: WLZD Jg. 64, Nr. 189, 11.7.1912.

Ehrlich/John 1998
Ehrlich, Lothar, Jürgen John (Hg.): Weimar 1930. Politik und Kultur im Vorfeld der NS-Diktatur. Köln, Weimar, Wien 1998, S. IX–XV.

Ehrlich/Ulbricht 2004
Ehrlich, Lothar, Justus H. Ulbricht (Hg.): Carl Alexander von Sachsen-Weimar-Eisenach. Erbe, Mäzen und Politiker. Köln, Weimar, Wien 2004.

Ernst 1918
Ernst, Paul: Gesammelte Werke. Bd. 13: Der Zusammenbruch des deutschen Idealismus. An die Jugend. 2. Aufl. München 1918.

Eucken 1890
Eucken, Rudolf: Die Lebensanschauungen der großen Denker. Eine Entwickelungsgeschichte des Lebensproblems der Menschheit von Plato bis auf Gegenwart. Leipzig 1890.

Eucken 1908
Eucken, Rudolf: Der Sinn und der Wert des Lebens. Quelle & Meyer, Leipzig 1908.

Eucken 1909
Eucken, Rudolf: Zur Einführung. In: Johann Gottlieb Fichte, Reden an die deutsche Nation. Insel Verlag, Leipzig 1909.

Eucken 1914a
Eucken, Rudolf: Die weltgeschichtliche Bedeutung des deutschen Geistes (= Der deutsche Krieg, politische Flugschriften, Heft 8), Dt.-Verlags-Anstalt, Stuttgart, 1914.

Eucken 1914b
Eucken, Rudolf: Zum Gedächtnis Fichtes († 29. Januar 1814). In: Der Türmer. Monatsschrift für Gemüt und Geist 26 (1914), H. 5 [Februar 1914], S. 665–669.

Eucken 1918
Eucken, Rudolf: Mensch und Welt. Eine Philosophie des Lebens, Leipzig: Quelle und Meyer, 1918.

Eucken 1919
Eucken, Rudolf: Deutsche Freiheit. Ein Weckruf, Leipzig: Quelle und Meyer, 1919.

Eucken, 1921
Eucken, Rudolf: Lebenserinnerungen. Ein Stück deutschen Lebens. Koehler, Leipzig 1921.

Facius 1978
Facius, Friedrich: Politische Geschichte von 1828 bis 1945. In: Hans Patze, Walter Schlesinger (Hg.): Geschichte Thüringens. 6 Bde. Hier Bd. 5.2 Politische Geschichte in der Neuzeit. Köln, Wien 1978.

Flasch 2000
Flasch, Kurt: Die geistige Mobilmachung: Die deutschen Intellektuellen und der Erste Weltkrieg. Ein Versuch. Berlin 2000.

Föhl 2010
Föhl, Thomas: Henry van de Velde. Architekt und Designer des Jugendstils. Weimar 2010.

Föhl 2013
Föhl, Thomas (Hg.): Von Beruf Kulturgenie und Schwester. Harry Graf Kessler und Elisabeth Förster-Nietzsche. Der Briefwechsel 1895–1935. 2 Bde. Weimar 2013.

Föhl 2013.I
Föhl, Thomas (Hg.): Von Beruf Kulturgenie und Schwester. Harry Graf Kessler und Elisabeth Förster-Nietzsche. Der Briefwechsel 1895–1935. Bd. I. Weimar 2013.

Föhl 2013.II
Föhl, Thomas (Hg.): Von Beruf Kulturgenie und Schwester. Harry Graf Kessler und Elisabeth Förster-Nietzsche. Der Briefwechsel 1895–1935. Bd. II. Weimar 2013.

Friedensbedingungen 1919
Die Friedensbedingungen der Alliierten und assoziierten Regierungen. Mit Einleitung, Anhang und Sachregister. Berlin 1919.

Fries 1995
Fries, Helmut: Die große Katharsis. Der Erste Weltkrieg in der Sicht deutscher Dichter und Gelehrter. 2 Bde. Hier Bd. 2: Euphorie – Entsetzen – Widerspruch. Die Schriftsteller 1914–1918. Konstanz 1995.

Frings 1982
Frings, Manfred S. (Hg.): Max Scheler. Politisch-Pädagogische Schriften. Bern, München 1982.

Fritsche 2012
Fritsche, Lutz: Die Orden und Ehrenzeichen des Großherzogtums Sachsen-Weimar-Eisenach 1815–1918. Ilmenau 2012.

Fuchs 1986
Fuchs, Ulrike: Der Bildhauer Adolf Donndorf. Leben und Werk. Stuttgart 1986.

Fulda 1916
Fulda, Ludwig: Deutsche Kultur und Ausländerei. Hirzel, Leipzig 1916.

Füllkrug 1916
Füllkrug, Gerhard: Faust und der Weltkrieg. Für alle, die mit dem Faust in den Krieg gezogen sind. (= Vom Tage. Worte an das deutsche Haus). Schwerin 1916.

Funke 1999
Funke, Cornelia Caroline: »Im Verleger verkörpert sich das Gesicht seiner Zeit«. Unternehmensführung und Programmgestaltung im Gustav Kiepenheuer Verlag 1909 bis 1944. Wiesbaden 1999.

Gaertringen 2014
Gaertringen, Julia Freifrau Hiller von (Hg.): Kriegssammlungen 1914–1918. Frankfurt a. M. 2014.

Gantner 1970
Gantner, Hildegard: Hans Olde 1855–1917. Leben und Werk. Diss. phil. Tübingen 1970.

Gedächtnisfeier zur Friedenssonnenwende 1919
Gedächtnisfeier zur Friedenssonnenwende auf den Hohen Leeden 1919, Jena 1919.

Geibel 1871
Geibel, Emanuel: Heroldsrufe. Aeltere und neuere Gedichte. Stuttgart 1871.

Gibas/Haufe 2002
Gibas, Monika, Rüdiger Haufe (Hg.): Mythen der Mitte. Regionen als nationale Wertezentren. Konstruktionsprozesse und Sinnstiftungskonzepte im 19. und 20. Jahrhundert. Weimar 2002.

Giercke 1914
Giercke, Otto von: Krieg und Kultur. Rede am 18. September 1914. In: Deutsche Reden in schwerer Zeit. Hg. von der Zentralstelle für Volkswohlfahrt und dem Verein für volkstümliche Kurse von Berliner Hochschullehrern. Bd. 1. Berlin 1915, S. 75–101.

Gleichen-Russwurm 1909
Gleichen-Russwurm, Alexander von: Schiller als ästhetischer Erzieher. In: 57. Flugschrift zur ästhetischen Kultur des Dürer-Bundes. München 1909.

Goege 1991
Goege, Thomas: Kunstschutz und Propaganda im Ersten Weltkrieg. Paul Clemen als Kunstschutzbeauftragter an der Westfront. In: Paul Clemen. Zur 125. Wiederkehr seines Geburtstages. Köln, Kevelaer 1991, S. 149 – 168.

Goetz 1936
Goetz, Wolfgang: Fünfzig Jahre Goethe-Gesellschaft. Schriften der Goethe-Gesellschaft. Im Auftrage des Vorstandes des Vorstandes hg. v. Julius Petersen, Hans Wahl. 49. Bd. Weimar 1936.

Grass 2001
Grass, Jochen: Ein thüringischer Vermittler europäischer Dimensionen – zum 101 Todestag des Großherzogs Carl Alexander von Sachsen am 5.1.2002. In: Blätter für deutsche Landesgeschichte Bd. 137 (2001), S. 117 – 134.

Gray 1971
Hans Richter by Hans Richter. Ed. by Cleve Gray. New York, Chicago. San Francisco 1971, S. 21 – 33.

Grebe 2009
Anja Grebe: »Dürer als Führer«. Zur Instrumentalisierung Albrecht Dürers in völkischen Kreisen. In: Uwe Puschner, G. Ulrich Großmann (Hg): Völkisch und national. Zur Aktualität alter Denkmuster im 21. Jahrhundert. Darmstadt 2009.

Greiling/Hahn 2003
Greiling, Werner, Hans-Werner Hahn (Hg.): Bismarck in Thüringen. Politik und Erinnerungskultur in kleinstaatlicher Perspektive. Rudolstadt 2003.

Gries 1996
Gries, Christian: Johannes Molzahn (1892 – 1965) und der ›Kampf um die Kunst‹ im Deutschland der Weimarer Republik. Masch.-Diss. Augsburg 1996.

Grimm 1983
Grimm, Rolf: Werkverzeichnis des Bildhauers, Malers und Dichters Professor Gustav Heinrich Eberlein. Hemmingen 1983.

Gropius 1919
Gropius, Walter: Manifest und Programm des Staatlichen Bauhauses Weimar. 1919.

Grützner 1999
Grützner, Vera: Waldemar von Baußnern (1866 – 1931). Leben und Werk. Kludenbach 1999.

Günther 1996
Günther, Gitta: Weimar. Eine Chronik. Leipzig 1996.

Günther/Huscke/Steiner 1998
Günther, Gitta, Wolfram Huschke, Walter Steiner (Hg.): Weimar. Lexikon zur Stadtgeschichte. 2. verb. Aufl. Weimar 1998.

Haeckel 1915
Haeckel, Ernst: Ewigkeit. Weltkriegsgedanken über Leben und Tod, Religion und Entwicklungslehre. Reimer, Berlin 1915.

Haeckel 1922
Haeckel, Ernst: Der Monismus als Band zwischen Religion und Wissenschaft: Glaubensbekenntnis eines Naturforschers. 17. Aufl. Leipzig 1922.

Hahn 1999
Hahn, Hans-Werner: Fortschrittshindernis oder Motor des Wandels? Die thüringische Kleinstaatenwelt im 19. Jahrhundert. In: Vom Königreich der Thüringer zum Freistaat Thüringen. Hg. v. Thüringer Landtag und der Historischen Kommission für Thüringen. Erfurt 1999, S. 69 – 92.

Hamm/Küster 1990
Hamm, Ulrike, Bernd Küster: Fritz Mackensen 1866 – 1953. Worpswede 1990.

Haufe 2008
Haufe, Rüdiger: Das Reichsehrenmal. Erfurt 2008.

Hauptmann 1914
Gerhart Hauptmann. Tagebücher 1914 – 1918. Hg. v. Peter Sprengel Berlin 1997.

Hecht 2005
Hecht, Christian: Streit um die richtige Moderne. Henry van de Velde, Max Littmann und der Neubau des Weimarer Hoftheaters. Weimar 2005.

Heidler 1998
Heidler, Irmgard: Der Verleger Eugen Diederichs und seine Welt. Wiesbaden 1998.

Henkel 2011
Henkel, Jens: Max Thalmann. Graphiker und Buchkünstler. Rudolstadt 2011.

Herfurth/Klauß/Klee 2012
Herfurth, Dietrich, Jochen Klauß, Jürgen Klee (Hg.): Im Zeichen des Weissen Falken. Sachsen-Weimar-Eisenach im Lichte seiner Orden und Ehrenzeichen. Berlin 2012.

Hess 1967
Hess, Ulrich: Das Staatsministerium des Großherzogtums und Freistaates Sachsen-Weimar-Eisenach 1849 – 1920. Dritter Teil 1899 – 1922. Weimar 1967, (masch. Manuskript ThHStA Weimar).

Hess 1975
Hess, Ulrich: Vom Beginn der kapitalistischen Produktionsverhältnisse bis zum Jahr 1917. In: Geschichte der Stadt Weimar. Hg. v. Gitta Günther, Lothar Wallraf. Weimar 1975, S. 338 – 512.

Hess 1991
Hess, Ulrich: Geschichte Thüringens 1866 – 1914. Aus dem Nachlass hg. v. Volker Wahl. Weimar 1991.

Heymann 1907
Heymann, Lida Gustava: Frauenstimmrecht, eine Forderung der Gerechtigkeit! Frauenstimmrecht, eine Forderung sozialer Notwendigkeit! Frauenstimmrecht eine Forderung der Kultur. Kastner & Callwey, München 1907.

Hillebrand 1978
Hillebrand, Bruno (Hg.): Nietzsche und die deutsche Literatur. 2 Bde. München/Tübingen 1978. Bd. 1: Texte zur Nietzsche-Rezeption 1873 – 1963. München, Tübingen 1978.

Hirschfeld/Krumeich 2013
Hirschfeld, Gerhard, Gerd Krumeich: Deutschland im Ersten Weltkrieg. Frankfurt a. M. 2013.

Hobsbawm/Ranger 1993
Hobsbawm, Eric, Terence Ranger (Hg.): The Invention of Tradition. Cambridge 1993.

Hoeres 2004
Hoeres, Peter: Krieg der Philosophen. Die deutsche und die britische Philosophie im Ersten Weltkrieg. Paderborn u. a. 2004.

Hofer 2005
Hofer, Sigrid: Reformarchitektur 1900 – 1918. Deutsche Baukünstler auf der Suche nach dem nationalen Stil. Stuttgart 2005.

Hoffmann 1915
Hoffmann, Karl: Das deutsche Kulturgefühl. In: Eugen Diederichs, Karl Hoffmann (Hg.): Die Tat. Eine Monatsschrift 6 (1914/15), H. 6/12 [September 1914 bis März 1915], S. 561 – 567.

Hofstaetter 2007
Hofstaetter, Constanze: Karl Peter Röhl und die Moderne. Petersberg 2007.

Hoßfeld/Nöthlich/Olsson 2005
Hoßfeld, Uwe, Rosemarie Nöthlich, Lennart Olsson: Wissenschaftspolitik international. Ernst Haeckel und der Nobelpreis für Literatur 1908. In: »Klassische Universität« und »akademischen Provinz«. Die Universität Jena von der Mitte des 19. bis in die 30er Jahre des 20. Jahrhunderts. Hg. v. Matthias Steinbach, Stefan Gerber. Jena 2005, S. 97 – 102.

Hübinger 1996
Hübinger, Gangolf: Eugen Diederichs' Bemühungen um die Grundlegung einer neuen Geisteskultur (Anhang: Protokoll der Lauensteiner Kulturtagung von Pfingsten 1917). In: Wolfgang J. Mommsen (Hg.): Kultur und Krieg. Die Rolle der Intellektuellen, Künstler und Schriftsteller im Ersten Weltkrieg. München 1996, S. 259 – 274.

Hürlimann 1976
Hürlimann, Bettina: Sieben Häuser. Aufzeichnungen einer Bücherfrau. Zürich, München 1976.

Huschke 2010
Huschke, Wolfram: Franz Liszt. Wirken und Wirkungen in Weimar. Weimar 2010.

Im Kampf um die Kunst 1911
Im Kampf um die Kunst. Die Antwort auf den »Protest deutscher Künstler«. Mit Beiträgen deutscher Künstler, Galerieleiter, Sammler und Schriftsteller. Piper Verlag, München 1911.

J. u. W. von Ungern-Sternberg 1996
Ungern-Sternberg, Jürgen von, Wolfgang von Ungern-Sternberg: Der Aufruf »An die Kulturwelt«! Das Manifest der 93 und die Anfänge der Kriegspropaganda im Ersten Weltkrieg. Stuttgart 1996.

Jacobs 2007
Jacobs, Grit: Kaiserkunst auf der Wartburg. Das Glasmosaik in der Elisabethkemenate. In: Elisabeth von Thüringen – eine europäische Heilige. 2 Bde. Hg. v. Dieter Blume, Matthias Werner. Bd. 2.: Aufsätze. Petersberg 2007, S. 566 – 582.

Jeddeloh-Sayk 1986
Jeddeloh-Sayk, Almuth zu: Studien zu Leben und Werk von Carl Vinnen (1863 – 1922) unter besonderer Berücksichtigung des »Protestes deutscher Künstler« von 1911. Diss. phil. Bonn 1986.

John 1996
John, Jürgen: Die Thüringer Kleinstaaten – Entwicklungs- oder Beharrungsfaktoren? In: Blätter für deutsche Landesgeschichte Bd. 132 (1996), S. 91 – 149.

Jünger 1928
Jünger, Ernst (Hg.): Die Unvergessenen. Berlin, Leipzig 1928.

Kähler 1916
Kähler, [Heinrich]: Eugen Diederichs Vaterländische Gesellschaften. In: Die Tat. Monatsschrift für die Zukunft deutscher Kultur, 8. Jg., H. 5, (August 1916), S. 385 – 399.

Kaiser-Wilhelm-Bibel
Kaiser-Wilhelm-Bibel oder die ganze Heilige Schrift des Alten und Neuen Testaments nach der deutschen Übersetzung D. Martin Luthers. Hg. v. Julius Kurth, Hermann Leberecht Strack. Leipzig: Verlag der Deutschen Bibelgesellschaft, 16. Aufl., 1914.

Kampffmeyer 1918
Kampffmeyer, Hans: Friedensstadt. Ein deutsches Kriegsdenkmal, Eugen Diederichs Verlag, Jena 1918.

Kamzelak/Ott 2004 – 2010
Harry Graf Kessler: Das Tagebuch 1880 – 1937. Hg. v. Roland S. Kamzelak, Ulrich Ott. Stuttgart 2004 – 2010. 9 Bde. Stuttgart 2004.

Kemper 2011
Kemper, Claudia: Das »Gewissen« 1919 – 1925. Kommunikation und Vernetzung der Jungkonservativen. München 2011.

Kessler 1921
Kessler, Harry Graf von: Krieg und Zusammenbruch. Aus Feldpostbriefen 1914 – 18. Cranach Presse, Weimar 1921.

Kessler, Gesammelte Schriften 1988
Harry Graf Kessler: Gesichter und Zeiten. Erinnerungen. In: Ders.: Gesammelte Schriften. 3 Bde. Hg. v. Cornelia Blasberg, Gerhard Schuster. Hier Bd. 1. Frankfurt a. M. 1988.

Kiepenheuer 1916
Die Bücher des Verlages Gustav Kiepenheuer. Kiepenheuer Verlag, Weimar 1916 [illustrierter Verlagskatalog].

Kirschl 1996
Kirschl, Wilfried: Albin Egger-Lienz 1868 – 1926. Das Gesamtwerk. 2 Bde. Bd. 1.: Leben und Werk. Wien, München 1996.

Klauß 2012
Klauß, Jochen: Die ersten Direktoren des Goethe-Nationalmuseums: Ruland – Koetschau – von Oettingen. In: Die Pforte 11. Hg. v. Dieter Höhnl, Jochen Klauß im Auftrag des Freundeskreises des Goethe-Nationalmuseums e.V. Weimar 2012, S. 8 – 19.

Klein 1913
Klein, Tim: Die Befreiung 1813 . 1814 . 1815. Urkunden, Berichte, Briefe mit geschichtlichen Verbindungen. Ebenhausen b. München 1913.

Klein/Raff 2009
Klein, Ulrich, Albert Raff: Darstellungen von Friedrich Schiller auf Münzen, Medaillen, Plaketten und Kleinreliefs. Hg. v. Württembergischen Verein für Münzkunde e.V. Stuttgart 2009.

Kloß 1917
Kloß, Max: Potsdam und Weimar, die Wurzeln deutscher Kraft. Festrede, gehalten bei der Kaiser-Geburtstagsfeier am 26. Januar 1917, in der Technischen Hochschule zu Berlin. Berlin 1917.

König 1914
König, Karl: Sechs Kriegspredigten. Eugen Diederichs Verlag, Jena 1914.

König 1915
König, Eberhard: Goethe und das Heroische. In: Bühne und Welt. Monatsschrift für das deutsche Kunst- und Geistesleben, 17 (1915), Nr. 7 (Juliheft), S. 315 – 318.

Kösling 1996
Kösling, Peer: Geburtshelfer am schöpferisch Neuen. In: Versammlungsort moderner Geister. Der Kulturverleger Eugen Diederichs und seine Anfänge in Jena. Hg. v. Jenaer Kunstsammlung und Gedenkstätte der Deutschen Frühromantik. Ausst. Kat. Romantikerhaus Jena. München 1996, S. 51 – 83.

Kostka 2000
Kostka, Alexandre: Eine unzeitgemäße Gabe für Weimar. Das Projekt eines Nietzsche-Tempels von Harry Graf Kessler und Henry van de Velde. In: »ihr kinderlein kommet…« Henry van de Velde: ein vergessenes Projekt für Friedrich Nietzsche. Hg. v. Thomas Föhl. Ostfildern-Ruit 2000.

Kott 2006
Kott, Christina: Préserver l'art de l'ennemi? Le patrimoine artistique en Belgique et en France occupées, 1914 – 1918. Brüssel u. a. 2006.

Kott, 1997
Kott, Christina: Die deutsche Kunst- und Museumspolitik im besetzten Nordfrankreich im Ersten Weltkrieg – zwischen Kunstraub, Kunstschutz, Propaganda und Wissenschaft. In: Kritische Berichte 25/2 (1997), S. 5 – 24.

Kranich 2010
Kranich, Sebastian: Die Nation im Lutherdenkmal vor der Dresdner Frauenkirche. Ein Streit um Luthers Kopf. In: Reichsgründung 1871. Ereignis – Beschreibung – Inszenierung. Hg. v. Michael Fischer, Christian Senkel, Klaus Tanner. Münster 2010, S. 139 – 163.

Kraus 1914
Kraus, Karl: In dieser großen Zeit. In: Die Fackel 26 (1914), Nr. 404 [5. Dezember 1914], S. 1 – 19.

Kremers 1914
Kremers, Hans: Freischarchronik. [1914], NL Wilhelm Flintner.

Kugler 2003
Kugler, Michael: Jaques-Dalcroze, Émile. In: Die Musik in Geschichte und Gegenwart. Zweite, neubearb. Ausgabe. Hg. v. Ludwig Finscher. 9. Bd.: Personenteil. Kassel u. a. 2003, Sp. 936 – 940.

Lang 1993
Lang, Hans-Joachim: England als Erzfeind in der deutschen Kriegsdichtung 1914 – 1915. In: Intimate Enemies. English und German Literary Reactions to the Great War 1914 – 1918. Ed. by Franz Karl Stanzel, Martin Löschnigg. Heidelberg 1993, S. 201 – 221.

Langbehn 1890
Von einem Deutschen [Julius Langbehn]: Rembrandt als Erzieher. Leipzig 1890.

Lenger 1994
Lenger, Friedrich : Werner Sombart 1863 – 1941. Eine Biographie. München 1994.

Lienhard 1900
Lienhard, Friedrich: Los von Berlin? In: ders.: Die Vorherrschaft Berlins [1900]. In: ders.: Gesammelte Werke in drei Reihen. Dritte Reihe. Gedankliche Werke in sechs Bänden. Erster Band: Neue Ideal – Türmer-Beiträge. Stuttgart 1926.

Lienhard 1905
Lienhard, Friedrich: Wieland der Schmied. Dramatische Dichtung, mit einer Einleitung über Bergtheater und Wielandsage. Greiner & Pfeiffer 1905.

Lienhard 1907
Lienhard, Friedrich: Das Harzer Bergtheater. Greiner & Pfeiffer, Stuttgart 1907.

Lienhard 1909
Lienhard, Friedrich: Das Klassische Weimar. Quelle & Meyer, Leipzig 1909.

Lienhard 1910
Lienhard, Friedrich: Thüringer Tagebuch. 2. Aufl. Greiner & Pfeiffer, Stuttgart 1910.

Lienhard 1911
Lienhard, Friedrich: Wege Nach Weimar. Beiträge zur Erneuerung des idealismus. 6. Bd.: Goethe. 2., neu gestalt. Aufl.. Greiner & Pfeiffer, Stuttgart 1911.

Lienhard 1913a
Lienhard, Friedrich: Neue Ideale nebst Vorherrschaft Berlins. Greiner & Pfeiffer, Stuttgart 1913.

Lienhard 1913b
Lienhard, Friedrich: Deutschlands geistige Mission. In: Bühne und Welt 16 (1913/14), Nr. 23, S. 461–467.

Lienhard 1914
Lienhard, Friedrich: Deutschlands europäische Sendung. Greiner & Pfeiffer, Stuttgart 1914.

Lienhard 1915
Lienhard, Friedrich: Heldentum und Liebe. (= Die farbigen Heftchen der Waldorf-Astoria). Stuttgart 1915.

Lienhard 1916
Lienhard, Friedrich: Weltkrieg und Elsaß-Lothringen. Siegismund, Berlin 1916.

Lienhard 1916/1917
Lienhard, Friedrich: Geschichte der deutschen Dichtung. Eine kurze Literaturgeschichte (Wissenschaft und Bildung. Einzeldarstellungen aus allen Gebieten des Wissens, 150). Leipzig 1917 [3. Aufl., zuerst 1916].

Lienhard 1917
Lienhard, Friedrich: Deutsche Dichtung in ihren geschichtlichen Grundzügen. Quelle & Meyer, Leipzig 1917.

Lienhard 1920
Lienhard, Friedrich: Reichsbeseelung. 1. Wartburg und Weimar. In: Ders.: Der Meister der Menschheit. Beiträge zur Beseelung der Gegenwart. Bd. 3. Greiner & Pfeiffer, Stuttgart 1920, S. 21–39.

Lingelbach 2005
Lingelbach, Gerhard: Eduard Rosenthal (1859–1926). Rechtsgelehrter und »Vater« der Thüringer Verfassung von 1920/21. Jena, Weimar 2005.

Lissauer 1916
Lissauer, Ernst: Der brennende Tag. Berlin o. J. [1916].

Littmann 1908
Littmann, Max: Das Grossherzogliche Hoftheater in Weimar. Denkschrift zur Feier der Eröffnung. München 1908.

Litzmann 1914
Litzmann, Berthold: Ernst von Wildenbruch und der nationale Gedanke. Rede am 26. November 1914. In: Deutsche Reden in schwerer Zeit. Hg. von der Zentralstelle für Volkswohlfahrt und dem Verein für volkstümliche Kurse von Berliner Hochschullehrern. Zweiter Band. Berlin 1915, S. 1–30.

Lublinski 1914
Lublinski, Samuel: Nachgelassene Schriften. Müller Verlag, München 1914.

Mainholz 1995
Mainholz, Mathias: Leutnant Dehmel – Eine Polemik. In: WRWlt – o Urakord. Die Welt des Richard Dehmel. Ausst.Kat. Hg. von Sabine Henning, Annette Laugwitz, Mathias Mainholz u. a. Herzberg 1995, S. 147–200.

Mann 1997
Mann, Thomas: Königliche Hoheit. Frankfurt a. M. 1997.

Mann, Gedanken im Kriege, 1968
Mann, Thomas: Gedanken im Kriege. In: Ders.: Politische Schriften und Reden. 3 Bde. hg. v. Hans Bürgin. Frankfurt a. M. 1968. Hier Bd. 2, S. 7–20.

Mattenklott 1999
Mattenklott, Gert: Das Neue im Alten: George, Jünger und Benn, In: Der neue Mensch. Obsessionen des 20. Jahrhunderts. Hg. v. Nicola Lepp, Martin Roth, Klaus Vogel. Ausst. Kat. Deutsches Hygiene-Museum Dresden. Ostfildern-Ruit 1999, S. 27–35.

Maurenbrecher 1917
Maurenbrecher, Max: Der Krieg als Ausgangspunkt einer deutschen Kultur. In: Die Tat. Monatsschrift für die Zukunft deutscher Kultur 9 (1917), H. 2 [Mai 1917], S. 97–107.

Meier 2014
Meier, Jörg: Kesslers Klassiker. Porgrammatik und Gestaltung der Wilhelm Ernst-Ausgabe. In: Ilm-Kakanien. Weimar am Vorabend des Ersten Weltkriegs. Jahrbuch der Klassik Stiftung Weimar (2014). Hg. v. Franziska Bomski, Hellmut Th. Seemann, Thorsten Valk. Göttingen 2014, S. 281–293.

Meinecke 1979
Meinecke, Friedrich: Politische Schriften und Reden. Hg. v. Georg Kotowski, 4. Aufl. Darmstadt 1979.

Mende 2003
Mende, Bernd: Feldherr des Geistes. Das Denkmal für Großherzog Carl August von Sachsen-Weimar-Eisenach. In: Vor-Reiter Weimars. Die Großherzöge Carl August und Carl Alexander im Denkmal. Jena 2003, S. 98–181.

Meyer 1975
Meyer, Jochen (Hg.): Briefe an Ernst Hardt. Eine Auswahl aus den Jahren 1898–1947. In Verbindung mit Tilla Goetz-Hardt. Marbach 1975.

Misch 1914
Misch, Georg: Vom Geist des Krieges und des deutschen Volkes Barbarei. In: Tat-Flugschriften [September] 1914. Eugen Diedierichs Verlag, Jena 1914.

Mommsen 1996
Mommsen, Wolfgang J. (Hg.): Kultur und Krieg: Die Rolle der Intellektuellen, Künstler und Schriftsteller im Ersten Weltkrieg. München 1996.

Mommsen 2000
Mommsen, Wolfgang J.: Wissenschaft und Krieg. Die Preußische Akademie der Wissenschaften in den beiden Weltkriegen. In: Ders.: Bürgerliche Kultur und politische Ordnung. Künstler, Schriftsteller und Intellektuelle in der deutschen Geschichte 1830–1933. Frankfurt a. M. 2000, S. 216–239.

Mommsen 2004
Mommsen, Wolfgang J.: Der Erste Weltkrieg. Anfang vom Ende des bürgerlichen Zeitalters. Frankfurt a. M. 2004.

Müller 2014
Müller, Gerhard: Das Ende der europäischen Gelehrtenrepublik. Ernst Haeckel und der August 1914. In: Ilm-Kakanien. Weimar am Vorabend des Ersten Weltkriegs. Jahrbuch der Klassik Stiftung Weimar (2014). Hg. v. Franziska Bomski, Hellmut Th. Seemann, Thorsten Valk. Göttingen 2014, S. 89–100.

Müller-Harang 2009
Müller-Harang, Ulrike: Die Bergung und Wiederbestattung der Relikte 1826/1827. In: Schillers Schädel – Physiognomie einer fixen Idee. Hg. v. Jonas Matsch, Christoph Schmälzle. Ausst. Kat. Klassik Stiftung Weimar. Göttingen 2009, S. 73–89.

Müller-Krumbach 2000
Müller-Krumbach, Renate: »… eine der schönsten überhaupt je gedruckten …« Zur Entstehung der Großherzog Wilhelm Ernst Ausgabe Deutscher Klassiker. In: Vom Ornament zur Linie. Der frühe Insel-Verlag 1899–1924. Hg. v. John Dieter Brinks. Berlin 2000, S. 197–216.

Münkler 2013
Münkler, Herfried: Der große Krieg. Die Welt 1914–1918. Berlin 2013.

Mynona 1916
Mynona [i. e. Salomo Friedlaender]: Schwarz – Weiß – Rot. Grotesken. München 1916.

Neumann 1997
Neumann, Thomas: Völkisch-nationale Hebbelrezeption. Adolf Bartels und die Weimarer Nationalfestspiele. Bielefeld 1997.

Neumann 2012
Neumann, Antje: ›Cher Monsieur et ami.‹ Henry van de Velde und Harry Graf Kessler – Der Briefwechsel (1897–1937). Edition und Kommentar. Unpublizierte Dissertation, Humboldt-Universität zu Berlin. Berlin 2012 (Drucklegung 2014 im Böhlau Verlag).

Neumann 2013
Neumann, Antje: Ein exklusives Interieur, Gewänder wie Tapeten und Goethes Gartenmauer. Henry van de Velde in der Karikatur um 1900. In: Prophet des Neuen Stil. Der Architekt und Designer Henry van de Velde. Jahrbuch der Klassik Stiftung Weimar (2013) Hg. v. Hellmut Th. Seemann, Thorsten Valk. Göttingen 2013, S. 87–100.

Newman 2000
Newman, Lindsay: Gordon Craig: Ein Meister szenischer Anordnung. In: Vom Ornament zur Linie. Der frühe Insel-Verlag 1899–1924. Hg. V. John Dieter Brinks. Berlin 2000, S. 197–216.

Nicolai 1917
Nicolai, Georg Friedrich: Die Biologie des Krieges. Betrachtungen eines deutschen Naturforschers. Orell Füssli, Zürich 1917.

Nietzsche 1887
Nietzsche, Friedrich: Nachgelassene Fragmente. 2. Teil: November 1887 bis Anfang Januar 1889. In: Ders.: Sämtliche Werke. Kritische Studienausgabe [KSA]. Hg. v. Mazzino Montinari, Giorgio Colli. München 1988, Band 13.

Nietzsche 1888
Nietzsche, Friedrich: Ecce Homo. 3: Warum ich so weise bin. In: Ders.: Sämtliche Werke. Kritische Studienausgabe in 15 Bänden. Hg. v. Giorgio Colli, Mazzino Montinari, München 1988, Band 14 [Kommentar zu den Bänden 1–13].

Nietzsche 1999
Nietzsche, Friedrich: Die fröhliche Wissenschaft, § 377. In: Ders.: Sämtliche Werke. Kritische Studienausgabe in 15 Bänden. Hg. v. Giorgio Colli, Mazzino Montinari. Neuausgabe München 1999. Bd. 3 Morgenröte. Idyllen aus Messina. Die Fröhliche Wissenschaft, S. 628–631.

Nietzsche-Archiv 2000
Das Nietzsche-Archiv in Weimar. Mit Beiträgen v. Angelika Emmrich, Thomas Föhl, David Marc Hofmann u. a. München, Wien 2000.

Nissen 1904
Nissen, Momme: Dürer als Führer. In: Der Kunstwart 17 (1904), H. 15, S. 93–102.

Nissen 1912
Momme Nissen: Bildnisse des Rembrandtdeutschen. In: Kunstwart 25.2, Heft 12 (1912), S. 397–401.

Nissen 1914
Nissen, Momme: Der Krieg und die deutsche Kunst. Den kunstliebenden Deutschen beider Kaiserreiche gewidmet. Herder Verlag, Freiburg i.Br. 1914.

Noether 1919
Noether, Erich: Ziele. In: Weimarer Blätter. Zeitschrift des deutschen Nationaltheaters in Weimar. H. 1/2, (1919), S. 3–5.

Norbert 2000
Norbert, Elsner (Hg.): Das ungelöste Welträtsel. Frida von Uslar-Gleichen und Ernst Haeckel. 3 Bde. Hier Bd. 3: Briefe der Familie, Dokumente und Anhang. Göttingen 2000.

Nordalm 1999
Nordalm, Jens: Fichte und der Geist von 1914. Kulturgeschichtliche Aspekte eines Beispiels politischer Wirkung philosophischer Ideen in Deutschland. In: Fichte-Studien. Beiträge zur Geschichte und Systematik der Transzendentalphilosophie (1999), H. 15, S. 211–232.

Oelwein 2013
Oelwein, Cornelia: Theaterbauten. Großherzogliches Hoftheater Weimar. In: Max Littmann. Architekt – Baukünstler – Unternehmer. Hg. v. Peter Weidisch. Ausst. Kat. Altes Rathaus Bad Kissingen. Petersberg 2013, S. 246–252.

Oesterhelt 2014
Oesterhelt, Anja: »Große deutsche Heimat«. Adolf Bartels, die Heimatkunst und Weimar. In: Ilm-Kakanien. Weimar am Vorabend des Ersten Weltkriegs. Jahrbuch der Klassik Stiftung Weimar (2014). Hg. v. Franziska Bomski, Hellmut Th. Seemann, Thorsten Valk. Göttingen 2014, S. 55–71.

Oettingen 1912
Oettingen, Wolfgang von: Goethes Arbeitszimmer und Schlafstube. Für die Freunde des Goethehauses im Jahre 1912. Dietsch & Brückner, Weimar 1912.

Oettingen 1912/13
Oettingen, Wolfgang von: Die völlige Erschließung von Goethes Nachlaß. Hof-Buchdruckerei Weimar. Weimar 1912/13.

Oettingen 1915
Oettingen, Wolfgang von: Richard Engelmanns Goethe-Büste. In: GJb Bd. 2 (1915), S. 227–236.

Opitz 2000
Opitz, Silke: Ein Gentlemankünstler. Leben und Werk des Bildhauers Richard Engelmann (1868–1966). Weimar 2000.

Ott 2014
Ott, Joachim: Das Jenaer Kriegsarchiv. In: Kriegssammlungen 1914–1918. Hg. v. Julia Freifrau Hiller von Gaertringen Frankfurt a. M. 2014.

Pankok 1930
Pankok, Otto: Stern und Blume. Düsseldorf 1930.

Parr 2000
Rudolf Parr: Interdiskursive As-Sociation. Studien zu literarisch-kulturellen Gruppierungen zwischen Vormärz und Weimarer Republik. Tübingen 2000.

Pfemfert 1915
Pfemfert, Franz: Die Deutschsprechung Friedrich Nietzsches. In: Die Aktion. Wochenschrift für Politik, Literatur, Kunst 5 (1915), Nr. 26, S. 320–323.

Piper 2013
Piper, Ernst: Nacht über Europa. Kulturgeschichte des Ersten Weltkriegs, Berlin 2013.

Plagemann 1972
Plagemann, Volker: Bismarck-Denkmäler. In: Denkmäler im 19. Jahrhundert. Deutung und Kritik. Hg. Hans-Ernst Mittig und Volker Plagemann. München 1972, S. 217–252.

Plenge 1915
Plenge, Johann: Der Krieg und die Volkswirtschaft. Münster 1915.

Popp 2005
Popp, Susanne: Artikel »Reger, Max«. In: Die Musik in Geschichte und Gegenwart. Zweite, neubearb. Ausgabe. 26. Bde. Hg. von Ludwig Fincher. Personenteil. Bd. 13. Kassel u. a. 2005, Sp. 1402–1433.

Post 2001
Post, Bernhard: Armin Tille (1870–1941). In: Lebensbilder Thüringer Archivare. Hg. vom Vorstand des Thüringischen Archivarsverbandes. Rudolstadt 2001, S. 242–255.

Post 2010
Post, Bernhard: Von der fürstlichen Kunstschule zur staatlichen Hochschule. In: Frank Simon-Ritz, Klaus-Jürgen Winkler, Gerd Zimmerman (Hg.): Aber wir sind! Wir wollen! Und wir schaffen! Von der Großherzoglichen Kunstschule zur Bauhaus-Universität Weimar, 1860–2010. 2 Bde., Bd. 1: 1860–1945. Weimar 2010, S. 61–80.

Post/Werner 2006
Post, Bernhard/Dietrich Werner: Herrscher in der Zeitenwende. Wilhelm Ernst von Sachsen-Weimar-Eisenach 1876–1923. Jena 2006.

Pöthe 1998
Pöthe, Angelika: Carl Alexander. Mäzen in Weimars »Silberner Zeit«. Köln, Weimar, Wien 1998.

Pöthe 2011
Pöthe, Angelika: Fin de Siècle in Weimar. Moderne und Antimoderne 1885–1918. Köln, Weimar, Wien 2011.

Prange 1991
Prange, Regine: Das Kristalline als Kunstsymbol. Bruno Taut und Paul Klee. Zur Reflexion des Abstrakten in Kunst und Kunsttheorie der Moderne. Hildesheim, New York 1991.

Preuß 1915
Preuß, Hugo: Das deutsche Volk und die Politik. Eugen Diederichs Verlag, Jena 1915.

Puschner/Schmitz/Ulbricht 1996
Puschner, Uwe, Walter Schmitz u. Justus H. Ulbricht (Hg.): Handbuch zur «Völkischen Bewegung" 1871–1918. München 1996.

Range 1999
Range, Annelotte: Zwischen Max Klinger und Karl May. Studien zum zeichnerischen und malerischen Werk von Sascha Schneider. Bamberg 1999.

Reger 1973
Max Reger. Briefe zwischen der Arbeit. Neue Folge. Hg. von Ottmar Schreiber. Bonn 1973.

Reger 1982
Max Reger. Briefe an Fritz Stein. Hg. von Susanne Popp. Bonn 1982, S. 179–185.

Reger 1986
Max Reger. Briefe an Karl Straube. Hg. von Susanne Popp. Bonn 1986.

Reichold 1977
Reichold, Helmut: Bismarcks Zaunkönige. Duodez im 20. Jh., eine Studie zum Föderalismus im Bismarckreich. Paderborn 1977.

Reimers 1999
Reimers, Bettina I.: Der Verleger als Erzieher. Eugen Diederichs und die Thüringer Volksbildungsbewegung. In: Justus H. Ulbricht, Meike G. Werner (Hg.): Romantik, Revolution und Reform. Der Eugen Diederichs Verlag im Epochenkontext 1900–1949. Göttingen 1999, S. 94–118.

Reimers 1999
Reimers, Bettina Irina: Der Verleger als Erzieher. Eugen Diederichs und die Thüringer Volksbildungsbewegungen, in: Justus H. Ulbricht, Meike G. Werner (Hg.): Romantik, Revolution und Reform. Der Eugen Diederichs Verlag im Epochenkontext, Göttingen 1999, S. 94–118.

Reinthal 2007
Harry Graf Kessler: Das Tagebuch 1880–1937. Hg. V. Roland S. Kamzelak, Ulrich Ott. Stuttgart 2004–2010. Bd. 7: 1919–1923. Hg. v. Angela Reinthal. Stuttgart 2007.

Reinthal/Riederer/Schuster 2009
Harry Graf Kessler: Das Tagebuch 1880–1937. Hg. v. Roland S. Kamzelak, Ulrich Ott. Stuttgart 2004–2010. Bd. 8: 1923–1926. Hg. v. Angela Reinthal, Günter Riederer, Jörg Schuster. Stuttgart 2009.

Reitmeier 1995
Reitmeier, Harald : Der Maler Erich Kuithan. Leben und Werk. Mit kritischem Katalog der Gemälde und Gouachen. Diss. phil. Heidelberg 1995.

Rennhofer 2000
Rennhofer, Maria: Albin Egger-Lienz. Leben und Werk 1868–1926. Wien 2000.

Renno 1985
Renno, Renate, Eberhard Renno (Hg.): Louis Held. Hofphotograph in Weimar – Reporter der Jahrhundertwende. Leipzig 1985.

Reuther 1959
Reuther, Hans: Ebhardt, Bodo Heinrich Justus. In: NDB 4 (1959).

Rheinthal 2007
Harry Graf Kessler: Das Tagebuch 1880 -1937. 9 Bde. hg. v. Roland M. Kamzelak u. Ulrich Ott. Stuttgart 2004- 2010. Bd. 7: 1919 – 1923, hg. v. Angela Reinthal Stuttgart 2007.

Richter/Miller 1975
Friedrich Ebert, zit. nach: Protokoll, entworfen von Kuno Graf Westarp. In: Gerhard A. Richter, Susanne Miller (Hg.): Die deutsche Revolution 1918–1919. Dokumente. Hamburg 1975.

Riederer 2006
Harry Graf Kessler: Das Tagebuch 1880–1937. Hg. v. Roland S. Kamzelak, Ulrich Ott. Stuttgart 2004–2010. Bd. 6: 1916–1918. Hg. v. Günter Riederer. Stuttgart 2006.

Riederer 2010
Riederer, Jens: Mädchenpensionate – Töchterheime – Frauenschulen. Wege weiblicher Bildung in Weimar 1850 bis 1950, Stadtmuseum Weimar im Bertuchhaus 23. 10. 2010–16.1. 2011, Weimar, 2010.

Riederer 2012
Riederer, Jens: »Goetheschriftsteller« und »Chronist von Alt-Weimar«. Wilhelm Bode (1862–1922) zum 150. Geburtstag. In: Palmbaum. Literarisches Journal aus Thüringen, H. 2 (2012), S. 135–140.

Riederer 2014
Riederer, Jens: Wallfahrt nach Weimar. Die Klassikerstadt als sakraler Mythos 1780–1919. In: Häuser der Erinnerung. Zur Geschichte der Personengedenkstätte im 19. Jahrhundert. Hg. v. Anne Bohnenkamp u. a. (Erscheint) Leipzig 2014.

Riederer/Ott 2008
Harry Graf Kessler: Das Tagebuch 1880–1937. Hg. v. Roland S. Kamzelak, Ulrich Ott. Stuttgart 2004–2010. Bd. 5: 1914–1916. Hg. v. Günter Riederer, Ulrich Ott. Stuttgart 2008.

Riegg 2012
Riegg, Oliver: Der »Große Krieg« im kleinen Blatt. Der Erste Weltkrieg vom Ende der Julikrise bis zur Schlacht an der Marne in den Lokalzeitungen der Städte Jena und Weimar. Masterarbeit (unveröffentlicht) am Historischen Institut, Bereich Neuere und Neueste Geschichte der FSU Jena. Jena 2012.

Riehl 1914
Riehl, Alois: 1813 – Fichte – 1914. Rede am 23. Oktober 1914. In: Deutsche Reden in schwerer Zeit. Hg. von der Zentralstelle für Volkswohlfahrt und dem Verein für volkstümliche Kurse von Berliner Hochschullehrern. Erster Band. Berlin 1915, S. 191–210.

Roethe 1914
Roethe, Gustav: Wir Deutschen und der Krieg. Rede am 3. September 1914. In: Deutsche Reden in schwerer Zeit. Hg. von der Zentralstelle für Volkswohlfahrt und dem Verein für volkstümliche Kurse von Berliner Hochschullehrern. Bd. 1. Berlin 1915, S. 15–46.

Rosenbaum 2011
Rosenbaum, Alexander: »unendlich Grösseres als ein Standbild«. Der Allgemeine Deutsche Musikverein und die Errichtung des Franz-Liszt-Denkmals in Weimar. In: Übertönte Geschichten. Musikkultur in Weimar. Jahrbuch der Klassik Stiftung Weimar (2011). Hg. v. Hellmut Th. Seemann, Thorsten Valk, S. 173–188.

Rößner 1999
Rößner, Alf: Weimar um 1900. Stadtbild und genius loci. Phil. Diss. Weimar 1999.

Rößner 2000
Rößner, Alf: Hermann Muthesius in Weimar. In: Denkmale in Raum und Zeit. Neue Beiträge zur Denkmalpflege. Hg. v. Sabine Bock. Schwerin 2000, S. 205–214.

Rößner 2003
Rößner, Alf: »dieser hier besonders berechtigte Cultus der Vergangenheit«. Inszenierungen des Erinnerns in Weimar zwischen 1850 und 1945. In: Vor-Reiter Weimars. Die Großherzöge Carl August und Carl Alexander im Denkmal. Hg. v. Freundeskreis des Goethe-Nationalmuseums e.V. Jena 2003, S. 34–97.

Rößner 2004
Rößner, Alf: Weimar, Wartburg, Windhuk – Carl Alexanders »warmes Herz« für die deutsche Kolonialpolitik. In: Lothar Ehrlichu. Justus H. Ulbricht (Hg.): Carl Alexander von Sachsen-Weimar-Eisenach. Erbe, Mäzen, Politiker. Köln, Weimar, Wien 2004, S. 47–90.

Rößner 2012
Rößner, Alf: 100 Jahre Liebhaberbibliothek des Gustav Kiepenheuer Verlages Weimar. Katalog zur Kabinettausstellung. 24. März bis 3. Juni 2012. Stadtmuseum Weimar im Bertuchhaus. Druckgrafisches Museum Pavillon-Presse Weimar. Hg. v. Stadtmuseum Weimar im Bertuchhaus. Weimar 2012.

Rößner 2014
Rößner, Alf: »Kulturträger« im »schwarzen Erdteil«. Weimars kolonialer Anspruch und Carl Alexander und Wilhelm Ernst. In: Ilm-Kakanien. Weimar am Vorabend des Ersten Weltkriegs. Jahrbuch der Klassik Stiftung Weimar (2014). Hg. v. Franziska Bomski, Hellmut Th. Seemann u. Thorsten Valk. Göttingen 2014, S. 197–212.

Rubiner 1919
Rubiner, Ludwig (Hg.): Kameraden der Menschheit. Dichtungen zur Weltrevolution. Kiepenheuer Verlag, Potsdam 1919.

Rürup 1984
Reinhard Rürup: Der »Geist von 1914« in Deutschland. Kriegsbegeisterung und Ideologisierung des Krieges im Ersten Weltkrieg. In: Bernd Hüppauf (Hg.): Ansichten vom Krieg. Vergleichende Studien zum Ersten Weltkrieg in Literatur und Gesellschaft. Königstein/Taunus 1984, S. 1–30.

Satjukow 2002
Satjukow, Silke: Bahnhofstraßen. Geschichte und Bedeutung. Köln, Weimar, Wien 2002.

Sato 2001
Sato, Shinichi: Die Polarisierung der Geister im Ersten Weltkrieg am Beispiel eines Vergleichs von Ernst Troeltsch und Gottfried Traub. In: Horst Renz (Hg.): Ernst Troeltsch zwischen Heidelberg und Berlin. Gütersloh 2001, S. 185–214.

Schade 1972
Schade, Herbert: Johannes Molzahn. Einführung in das Werk und die Kunsttheorie des Malers. München, Zürich 1972.

Schäfer/Biedermann 2004
Harry Graf Kessler: Das Tagebuch 1880–1937. Hg. v. Roland S. Kamzelak, Ulrich Ott. Stuttgart 2004–2010. Bd. 3: 1897–1905. Hg. v. Carina Schäfer, Gabriele Biedermann. Stuttgart 2004.

Schaser 2000
Schaser, Angelika: Helene Lange und Gertrud Bäumer. Eine politische Lebensgemeinschaft. Köln 2000.

Scheffler 1915a
Scheffler, Karl: Der Krieg. In: Kunst und Künstler 13 (1915), H. 1, S. 1–4.

Scheidemantel 1913
Scheidemantel, Eduard: Das Schillerhaus zu Weimar. Ein Führer für Einheimische und Fremde. Weimar 1913.

Schlaf 1906
Schlaf, Johannes: Christus und Sophie. Wien und Leipzig 1906.

Schlaf 1908
Schlaf, Johannes: Der Prinz. Roman in zwei Bänden. Müller Verlag, München u. Leipzig 1908.

Schlaf 1941
Schlaf, Johannes: Aus meinem Leben. Halle 1941.

Schmälzle 2009
Schmälzle, Christoph: Schiller als Heros und Heiliger der Deutschen. Schillers Schädel – Physiognomie einer fixen Idee. Hg. v. Jonas Matsch, Christoph Schmälzle. Ausst. Klassik Stiftung Weimar. Göttingen 2009, S. 95–113.

Schmid 1989
Schmid, Gerhard: Die Gedenkjahre 1859 und 1905 als Brennpunkte bürgerlicher Schiller-Verehrung in Deutschland. In: Impulse. Folge 9. 1989, S. 90–114.

Schmidt 1914
Was wir Ernst Haeckel verdanken. Ein Buch der Verehrung und Dankbarkeit. Im Auftrag des Deutschen Monistenbundes hg. von Heinrich Schmidt, Bd. 1. Leipzig 1914, S. XII.

Schmidt 1917
Schmidt, Friedrich. Glockenabschied. Weimar 1917.

Schneider/Schuhmann 2000
Schneider, Uwe u. Andreas Schumann (Hg.): Krieg der Geister. Erster Weltkrieg und literarische Moderne. Würzburg 2000.

Scholz 1936
Scholz, Wilhelm von: Eine Jahrhundertwende. Lebenserinnerungen. Leipzig 1936.

Scholz 1939
Scholz, Wilhelm von: An Ilm und Isar. Lebenserinnerungen. Leipzig 1939.

Schrickel 1926
Schrickel, Leonhard: Weimar. Eine Wallfahrt in die Heimat aller Deutschen. Weimar 1926 [10. Aufl., 1938].

Schuchardt 2004
Schuchhardt, Günter: Die »Burg des Lichtes«. Zur Restaurierungsgeschichte der Wartburg als nationaldynastisches Projekt. In: Carl Alexander von Sachsen-Weimar-Eisenach. Erbe, Mäzen und Politiker. Hg. v. Lothar Ehrlich u. Justus H. Ulbricht. Köln, Weimar, Wien 2004, S. 201–2015.

Schuchardt 2008
Wartburg-Jahrbuch (2008). Hg. für die Wartburg-Stiftung v. Günter Schuchardt. Regensburg 2010.

Schuster 2005
Harry Graf Kessler: Das Tagebuch 1880–1937. Hg. v. Roland S. Kamzelak, Ulrich Ott. Stuttgart 2004–2010. Bd. 4: 1906–1914. Hg. v. Jörg Schuster. Stuttgart 2005.

Schwabe 1997
Schwabe, Klaus (Hg.): Quellen zum Friedensschluß von Versailles (= Ausgewählte Quellen zur deutschen Geschichte der Neuzeit, Band XXX). Darmstadt 1997.

Schwand 2002
Schwandt, Christoph: Artikel »Friedländer, Max«. In: Die Musik in Geschichte und Gegenwart. Zweite, neubearbeitete Ausgabe. Hg. von Ludwig Finscher. Personenteil. Bd. 7. Kassel u. a. 2002, Sp. 135 f.

Schwartz 2007
Schwartz, Petr J.: Aby Warburgs Kriegskartothek. Vorbericht einer Rekonstruktion. In: Gottfried Korff (Hg.): Kasten 117. Aby Warburg und der Aberglaube im Ersten Weltkrieg. Tübingen 2007, S. 39–69.

Schwilk 2007
Schwilk, Heimo: Ernst Jünger. Ein Jahrhundertleben. München, Zürich 2007.

Seeligmüller/Wibiral 1921
Seeligmüller, Dorothea, Wibiral, Dora: Zum Gedächtnis der im Kriege gefallenen dem Nietzsche-Archiv verbunden gewesener Helden – stiftet eine Ehrentafel anlässlich des 75. Geburtstages der Elisabeth Förster-Nietzsche ein Kreis dankbar verehrender Frauen Weimar 10. Juli 1921.

Seemann/Valk 2010
Seemann, Hellmut Th., Thorsten Valk (Hg.): Das Zeitalter der Enkel. Kulturpolitik und Klassikrezeption unter Carl Alexander. Jahrbuch der Klassik Stiftung Weimar (2010). Göttingen 2010.

Seeßelberg 1908
Seeßelberg, Friedrich: Einiges vom Werdandibunde [Werbeschrift]. 1908.

Seidlitz 1917
Seidlitz, Wilfried von: Das Kriegsarchiv der Universitätsbibliothek zu Jena 1914–1916. Jena, 1917.

Sera in Memoriam 1919
Sera in Memoriam. Briefe der Gefallenen Freunde. Jena 1919.

Siebenbrodt 2002
Siebenbrodt, Michael (Hg.): Magda Langenstraß-Uhlig. Von der Großherzoglichen Kunstschule in Weimar zum Bauhaus. Weimar 2002.

Sieg 2013
Sieg, Ulrich: Geist und Gewalt. Deutsche Philosophen zwischen Kaiserreich und Nationalsozialismus. München 2013.

Simon-Ritz/Ulbricht 2000
Simon-Ritz, Frank/ Justus H. Ulbricht: »Heimatstätte des Zarathustrawerkes«. Personen, Gremien und Aktivitäten des Nietzsche-Archivs in Weimar 1896–1945. In: Wege nach Weimar. Auf der Suche nach der Einheit von Kunst und Politik. Hg. v. Hans Wilderotter u. Michael Dorrmann. Berlin 1999, S. 155–176.

Simon-Ritz/Winkler/Zimmermann 2010
Aber wir sind! Wir wollen! Und wir schaffen! Von der Großherzoglichen Kunstschule zur Bauhaus-Universität Weimar 1860–2010. Hg. v. Frank Simon-Ritz, Klaus-Jürgen Winkler u. Gerd Zimmermann. Bd. 1. Weimar 2010.

Sombart 1915
Sombart, Werner: Händler und Helden: Patriotische Besinnungen. München 1915.

Sprengel 2000
Sprengel, Peter: »Im Kriege erscheint Kultur als ein künstlicher Zustand«. Gerhart Hauptmann und der Erste Weltkrieg. In: Uwe Schneider, Andreas Schumann (Hg.): Krieg der Geister. Erster Weltkrieg und literarische Moderne. Würzburg 2000, S. 39–74.

Stabe 2005
Stabe, Hartmut: Türme im Großherzogtum Sachsen-Weimar-Eisenach. Entdecken – Besuchen – Erwandern. Weimar 2005.

Starz 1999
Ingo Starz: Symbol und Ekstase – Ludwig von Hofmann und die Kunstidee des Neuen Weimar. In: Aufstieg und Fall der Moderne. Hg. v. Rolf Bothe u. Thomas Föhl. Ausst. Kat. Kunstsammlungen zu Weimar. Ostfildern-Ruit 1999, S. 208–213.

Steckner 1989
Steckner, Cornelius: Der Bildhauer Adolf Brütt. Schleswig-Holstein – Berlin – Weimar. Autobiographie und Werkverzeichnis. Heide 1989.

Steckner 2000
Steckner, Cornelius: Der Bildhauer Adolf Brütt. Schleswig-Holstein – Berlin – Weimar. Autobiographie und Werkverzeichnis. Heide 1989.

Steckner 2003
Steckner, Cornelius: Der Fürst, dem du verdankst, daß du noch so vieles unverändert schauen kannst. In: Freundeskreis des Goethe-Nationalmuseum e.V. (Hg.): Vor-Reiter Weimars. Die Großherzöge Carl August und Carl Alexander im Denkmal. Jena 2003, S. 182–285.

Steguweit 2000
Steguweit, Wolfgang: Arche 2000. Deutsche Gesellschaft für Medaillenkunst. In Verb. mit den Staatlichen Museen zu Berlin, Münzkabinett und der Gitta-Kastner-Stiftung. Hg. v. Deutsche Gesellschaft für Medaillenkunst, Münzkabinett Berlin. Berlin 2000.

Steiger 1970
Steiger, Günter: Fall Hodler. Jena 1914–1919. Der Kampf um ein Gemälde. Jena 1970.

Stenzel 2014
Weimar am Scheideweg? Kontroversen, Mythen und Programme nach 1900. In: Ilm-Kakanien. Weimar am Vorabend des Ersten Weltkriegs. Jahrbuch der Klassik Stiftung Weimar (2014). Hg. v. Franziska Bomski, Hellmut Th. Seemann u. Thorsten Valk. Weimar 2014, S. 17–37.

Stern 2005
Fritz Stern: Kulturpessimismus als politische Gefahr. eine Analyse nationaler Ideologie in Deutschland. Übs. v. Alfred P. Zeller, Stuttgart 2005.

Storck 1915
Storck, Karl: Kampf hinter der Front – Kriegsaufsätze für Deutschtum in Leben und Kunst. Stuttgart 1915.

Strack/Kurt 1914
Kaiser-Wilhelm-Bibel oder die ganze Heilige Schrift des Alten und Neuen Testaments nach der deutschen Übersetzung D. Martin Luthers. 14. Aufl., Hg. v. Julius Kurth und Hermann Leberecht Strack. Verlag der Deutschen Bibelgesellschaft, Leipzig 1914.

Tack 1999
Tack, Peter: »ganz radikale ungeberdige Elemente.« Johannes Molzahn und eine Clique junger Künstler in Weimar 1919/1910. In: Rolf Bothe u. Thomas Föhl (Hg.): Aufstieg und Fall der Moderne. Ausst. Kat. Kunstsammlungen zu Weimar 1999, Ostfildern 1999, S. 256–251.

Toller 1996
Toller, Ernst: Eine Jugend in Deutschland. Leipzig 1996.

Troeltsch 1914a
Troeltsch, Ernst: Unser Volksheer. Rede gehalten am 3. November 1914 in der vaterländischen Versammlung im Nibelungensaale zu Mannheim. Heidelberg 1914.

Troeltsch 1914b
Troeltsch, Ernst: Nach Erklärung der Mobilmachung. Rede, gehalten bei der von Stadt und Universität einberufenen vaterländischen Versammlung am 2.8.1914. Heidelberg 1914.

Troeltsch 1916a
Troeltsch, Ernst: Die Ideen von 1914. In: Die neue Rundschau 27 (1916), S. 605–624.

Troeltsch 1916b
Troeltsch, Ernst: Die deutsche Idee von der Freiheit. In: Ders.: Deutsche Zukunft. Berlin 1916, S. 7–60.

Troeltsch 1917a
Troeltsch, Ernst: Über einige Eigentümlichkeiten der angelsächsischen Zivilisation, in: Die neue Rundschau 28 (1917, Februarheft) S. 230–250.

Troeltsch 1917b
Troeltsch, Ernst: Der Ansturm der westlichen Demokratie, in: Die Deutsche Freiheit. Fünf Vorträge, hg. v. Bund deutscher Gelehrter und Künstler, Gotha 1917, S. 79–113.

Troeltsch 1925
Troeltsch, Ernst: Deutscher Geist und Westeuropa. Tübingen 1925.

Trommler 2014
Trommler, Frank Kulturmacht ohne Kompass. Deutsche auswärtige Kulturbeziehungen im 20. Jahrhundert. Köln 2014.

Ulbricht 1995
Ulbricht, Justus H.: »Deutsche Renaissance«. Weimar und die Hoffnung auf die kulturelle Regeneration Deutschlands zwischen 1900 und 1933. In: Jürgen John, Volker Wahl (Hg.): Zwischen Konvention und Avantgarde. Doppelstadt Jena-Weimar. Weimar, Köln, Wien 1995, S. 191–208.

Ulbricht 1999
Ulbricht, Justus H.: Die Geburt der Deutschen aus dem Geist der Tragödie. Weimar als Ort und Ausgangspunkt Nationalpädagogischer Theaterprojekte. In: Wege nach Weimar. Auf der Suche nach der Einheit von Kunst und Politik. Ausst. Kat. Hg. v. Hans Wilderotter u. Michael Dorrmann. Berlin 1999, S. 127–142.

Ulbricht 2000
Ulbricht, Justus H.: Massenfern und klassenlos oder: »Wir brauchen eine Brüderschaft im Geiste, die schweigend wirkt.« Die Organisation der Gebildeten im Geistes des Jenaer Eugen Diederichs Verlags. In: Richard Faber; Christine Holste (Hg.): Kriese – Gruppen – Bünde. Zur Soziologie moderner Intellektuellenassoziationen. Würzburg 2000, S. 385–401.

Ulbricht 2004
Ulbricht, Justus H.: »Goethe und Bismarck«. Varianten eines deutschen Deutungsmusters. In: Lothar Ehrlich, Justus H. Ulbricht (Hg.): Carl Alexander von Sachsen-Weimar-Eisenach. Erbe, Mäzen und Politiker. Köln, Weimar, Wien 2004, S. 91–128.

Ulbricht 2007a
Ulbricht, Justus H.: »Das klassische Ideal«, der »Wille zum Stil« und die »Falschmoderne«. Bewältigungsversuche des Fin de Siècle in Weimar. In: Jan Andres, Wolfgang Braungart, Kai Kauffmann (Hg.): »Nichts als die Schönheit«. Ästhetischer Konservatismus um 1900. Frankfurt/M. New York 2007, S. 96–126.

Ulbricht 2007b
Ulbricht, Justus H.: Der »Weimarer Musenhof« – vom Fürstenideal zur Finalchiffre. Eine erinnerungskulturelle Spurensuche. In: Anna Amalia, Carl August und das Ereignis Weimar. Jahrbuch der Klassik Stiftung Weimar (2007). Hg. v. Hellmut Th. Seemann. Göttingen 2007.

Ulbricht 2010
Ulbricht, Justus H.: »Wartburg-Weimar-Lebensgefühl« oder: In »deutscher Mitte«. Zur Konstruktion einer imaginären Region in wirklicher Landschaft. In: Gertrude Cepl-Kaufmann, Georg Mölich (Hg.): Konstruktionsprozesse der Region in europäischer Perspektive. Kulturelle Raumprägungen der Moderne. Essen 2010, S. 123–139.

Ulbricht 2013
Ulbricht, Justus H.: Körner reloaded oder: Helden sterben nie!? In: Zeitschrift für Religions- und Geistesgeschichte 65 (2013), H. 4, S. 339–356.

Ulbricht 2014
Ulbricht, Justus H.: Kritik und Überwindung der Moderne. Intellektuellen-Netzwerke in Weimar. In: Ilm-Kakanien. Weimar am Vorabend des Ersten Weltkriegs. Jahrbuch der Klassik Stiftung Weimar (1914). Hg. von Franziska Bomski, Hellmut Th. Seemann,Thorsten Valk. Göttingen 2014, S. 101–113.

Ulferts 1999
Gert-Dieter Ulferts: Edvard Munch in Thüringen – Ansichten von Menschen und Landschaften. In: Aufstieg und Fall der Moderne. Hg. v. Rolf Bothe u. Thomas Föhl. Ausst. Kat. Kunstsammlungen zu Weimar. Ostfildern-Ruit 1999, S. 194–198.

Ulferts 2014
Ulferts, Gert-Dieter: Die Weimarer Residenz unter Großherzog Wilhelm Ernst. Max Littmanns Erweiterungsbau. In: Ilm-Kakanien. Weimar am Vorabend des Ersten Weltkriegs. Jahrbuch der Klassik Stiftung Weimar (2014). Hg. v. Franziska Bomski, Hellmut Th. Seemann, Thorsten Valk. Göttingen 2014, S. 295–316.

Utz 1990
Utz, Joachim: Der Erste Weltkrieg im Spiegel des deutschen und englischen Haßgedichts. In. Kultur und Konflikt. Hg. v. Jan Assmann und Dietrich Harth. Frankfurt/M. 1990, S. 373–413.

Vinnen 1911
Ein Protest deutscher Künstler. Hg. u. eingeleitet v. Carl Vinnen. Eugen Diederichs Verlag, Jena 1911.

Vorsteher 1994
Vorsteher, Dieter: Bilder für den Sieg. Das Plakat im Ersten Weltkrieg, in: Die letzten Tage der Menschheit. Bilder des Ersten Weltkrieges, Eine Ausstellung des DHM, der Barbican Art Gallery London und der Staatlichen Museen zu Berlin – Preuss. Kulturbesitz in Verbindung mit dem Imperial War Museum, London vom 10.6. – 28.8.1994 im Alten Museum Berlin, hg. von Rainer Rother, Berlin: Deutsches Historisches Museum/Ars Nicolai, 1994, S. 149–162.

Wachler 1905
Wachler, Ernst (Hg.): Das Harzer Bergtheater. 3. Spielzeit. Dietsch & Brückner, Weimar 1905.

Wachler 1912
Wachler, Ernst: Vom Mangel der Tragödie in der Gegenwart. In: Bühne und Welt. Jg. 14 (1911/12), S. 555–556.

Wachler 1943
Wachler, Ernst: Der grüne Baum zur Nachtigall. Die Freunde. Zwei Novellen. Prag, Berlin, Leipzig o. J. [1943, Feldpostausgabe; erstmalig Prag 1902].

Wahl 1946
Wahl, Hans: Abschiedsworte bei Scheidemantels Trauerfeier am 21.3.1945. In: Eduard Scheidemantel zum Gedächtnis. Weimar 1946, S. 5–7.

Wahl 1988
Wahl, Volker. Jena als Kunststadt. Begegnungen mit der modernen Kunst in der thüringischen Universitätsstadt zwischen 1900 und 1933. Leipzig 1988.

Wahl 2008
Wahl, Volker:»Das redende Blatt«: »Goethes Gartenmauer« als Karikatur im Berliner »ULK« am 4. Dezember 1903. In: Die große Stadt: das kulturhistorische Archiv von Weimar-Jena. Bd. 1/3 (2008), Jena S. 226–233.

Wahl 2008
Wahl, Volker: »Ick 'aben keine Pietät«. Henry van de Velde als Opfer des Streites um Goethes Gartenmauer 1903. In: Die Pforte. Veröffentlichungen des Freundeskreises Goethe-Nationalmuseum e.V. Bd. 9 (2008), S. 329–354.

Wahl 2009a
Wahl, Volker: »Damals in Weimar« – Das Titelblatt des ersten Buches aus dem Verlag von Gustav Kiepenheuer in Weimar 1910. In: Die große Stadt. Das kulturhistorische Archiv von Weimar-Jena. Jg. 2, H. 4 (2009), S. 335–342.

Wahl 2009b
Wahl, Volker: Der expressionistische Maler Ernst Ludwig Kirchner und die Stickstube von Irene Eucken in Jena. Mit einer Edition der Briefe Kirchners an Irene Eucken 1916 bis 1920. In: Die Große Stadt. Das kulturhistorische Archiv von Weimar-Jena. Jg. 2, Heft 4, (2009), S. 308–334.

Wahl 2010
Wahl, Volker: Die Anfänge des Verlages von Gustav Kiepenheuer in Weimar 1910 – zugleich eine Berichtigung. In: Weimar-Jena. Die große Stadt. Das kulturhistorische Archiv. Jg 3 H. 2/2010. Jena 2010, S. 137–145.

Wallraf 1975
Wallraf, Lothar: Vom Ausgang des ersten Weltkriegs bis zur Befreiung vom Faschismus. 1917 bis 1945. In: Gitta Günther, Lothar Wallraf (Hg.): Geschichte der Stadt Weimar. Weimar 1975, S. 513–633.

Walther 2008
Walther, Peter (Hg.): Endzeit Europa. Ein kollektives Tagebuch deutschsprachiger Schriftsteller, Künstler und Gelehrter im Ersten Weltkrieg. Göttingen 2008.

Watzdorff-Bachoff 1997
Watzdorf-Bachoff, Erika von: Im Wandel und in der Verwandlung der Zeit. Ein Leben von 1878 bis (1963). Aus dem Nachlaß Hg. v. Reinhard R. Doerries. Stuttgart 1997.

Weber 1972
Weber, Wilhelm : Luther-Denkmäler – Frühe Projekte und Verwirklichungen. In: Denkmäler im 19. Jahrhundert. Deutung und Kritik. Hg. v. Hans-Ernst Mittig u. Volker Plagemann. München 1972, S. 183–216.

Weber 1984
Weber, Max: Zur Politik im Weltkrieg. Schriften und Reden 1914–1918. Hg. v. Wolfgang J. Mommsen in Zusammenarbeit mit Gangolf Hübinger. Tübingen 1984 (MWG I/15).

Weber 1997
Weber, Christiane: Villen in Weimar. Das Buch zur Serie der Thüringischen Landeszeitung. Bd 2., Arnstadt, Weimar 1997.

Wehle 1999
Wehle, Gerhard F.: Schriftleitung: Artikel »Baußnern, Waldemar Edler von«. In: Die Musik in Geschichte und Gegenwart. Zweite, neubearb. Ausgabe. Hg. v. Ludwig Finscher. Personenteil. Bd. 7. Kassel u. a. 1999, Sp. 539–541.

Wendermann 2014
Wendermann, Gerda: »Dürer als Führer«? Die Weimarer Kunsthochschule in der Debatte um eine deutsch-nationale Kunst. In: Ilmkakanien. Weimar am Vorabend des Ersten Weltkriegs. Jahrbuch der Klassik Stiftung Weimar (1914). Hg. v. Franziska Bomski, Hellmut Th. Seemann, Thorsten Valk. Göttingen 2014, S. 215–236.

Werner 2003
Werner, Meike G.: Moderne in der Provinz. Kulturelle Experimente im Fin de Siècle Jena. Göttingen 2003.

Werner 2014
Werner, Meike G.: »Deutschland und die Welt« – Kosmopolitsche Orientierung im nationalen Kontext. Der Eugen Diederichs Verlag im Ersten Weltkrieg. In: Ilm-Kakanien. Weimar am Vorabend des Ersten Weltkriegs. Jahrbuch der Klassik Stiftung Weimar (2014). Hg. v. Franziska Bomski, Hellmut Th. Seemann, Thorsten Valk. Göttingen 2014, S. 175–195.

Widmann 1915
Widmann, Wilhelm: Friedrich Schiller und der Weltkrieg 1914/15. Eine Denkschrift für unser Volk und Heer. Stuttgart, Leipzig 1915.

Wildenbruch 1901
Wildenbruch, Ernst von: Großherzog Carl Alexander. Ein Gedenkblatt zum 5. Januar 1901. Weimar 1901.

Wildenbruch 1903
Wildenbruch, Ernst von : Ein Wort über Weimar. Als Flugschrift gedruckt. Berlin 1903.

Wildenbruch 1905
Wildenbruch, Ernst von: Heros, bleib bei uns! Gedicht zum Hundertjahrestag von Schillers Heimgang. Grote, Berlin 1905.

Wildenbruch 1915
Deutschland sei wach! Vaterländische Gedichte. Hg. v. Maria von Wildenbruch. Grote, Berlin 1915.

Wildenbruch 1916
Ernst von Wildenbruch. Gesammelte Werke. 16 Bde. Hg. v. Berthold Litzmann. Bd. 2: 1885–1909. Berlin 1916.

Wildenbruch 1919
Ernst von Wildenbruch: Ausgewählte Werke. 4 Bde. Hg. von Hanns Martin Elster. Hier Bd. 1. Berlin 1919.

Wildenbruch 1929
Wildenbruch, Ernst von: Väter und Söhne. Schauspiel in fünf Akten. Volksausgabe. Berlin 1929.

Wilhelm 1983
Wilhelm, Gertraude (Hg.): Die Literatur-Nobelpreisträger. Ein Panorama der Weltliteratur im 20. Jahrhundert. Düsseldorf 1983.

Wilson 1990
Wilson, Jean Moorcroft (Ed.): The collected letters of Charles Hamilton Sorley. London 1990.

Wilson 2002
Selected Addresses and Papers of Woodrow Wilson. Hg. u. mit einer Einleitung versehen v. Albert Bushnell Hart. Honolulu, Hawaii 2002.

Winkler 1999
Winkler, Heinrich August: Weimar oder: Die Vermeidung des Bürgerkriegs. Betrachtungen zur Gründung der ersten deutschen Republik. In: Wege nach Weimar. Auf der Suche nach der Einheit von Kunst und Politik. H. v. Michael Dorrmann u. Hans Wilderotter. Ausst. Freistaat Thüringen in Zusammenarbeit mit dem Deutschen Historischen Museum Berlin. Berlin 1999, S. 13–20.

Zehm 2004
Zehm, Ursula: Die Nationaldenkmäler für Goethe und Schiller in Weimar und für die Reformation in Worms. In: Ernst Rietschel. Zum 200. Geburtstag des Bildhauers. Hg. Bärbel Stephan für die Skulpturensammlung der Staatlichen Kunstsammlungen Dresden. München 2004, S. 99–108.

Zeit-Echo
Zeit-Echo. Hg. v. Ludig Rubiner. München, Berlin 1914–1917.

Ziche 2000
Paul Ziche, Wissenschaft und Weltanschauung – Monismus um 1900. In: Ders. (Hg.): Monismus um 1900. Wissenschaftskultur und Weltanschauung. Berlin 2000, S. 3–7.

Ziegler 2004
Ziegler, Hendrik: Carl Alexander und Wilhelm II. Fürstliches Kunstmäzenatentum im Vergleich. In: Lothar Ehrlich u. Justus H. Ulbricht (Hg.): Carl Alexander von Sachsen-Weimar-Eisenach. Erbe, Mäzen und Politiker. Köln, Weimar, Wien 2004, S. 129–163.

Personenregister

A

Abbe, Ernst (Eisenach 1840 – 1905 Jena) S. 67, 153, 281
Adelheid, Prinzessin zu Lippe-Biesterfeld (Oberkassel (Bonn) 1870 – 1948 Detmold) S. 65
Agoult, Marie d' (Frankfurt (Main) 1805 – 1876 Paris) S. 184
Ahlborn, Knud (Hamburg 1888 – 1977 Kampen (Sylt)) S. 40, 249
Ahner, Alfred (Wintersdorf (Meuselwitz) 1890 – 1973 Weimar) S. 208, 281
Albers, Josef (Bottrop 1888 – 1976 New Haven (Connecticut)) S. 219
Albrecht, Prinz von Sachsen-Weimar-Eisenach (Düsseldorf 1886 – 1918 bei Gouzeaucourt) S. 47
Aldegrever, Heinrich (Paderborn 1502 – 1555/61 Soest) S. 101
Alvensleben, Elisabeth von S. 266
Andermann, Wilhelm S. 268
Andersen, Hans Christian S. 151
Anderten, Paul von (geb. 1868) S. 275, 279
Anna Amalia, Herzogin von Sachsen-Weimar-Eisenach (Wolfenbüttel 1739 – 1807 Weimar) S. 71
Arndt, Ernst Moritz (Groß Schoritz 1769 – 1860 Bonn) S. 95, 146
Arp, Hans (Straßburg 1886 – 1966 Basel) S. 134
Asquith, Herbert Henry (Morley (Yorkshire) 1852 – 1928 Sutton Courtenay) S. 46
Auerbach, Felix (Breslau 1856 – 1933 Jena) S. 23
Auerbach, Johannes Ilmari (Breslau 1899 – 1950 Oxford) S. 216
Augusta von Sachsen-Weimar-Eisenach (Weimar 1811 – 1890 Berlin) S. 54
Auguste Viktoria, Kaiserin (Dolzig 1858 – 1921 Haus Doorn) S. 48, 175
Avenarius, Ferdinand (Berlin 1856 – 1923 Kampen (Sylt)) S. 89, 120

B

Baader, Johannes (Stuttgart 1875 – 1955 Adldorf) S. 150, 301
Bab, Julius (Berlin 1880 – 1955 New York) S. 168
Bach, Anna-Maria S. 89
Bach, Johann Sebastian (Eisenach 1685 – 1750 Leipzig) S. 94, 243
Bach, Karl Louis Wolfgang S. 85, 89
Baden, Max von (Baden-Baden 1867 – 1929 Konstanz) S. 275
Bährecke, Otto S. 273
Bahr, Hermann S. 151
Ballenstedt, Uta von S. 96
Ball, Hugo (Pirmasens 1886 – 1927 Sant'Abbondio-Gentilino) S. 224
Baluschek, Hans (Breslau 1870 – 1935 Berlin) S. 172
Barlach, Ernst (Wedel 1870 – 1938 Rostock) S. 207
Bartels, Adolf (Wesselburen 1862 – 1945 Weimar) S. 17, 25, 76, 77, 78, 89, 98, 140, 143, 144, 145, 146, 147, 155, 158, 159, 181, 232, 233, 244, 245, 263
Bauch, Bruno (Groß-Nossen 1877 – 1942 Jena) S. 170
Baudert, August (Apolda 1860 – 1942 Oranienburg (Berlin)) S. 45, 55, 92, 93, 272, 273, 274, 275, 276, 277, 279
Bäumer, Gertrud (Hohenlimburg (Hagen) 1873 – 1954 Bielefeld-Bethel) S. 92, 186, 249, 251
Baumgärtel, Max (Halle (Saale) 1852 – 1925 Wittenau (Berlin)) S. 63, 64
Baußnern, Waldemar Edler von (Berlin 1866 – 1931 Potsdam) S. 116, 117, 176, 178, 267
Baußnern, Walter von (1890 – 1917) S. 267
Becher, Johannes R. (München 1891 – 1958 Berlin) S. 239, 292
Beckmann, Max (Leipzig 1884 – 1950 New York) S. 206, 207, 208
Beckmann, Minna S. 206
Beethoven, Ludwig van (Bonn 1770 – 1827 Wien) S. 23, 34, 94, 168
Behmer, Marcus (Weimar 1879 – 1958 Berlin) S. 29, 290
Behne, Adolf (Magdeburg 1885 – 1948 Berlin) S. 298
Bellet, Daniel S. 34
Bennewitz, Hugo S. 171
Bergemann-Könitzer, Marta (Jena 1874 – 1955 Jena) S. 267
Berger, Karl (1861 – 1933) S. 99
Bergmann-Michel, Ella (Paderborn 1895 – 1971 Vockenhausen) S. 210, 219, 221, 296, 298, 299
Bergson, Henri (Paris 1859 – 1941 Paris) S. 32, 152, 184, 187, 301
Bernhard, Lucian (Cannstatt (Stuttgart) 1883 – 1972 New York) S. 195
Bernhard Friedrich, Prinz von Sachsen-Weimar-Eisenach (Weimar 1917 – 1986 Wiesbaden) S. 66
Bernoulli, Carl Albrecht S. 153
Bethmann Hollweg, Theobald von (Hohenfinow 1856 – 1921 Hohenfinow) S. 38, 45
Billroth, Theodor (Bergen auf Rügen 1829 – 1894 Abbazia) S. 107
Bismarck, Otto Fürst von (Schönhausen (Elbe) 1815 – 1898 Friedrichsruh) S. 17, 32, 54, 55, 84, 94, 96, 100, 101, 103, 104, 166, 168, 171, 181, 244, 245
Blechen, Carl (Cottbus 1798 – 1840 Berlin) S. 120
Blom, Phillip S. 56
Blücher, Gebhard Leberecht von (Rostock 1742 – 1819 Krieblowitz) S. 70, 169
Böcklin, Arnold (Basel 1827 – 1901 San Domenico (Fiesole)) S. 120, 121, 123
Bode, Wilhelm (Hornhausen 1862 – 1922 Weimar) S. 91, 151
Böhlau, Helene (Weimar 1859 – 1940 Widdersberg (Herrsching)) S. 186
Bois-Reymond, Emil du (Berlin 1818 – 1896 Berlin) S. 106
Bojanowski, Paul von (Schwedt (Oder) 1834 – 1915 Weimar) S. 71, 72, 75, 78
Bonnard, Pierre (Fontenay-aux-Roses 1867 – 1947 Le Cannet) S. 125, 134, 187
Borkowsky, Ernst (Burg (Magdeburg) 1860 – 1947) S. 167, 172, 209, 226
Bormann, Julius (1830 – 1892) S. 263
Boyen, Hermann von (Kreuzburg (Ostpreußen) 1771 – 1848 Berlin) S. 37

Brahms, Johannes (Hamburg 1833 – 1897 Wien) S. 162
Brahn, Max (Laurahütte 1873 – 1944 Auschwitz) S. 113, 234, 284
Brandenstein, Carl von (Pegau 1875 – 1946 Woltersdorf) S. 281
Brandl, Alois (Innsbruck 1855 – 1940 Berlin) S. 75, 76, 191, 192
Brecht, Bertolt (Augsburg 1898 – 1956 Berlin) S. 286
Breitenbach, Wilhelm S. 111
Brendel, Albert (Berlin 1827 – 1895 Weimar) S. 230, 231
Brendel, Franz (Stolberg 1811 – 1868 Leipzig) S. 162
Brentano, Lujo (Aschaffenburg 1844 – 1931 München) S. 34
Brockdorff-Rantzau, Ulrich von (Schleswig 1869 – 1928 Berlin) S. 284
Brod, Max (Prag 1884 – 1968 Tel Aviv) S. 176
Bröger, Karl (Nürnberg 1886 – 1944 Erlangen) S. 249
Bruchlos (Sekretär) S. 208
Bruno, Giordano (Nola 1548 – 1600 Rom) S. 105
Brütt, Adolf (Husum 1855 – 1939 Bad Berka) S. 19, 66, 81, 83, 84, 103, 104, 157
Bryce, James (Belfast 1838 – 1922 Sidmouth) S. 36
Buchwald, Rainhard (Großenhain 1884 – 1983 Heidelberg) S. 176
Buek, Otto (Sankt Petersburg 1873 – 1966 bei Paris) S. 196
Bülow, Bernhard von (Klein Flottbek 1849 – 1929 Rom) S. 181
Bülow, Hans von (Dresden 1830 – 1894 Kairo) S. 243
Buonarroti, Michelangelo (Caprese 1475 – 1564 Rom) S. 137, 174, 189
Bürklin, Albert (Heidelberg 1844 – 1924 Heidelberg) S. 72
Burljuk, Wladimir (Charkow 1886 – 1917 Thessaloniki) S. 189

C

Carl Alexander, Großherzog von Sachsen-Weimar-Eisenach (Weimar 1818 – 1901 Weimar) S. 18, 20, 46, 54, 55, 56, 57, 58, 59, 61, 63, 64, 67, 69, 71, 81, 83, 91, 104, 121, 125, 135, 140, 157, 252, 256
Carl August, Großherzog von Sachsen-Weimar-Eisenach (Weimar 1757 – 1828 Graditz (Torgau)) S. 34, 48, 54, 61, 80, 203, 256, 258
Carl August, Erbgroßherzog von Sachsen-Weimar-Eisenach (Weimar 1844 – 1894 Roquebrune Cap Martin) S. 64
Carl Friedrich, Großherzog von Sachsen-Weimar-Eisenach (Weimar 1783 – 1853 Weimar) S. 56
Carnap, Rudolf (Wuppertal 1891 – 1970 Santa Monica) S. 154
Caroline, Großherzogin von Sachsen-Weimar-Eisenach (Greiz 1884 – 1905 Weimar) S. 65, 80, 127, 135
Cassirer, Paul (Görlitz 1871 – 1926 Berlin) S. 122, 207
Chamberlain, Houston Stewart (Portsmouth 1855 – 1927 Bayreuth) S. 99
Charlett, Willy S. 221
Chesterton, Gilbert Keith (London 1874 – 1936 Beaconsfield) S. 186
Clemen, Paul (Sommerfeld (Leipzig) 1866 – 1947 Endorf) S. 189
Clemenceau, Georges (Mouilleron-en-Pareds 1841 – 1929 Paris) S. 284
Clorius, Otto S. 168
Cockerell, Douglas (1870 – 1945) S. 66
Corinth, Lovis (Tapiau 1858 – 1925 Zandvoort) S. 120, 124, 135, 139
Corot, Jean-Baptiste Camille (Paris 1796 – 1875 Paris) S. 127
Coster, Charles de (München 1827 – 1879 Ixelles) S. 227
Coudray, Clemens (Ehrenbreitstein (Koblenz) 1775 – 1845 Weimar) S. 137
Courbet, Gustave (Ornans 1819 – 1877 La-Tour-de-Peilz) S. 127
Craig, Edward Gordon (Stevenage 1872 – 1966 Vence) S. 155, 157, 159
Cranach, Lucas d. J. (Wittenberg 1515 – 1586 Wittenberg) S. 101
Cross, Henri-Edmond (Douai 1856 – 1910 Saint-Clair (Var)) S. 125
Czapski, Siegfried (Obra (Koschmin) 1861 – 1907 Jena) S. 23, 153

D

Dagover, Lil (Madioen 1887 – 1980 Grünwald-Geiselgasteig) S. 89
Dahlke, Arnold S. 244
Dahn, Felix (Hamburg 1834 – 1912 Breslau) S. 257
Dalwigk zu Lichtenfels, Friedrich Freiherr von (Düsseldorf 1876 – 1947 Bad Wildungen) S. 273, 277
Dannecker, Johann Heinrich (Stuttgart 1758 – 1841 Stuttgart) S. 70
Darwin, Charles (Shrewsbury 1809 – 1882 Downe) S. 24, 105, 107, 108, 198
Debussy, Claude S. 187
Deetjen, Werner (Gut Koselitz 1877 – 1939 Weimar) S. 71
Degas, Edgar (Paris 1834 – 1917 Paris) S. 121
Dehmel, Ida (Bingen 1870 – 1942 Hamburg) S. 186, 238
Dehmel, Richard (Hermsdorf (Wendisch Buchholz) 1863 – 1920 Blankenese (Hamburg)) S. 23, 29, 168, 170, 176, 178, 207, 233, 236, 238, 246, 249, 268, 292
Delacroix, Eugène (Charenton-Saint-Maurice 1798 – 1863 Paris) S. 127
Delaunay, Robert (Paris 1885 – 1941 Montpellier) S. 206, 301
Delbrück, Clemens von (Halle (Saale) 1856 – 1921 Jena) S. 202
Denis, Maurice (Granville (Manche) 1870 – 1943 Saint-Germain-en-Laye) S. 125, 134
Determann, Walter (1889 – 1960) S. 209
Dexel, Walter (München 1890 – 1973 Braunschweig) S. 133
Diederichs, Eugen (Löbitz 1867 – 1930 Jena) S. 17, 23, 24, 25, 29, 32, 38, 77, 94, 95, 122, 138, 152, 153, 154, 167, 171, 176, 178, 202, 232, 237, 248, 249, 250, 262, 267, 285, 292
Diez, Heinrich Friedrich von (Bernburg (Saale) 1751 – 1817 Berlin) S. 73
Dilthey, Wilhelm (Wiesbaden-Biebrich 1833 – 1911 Seis am Schlern) S. 159
Dix, Otto (Untermhaus (Gera) 1891 – 1969 Singen (Hohentwiel)) S. 206, 208, 214, 286
Dobenecker, Otto (Kahla 1859 – 1938 Jena) S. 58
Döblin, Alfred (Stettin 1878 – 1957 Emmendingen) S. 286
Donndorf, Adolf von (Weimar 1835 – 1916 Stuttgart) S. 77, 100, 101, 103, 259
Donndorf, Martin (1865 – 1937) S. 77, 205
Dorfner, Otto (Kirchheim unter Teck 1885 – 1955 Weimar) S. 229, 262
Doyle, Arthur Conan (Edinburgh 1859 – 1930 Crowborough) S. 34, 186
Duchamp, Marcel (Blainville-Crevon 1887 – 1968 Neuilly-sur-Seine) S. 295
Düll, Heinrich (München 1867 – 1956 Frauenchiemsee) S. 157
Dumont, Louise (Köln 1862 – 1932 Düsseldorf) S. 58, 157
Dürer, Albrecht (Nürnberg 1471 – 1528 Nürnberg) S. 95, 117, 121, 174

E

Ebbinghaus, Carl (Hamburg 1872 – 1950 Neuburg am Inn) S. 288
Eberlein, Gustav (Spiekershausen 1847 – 1926 Berlin) S. 69, 70
Ebert, Friedrich (Heidelberg 1871 – 1925 Berlin) S. 29, 262, 264, 282, 283, 284, 285, 287
Ebhardt, Bodo (Bremen 1865 – 1945 Marksburg (Braubach)) S. 58
Eelbo, Bruno Heinrich (Bremerhaven 1853 – 1917 Weimar) S. 84, 89, 257
Eggeling, Otto S. 123, 129
Egger-Lienz, Albin (Stribach 1868 – 1926 St. Justinia (Bozen)) S. 24, 25, 28, 123, 124, 134, 139, 209, 211, 213, 216
Ehrenstein, Albert (Ottakring 1886 – 1950 New York) S. 292
Einstein, Albert (Ulm 1879 – 1955 Princeton (New Jersey)) S. 188, 196
Einstein, Carl (Neuwied 1885 – 1940 bei Pau) S. 292
Elisabeth, Landgräfin von Thüringen S. 56, 61, 63, 144
Elster, Gottlieb (Greene 1867 – 1917 Braunschweig) S. 66, 88
Emerson, Ralph Waldo (Boston 1803 – 1882 Concord (Massachusetts)) S. 144
Engelhorn, Charlotte Christine S. 151
Engelmann, Richard (Bayreuth 1868 – 1966 Kirchzarten) S. 84, 137, 188, 196, 218, 243, 266, 267
Enking, Ottomar S. 151
Erbslöh, Adolf (New York 1881 – 1947 Irschenhausen) S. 123
Erler, Fritz (Frankenstein 1868 – 1940 München) S. 195

Ernst, Paul (Elbingerode (Harz) 1866–1933 Sankt Georgen an der Stiefing) S. 25, 140, 147, 148, 149, 151, 158, 232, 233, 234, 246, 247, 266
Ernst, Prinz von Sachsen-Meiningen (Hannover 1895–1914 bei Maubeuge) S. 47
Eschenbach, Wolfram von (um 1170 – um 1220) S. 61
Eschwege, Eilmar Freiherr von (Braunschweig 1856–1935 Weimar) S. 28, 205, 209, 231
Eschwegge, Rudolf von S. 268
Eucken, Arnold (Jena 1884–1950 Seebruck) S. 131
Eucken, Ida Maria (1888–1943) S. 131
Eucken, Irene (1863–1941) S. 23, 110, 116, 131, 132, 186, 196
Eucken, Rudolf (Aurich 1846–1929 Jena) S. 17, 23, 24, 25, 30, 31, 32, 33, 77, 97, 109, 110, 111, 116, 125, 131, 132, 141, 144, 168, 184, 186, 196, 198, 199, 201, 202, 233, 234, 237, 238, 243, 266, 285
Eucken, Walter (Jena 1891–1950 London) S. 131
Ewers, Hanns Heinz (Düsseldorf 1871–1943 Berlin) S. 21, 86

F

Fauconnier, Henri le (Hesdin 1881–1946 Paris) S. 123
Fehr, Hans (St. Gallen 1874–1961 Muri (bei Bern)) S. 23, 125, 133
Feininger, Lyonel (New York 1871–1956 New York) S. 216, 292, 293
Feodora, Großherzogin von Sachsen-Weimar-Eisenach (Hannover 1890–1972 Freiburg (Breisgau)) S. 46, 47, 65, 66, 80, 81, 83, 209, 233, 250, 252, 253, 264
Fichte, Johann Gottlieb (Rammenau 1762–1814 Berlin) S. 23, 24, 37, 109, 110, 152, 166, 168, 171, 249
Finckenstein, Finck von S. 275
Fischer, Heinrich S. 274, 276, 278
Fischer, Theodor S. 135
Flechtheim, Alfred (Münster (Westfalen) 1878–1937 London) S. 267
Flex, Walter (Eisenach 1887–1917 Peudehof (Ösel)) S. 180
Flitner, Wilhelm (Berka 1889–1990 Tübingen) S. 154
Foerster, Wilhelm (Grünberg in Schlesien 1832–1921 Bornim) S. 196
Fontane, Theodor (Neuruppin 1819–1898 Berlin) S. 72
Forel, August (Morges 1848–1931 Yvorne) S. 105
Förster-Nietzsche, Elisabeth (Röcken (bei Leipzig) 1846–1935 Weimar) S. 17, 21, 23, 26, 57, 67, 68, 97, 98, 111, 112, 113, 114, 116, 117, 125, 131, 149, 153, 160, 168, 169, 188, 196, 233, 234, 236, 238, 266, 267, 284
Fosterus, Sigurd S. 157
Fränzel, Walter (1889–1968) S. 154
Franz Joseph I., Kaiser (Schönbrunn (Wien) 1830–1916 Schönbrunn (Wien)) S. 46, 75
Freyer, Hans (Leipzig 1887–1969 Ebersteinburg) S. 154
Freytag, Gustav (Kreuzburg 1816–1895 Wiesbaden) S. 244
Friebel S. 274

Friedlaender, Salomon (Gollantsch 1871–1946 Paris) S. 170
Friedländer, Max (Brieg 1852–1934 Berlin) S. 254, 290
Friedrich, Caspar David (Greifswald 1774–1840 Dresden) S. 120
Friedrich, Prinz von Sachsen-Meiningen (Meiningen 1861–1914 bei Charleroi) S. 47, 65
Friedrich I. Barbarossa, Kaiser (HRR) (um 1122–1190 bei Seleucia) S. 104, 244
Friedrich II., Kaiser (HRR) (Jesi 1194–1250 Castel Fiorentino) S. 55
Friedrich II., König von Preußen (Berlin 1712–1786 Potsdam) S. 96, 144, 168, 230, 246
Friedrich III., Kurfürst von Sachsen (Schloß Hartenfels 1463–1525 Lochau) S. 259
Friedrich August III., König von Sachsen (Dresden 1865–1932 Sibyllenort) S. 75
Friedrich Wilhelm III., König von Preußen (Potsdam 1770–1840 Berlin) S. 175
Fritsch, Theodor (Wiesenena 1852–1933 Gautzsch) S. 146
Fritsch-Seerhausen, Hugo Freiherr von (Schloss Seerhausen 1869–1945 Rügen) S. 84, 85, 273, 275, 279
Fulda, Ludwig (Frankfurt (Main) 1862–1939 Berlin) S. 26, 184, 187
Füllkrug, Gerhard (Krotoschin 1870–1948 Neinstedt) S. 235

G

Gabelentz, Hans von der (Münchenbernsdorf 1872–1946 Eisenach) S. 129
Galsworthy, John (London 1867–1933 London) S. 186
Gasser, Hanns (Eisentratten 1817–1868 Pest) S. 19
Gast, Peter S. 114, 153
Gaul, August (Großauheim 1869–1921 Berlin) S. 266
Geibel, Emanuel (Lübeck 1815–1884 Lübeck) S. 55, 175
Geiger, Ludwig (Breslau 1848–1919 Berlin) S. 73
Genet, Jean S. 224
Georg II., Herzog von Sachsen-Meiningen (Meiningen 1826–1914 Bad Wildungen) S. 243
Georg V., König des Vereinigten Königreichs (London 1865–1936 Sandringham) S. 75
Georg Wilhelm, Prinz von Sachsen-Weimar-Eisenach (Heinrichau 1921–2011 Bad Krozingen) S. 66
Gerold, Johannes (Dresden 1879–1945 Großsedlitz) S. 68
Gersdorff, Klara von (1858–1927) S. 116
Gervinus, Georg Gottfried (Darmstadt 1805–1871 Heidelberg) S. 95
Gide, André (Paris 1869–1951 Paris) S. 187
Gierke, Otto von (Stettin 1841–1921 Berlin) S. 170
Gill, Eric (Brighton 1882–1940 Uxbridge) S. 66
Gneisenau, August Neidhardt von (Schildau 1760–1831 Posen) S. 169
Gnerich, Paul S. 100
Gobineau, Arthur de (Ville-d'Avray 1816–1882 Turin) S. 143, 159
Goeben, Baron von S. 117

Goethe, Johann Wolfgang von (Frankfurt (Main) 1749–1832 Weimar) S. 17, 18, 20, 21, 23, 24, 26, 32, 34, 54, 56, 58, 61, 66, 67, 68, 69, 70, 72, 73, 80, 81, 83, 91, 94, 95, 96, 98, 99, 100, 105, 108, 121, 137, 140, 143, 144, 146, 148, 155, 157, 158, 160, 161, 166, 167, 168, 170, 171, 172, 179, 180, 182, 184, 188, 235, 236, 244, 245, 256, 264, 273, 284, 290, 293
Goethe, Walther Wolfgang von (Weimar 1818–1885 Leipzig) S. 96
Goetz, Karl Xaver (Augsburg 1875–1950 München) S. 288
Gogh, Vincent van (Groot-Zundert 1853–1890 Auvers-sur-Oise) S. 122, 123, 129, 138, 216
Goll Yvan (Saint-Dié 1891–1950 Paris) S. 292
Gollancz, Israel (London 1863–1930 London) S. 76, 192
Gorki, Maxim (Nischni Nowgorod 1868–1936 Gorki) S. 77
Goya, Francisco de (Fuendetodos 1746–1828 Bordeaux) S. 214
Graef, Botho (Berlin 1857–1917 Königstein im Taunus) S. 23, 113, 125, 132, 133
Gräf, Hans Gerhard (Weimar 1864–1942 Jena) S. 66, 67, 73, 235, 248
Grillparzer, Franz (Wien 1791–1872 Wien) S. 76
Grimm, Jakob (Hanau 1785–1863 Berlin) S. 244
Grisebach, Eberhard (Hannover 1880–1945 Zürich) S. 125, 133
Gröber, Adolf (Riedlingen 1854–1919 Berlin) S. 284
Gropius, Walter (Berlin 1883–1969 Boston) S. 135, 216, 223, 225, 226, 245, 263, 286, 290, 292, 293, 298
Groß, Hans (Pahlen 1892–1981 Heide (Holstein)) S. 209, 210, 223, 224, 226, 227, 245
Grosz, George (Berlin 1893–1959 Berlin) S. 240, 286
Grünler, Ehregott (Zeulenroda 1797–1881 Zeulenroda) S. 69
Gulbransson, Olaf (Oslo 1873–1958 Tegernsee) S. 78, 80
Gundolf, Friedrich (Darmstadt 1880–1931 Heidelberg) S. 25
Gurlitt, Cornelius (Nischwitz 1850–1938 Dresden) S. 150
Gustav Adolf II., König von Schweden (Stockholm 1594–1632 Lützen) S. 172
Guyot, Yves (1843–1928) S. 34

H

Haeckel, Ernst (Potsdam 1834–1919 Jena) S. 17, 23, 24, 25, 26, 30, 31, 33, 97, 105, 106, 107, 108, 109, 111, 184, 196, 198, 199, 201, 202, 233, 237
Hagen, Theodor (Düsseldorf 1842–1919 Weimar) S. 127, 208, 218
Hahmann, Werner (Chemnitz 1883–1951 Berlin) S. 289
Hahn, Hermann (Kloser Veilsdorf 1868–1945 Pullach im Isartal) S. 81
Hähnel, Ernst Julius (Dresden 1811–1891 Dresden) S. 70
Hain, Paul (1883–1914 Schirmeck) S. 266
Händel, Georg Friedrich (Halle (Saale) 1685–1759 London) S. 162

Hardenberg, Karl August von (Essenrode 1750 – 1822 Genua) S. 169
Hardt, Ernst (Graudenz 1876 – 1947 Ichenhausen) S. 84, 113, 226, 283, 287, 292
Harnack, Adolf von (Dorpat (Livland) 1851 – 1930 Heidelberg) S. 38
Härtel, Robert (Weimar 1831 – 1894 Breslau) S. 19, 83
Härzer, Max S. 276
Hasenclever, Walter (Aachen 1890 – 1940 Les Milles) S. 292
Hauptmann, Gerhart (Salzbrunn 1862 – 1946 Agnetendorf) S. 23, 32, 72, 77, 116, 155, 159, 168, 169, 176, 178, 184, 187, 188, 191, 237
Hauptmann, Ivo (Erkner 1886 – 1973 Hamburg) S. 134, 188
Haydn, Joseph (Rohrau (Österreich) 1732 – 1809 Wien) S. 81
Hebbel, Friedrich (Wesselburen 1813 – 1863 Wien) S. 76, 148, 158, 160
Heckel, Erich (Döbeln 1883 – 1970 Radolfzell am Bodensee) S. 207, 208
Hecker, Max (Köln 1870 – 1948 Weimar) S. 66, 67, 68, 205, 248
Hedemann, Justus Wilhelm (Brieg 1878 – 1963 Berlin) S. 133
Hegel, Georg Wilhelm Friedrich (Stuttgart 1770 – 1831 Berlin) S. 37, 168, 249
Hegeler, Wilhelm (Varel (Oldenburg) 1870 – 1943 Irschenhausen) S. 149
Heine, Thomas Theodor (Leipzig 1867 – 1948 Stockholm) S. 123, 254, 289, 290
Heinrich XXII., Fürst Reuß zu Greiz (Greiz 1846 – 1902 Greiz) S. 65
Heise, Josef (geb. Münster (Westfalen) 1885) S. 263, 264
Held, Hans S. 86
Held, Louis (Berlin 1851 – 1927 Weimar) S. 21, 85, 86, 88, 113, 141, 157, 162
Helmholtz, Hermann von (Potsdam 1821 – 1894 Charlottenburg) S. 107
Herbig, Otto (Dorndorf 1889 – 1971 Weilheim in Oberbayern) S. 208
Herder, Johann Gottfried (Mohrungen 1744 – 1803 Weimar) S. 61, 98, 100, 140, 144, 161
Herford, Charles Harold (Manchester 1853 – 1931) S. 192
Herrmann, Johannes Karl (1893 – 1960) S. 216, 225, 299
Herzfelde, Wieland (Weggis 1896 – 1988 Berlin) S. 239, 240
Hesse, Hermann (Calw 1877 – 1962 Montagnola) S. 174
Hesse, Johannes (Weißenstein (Paide) 1847 – 1916 Korntal) S. 174
Hetzer, Otto (Kleinobringen 1846 – 1911 Weimar) S. 85
Heuss, Theodor (Brackenheim 1884 – 1963 Stuttgart) S. 40, 249
Heymann, Lida Gustava (Hamburg 1868 – 1943 Zürich) S. 92
Heymel, Alfred Walter (Dresden 1878 – 1914 Berlin) S. 127
Hildebrand, Adolf von (Marburg 1847 – 1921 München) S. 137

Hindenburg, Paul von (Posen 1847 – 1934 Gut Neudeck) S. 46, 47, 170, 242, 243, 262
Hintze, Otto (Pyritz 1861 – 1940 Berlin) S. 38
Hirschfeld, Bernhard von (geb. 1869) S. 75
Hitler, Adolf (Braunau am Inn 1889 – 1945 Berlin) S. 68, 242, 262
Hodler, Ferdinand (Bern 1853 – 1918 Genf) S. 23, 27, 123, 124, 131, 132, 139, 167, 201
Hoffmann, Karl (geb. Lübben (Spreewald) 1876) S. 167
Hofmann, Ludwig von (Darmstadt 1861 – 1945 Pillnitz (Dresden)) S. 24, 110, 113, 121, 127, 129, 134, 157, 188, 218, 244, 268
Hoffmann von Fallersleben, August Heinrich (Fallersleben 1798 – 1874 Corvey) S. 90
Hofmannsthal, Hugo von (Wien 1874 – 1929 Rodaun (Wien)) S. 155, 159, 168
Hölderlin, Friedrich (Lauffen (Neckar) 1770 – 1843 Tübingen) S. 23
Holitscher, Arthur (Pest 1869 – 1941 Genf) S. 292
Holz, Arno (Rastenburg (Ostpreußen) 1863 – 1929 Berlin) S. 150
Horneffer, August (Treptow (Rega) 1875 – 1955 Berlin) S. 114
Horneffer, Ernst (Stettin 1871 – 1954 Iserlohn) S. 114
Howaldt, Georg (Braunschweig 1802 – 1883 Braunschweig) S. 83
Huch, Ricarda (Braunschweig 1864 – 1947 Schönberg im Taunus) S. 178, 186
Hume, David (Edinburgh 1711 – 1776 Edinburgh) S. 106
Hummel, Johann Nepomuk (Pressburg 1778 – 1837 Weimar) S. 56
Hunnius, Johannes (1852 – 1943) S. 274
Hussong, Friedrich (Webenheim 1878 – 1943 Berlin) S. 284
Hutten, Ulrich von (Burg Steckelberg 1488 – 1523 Ufenau) S. 259

I

Ibsen, Henrik (Skien 1828 – 1906 Kristiania) S. 155
Illies, Otto (Yokohama 1881 – 1959 Wernigerode) S. 134, 244
Illiger, Hans S. 257

J

Jacobsen, Jens Peter (Thisted 1847 – 1885 Thisted) S. 152
Jaëll-Trautmann, Marie (Steinseltz (Bas-Rhin) 1846 – 1925 Paris) S. 162
Jaffé, Edgar (Hamburg 1866 – 1921 München) S. 39, 249
Jahn, Kurt (Rastatt 1873 – 1915 bei Ypern) S. 66
Jaques-Dalcroze, Emile (Wien 1865 – 1950 Genf) S. 201
Jaurès, Jean (Castres (Tarn) 1859 – 1914 Paris) S. 152
Jawlensky, Alexej (Torschok 1865 – 1941 Wiesbaden) S. 123, 129
Jöck, Hermann (1873 – 1925) S. 273, 274, 275, 277
Johnston, Edward (San José (Uruguay) 1872 – 1944 Ditchling) S. 66

Juchacz, Marie (Landsberg an der Warthe 1879 – 1956 Düsseldorf) S. 287
Jünger, Ernst (Heidelberg 1895 – 1998 Riedlingen) S. 268
Jungheim, Bernhard S. 283

K

Kaesbach, Walter (Mönchengladbach 1879 – 1961 Konstanz) S. 208
Kaibel, Franz (Leipzig 1880 – 1953 Weimar) S. 119
Kainz, Josef (Moson 1858 – 1910 Wien) S. 75
Kampffmeyer, Hans (Naumburg (Schlesien) 1876 – 1932 Frankfurt (Main)) S. 268
Kandinsky, Wassily (Moskau 1866 – 1944 Neuilly-sur-Seine) S. 123, 129, 189, 206, 216, 219, 301
Kant, Immanuel (Königsberg (Preußen) 1724 – 1804 Königsberg (Preußen)) S. 34, 37, 66, 94, 167
Karl August, Erbgroßherzog von Sachsen-Weimar-Eisenach (Wilhelmsthal (Marksuhl) 1912 – 1988 Schienen) S. 66, 264
Karl Eduard, Herzog von Sachsen-Coburg und Gotha (Claremont House (Esher) 1884 – 1954 Coburg) S. 279
Katte, Hans Hermann von (Berlin 1704 – 1730 Küstrin) S. 246
Kaulbach, Friedrich August von (München 1850 – 1920 Ohlstadt) S. 123
Kaus, Max (Berlin 1891 – 1977 Berlin) S. 208
Kellermann, Hermann S. 26, 32, 202, 203
Kerschbaumer, Anton (Rosenheim 1885 – 1931 Berlin) S. 208
Kessler, Harry Graf (Paris 1868 – 1937 Lyon) S. 17, 23, 46, 57, 58, 61, 66, 98, 110, 111, 112, 113, 114, 116, 122, 125, 127, 129, 134, 135, 136, 139, 155, 157, 159, 168, 176, 188, 233, 237, 238, 239, 240, 242, 282, 285
Kielmansegg, Walther Graf von (1869 – 1918) S. 236, 238, 267
Kielmansegg, Wilhelm Graf von S. 267
Kielmansegg, Wolf Graf von S. 267
Kiepenheuer, Gustav (Wengern 1880 – 1949 Weimar) S. 150, 151, 205, 292
Kierkegaard, Søren (Kopenhagen 1813 – 1855 Kopenhagen) S. 152
Kietz, Gustav (Leipzig 1826 – 1908 Laubegast) S. 100
Kipling, Rudyard (Bombay 1865 – 1936 London) S. 186
Kippenberg, Anton (Bremen 1874 – 1950 Luzern) S. 114
Kirchner, Ernst Ludwig (Aschaffenburg 1880 – 1938 Frauenkirch (Davos)) S. 129, 131, 207, 208
Klatte, Wilhelm (1870 – 1930) S. 201
Klee, Paul (Münchenbuchsee 1879 – 1940 Muralto) S. 208, 216, 219
Kleist, Heinrich von (Frankfurt (Oder) 1777 – 1811 Kleiner Wannsee (Berlin)) S. 76, 77, 94, 95, 157, 158
Klemm, Walther (Karlsbad 1883 – 1957 Weimar) S. 28, 172, 208, 209, 210, 216, 219, 221, 223, 226, 227, 229, 262, 293, 299
Klemm, Wilhelm (Leipzig 1881 – 1968 Wiesbaden) S. 226

Klimt, Gustav (Baumgarten (Wien) 1862–1918 Wien) S. 136
Klinger, Max (Leipzig 1857–1920 Großjena) S. 23, 80, 112, 113, 121, 124, 125, 127, 136, 139, 176, 226
Klopfer, Paul (Zwickau 1876–1967 Lauchheim) S. 209, 256
Kloß, Max (Dresden 1873–1961 Berlin) S. 97
Koetschau, Karl (Ohrdruf (Thüringen) 1868–1949 Düsseldorf) S. 68, 70, 127
Köhler, Wilhelm (Reval 1884–1959 München) S. 189
Kohlschein, Hans (Düsseldorf 1879–1948 Warburg) S. 146
Kokoschka, Oskar (Pöchlarn 1886–1980 Montreux) S. 207
Kolbe, Georg (Waldheim 1877–1947 Berlin) S. 143
Kollwitz, Käthe (Königsberg (Preußen) 1867–1945 Moritzburg (Dresden)) S. 123, 186, 207
König, Emil S. 61
König, Karl S. 174
Konstantin Konstantinowitsch Romanow, Großfürst (Strelna 1858–1915 Pawlowsk) S. 75
Körner, Theodor (Dresden 1791–1813 Forst Rosenow) S. 66, 84, 169, 181
Korsch, Karl (Tostedt 1886–1961 Belmont (Massachusetts)) S. 154
Köster, Albert (Hamburg 1862–1924 Leipzig) S. 66
Kraus, Karl (Jičín 1874–1936 Wien) S. 168
Krehan, Arno S. 230
Kremer, Hans S. 154
Krieck, Ernst (Vögisheim 1882–1947 Moosburg a. d. Isar) S. 40
Kriesche, Ernst (Passow (Uckermark) 1849–1927) S. 104
Kröber, Hans-Timotheus (geb. 1883) S. 117
Kroner, Kurt (Breslau 1885–1929 München) S. 40
Krug, Louis Karl (1851–1916) S. 64
Kühn (Unteroffizier) S. 272, 274
Kuithan, Erich (Bielefeld 1875–1917 Jena) S. 153
Kullrich, Reinhard S. 258
Kurth, Julius (Berlin 1870–1949 Gerbstedt) S. 174

L

Lagarde, Paul de (Berlin 1827–1891 Göttingen) S. 152
Lagerlöf, Selma (Mårbacka (Sunne) 1858–1940 Mårbacka (Sunne)) S. 111
Lampe-von Guaita, Else (Frankfurt (Main) 1875–1963 Bergen (Chiemgau)) S. 149
Lamprecht, Karl (Jessen 1856–1915 Leipzig) S. 58
Landsberg, Otto (Rybnik 1869–1957 Baarn) S. 282, 287
Langbehn, Julius (Hadersleben 1851–1907 Rosenheim) S. 117, 121, 122, 138, 159, 189, 244
Lange, Helene (Oldenburg 1848–1930 Berlin) S. 92, 186
Langenstraß, Karl (geb. Ilsenburg 1886) S. 219
Langenstraß-Uhlig, Magda (Zillbach (Schwallungen) 1888–1965 Wehrda (Marburg)) S. 210, 219
Lang, Fritz (Wien 1890–1976 Beverly Hills) S. 286
Lasker-Schüler, Else (Elberfeld 1869–1945 Jerusalem) S. 176

Lederer, Hugo (Znaim 1871–1940 Berlin) S. 181, 242, 243
Lehrmann (Stadtrat) S. 84, 263
Leibl, Wilhelm (Köln 1844–1900 Würzburg) S. 117, 123, 127
Lemmen, Georges (1865–1916) S. 114
Lenbach, Franz von (Schrobenhausen 1836–1904 München) S. 103, 106
Lengefeld, Selma von (Pyritz 1863–1934) S. 17, 21, 23, 29, 77, 85, 91, 92, 116, 119, 249, 251, 266, 285
Lensch, Paul (Potsdam 1873–1926 Berlin) S. 40
Lessing, Gotthold Ephraim (Kamenz 1729–1781 Braunschweig) S. 246
Lessing, Otto (Düsseldorf 1846–1912 Schmargendorf (Berlin)) S. 75
Liebermann, Max (Berlin 1847–1935 Berlin) S. 119, 120, 127, 135, 184, 187, 188, 207
Lienhard, Friedrich (Rothbach (Elsaß) 1865–1929 Eisenach) S. 25, 68, 96, 98, 140, 143, 144, 155, 160, 161, 167, 172, 173, 232, 233, 244, 246, 258, 266
Lietzmann, Berthold S. 169
Liliencron, Detlev von (Kiel 1844–1909 Alt-Rahlstedt) S. 77, 93
Lindemann, Hermann S. 273, 274, 275
Linderer, Robert (Erfurt 1824–1886 Berlin) S. 170
Lissauer, Ernst (Berlin 1882–1937 Wien) S. 94, 95, 167, 176, 184
Liszt, Franz (Raiding 1811–1886 Bayreuth) S. 56, 59, 61, 81, 90, 93, 96, 116, 162, 184, 257
Littmann, Max (Schloßchemnitz 1862–1931 München) S. 58, 77, 155, 157
Lloyd George, David (Manchester 1863–1945 Llanystumdwy) S. 284
Lohse, Carl (Hamburg 1895–1965 Bischofswerda) S. 213
Lublinski, Ida (Johannisburg (Ostpreußen) 1862–1942 Berlin) S. 149
Lublinski, Samuel (Johannisburg (Ostpreußen) 1868–1910 Weimar) S. 23, 25, 143, 145, 147, 149
Luce, Maximilien (Paris 1858–1941 Paris) S. 125
Ludendorff, Erich (Schwersenz 1865–1937 München) S. 170, 242
Ludwig, Albert (Berlin 1875–1934 Berlin) S. 191
Luise, Großherzogin von Sachsen-Weimar-Eisenach (Berlin 1757–1830 Weimar) S. 81
Luise, Königin von Preußen (Hannover 1776–1810 Schloss Hohenzieritz) S. 96
Lukács, Georg (Budapest 1885–1971 Budapest) S. 147
Luther, Martin (Eisleben 1483–1546 Eisleben) S. 17, 20, 26, 32, 56, 63, 94, 96, 100, 101, 104, 144, 166, 174, 244, 245, 249, 258, 259, 260
Luxemburg, Rosa (Zamość 1871–1919 Berlin) S. 85

M

Mach, Ernst (Chirlitz-Turas 1838–1916 Vaterstetten) S. 105
Macke, August (Meschede 1887–1914 Perthes-lès-Hurlus) S. 132, 133, 139, 268
Mackensen, Fritz (Greene (Einbeck) 1866–1953 Bremen) S. 24, 25, 84, 117, 122, 123, 134, 138, 139, 176, 208, 209, 210, 213, 218, 219, 226, 242, 256

Maercker, Georg Ludwig Rudolf (Baldenburg 1865–1924 Dresden) S. 283
Maeterlinck, Maurice (Gent 1862–1949 Nizza) S. 77, 109, 152, 155, 159
Magnussen, Harro (Hamm (Hamburg) 1861–1908 Grunewald (Berlin)) S. 108
Magnussen, Nora S. 108
Mahler, Gustav (Kalischt 1860–1911 Wien) S. 96
Maillol, Aristide (Banyuls-sur-Mer 1861–1944 Banyuls-sur-Mer) S. 137, 187
Manet, Édouard (Paris 1832–1883 Paris) S. 121
Mann, Thomas (Lübeck 1875–1955 Zürich) S. 32, 34, 36, 58, 149, 151, 266, 284
Marc, Franz (München 1880–1916 Braquis (Verdun)) S. 31, 123, 129, 139, 206, 208, 268
Marcks, Erich (Magdeburg 1861–1938 Berlin) S. 256
Marées, Hans von (Elberfeld 1837–1887 Rom) S. 120, 121, 123
Maria Pawlowna, Großherzogin von Sachsen-Weimar-Eisenach (Pawlowsk 1786–1859 Schloß Belvedere) S. 56, 61, 250
Masaryk, Thomas G. (Hodonín 1850–1937 Lány) S. 152
Matisse, Henri (Le Cateau-Cambrésis 1869–1954 Cimiez) S. 122, 123, 187, 217
Maurenbrecher, Max (Königsberg (Preußen) 1874–1930 Osthausen) S. 29, 39, 171, 249
Mebes, Paul (Magdeburg 1872–1938 Berlin) S. 90
Meidner, Ludwig (Bernstadt an der Weide 1884–1966 Darmstadt) S. 170
Meier-Graefe, Julius (Reschitza 1867–1935 Vevey) S. 119, 120, 122
Meinecke, Friedrich (Salzwedel 1862–1954 Berlin) S. 29, 32, 167, 249
Meißner, Waldemar S. 274
Melanchthon, Philipp (Bretten 1497–1560 Wittenberg) S. 259
Melchers, Gari (Detroit 1860–1932 Fredericksburg (Virginia)) S. 218, 219, 224
Melzer, Moriz (Albendorf 1877–1966 Berlin) S. 124, 134
Mentz, Georg (1870–1943) S. 202
Menzel, Adolph von (Breslau 1815–1905 Berlin) S. 123, 209
Meyer-Amden, Otto (Bern 1885–1933 Zürich) S. 210, 225
Meyerbeer, Giacomo (Tasdorf 1791–1864 Paris) S. 162
Meyer, Henriette S. 109
Michel, Robert (Vockenhausen 1897–1983 Titisee-Neustadt) S. 210, 219, 221, 223, 226, 295, 299
Millet, Jean-François (Gruchy (Normandie) 1814–1875 Barbizon) S. 138, 216
Misch, Georg (Berlin 1878–1965 Göttingen) S. 25, 26
Molière (Paris 1622–1673 Paris) S. 187, 191
Moltke, Helmuth Johannes Ludwig von (Gersdorf 1848–1916 Berlin) S. 45
Molzahn, Johannes (Duisburg 1892–1965 München) S. 210, 216, 223, 225, 296, 299, 301
Monet, Claude (Paris 1840–1926 Giverny) S. 23, 125, 127, 134, 135, 187

Montigny-Remaury, Fanny Caroline (Pamiers 1843 – 1913 Paris) S. 162
Mössel, Julius (Fürth 1871 – 1957 Chicago) S. 157
Mozart, Wolfgang Amadeus (Salzburg 1756 – 1791 Wien) S. 56
Muche, Georg (Querfurt 1895 – 1987 Lindau) S. 216
Mueller, Walter Felix (Leipzig 1879 – 1970 Wiesbaden) S. 68
Müller, Hugo S. 276
Müller, Theodor S. 251, 253
Munch, Edvard (Løten 1863 – 1944 Ekely (Oslo)) S. 23, 125, 127, 132
Münter, Gabriele (Berlin 1877 – 1962 Murnau am Staffelsee) S. 123, 129
Murnau, Friedrich Wilhelm (Bielefeld 1888 – 1931 Santa Barbara (Kalifornien)) S. 286
Muthesius, Hermann Muthesius Hermann (Großneuhausen 1861 – 1927 Berlin) S. 89, 259

N

Nagel, Gustav (Werben 1874 – 1952 Uchtspringe) S. 89
Napoleon I., Kaiser (Ajaccio 1769 – 1821 St. Helena) S. 48, 95, 132, 172, 179
Nehrling, Max (1887 – 1957) S. 27, 218, 290
Neumann, Viktor (1868 – 1922) S. 276
Newton, Isaac (Woolsthorpe-by-Colsterworth 1643 – 1727 Kensington) S. 170
Nicolai, Georg Friedrich (Berlin 1874 – 1964 Santiago de Chile) S. 196
Nietzsche, Friedrich (Röcken (bei Leipzig) 1844 – 1900 Weimar) S. 26, 97, 98, 110, 111, 112, 113, 114, 116, 127, 134, 136, 140, 148, 149, 152, 153, 159, 161, 172, 180, 234, 235, 238
Nietzsche, Kurt (1879 – 1914 Colroy-la-Roche) S. 266
Nissen, Benedikt Momme (Deezbüll 1870 – 1943 Ilanz) S. 117, 121, 123, 139, 189
Noack, Hermann S. 75, 84
Nobel, Alfred (Stockholm 1833 – 1896 Sanremo) S. 111
Nolde, Emil (Nolde (Tondern) 1867 – 1956 Seebüll) S. 132
Noske, Gustav (Brandenburg an der Havel 1868 – 1946 Hannover) S. 287

O

Obrist, Aloys (San Remo 1867 – 1910 Stuttgart) S. 76, 89
Oechelhäuser jun., Wilhelm von (Frankfurt (Main) 1850 – 1923 Dessau) S. 75
Oehler, Max (Blessenbach (Taunus) 1875 – 1946 Weimar) S. 266
Oetken, August (Oldenburg 1868 – 1951 Oldenburg) S. 58, 63
Oettingen, Wolfgang von (Dorpat (Livland) 1859 – 1943 Bonn) S. 67, 68, 69, 72, 137, 138, 151
Olde, Hans (Süderau 1855 – 1917 Kassel) S. 25, 59, 76, 89, 104, 110, 111, 112, 121, 123, 125, 127, 134, 135, 136, 138, 139, 210, 218, 219, 266
Olde, Joachim (Gut Seekamp 1890 – 1917 Barentssee) S. 266

Olde, Otto (Gut Seekamp 1884 – 1918 Somain) S. 266
Ompteda, Georg Freiherr von (Hannover 1863 – 1931 München) S. 170
Oncken, Wilhelm (Heidelberg 1838 – 1905 Gießen) S. 63
Opel, Louis (Hermsdorf 1857 – 1918 Hermsdorf) S. 45
Oppenheim, Louis (Coburg 1879 – 1936 Berlin) S. 195
Orlando, Vittorio Emanuele (Palermo 1860 – 1952 Rom) S. 284
Ostwald, Wilhelm (Riga 1853 – 1932 Leipzig) S. 24, 105
Otten, Karl (Oberkrüchten 1889 – 1963 Muralto) S. 292
Overbeck, Franz (Sankt Petersburg 1837 – 1905 Basel) S. 153

P

Pabst, Karl (Weimar 1835 – 1910 Weimar) S. 104
Palézieux-Falconnet, Aimé von (Vevey 1843 – 1907 Weimar) S. 59, 75
Pankok, Otto (Mülheim an der Ruhr 1893 – 1966 Wesel) S. 134, 209, 213, 216
Pauli, Gustav (Bremen 1866 – 1938 München) S. 122, 138
Paul I., Zar (Sankt Petersburg 1754 – 1801 Sankt Petersburg) S. 56
Paulssen, Bertha S. 266
Pauwels, Ferdinand (Ekeren (Antwerpen) 1830 – 1904 Dresden) S. 231
Pechstein, Max (Zwickau 1881 – 1955 Berlin) S. 290
Perner, Karl S. 276
Pettenkofer, Max von (Lichtenheim 1818 – 1901 München) S. 107
Pezold, Georg (Mittweida 1865 – 1942 München) S. 157
Pfannkuch, Wilhelm (Kassel 1841 – 1923 Berlin) S. 284
Pfemfert, Franz (Lötzen 1879 – 1954 Mexico-Stadt) S. 97
Picabia, Francis (Paris 1879 – 1953 Paris) S. 295
Pinthus, Kurt (Erfurt 1886 – 1975 Marbach (Neckar)) S. 292
Planck, Max (Kiel 1858 – 1947 Göttingen) S. 184
Platon (Athen 428/27 v. Chr. – 348/47 v. Chr. Athen) S. 152
Polz, Emil (1859 – 1945) S. 274
Preetorius, Emil (Mainz 1883 – 1973 München) S. 172
Preuß, Hugo (Berlin 1860 – 1925 Berlin) S. 248
Priebatsch, Felix (Ostrowo 1867 – 1926 Breslau) S. 179

Q

Quenzel, Karl (Berlin 1875 – 1945 Berlin) S. 168

R

Raabe, Peter (Frankfurt (Oder) 1872 – 1945 Weimar) S. 81
Raabe, Wilhelm (Eschershausen 1831 – 1910 Braunschweig) S. 119, 232
Rasch, Otto (Artern 1862 – 1932 Weimar) S. 145
Rathenau, Walther (Berlin 1867 – 1922 Berlin) S. 39, 292
Rauch, Christian Daniel (Arolsen 1777 – 1857 Dresden) S. 72, 137
Redern, von (Oberleutnant) S. 273
Reger, Elsa (Kolberg 1870 – 1951 München) S. 244, 266
Reger, Max (Brand (Oberpfalz) 1873 – 1916 Leipzig) S. 233, 243, 244, 254
Reinhardt, Max (Baden (Österreich) 1873 – 1943 New York) S. 184
Reser (Gefreiter) S. 274
Rethel, Alfred (Aachen 1816 – 1859 Düsseldorf) S. 121, 123
Rheinbaben, Georg Freiherr von (Frankfurt (Oder) 1855 – 1921 Düsseldorf) S. 72
Rheinhold, Otto (Oberlahnstein 1855 – 1937 Hannover) S. 266
Rheinhold, Paul S. 266
Richter, Hans (Berlin 1888 – 1976 Minusio) S. 210, 224
Richter, Ludwig (Dresden 1803 – 1884 Dresden) S. 121
Riehl, Alois (Bozen 1844 – 1924 Neubabelsberg) S. 169
Rieth, Paul (Pößneck 1871 – 1925 München) S. 191
Rietschel, Ernst Friedrich August (Pulsnitz 1804 – 1861 Dresden) S. 19, 70, 78, 100, 101, 259
Rijn, Rembrandt van (Leiden 1606 – 1669 Amsterdam) S. 103, 117, 121, 174, 216
Rilke, Rainer Maria (Prag 1875 – 1926 Valmont (Montreux)) S. 176
Rilke-Westhoff, Clara (Bremen 1878 – 1954 Fischerhude) S. 176
Ritter, Alexander (Narva 1833 – 1896 München) S. 257
Ritter, Paul von S. 108
Rodin, Auguste (Paris 1840 – 1917 Meudon) S. 46, 80, 122, 125, 127, 135, 137, 176, 187, 196, 242
Roemer, Georg (Breslau 1868 – 1922 München) S. 251, 258
Roethe, Gustav (Graudenz 1859 – 1926 Bad Gastein) S. 169
Röhl, Karl Peter (Kiel 1890 – 1975 Kiel) S. 27, 134, 209, 210, 213, 216, 217, 223, 225, 226, 227, 299, 301
Röhr, Bruno (1875 – 1926) S. 93
Rolland, Romain (Clamecy (Nièvre) 1866 – 1944 Vézelay) S. 184, 188
Rosenhagen, Hans (Berlin 1858 – 1943) S. 135
Rosenthal, Eduard (Würzburg 1853 – 1926 Jena) S. 23, 125, 133, 202, 281
Rothe, Karl (Großrudestedt 1848 – 1921 Eisenach) S. 59, 67, 176, 196, 223, 254, 273, 274, 275, 279
Roussel, Ker-Xavier (Lorry-lès-Metz 1867 – 1944 L'Étang-la-Ville) S. 125
Rubiner, Ludwig (Berlin 1881 – 1920 Berlin) S. 210, 224, 292
Rückert, Friedrich (Schweinfurt 1788 – 1866 Neuses (Coburg)) S. 146

Rudolph, Albert S. 49
Ruland, Karl (Frankfurt (Main) 1834–1907 Weimar) S. 72, 78, 80
Ruskin, John (London 1819–1900 Brantwood) S. 152
Russell, Bertrand (Ravenscroft (bei Trellech) 1872–1970 Penrhyndeudraeth) S. 32
Rysselberghe, Théo van (Gent 1862–1926 Le Lavandou) S. 125, 127

S

Sachse, Gustav S. 143, 266
Saint-Saëns, Camille (Paris 1835–1921 Algier) S. 81, 162, 187, 201
Sauckel, Fritz (Haßfurt 1894–1946 Nürnberg) S. 17
Schadewaldt, Wolfgang (Berlin 1900–1974 Tübingen) S. 264
Schaedtler, Hermann (Benthe 1857–1931 Hannover) S. 266
Schäfer, Wilhelm (Ottrau 1868–1952 Überlingen) S. 246
Schaller, Ludwig (Wien 1804–1865 München) S. 19
Schaper, Fritz (Alsleben (Saale) 1841–1919 Berlin) S. 72
Scharnhorst, Gerhard von (Bordenau 1755–1813 Prag) S. 37, 169
Scharoun, Hans (Bremen 1893–1972 Berlin) S. 293
Scheerbart, Paul (Danzig 1863–1915 Berlin) S. 293, 298
Scheffler, Karl (Hamburg 1869–1951 Überlingen) S. 17, 122, 207, 208, 246
Scheibe, Ernst S. 61
Scheidemann, Philipp (Kassel 1865–1939 Kopenhagen) S. 284, 285, 287
Scheidemantel, Eduard (Weimar 1862–1945 Weimar) S. 70, 76, 89, 155, 205, 236, 292
Scheler, Max (München 1874–1928 Frankfurt (Main)) S. 34, 36
Schelling, Felix Emanuel (New Albany (Indiana) 1858–1945) S. 76
Schenk zu Schweinsberg, Eberhard (Darmstadt 1893–1990 Wiesbaden) S. 189
Scherer, Wilhelm (Schönborn 1841–1886 Berlin) S. 72
Scherff, Theodor S. 85
Schickele, René (Oberehnheim 1883–1940 Vence) S. 176
Schiller, Friedrich (Marbach (Neckar) 1759–1805 Weimar) S. 17, 19, 20, 21, 25, 26, 61, 66, 69, 70, 77, 78, 80, 81, 83, 91, 93, 94, 96, 98, 99, 100, 140, 141, 143, 144, 146, 148, 158, 161, 166, 167, 168, 169, 171, 179, 181, 184, 235, 256, 284
Schill, Ferdinand von (Wilmsdorf (bei Dresden) 1776–1809 Stralsund) S. 169
Schilling, Johannes (Mittweida 1828–1910 Klotzsche (Dresden)) S. 100
Schillings, Max von (Düren 1868–1933 Berlin) S. 201
Schinkel, Karl Friedrich (Neuruppin 1781–1841 Berlin) S. 293
Schirach, Carl Norris von (Kiel 1873–1948 Weimar) S. 58

Schlaf, Johannes (Querfurt 1862–1941 Querfurt) S. 23, 25, 68, 116, 140, 143, 150, 232, 233, 247, 298
Schlieffen, von (Flügeladjutant) S. 75
Schlitz gen. von Görtz, Emil Graf von (Berlin 1851–1914 Frankfurt (Main)) S. 121
Schmid-Lindner, August (Augsburg 1870–1959 Auerberg) S. 201
Schmidt, Wilhelm Adolf (Berlin 1812–1887 Jena) S. 46
Schmidt, Erich (Jena 1853–1913 Berlin) S. 66, 67, 71, 72, 73
Schmidt, Friedrich S. 260, 261
Schmidt, Hans W. (Hamburg 1859–1950 Weimar) S. 28, 209, 230, 231, 287
Schneider, Sascha (Sankt Petersburg 1870–1927 Swinemünde) S. 24, 89, 121, 134, 136, 138, 157, 210, 219
Schnitzer, Fritz H. (Mannheim 1875–1945 Wedel) S. 184
Scholz, Wilhelm von (Berlin 1874–1969 Konstanz) S. 147, 149, 246
Schopenhauer, Arthur (Danzig 1788–1860 Frankfurt (Main)) S. 66, 106
Schrammen, Eberhard (Köln 1886–1947) S. 134, 209, 213, 218
Schrammen, Jakob (Rheinbach 1871–1944 Weimar) S. 68
Schröer, M. M. Arnold (Preßburg 1857–1935 Köln) S. 192
Schubert, Franz (Himmelpfortgrund (Wien) 1797–1828 Wien) S. 254
Schultze-Naumburg, Paul (Almrich (Naumburg/Saale) 1869–1949 Jena) S. 70, 89, 90, 121, 123, 139, 143, 249, 266
Schulze, Alfred (1878–1929) S. 283
Schussen, Wilhelm (Kleinwinnaden 1874–1956 Tübingen) S. 227
Schwind, Moritz von (Wien 1804–1871 Niederpöcking) S. 56, 61, 121
Schwitters, Kurt (Hannover 1887–1948 Kendal) S. 219, 301
Seeberg, Reinhold (Pörrafer (Livland) 1859–1935 Ahrenshoop) S. 32
Seeligmüller, Dorothea S. 149, 266
Seeßelberg, Friedrich (Veerßen (Uelzen) 1861–1956 Berlin) S. 119
Seidlitz, Wilfried von (Berlin 1880–1945 bei Eisenach) S. 202
Sering, Max (Barby 1857–1939 Berlin) S. 38
Shakespeare, William (Stratford-upon-Avon 1564–1616 Stratford-upon-Avon) S. 75, 76, 144, 158, 159, 160, 161, 182, 191
Shaw, George Bernard (Dublin 1856–1950 Ayot Saint Lawrence) S. 34, 77, 155
Shorey, Paul (Davenport (Iowa) 1857–1934 Chicago) S. 76
Sickingen, Franz von (Burg Ebernburg 1481–1523 Burg Nanstein) S. 259
Siemens, Werner von (Lenthe 1816–1892 Berlin) S. 107
Signac, Paul (Paris 1863–1935 Paris) S. 125
Simon, Paul S. 209
Simrock, Karl (Bonn 1802–1876 Bonn) S. 161
Simson, Eduard von (Königsberg (Preußen) 1810–1899 Berlin) S. 72

Sinzheimer, Hugo (Worms 1875–1945 Bloemendaal-Overveen) S. 292
Slevogt, Karl (Eisenach 1845–1922 Weimar) S. 276
Slevogt, Max (Landshut 1868–1932 Neukastel (Leinsweiler)) S. 135, 207
Slonin, Viktor siehe Lindemann, Hermann
Sombart, Werner (Ermsleben 1863–1941 Berlin) S. 26, 29, 32, 34, 168, 184, 249
Sophie Luise, Großherzogin von Sachsen-Weimar-Eisenach (Den Haag 1824–1897 Weimar) S. 57, 59, 71
Sophie, Prinzessin von Sachsen-Weimar-Eisenach (Weimar 1911–1988 Hamburg) S. 66
Spee, Maximilian von (Kopenhagen 1861–1914 Südatlantik) S. 268
Spemann, Wilhelm (Unna 1844–1910 Stuttgart) S. 101
Spinoza, Benedictus de (Amsterdam 1632–1677 Den Haag) S. 105
Spitta, Philipp (Wechold (Hoya) 1841–1894 Berlin) S. 254
Stauff, Philipp (Moosbach (Franken) 1876–1923 Berlin) S. 181
Steinhausen, Hans S. 143
Stein, Heinrich Freiherr vom (Nassau 1757–1831 Cappenberg) S. 37, 94, 95, 169
Stern, Daniel siehe Agoult, Marie d'
Storm, Theodor (Husum 1817–1888 Hademarschen) S. 72, 232
Strack, Hermann Leberecht (Berlin 1848–1922 Berlin) S. 174
Strathmann, Carl (1866–1939) S. 123, 139
Straube, Karl (Berlin 1873–1950 Leipzig) S. 243, 244
Strauss, Richard (München 1864–1949 Garmisch-Partenkirchen) S. 58, 240
Strauß und Torney, Lulu von (Bückeburg 1873–1956 Jena) S. 292
Strawinsky, Igor (Oranienbaum 1882–1971 New York) S. 240
Streichhan, Carl Heinrich Ferdinand (Zehdenick 1814–1884 Jena) S. 45, 252, 263
Struys, Alexandre (Berchem (Antwerpen) 1852–1941 Ukkel) S. 231
Stuck, Franz von (Tettenweis 1863–1928 München) S. 121, 123, 138
Sudermann, Hermann (Matzicken (Ostpreußen) 1857–1928 Berlin) S. 187
Suphan, Bernhard (Nordhausen 1845–1911 Weimar) S. 66
Suse, Theodor (Hamburg 1857–1917 Königsee) S. 78
Suttner, Bertha Freifrau von (Prag 1843–1914 Wien) S. 109
Swinburne, Algernon (London 1837–1909 London) S. 111

T

Taut, Bruno (Königsberg (Preußen) 1880–1938 Istanbul) S. 153, 218, 293
Taysen, Elimar Friedrich von (Oldenburg 1866–1940 Potsdam) S. 47, 252, 254
Thalmann, Max (Rudolstadt 1890–1944 Jena) S. 28, 209, 227, 229, 262, 290, 292, 299, 301

Thedy, Max (München 1858 – 1924 Weimar) S. 117, 123, 139, 145, 189, 208, 229
Thelemann, Ludwig S. 150
Thiel, Ernest (Norrköping 1859 – 1947 Stockholm) S. 125, 149
Thode, Henry (Dresden 1857 – 1920 Kopenhagen) S. 119
Thoma, Hans (Bernau (Schwarzwald) 1839 – 1924 Karlsruhe) S. 117, 119, 120, 121, 184, 209, 268, 292
Thorvaldsen, Bertel (Kopenhagen 1770 – 1844 Kopenhagen) S. 80
Tille, Armin (Lauenstein 1870 – 1941 Beuel) S. 58, 59
Tirpitz, Alfred von (Küstrin 1849 – 1930 Ebenhausen) S. 55, 246
Toller, Ernst (Samotschin 1893 – 1939 New York) S. 29, 40, 249, 250, 292
Tolstoi, Lew Nikolajewitsch (Jasnaja Polnaja (Tula) 1828 – 1910 Astapowo) S. 152
Tönnies, Ferdinand (Oldenswort 1855 – 1936 Kiel) S. 29
Tooby, Charles (geb. 1863) S. 123, 139
Trainer, Karl S. 48
Treitschke, Heinrich von (Dresden 1834 – 1896 Berlin) S. 184
Troeltsch, Ernst (Haunstetten 1865 – 1923 Berlin) S. 36, 37, 38, 40, 170
Troller, Albert August S. 69
Trübner, Wilhelm (Heidelberg 1851 – 1917 Karlsruhe) S. 120, 123, 127, 138
Tschudi, Hugo von (Gut Jakobshof (Edlitz) 1851 – 1911 Stuttgart) S. 120
Tucholsky, Kurt (Berlin 1890 – 1935 Göteborg) S. 286

U

Ulbrich, Franz (Bärenstein (Sachsen) 1885 – 1950 Kassel) S. 68
Unruh, Fritz von (Koblenz 1885 – 1970 Diez (Lahn)) S. 176

V

Velde, Henry van de (Antwerpen 1863 – 1957 Zürich) S. 23, 28, 45, 46, 58, 59, 61, 65, 67, 85, 90, 91, 98, 110, 111, 112, 113, 114, 116, 122, 124, 125, 129, 134, 136, 137, 139, 149, 155, 157, 208, 218, 223, 229, 238, 239, 259, 262, 266
Velde, Maria van de (bei Paris 1867 – 1943) S. 149
Vershofen, Wilhelm (Bonn 1878 – 1960 Tiefenbach) S. 171
Viardot-Garcia, Pauline (Paris 1821 – 1910 Paris) S. 162
Vignau, Hippolyt von (Münster (Westfalen) 1843 – 1926 Weimar) S. 58, 75, 141, 157, 158
Vignau, Margarethe von S. 141
Vinci, Leonardo da (Anchiano 1452 – 1519 Schloss Clos Lucé) S. 108
Vinnen, Carl (Bremen 1863 – 1922 München) S. 25, 122, 123, 138, 139, 242
Virchow, Rudolf (Schivelbein 1821 – 1902 Berlin) S. 107
Vischer, Friedrich Theodor (Ludwigsburg 1807 – 1887 Gmunden) S. 95, 182
Vogel (Stadtbaurat) S. 89
Vogelweide, Walther von der (um 1170 – um 1230) S. 144
Voltaire (Paris 1694 – 1778 Paris) S. 161
Vuillard, Edouard (Cuiseaux 1868 – 1940 La Baule) S. 125
Vulpius, Christiane (Weimar 1765 – 1816 Weimar) S. 235
Vulpius, Walther S. 231

W

Wachler, Ernst (Breslau 1871 – 1945 Theresienstadt) S. 98, 155, 159, 160, 161, 234, 236
Wagner, Cosima (Bellagio 1837 – 1930 Bayreuth) S. 184, 186
Wagner, Mathilde S. 91, 266
Wagner, Richard (Leipzig 1813 – 1883 Venedig) S. 56, 61, 94, 119, 155, 161, 162, 201
Wahle, Julius (Wien 1861 – 1940 Dresden) S. 67
Wahl, Hans (Burkersdorf (Weida) 1885 – 1949 Weimar) S. 67, 70
Walden, Herwarth (Berlin 1878 – 1941 Saratow) S. 210, 224, 225
Walker, Emery (1851 – 1933) S. 66
Warburg, Aby (Hamburg 1866 – 1929 Hamburg) S. 26
Weber, Marianne (Oerlinghausen 1870 – 1954 Heidelberg) S. 249
Weber, Max (Erfurt 1864 – 1920 München) S. 29, 34, 38, 39, 249
Weber, Paul (1868 – 1930) S. 125
Wedel, Botho Friedrich Graf von (Schloss Evenburg (Leer) 1862 – 1943 Philippsburg (Leer)) S. 65
Wegener, Paul (Arnoldsdorf 1874 – 1948 Berlin) S. 21, 86
Weill, Kurt (Dessau 1900 – 1950 New York) S. 286
Weiser, Karl (Alsfeld (Hessen) 1848 – 1913 Weimar) S. 140, 158
Weisgerber, Albert (St. Ingbert 1978 – 1915 bei Fromelles (Flandern)) S. 124
Wells, Herbert George (Bromley (Kent) 1866 – 1946 London) S. 186
Werefkin, Marianne von (Tula 1860 – 1938 Ascona) S. 123
Werfel, Franz (Prag 1890 – 1945 Beverly Hills) S. 292
Werner, Anton von (Frankfurt (Oder) 1843 – 1915 Berlin) S. 230
Westheim, Paul (Eschwege 1886 – 1963 Berlin) S. 207, 292
Wibiral, Dora S. 149, 266
Widmann, Wilhelm (1857 – 1925) S. 179
Wieland, Cristoph Martin (Oberholzheim 1733 – 1813 Weimar) S. 61, 100
Wildenbruch, Ernst von (Beirut (Libanon) 1845 – 1909 Berlin) S. 18, 19, 20, 58, 59, 77, 84, 140, 141, 143, 147, 157, 158, 169, 188, 247
Wildenbruch, Maria von (Chemnitz 1847 – 1920 Weimar) S. 247
Wilde, Oscar (Dublin 1854 – 1900 Paris) S. 76
Wilhelm I., Kaiser (Berlin 1797 – 1888 Berlin) S. 46, 54, 103, 104, 162, 284
Wilhelm II., Kaiser (Berlin 1859 – 1941 Haus Doorn) S. 45, 46, 48, 55, 57, 58, 61, 63, 71, 75, 77, 80, 99, 103, 104, 120, 121, 155, 167, 174, 175, 181, 188, 191, 192, 207, 224, 230, 246, 252, 254, 277, 288
Wilhelm Ernst, Großherzog von Sachsen-Weimar-Eisenach (Weimar 1876 – 1923 Heinrichau) S. 17, 19, 20, 29, 44, 45, 46, 47, 48, 55, 56, 57, 58, 59, 60, 61, 63, 64, 65, 66, 67, 68, 75, 76, 77, 80, 85, 86, 88, 90, 103, 113, 116, 121, 124, 127, 135, 136, 137, 146, 155, 157, 208, 209, 229, 230, 233, 237, 242, 246, 250, 251, 252, 253, 256, 258, 272, 273, 274, 275, 277, 278, 279
Wilke, Erich (1879 – 1936) S. 78
Wilson, Woodrow (Staunton (Virginia) 1856 – 1924 Washington, D.C.) S. 37, 284, 285
Winters, Lüder S. 276
Wissell, Rudolf (Göttingen 1869 – 1962 Berlin) S. 287
Wolfenstein, Alfred (Halle (Saale) 1883 – 1945 Paris) S. 292
Wolff, Kurt (Bonn 1887 – 1963 Ludwigsburg) S. 170
Wollbrück, August S. 151
Wollbrück, Bruno S. 151, 299
Wollheim, Gert (Loschwitz (Dresden) 1894 – 1974 New York) S. 28, 134, 208, 209, 213, 214, 216
Woltze, Peter (Halberstadt 1860 – 1925 Weimar) S. 70
Wuttig, Ernst S. 276

Z

Zahn, Gustav von (Dresden 1871 – 1946 Jena) S. 201
Zauche, Arno (Weimar 1875 – 1941 Weimar) S. 264
Ziegler, Leopold (Karlsruhe 1881 – 1958 Überlingen) S. 246
Zschimmer, Eberhard (Weimar 1873 – 1940 Ettlingen) S. 153
Zügel, Heinrich von (Murrhardt 1850 – 1941 München) S. 123
Zweig, Arnold (Glogau 1887 – 1968 Berlin) S. 237

Bild- und Copyrightnachweis

Herausgeber und Verlag haben sich intensiv bemüht, alle Inhaber von Abbildungsrechten ausfindig zu machen. Personen und Institutionen, die möglicherweise nicht erreicht wurden und Rechte an verwendeten Abbildungen beanspruchen, werden gebeten, sich an den Verlag zu wenden.

- © 2014 VG Bild-Kunst, Bonn für die Werke von Ella Bergmann-Michel, Thomas Theodor Heine, Ludwig von Hofmann, Georg Kolbe, Magda Langenstraß-Uhlig, Fritz Mackensen, Robert Michel, Henry van de Velde

- © 2014 The Munch Museum / The Munch Ellingsen Group / VG Bild-Kunst, Bonn für die Werke von Edvard Munch

- © Frauken Grohs Collinson-Grohs Collection Trust für die Werke von Hans Groß

- © Wollheim-Archiv, Berlin für die Werke von Gert Heinrich Wollheim

- © Bauhaus-Universität Weimar, Archiv der Moderne für die Werke von Richard Engelmann

- © Marcus Haucke, Berlin für die Werke von Marcus Behmer

- © Hans-Richter-Nachlass für die Werke von Hans Richter

- © Karl Peter Röhl Stiftung, Weimar für die Werke von Karl Peter Röhl

- Berlin: Georg Kolbe Museum: S. 129 (Foto Bernd Sinterhauf); Staatsbibliothek zu Berlin – Preußischer Kulturbesitz: S. 79 (Abteilung Historische Drucke), S. 190 oben, unten rechts, S. 191, S. 254; Stiftung Deutsches Historisches Museum: S. 48, S. 164/165, S. 179 unten, S. 182, S. 183, S. 192, S. 194, S. 195 oben, S. 252 links, S. 291 unten

- Brüssel, Fonds van de Velde. ENSAV – La Cambre: S. 115

- Duisburg, Lehmbruck Museum: S. 130 unten, S. 300 (Foto Bernd Kirtz)

- Düsseldorf, Stadtmuseum Landeshauptstadt Düsseldorf: S. 213, S. 214

- Eisenach, Wartburg-Stiftung Eisenach: S. 62 unten, S. 64 unten; S. 64 oben (Foto Alexander Burzik)

- Erfurt, Universitäts- und Forschungsgemeinschaft Erfurt/Gotha: S. 269 oben

- Frankfurt, Historisches Museum Frankfurt: S. 186 (Foto Horst Ziegenfusz)

- Frankfurt, Städel Museum – ARTOTHEK: Cover

- Gera, Evangelische Kirche Mitteldeutschland/ Kirchenkreis Gera: S. 175 (Foto Alexander Burzik)

- Halle, Universitäts- und Landesbibliothek: S. 37 links

- Hamburg, Hamburger Kunsthalle/bpk: S. 178, S. 187, S. 242 (Foto Elke Walford)

- Hannover, bpk | Sprengel Museum Hannover: S. 22 (Foto Michael Herling | Aline Gwose), S. 220 oben, S. 221, S. 270/271, S. 294 (Foto Michael Herling | Benedikt Werner | Aline Gwose), S. 220 unten (Foto Stefan Behrens), S. 222 oben

- Hünxe, Eva Pankok - Otto-Pankok-Museum: S. 216 unten (Foto Frank Schäfer)

- Jena: Ernst-Haeckel-Haus, Friedrich-Schiller-Universität Jena: S. 31, S. 106, S. 107, S. 198, 238 (Foto Jan-Peter Kasper/FSU); Friedrich-Schiller-Universität Jena, Kustodie: S. 131 oben, S. 134 unten (Foto Jan-Peter Kasper/FSU); Städtische Museen Jena: S. 109 oben; Thüringer Universitäts- und Landesbibliothek Jena (ThULB): S. 110, S. 173 unten, S. 177, S. 185, S. 203, S. 255, S. 269 unten

- Kiel: Kieler Stadt- und Schifffahrtsmuseum: S. 52, S. 103; Kunsthalle zu Kiel: S. 135 (Foto Martin Frommhaben)

- Köln, LETTER Stiftung: S. 27

- London, Imperial War Museums: S. 193

- Marbach a. N., Deutsches Literaturarchiv Marbach: S. 39, S. 40, S. 114, S. 148 links, S. 152, S. 154, S. 420 oben, S. 250, S. 267 rechts

- München, Bayerische Staatsbibliothek: S. 35; bpk | Bayerische Staatsgemäldesammlungen: S. 225; Deutsches Theatermuseum München: S. 156 (oben Foto Rudolf Faist); Staatliche Graphische Sammlungen München: S. 212 unten

- Münster, LWL-Museum für Kunst und Kultur (Westfälisches Landesmuseum): S. 133 unten

- Osnabrück, Historische Bildpostkarten - Universität Osnabrück - Sammlung Prof. Dr. Sabine Giesbrecht: S. 181

- Paderborn, Kunstverein Paderborn e.V.: S. 297

- Potsdam, Universitätsbibliothek Potsdam: S. 249

- Privat: S. 24 rechts, S. 33, S. 76 oben, S. 89, S. 108, S. 173 oben, S. 174, S. 188, S. 222 unten, S. 280 oben, S. 288 (Foto Klassik Stiftung Weimar, Fotothek), S. 89 links, S. 259 rechts (Foto Alexander Burzik), S. 212 oben (Foto Norbert Scantamburlo), S. 296 (Foto Oliver Tamagnini), S. 215, S. 253 unten

- Rudolstadt, Thüringisches Staatsarchiv Rudolstadt: S. 91, S. 251 (Foto Alexander Burzik)

- Schleswig, Landesmuseum für Kunst und Kulturgeschichte in der Stiftung Schlewig-Holsteinische Landesmuseen Schloß Gottorf: S. 118

- Solothurn, Kunstmuseum Solothurn. Josef Müller-Stiftung: S. 12, S. 200 (Foto SIK-ISEA Zürich)

- Stuttgart, Staatsgalerie Stuttgart: S. 139

- Thale, Fotoarchiv der Stadt Thale: S. 160, S. 161

- Weimar: Alfred-Ahner-Stiftung Weimar: S. 280 unten (Foto Alexander Burzik); Bauhaus-Universität Weimar, Archiv der Moderne: S. 196, S. 197, S. 241, S. 243, S. 267 links (Foto Alexander Burzik); Foto Atelier Louis Held/Stefan Renno: S. 19, S. 20 rechts, S. 21, S. 42/43, S. 50-51, S. 67, S. 68 unten, S. 71, S. 74, S. 80, S. 81, S. 82 oben, S. 84, S. 86, S. 87, S. 88, S. 101, S. 142, S. 157, S. 265 unten; Hochschularchiv | Thüringisches Landesmusikarchiv Weimar: S. 163; Klassik Stiftung Weimar: S. 18, S. 20 links, S. 24 links, S. 28, S. 33 rechts, S. 37 rechts, S. 63, 64 oben, S. 66 links, S. 73, S. 82, S. 92 links, S. 105, S. 109, S. 113, S. 119, S. 126, S. 127, S. 131, S. 133 oben, S. 141, S. 144, S. 146, S. 147, S. 148 rechts, S. 149, S. 150, S. 151 oben, S. 153, S. 159, S. 176, S. 179 oben, S. 180, S. 190 unten links, S. 199, S. 204, S. 216 oben, S. 217 oben, S. 218, S. 223, S. 226, S. 227, S. 228, S. 229, S. 237, S. 240 unten, S. 245, S. 247, S. 248, S. 260, S. 262, S. 268, S. 279, S. 287, S. 290, S. 291 oben, S. 293, S. 298, S. 299 (Fotothek), S. 77, S. 90 oben, S. 116, S. 117, S. 132, S. 145 unten, S. 151 unten, S. 239 (Foto Goethe- und Schiller-Archiv), Innentitel, S. 62 oben, S. 65, S. 66 rechts, S. 68 oben, S. 69, S. 70, S. 72, S. 75, S. 76, S. 78, S. 102, S. 111, S. 112, S. 134 oben, S. 136, S. 137, S. 143, S. 145 oben, S. 211, S. 230, S. 231, S. 258, S. 266, S. 289 (Foto Alexander Burzik), S. 125, S. 217 unten (Foto Roland Dressler), S. 128, S. 130 oben, S. 219 (Foto Stefan Renno), S. 138 (Foto Dr. Eike Knopf, Bassum); Stadtarchiv Weimar: S. 104, S. 261, S. 263, S. 265 oben, S. 277; Stadtmuseum: S. 49, S. 92 rechts, S. 253 oben (Foto Alexander Burzik), S. 80 (Foto Atelier Louis Held/Stefan Renno, Weimar), S. 83, S. 93, S. 252 rechts; Thüringisches Hauptstaatsarchiv Weimar: S. 90 unten, S. 158, S. 246, S. 257, S. 259 links, S. 278

- Weißenfels, Museum Schloss Neu-Augustusburg: S. 195 unten

- Zürich, Kunsthaus Zürich, Grafische Sammlung: S. 224

IMPRESSUM

KRIEG DER GEISTER
WEIMAR ALS SYMBOLORT DEUTSCHER KULTUR VOR UND NACH 1914
Ausstellung 1. August bis 9. November 2014
Neues Museum Weimar

AUSSTELLUNG

Idee und Konzeption
Dr. Gerda Wendermann

Projektleitung
Dr. Gerda Wendermann

Kuratoren
Dr. Gerda Wendermann · Gudrun Püschel · Manuel Schwarz

Wissenschaftliche Projektgruppe
Dagmar Blaha, Dr. Bernhard Post, Thüringisches Hauptstaatsarchiv Weimar
Dr. Jens Riederer, Stadtarchiv Weimar
Dr. Alf Rößner, Stadtmuseum Weimar
Dr. Gerhard Müller, Haeckel-Haus, Jena
Prof. Dr. Wolfgang Holler, KSW
Dr. Gert-Dieter Ulferts, KSW

Wissenschaftliche Mitarbeit
Nici Gorff · Dr. Thomas Radecke

Wissenschaftlicher Fachbeirat
Dr. Philipp Blom, Wien/London
Prof. Dr. Hans-Werner Hahn, Historisches Institut, Friedrich-Schiller-Universität, Jena
Prof. Dr. Gerd Krumeich, Heinrich-Heine-Universität, Düsseldorf
PD Dr. Angelika Pöthe, Institut für Literaturwissenschaften, Friedrich-Schiller-Universität, Jena
Dr. Justus H. Ulbricht, Dresden
Dr. Dieter Vorsteher-Seiler, Deutsches Historisches Museum Berlin

Organisation
Sabine Walter, Ausstellungssekretariat

Stabsstelle für Ausstellungen und Leihverkehr
Ellen Bierwisch · Sabine Breuer · Anne Kästner · Timmy Ukat

Restaurierung Museen
Konrad Katzer · Uwe Golle · Anne Levin · Alexander Methfessel · Friedrun Menzel · Laura Petzold · Katharina Popov-Sellinat · Maria Orscholuk, Stuttgart · Beatrix Kästner, Meusebach · Ole Teubner, Otterwisch · Christian Seiler, Eisenberg · Ilja Streit, Weimar · Aurelia Badde, Berlin

Depotmeister / Konservatorische Vorbereitung
Thomas Degner · Michael Oertel · Robert Steiner

Verwaltung
Anke Schmidt

Kustodische Vorbereitung und Bereitstellung von Exponaten GSA
Dr. Silke Henke · Karin Ellermann

Restauratorische Vorbereitung GSA
Maria Günther

Kustodische Vorbereitung und Bereitstellung von Exponaten HAAB
Ingrid Arnhold · Roland Bärwinkel · Katrin Lehmann

Restauratorische Vorbereitung HAAB
Petra Krause · Cornelia Feldmann

Digitalisierung Fotothek HAAB
Olaf Mokansky · Cornelia Vogt

Datenbank
Swantje Dogunke

Transporte
DB Schenker Logistics

Ausstellungsarchitektur
Gestaltung
VON M GmbH, Stuttgart: Prof. Matthias Siegert · Dennis Mueller · Daniel Hartmann · Florian Häsler · Anna Maier · Fabiane Unger

Grafik
VON M GmbH, Stuttgart: Daniel Hartmann · Florian Häsler · Anna Maier

Mediengestaltung
VON M GmbH, Stuttgart

Herstellung Ausstellungsgrafik
Schilder-Maletz, Weimar

Ausstellungsbau (Vitrinen, Stellwände)
BEL-TEC, Berlin · Bernd Ohar, Heichelheim

Ausstellungsaufbau
Nico Lorenz · Uwe Seeber · Carsten Siegmund · Mike Tschirschnitz

Praktikanten
Tobias Heubner, Weimar · Shuang Liang, Jena · Jakob Schwichtenberg, Rostock

Faksimiles
Papenfuss /Atelier für Gestaltung, Weimar

Stabsreferat Forschung und Bildung
Dr. Folker Metzger · Lisa-Katharina Förster · Regina Seeboth · Elke Kollar

Stabsreferat Kommunikation, Öffentlichkeitsarbeit, Marketing
Dr. Julia Glesner · Dr. Claudia Fenske · Toska Böhme · Amanda Große · Antje Kardelky · Anja Kiefer · Henrike Schneider · Timm Schulze

Gestaltung grafischer Auftritt
jangled nerves GmbH, Stuttgart

Umsetzung grafische Gestaltung
Goldwiege / Visuelle Projekte, Weimar

Audioguide
Linon Medien, Berlin · Lisa-Katharina Förster · Regina Seeboth

Übersetzungen
Robert Brambeer

KATALOG

© 2014 Sandstein Verlag, Dresden und Klassik Stiftung Weimar

Herausgeber
Wolfgang Holler, Gudrun Püschel und Gerda Wendermann unter Mitarbeit von Manuel Schwarz

Konzeption
Dr. Gerda Wendermann · Gudrun Püschel · Manuel Schwarz

Textredaktion
Gudrun Püschel

Bildredaktion
Sabine Walter

Katalogverzeichnis
Manuel Schwarz

Personenregister
Tobias Heubner

Fotoarbeiten
Alexander Burzik

Lektorat
Christine Jäger, Helge Pfannenschmidt, Sandstein Verlag

Gestaltung
Simone Antonia Deutsch, Norbert du Vinage, Sandstein Verlag

Satz und Reprografie
Gudrun Diesel, Jana Neumann, Sandstein Verlag

Druck und Verarbeitung
Offizin Andersen Nexö Leipzig

Die Deutsche Nationalbibliothek verzeichnet diese Publikation in der Deutschen Nationalbibliografie; detaillierte bibliografische Daten sind im Internet über http://dnb.ddb.de abrufbar.

Dieses Werk einschließlich seiner Teile ist urheberrechtlich geschützt. Jede Verwertung außerhalb der engen Grenzen des Urheberrechtsgesetzes ist ohne Zustimmung des Verlages unzulässig und strafbar. Das gilt insbesondere für die Vervielfältigung, Übersetzungen, Mikroverfilmungen und die Einspeicherung und Verarbeitung in elektronischen Systemen.

www.sandstein-verlag.de
ISBN 978-3-95498-072-7

Die Klassik Stiftung Weimar wird gefördert von der Beauftragten der Bundesregierung für Kultur und Medien aufgrund eines Beschlusses des Deutschen Bundestages sowie dem Freistaat Thüringen und der Stadt Weimar.